AF360434

LA SCIENCE ET LA PRATIQUE

DU

PLAIN-CHANT.

LA SCIENCE ET LA PRATIQUE

DU

PLAIN - CHANT

OU TOUT CE QUI APPARTIENT A LA PRATIQUE EST ÉTABLI
PAR LES PRINCIPES DE LA SCIENCE, ET CONFIRMÉ PAR LE TÉMOIGNAGE DES ANCIENS PHILOSOPHES,
DES PÈRES DE L'ÉGLISE ET DES PLUS ILLUSTRES MUSICIENS,
ENTRE AUTRES
DE GUY ARÉTIN ET DE JEAN DES MURS,

PAR DOM JUMILHAC

RELIGIEUX BÉNÉDICTIN DE LA CONGRÉGATION DE SAINT-MAUR

DEUXIÈME ÉDITION

SCRUPULEUSEMENT REIMPRIMÉE D'APRÈS L'EDITION ORIGINALE, MISE DANS UN MEILLEUR ORDRE,
ENRICHIE DE NOTES CRITIQUES ET DE TABLES SUPPLEMENTAIRES TRES-ÉTENDUES,

PAR

MM. THÉODORE NISARD ET ALEXANDRE LE CLERCQ.

PARIS

CHEZ LES ÉDITEURS

ALEXANDRE LE CLERCQ,
RUE DES FRANCS-BOURGEOIS (AU MARAIS), 11.

THÉODORE NISARD,
RUE PRINCESSE (FAUBOURG SAINT-GERMAIN), 3.

M.DCCC.XLVII.
1848

LA SCIENCE

ET LA

PRATIQUE

DU

PLAIN-CHANT,

Où tout ce qui appartient à la Pratique est étably par les
principes de la Science,
Et confirmé par le témoignage des anciens Philosophes,
des Peres de l'Eglise, et des plus illustres Musiciens;
Entr'autres de Guy Aretin, et de Jean des Murs.
Par un Religieux Benedictin de la Congregation de S. Maur.

A PARIS,

Chez Louis Bilaine, en la grand' Sale du Palais,
au Grand Cesar, et à la Palme.

M. DC. LXXIII.

Avec Privilege du Roy, et Permission des Superieurs.

ERRATUM. — La note 6 de la page 47 doit être effacée.

Hommage respectueux

A

MONSEIGNEUR MATHIEU

ARCHEVÊQUE DE BESANÇON

ET A

MONSEIGNEUR ROUSSELET

ÉVÊQUE DE SÉEZ.

PRÉFACE DES ÉDITEURS.

En donnant, après cent soixante-treize ans d'interruption, une seconde édition de l'ouvrage de Dom Jumilhac, nous avons la certitude profonde d'être utiles aux hommes studieux qui s'occupent sérieusement de la grande question de la liturgie musicale. Ce but seul nous a dirigés dans notre entreprise, et nous a valu la plus douce des récompenses, — celle d'une vive sympathie et d'encouragements aussi nombreux qu'honorables.

Il n'en pouvait être autrement. De nos jours, une immense réaction se fait sentir en faveur de tout ce qui se rattache à la science de l'archéologie, à l'étude des monuments anciens. La musique, si longtemps abandonnée à la routine de l'ignorance ou aux caprices frivoles de la mode, commence à se relever de ce dégradant vasselage, grâce aux magnifiques travaux de M. Fétis et des artistes qui ont apprécié l'importance des recherches de l'infatigable savant. Il y a plus : on a compris enfin qu'il est impossible de réhabiliter le plus enchanteur de tous les arts sans feuilleter les origines sacrées de son histoire; et l'on s'est mis, avec une indicible ardeur, à interroger la musique religieuse du moyen âge, cette musique sublime que l'Église catholique semble avoir ravie au ciel, et que naguère encore on qualifiait de *barbare*. Les vrais connaisseurs proclament maintenant que les mélodies grégoriennes n'ont rien à envier aux conceptions les plus renommées des temps modernes, et qu'en les étudiant dans leur conformation primitive, en s'attachant à comprendre leur véritable nature, en les dégageant le plus possible des superfétations que le cours des temps ajoute toujours aux plus belles choses, on pourra parvenir à concevoir, en esthétique musicale, un splendide criterium dont les rayonnements illumineront la marche égarée de l'art mondain.

Il a fallu vingt ans à peine pour opérer cette révolution dans les esprits supérieurs. Le siècle dernier se complaisait dans les mutilations de tous genres; le nôtre, mieux inspiré, plus heureux et plus noble, se lève comme une éclatante vengeance, et avant peu il aura fait justice des prétendues améliorations de son devancier, qui rompait si imprudemment la chaîne des traditions antiques. Ne nous inquiétons point de la foule : il en sera pour elle de la musique comme il en a été de l'architecture. Quand les artistes éminents ont victorieusement vengé le style ogival des dédains injustes auxquels il était en butte, elle a salué tout à coup avec une respectueuse admiration l'architecture gothique! Les cantilènes sacrées auront aussi leur tour de réparation solennelle de la part du peuple... C'est l'œuvre du temps...

L'ouvrage de Dom Jumilhac contribuera puissamment, nous en avons l'espoir, au triomphe prochain des saines traditions du chant religieux. Accessible seulement, à cause de sa rareté excessive, à quelques érudits privilégiés, nous avons voulu qu'il sortît enfin de l'espèce d'oubli où il se trouvait depuis près de deux siècles. Le musicien religieux le consultera toujours avec fruit : nourriture substantielle et féconde , le livre du savant bénédictin laissera bien loin derrière lui toutes ces productions qui n'apprennent le plain-chant que d'une manière superficielle, et dans lesquelles on chercherait en vain l'ombre de l'érudition la plus vulgaire.

Un ouvrage aussi important que celui-ci devait être reproduit avec la vénération dont les bibliophiles entourent les chefs-d'œuvre et les raretés de la littérature ancienne. Le mutiler en rajeunissant l'orthographe, c'eût été lui ôter en quelque sorte de sa valeur et de son mérite, et nous nous en sommes bien gardés. On a cru seulement qu'il était convenable d'assigner une meilleure place aux notes et aux exemples que Dom Jumilhac avait relégués à la fin du volume, en deux endroits différents; comme il résultait de cette disposition typographique une lecture pénible et difficile, on a rétabli l'ordre, dans cette édition, en mettant les notes au bas de chaque page et les exemples dans le texte même.

Notre travail, toutefois, ne s'est point borné à ce simple déplacement des exemples et des autorités sur lesquels s'appuie Dom Jumilhac : nous avons redressé quelques erreurs historiques commises par le docte écrivain, en ayant toujours soin de laisser subsister la version primitive et de signer nos redressements critiques. Nous avons aussi réuni, à la fin de la préface et de chaque chapitre, le texte bien collationné des citations de Guy d'Arezzo, que Dom Jumilhac a tirées du célèbre manuscrit de Saint-Evroult, mais qu'il n'a pas toujours reproduites avec une parfaite exactitude. La même vérification était à faire pour les nombreux extraits des œuvres du savant Jean de Muris, dont l'auteur a enrichi son livre; malheureusement elle nous a été impossible, parce que, au moment où nous nous proposions de recourir au magnifique manuscrit, le seul complet qui nous reste du fameux didacticien du moyen âge, et que possède la Bibliothèque royale de Paris, celle-ci l'avait prêté à M. Le Glay, archiviste de la ville de Lille. Nous avons enfin ajouté à notre édition deux dictionnaires, l'un des matières contenues dans tout l'ouvrage, l'autre des auteurs cités par Jumilhac.

Quelques personnes auraient voulu que certaines doctrines théoriques du bénédictin fussent redressées par nous dans des notes spéciales; nous nous en sommes abstenus, parce que cela n'entrait pas dans notre plan. Dom Jumilhac s'est trompé parfois, on ne saurait le nier; mais le temps n'est pas encore venu de dire avec une exacte précision et une absolue certitude ce en quoi l'auteur s'est trompé réellement. Il faut attendre que toutes les parties du plain-chant soient bien connues au moyen des monuments de la liturgie musicale. Quand cette exploration aura été faite d'une manière convenable, la science pourra formuler sans crainte un jugement définitif. Jusque-là, étudions les anciens, remontons à la source du chant sacré et compulsons les monuments archéologiques : là seulement se trouve le secret d'une restauration consciencieuse et sûre. Prendre une autre route, ce serait se fourvoyer.

Si donc Dieu bénit nos travaux, nous mettrons successivement au jour les œuvres des savants qui, comme Jumilhac, ont le mieux connu les traditions historiques et pratiques du plain-chant; en un mot, nous vulgariserons et réunirons comme en un faisceau les matériaux épars ou cachés de l'art chrétien, afin d'en hâter la restauration que nous appelons de tous nos vœux.

Nous ne finirons pas cette préface sans remercier vivement M. l'abbé Pascal, qui a bien voulu contribuer à notre publication, en nous confiant un magnifique exemplaire de l'ouvrage de Jumilhac qu'il possède. Prêtre aussi instruit que plein de zèle, c'est avec joie qu'il a mis à notre entière disposition ce précieux trésor de bibliographie que d'autres nous avaient obstinément refusé. Il a comblé nos désirs en daignant se charger de composer lui-même une notice sur le célèbre auteur, dont il sait apprécier mieux que personne les vertus, la profondeur, le génie et l'érudition.

Paris, septembre 1846.

SUR DOM PIERRE-BENOIT DE JUMILHAC.

On a dit que l'humilité était le cachet du génie. Elle est toujours l'apanage d'un auteur qui, dans son œuvre, envisage beaucoup moins sa propre gloire que l'intérêt de ses lecteurs. Mais plus l'écrivain cherche à s'effacer, plus la reconnaissance publique s'efforce de soulever le voile sous lequel il voulait se dérober à de justes éloges.

L'illustre bénédictin dont on reproduit aujourd'hui l'admirable livre, en est un exemple. Il a été sur le point d'atteindre un but où tant d'autres ne redoutent rien tant que de parvenir : on a fait honneur de ce beau travail à Dom Jacques Le Clerc, bénédictin de la congrégation de Saint-Maur. Il ne nous est pas facile de savoir à quel titre ce religieux avait pu mériter l'attribution que lui en décerne son confrère Dom Caffiaux. Toujours est-il que le secret du trop modeste écrivain avait été si bien gardé, que Dom Caffiaux, mort en 1677, ne connaissait pas le véritable auteur d'un ouvrage sorti du sein de sa propre congrégation, en 1673.

L'assertion de Dom Caffiaux ne pouvait manquer d'avoir des échos. Aussi Forkel (*Allgemeine Litteratur,*) et Lichtenthal (*Dizionario e bibliografia della musica*), ne se sont point fait faute d'assurer que *La science et la pratique du plain-chant* est due à Dom Jacques Le Clerc. D'autres ont été plus près de la vérité, sans y arriver néanmoins : tels sont les biographes qui, regardant Dom Jacques Le Clerc comme le véritable auteur de cet ouvrage, ont fait au véritable auteur une simple part de directeur de la publication.

De très-graves autorités ont fait justice de ces diverses assertions. Le célèbre Dom Martenne a connu dans l'abbaye de Saint-Germain-des-Prés l'humble religieux qui n'a pu lui dérober le secret de son œuvre. Dans son *Histoire* manuscrite *de la congrégation de Saint-Maur,* Dom Martenne met en plein relief le nom qui se cachait dans l'ombre : c'est celui de Dom Pierre-Benoît de Jumilhac. Le P. Tassin, dans son *Histoire littéraire* de la même congrégation, n'hésite pas à révéler le même fait. M. Weiss, M. Fétis, Dom Guéranger, Choron et Fayolle, se rangent sans restriction à l'avis des deux premiers. Il ne peut plus y avoir de discussion sur ce point de bibliographie, et il nous reste seulement à fournir quelques notions sur le docte auteur de ce précieux ouvrage.

Dom Pierre–Benoît de Jumilhac naquit en 1611, à Saint-Jean-Ligourre (et non point Ligourne ni de Ligoure, comme on l'a écrit), une des paroisses du diocèse de Limoges, aujourd'hui appartenant au canton de Pierre-Buffière, dans l'arrondissement du chef-lieu du département de la Haute-Vienne. Sa famille, une des plus considérables de la province, subsiste encore de nos jours, et a eu des alliances avec celle non moins illustre qui s'est glorieusement éteinte dans le président du conseil des ministres de Louis XVIII, le duc de Richelieu. Jeune encore et renonçant généreusement à toutes les espérances que l'éclat d'un beau nom pouvait lui faire envisager, il entra dans la congrégation si justement nommée le *Séminaire des savants*. Ses mérites incontestés, ses talents reconnus l'élevèrent aux premiers emplois de son ordre. L'étude du chant religieux devint l'objet de ses prédilections; c'est dans le silence du cloître, au milieu des sources de l'érudition sacrée, entouré de tant de confrères dont les noms sont radieux, que Dom Benoît de Jumilhac composa, à loisir, *La Science et la Pratique du Plain–Chant*. Il mourut à l'abbaye de Saint-Germain-des-Prés, le 22 mai 1682, et, selon M. Fétis, le 22 mars de la même année, à l'âge de 71 ans; (on voit que la variante des mois peut aisément provenir d'une erreur de plume ou de typographie). C'est tout ce que l'histoire peut recueillir sur l'existence d'un aussi estimable écrivain ; mais son livre est le panégyrique le plus éloquent et le plus impartial qui puisse dignement honorer sa mémoire.

On a déjà vu que le livre de Dom Jumilhac fut livré à l'impression en 1673. Cette date est incontestable, car on lit à la dernière page du volume : « Achevé d'imprimer pour la première fois le deuxieme jour d'octobre 1673. » René Ouvrard, maître de la musique de la Sainte-Chapelle, revêtit de son approbation cet excellent traité. Ceci est d'autant plus digne de remarque, que l'examinateur était lui-même parfaitement versé dans les connaissances musicales. C'est une justice que rend à Ouvrard un bon juge en cette matière, M. Fétis, dans sa Biographie (tome VI, pages 106-107). Ouvrard n'hésite pas à déclarer que l'auteur « a debarassé entierement la musique de l'obscurité dont les anciens Maistres l'auoient enveloppée... « Qu'il y a tant de recherches et de citations de presque tous les auteurs qui en ont traité, qu'on peut regar- « der cét ouvrage comme un abrégé de plusieurs autres, et comme un recueil de toutes les methodes qui « ont paru jusqu'icy sur la pratique du chant Ecclesiastique. »

M. Fétis dit à son tour que le Traité théorique et pratique du plain-chant de l'abbé Léonard Poisson, celui du P. Jumilhac, et le Traité historique de l'abbé Lebeuf, sont ce qu'on a publié de meilleur, en France, sur le plain-chant (*Biographie univers. des Music.*, art. Poisson).

Le *Journal des Savants* (numéro de juillet 1777), prodigue les plus grands éloges à cet ouvrage, et l'on doit s'étonner qu'une sorte d'obscurité lui ait été infligée, depuis le milieu du siècle dernier jusqu'à notre temps. D'autre part, les écrivains sérieux qui ont travaillé sur le chant liturgique n'ont point choisi d'autre guide que Dom Jumilhac, et l'ont mis à contribution fréquemment, sans le nommer. Au surplus, la valeur intrinsèque d'un ouvrage n'est pas toujours démontrée par un grand retentissement, et ajoutons que, le mauvais goût du siècle dernier en toutes choses ayant fait invasion dans la science du chant religieux, on en était venu en général à considérer les bons auteurs en ce genre comme des esprits rétrogrades et surannés. Le progrès, comme on l'appelle de nos jours, se voit contraint de regarder derrière lui, et d'interroger les âges que le temps a dévorés, mais dont il a été obligé de respecter les productions inspirées par le génie du vrai et du beau.

Quelques personnes ont cru que le livre du docte bénédictin avait eu plusieurs éditions : l'une en 1672, et qui serait la première, s'il faut en croire Dom Bouillart, auteur de l'*Histoire de l'abbaye de Saint-Germain-des-Prés*, et l'autre en 1677. Or, il est démontré que l'édition de 1672 n'existe pas. Quant à celle qui aurait vu le jour en 1677, elle a échappé à toutes nos recherches. L'édition de 1673 est donc la seule réelle, selon nous, et c'est ce qui explique pourquoi l'ouvrage de Dom Jumilhac est devenu si rare, que la Bibliothèque royale de Paris, si riche et si complète d'ailleurs, n'en possède pas un seul exemplaire. L'auteur de ces lignes est devenu comme providentiellement propriétaire de cet ouvrage, il y a déjà un assez grand nombre d'années. Ainsi donc, en réimprimant ce chef-d'œuvre, les éditeurs osent se flatter de conquérir la reconnaissance des véritables appréciateurs du chant sacré. Trop longtemps la musique profane s'est établie en souveraine dans nos sanctuaires catholiques. Le moment semble enfin venu d'étudier sérieusement le chant liturgique dans les pures sources de la tradition, et de lui restituer la place éminente qu'il doit occuper dans nos grandes basiliques, comme dans l'humble église du village. Ce n'est point sans dessein que nous formulons ainsi notre pensée. C'est parce qu'au moment présent l'exemple du chant normal et foncièrement chrétien part des degrés infimes, ce qui ne se voit pas non plus pour la première fois dans l'ordre social considéré sous d'autres aspects…

L'abbé J.-B.-E. PASCAL,

Auteur du *Rational liturgique*, ou *Origines
et Raison de la Liturgie catholique*, etc.

PREFACE

DE DOM PIERRE-BENOIT DE JUMILHAC.

L'on a tant écrit de la musique et de l'art de chanter, qu'il est à craindre que plusieurs à la seule vûe du titre de cét ouvrage ne le méprisent, et ne le mettent au nombre des Livres inutiles : Mais il y a aussi lieu de se promettre que les personnes équitables en useront autrement, et qu'ils voudront connoistre avant que de juger. Au moins espere-t-on d'eux cette justice qu'ils daigneront s'informer des motifs qui m'ont engagé à écrire d'une matiere traitée par tant d'autres. La principale raison qui m'a porté à entreprendre cét ouvrage est que dans cette grande multitude d'Autheurs qui se sont occupez à donner des instructions sur le chant, à peine s'en trouve-t-il un seul qui ait traité de tous les points de theorie et de pratique qui le concernent. Boëce qui a le plus exactement recuëilly tout ce que les philosophes et les musiciens Grecs et les autres anciens autheurs les plus fameux avoient laissé par écrit de cette science jusques à son siecle, et qui en a traité avec plus de doctrine et de soin dans les cinq livres de sa musique, n'a parlé que des sons, de leurs intervales et proportions, de leurs consonances, de leurs systemes, de leurs genres, et de leurs modes. S. Augustin au contraire dans les six Livres qu'il en a composez, ne s'est arresté qu'à la seule mesure des sons, et à la mesure de leurs silences. Cassiodore, S. Isidore, et le venerable Bede, ou celuy qui a emprunté son nom, ont dit fort peu de chose des systemes, des genres, des modes, et de la mesure, et n'ont fait aucune mention des cadences, et de leurs silences.

Guy Aretin s'est particulierement étudié à faciliter la pratique des intervalles, des notes, et des modes, à quoy les precedens n'estoient pas descendus en particulier. Mais il a dit peu de chose de leur theorie, n'a point parlé des genres, et a laissé par écrit peu d'observations sur la mesure des sons, et des silences, et sur la valeur des notes; parce qu'il se contentoit lors d'en instruire ses disciples de (1) vive voix.

(1) *Guido in prologo prosaico antiphonarij cap. 2. et in Micrologo cap.* 15.

Jean des Murs docteur de Paris dans sa theorie de la musique n'a traitté que des proportions que doivent avoir les intervalles du chant, les mesures des sons, et les diverses notes qui en marquent la difference et la valeur (1).

Franchin, Glarean, Zarlin, et les autres modernes, qui depuis deux ou trois siecles ont le mieux écrit des intervalles, et de la mesure tant des sons que des silences, n'ont quasi eu en vûe que la musique à plusieurs parties, et la musique figurée, sans se mettre en peine de donner les instructions sur tous les points qui sont particuliers au plainchant.

De sorte que pour assembler en un corps tout ce qui peut appartenir à la theorie et à la pratique du plainchant, il est comme necessaire de faire un recueil de tout ce qui se trouve épars sur ce sujet dans les livres des meilleurs autheurs, afin que ceux qui n'ont pas le loisir (2) et la commodité de voir (3) ceux qui ont écrit de ces divers points, les trouvent recueillis en un seul Livre.

Une autre consideration qui m'a excité à dresser ce recueil est la multitude des methodes defectueuses qui dans ces derniers siècles ont esté mises en lumiere sur le fait du chant : je les appelle defectueuses, parce qu'en la pluspart l'on n'y voit ni les principes de science, ny tous les points de pratique qui sont necessaires pour bien former au chant ceux qui s'y exercent. Ce qui en semblable occasion obligea autrefois Aristoxene l'un des plus anciens et des plus fameux écrivains et musiciens de l'antiquité, et apres luy plusieurs autres illustres autheurs de se plaindre de la temerité et de l'ignorance de ceux (4) qui se mélent ou de donner au public de semblables livrets, ou de noter et corriger ceux du chant : ce qui est d'autant plus dommageable, que ce sont ordinairement ces sortes de Livres qui ont le plus de cours et de debit, soit à cause de leur nouveauté soit parce qu'il y a plus de commodité de les avoir que de recouvrer les anciens. D'où il arrive que les defauts et les erreurs qui y sont contenuës, sont aussi renduës plus universelles et plus communes. Afin donc d'empescher le cours d'un abus si nuisible à la perfection de la science et de la pratique du chant et de donner les moyens necessaires pour corriger les erreurs qui s'y sont glissées, il semble necessaire et de joindre en un seul Livre tout ce qui concerne la science et la veritable pratique du chant, et de le confirmer tant par l'authorité des plus anciens et des meilleurs autheurs, que par des raisons ou demonstrations, lors que le sujet le demande.

---

(1) Dom Jumilhac n'a pas connu tous les manuscrits de l'auteur dont il parle ici, sans cela il y aurait vu une véritable et immense encyclopédie musicale. En conférant l'avant-dernier paragraphe de cette préface avec l'article *Jean de Muris*, que l'on peut lire dans le Dictionnaire biographique qui termine notre édition de dom Jumilhac, on acquerra la preuve que celui-ci n'avait à sa disposition qu'une copie très-incomplète des travaux du célèbre de Muris.

(Note des Éditeurs.)

(2) Ut pote quod otium in primis, ac cogitationes minime distractas requirat. *Nicomachus lib.* 1. *Manualis harmonici cap.* 1.

(3) Verum quia diebus istis libri antiquorum philosophorum nedum de musica, sed de cæteris mathematicis non leguntur, et ob hoc accidit nos tanquam inintelligibiles, aut nimis difficiles abhorreri; visum est mihi bonum de musica Boëtij tractatum brevem elicere, in quo conclusiones pulchriores, et ad ipsam musicæ artem essentialiter pertinentes, cum sermonis claritate, ac evidentia sententiæ manifestare conabor. *Ioannes de Muris præfatione in musicæ theoriam.*

(4) Cum vero in cantus constitutione ordo sit admirabilis, confusionis tamen summæ notam musicæ inurere quidam non dubitarunt propter illos qui doctrinam dilucidandam susceperant. Neque vero ex sensibilibus ullum est, quod tanto ac tali ordine sit conspicuum. *Aristoxenus lib.* 1. *harmonicorum elementorum non longe à principio.*

* Qua in re, cum pro sua ipsi volontate multa commutent, aut parum, aut nihil mihi indignari debent, si à communi usu vix paucis abscedo, ut ad communem artis regulam uniformiter omnis cantilena recurrat. Quoniam vero hæc omnia mala, et multa alia eorum culpa eveniunt, qui antiphonaria faciunt, valde moneo, et contestor, ne aliquis amplius præsumat antiphonarium neumare, nisi qui secundum subjectas regulas bene potest, et sapit ipsam artem perficere : Alioquin certissime erit magister erroris, quicumque prius non fuerit discipulus veritatis. *Guido Aretinus in prologo prosaïco antiphonarij. cap.* i.

* In musicis multa perperam tradita ab annis aliquot; multa etiam in vulgus falsó edita, quæ nemo non videt. Nonnullos quoque fuisse constat, qui hujus disciplinæ ne nomina quidem declinare potuerint; et tamen editis libris artem docere conatos esse, non absque rigida Aristarchi ferula, et philosophico supercilio; quæ res sæpe mihi risum, sed sæpius bilem movit. *Glareanus lib.* 1. *dodechachordi cap.* 16.

* Pedagogi aut sint eruditi plane, quam primam esse curam velim : aut se non eruditos sciant : nihil enim pejus est ijs qui paulum aliquid ultra primas litteras progressi falsam sibi scientiæ persuasionem induerunt. Nam et cedere præcipiendi peritis indignantur; et velut jure quodam potestatis, quo fere genus hoc hominum intumescit, imperiosi atque interim sævientes, stultitiam suam perdocent, etc. *Quintilian. lib.* 1. *instilut. cap.* 1.

Que si l'entreprise de ceux qui ont temerairement écrit du chant, oblige de remedier à leurs manquemens et de donner le moyen de les corriger ; l'ignorance et l'incapacité de ceux qui au defaut de meilleurs maistres sont employez en une infinité de lieux à l'enseigner de vive voix, semble y devoir contraindre, vû qu'à l'exception de quelques bonnes Villes et des principales Eglises, où les meilleurs maistres de musique ont accoûtumé d'estre entretenus, il se trouve peu de personnes dans les autres Villes, et beaucoup moins dans les Bourgs et les Villages, qui ayent la science et l'adresse requise pour s'acquitter bien de cét employ et former comme il faut au chant ceux à qui ils l'enseignent. D'où vient que ne sçachant leur apprendre autre chose que d'élever et d'abaisser tellement quellement la voix en solfiant la note, les abus et la corruption du chant ne font que prendre de nouveaux accroissemens et se rendre plus universels. Le moyen donc le plus facile pour arrester le cours de ce desordre est d'avoir quelque solide instruction tant de la theorie que de la pratique du chant, à laquelle ceux qui y sont obligez puissent avoir aisément recours.

Or ce moyen ne sera pas moins utile à ceux qui apprennent le chant qu'à ceux qui l'enseignent, particulierement lorsque ayans déja de l'âge et de la discretion ils sont appellez à l'estat Ecclesiastique ou religieux, et qu'ils ont assez d'esprit ou de science pour se pouvoir instruire eux-mesmes par la lecture, au defaut de la vive voix ; car ils pourront alors trouver en ce recuëil ce qui leur sera necessaire à cét effet.

Enfin ce recuëil pourra aider à garentir les personnes intelligentes d'une erreur dont la pluspart semblent avoir esté jusques à present prevenus, en faisant paroistre une espece de mépris pour cette science, n'étudiant point sa theorie, et n'usant de sa pratique qu'avec beaucoup de negligence, lorsque leur caractere ou la qualité de leurs benefices ou dignitez Ecclesiastiques les engagent à s'en acquitter ; comme si c'estoit déroger à leur haute suffisance et à leur bel esprit, ou à la grandeur de leur naissance ou de leurs dignitez, que de s'appliquer à la connoissance et à la pratique de cette science. Ils pourront donc voir icy que ces sortes de sentimens ne sont que des illusions ; et que tout au contraire ce sont ces mesmes qualitez d'esprit et de science, de dignité et de prelature Ecclesiastique, qui les obligent plus étroitement à se perfectionner dans le chant : parce que comme ce sont eux qui doivent le maintenir dans son integrité et dans sa perfection, et en retrancher non seulement les abus, mais aussi la moindre alteration qui s'y puisse glisser ; ce sont pareillement eux qui suivant le sentiment des Theologiens, et mesmes (1) de Platon et d'Aristote, y doivent estre les mieux versez ; parce qu'autrement ils ne pourront estre bons Juges d'une chose dont ils n'ont ny la connoissance ny l'experience ; et beaucoup moins pourvoir aux defauts qui s'y commettent et les corriger.

Que s'ils veulent passer plus avant dans la connoissance de cette science et en considerer les avantages, ils verront dans la suite qu'elle est une des principales, des plus nobles, et des plus dignes de l'homme ; si auguste, qu'elle seule approche de plus prés nos saints Autels que ne font tous les autres arts ou sciences ; et qu'elle a esté si soigneusement cultivée, que non seulement les premiers et les plus illustres philosophes (2) de l'antiquité, et ses plus vaillans heros ; mais aussi

(1) Custodes in hanc curam sollicite debent incumbere, ne quid vitij et corruptelæ in eam institutionem clam incidat, sed in omnibus vitæ partibus exactam, diligentemque illius formulam observent ; ne quid novi in musicæ leges importetur ; sed in omni studio, et industria observentur, etc. *Plato libro 4. de republica.*

  * Mihi profecto propter has causas in musica nutriendi videntur custodes. *Plato lib. 3. de republica.*

  * *Aristoteles lib. 8. politicorum.*

  * *Navarrus infra ad notam ultimam n. 12. sequentis sub finem ejusdem notæ.*

(2) Pythagoras musicam maxime coluit, et Socrates jam senex musicæ operam dare non erubescebat. *Quintilianus lib. 1. institut. cap. 10.*

  * Plato musices studiosissimus fuit. *Plutarchus in commentario de musica, et Quintilianus ubi supra.*

  * Porro quod harmonia res sit divina, veneranda, magna, Aristoteles Platonis discipulus his verbis confirmavit : Enim vero harmonia res est cælestis, ejusque natura divina atque pulchra. *Plutarchus, ibidem.*

  * Namque et Herculem musica usum fuisse audimus, et Achillem, et alios multos, quorum magister fuit Cheiron sapientissimus musicæ simul, et justitiæ, et medecinæ doctor. *Plutarchus ibid.*

les plus sages, les plus vertueux, et les plus puissans Roys, comme David, Salomon, Charlemagne, Robert ; les plus saints Prelats, et les plus grands Docteurs de l'Eglise, comme S. Ambroise, S. Augustin, S. Gregoire (1) le Grand, le Pape Hormisda, et plusieurs autres tant Papes, que signalez personnages, comme Boëce, Cassiodore, S. Jean Damascene (2), S. Odon l'un des plus saints (3) Abbez de l'ordre de S. Benoist, des plus exacts Observateurs de sa sainte Regle, et Fondateur du monastere et de l'ordre de Cluny, et grand nombre d'autres celebres personnages ont estimé son étude des delices(4), et ont eu un soin particulier soit d'en écrire et d'en donner des instructions, soit de s'y exercer et de la faire pratiquer. De sorte qu'il y a sujet de croire, qu'apres tous ces exemples ils n'auront aucune peine d'entrer dans ces sentimens, et d'imiter la conduite de si grands et de si saints personnages, et qu'ils ne negligeront pas d'appliquer leur esprit et leurs soins à une chose, à laquelle la condition de leur estat Ecclesiastique ou Religieux et le rang ou la dignité qu'ils y tiennent les oblige si étroitement (5), et qui fait non seulement la principale et la plus importante, mais aussi la plus ordinaire et la plus continuelle de leurs occupations. Par où il est visible qu'ils ne peuvent negliger un devoir si important sans blesser (6) leur conscience, et sans s'engager dans une des plus grandes miseres de la vie, qui est de faire profession d'un art ou d'une science, et de s'y exercer journellement sans y faire aucun progrez et sans en acquerir jamais la perfection (7).

Voilà les motifs qui m'ont autrefois induit à solliciter quelques personnes doctes et des plus intelligentes dans la theorie et dans la pratique du plainchant de donner au public une methode accomplie pour l'un et pour l'autre, et qui à leur défaut m'ont excité à en tracer un crayon grossier dans ce recueil, en attendant que quelque personne mieux versée en ces matieres en donne un portrait accomply. Il ne reste maintenant qu'à dire quelque chose de l'ordre que l'on tient dans ce livre, afin d'en rendre l'intelligence plus facile. Comme donc il y a six principaux chefs ausquels tout ce qui concerne le chant se peut reduire, ce Livre est pareillement divisé en six parties ; dont la premiere traite de la science du chant. La 2de des sons ou des voix, et de leurs in-

---

(1) *Valfridus Strabo lib. de rebus Ecclesiasticis cap.* 22 *et* 23
* *Ioannes diaconus in vita S. Gregorij lib.* 2. *cap.* 6.
(2) Ex ea hora cœpit Joannes hymnorum cantilenas, et melliflua cantica concinnare, quibus adhuc lætificat Ecclesiam, et locum tabernaculi admirabilis, ubi auditur sonitus festa celebrantium. *Ioannes Patriarcha Hierosolim. In vita S. Ioannis Damasceni.*
* *Cedrenus et Suidas in ejus vita.*
(3) Qui autem curiosus fuerit, librum enchiridion, quem reverentissimus Oddo Abbas luculentissime composuit perlegat. *Guido Aretinus in prologo antiphonarij cap.* 10. *seu ultimo.*
(4) *Augustinus infra citatus in notis partis* 3. *cap.* 1. *n.* 7.
(5) Hæc ergo disciplina tam nobilis est tamque utilis, ut qui en caruerit Ecclesiasticum officium congrue implere non possit. *Rabanus Maurus lib.* 3. *de institutione clericorum cap.* 24.
(6) Horum autem quædam aliquis scire tenetur, illa scilicet sine quorum scientia non potest debitum actum exercere : unde omnes tenentur scire communiter ea, quæ sunt fidei, et universalia juris præcepta : singuli autem ea, quæ ad eorum statum vel officium pertinent. *Et paulo infra.*
Manifestum est autem, quod quicumque negligit habere, vel facere id quod tenetur habere, vel facere, peccat peccato omissionis. Unde propter negligentiam ignorantia eorum quæ aliquis scire tenetur, est peccatum. *S. Thomas* 1. 2. *quæst.* 76. *art.* 2.
* Peccare eos qui canere nescientes tam notabiliter male canunt id ad quod tenentur, ut alijs excitent risum, perturbationem, vel fastidium, distrahendo eorum mentes ab attentione debita. Ex quo subinfertur eos esse obligatos ad minus tantam sibi cantus notitiam parare, ut canere valeant id ad quod tenentur, citra provoca-

tionem ad aliquid supradictorum. Neque eos excusat juvenilis, vel senilis ætas; tum quia nulla sera est ætas ad discendum; tum quia nemo debet suscipere munus, quo nesciat fungi; et si susceperit, tenetur per conscientiam deponere onus, aut discere id, sine quo non potest eo, ut par est, fungi; per multa jura, per quæ id alibi latius probavimus, etc. *Navarrus in enchiridio de oration et horis canonicis cap.* 16. *n.* 30.
* Octava causa qua nonnulli se excusant à cantando in choro, et in processionibus, licet non à recitandis horis, est ignorantia cantus, aut vocis ad id aptæ defectus, aut prælatio, qua nobilitate, scientia, et gradu alijs præcellunt. Quæ tamen causa non est justa : tum quia qui non callet cantum aut aliquid aliud suo officio exercendo necessarium, non debet illud suscipere, et si suscipit, tenetur requisita illi discere; quod si nequeat, vel nolit addiscere, privandus est hujusmodi officio vel beneficio : uti recte determinat Albertus ; et probari potest per ea, quæ alibi fusius scripsi, *etc.* tum quod præstantia dignitatis non excusat à cantu, quin imo ad eum magis obligat; uti declaratum fuit in statutis Gallicanis supra relatis : tum quia nobilitas parum momenti habet ad excusandum quempiam ab oneribus spiritualis muneris, ut multa jura insinuant. *Navarrus eodem libro cap.* 11. *n.* 41. *et* 42.
(7) Miserum namque est cujuslibet artis ac studij disciplinam quempiam profiteri, et ad perfectionem ejus minime pervenire. *Cassianus collat.* 4.
* Miserabiles autem cantores, cantorumque discipuli, qui etiam si per centum annos quotidie cantent, nunquam saltem perfecte unam parvulam cantabunt antiphonam. *Guido Aretinus in prologo prosaico antiphonarij cap.* 1.

tervalles. La 3ᵉ du temps ou de la mesure des mesmes sons. La 4ᵉ des tons ou modes des pieces de chant. La 5ᵉ de leurs cadences, et du temps ou mesure des silences ou pauses des mesmes cadences. La 6ᵉ de la pratique ou de la maniere de s'exercer au chant.

Le titre de la premiere partie est de la science du chant, parce que cette partie ne contient que peu ou point de pratique : et la sixiéme au contraire a pour titre la pratique, parce que l'on s'y arreste davantage aux points particuliers de la pratique. Quant aux autres parties la theorie et la pratique y sont ordinairement mêlées, afin que la pratique du chant soit en tous ses points éclairée des lumieres de la science, établie sur ses principes, et perfectionée par sa conduite. Chacune de ses parties est divisée en plusieurs Chapitres, dont le lecteur peut voir la table ensuite de cette Preface(1).

Outre ces six parties il y en a deux autres qui y sont ajoûtées, dont la septiéme contient les authoritez, qui sont employées pour servir de preuve et d'éclaircissement aux points les plus importans du texte des six autres parties (2); afin que ceux qui se contentent de la lecture du texte en ayent la suite plus aisée sans l'embarras des citations : et que les autres qui desirent les voir et s'éclaircir plus amplement de ce qui y est contenu, puissent le faire plus commodement sans estre obligez de chercher ces authoritez dans des autheurs dont les Livres ne se trouvent pas ordinairement chez les personnes particulieres; et dont mesme plusieurs ne se rencontrent que rarement et en peu de Bibliotheques; et d'autres comme Jean des Murs et Guy Aretin qui est tres-souvent cité, ne se voyent point imprimez; leurs manuscrits mesme sont si rares qu'il ne seroit pas aisé d'en trouver ou d'en indiquer cinq ou six dans toute l'Europe.

Ces authoritez y sont mises en façon de notes ou d'observations, et elles y sont assez souvent multipliées pour établir plus solidement la verité qu'elles contiennent par le témoignage des Anciens Autheurs et des modernes, de Philosophes et des Peres, des Musiciens et des Praticiens : comme aussi afin que les diverses expressions d'une mesme verité puissent servir aux differens gousts des lecteurs, et s'accommoder à l'inégale portée et capacité de ceux qui s'adonnent à l'étude du chant, ou qui à cette occasion peuvent avoir la lecture de ce livre. Que s'il se rencontre ailleurs quelque autre espece de repetition, elle n'y est mise que pour le mesme sujet, ou bien parce que ce qui n'est touché en un endroit que par occasion, ou qui y est traité selon la theorie, est expliqué plus au long en son propre lieu ou y est appliqué à la pratique.

Le rapport que ces authoritez ont avec le texte y est designé par les chiffres qui se voyent dans le milieu des interlignes, et à l'endroit de la marge qui y répond; car les authoritez qui conviennent au texte où ces chiffres se voyent placez, sont pareillement marquées des mesmes chiffres dans la VII. partie. Quant aux authoritez multipliées elles sont couchées sous un mesme chiffre, et ne sont distinguées les unes des autres que par une petite étoile.

Que si ces mesmes authoritez y sont quelquefois étenduës au delà du point du texte auquel elles sont appliquées, c'est parce que ce qui precede ou ce qui suit la sentence qui y est enclose, contient ou les causes, ou les effets, ou les proprietez, ou les accidens, ou les definitions, ou les divisions, ou autres choses semblables qui peuvent donner de l'éclaircissement au sujet.

Bien que toutes ces authoritez ne soient qu'à la fin du Livre, le Lecteur ne doit pas estre moins diligent à y avoir recours; parce qu'il y trouvera souvent expliqué au long ce qui n'est qu'effleuré au texte : outre que les termes dont les bons autheurs se servent, sont comme des oracles ausquels l'on a ordinairement plus de creance. Ceux toutesfois qui ne veulent voir que le texte, et se contentent de sçavoir les noms des Autheurs qui y sont citez, les trouveront sous les chiffres de la marge lorsqu'ils ne sont pas exprimez dans le texte; en sorte neanmoins que quand il y en a plu-

---

(1) Dans cette édition, la table a été rejetée à la fin du volume.
(*Note des éditeurs.*)

(2) Conformément à nos promesses, nous avons placé toutes les notes de l'auteur au bas de chaque page. Cette disposition nous a paru plus commode et d'une lecture plus agréable. Il faut donc modifier en ce sens les renvois que Dom Jumilhac dit ici avoir faits à une *septiéme partie*, qui n'existe plus. Avec les notes mises au bas des pages, les *manchettes* de l'ancienne édition n'étaient plus nécessaires; aussi les avons-nous fait disparaître.

(*Note des éditeurs.*)

sieurs de citez pour un mesme sujet, il n'y en a qu'un qui y soit nommé, et les autres y sont indiquez par ces mots *et alij*.

Les passages frequens de Guy Aretin et ceux de Jean des Murs qui y sont citez, sont pris des manuscrits de ces deux autheurs, qui ne paroissent pas estre moins anciens que les siecles où ils ont vécu. Ils sont entiers, et l'écriture est fort belle et fort correcte. Celuy d'Aretin appartient à l'Abbaye de S. Evroult en Normandie : Il luy fut vray-semblablement donné par un Abbé de la mesme Abbaye nommé Serlon, qui fut fait Evesque de Seez en 1091. d'où ayant esté contraint de se retirer à cause des outrages que luy faisoit (1) Robert Comte de Bellesme, il passa en Italie, où pendant le sejour qu'il y fit, son merite et son erudition lui acquit aisément l'amitié des gens de Lettres, et luy donna moyen de faire écrire et d'envoyer ce manuscrit à ses Religieux pour lesquels il eut des soins et une bonté de Pere jusques à la fin de sa vie.

Ce qui rend encore plus considerable ce manuscrit et en releve le prix, est que l'on y void les traitez, qu'il dit luy-mesme avoir composez (2), sçavoir *les regles claires* dans son *micrologue*, dans les deux *prologues* de son Antiphonaire l'un en *rythme* l'autre en *prose*, dans son *Epilogue des Formules des modes*, (si ce n'est que l'écrivain du mesme manuscrit se soit abusé en écrivant *epilogue* au lieu de *prologue*) dans les *formules* des mesmes modes; et dans une espece d'*epilogue rithmique* qui est en suite des mesmes formules : et qui sans titre commence par ces mots *Ars humanas instruit loquelas* etc. L'Antiphonaire qu'Aretin dit encore avoir composé, sous lequel nom il comprend aussi le graduel, est contenu dans le mesme manuscrit, et y est noté avec des lignes vertes et rouges, suivant la nouvelle methode du mesme Aretin.

La bonté du mesme manuscrit se reconnoist aussi par les citations des passages d'Aretin, dont les anciens Autheurs se sont servis qui s'y trouvent tous; comme aussi par les omissions et quelques autres fautes d'un manuscrit dont le Cardinal Baronius a extrait la Lettre ou l'Epistre dedicatoire du micrologue de Guy Aretin à Theodalde Evesque d'Arezze, laquelle il a inserée dans son II. Tome en l'année de Jesus-Christ 1022. desquelles fautes le manuscrit de saint Evroult est exempt; quoy qu'il y en ait quelques autres de l'écrivain. Ceux qui auront la curiosité de les voir et de les corriger dans les exemplaires de Baronius, trouveront au commencement de la Partie VII. à la fin des notes de cette Preface la copie de la mesme Lettre (3), et la Table des Titres ou des

(1) Serlo uticensis Abbas, factus Salariensis seu Sagiensis Episcopus, ob persecutionem Roberti Bellesmensis comitis diu exulavit, nunc in Anglia, post in Italia. De eo Ordericus lib. 12. refert quod nullam, ut reor, elegantiorem Serlone, seu facundiorem Normanniæ prolem protulit. *Et paulo infra.* Erat idem tam secularium, quam divinarum eruditione litterarum doctissimus, et ad universa, quæ proponebantur respondere promptissimus. *Gallia Christiana tomo* 5.

(2) Feci regulas apertas, et antiphonarium regulariter perfectum contuli cantoribus, quale nunquam habuerunt reliquis temporibus. Precor vos beati fratres pro tantis laboribus pro me misero Widone, meis adjutoribus, pium Dominum exorate, nobis sit propitius. Operis quoque scriptorem adjuvate precibus. Pro magistro exorate, cujus adjutorio auctor indiget et scriptor : Gloria sit Domino. Amen. *Guido in prologo rythmico antiphonarij in fine.*

(3) *Coppie de l'Epistre dedicatoire du Micrologue de Guy Aretin à Theodalde Evesque de la ville d'Arezze, dont les mots qui y sont écrits en italique, marquent les omissions ou la diversité des mots du MS. dont Baronius a extrait celle qu'il a inseré dans ses annales en l'année* 1022.

Divini timoris totiusque prudentiæ fulgore clarissimo, dulcissimo patri, et reverentissimo *Domino* Theodado sacerdotum ac præsulum dignissimo. Guido suorum monachorum utinam minimus, quicquid servus et filius Dum solitariæ vitæ salutem modicam exequi cupio quantitatem, vestræ benignitatis dignatio ad sacri verbi studium meam sibi voluit sociari parvitatem. Non quod vestræ desint excellentiæ multi ac maximi *spirituales* viri, et virtutum effectibus abundantissime roborati, et sapientiæ studijs plenissime adornati, qui et commissam plebem unâ vobiscum competenter erudiant; et divinæ contemplationi assidue et indesinenter inhæreant : sed ut meæ parvitatis, et mentis et corporis imbecillitas *miserata* vestræ pietatis et paternitatis fulciatur munita præsidio; ut si quid mihi divinitus utilitatis accesserit, vestro Deus imputet merito. Qua de re cum *de* ecclesiasticis utilitatibus *ageretur*, exercitium musicæ artis, pro quo, favente Deo, non incassum *desudasse* me memini : vestra jussit auctoritas proferri in publicum; ut sicut ecclesiam beatissimi Donati Episcopi et Martyris, cui Deo *auctore* jure vicario præsidetis, mirabili nimirum schemate peregistis : ita eidem ministros Ecclesiæ honestissimo, decentissimoque quodam privilegio cunctis pene per orbem clericis spectabiles redderetis. Et revera satis habet miraculi *et opticlonis* cum vestræ ecclesiæ etiam pueri in modulandi studio perfectos aliorum quecumque locorum superent senes. *Vtrinque honoris ac meriti perplurimum cumulabitur celsitudo, cum post priores patres tanta ac talis* ecclesiæ per vos studiorum evenerit claritudo. Itaque quia vestro tam commodo præcepto nec volui *contraire* nec valui, offero solertissimæ paternitati musicæ artis regulas quanto *lucilius* et brevius potui explicatas, philosophorum neque eadem via ad plenum, neque eisdem insistendo vestigijs, id solùm procurans quod ecclesiæ opportunitati, vestrisque subveniat parvulis. Ideo enim

Chapitres du micrologue qui la suit immediatement, selon qu'elle est couchée dans le mesme manuscrit de S. Evroult.

Il y a encor à Paris un autre manuscrit du mesme Aretin dont l'écriture paroist de quatre à cinq cens ans, lequel a autrefois appartenu à la Bibliotheque de Laurens Bochel Advocat de Paris : mais il ne contient que deux des traitez d'Aretin, le micrologue, et le prologue prosaique ; et encore manque-t-il au micrologue les six derniers Chapitres. Du reste ce qui y est, est aussi correct qu'au manuscrit de saint Evroult.

Quant au manuscrit de Jean des Murs, dont je me suis servy, il appartient à Mr Joüet digne Maistre de la Musique de Nostre-Dame de Chartres. Il y en a un autre dans la Biblioteque de S. Victor de Paris ; mais il n'est ny si correct ny si bien écrit que le precedent, et n'est pas entier ; car il ne contient que les deux premieres parties de cét autheur, et non la troisiéme qui traite de la figure et de la valeur des notes, dont toutefois les écrivains modernes luy ont attribué l'invention à cause de cette Partie, qui pour ce sujet est estimée la principale et la plus considerable de cét autheur.

La huitiéme et derniere Partie contient tous les exemples dont il est fait mention aux autres parties ; ils y sont ainsi renvoyez afin que le cours de l'impression du livre n'en soit ny interrompu ny embarrassé, et qu'il ne soit pas besoin de les reïterer dans les divers endroits du livre où il en est fait mention (1).

---

hoc studium hactenus latuit occultatum, *quia cum esset arduum, non est à quolibet humiliter explanatum.* Quod qua occasione *humiliter aggressus sim*, quave *humilitate* et intentione, absolvam perpaucis.

Cum me et naturalis conditio, et *bonorum imitatio* communis utilitatis diligentem faceret : cæpi *inter alia musicam tradere.* Tandem affuit divina gratia, et quidam eorum imitatione chordæ, et nostrarum notarum usu exercitati ante unius mensis spatium *invisos* et inauditos cantus ita primo intuitu indubitanter cantabant, ut maximum spectaculum plurimis præberent. Quod tamen qui non potest facere, nescio qua fronte se musicum, vel cantorem audeat dicere. Maxime itaque dolui de nostris cantoribus, qui etsi centum annis in canendi studio perseverent, nunquam tamen vel minimam *antiphonam* per se valent efferre, semper discentes (ut ait Apostolus) et nunquam ad scientiam pervenientes. Cupiens itaque tam utile nostrum studium in communem utilitatem expendere ; de multis musicis argumentis quæ adjutore Deo per varia tempora *conquisivi*, quædam quæ cantoribus proficere credidi quanta potui brevitate perstrinxi. Quæ enim de *musica* ad canendum minus prosunt, aut si *qua* ex his quæ dicuntur non valent intelligi, nec memoratu digna judicavi, non curavi de his, si quorumdam livescat *animus* invidia, dum quorumdam proficiat disciplina.

La table des chapitres du micrologue suit immediatement le prologue.

EXPLICIT PROLOGUS.

Quid faciat qui se ad musicæ disciplinam parat.
Quæ vel quales sint notæ, vel quot.
De dispositione earum in monochordo.
Quod sex modis sibi invicem voces jungantur.
De Diaspason, et cur septem tantum sint notæ.
Item de divisionibus et interpretatione earum.

De affinitate vocum per 4. modos.
De alijs affinitatibus et ♭ et ♮.
Item de similitudine vocum, quarum diapason sola perfecta.
Item de modis, et falsi meli agnitione, et correptione.
Quæ vox et quare in cantu obtineat principatum.
De divisione quatuor modorum in octo.
De octo modorum agnitione, acumine et gravitate.
Item de tropis et vi musicæ.
De commoda vel componenda modulatione.
De multiplici varietate sonorum, et neumarum.
Quod ad cantum redigitur omne quod dicitur.
De diaphonia, id est organi præcepta.
Quomodo musica ex malleorum sonitu inventa sit.
Incipit micrologus in musica. etc.

Apres le dernier chapitre on y lit les mots suivans.

Explicit micrologus, id est brevis sermo in musica, editus à Domno Widone peritissimo musico, et venerabili monacho directus ad Theodaldum Reatinæ civitatis Episcopum.

Les chapitres de ce micrologue ne sont timbrez dans le MS. de S. Evroult que dans le corps du livre et non dans la table ; mais dans celuy de Laurens Bochel ils sont aussi timbrez dans la table, et ce jusques au nombre de vingt, quoy que le MS. de S. Evroult n'en marque que 19. Ce qui provient de ce que le MS. de Bochel divise en deux le penultiéme chapitre ; ce que celuy de S. Evroult fait aussi dans le corps du livre : car apres le titre de diaphonia, etc. il y met le suivant, Dicte diaphoniæ per exempla probatio, *avant que d'y mettre le dernier.* Quomodo musica, etc.

(1) Dans cette édition, les exemples, pas plus que les notes, ne forment une partie séparée ; ils sont intercalés dans le texte, à leur place naturelle. *(Note des éditeurs.)*

REPRODUCTION EXACTE DES PASSAGES DE GUY D'AREZZO,

QUI SE TROUVENT CITÉS DANS LA PRÉFACE DE JUMILHAC, COLLATIONNÉS DE NOUVEAU SUR LE MANUSCRIT DE SAINT-EVROULT.

Page 8, note 4.

« Qua in re cum pro sua ipsi voluntate multa commutent, aut parum, aut nichil mihi indignari debent, si á communi usu vix in paucis abscedo, ut ad communem artis regulam uniformiter omnis cantilena recurrat. Quoniam vero hęc omnia mala et multa alia eorum culpa eveniunt, qui antiphonaria faciunt, valde moneo et contestor, ne aliquis amplius pręsumat antiphonarium neumare, nisi qui secundum subjectas regulas bene potest et sapit ipsam artem perficere. Alioquin certissime erit magister erroris, quicunque non prius fuerit discipulus veritatis » (Page 20 du mss. de Saint-Evroult).

Page 10, note 7.

« Miserabiles autem cantores cantorumque discipuli, qui etiam si per centum annos cotidie cantent nunquam per se sine magistro unam vel saltem parvulam cantabunt antiphonam. » (Page 20 du mss. de Saint-Evroult.)

Page 12, note 2.

« Feci regulas apertas et antiphonarium, regulariter perfectum contuli cantoribus quale nunquam habuerunt reliquis temporibus. Precor vos beati fratres pro tantis laboribus pro me misero WIDONE meis adjutoribus, pium dominum exorate nobis sit propicius. Operis quoque scriptorem adjuvate precibus. Pro magistro exorate cujus adjutorio, auctor indiget et scriptor. Gloria sit domino. Amen. » (Pages 18-19 du mss. de Saint-Evroult).

Page 12, note 3.

« Divini amoris totiusque prudentię fulgore clarissimo, dulcissimo patri et reverentissimo domno Theodado, sacerdotum ac presulum dignissimo, Guido suorum monachorum utinam minimus, quicquid servus et filius. Dum solitarię vitę salutem modicam exequi cupio quantitatem, vestrę benignitatis dignatio ad sacri verbi studium meam sibi sociari voluit parvitatem, non quod vestrę desint excellentię multi et maximi spirituales viri, et virtutum effectibus habundantissime roborati, et sapientię studiis plenissime adornati, qui et commissam plebem una vobiscum competenter erudiant, et divinę contemplationi assidue et indesinenter inhęreant, sed ut meę parvitatis et mentis et corporis imbecillitas miserata, vestrę pietatis et paternitatis fulciatur munita pręsidio auxilio, ut si quid mihi divinitus utilitatis accesserit, vestro deus imputet merito. Qua de re cum de ecclesiasticis utilitatibus ageretur, exercitium musicę artis pro quo favente deo non in cassum desudasse me memini, vestra jussit auctoritas, proferri in publicum, ut sicut ecclesiam beatissimi donati episcopi et martyris, cui deo auctore jure vicario pręsidetis mirabili nimium scemate peregistis, ita eidem ministros ecclesię honestissimo decentissimoque quodam privilegio cunctis pene per orbem clericis spectabiles redderetis. Et revera satis habet miraculi et opticlonis (c'est sans doute *optionis* qu'il faut lire) cum vestrę ecclesię etiam pueri in modulandi studio perfectos aliorum quecumque locorum superent senes. Utrinque honoris ac meriti per plurimum cumulabitur celsitudo, cum post priores patres tanta ac talis ecclesię per vos studiorum evenerit claritudo. Itaque quia vestro tam commodo pręcepto nec volui contraire, nec valui, effero sollertissimę paternitati (le mot *vestrę* manque sans doute ici) musicę artis regulas quanto lucilius (le copiste aura voulu mettre *lucidius*) et brevius potui explicatas phylosophorum neque eadem via ad plenum, neque eisdem insistendo vestigiis id solum procurans quod ecclesiasticę oportunitati vestrisque subveniat parvulis. Ideo enim hoc studium hactenus latuit occultatum, quia cum revera esset arduum, non est á quolibet humiliter explanatum quod qua occasione humiliter aggressus sim, quave humilitate et intentione absolvam perpaucis.

« Cum me et naturalis conditio et bonorum imitatio communis utilitatis diligentem faceret, cepi inter alia musicam tradere. Tandem affuit divina gratia, et quidam eorum imitatione cordę (le copiste a sans doute voulu écrire *chordę*), et nostrarum notarum usu excercitati ante unius mensis spatium invisos et inauditos cantus ita primo intuitu indubitanter cantabant, ut maximum spectaculum plurimis pręberetur. Quod tamen qui non potest facere nescio qua fronte se musicum vel cantorem audeat dicere. Maxime itaque dolui de nostris cantoribus qui etsi centum annis in canendi studio perseverent, nunquam tamen vel minimam antiphonam per se valent afferre, semper discentes ut ait apostolus, et nunquam ad scientiam pervenientes. Cupiens itaque tam utile nostrum studium in communem utilitatem expendere, de multis musicis argumentis quę adjutore deo per varia tempora conquisivi, quędam quę cantoribus proficere credidi, quanta potui brevitate perstrinxi. Quę enim de musica ad canendum minus proficiunt, aut si qua ex his quę dicuntur valent (le copiste s'est évidemment trompé; il faut lire *non valent*) intelligi, nec memoratu dignum judicavi, nunc curavi de his si quorumdam livescat animus invidia, dum quorumdam proficiat disciplina. »

EXPLICIT PROLOGUS.

« Quid faciat qui se ad musicę disciplinam parat.
« Quę vel quales sint notę vel quot.
« De dispositione earum in monochordo.
« Quod sex modis sibi invicem voces jungantur.
« De diapason, et cur septem tantum sint notę.
« Item de divisionibus et interpretatione earum.
« De affinitate vocum per quatuor modos.
« De aliis affinitatibus et ♭ et ♮.
« Item de similitudine vocum quarum diapason sola perfecta.
« Item de modis, et falsi meli agnitione et correptione.
« Quę vox et quare in cantu optineat (*sic*) principatum. »

Etc. Le reste est absolument conforme à la copie de Jumilhac. (Pages 1-2 du mss. de Saint-Evroult).

LA SCIENCE ET LA PRATIQUE

DU PLAIN - CHANT.

PARTIE PREMIERE.

DE LA SCIENCE DU CHANT EN GENERAL.

CHAPITRE I.

DE LA NATURE, ET DU NOM DE CETTE SCIENCE.

I. La pratique du chant est le but et le principal sujet de cét ouvrage. Mais comme elle ne peut estre ny certaine, ny accomplie, si elle n'est conduite par les lumieres de la science ; il est du bon ordre d'entrer en matiere par des principes de theorie. Les plus generaux sont expliquez dans cette premiere partie, et ceux qui sont plus particuliers dans les parties suivantes selon que le sujet le demandera, et qu'ils pourront estre utiles pour établir ou pour rendre plus facile et plus parfait l'exercice du chant.

II. La science du chant est un des sept Arts (1) liberaux, et a pour son genre les (2) Mathema-

(1) Disciplinæ liberalium artium septem sunt. 1ª Grammatica, id est, loquendi peritia. 2ª Rhetorica, quæ propter nitorem et copiam eloquentiæ suæ, maxime in civilibus quæstionibus necessaria existimatur. 3ª Dialectica cognomento logica, quæ disputationibus subtilissimis vera secernit à falsis. 4ª Arithmetica , quæ continet numerorum causas et divisiones. 5ª Musica , quæ in carminibus, cantibusque consistit. 6ª Geometria, quæ mensuras terræ, dimensionesque complectitur. 7ª Astronomia quæ continet legem astrorum. *Isidorus lib. 1. orig. c. 2.*

(2) Mathematica latine dicitur doctrinalis scientia, quæ abstractam considerat quantitatem ; abstracta enim quantitas est , quam intellectu à materia separantes, vel ab alijs accidentibus, ut est par, vel impar, vel ab alijs hujusmodi sola ratiocinatione tractamus : cujus species sunt quatuor, Arithmetica, musica, geometria, et astronomia. Arithmetica est disciplina quantitatis numerabilis secundum se. Musica est disciplina, quæ de numeris loquitur, qui inveniuntur in sonis. Geometria est disciplina magnitudinis, et formarum. Astronomia est disciplina quæ cursus cælestium syderum,

atque figuras contemplatur, atque habitudines omnium stellarum. *Isidorus præfatione in lib 3. originum.*

* Omnis quantitas secundum Pythagoram vel continua vel discreta est : sed quæ continua magnitudo appellatur ; quæ discreta multitudo : quarum hæc est diversa proprietas. Multitudo enim à finita incohans quantitate, crescens in infinita progreditur, ut nullus crescendi finis occurrat. Estque ad minimum terminata, interminabilis ad majus, ejusque principium unitas est, quia minus nihil est. Crescit vero per numeros, atque in infinita protenditur, nec ullus numerus, quo minus crescat terminum facit. Sed magnitudo finita rursus suæ mensuræ recipit quantitatem ; sed in infinita decrescit. Nam si sit pedalis linea , vel cujuslibet alterius modi, potest in duo æqua dividi, ejusque medietas in medietatem secari ; ejusque rursus medietas in aliam medietatem ut nunquam ullus secundum magnitudinem terminus fiat. Ita magnitudo quantum ad majorem modum terminata est ; fit verò, cum decrescere cœperit, infinita. At contra numerus quantum ad minorem modum finitus est , infinitus autem incipit esse , cum crescit. Cum igitur

5

tiques, c'est à dire la science qui s'occupe à raisonner sur la quantité ou grandeur considerée en elle mesme. Ces Mathematiques comprennent quatre sortes de sciences, sçavoir l'Arithmetique, l'art de chanter (que l'on appelle Musique ou Harmonique), la Geometrie, et l'Astronomie. Mais la science du chant a cét avantage sur les trois autres, qu'elle les renferme en quelque maniere, et les employe (1) à son service. Elle emprunte les nombres de l'Arithmetique, l'étenduë ou la quantité permanente de la Geometrie, les raisons ou proportions de toutes les deux, la durée et le temps de l'Astronomie; et elle se prevaut de toutes ces choses, non seulement pour contempler et faire entendre les accidens propres aux sons qui composent le chant, c'est à dire le nombre, les proportions, et le rapport des differens sons, leur distance ou leurs intervalles, leur temps ou leur mesure, leur harmonie ou melodie, leur consonance ou leur dissonance, mais aussi pour y conduire mieux la voix dans la pratique.

III. Le mot de *Musique* tire son origine de celuy des *Muses*, dequoy il n'y a point d'autre raison et d'autre fondement que l'erreur ou la fantaisie des Payens, qui attribuoient aux muses une espece de (2) *toute-puissance* à l'égard du chant, c'est à dire la souveraine disposition de tout ce qui appartient à l'art de chanter, ou bien l'habileté à faire des vers, et des airs excellens sur toutes sortes de sujets. D'où leurs Philosophes et leurs Musiciens ont pris occasion de donner à la science du chant le nom de Musique. L'on pourroit encore dire, qu'ils luy ont attribué ce nom qui est commun à toutes les Muses, parce qu'ils ont estimé que cette science comprend toutes les autres (3) ausquelles ils croyoient que les Muses particulieres presidoient, et dont elles leur estoient des symboles.

IV. Afin toutefois d'éviter l'équivoque qui peut aujourd'huy se rencontrer dans ce nom de Musique, il faut remarquer que la signification qu'il a eü anciennement, est bien differente de celle qu'il a en nostre langue depuis peu de siecles; vû qu'on le prend ordinairement pour le chant à plusieurs parties; et que les anciens autheurs par ce terme ont premierement et principalement entendu designer le Plain-chant, bien que dans ses commencemens il ne fust renfermé (4) que dans l'étenduë d'un ou de deux tetrachordes chantez par une seule voix, et touchez sur un seul instrument ou separément ou (ce qui estoit alors fort en usage) conjointement; parce qu'ils ont estimé que l'essence et le principal employ de cét art consistoit plûtost dans la melodie, et

---

hæc ita sint infinita ; tamen de rebus finitis philosophia pertractat, inque rebus infinitis reperit aliquid terminatum, de quo possit jure acumen propriæ speculationis adhibere. Namque magnitudinis alia sunt immobilia ut terra, ut quadratum, ut triangulus, vel circulus. Alia sunt mobilia ut sphera mundi, et quicquid in eo rata celeritate convertitur. Discretæ vero quantitatis alia sunt per se, ut tres vel quatuor, vel cæteri numeri : alia vero ad aliud, ut duplum, triplum, aliaque, quæ ex comparatione nascuntur. Sed immobilis quantitatis geometria speculationem tenet; mobilis vero scientiam astronomia persequitur. Per se vero discretæ quantitatis arithmetica auctor est : ad aliquid vero relatæ musica probatur habere peritiam. *Boëtius lib. 2. musicæ cap. 3. et lib. 1. arithmeticæ cap. 1.*

(1) Musica proprium sibi delegit ab arithmetica numeros, à geometria mutuari quantitates. *Franchinus lib. 1. musicæ instrumentalis cap. 5. et lib. 3. cap. 11.*

* *Ptolemæus lib. 3. harmonicorum cap. 3.*

* Omnis symphonia multiplex discretæ quantitatis proprietatem sequitur, non tamen ut infinitam, sed per tres tantum gradus, duplum scilicet, triplum, et quadruplum. Omnis autem superparticularis symphonia quantitatis continuæ naturam servat, non quidem in infinitum, sed per tres tantum gradus, sesquialteram, sesquitertiam, et sesquioctavam : duplicat namque superparticularis suam proportionem, quæcumque sit, et per dualem numerum denominat, atque à duali incohat, et in eum redigitur, neque pervenit ad

unitatem; ideoque servat continuæ quantitatis proportionem. *Beda in musica theorica.*

(2) Opinor tibi novum non esse omnipotentiam quamdam canendi musis solere concedi, hoc est, nisi fallor, illa quæ musica nominatur. *Augustinus lib. 1. musicæ cap. 1.*

* Et quoniam illud, quod mens videt, semper est presens, et immortale approbatur, cujus generis numeri apparebant : sonus autem quia sensibilis res est, præterfluit in præteritum tempus, imprimiturque memoriæ, rationabili mendacio jam poëtis favente ratione quærendum ; ne quid propagini similiter inesset, Jovis et memoriæ filias musas esse, confictum est. Unde ista disciplina sensus, intellectusque particeps musicæ nomen invenit. *Augustinus lib. 2. de ordine cap. 14.*

* *Isidorus lib. 3. originum cap. 14.*

(3) Aristophanes in fabula quæ hyppis inscripta est, musicam encyclopediam vocat, quod omnes amplectatur disciplinas, quod ostendit Plato 1. de legibus dicens musicam sine universa doctrina tractari non posse. *Franch. lib. 4. harmoniæ instrumentalis. cap. 1.*

(4) Quæ vero Boëtius, Ptolemæus, alijque de harmonia referunt, illa omnia de una voce, cui instrumentum conjungebatur, intelligenda sunt. *Et paulo infra.* Restat igitur veteres Græcos nullam aliam præter monodiam agnovisse; sed hanc ut plurimum, ad sonitum cytharæ, lyræ, aut tybiæ studio summo, et maxima solertia comparatam peregisse. *Kircherus to. 1. musurgiæ univers. lib. 7. erotemate 3.*

dans la suite agreable de plusieurs differens sons, que dans l'union harmonieuse, et le concert de plusieurs parties.

V. Et quoy que cette diversité de parties pust aussi estre comprise sous ce nom, il y a toutefois sujet de douter si elle a eü lieu dans la Musique des anciens. Quelques-uns tiennent qu'elle n'a commencé, ou du moins qu'elle n'a esté en vogue et dans le frequent usage, que depuis deux ou trois siecles [qui est l'opinion de Glarean (1)] ou depuis cinq ou six, comme veulent Kirker et Gassendi (2). Il est toutesfois vray-semblable qu'elle n'a pas esté inconnuë aux anciens, ainsi qu'on le peut conjecturer de ce qui s'en trouve dans l'Ecriture sainte (3), dans Platon, dans Aristote, dans Euclide, dans Ptolomée, dans Boece, et dans plusieurs autres Philosophes et Musiciens de l'antiquité qui ont traité si exactement des consonances (qui n'ont lieu que dans le chant à plusieurs parties) qu'ils semblent ne l'avoir pû faire sans en avoir esté autant instruits par la pratique, que par la speculation. Cassiodore qui vivoit au mesme temps que Boece, c'est à dire, au cinquiéme et sixiéme siecle, Saint Isidore qui a vêcu dans le sixiéme et septiéme, et Bede qui est mort dans le huitiéme, marquent en quelque sorte dans leurs escrits (4) que de leur temps l'on usoit de cét assemblage de voix et de cette symphonie; bien qu'elle ne pust pas estre alors si étenduë, ny si parfaite qu'elle est aujourd'huy, à cause du peu de consonances qu'ils y employoient (5).

(1) *Glareanus lib. 2. dodecachordi. cap. 18. et lib. 3. in proemio. et cap. 13.*

(2) Porro Guido nec dum contentus hac nova cantandi methodo, inauditam antehac plurium vocum symphoniam excogitasse dicitur primus, nec ullam ipsius memoriam habemus apud veteres. *Gassendus tomo 3. in manuductione ad musicam cap. 3. Post Kircherum tomo 1. musurgiæ universalis lib. 3. cap. 2. et lib. 7. parte 1. erotemate 3. et 5. § 3.*

* Et quia hæ tres species (*scilicet diatessaron, diapente, et diapason*) tantum se ad organi societatem, ac suavitatem permiscent, ut superius vocum similitudines fecisse monstratæ sunt; symphoniæ id est aptæ vocum copulationes dicuntur. *Guido Aretinus cap. 18. micrologi.*

(3) Josaphat statuit cantores Domini, ut laudarent eum in turmis suis, et antecederent exercitum, ac voce consona dicerent : Confitemini Domino quoniam in æternum misericordia ejus. 2. *Paralip.* 21.

* Harmoniam ex his confici quæ prius discrepabant, acuto scilicet et gravi; deinde in unum tandem consensum coalescunt. Neque enim ex acuto et gravi discrepantibus harmonia fieri possit. Nam harmonia est concentus; concentus vero consensus quidam : consensus autem ex discrepantibus, quamdiu discrepant, fieri nunquam potest. Quod vero discrepat, neque concors est atque consentiens, non potest quadrare (id est harmonia quadam constare) quemadmodum rythmus ex veloci et tardo antea inter se discrepantibus, tandem vero in unum consensum compositis constituitur. Et quemadmodum in superiori exemplo medicina humoribus concordiam, ita etiam vocibus consonantiam musica tribuens, amorem consensumque mutuum gignit : ac proinde nihil est aliud musica, quam scientia amatoriarum seu concordantium rationum, quæ in harmonia, et in rythmo versantur. *Plato in convivio longe ante medium.*

* Non sine causa dictum est, omnia quæ ex contrariis constarent, harmonia quadam conjungi atque componi. Est enim harmonia plurimorum adunatio, et dissentientium consensio. *Boëtius lib. 2. arithmeticæ cap. 32.*

(4) Symphonia est temperamentum sonitus gravis ad acutum, vel acuti ad gravem modulamen efficiens, sive in voce, sive in percussione, sive in flatu. *Cassiodorus de septem disciplinis, ubi de musica.*

* Sicut musicus consonantibus choris efficit dulcissimum melos, ita dispositis congruenter accentibus metrum novit de cantare grammaticus. *Cassiod. lib. 9. variarum epist. 21.*

* *Isidorus lib. 3. originum cap. 19.*

* *Beda in musica practica.*

(5) Il s'agit, dans tout ce paragraphe, de l'existence de l'harmonie chez les anciens, — « question, dit M. Fétis, qui a longtemps « divisé les savants, et qu'on agite encore parfois, dans la persuasion « qu'une musique ne saurait être bonne, si elle ne satisfait à cette con- « dition » (*Biographie univ. des Musiciens*, tome 1er, p. CXII-CXIII).

Nous commencerons par constater ici, qu'en entreprenant d'étudier cette question grave, nous sommes guidés par le seul désir de mettre en relief la vérité, sans aucune autre préoccupation, sans aucun système préconçu.

Parlons d'abord de l'existence de l'harmonie chez les Hébreux.

Il faut avouer que le texte emprunté par Dom Jumilhac au 2e livre des *Paralipomènes*, chap. 21, n'offre même pas l'ombre d'une preuve solide. L'expression *voce consona* présente un sens tellement vague, qu'il est impossible d'en tirer une conséquence positive. La constitution théorique et pratique de l'art musical chez les Hébreux nous est inconnue, malgré les énormes élucubrations du Père Martini, de Mersenne, de Forkel, de Prætorius, de Pfeiffer et de beaucoup d'autres. Or, ce n'est point une courte citation de *deux mots* qui puisse, en ce cas, décider d'un fait important et fondamental, comme l'est celui de l'existence de l'harmonie chez un peuple; et, conjecture pour conjecture, il est plus rationnel de supposer que les musiciens d'Israël exécutaient leurs mélodies religieuses à l'unisson ou à l'octave, intervalles qui sont bien réellement des consonnances (*voce consona*), mais qui sont loin de former à eux seuls ce que nous entendons par *Harmonie*, ou, si l'on veut, par *Contrepoint*.

Ceci est d'autant plus vraisemblable, qu'à l'époque où parurent les *Paralipomènes*, les peuples de l'Orient, et notamment les Grecs, ne connaissaient pas d'autre harmonie que celle de l'unisson ou de l'octave. Ceux-ci nommaient *Homophonie* la musique exécutée ou chantée à l'unisson; celle qui se réalisait en chœur à l'octave ou à la double octave s'appelait *Antiphonie*. « L'Antiphonie, dit Aristote, « est la consonnance de l'octave » (*Problèmes*, sect. 19, pr. 39). Et il ajoute :—« qu'elle résulte du mélange de la voix des jeunes « enfants avec celle des hommes faits, lesquelles voix sont entre

VI. L'antiquité a donc eü quelque connoissance du chant à plusieurs parties, mais elle ne l'a pas pour cela designé par le nom de Musique, comme par un nom qui luy fust propre et particulier à l'exclusion du Plain-Chant. Au contraire, c'est le Plain-chant qui a receu le premier le nom de musique, comme estant le plus ancien, le premier d'origine, le plus simple, le plus naturel, le plus commun, et le plus utile, le plus (1) estimé à cause qu'il est plus facile, plus propre à former

« elles à la même distance pour le ton, que l'est la corde la plus « haute du double Tétrachorde ou de l'Octachorde, par rapport à « la plus basse. » Le même philosophe, recherchant ailleurs pourquoi l'Antiphonie est plus agréable que l'Homophonie ou l'unisson, remarque avec soin — « que, dans l'Antiphonie, les voix se font « entendre plus distinctement ; au lieu que, lorsqu'elles chantent à « l'unisson, il arrive nécessairement qu'elles se confondent ensemble, « de manière que l'une efface l'autre » (*Ibid.*, problème 16).

Quand donc Platon définissait l'harmonie, il n'entendait parler que de l'Antiphonie ou de l'Homophonie.

Aristide Quintilien, savant auteur d'un important ouvrage sur la musique grecque, nous fournit encore une preuve à l'appui du fait que nous venons de signaler. Suivant l'abbé Requeno (*Saggi sul ristabilmento dell'arte armonica*, tom. I, cap. 10, p. 2), cet auteur vivait sous le règne d'Auguste ou quelques années après. Il est certainement postérieur à Cicéron, puisqu'il le cite. Ainsi, avec Aristote et Aristide Quintilien, on peut dire que l'on possède toute la tradition relative à la manière dont les anciens Hellènes concevaient l'harmonie. Or, Aristide Quintilien, pas plus qu'Aristote, ne laisse aucun doute à cet égard. « Toute la science harmonique, dit-il, « se divise en sept parties : la première traite des sons ; la seconde, « des intervalles ; la troisième, des systèmes ; la quatrième, des gen- « res ; la cinquième, des tons ; la sixième, des nuances ou cordes « mobiles ; et la septième, de la mélopée ou du chant. »

Cette division de Quintilien est complète, et cependant on y chercherait en vain les traces de notre harmonie moderne.

Ce n'est que vers la fin du premier siècle ou le commencement du second de l'ère chrétienne, que l'on voit apparaître, dans la musique grecque, des indices incontestables de l'existence de l'harmonie. « Il est vrai, dit le célèbre Burette, qu'on peut recüeillir d'un « passage de Plutarque, que de son temps, fort postérieur à celui « d'Aristote (1), la symphonie avoit fait quelque progrès, puisqu'il « témoigne que la quarte et la quinte se jouoient et se chantoient, « d'où il les appelle σύμφωνα. Mais ceux qui sont versez dans ce « qu'on nomme *composition* ou *contrepoint* avoüeront qu'une « Symphonie, qui ne reçoit que l'octave, la quarte et la quinte, est « quelque chose de si sec et de si pauvre en ce genre, que cela « mérite à peine le nom de Concert » [*Dissertation sur la symphonie des anciens* (2)].

Soit, cette harmonie devait être sèche et pauvre ; mais il ne faut pas oublier qu'il s'agit de l'origine d'une chose, et non de sa perfection. Les arts ne se modifient point sans transitions, et celles-ci sont toujours lentes. Bien certainement saint Isidore de Séville, qui vivait dans la dernière moitié du VIᵉ siècle et la première du VIIᵉ, n'entendait pas autrement l'harmonie qu'il connaissait d'une manière indubitable, puisqu'il la définit : *Concordantia plurimorum sonorum et coaptatio* (*Sententiæ de Musica*, cap. 6). D'après cet illustre évêque d'Espagne, la concordance et la réunion de plusieurs sons consistent dans l'emploi simultané de l'octave, de la quarte ou de la quinte. Ajoutons que les plus anciens exemples connus de

cette harmonie se trouvent dans les ouvrages de Hucbalde, moine de Saint-Amand, de Guy d'Arezzo et de plusieurs autres ; ils sont tous conçus d'après la définition de saint Isidore, qui, sans aucun doute, s'était inspiré de la pratique des musiciens grecs, attestée par Plutarque.

Avant de terminer cette note déjà un peu longue, nous signalerons à nos lecteurs un passage de M. Fétis, qui contient, selon nous, une erreur capitale. Ce docte musicographe dit, en parlant de la définition de l'harmonie, donnée par saint Isidore : « Remarquez l'im- « portance de ces premières notions de l'harmonie dans le livre « d'Isidore de Séville, puisque nous la trouvons dans un ouvrage « dont la date est très-rapprochée de l'invasion des nations du Nord « dans la partie méridionale de l'Europe, particulièrement de celle « des Visigoths en Espagne, et de leur établissement dans les « royaumes de cette péninsule. La coïncidence est si frappante « qu'elle me semble digne de fixer l'attention de tout musicien « érudit. Sans doute, je ne prétends point qu'il y ait eu, dans ce « que les peuples du Nord connaissaient de l'harmonie, autre chose « que de faibles rudiments ; mais ces informes éléments d'une « partie si importante de notre musique paraissent avoir suffi pour « donner naissance à un art nouveau chez les peuples de l'Europe « méridionale (1). »

Comme on le voit, c'est tout un système, c'est toute une découverte que M. Fétis prétend révéler, lorsqu'il assigne une origine barbare et septentrionale à l'harmonie. Malheureusement, ce système s'écroule en présence d'un fait incontestable : *Bien avant l'invasion des Visigoths, et six siècles avant saint Isidore, les Grecs harmonisaient leurs chants par l'octave, la quarte et la quinte.* Plutarque le dit en termes formels, et il est impossible de rien opposer de solide à son témoignage. (*Note des éditeurs.*)

(1) Si ut. Aristoteles perhibet laudem meruit, qui cujusvis disciplinæ principia reperit, reliqua enim (inquit ille) perfacile est super addere ; non video quare prior ille artifex vocis simplicis (ita nunc tenorem appellare placuit) simplex plastes ei cedere debeat, qui non tam facile invenit, quam inventis addit ; nam unius vocis tenorem, ut sint simplices modi, diutius in usu fuisse, quam plurium vocum concentum vel modorum nomina à gentibus usurpata luce clarius ostendunt. Cum de pluribus nihil quod sciam certi apud veteres reperiatur. Non est igitur dubium, quin, ut unum plura antecedit, ita una voce quam pluribus canere sit multo antiquius. Porro quando musica est delectationis mater ; utilius multo existimo, quod ad plurium delectationem pertinet, quam quod ad paucorum. Unius autem vocis insignis ac nobilis tenor, et verbis aptis prolatus, apud homines plures delectat doctos pariter et indoctos. Artificium enim illud quatuor, pluriumve vocum quotus quisque est, etiam inter eximie doctos, qui vere intelligat? *Et infra.* Cum qui primi phonasci inclaruerunt, non minus ingenij ostenderint, quam quisquam hac nostra ætate symphonetes in multarum vocum congerie. Ego sane ad Christianam pietatem, qua prisci Ecclesiastici viguerunt, plurimum simplicem cantum per modos erudite distinctum, conferre arbitror ; nec parum facere ad animorum, ut nunc loquimur, devotionem ; maxime quales apud Italos Ambrosius instituit : Gregorius item et Augustinus Ecclesiæ lumina. Deinde apud

(1) En effet, Plutarque naquit dans la Béotie vers l'an 49 après Jésus-Christ, et mourut en 139. (*Note des éditeurs.*)
(2) *Mémoires de l'Académie des Inscriptions et Belles-Lettres*, t. IV de la 1ʳᵉ série, p. 116-131, et non p. 131 et suivantes, comme le dit M. Fétis (*Biographie univers. des Music.*, t. 1ᵉʳ, p. CXIV).

(1) *Biographie univers. des Music.*, t. 1ᵉʳ, p. CXXXII.

la voix, et qu'il fait mieux entendre la lettre, et consequemment lors que les paroles en sont instructives et édifiantes, il contribuë bien plus à éclairer l'esprit, et à exciter dans le cœur des mouvemens de pieté et de vertu. Aussi est-ce du Plain-Chant dont les anciens Philosophes ont parlé, lors qu'ils ont donné tant d'éloges à cét Art, qu'ils appelloient Musique (1).

Gallos viri eximij, *et cet.* ut taceam quod ad puerorum os formandum nihil æque conducat atque simplex illa musica; nam altera musica pro paucorum admodum captu est. Quoties enim reperias (scire velim) tres aut duos saltem, qui tecum plures intonent voces? Expertus id loquor, semper in hiis aliquid hiat, semper aliquid vel tædij vel molestiæ adest, *et cæt.* Ob has igitur et antea dictas causas ego eximios phonascos neutiquam symphonetis postposuero : sed neque Ecclesiasticum cantum arte vera ac modis naturalibus constantem cedere puto opportere multarum vocum garritui. Utrumque in honore atque sua qua apud veteres viguere et hodie sunt authoritate ac existimatione permanere velim. *Glareanus libro* 2. *dodecarhordi cap.* 38.

* Imo abhorrebant Græci ab hujus modipolyodijs tanquam metrici carminis splendoris officientibus, verborumque energiæ turbatricibus. *Kircherus lib.* 7. *musurgiæ universalis parte prima erotemate* 5.

* *Pontus Thiart Evesque de Chalons au solitaire* 2.

* *Mersenne tome* 1. *de l'harmonie universelle liv.* 4. *de la composition, proposition* 1.

(1) « Un nome grec était à peu près ce que sont le *Pange lingua,* « le *Veni creator,* l'*Ave maris stella* de nos antiphonaires. Cela « est si vrai, que ce furent ces mêmes nomes dont se servit saint « Ambroise, lorsqu'il jeta les premiers fondements du chant de « l'Église latine » (Fétis, *Biog. univ. de Music.,* t. 1ᵉʳ, p. civ).

(*Note des éditeurs.*)

CHAPITRE II.

DE L'ANTIQUITÉ DE LA SCIENCE DU CHANT.

I. Pour proceder avec quelque ordre dans la recherche de l'origine et de la succession de cette science, il est à propos de mettre de la distinction entre ce que l'Ecriture sainte nous en enseigne, ce que les Interpretes, les Theologiens, et les autres bons Autheurs nous en disent, et ce que les payens en ont laissé par écrit. Nous trouvons dans l'Ecriture sainte, qu'il en est fait mention avant tous les autres Arts, et toutes les autres sciences; et que Jubal fils de Lamech fut le pere (1) ou le maistre de ceux qui s'exerçoient au chant avec le son des instrumens; Et l'autheur de l'Ecclesiastique entre les loüanges qu'il donne à Henoch, à Noé, Abraham, Isaac, Jacob, Moyse, Aaron, et autres saints personnages de la loy de nature, et de l'ancien Testament, marque en particulier, *qu'ils ont employé leur* (2) *esprit et leur sçavoir à rechercher les diverses manieres ou modes du chant, et à escrire en vers les veritez saintes*, ce qui semble se pouvoir verifier à la lettre d'Henoch mesme, puis qu'ayant vescu en mesme temps que Jubal (3), il n'a pù ignorer l'art de chanter, qui estoit alors rendu commun avec le son des instrumens, et qui supposoit déja celuy de la voix; Or il n'a pas manqué de pieté pour le consacrer à l'usage des choses saintes, de mesme qu'il y a consacré ses (4) écrits, quoy que depuis un si long-temps l'on y en ait meslé qui sont apocriphes. Laban petit fils de Nachor frere d'Abraham, neveu d'Isaac, et beau-pere de Jacob avoit dans la Mesopotamie, la pratique de (5) cét Art. Job, qui selon l'opinion la plus commune, estoit petit fils d'Esaü, et qui habitoit dans l'Idumée, en parle en divers endroits de ses (6) écrits. Moyse qui avoit esté élevé dans la Cour d'Egypte, où il fut instruit dans toute la sagesse des Egyptiens (7), et qui posseda avec avantage les sciences et la sagesse des Patriarches ses predecesseurs

---

(1) *Genesis* 4. 21.

(2) Laudemus viros gloriosos et parentes nostros. *Et paulo infra.* In peritia sua requirentes modos musicos, et carmina scripturarum. *Eccli.* 44. 1. *et* 5.

(3) *Iubal est marqué dans la huitiéme generation par la ligne de Cain et Henoch dans la* 7ᵉ *par la ligne de Seth. Genesis* 4. *et* 5. *cap.* 5.

(4) *In epistola canonica Iudæ v.* 14.

* Jam vero si longe antiquiora repetam, et ante illud grande diluvium noster erat utique Noë patriarcha, quem prophetam quoque non immerito dixerim : siquidem in ipsa arca quam fecit, et in qua cum suis evasit, prophetia nostrorum temporum fuit. Quid Henoch septimus ad Adam? Nonne etiam in canonica epistola Apostoli Judæ prophetasse prædicatur? Quorum scripta ut apud Judæos, et apud nos in autoritate non essent, nimia fecit antiquitas, propter quam videbantur habenda esse suspecta, ne proferrentur falsa pro veris. Nam et proferuntur quædam quæ ipsorum esse dicuntur ab eis, qui pro suo sensu passim, quod volunt, credunt. Sed ea castitas canonis non recipit ; non quod eorum hominum qui Deo placuerunt reprobetur auctoritas, sed quod ista non credantur ipsorum. *August. lib.* 18. *de civit. Dei. cap.* 38.

(5) *Genesis.* 31. 27.

(6) *Iob.* 21. 12. *et* 30. *Item cap.* 9. *et* 31.

(7) *Actor.* 7. 22.

* Cum esset Moyses ætate grandior arithmeticam et geometriam, rythmicam et harmonicam, et præterea medicinam simul et musicam doctus est ab ijs qui erant insignes inter Ægyptios; et præterea eam, quæ traditur per symbola seu signa, philosophiam quam in litteris ostendunt hierogliphicis. Alium autem doctrinæ orbem tanquam puerum regium Græci eum docuere in Ægypto : ut dixit Philo in vita Mosis, *etc. Clemens Alexandr. lib* 1. *stromatum, versùs finem.*

* *Doctrinæ autem orbem idem Clemens sic explicat :* Ægyptij, *inquit,* suam quamdam ac peculiarem exercent philosophiam. Hoc autem maxime ostendunt sacræ illorum ceremoniæ. Primus enim procedit cantor unum aliquid afferens ex symbolis musicæ. Eum dicunt accipere oportere duos libros, ex quibus unus quidem continet hymnos deorum ; alter vero rationes vitæ regiæ. Post cantorem vero prodit horoscopus, qui in manu habet horologium et palmam symbola et signa astrologiæ, *etc. Clemens Alex. lib.* 6. *strom. longe ante medium.*

* *Eusebius lib.* 7. *de præparatione Evang. cap.* 7.

* *Iosephus lib.* 2. *antiquit.*

* *Philo lib. de opificio mundi et libris* 1. 2. *et* 3. *de vita Mosis.*

* Est itaque noster Moses propheticus, legum ferendarum peritus, ordinandæ et instruendæ aciei gnarus, exercitus ducendi artem tenens, politicus, et philosophus. *Et infra.* Mosaïca quidem philosophia quadripartito dividitur, et in partem historicam, et in eam quæ proprie vocatur legitima, quæ quidem fuerit proprie morum tractationis : tertiam autem eam quæ pertinet ad sacrificia, quod

desquels il a décrit l'histoire, estoit fort habile dans l'art de composer, et de chanter des cantiques; ainsi qu'on le peut juger par les deux (1) qu'il nous a laissez; et par l'ordre et les ceremonies que luy et sa sœur Marie avec tout le peuple de Dieu observerent (2) en les chantant. Car Moyse commençoit, et conduisoit le chœur des hommes, et Marie celuy des femmes; celles-cy joignoient aux voix les instrumens, et un chœur répondoit à l'autre : Toutes lesquelles choses font voir qu'ils estoient tous intelligens, et bien versez dans la pratique de cét art. Ce qui paroist encore du temps des Juges en divers endroits de l'Ecriture (3). Le haut degré de perfection auquel cét Art fut porté quatre ou cinq siecles aprés Moyse, sous les regnes de David et du sage Salomon (4) son fils sont pareillement des preuves de la grande habitude; et tout ensemble de l'habileté de leurs peuples dans l'exercice de cette science. Les Chaldéans y estoient aussi fort accoûtumez ainsi qu'il paroist par l'histoire de Daniel (5).

II. Les Interpretes de l'Ecriture sainte, et d'autres bons autheurs disent plusieurs autres choses touchant l'origine de cette science, lesquelles ont beaucoup de vray-semblance, et meritent d'estre sçeuës. S. Cyrille Alexandrin, Hugues de S. Victor, Tostat, et la pluspart des Interpretes qui tiennent que c'est Adam, et non Enos, qui a le premier (6) commencé à honorer Dieu par le culte exterieur des prieres, des loüanges, des sacrifices, et des ceremonies exterieures, semblent par consequent luy rapporter l'origine du chant, qui a toûjours fait une partie fort considerable du culte exterieur. Il est mesme probable, que le chant a eu lieu au paradis terrestre dans l'estat de l'innocence et de la justice originelle. Il avoit déja commencé dans le ciel par les cantiques (7), dont le Prophete Isaye et S. Jean font mention. Car les Anges ne les ont pas seulement chantez au temps que ces saints en ont eü la revelation; ils les ont sans doute commencez dés le moment de leur creation ou de leur confirmation en grace [ainsi que Job le témoigne (8)] ils les ont depuis toûjours continuez, et ne les finiront jamais. Ce n'est donc pas merveille que le premier homme les ait lors imitez; vû mesme qu'il est vray-semblable que les Anges ont emprunté dés lors la voix humaine pour luy rendre sensible leur melodie, et comme pour l'inviter à entrer dans leurs concerts. Il estoit lors obligé, selon la doctrine de S. Thomas, d'aimer Dieu son createur de tout son cœur, de toute son ame, de tout son esprit, et de toutes ses forces, il avoit toutes sortes de sujets de le reconnoître, de l'honorer, de le remercier, de le loüer, et de le benir, et d'employer à cét effet, non seulement toutes les puissances de son ame; mais aussi tous les sens, et tous les organes de son corps. Il ne possedoit pas avec moins de perfection la science du chant, que de toutes les autres sciences pour se bien acquiter d'un devoir si juste. Il eut assez de temps pour y satisfaire pendant que Dieu le plaça au paradis terrestre, et luy amena tous les animaux de la terre, et tous les oiseaux du ciel, comme pour venir luy faire offre de leurs services, et pour

quidem est naturæ contemplationis, et postremo quartam, speciem theologicam, quæ est superna contemplatio, quam dicit Plato esse revera magnorum mysteriorum. *Clemens Alexandr. lib. 1. strom. versùs finem.*

(1) *Exodi* 15. 1. *Deuter.* 31. 30. *Item* 32.

(2) *Exodi* 15. 1. 20. *et* 21.

* Hebræi stupentes quod prodigiosam, insperatamque sine sanguine victoriam nacti essent, et videntes hostem deletum momento temporis, duos choros alterum virorum, alterum mulierum statuerunt in littore; cecineruntque hymnos gratulatorios, præeunte carmen viris Moyse, sorore vero mulieribus; nam hi choreas ductabant. *Philo de vita Moysis. lib.* 1 et 3.

(3) Et factis cantantium choris ingressi sunt fanum Dei sui. *Iudicum* 9. 27. *et Iudic.* 5.

(4) *Moyse selon la chronologie qui est à present le plus communement receuë sortit de l'Egypte l'an du monde* 2544. *Baruc et Debora jugerent en* 2672. *et David commença à regner en* 2979.

* *Lib.* 3. *Reg. et* 2. *Paralip.*

(5) *Danielis* 3. 5. 10. 26, 31.

(6) *Cyrillus Alexand. lib.* 3. *in Iulianum.*

* *August. lib.* 15. *de civit. Dei. cap.* 18.

* *Hugo Victorin. in Genesin.*

* *Abulensis in cap.* 4. *Genesis* 26.

(7) Vidi Dominum sedentem super solium excelsum et elevatum : et ea quæ sub ipso erant replebant templum. Seraphim stabant super illud : sex alæ uni; et sex alæ alteri *etc.* et clamabant alter ad alterum, et dicebant Sanctus, Sanctus, Sanctus Dominus Deus exercituum : plena est omnis terra gloria ejus. Et commota sunt superliminaria cardinum à voce clamantis. *Isayæ* 6. *Apoc.* 4. 8.

* Tibi Cherubim et Seraphim incessabili voce proclamant Sanctus, *etc. In hymno Te Deum.*

* Et ideo cum Angelis, et Archangelis, cum Thronis, et Dominationibus, cumque omni militia celestis exercitus hymnum gloriæ tuæ canimus, *etc. In præfat. missæ.*

(8) *Iob.* 38. 4. 5.

recevoir de luy les noms qui estoient convenables à leur nature. Il y a donc grande apparence qu'il ne manqua pas à ces devoirs, et qu'il accompagna de chant les premiers hommages d'amour, d'adoration, et d'action de graces qu'il rendit à son Dieu ; puis que son premier peché ne fut pas un peché d'obmission, mais de commission et de desobeïssance (1).

III. Que si Adam en a ainsi usé dans l'estat d'innocence, il n'est pas croyable qu'aprés en estre déchû, il en ait tellement perdu le souvenir dans le temps de sa penitence, qu'il ne luy en soit resté quelque memoire, et qu'il n'ait quelquefois joint à ce souvenir l'exercice de la science du Chant. Car quoy que aprés son peché son esprit perdit beaucoup de la lumiere dont il avoit esté éclairé auparavant, et que l'ignorance fut une des plus funestes playes qu'il en receut ; il ne perdit pas neanmoins absolument toutes les sciences naturelles, ny la connoissance de tous les arts dont il avoit esté orné ; Ces habitudes furent alterées et obscurcies, mais elles ne furent pas tout-a-fait éteintes. Il s'en est donc pû servir dans les occasions, et en particulier de celle du chant plus que d'aucun autre, puis qu'il eut plus de sujet de s'y exercer, soit pour benir, louër, et remercier l'infinie bonté et misericorde de Dieu qui luy avoit donné, et le remede et le pardon de son peché, soit pour luy rendre tous les autres devoirs du culte exterieur ausquels il estoit obligé.

IV. En confirmation dequoy Hugues de S. Victor écrit, que Dieu mesme (2) luy enseigna la maniere dont il devoit user pour l'honorer, le remercier, luy demander pardon, et se le rendre propice, afin qu'il en instruisit sa posterité ; laquelle fit un si bon usage de ses instructions, qu'au temps d'Enos son petit fils qui prit naissance de Seth en l'année 256. depuis la creation du monde, l'invocation et le culte de Dieu furent rendus solemnels, et ce qui s'estoit jusques alors pratiqué en particulier dans le peu de familles qu'il y avoit au monde, fut rendu public, lors qu'elles furent multipliées, par les assemblées que les fidelles commencerent à faire en des lieux particulierement destinez à tous les exercices de pieté et de religion (3), où ils faisoient leurs prieres, offroient leurs sacrifices, estoient instruits des veritez de la foy, de la pieté, et de la vertu, pratiquoient les ceremonies, et autres choses semblables qui appartiennent au service de Dieu, entre lesquelles les loüanges de Dieu, et le chant qui a coûtume de les accompagner, devoient estre des principaux exercices de cette Eglise naissante dans la loy de nature ; de mesme qu'elles l'ont depuis esté de la Synagogue dans la loy écrite, et de l'Eglise dans la loy de grace. D'où vient que Thomas Waldensis, Bellarmin, et Boulduc ne font pas difficulté d'écrire (4) que Enos forma mesme une societé de personnes, laquelle estoit comme un prelude de la vie Religieuse, qui rendoit à Dieu un culte plus particulier que celuy du vulgaire, et s'employoit à chanter ses loüanges, et que c'est là l'origine des Enoscéens ou Esséens, dont l'antiquité semble avoir donné occasion à Pline de les qualifier eternels. et Philon en a décrit la façon de vivre, les mœurs, et les exercices, qui n'ont pas peu de rapport à ceux des Religieux.

V. Or l'on ne doit pas douter que Noé n'ait eu connoissance de ces choses, et d'autres sembla-

---

(1) « Alii Tubal patrem canentium in cytharâ, alii Orpheum, alii « Amphionem, alii alios arbitrati sunt. Ego autem vix credere, mi- « hique persuadere possum, ab Adam tanto tempore, totque annis « homines Musica carere potuisse, quæ è cœlo ad homines divi- « nitus missa esse creditur : nisi quis præsumat ad illa usque « tempora non fuisse passos vel fatigatos homines, non egrotavisse « aut laboravisse homines, in quorum refocillandorum gratiam, « isti quos inventores fingunt, exurexissent extitissentque. » (Claude Sebastiani, — dans la savante préface de son livre intitulé : *Bellum musicale, inter plani et mensurabilis cantus reges*, etc. Strasbourg, 1563, in-4°.) *(Note des éditeurs.)*

(2) Credimus Deum docuisse Adam divinum cultum, quo ejus benevolentiam recuperaret, quam amiserat per peccatum transgressionis ; et ipse docuit filios suos. *Hugo victorin. in Genesin.*

(3) *Torniellus ad annum mundi* 156. *n.* 4.

* Tempore ergo Enos videntur cætus hominum instituti, et in Ecclesiam congregari cæpisse, ad publicas preces, ad publicas conciones et cathecheses, ad publicum Dei cultum per sacrificia ; aliosque ritus et ceremonias. *Cornelius à Lapide in Genesis cap.* 4. 26.

(4) Addit Thomas Valdensis, et ex eo Bellarminus lib. 2. de monachis cap. 5. Enos instituisse peculiarem aliquem cultum et sublimiorem, quam esset religio vulgi : Nam ante Enos Seth, Abel et Adam, invocaverant Deum : unde censent ipsi Enos instituisse quasi præludium, et initium vitæ religiosæ et monasticæ. *Cornelius à Lapide in Genesis cap.* 4.

* *Bolduc lib.* 1. *de Ecclesia ante legem.*

* *Thomas Valdensis lib.* 3. *doctrinæ fidei artic.* 1. *cap.* 1.

Per sæculorum millia, incredibile dictu, gens Essenorum æterna est, in qua nemo nascitur, etc. *Plinius lib.* 5. *historiæ cap.* 17.

Philo libro quod omnis probus liber circa medium. Et in Apologia pro Iudæis. Apud Eusebium lib. 8. *de præparat. evang. cap.* 11.

bles, et qu'il n en ait fait part à ses enfans. Veu que Lamech pere de Noé avoit vescu et conversé, non seulement avec les sept Patriarches ses devanciers, mais aussi avec Adam qui estoit le premier et le pere de tous. Et que Noé mesme avoit vû six de ces Patriarches. Sem son fils pareillement avoit eu la familiarité non seulement de Noé son pere, mais aussi de Lamech son ayeul, et de Mathusala son bisayeul, qui avoient tous deux connu Adam et vescu un ou deux siecles avec luy. La divine providence disposant ainsi la longueur de la vie des premiers Patriarches et les autres choses; afin que la foy, la Religion, et tout ce qui appartient à son culte; les arts, les sciences, et les autres choses qui sont les plus necessaires à l'homme ne fussent pas moins preservées des eaux du deluge, que les animaux qu'il destinoit pour luy estre offerts en sacrifice, et pour rendre service à l'homme.

VI. Noé donc après le deluge rendit au second âge du monde les mesmes offices qu'Adam avoit exercé dans sa naissance, et dans son premier âge, il commença par le sacrifice qu'il offrit à Dieu (1) sur un autel dressé exprés; il y ajoûta sans doute les autres ceremonies, dont il avoit vû, et eu la pratique avant le deluge; et partant il n'obmit pas le chant qui avoit accoûtumé de les accompagner. Il laissa Sem son fils heritier de sa pieté, et de la tradition de ses ancestres, et ensuite ces autres descendans; entre lesquels Abraham fut un des plus illustres, et celuy qui tira plus d'avantage de la communication qu'il avoit eu avec Sem, et avec les autres Patriarches ses predecesseurs qui avoient conversé avec Noé, ainsi qu'il paroist, non seulement par sa foy et sa pieté ; mais aussi par la science du chant, dans laquelle il fut fort versé, ainsi que le docte Rupert l'a (2) remarqué, il en instruisit sans doute son fils Isaac, qui vint mesme au monde environ vingt ans avant que Dieu en retira Sem. Jacob qui avoit esté assez heureux pour voir Abraham; Moyse qui avoit vêcu avec ceux qui avoient vû Jacob, receurent par succession la connoissance de la mesme science avec la foy, la pieté et la religion. Il y a mesme de bons Autheurs qui tiennent qué ç'a esté pareillement d'Abraham (3), de Jacob, et de ses descendans, particulierement de Joseph (4) qui gouverna l'Egypte quatre-vingts ans, que les Egyptiens ont apris cette science et les autres Mathematiques, bien qu'il y ait d'autres Ecrivains qui au dire de Salian font descendre ces sciences de Noé aux Egyptiens par (5) Mesrain son petit fils, et fils de Cham. Par quelque des deux voyes que la chose soit arrivée, il est certain que les Hebreux, et les Egyptiens ont eu connoissance de cét art, et en ont fait profession (6) avant les Grecs. Il semble mesme que ceux-cy l'ayent plûtost apris des

---

(1) Ædificavit autem Noë altare Domino, et tollens de cunctis pecoribus et volucribus mundis, obtulit holocausta super altare. *Genesis* 8. 20.

(2) Sed quid sibi vult degradatio numerorum hujusmodi ? Numquid homo cum Deo loquens casu et sine scientia et sensu, sicut in buccam venerunt, ita insertas effudit diminutiones numerorum ? Non utique, sed cum ratione elocutus est, quæ etsi non ad plenum liquent, nonnihil tamen pulchritudinis sensibus nostris exinde sublucet. Illud namque præclarum in his numeris divinitus provisum animadvertimus, quod non solum arithmeticis qualibuscumque rationibus, sed et musicis proportionibus ita contexti sunt, ut omnes musicæ concordiæ symphonias complectantur. Nam quadraginta quinque cum 40. comparati epogdoum, id est, sesquioctavam proportionem reddunt, quam musici tonum appellant. Quadraginta cum triginta collati epitritam ; id est sesquitertiam proportionem efficiunt. *etc. Rupertus lib.* 6. *in Genesin. cap.* 5.

(3) *Iosephus lib.* 1. *antiquitatum Iudaïcarum.*

* *August. lib.* 18 *de civitate Dei c.* 37.

* *Eupolemus et Artapanus apud Eusebium de præparatione Evangelica lib.* 9. *cap.* 17. *et* 18.

(4) Constituit eum Dominum domus suæ, et principem omnis possessionis suæ ; ut erudiret principes ejus sicut semetipsum, et senes ejus prudentiam doceret. Unde enim fieri possit, ut vir tantus unius veri Dei cultor in Ægypto alendis tantummodo corporibus, et rebus tantum corporalibus gubernandis esset intentus : et quo meliores eos redderet, curam non gereret animorum. *August. in psal.* 104.

* *Salianus tomo* 2. *Annalium ad annum mundi* 2470. *n.* 28.

(5) *Salianus to.* 2 *Annal. ad annum* 2470. *n.* 5. *et* 28.

* Nemo, nisi iniquus forsan rerum arbiter, negare potest omnes scientias uti ab Hæbræis primum partim ad Græcos, partim ad Ægyptios ; ita et musicam ad eosdem translatam, ingentia nullo non tempore utrobique incrementa sumpsisse. Quis enim curiosissima Græcorum ingenia continere poterat, quominus fama illa per universum mundum de incomparabili tum Davidis, tum Salomonis sapientia sparsa, quominus inquam eo se conferrent, ubi erat tanta rerum admirandarum facies, tanta cantorum, cantatricumque multitudo, tanta instrumentorum musicorum exquisitissimo ingenio constructorum varietas, tam inexhaustus denique omnium artium, scientiarumque, potissimum vero exactæ rerum naturalium notitiæ oceanus? Ubi totius humanæ sapientiæ residebat oraculum, Salomon. Certe Orphæum, Linum, Amphionem, prima sapientiæ græcæ lumina illinc omnia sua traxisse facile hoc loco demonstrare possem, nisi hanc materiam exquisitiori argumento pertractandam musicæ hierogliphicæ reservassem. *Kircherus tomo* 1. *musurgiæ universalis lib.* 2. *cap.* 6.

(6) *August. lib.* 18. *de civit. Dei cap.* 37.

Hebreux que des Egyptiens (1) ; ce que les noms de *Musæus* et de *Musar*, semblent insinuer : car ce *Musæus* que quelques Ecrivains ont pretendu estre le premier autheur de la Musique n'est vray-semblablement autre que Moyse (2) que chacun sçait avoir esté Hebreu ; et le mot de *Musar*, qui est pareillement Hebreu, signifie instruction (3) ou discipline, de laquelle la Musique peut encore avoir tiré son nom, à cause qu'elle doit estre observée en cét Art plus qu'en tout autre ; et que l'oüie dont le chant est l'objet, est surnommé par Aristote le sens de discipline. Et partant ç'a esté faussement (4) que les Payens ont attribué l'invention de cette science, les uns à Mercure, les autres à Orphée, ou à Apollon, ou à Linus le Thebain, ou à Zetus, ou à Amphion, ou à Arion, ou autres semblables ; puisque la Chronologie nous apprend (5) qu'avant que ceuxcy fussent au monde, cét art et plusieurs autres estoient en grande vogue parmi les Hebreux, les Egyptiens, et quelques autres nations. Tout ce qu'on leur peut accorder, est, que c'est le premier art auquel les anciens se sont estudiez (6), auquel les pretendus autheurs du chant ont excellé ; et duquel ils ont laissé quelques escrits, qui ont esté conservez à la posterité.

(1) Un très-savant musicien de l'époque actuelle ne partage pas la même opinion. « Le peuple juif, dit-il, a dû prendre *des notions de toutes choses* dans l'Egypte, alors le pays le plus avancé dans la civilisation de tous ceux qu'on connaissait. Car d'imaginer que, dans leurs déserts, ces pâtres arabes eussent déjà des arts quelque peu perfectionnés, et qu'ils les eussent apportés chez les Egyptiens, il n'y a pas moyen. » — On voit que le peuple de Dieu, dépositaire de la vraie révélation, des vraies doctrines de morale, de justice, de philosophie et d'histoire, n'a pas trouvé grâce devant l'auteur des lignes que nous venons de citer. Heureusement que la nation sainte par excellence n'a rien à redouter des sarcasmes de nos éclectistes modernes!... (*Note des éditeurs.*)

(2) Quem Hæbræi Mosen ; Græci Musæum vocaut. *Eusebius lib.* 9. *de præparal. Evang. cap.* 8. *et* 27.

(3) *Proverb.* 1. 2. *et* 3.

(4) Nos vero nostræ religionis historia fulti auctoritate divina, quicquid ei resistit, non dubitamus esse falsissimum, quomodolibet se habeant cœtera in sæcularibus litteris. *August.* 18. *de civit. Dei cap.* 40.

* *La chronologie, selon la façon moderne de compter le plus communement receuë, marque la naissance de Moyse en l'an du monde* 2464. *et que Mercure fleurissait en* 2560. *Orphée en* 2786. *Linus, Zetvs, Amphion et Arion environ le mesme temps. Pythagore en* 3514. *Platon en* 3660. *Aristote et Aristoxene en* 3690. *Euclide en* 3730. *etc.*

(5) Denique Moyses in populo Dei constituit, qui litteris docendis præessent, priusquam divinæ legis ullas litteras nossent. Hos appellat scriptura grammaton isagogos, qui latine dici possunt litterarum inductores, vel introductores, eo quod eas inducant quodam modo in corda discentium, vel in eas potius ipsos quos docent. Nulla igitur gens de antiquitate sapientiæ suæ super Patriarchas et Prophetas nostros, quibus inerat divina sapientia, ulla se vanitate jactaverit, quando nec Ægyptus invenitur, quæ solet falso et inaniter de suarum doctrinarum antiquitate gloriari, qualicumque sapientia sua patriarcharum nostrorum tempore prævenisse sapientiam. Neque enim quisquam dicere audebit mirabilium disciplinarum eos peritissimos fuisse, antequam litteras nossent, id est antequam Isis eo venisset, easque ibi docuisset. Ipsa porro eorum memorabilis doctrina, quæ appellata est sapientia, quid erat nisi maxime astronomia, et si quid aliud talium disciplinarum, quod magis ad exercendum ingenia, quam ad illuminandas vera sapientia mentes valere solet. Nam quod attinet ad philosophiam, quæ se docere aliquid profitetur, unde fiunt homines beati, circa tempora Mercurij, quem Trismegistrum vocaverunt, in illis terris hujuscemodi studia claruerunt : longe quidem ante sapientes vel philosophos Græciæ ; sed tamen post Abraham, Isaac, et Jacob, et Joseph : nimirum etiam post Moysen. Eo quippe tempore quo Moyses natus est, fuisse reperitur Athlas ille magnus astrologus Promethæi frater, maternus avus Mercurij majoris, cujus nepos fuit Trismegistus iste Mercurius. *August.* 18. *de civit. Dei cap.* 39. *item cap.* 37. 14. *et* 8.

* Tempora autem eorum qui fuerunt principes et authores ipsorum philosophiæ sunt dicenda consequenter, ut in conferendo ostendamus Hebræorum philosophiam fuisse generationibus multis antiquiorem *etc. Et infra.* Jam dicendum est de temporibus Moysis, per quæ ostendetur citra ullam controversiam Hebræorum philosophiam esse quavis philosophia longe antiquiorem. *etc. Clemens Alexandr. lib.* 1. *stromatum circa medium.*

* *Eusebius de præpar. Evangelica lib.* 10. *et sequentibus. Item lib.* 7. *c.* 7. *et* 9.

(6) Timagenes auctor est omnium in litteris studiorum antiquissimam musicen extitisse : et testimonio sunt clarissimi poëtæ, apud quos inter regalia convivia laudes heroum, ac deorum ad cytharam canebantur. Jopas vero ille Virgilij nonne canit *Errantem lunam solisque labores, etc.* Quibus certe palam confirmat auctor eminentissimus musicen CUM DIVINARUM RERUM COGNITIONE ESSE CONIUNCTAM. *Quintil. lib.* 1. *institut. orator. cap.* 10.

Remarquez en passant, que le commencement et la fin de cette authorité de Quintilien ne confirme pas peu ce pourquoy les authoritez des chiffres 2. 3. 6. 7. *de la page* 20 ; 5. 6. *de la page* 21 ; 3. *de la page* 22 ; 1. 2. 3. 4. *de la page* 23 *de ce chapitre y sont rapportées, sçavoir que le chant a toûjours accompagné le culte de Dieu.* (*Note de Dom Jumilhac, modifiée par les éditeurs.*)

* Per idem temporis intervallum (*priorum scilicet judicum*) extiterunt poëtæ ; qui etiam theologi dicerentur, quoniam de dijs carmina faciebant. *August. lib.* 18. *de civit. Dei cap.* 14.

CHAPITRE III.

I. Les éloges que les anciens Philosophes et d'autres illustres autheurs ont donné à cette science sont si grands, que si quelqu'un pretendoit les avancer sans les appuyer de leur authorité, il pourroit estre suspect de le faire plûtost par caprice que par un juste discernement. C'est pourquoy il est besoin d'oberver aussi religieusement en ce sujet qu'en tous les autres de ce livre, ce qui a esté promis dans la Preface, de ne rien dire qui ne soit soûtenu de l'authorité des meilleurs écrivains.

II. Ils demeurent tous d'accord que le prochain objet de cette science sont les voix, et que son principal employ est d'en connoistre et regler les mouvemens suivant les proportions harmoniques, ainsi qu'il est plus au long expliqué cy-dessous au Chap. 5. Il y en a mesme qui estendent le sujet de cette science jusques au corps (1) parce que l'addresse dont il use dans ses exercices, la grace et la bienseance qu'il observe dans son port, dans son geste, et dans le reste de ses actions doivent estre ajustées avec des proportions semblables aux harmoniques pour estre convenables, et causer de l'agréement. De sorte que comme il y a un certain mode, ou maniere de mouvoir convenablement la voix par tous les degrez harmoniques, que l'on nomme modulation : Il y a aussi un certain mode ou maniere de mouvoir et de maintenir le corps avec tous ses membres dans l'exercice et la bien-seance convenable, dont l'un s'appelle souplesse et l'autre modestie. Cet avantage n'est pas peu considerable, puis qu'il sert à former tout ce qui est de l'exterieur de l'homme ; et à regler et moderer dans la jeunesse les deux excez qui luy sont les plus ordinaires, à cause de l'agitation et du mouvement continuel où elle a naturellement accoûtumé de laisser aller et la voix et le corps.

III. Mais le sujet de cette science s'estend bien plus loin et n'a point d'autres bornes que celles de l'univers et de toutes les choses qui y sont contenuës, car il n'y en a aucune où les proportions harmoniques (2) du nombre, du poids et de la mesure ne se rencontrent, au moyen de quoy toutes les creatures comme autant de voix du verbe par lequel elles ont esté faites le loüent (3), le benissent, le glorifient, et chantent avec plus de douceur qu'avec nulle autre chose, l'infinie bonté, l'infinie sagesse, et l'infinie puissance du Createur. Le son de cette harmonie n'a pas mesmes esté inconnu aux payens; Pythagore, Platon et leurs disciples ont estimé que le monde estoit composé avec quelque espece d'Harmonie (4) et de musique. Et c'est de cette harmonie

---

(1) Numeros musice habet duplices, in vocibus, et in corpore : utriusque enim rei aptus modus desideratur. *Quintilian. lib.* 1. *institut. cap.* 10.

(2) Omnia in numero mensura, et pondere disposuisti. *Sapientiæ* 11. 21.

* Cum igitur musica sive harmonia nihil aliud sit, quam numerus, mensura, pondus, ut fuse in præcedentibus ostensum est. Mundus autem *etc. Kircherus lib.* 10. *Musurgiæ univers. parte* 1, *cap.* 1.

(3) Cæli enarrant gloriam Dei, *etc.* In omnem terram exivit sonus eorum, *etc. psal.* 18.

* Laudate eum sol et luna, laudate eum omnes stellæ et lumen. Laudate eum cœli cœlorum, et aquæ omnes quæ super cælos sunt laudent nomen Domini, *etc.* Laudate Dominum de terra dracones et omnes abyssi, *etc. psal.* 148.

* Benedicite omnia opera Domini Domino, laudate et superexaltate eum in sæcula. *Daniel* 3. 57.

(4) Pythagoras res omnes ad numeros et musicam retulit, ac orbem quoque harmonia quadam compositum dixit : quod idem etiam intelligebat de sphæris cælestibus, quarum summam acutissimum sonum efficere scripsit, ultimam gravissimum. *Macrobius lib.* 2. *de somnio Scipionis.*

* Plato Pythagoræ disciplina imbûtus pleraque retulit ad numeros, et musicam, animamque mundi musica quadam compositam esse asseruit. *Turnebus.*

* *Plato in Timæo et de legibus.*

des creatures que Boëce a pris occasion de diviser la science du chant (1) en celle du monde, celle du petit monde ou de l'homme, et l'artificielle ; dont il sera parlé cy-dessous au Chapitre VI. Plusieurs autres Autheurs ont aussi écrit de cette harmonie universelle (2) : Entre lesquels Ptolemée fait cette judicieuse remarque (3) que plus les choses sont parfaites, aussi participent elles plus parfaitement de cette harmonie, de sorte que tout ce qu'elles ont de beauté et d'agréement ne provient que des proportions harmoniques qu'elles contiennent.

IV. Que si cet avantage de la science du chant paroist moins considerable à cause qu'il est universel ; il n'y a qu'à jetter les yeux sur les eloges particuliers que les anciens luy ont donnez, dont les principaux peuvent estre reduits à trois ou quatre points. Ils l'ont loüée comme un étude propre à former l'esprit, comme un exercice favorable à la vertu et à la pieté, et comme un art qui a l'honneur d'estre employé au service divin. Quant au premier Platon estime (4) que cette science n'est pas moins utile pour former et cultiver l'esprit, que les exercices du corps le sont pour le rendre adroit et le fortifier. D'où vient que Boëce assure (5) qu'elle est une des quatre sciences, sans le secours desquelles l'on ne peut pas trouver la verité, et S. Isidore dit (6) qu'il estoit anciennement aussi honteux d'ignorer cette science, que de ne sçavoir pas lire : qu'il ne se faisoit rien de solemnel dans les choses sacrées, ni dans les prophanes, dans les joyeuses ni dans les lugubres, où le chant ne fust employé ; qu'il n'y a aucun art, ni aucune science où la musique ne se trouve, et que (7) sans elle nulle science ne peut estre parfaite. Le venerable Bede (8) est de mesme sentiment : et ce que S. Isidore et luy disent generalement de toutes les sciences est verifié de chacune en particulier par les autheurs qui en ont traitté. Car Quintilien et Donat l'estiment necessaire (9) à la Grammaire, et à la Rhetorique, Vitruve à l'Architecture (10), Ficin et Diocasse à la Medecine (11), d'où vient que les Chinois s'en servent encore à present pour guerir toute sorte de maladies. Pythagore apres s'estre addonné à l'estude de cette science fit beaucoup plus de progrez dans la Physique que ceux qui l'avoient precedé ; et Ciceron rapporte (12) que les

---

(1) *Boëtius lib.* 1. *musicæ cap.* 2.

(2) *Georgius Venetus de harmonia mundi.*

* *Kircherus tomo* 2. *lib.* 10. *de decachordo naturæ.*

(3) Jam vero æquiore, liberalioreque consideratione asserendum est hujusmodi facultatem necessario etiam omnibus, quæ principium in se motus habent quodam tenus inesse, quemadmodum et alias : maxime tamen, plurimumque his quæ perfectiorem, et majori cum ratione sortitæ sunt naturam, ob ortus familiaritatem ; in quibus etiam solis videri potest omnino et manifeste, servans quam exquisitissime potest, earum quæ congrui et consoni in differentibus, formis opifices sunt, rationem, *etc. Ptolemæus lib.* 3. *harmonicorum. cap.* 4. *et sequentibus.*

(4) Duplici disciplina uti convenit, ad corpus quidem gymnastica ; ad animum vero musica. *Plato* 7. *de legibus paulo ante medium.*

(5) Quibus quatuor partibus (*mathematicis scilicet*) si careat inquisitor, verum invenire non possit : Ac sine hac quidem veritatis speculatione nulli recte sapiendum est. Est enim scientia earum rerum quæ vere sunt agnitio, atque integra comprehensio. *Boëtius lib.* 1. *arithmeticæ cap.* 1.

(6) Erat tam turpe musicam nescire quam litteras. Interponebatur autem non modo sacris, sed et omnibus solemnibus, omnibus lætis, vel tristibus rebus. *Isidor. lib.* 3. *originum cap.* 15.

* In rebus humanis nulla actio est quæ sine musica perficiatur. *Aristides Quintil. lib.* 2. *de musica.*

(7) Sine musica nulla disciplina potest esse perfecta ; nihil enim est sine illa. *Isid. lib.* 3. *orig. cap.* 18.

(8) Inter septem artes liberales musica obtinet principatum ; nihil enim sine illa manet. *Beda in musica practica.*

(9) Tum nec circa musicen grammatica potest esse perfecta ; cum ei de metris rhythmisque dicendum sit. *Quintilianus lib.* 1. *institut. orat. cap.* 10.

* Numeros musice duplices habet, in vocibus et in corpore, utriusque enim rei aptus quidam modus desideratur. Vocis rationem Aristoxenus musicus dividit in ῥυθμον et μέλος ἔμμετρον : quorum alterum modulatione, alterum canore ac sonis constat. Num igitur non hæc omnia oratori necessaria ? Quorum unum ad gestum, alterum ad collocationem verborum, tertium ad flexus vocis, qui sunt quoque in agendo plurimi, pertinet. Nisi forte in carminibus tantum et canticis exigitur structura quædam, et inoffensa copulatio vocum in agendo supervacua est ? Aut non compositio et sonus in oratione quoque varie pro rerum modo adhibetur, sicut in musice. Namque et voce et modulatione grandia elate, jucunda dulciter, moderata leniter canit : totaque arte consentit cum eorum quæ dicuntur, affectibus. Atqui in orando quoque, intensio vocis, remissio, flexus, pertinet ad movendos audientium affectus : aliaque et collocationis et vocis (vt eodem utar verbo) modulatione concitationem judicum, alia misericordiam petimus : cum etiam organis, quibus sermo exprimi non potest, affici animos in diversum habitum sentiamus. Corporis quoque decens et aptus motus qui dicitur εὐρυθμία est necessarius : nec aliunde peti potest : in quo pars actionis non minima consistit : qua de re sepositus nobis est locus. Age si habebit in primis curam vocis orator, quid tam musices proprium ? *etc. Quintil. lib.* 1. *institut. cap.* 10.

* *Kircherus to.* 2. *musurgiæ univers. lib.* 2. *parte* 8. *cap.* 1.

(10) *Vitruvius lib.* 1. *cap.* 1.

(11) *Ficinus lib.* 1. *Epistolarum.*

* *Diocassius lib.* 37.

(12) Summam eruditionem Græci sitam censebant in nervorum, vocumque cantibus. *Et paulo infra.* Ergo in Græcia musici floruc-

Grecs firent depuis consister la souveraine erudition dans la Musique, et qu'ils s'y appliquoient tous, en sorte que ceux qui l'ignoroient ne passoient pas pour sçavans. D'où vient que Socrate disciple de Pythagore s'appliqua à cet estude dans sa vieillesse, et que leurs autres plus grands hommes, comme Platon. Aristote, Euclide, Aristoxene et plusieurs autres y furent fort habiles, qu'ils en parlent souvent dans leurs écrits. et qu'anciennement les noms des Musiciens, des Poëtes, et de Sages ont esté pris pour signifier (1) une mesme chose. Enfin les Peres de l'Eglise font estat de cette science pour l'intelligence mesmes de l'Ecriture (2) sainte, d'autant qu'elle contient plusieurs passages qui ne sont pas entendus de ceux qui l'ignorent.

V. La morale reçoit encore bien plus d'utilité du bon usage du chant; et il a bien plus d'effet pour former et entretenir les bonnes mœurs (3), moderer les passions, et porter à tout ce qui est honneste, qu'il n'a de lumiere pour éclairer l'entendement. Et son pouvoir ne s'étend pas seulement sur les personnes privées et particulieres, mais aussi sur les communautez et sur les estats (4), d'autant que de toutes les choses dont les sens sont susceptibles nulle n'a tant de pouvoir sur l'esprit et sur les mœurs, que celles qui parviennent à l'entendement par l'entremise du sens (5) de l'oüye.

---

runt, discebantque id omnes, nec qui nesciebat, satis excultus doctrina putabatur. *Cicero lib. tuscul. quæst. non longe ab initio.*

* Claros nomine sapientiæ viros nemo dubitaverit studiosos musices fuisse, quam Pythagoras atque eum secuti acceptam sine dubio antiquitus opinionem vulgaverint, mundum ipsum ejus ratione esse compositum, quam postea lira sit imitata. Nec illa modo contenti dissimilium concordiam, quam vocant ἁρμονίαν, sonum quoque his motibus dederunt. Nam Plato cum in alijs quibusdam, tum præcipue in Timæo ne intelligi quidem, nisi ab ijs qui hanc quoque partem disciplinæ diligenter perceperint, potest. Quid de philosophis loquar, quorum fons ipse Socrates jam senex institui lyra non erubescebat, *etc. Quintilian. lib. 1. institutionum capite* 10.

(1) Quis ignorat musicem tantum jam illis antiquis temporibus, non studij modo; verum etiam venerationis habuisse; ut ijdem, musici, et vates, et sapientes judicarentur. *Quintilian. lib. 1. institut. cap.* 10.

(2) *August. lib. 2 de doctrina Christ. cap.* 16.

* Musica vero numquid peregrina est ab ista, de qua loquimur, scriptura sancta? Imo familiaris valde apud eam, et consecretalis vernacula, atque præ alijs officialis, magisque est necessaria. *Rupertus de operibus spiritus sancti lib. 7. cap.* 16.

(3) Cæteræ ad investigationem veritatis laborant, musica vero non solum speculationi; verum etiam mortalitati conjuncta est. *Boëtius libro 1. musicæ cap.* 1.

* Musica et hujus dux philosophia ad emendationem animi à dijs, legibusque constitutæ, assuefaciunt, et suadent, et cogunt partem animi expertem rationis obtemperare rationi. *Plato in Timæo prope finem.*

* Apud priscos hortamentum ad virtutem musica fuit. *Athenæus lib.* 14.

* Qui enim τρόπο, græce, et modi, et mores latine interpretari possunt. *Augustinus enarratione in psalmum* 67.

* Quoniam et mores intellectus quodammodo per cantus indicabant, Aristides Quintilianus non absurde eos modos vocitatos putat. Cum autem circa animi atque corporis affectus modorum ipsorum consideratio habita sit et excitatio, mores quoque vocati sunt. *Franchinus lib. 4. musicæ instrum. cap.* 1.

* Quid illa præstantius quæ naturæ convenientiam ubique dispersam virtutis suæ gratia comprehendit? quicquid enim in conceptum alicujus modificationis existit, ab harmoniæ concinentia non recedit. Per hanc competenter cogitamus, pulchre loquimur, convenienter movemur : quæ quoties ad aures nostras disciplinæ

suæ lege pervenerit, imperat cantum, mutat animos : artifex auditus et operosa delectatio. Hæc cum de secreto naturæ tanquàm sensuum regina tropis suis ornata processerit; reliquæ cogitationes exiliunt, ut ipsam solummodo delectet audiri. Hæc tristitiam noxiam jucundat, tumidos furores attenuat, cruentam sævitiam efficit blandam; excitat ignaviam, soporantemque langorem : vigilantibus reddit saluberrimam quietem; vitiatamque turpi amore ad honestum studium revocat castitatem : sanat mentis studium bonis cogitationibus semper adversum; pernitiosa odia convertit ad auxiliatricem gratiam; et quod beatum curationis genus est, per dulcissimas voluptates expellit animæ passiones. Incorpoream animam corporaliter mulcet, et solo auditu ad quod vult deducit, et per insensibilium obsequium prævalet sensuum exercere dominatum. *Cassiodorus lib. 2. variarum epist. 40. ad Boëtium.*

(4) Maximam esse Reipublicæ custodiam Plato arbitratur musicam optime moratam, prudenterque conjunctam : ita ut sit modesta, et simplex, et mascula : nec effæminata, nec fera, nec varia. Quod Lacedemonij maxima ope servavere, dum apud eos Taletas Cretensis, et Gortinus magno prætio accitus pueros disciplina musicæ artis imbueret. *Boëtius lib. 1. musicæ cap.* 1.

* Non igitur frustra Plato civili viro quem πολιτικὸν vocant, necessariam musicem credidit. *Quintil. lib. 1. institut. cap.* 10.

* *Plato 2. de legibus.*

(5) Nulla enim magis ad animum disciplinis via, quam auribus patet; cum ergo per eas rhythmi, modique ad animum usque descenderint, dubitari non potest, quin æquo modo mentem atque ipsa efficiant, atque confirment. *Boëtius lib. 1. musicæ cap.* 1.

* De voce autem et auditu eadem omnino dicantur, ad eadem, eorumdemque causa à dijs tributa esse. Orationis enim facultas propter hæc ipsa data est, maximam omnino ad hæc opem collatura : quicquid nimirum in illa est musicæ vocis, ad auditum concentus, harmoniæque causa tributum : harmonia autem cognatos habens ijs motus qui in animo nostro sunt illi hominum generi data est, qui musis cum ratione et intelligentia utuntur : non vero ad temerariam, et rationis expertem voluptatem; quemadmodum hodie in nonnullis videtur ad illum usum musica instituta : quum potius hic verus sit ejus usus, et ad eam rem maximum tribuat adjumentum, ut animorum nostrorum intemperies è perturbatis illis, qui in nobis sunt, motibus manantes ad decorum, congruentemque quemdam concentum revocentur. Rhythmus vero, modulatioque deorum munere hac de causa etiam accessit; eo nimirum, qui in nobis omnibus est, immoderato; in complurimis vero cunctis etiam

VI. Il en est de mesme de la pieté que de la vertu; le chant a beaucoup de pouvoir (1) pour l'insinuer et pour l'exciter, et comme il est une de ses causes, il est aussi un de ses effets : car la pieté ou le zele que l'on a pour les choses divines a fait qu'on y a toûjours employé le chant comme le plus excellent; et le plus efficace de tous les arts (2) et tous les peuples comme par un instinct naturel s'en sont servis dans les sacrifices et les autres ceremonies de leur religion, soit vraye, soit fausse, pour faire voir que l'hommage que l'on rend à la divinité part d'une volonté prompte et de l'abondance du cœur, dont le chant est comme le langage, ou comme l'echo qui fait retentir au dehors la devotion qui est au dedans.

VII. Enfin ce qui releve davantage l'art de chanter, est l'employ que l'on en a toûjours fait dans le culte du vray Dieu, avec ce privilege (qui au dire de Bede luy est singulier) d'estre seul (3) qui a eu l'honneur d'avoir entrée dans l'Eglise; comme en effet il est employé jusques dans le sanctuaire, et dans les mysteres les plus augustes et les plus divins du S. sacrifice; et Isaye et saint Jean nous le décrivent (4) dans l'Eglise triomphante, comme le plus proche du trône de Dieu, où tous les esprits bien-heureux l'employent pour luy rendre à jamais les adorations, l'honneur, l'amour, la gloire, les loüanges, les benedictions, et les actions de graces, dont ils sont redevables à son infinie majesté. Les Patriarches et les autres personnes éminentes en dignité, en vertu et en pieté à leur imitation ont pareillement honoré Dieu, et luy ont consacré leur langue par des Cantiques spirituels. Et il est remarquable, que dans l'Ecriture (5) leur application à l'art de chanter fait partie de leurs loüanges. Et quoy que la maniere du chant et des Cantiques dont ses anciens Patriarches se sont servis nous soit inconnuë; il est neanmoins aisé de conjecturer par les cantiques de Moyse successeur de leur pieté, et par l'habitude que leurs descendans avoient à cette sorte de chants, que leurs predecesseurs estoient fort versez en la pratique de cét art. La sage et genereuse Debbora aprés la défaite des Chananéens, fit éclater sa reconnoissance envers Dieu par un (6) cantique plein d'ardeur et de pieté. La naissance de Samuël en fit chanter un autre à (7) Anne sa mere pour rendre graces à celuy qui donne aux femmes steriles la joye d'une heureuse fecondité. Il n'y a rien de plus connu dans l'Eglise que les Pseaumes de David, ils sont une preuve de son zele à employer sa voix aux loüanges divines, et un modelle aussi bien qu'un motif pour l'imiter dans ce saint exercice. Les Docteurs et les Peres de l'Eglise employent aux Prefaces de

carente gratijs, carente naturæ habitu, corrigendo, atque emendando. *Plato in Timæo post 3. circiter partem.*

* Cur inter omnia, quæ sensum patiuntur, solum id mores obtinet, quod auribus obvium esse potest? Nam et si quid sermone modulamur, mores tamen præ se ipsa modulatio fert; quos non color, non odor, non sapor gerere potest. An quod numeri musici et moduli motibus continentur, quomodo etiam actiones? *etc. Aristot. sectione* 19. *problemate* 27. *et* 29.

(1) Excitat hæc cantio cum voluptate quadam animam, et flagrans ad ejus, quod carmine celebratur, desiderium, affectiones et concupiscentias carnis sedat : cogitationes malas inimicorum, quos cernere non est, suggestione oborientes amolitur : mentem ad fructificationem divinorum bonorum rigat : pietatis decertatores generosos et fortes per constantiam in rebus adversis efficit : omnium rerum, quæ in vita tristes et luctuosæ accidunt, pijs affert medicinam, *etc. Author apud Iustinum Martyrem qu.* 107.

* Nihil animam æque erigit, et elatam quodammodo efficit, et à terra liberat, et exolvit à vinculis corporis, et amore sapientiæ afficit, et ut res omnes ad vitam istam pertinentes irrideat, perficit, ut versus modulatus, divinum canticum numero compositum. Nostra certe natura usque adeo delectatur canticis et carminibus, et tantam cum eis habet necessitudinem et convenientiam, ut vel infantes ab uberibus pendentes, si flcant et afflictentur, ea ratione sopiantur. *Hæc et alia plura Chrisost. homilia in psal.* 41.

* Movet intus musica vi quadam et potentia naturali spiritum

hominis; et cum decenter convenit cum verbo vel sensu divinæ laudis, concutit penetralia cordis et illam quam accepit homo, in eo ressuscitat gratiam spiritus sancti. Quod optime expertus est, et experiens primus Psaltes inclitus dicit, Os meum aperui, et attraxi spiritum. *Rupertus commentario in libros Regum, lib.* 5. *cap.* 23.

* Agit quippe cantus in spiritum, eumque potentissime afficiens, ad cælestes influxus recipiendos idoneum efficere censetur. *Richardus à S. Vict. lib.* 5. *de contemplat. cap.* 17.

* Nunc autem adducite mihi psaltem; cumque caneret psaltes, facta est super eum manus Domini. 4. *Reg.* 3. 25.

(2) Re enim vera primum hoc ejus est, atque pulcherrimum officium grata adversum deos remuneratio : proximum animæ pura et concinna, sibique conveniens constitutio. *Plutarchus in commentario de musica.*

* Apud antiquos ne notam quidem musicam quæ theatris inserviret; sed totam scientiam illam deorum venerationi adolescentumque institutioni impensam fuisse. *Plutarchus ibidem.*

(3) Nulla enim scientia ausa est subintrare fores Ecclesiæ, nisi ipsa tantummodo musica. *Beda in musica practica.*

(4) *Isayæ* 6. *Apocalipsis* 4. 5. 11. 14. *cap.*

(5) In peritia sua requirentes modos musicos. *Eccli.* 44. 5.

(6) Cecineruntque Debora et Baruc filius Abinoem in illo die dicentes. *Iudicum.* 5. 1.

(7) 1. *Reg.* 2. 1.

leurs Commentaires sur ces Pseaumes et en d'autres endroits toute leur éloquence pour nous en declarer l'excellence, et les grands avantages que les ames fidelles en reçoivent. Le bel ordre qui s'observoit dans leur chant, et la multitude des chantres, et des instrumens qui y estoient destinez (1) par le mesme Roy, et par le sage Salomon son fils et son successeur, font voir l'estime qu'ils faisoient de cét art, et la grande habitude que leurs peuples avoient dans sa pratique. Mais le commandement exprés qui en avoit esté fait à ces Roys de la part de Dieu (2) est un évident témoignage de l'estat qu'il en fait luy-mesme, combien il agrée ce saint exercice, et la veneration que nous devons avoir pour cette institution divine. Il seroit trop long de faire icy mention des (3) Cantiques d'Isaye, d'Ezechias, et des autres justes de l'ancienne loy, ce qui en a esté dit peut suffire.

VIII. Il reste seulement à voir ce qui s'est pratiqué dans le Christianisme à l'égard du present sujet. Il a esté cy-dessus parlé de Marie sœur de Moyse, qui celebra le premier Cantique qui se lise dans l'ancien Testament. Voicy une Marie beaucoup plus relevée en dignité et en grace, qui avant conceu dans son chaste sein le Sauveur du monde en glorifia Dieu par le premier Cantique (4) que nous lisions dans le nouveau, qui est si merveilleux que l'Eglise nous le fait chanter tous les jours, afin que repetant les paroles de cette incomparable Vierge nous participions aussi à sa devotion et à son (5) esprit. S. Zacharie à son imitation en chanta (6) un autre à la naissance du Precurseur du mesme Sauveur, et les saints Anges imiterent pareillement celle qui estoit devenuë leur Reyne par le mystere de l'Incarnation, en honorant par un Hymne la naissance (7) que le Sauveur prit de cette incomparable Vierge. Le saint vieillard Simeon chanta semblablement son Cantique (8), lors qu'elle le luy presenta au temple, et le Sauveur mesme daigna authoriser l'exercice du chant, lors qu'avec les Apôtres il dit un hymne (9) après l'institution du tres saint Sacrement, immediatement avant que d'entrer dans le cours de sa sainte Passion. Car cét hymne ne consistoit pas dans une seule priere, mais dans une priere recitée avec chant (10), et dans un Cantique d'action de graces. Il ne se contenta pas mesme de nous en avoir donné l'exemple, il voulut encore en instruire les Apostres, leur en ordonner (11) la pratique, et en faire le commandement à toute l'Eglise en leur personne. D'où vient que S. Paul recommande si fort aux Chrestiens de s'entretenir dans la ferveur par (12) des Pseaumes et des Cantiques spirituels; et que l'Eglise observe cette sainte discipline dés sa naissance; ainsi que Philon mesme et Pline le neveu l'ont (13) écrit, desquels le témoignage ne peut estre suspect, d'autant que l'un estoit Juif,

---

(1) 5. *Reg. et* 2. *Paralipom.*

(2) Constituit quoque Ezechias Levitas in domo Domini cum cymbalis, et psalterijs, et cytharis, secundùm dispositionem David Regis, et Gad videntis, et Natham Prophetæ : siquidem Domini PRÆCEPTUM FUIT per manum Prophetarum ejus. 2. *Paralipom.* 29. 23.

* Dixitque Angelus eis : pax vobis nolite timere : etenim cum essem vobiscum, per voluntatem Dei eram : ipsum benedicite, et cantate illi. *Tobiæ* 12. 18.

(3) Isayæ 5. et 26. et 38. 10.

* Tunc cantavit canticum hoc Dominô Judith dicens. *Iudith* 16. 1. *etc.*

(4) *Lucæ.* 1. 46.

(5) Sit in singulis spiritus Mariæ, ut exultent in Deo. *Ambrosius in Lucam.*

(6) *Luc.* 1. 68.

(7) *Luc.* 2. 14.

(8) *Luc.* 2. 28.

(9) Et hymno dicto exierunt in montem olivarum. *Math.* 26. 30.

(10) Hymni cantus sunt continentes laudes Dei : si sit laus, et non sit Dei, non est hymnus : et si sit laus, et Dei laus, et non cantetur, non est hymnus. Oportet ergo ut sit hymnus habeat hæc tria, et laudem, et Dei laudem, et canticum. *August. in psal.* 148.

* Modulata laus est hymnus, ut quidem arbitror : cum cantione psalmus est psalmodia. *Gregor. Nazianz. carmine jambico* 15.

* Hymnus est canticum laudantium, seu carmen lætitiæ et laudis. *Isid. lib.* 6. *orig. cap.* 10.

(11) De hymnis et psalmis canendis cum et ipsius Domini, et Apostolorum habeamus documenta, et exempla, et præcepta, *etc. Augustinus epist.* 119. *cap.* 18.

(12) Loquentes vobismet ipsis in psalmis, et hymnis, et canticis spiritualibus cantantes et psallentes in cordibus vestris Domino. *Ad Ephes.* 5. 19. *Ad Coloss.* 3. 16.

(13) Therapeutæ non solum contemplantur ; sed etiam cantica et hymnos in laudem Dei componunt vario metrorum genere, rythmisque concinnantes in augustiorem et religiosam speciem. *Et infra.* Nonnulli ex his vix tertio quoque die famem sentiunt attenti magis ad disciplinarum scientiam : nec desunt, qui prælaute accepti epulo sapientiæ copiose præbentis sua placita perdurant duplum ejus temporis, et vix sexto die degustant cibum necessarium, assueti, sicut cicadæ, rore vivere ; canticis, opinor, solantes inediam. *Et longe infra versus finem.* Tum assurgens præses hymnum in laudem Dei primus canit, aut recens à se compositum, aut desumptum ab ali-

l'autre Payen, et tous deux ennemis du nom Chrestien. Depuis l'Eglise a toûjours continué de pratiquer ce moyen d'honorer Dieu, sans qu'aucune chose ait pû interrompre le cours de ce saint exercice (1), qui luy est un prelude, et un essay de ce qu'elle doit faire un jour dans le ciel avec les Anges et les Saints. C'est pourquoy les Peres ont appellé le chant de l'Eglise l'employ des Anges, l'œuvre de Dieu (2), et l'office divin. Par où il est aisé de voir combien ceux-là se trompent qui en jugent bassement, et qui ne le regardent que comme le partage des Ecclesiastiques du commun, et de ceux qui ont plus de voix que d'esprit ; et combien ceux qui y sont occupez y doivent apporter d'attention, et de ferveur, afin de s'acquitter dignement d'un si saint ministere.

quo veterum. *etc. Philo de vita contemplativa sive supplicum virtutibus.*

* Christiani soliti sunt stato die ante lucem convenire, carmenque Christo quasi Deo dicere secum invicem. *Plinius 2ᵐ lib. 10. epist. 97. ad Trajanum.*

* *Lucianus in Philopatr.*

(1) Gratos nos illi exhibentes, rationalesque pompas, et hymnos illi celebramus atque decantamus. *etc. Iustinus martyr. in oratione ad Antoninum pium.*

* *Clemens Alexand. oratione ad gentes.*

* Sonant inter duos psalmi et hymni, et mutuo provocant, quis melius Deo succinat. *Tertullianus ad uxorem lib. 2. in fine.*

* *Basilius epist. 69.*

* Diei ortus psalmum resultat, psalmum resonat occasus. Mulieres Apostolus in Ecclesia tacere jubet ; psalmum etiam bene clamant. Hic omni dulcis ætati, hic utrique aptus est sexui. Hunc senes rigore senectutis deposito canunt, hunc veterani tristes in cordis sui jucunditate respondent. Hunc juvenes sine invidia cantant lasciviæ, hunc adolescentes sine lubricæ ætatis periculo, et tentamento concinunt voluptatis. Juvenculæ ipsæ sine dispendio matronalis psallunt pudoris : puellulæ sine prolapsione verecundiæ cum sobrietate gravitatis hymnum Deo inflexæ vocis suavitate modulantur : Hunc tenere gestit pueritia, hunc meditari gaudet infantia, quæ alia declinat ediscere. Psalmum Reges sine potestatis superciclio resultant, Psalmus

cantatur ab imperatoribus, jubilatur à singulis. Certant clamare singuli quod omnibus proficit. Psalmus virtutum organum est, quod sancti spiritus plectro pangens propheta venerabilis cœlestis sonitus fecit in terris dulcedinem resultare. *Ambros. præfat. in psalmos.*

(2) Psalmus Angelorum opus est ; cœleste munus atque administratio, incensum spirituale. Psalmus mentium illuminatio, ac corporum sanctificatio. In hoc nunquam fratres exerceri desistamus ; et domi et extra in vijs, et dormientes et excitati loquentes nobismet ipsis in psalmis et hymnis et canticis spiritualibus. Psalmus piorum gaudium : hic otiosiloquium exterminat, risum reprimit, judicium suggerit, animam in Dei laudem excitat, cum Angelis choros agit. *S. Ephrem. to. 1. pag. 15.*

* Ubique credimus divinam esse præsentiam, et oculos Domini in omni loco speculari bonos et malos, maxime tamen hoc sine aliqua dubitatione credamus cum ad opus divinum assistimus. *S. Benedictus cap. 19. regulæ.*

* Ad horam divini officij mox ut auditum fuerit signum, summa cum festinatione curratur, cum gravitate tamen. *Et paulo infra.* Ergo operi Dei nihil præponatur. *S. Benedict. cap. 43. regulæ. Item.* Festinent se prævenire ad opus Dei. *cap. 22.*

* Ex regula nostra nihil operi Dei proponere licet. Quo quidem nomine laudum solemnia, quæ Deo quotidie in oratorio persolvuntur, Pater ideo Benedictus voluit appellari, ut ex hoc clarius aperiret, quam nos operi illi velit esse intentos. *Bernard. serm. 47. in cantica.*

CHAPITRE IV.

DÉFINITION DE LA MUSIQUE EN GENERAL.

I. La Musique est definie par S. Augustin (1) la science de bien chanter. Car quoy que le mot de *Modulari*, dont le Saint se sert en cette definition, signifie mouvoir (2) en general, et toute sorte de mouvemens qui sont reglez et bien ordonnez; Toutefois il a plû à l'usage, qui est le maistre des langues, de l'approprier plûtot au mouvement (3) de la voix et des sons dont le chant est composé, qu'aux mouvemens d'aucune autre chose, de mesme, dit-il, que dans la langue Latine le mot de *diction* appartient plus particulierement aux orateurs, bien qu'il soit commun à tous ceux qui parlent; puisqu'ils ne le peuvent faire qu'en se servant de dictions. Le mot de *bien* doit pareillement estre remarqué, car il designe la maniere qu'on doit garder au chant, laquelle ce S. Docteur (4) reduit à deux points, sçavoir aux mesures ou nombres des temps, et des intervalles du chant, et à la convenance ou rapport qui doit estre entre le chant et le sujet auquel il est appliqué. Enfin le mot de *Science* marque plûtost l'intelligence et la raison de tout ce qui concerne le chant, que non pas la pratique, ou le seul exercice de la voix.

II. Boëce étend et met un peu plus au long la definition de la musique qu'il appelle Harmonique, en disant, que c'est une faculté ou une science qui considere et examine (5) les differences des sons graves et aigus par le moyen du sens et de la raison qui sont comme les deux instrumens de cette science; car le sens n'apperçoit son objet que d'une maniere confuse et peu distincte; mais la raison le discerne entierement, et en pese et examine toutes les differences : De sorte que cette science contient en soy deux especes de jugement, l'un par lequel le sens connoist les differences des voix qui luy sont representées, l'autre par lequel la raison considere la maniere et la mesure des mesmes differences. C'est pourquoy l'on ne doit pas laisser l'entier jugement au

---

(1) Musica est scientia bene modulandi. *August. lib. 1. musicæ cap. 2.*

(2) Modulatio non incongrue dicitur movendi quædam peritia; vel certe quo fit ut bene aliquid moveatur : non enim dicere possumus bene moveri aliquid, si modum non servat. *etc.* Ergo scientiam modulandi jam probabile est esse scientiam bene movendi, ita ut motus ipse per se appetatur ; atque ob id per se delectet. *Aug. lib. 1. mus. cap. 2.*

(3) Ut intelligas modulationem posse ad solam musicam pertinere, quamvis modus unde flexum est verbum, possit etiam in alijs rebus esse : quemadmodum dictio proprie tribuitur oratoribus, quamvis dicat aliquid omnis qui loquitur, et à dicendo dictio nominata sit. *August. ibid.*

(4) Musica est scientia bene movendi, sed quia bene moveri dici potest, quidquid numerositatis temporum, atque intervallorum dimensionibus movetur, jam enim delectat, et ob hoc modulatio non incongrue vocatur, fieri autem potest ut ista numerositas atque dimensio delectet quando non opus est ; ut si quis suavissime canens, aut saltans, velit eo ipso lascivire, cum res severitatem desiderat ; non bene utique numerosa modulatione utitur, id est ea motione, quæ jam bona, ex eo quia numerosa est, dici potest, male ille, id est incongruenter utitur ; unde aliud est modulari, aliud bene modulari. Nam modulatio ad quemvis cantorem, tantum qui non erret in illis dimensionibus vocum, ac sonorum ; bona vero modulatio ad hanc liberalem disciplinam, id est, musicam pertinere arbitranda est. *August. lib. 1. mus. cap. 3.*

* Opportunæ modulationis, vel importunæ conformatio hujusmodi vires habet, ut illa quidem pulchram, hæc contra turpem et indecoram efficiat orationem ; quin etiam consonum atque dissonum eodem modo, quandoquidem modulus id est, ῥυθμὸς, et concentus 1, id est, ἁρμονία orationem, non contra oratio hos consequitur. *Plato lib. 3. de republica.*

* *August. l. 1. mus. cap. 4.*

(5) Harmonica est facultas differentias acutorum ac gravium sonorum sensu ac ratione perpendens, sensus enim et ratio quasi quædam facultatis harmonicæ instrumenta sunt. Sensus namque confusum quiddam ac proxime tale, quale illud est, advertit : ratio autem dijudicat integritatem, atque universas persequitur differentias. *Et infra.* Nam ut singulæ artes habent instrumenta quædam, quibus partim confuse aliquid informent, ut asciculam ; partim vero quod est integrum deprehendant, ut circinum : ita etiam harmonica vis duas habet judicij partes, unam quidem hujuscemodi per quam sensus comprehendit subjectarum differentias vocum ; aliam vero per quam ipsarum differentiarum modum, mensuramque considerat. *etc.* Idcirco non est aurium sensui dandum omne judicium ; sed exhibenda est etiam ratio, quæ errantem sensum regat, ac temperet, qua labens sensus, deficiensque veluti baculo innitatur. *Boëtius lib. 3. musicæ cap. 1. et lib. 1. cap. 9.*

* *Ptolem. lib. 1. harmonic. cap. 1.*

sens de l'oüye, mais il y faut encore joindre celuy de la raison, par le moyen duquel on redresse l'oüye lors qu'elle se trompe, et on l'appuye comme avec un baston, quand elle chancelle et qu'elle est en danger de tomber : Car le but de la science du chant n'est autre (1) que d'éviter tout ce qui peut y choquer l'oreille et la raison ; et de les entretenir toutes deux dans une si bonne intelligence, et dans une union si estroite, que la raison reconnoisse et approuve toùjours ce qui agrée au sens ; et que le sens ne trouve jamais à redire aux proportions que la raison aura approuvées.

III. Les definitions que Euclide, Aristide, le venerable Bede et les autres donnent de cette science reviennent aux precedentes, car les uns disent que la (2) musique est la science de la modulation, qui consiste dans le son et dans le chant, ou la science qui traitte des nombres qui se rencontrent aux sons. Les autres (3) l'appellent une science liberale et honneste, qui fournit abondamment tout ce qui est necessaire pour bien chanter ; qui discerne et distingue les sons graves d'avec les aigus, ou qui consiste dans les nombres et dans les mesures en deux manieres, l'une par rapport aux intervalles, selon la proportion ou distance qui est entre les sons ; l'autre par rapport à la durée du temps, suivant la mesure ou la proportion qu'ont les nottes breves ou longues des mesmes sons.

IV. Apres les definitions de la musique, il ne sera pas inutile d'ajoùter icy celle du Musicien. Le Musicien donc (4) n'est pas tant celuy qui exerce sa voix au chant, ou qui joüe des instrumens que celuy qui en a une exacte intelligence, qui en connoist les principes, et qui par la direction de la lumiere de la raison sçait et peut juger sainement et selon les regles du chant des modes, des rithmes, des genres, et de leurs meslanges ; des vers des Poëtes, et de toutes les autres choses qui appartiennent au chant.

---

(1) A Prolemæo autem quodammodo harmonicæ definitur intentio ; ea scilicet ut nihil auribus rationique possit esse contrarium. Id enim secundum Ptolomæum harmonicus videtur intendere, ut id quod sensus judicat, ratio quoque perpendat ; et ita ratio proportiones inveniat, ut ne sensus reclamet ; duorumque horum concordia omnis harmonicæ intentio misceatur. *Boëtius lib.* 3. *mus. cap.* 2.

(2) Musica est peritia modulationis sono cantuque consistens. *Isid. lib.* 3. *orig. cap.* 14.

* Musica est disciplina, quæ de numeris loquitur, qui inveniuntur in sonis. *Isid. præfat. in lib.* 3.

(3) Musica est liberalis scientia cantandi copiam subministrans. *Et infra.* Harmonica est illa quæ discernit inter sonos gravem et acutum ; vel quæ consistit dupliciter in numeris et mensuris. Una localis secundum proportionem sonorum, vocumque ; alia temporalis secundum proportionem longarum breviumque figurarum. *Beda in musica practica.*

* Musica nihil est aliud, quam scientia concordantium rationum, quæ in harmonia et rythmo versantur. *Plato in convivio, longe ante medium.*

* Musica est ars qua novimus canentes regere in choris. *Plato in Theage circa initium.*

* Musica est scientia contemplandi et exercendi concentum : Concentus vero est id quod certum habet ordinem ex sonis, et intervallis compositum. *Euclides in musica.*

* Musica est notitia et ars decori in vocibus et motibus. Scientia igitur est seu notitia certa existit, quæque errorem non admittat. *Aristid. Quintil. lib.* 1. *de musica.*

(4) Is vero musicus est, qui ratione perpensa canendi scientiam, non servitio operis, sed imperio speculationis assumit. *Et infra.* Is musicus est, cui adest facultas secundum speculationem rationemque propositam ac musicæ convenientem de modis ac rythmis, deque generibus cantilenarum ac de permixtionibus, ac de omnibus de quibus posterius explicandum est, ac de poëtarum carminibus judicandi. *Boëtius lib.* 1. *cap.* 54.

* In tonorum acutorum et gravium rationibus ita se res habet ; qui enim voces aptis sonorum modulis una temperatas, aut contra cognoscit, musicus ille est ; qui vero illarum rerum minime est peritus, musices expers est. *Plato in sophista paulo post medium.*

CHAPITRE V.

I. En suitte de ce qui a esté dit au Chapitre precedent il est aisé de conclure, que l'objet de cette science est le nombre, la distance, la mesure, l'ordre (1), le rapport, et les proportions des differens sons ou voix, graves et aiguës : ou bien les mots ou dictions en tant que resonnantes et sujettes aux mesmes sons. Car bien que les dictions soient aussi l'objet d'autres sciences, ou d'autres arts liberaux : neantmoins c'est d'une autre façon, et sous d'autres rapports, ou raisons. La Grammaire, par exemple. ne les considere que selon leur signification, leur pureté, leur construction, leur netteté. La Rhetorique selon leur abondance, leur elegance, et leur ornement. La Logique selon qu'elles sont propres au raisonnement : Mais cette science les regarde premierement et principalement selon les proportions et les rapports que leurs sons doivent avoir les uns aux autres, soit en leurs intervalles plus hauts ou plus bas, soit en leur temps ou leur durée plus longue ou plus courte, soit en leurs tons ou modes, soit en leur silence, soit en leur bonne ou mauvaise suitte, soit en leur ressemblance ou diversité, soit en leur consonance ou dissonance, soit en l'agréement ou desagréement qui en provient, soit en la convenance que les mesmes sons ont, ou peuvent avoir, tant avec le sujet de chaque piece de chant et avec le sens de la lettre, qu'avec les dictions ou les termes dont elle est composée, et les mouvemens qui y sont contenus. Enfin la maniere de les si bien ranger, ordonner et entremesler, et de les chanter de telle sorte qu'elles puissent produire une melodie agreable qui soit propre à exprimer le sens de la lettre, et à toucher ensemble et l'oreille et le cœur.

II. Si l'objet de cette science est évident, la façon dont elle s'y occupe ne l'est pas moins, car (2) les sons agissent premierement sur le sens, qui en ayant receu l'impression en presente l'image

(1) Ratio simpliciter et in universum ordinis et commensurationis est opifex, harmonia vero proprie ejus, quæ in eorum genere est quæ audiuntur, ut visiva ejus quæ in visibili, et judicatrix in intelligibili, præstatque in ijs quæ audiantur, ordinem, quem concentum peculiari nomine appellamus · ac quia contemplando invenit commensurationes, mentem respicit ; et quod manus opera eas ostendat , artem : denique ob consequentem experientiam, ad mores attinet : idque quod in universum ratio recte considerans invenit, affirmat deprehensum evidentia, et simile ipsi fit consuescendo subjectum : ut merito etiam communis ad rationem attinentium formarum scientia, quæ proprie mathematica dicitur, non contemplationi inhæret tantum pulchrorum, ut quidam forte opinantur, sed ostensione simul et meditatione , quæ ex ipsa consecutione ei suppetunt, instructa est : utitur enim instrumentis , quemadmodum ministris, hujusmodi facultas supremis et maxime mirificis, sensibus visu et auditu, qui præ alijs potissime ordinati sunt ad principem nostri partem ac soli inter illos non voluptate tantum judicant subjecto , quin multo potius honesto. *Et infra.* Unde fit ut soli hi sensus mutuas tradant operas in subministrando ipsorum rationalis animæ parti perceptiones, sæpe numero revera tanquam fratres effecti, visibilia quidem solum ostendente auditu per interpretationes, audibilia vero solum visu enuntiante per descriptiones, et sæpe evidentius utroque, quam si solus alter sua interpretetur, ut quando ratione tradita per delineationes aut notas facilius tum discuntur à nobis, tum memoria commendantur, ac visu cognita per poëticas enarrationes apparent imitabiliora. *etc. Ptolem. lib. 3. harmonic. cap. 3.*

(2) Ea quæ discernenda sunt primum sensibus accidunt, ac per sensum sentiuntur, et postremo ratione discernuntur. Multa enim varietas est inter sensum et rationem : medio itinere feruntur, qui nec ex toto discretionem tribuunt auribus nec ex toto rationi, sed partim auditui, partim rationi : sonum videlicet acutum vel gravem auditui, differentias autem consonantiarum rationi. *Beda in musica theorica.*

* Ut autem universe dicam sensum et intelligentiam oportet in judicandis musicæ partibus concurrere, ut neque præeant sensus, quod accidit præcipitibus, neque à tergo relinquantur, quod usuvenit tardis. Contingit autem in sensibus utrumque, ut ob naturæ inæqualitatem, et antecurrant, et tardius æquo veniant. Hoc igitur adimendum est sensui, ut possit imitari intellectum : semper enim necesse est tria hæc unà in auditum incidere : sonum, tempus, litteram, seu syllabam : fiet autem, ut è sono, ejusque ingressu harmoniam ; è tempore rythmum, è littera, aut syllaba, id, quod dicitur, intelligas. Quæ cum simul procedant, simul etiam sensus ea excipere debet. *Plutarch. in comment. de musica.*

* Harmonicos sermones auditurus, necesse experientia exercitatum habeat auditum ad sonos accurate audiendos, intervalla pernoscenda tam consona, quam dissona : ut perceptis, quæ circa sonos sunt, proprietatibus, rationem consequenter adjungens, perfectam scientiam experientia ac ratione adauctam efficiat. *Gaudentius initio introductionis harmonicæ.*

et l'espece à l'entendement, qui les considere, les discerne, et en porte jugement par la lumiere qui luy est propre. De maniere que le sens et la raison sont comme les deux organes, ou instrumens de cette science, et ils la doivent conjointement accompagner dans toutes ses operations, et non seulement dans la theorie et la speculation; mais aussi dans la pratique et l'exercice du chant.

III. C'est pourquoy ce n'est ni le seul instinct, ou la seule disposition naturelle (1) que l'on peut avoir à l'art ou à la pratique du chant, ni l'usage et l'habitude qu'on en peut acquerir par la seule imitation ou par un frequent exercice qui fait la science du chant, et qui merite à une personne la qualité de Musicien : Il faut y joindre encore les lumieres, les principes et les regles de la science. D'où vient que S. Augustin (2), et le venerable (3) Bede, n'estiment pas que l'on doive accorder le nom de Musique aux chants du Rossignol, ou d'autres semblables oiseaux, quoy qu'ils soient tres-melodieux, soit par l'instinct de la nature, soit par l'imitation, ou par l'usage : Mais au contraire ils qualifient du nom de *Brutes*, et comparent aux animaux dépourvûs de raison tous ceux qui chantent sans sçavoir, ny ce qu'ils font, ny la maniere dont ils s'en doivent acquiter suivant les maximes et les preceptes de cette science.

IV. Or afin de mieux connoistre l'objet de cette science, et la maniere de s'y appliquer; il faut distinguer avec S. Augustin (4) six ou sept choses, qui s'y rencontrent. Premierement, les sons qui proviennent des corps. 2. La convenance ou disconvenance qui se rencontre aux mesmes sons. 3. Leur production plus prompte ou plus tardive. 4. La perception des mesmes sons, qui se fait par l'oreille. 5. L'instinct naturel que le sens de l'oüie a pour les agréer, ou pour les trouver desagreables, lors qu'il les entend. 6. Le souvenir tant des sons que l'on a oüis, que de l'agréement ou du desagréement qu'ils ont causé à l'oüie; ce qui est le propre de la memoire. 7. Le discernement du juste sujet, qu'il y a de les agréer ou desagréer, et le jugement que la raison en porte; ce qui n'appartient qu'à elle seule.

(1) Intendenda vis mentis est, ut id quod natura est insitum, scientia quoque possit comprehensum teneri : sic non sufficit cantilenis musicis delectari, nisi etiam quali inter se conjunctæ sint vocum proportione discatur *Boet. l. 1. c. 1.*

(2) Num tibi videtur bene modulari luscinia verna parte anni? nam et numerosus, et suavissimus est ille cantus, et nisi fallor tempori congruit. Numquid non hujus liberalis scientiæ perita est? vides igitur nomen scientiæ definitioni pernecessarium. D. video prorsus. M. Dic mihi quæso te, nonne tales tibi videntur, qualis illa luscinia, qui sensu quodam ducti bene canunt, id est numerose id faciunt et suaviter, quamvis interrogati de ipsis numeris vel de intervallis acutarum, graviumque vocum respondere non possint. D. Eos simillimos puto. M. nonne pecoribus comparandi sunt. D. censeo. *Aug. l. 1. musicæ cap. 4.*

(3) Qui canit quod non sapit, definitur bestia. Unde versus : Bestia, non cautor, qui non canit arte; sed usu. Non verum cantorem facit ars, sed documentum. *Beda in musica practica.*

* *Guido Aretinus in prologo rythmico antiphonarij.*

(4) Aliud est sonare quod corpori tribuitur. Aliud audire, quod in corpore anima de sonis patitur. Aliud operari numeros vel productius, vel correptius, quod est in ipso usu et opere pronunciantis. Aliud ista meminisse; nam et taciti apud nosmetipsos possumus aliquos numeros peragere ea mora temporis, qua etiam voce peragerentur. *Aug. lib. 6. musicæ cap. 3.* Aliud de his omnibus vel annuendo vel abhorrendo quasi quodam naturali jure ferre sententiam. *Idem lib. 6. cap. 4.*

* Nos ergo in istis generibus numerandis et distinguendis unius naturæ, id est animæ motus, affectionesque dispicimus. Quare sicut aliud est ad ea, quæ corpus patitur, moveri, quod fit in sentiendo. Aliud movere se ad corpus; quod fit in operando. Aliud quod ex his motibus in anima factum est, continere; quod est meminisse. Ita est aliud annuere, vel renuere his motibus, aut cum primitus exeruntur; aut cum recordatione resuscitantur; quod fit in delectatione convenientiæ, et offensione absurditatis talium motionum sive affectionum. Et aliud æstimare utrum recte an secus ista delectent quod fit ratiocinando. Necesse est fateamur ita hæc esse duo genera, ut illa sunt tria. Et si recte nobis visum est, nisi quibusdam numeris esset ipse sensus delectationis imbutus, nullo modo cum potuisse annuere paribus intervallis, et perturbata respuere. Recte etiam videri potest ratio, quæ huic delectationi superimponitur, nullomodo sine quibusdam numeris vivacioribus de numeris, quæ infra se habet, posse judicare. Quæ si vera sunt, apparet inventa esse in anima quinque genera numerorum; quibus cum addideris corporales illos, quos sonantes vocavimus, sex genera numerorum; disposita, et ordinata cognosces. *Aug. eodem lib. 6. mus. cap. 9.*

* Aliud est habere numeros; aliud posse sentire numerosum sonum, *etc.* Non facile dixerim carere sensum numeris talibus in se constitutis, etiam antequam aliquid sonet; non enim aliter aut eorum mulceretur concinnitate, aut absurditate offenderetur. Id ipsum ergo quicquid est, quo aut annuimus, aut abhorremus, non ratione sed natura, ipsius sensus numerum voco : non enim tunc fit in auribus meis, cum sonum audio, hæc vis approbandi, aut improbandi; aures quippe non aliter bonis sonis, quam malis patent, *etc.* Quare ista duo distinguenda sunt, et fatendum numeros, qui sunt in ipsa passione aurium, cum aliquid auditur, sono inferri, auferri silentio. Ex quo colligitur numeros qui sunt in ipso sono, posse esse sine istis, qui sunt in eo quod est audire; cum hi sine illis esse non possint. *August. eodem lib. 6. cap. 2.*

CHAPITRE VI.

DES DIVISIONS DE LA SCIENCE DU CHANT.

I. Boece, parlant de la musique selon la signification la plus generale de ce mot (1) la divise en trois especes; Dont la premiere est la musique du monde; la seconde, celle du petit monde qui est l'Homme; et la troisiéme, la Musique artificielle, qu'il appelle instrumentale. La musique du monde, consiste dans l'ordre et la disposition admirable des differentes creatures dont il est composé, des Cieux, des Etoiles fixes, des Planettes : dans leurs revolutions et leurs mouvemens si vistes et si bien reglez; et dans la diversité des Elemens et des Saisons, d'une part si contraires et si opposées, et de l'autre si bien ajustées et si bien unies, que tout y sert et y conspire à l'embellissement et à la conservation de l'Univers; et que l'on n'en peut rien retrancher, mesme par pensée, sans voir incontinent le reste dans le desordre, la confusion, et la corruption que cette privation luy causeroit. Or cét ordre si exact, ce juste assemblage de tant de pieces, cette regularité de tant de mouvemens et d'operations n'est pas muette; et c'est comme un son ou une voix que tous les (2) peuples entendent, et qui publie la sagesse, la puissance, et la bonté du souverain createur de toutes choses.

II. Il en est de mesme du petit monde, qui est l'homme : On remarque aussi en luy une espece de musique et d'harmonie, soit que l'on considere conjointement ou separément les deux parties dont il est composé, c'est à dire, l'ame et le corps. Le lien qui attache et mesle ensemble deux natures si differentes, forme entr'elles une correspondance et un accord qui ressemble à la consonance de deux voix, l'une haute, et l'autre basse. Les diverses facultez de l'ame font aussi comme une symphonie quand les passions n'y causent point de trouble, et que la partie inferieure est soumise à la raison, et la raison à Dieu. On reconnoist encore de l'harmonie dans le corps, à cause de la liaison, du rapport, et de la communication mutuelle de tant d'os, de nerfs, de veines, et d'autres parties, dont il est formé et tissu, et on le compare à un luth garny de ses cordes; car son admirable structure n'est pas muette, et elle rend un son, c'est à dire un haut témoignage à l'existence et à la suprême sagesse de son divin ouvrier, comme l'avoüent mesme les Payens, et entr'autres Galien le plus fameux de tous les Medecins.

III. Quant à la musique artificielle, elle consiste en des voix ou des sons differens, si bien disposez par le moyen de l'art et de la raison, qu'ils fassent ensemble une harmonie et un accord melodieux. Et celle-cy est derechef divisée en deux ou trois especes, qui sont la vocale ou (3) l'humaine, l'instrumentale ou l'organique (4), et la mixte qui est meslée des deux autres. La vocale, est celle qui se fait avec la voix : L'instrumentalle, celle qui est produite par le son des instrumens, soit (5) à vent par le souffle; soit à cordes par le toucher, soit d'autre sorte par le

---

(1) *Boetius lib.* 1. *musicæ cap.* 2.

(2) Non sunt loquelæ neque sermones quorum non audiantur voces eorum. In omnem terram exivit sonus eorum, et in fines orbis terræ verba eorum. *Psal.* 18. 3. *et* 4.

(3) *Beda in mus. practica.*

(4) Organum vocabulum est generale vasorum omnium musicorum. *Isid. lib.* 3. *cap.* 20.

(5) Hæc verò administratur, aut intentione ut nervis : aut spiritu, ut tibijs, vel his quæ ad aquam moventur ; aut percussione quadam, ut in his quæ in concava quadam virga ærea feriuntur : Atque diversi inde efficiuntur soni. *Boët. lib.* 1. *musicæ cap.* 2.

* Intellexit nihil aliud ad aurium judicium pertinere quam sonum, cumque triplicem, aut in voce animantis, aut in eo quod flatus in organis faceret aut in eo quod pulsu ederetur. *Aug. l.* 2. *de ordine cap.* 14.

frapper; qui sont les trois differentes manieres, ou especes subalternes de l'instrumentalle. La mixte est celle, qui est composée tant de la voix, que du son des instrumens.

IV. Outre ces divisions plus generales de la Musique artificielle, il y en a d'autres plus particulieres. C'est pourquoy S. Isidore considerant les parties integrantes de cette science, la divise (1) en l'harmonique, qui discerne les sons aigus et les sons graves. La rythmique, qui recherche le rapport ou la convenance, qui est dans la rencontre ou la terminaison de ses dictions ou de ses sons. Et la Metrique, qui détermine la mesure des pieds, ou des metres differens, comme sont les heroïques, les jambiques, et autres semblables.

V. La quatriéme division de cette science, est prise de la difference des intervalles, dont chaque quarte ou tetrachorde est composé : en veuë desquels on la divise en trois genres, qui sont le Diatonique, le Chromatique, et l'Enharmonique, dont l'on verra l'explication plus ample au Chapitre 3. de la seconde Partie.

VI. La cinquiéme, tire son origine de la diverse mesure des voix ou des sons, qui forment le chant. Ce qui fait qu'on la divise en plain-chant surnommé Gregorien, en chant metrique, autrement appellé Ambroisien ; et en chant rythmique ou psalmodique, dont il sera semblablement traité plus au long dans la troisiéme Partie.

VII. La sixiéme division dépend de la maniere, dont les voix composent le chant, c'est à dire de la multitude des parties; car s'il n'y a qu'une seule partie, en laquelle une ou plusieurs voix chantent les mesmes sons ou intervalles à l'unisson, on l'appelle plain-chant (2) ou chant monodique; mais quand le chant est à plusieurs parties, et qu'une multitude de voix ou d'instrumens produisent en mesme temps des sons et des intervales, ou des mesures differentes, qui font ensemble les consonances et les accords convenables, on l'appelle alors contrepoint, harmonie (3) musicale, ou musique à plusieurs parties : Et quoy qu'il y ait des Autheurs qui luy ont aussi donné le nom de symphonie (4) pour la distinguer du plain-chant; neantmoins les modernes luy ont maintenant tellement approprié le nom de musique, et celuy d'harmonie, dont les Anciens avoient accoûtumé de qualifier toute sorte de chant, que l'on ne donne plus à present ces noms, qu'au seul chant à plusieurs parties, afin de le distinguer de tous les autres chants qui se font à l'unisson : et l'on donne communément à ceux-cy le nom de melodie, c'est à dire un chant dont les sons et les intervalles se suivent si bien que de soy ils sont agreables à l'oreille.

VIII. Or cette Musique moderne est encore diversement soûdivisée. Premierement selon le

---

(1) Tres sunt partes musicæ, videlicet harmonica, quæ discernit in sonis acutum et gravem; rythmica, quæ requirit incursionem verborum, utrum bene sonus an male cohæreat. Metrica, quæ mensuram diversorum metrorum, u, g, heroïcum, iambicum, *etc.* probabili ratione cognoscit. *Isidor. lib.* 3. *orig. cap.* 17. *et* 18.

   * Harmonia seu musica constat sono, numeris, atque verbis : sed quæ sonis ad melos pertinent, harmonica dicuntur : quæ ad numeros rythmica, quæ ad verba metrica. Martianus *Capella lib.* 9. *cap. de generibus musicæ.*

(2) Cantus duplex est, alter simplex ac uniformis, quo nunc vulgo in templis utuntur, et de hoc tractat musica plana, quam Gregorianam vocant; Alter varius ac multiformis, de quo est musica, quam alij figuralem, alij mensuralem nunc vocant. *Glarean lib.* 1. *dodecachordi cap.* 1.

   * Duplex cantus in ecclesia catholica usurpatus huc usque fuit, ecclesiasticus, sive cantus firmus vel planus ; deinde cantus figuratus, quorum utrumque nos non male monodicum, et polyodicum dicimus. Ille monodicus dicitur, quod omnes idem canticum sub ijsdem intervallis concinant : hic polyodicus, quod pluribus, diversisque harmonice dispositis vocibus concinatur. Monodici sive ecclesiastici cantus institutores fuere magna illa ecclesiæ lumina SS. Ambrosius et Gregorius magnus, à quo et in hanc usque diem Gregorianus dicitur. *Kircherus tomo* 1. *musurgiæ universalis cap.* 8.

(3) Musicalis harmonia est extremarum, contrariarumque vocum communi medio consonantias complectentium suavis et congrua sonoritas, quam idcirco à consonantia differre constat. Hæc namque sola proportione, duabus illa saltem producitur. Nam quanquam harmonia consonantia est, omnis tamen consonantia non facit harmoniam : consonantia namque ex acuto et gravi generatur sono; harmoniam vero (*musicalem scilicet*) ex acuto et gravi conficiunt, atque medio. *Franchinus lib.* 3. *musicæ instrumentalis cap.* 10.

(4) Symphonia est modulationis temperamentum ex gravi et acuto concordantibus sonis, sive in voce, sive in flatu, sive in pulsu : per hanc quippe voces acutiores gravioresque concordant; ita ut quisquis ab ea dissonuerit sensum auditoris offendat. Cujus contraria est diaphonia, id est voces dissonæ. *Isid. l.* 3. *orig. cap.* 19.

   * Et quia hæ tres species (diatessaron scilicet, diapente, et diapason) tantum se ad organi societatem, ac suavitatem, permiscent; Symphoniæ, id est aptæ vocum copulationes dicuntur; cum symphonia et de omni cantu dicatur. *Guido Aret. cap.* 18. *micrologi.*

nombre des differentes voix, en la Musique à trois, quatre, cinq, six, sept ou huit parties; 2. Suivant la varieté des mesures de chaque partie, en musique simple, et musique figurée. La musique simple garde la mesme mesure dans les sons ou voix (1) de chacune de ses parties : mais la figurée en varie les mesures; de sorte que pendant qu'une ou plusieurs de ses parties chantent ou proferent quelques sons ou voix, les autres parties en chantent un plus grand ou un plus petit nombre; par exemple, un contre-deux, ou contre-trois, ou contre-quatre, ou contre-huit, ou contre-seize, etc. ou bien deux contre-trois, etc. suivant le temps et la valeur des notes de musique (2).

IX. La derniere division de la science du chant, concerne ses differens (3) offices, ou la differente maniere dont elle s'applique à son objet : car si ce n'est que par speculation ou par simple theorie, on la nomme theorique; que si l'on joint la pratique à la theorie, soit en donnant des preceptes, soit en composant des pieces de chant, soit en les chantant avec la voix, ou avec les instrumens, on l'appelle pratique ou melopée (4); mais alors elle merite plùtost la qualité d'art (5) que de science.

(1) Le mot *voix* signifiait, au moyen âge, la même chose que *son* (sonus); mais depuis longtemps cette dernière expression seule est exclusivement restée dans le vocabulaire définitif de la terminologie musicale. (*Note des éditeurs.*)

(2) *Kircherus tomo 1. musurgiæ universalis lib. 7. cap. 10.*

(3) Officium aliud habet musica practica, aliud theorica. Practica enim est harmonias componere, et artem quæ humanos possit movere affectus. Theorica vero est in summa comprehendere cognitionem specierum harmonicarum, et id ex quo componuntur : vel est etiam figuras longas et breves, nec non corpora et mensuras earumdem, qualitates, et quantitates, similitudines et dissimilitudines proportionum sonorum et vocum, et orthographiam cognoscere, et conservare, et regulariter eam describere : ita quod omnis cantus qualiscumque fuerit diversificatus, congrue per illam possit declarare. *Beda in musica practica.*

(4) Melopeia est usus harmonicæ tractationi subjectorum, seu eorum quæ canenda proponuntur ad decorum propositi argumenti; Atque hic est finis et scopus tractationis harmonicæ. *Euclid. in musica.*

(5) Scientia in sola ratione esse potest, ars autem rationi jungit imitationem, et exercetur per corpus; cujus operatio non impedit, quin scientia ejus non resideat in animo. *Aug. lib. 1. mus. cap. 4.*

CHAPITRE VII.

I. Les divisions de cette science estant ainsi supposées; il est necessaire de sçavoir que l'on ne traite icy principalement, que de la science pratique du chant Diatonique, soit Gregorien, soit Ambroisien, soit Rythmique ou Psalmodique, à une seule voix, et à mesure simple ou non figurée : de sorte que tout ce qui a esté dit cy-dessus touchant la theorie, ou qui s'en pourra dire, ne tend qu'à donner de l'éclaircissement aux principes et aux regles de la science pratique, et à en faciliter l'usage.

II. Il faut aussi remarquer, que bien que cette science pratique, où l'art du chant s'exerce principalement en deux manieres; l'une dans la composition des pieces de chant; l'autre dans leur modulation actuelle, et que l'une et l'autre de ces deux choses puissent estre comprises sous le mot de chant; toutefois dans l'usage commun, il est seulement approprié à la modulation actuelle. Quand donc le mot de chant, ou sa science pratique, se prend pour la composition ou la piece composée; il ne signifie autre chose, qu'une belle disposition, ou l'art de (1) bien disposer une multitude de voix ou de sons, qui par certains degrez ou intervalles du grave à l'aigu, et de l'aigu au grave, s'entresuivent avec une telle harmonie, mesure et cadance, qu'ils agréent à l'oreille et à l'esprit; et soient propres tant à faciliter l'intelligence du sens de la lettre, qu'à produire les divers mouvemens ou affections qui sont contenus dans la mesme lettre, ou que l'on a dessein d'exciter par le chant.

III. Mais quand le mesme mot de chant est pris seulement pour l'actuelle modulation de la piece composée, il ne marque alors qu'une (2) inflexion de voix selon les regles de cette science ; ou l'art de si bien flêchir et ajuster la voix aux degrez ou intervalles harmoniques du grave à l'aigu, et de l'aigu au grave, dont la piece est composée, à leur nombre et à leur mesure, à leur ton, et à leur cadence, que l'oüie, le cœur et la raison ayent sujet d'en estre satisfaits; Et c'est de cette seconde sorte de chant pratique dont on pretend de donner icy toutes les regles, qui peuvent servir à le rendre accomply.

---

(1) *Mersenne tome* 1. *de l'harmonie universelle livre* 2. *des chants, proposition* 1.

* Musica patetica nihil aliud est, quam harmonica melothesia, sive compositio ea arte, et ingenio à perito musurgo instituta, ut ad datum quemcumque animi affectum auditorem concitet. Requiruntur autem ad eam rite instituendam quatuor conditiones ; quarum prima est, ut symphoneta peritus seligat thema affectui concitando aptum. 2. Ut assumptum thema congruo tono adaptet. 3. Ut rythmum sive mensuram verborum harmonico rythmo, mensuræque exacte coaptet. 4. Ut compositam juxta dictas conditiones melothesiam à peritissimis phonascis pronunciandam, cantandamque loco congruo et tempore exhibeat. *Kirch. to.* 1. *musurg. l.* 7. *c.* 3.

(2) Isidor. lib. 3. cap. 19.

* Cantus est inflexio vocis secundum varios acutiei, gravitatis, celeritatis et tarditatis gradus vel modos; unde et modulari idem est quod canere. *Gassend. to.* 5. *in proëmio manuduct. ad musicam.*

* Cantus est intentio et remissio, quæ fit per sonos concinnos. *Bacchius in introductione ad musicam.*

* Cantus autem est et quidem perfectus, qui ex harmonia, et rythmo, et dictione constat. Specialius vero sumptus, ut in harmonica, nexus sonorum gravitate, et acumine dissimilium. *Aristides Quintilianus. lib.* 1. *de musica circa medium.*

CHAPITRE VIII.

I. La difference que Saint Augustin met entre le chant de l'homme (1) et celuy des oiseaux, consiste en ce que celuy-cy est produit par le seul instinct de la nature, ou par la seule imitation ; mais celuy-là ajoute l'art et (2) la raison, tant à l'instinct et à la disposition naturelle que l'Homme a pour le chant, qu'à l'imitation par laquelle il se peut former. De sorte qu'afin que le chant soit accomply, et merite mesme le nom d'action humaine, il ne doit pas estre moins conduit par l'art et par la raison, par leurs regles et par leurs preceptes, que toutes les autres actions de l'Homme le sont par les autres arts et par les autres sciences, comme le discours, la Poësie, la maniere de compter, de raisonner, et autres choses semblables.

II. Comme donc pour s'exercer parfaitement dans tous les autres (3) arts, il y a de certains principes et de certaines regles ausquelles l'on a accoûtumé de reduire tout ce qui les concerne, soit en general, soit en particulier ; et que dans la pratique l'on y a une singuliere attention, sans laquelle il n'est pas possible d'en conduire les ouvrages à leur perfection : aussi est-il necessaire d'observer une pareille methode en celuy du (4) chant. C'est pourquoy l'on a reduit à quatre principaux articles tout ce qui peut appartenir à sa parfaite pratique, dont le premier regarde la difference de ses sons et de ses intervalles, leur harmonie, et leur bonne suite, leur justesse et leur douceur. Le second article concerne le temps ou la mesure des mesmes sons. Le troisiéme, le ton ou le mode des pieces de chant, et la maniere ou le son de voix auquel elles doivent estre commencées ou chantées. Le quatriéme, les diverses cadances des mesmes modes, et les pauses ou silences qu'il y faut observer. Les deux premiers articles regardent de plus prés les sons et les intervalles, dont la piece est composée ; et les deux autres regardent immediatement le corps de la mesme piece, et la distinction de ses membres.

---

(1) Qui tibijs aut cythara, vel hujusmodi instrumentis canunt, distant à luscinia, quod in istis artem quamdam esse video, in illa vero solam naturam. *August. lib.* 1. *musicæ cap.* 4.

(2) Ars est ratio quædam *etc.* et quisquis ratione uti non potest, arte non utitur, licet imitatione assequatur ; ut Pica, Psittacus, Corvus, *etc. August. ibidem.*

* Quæ casu, vel ex consuetudine et habitu fieri contingit, licet eadem etiam facere certa via et ratione. *Aristot. l.* 1. *Artis rethor. cap.* 1.

* Nihil credimus esse perfectum, nisi ubi natura cura juvatur. *Quintilian. lib.* 11. *instit. c.* 3. *non longe ab initio.*

(3) Omnis ars, omnisque disciplina honorabiliorem naturaliter habet rationem, quam artificium, quod manu atque opera exercetur, multo enim majus atque aptius est scire quod quisque faciat, quam ipsum illud efficere, quod sciat. Est enim artificium illud corporale, quod serviens famulatur ; ratio vero quod domina imperat : et nisi manus secundum quod ratio canit operatur, frustra fit. In tanto igitur præclarior est scientia musicæ in cognitione rationis, quam in opere efficiendi atque actu, in quanto mente corpus superatur, quod scilicet rationis expers sine ratione degit ; illa vero imperat, atque ad rectum deducit ; quod nisi ejus pareatur imperio expers opus rationis titubabit. Unde fit ut speculatio rationis operandi actu non egeat ; manuum vero nulla sint opera, nisi ratione ducantur. *Boët. lib.* 1. *musicæ cap.* 34.

* Nulla res sine arte valet, et comitatur semper artem decor. *Quintil. lib.* 1. *institutionum cap.* 4. *non longe à principio.*

(4) Qui disciplina recte excultus est cantare bene potest. *Plato* 2. *de legibus.*

* Omnem ordinatum arte concentum, quamquam vocis suavitas deest, 7° legum divus Plato longe meliorem putat, quam cum est sine ordine. *Franchin. l.* 3. *musicæ practicæ cap.* 1.

* Cur numeris, modulis, canticis denique omnibus concinendi generibus oblectari omnes consuevere ? An quod motibus naturalibus oblectari datum est omnibus à natura ? Indicium, quod pueri nuper editi his adeo moveri, oblectarique possunt ; modis tamen adjectitiis canticorum ut delectemur, efficere assuescendi ratio potest. Sed enim numeri propterea mulcent, quia ratum ordinateque computandi numerum habent, moventque nos pro sua æquabili ratione ordinate. Motus enim naturæ familiarior est ordinatus, quam inordinatus : itaque hic secundum naturam magis esse probatur. Argumentum, quod cum ORDINATE ET LABORAMUS, ET BIBIMUS ET COMEDIMUS, NATURAM VIRESQUE NOSTRAS ET SERVAMUS ET AUGEMUS. Contra, inordinate cum agimus, depravamus naturam atque de suo statu dimovemus. *Aristot. sect.* 19. *problem.* 38.

III. Ces quatre differens articles ont chacun leurs regles et leurs preceptes, qu'il est necessaire d'entendre et d'observer ponctuellement (1) afin de pouvoir chanter non seulement parfaitement, mais mesme raisonnablement, et en homme (2). Car comme pour bien faire un discours il est necessaire d'avoir non seulement l'intelligence du sujet qu'on veut traitter, mais aussi de s'appliquer et de prendre garde à la signification, à la pureté, à la varieté, et à l'elegance des mots, à leur suite, et leur construction, à leur accent et à leur quantité, à l'ordre, et à la distinction des periodes, à leurs liaisons, et à leur cadence, au ton de la voix, et au maintien du corps, aux gestes et aux autres mouvemens du corps, avec lesquels le tout doit estre prononcé ; et que l'attention à toutes ces choses et autres semblables qui conviennent à un Orateur, luy sont necessaires pour persuader et pour imprimer dans l'esprit et dans le cœur de ceux qui l'écoutent les sentiments et les mouvemens conformes à son dessein.

IV. De mesme l'application que chacun est obligé d'avoir aux differents points de l'art du chant, et le soin qu'on doit apporter pour en observer exactement les regles, n'est pas moins necessaire pour rendre le chant parfait, et luy donner la vigueur et l'energie qu'il demande, afin de produire l'intelligence et les affections qui sont renfermées, soit dans la lettre, soit dans le chant. Enfin tout ce qui se fait sans art et sans addresse est toûjours imparfait et penible, et au contraire rien ne facilite ni ne perfectionne tant nos exercices, que la bonne methode et l'observation des regles.

V. Or afin que cette attention aux divers points et aux regles du chant ne parroisse pas plus difficile dans la pratique qu'elle n'est en effet, il n'y a qu'à se souvenir qu'elle n'est point d'une autre nature que celle que l'on a aux preceptes des autres arts et des autres sciences ; et partant comme l'attention actuelle à laquelle l'on s'assujettit quand on commence à pratiquer les autres arts, a coûtume dans la suite du temps et de l'exercice de se changer en une ferme habitude, qui ne donne pas moins de facilité à les pratiquer parfaitement, que si l'on agissoit purement par nature. Aussi en arrive-t-il de mesme à l'égard de l'application qu'il est necessaire de donner à l'art et à la science du chant ; car elle ne manque pas de produire une bonne habitude, qui rend le chant le plus parfait aussi facile que s'il estoit naturel.

---

(1) Quoniam necessaria quædam ad utilitatem cantantium tractare proponimus, necesse est ut subtilissimas regulas summopere subjectas intelligere studeamus. *Beda in musica practica.*

* Igitur qui disciplinam nostram petit has regulas sæpe meditetur, donec vi et natura vocum cognita ignotos et notos cantus suaviter cantet. *Guido Aretinus initio micrologi.*

(2) Intelligere debemus, ut humana ratione, non quasi avium more cantemus ; nam et meruli, et psittaci, et corvi, et picæ, et hujusmodi volucres sæpe ab hominibus docentur sonare, quod nesciunt. Scienter autem cantare, non avi, sed homini divina voluntate concessum est. *August. expositione 2. in psal.* 18.

REPRODUCTION EXACTE DU PASSAGE DE GUY D'AREZZO

QUI SE TROUVE CITÉ DANS LE CHAPITRE VIII DE JUMILHAC, COLLATIONNÉ DE NOUVEAU SUR LE MANUSCRIT DE SAINT-EVROULT.

« Igitur qui displinam nostram petit, aliquantos cantus notis nostris descriptos addiscat, hasque regulas sepe meditetur, donec vi et natura vocum cognita, ignotos et notos cantus suaviter cantet. » (Chap. 1er du Micrologue, p. 2 du manuscrit de Saint-Evroult.)

CHAPITRE IX.

I. C'est une chose assez connuë, qu'il faut observer les preceptes d'un art pour bien faire l'ouvrage qui en est le but et l'objet. Mais il n'est pas moins clair que quand plusieurs y doivent travailler ensemble : il faut qu'ils ayent les mesmes regles, et qu'ils les gardent avec uniformité, autrement au lieu de s'entr'aider, ils ne font que s'incommoder les uns les autres, et s'estre un mutuel empeschement et un obstacle. Or il n'y a rien en quoy l'importance de cette maxime se fasse sentir plus vivement, que dans l'exercice du chant : car si ceux qui chantent ensemble ne conviennent (1) dans les mesmes regles et les mesmes pratiques, et qu'ils ne se rendent exacts et attentifs à les bien garder, il est impossible que le chant ait l'accord et l'harmonie qu'il doit avoir, et qui est sa proprieté inseparable, et qu'il n'arrive de l'alteration dans la suite de ses notes et de leur mesure, dans le ton et dans le temps de ses silences; et qu'on ne tombe enfin dans le discord, qui est la chose du monde qui choque davantage. Ainsi le chant estant renversé à l'égard de ce qui luy est plus essentiel, il perit, et cesse d'estre, ou s'il en reste quelque chose, ce n'est plus qu'une confusion de voix qui donne de la peine et du chagrin à ceux qui chantent, et blesse les oreilles de ceux qui écoutent.

II. On peut confirmer cette verité par l'exemple des autres exercices ou plusieurs personnes agissent conjointement, comme quand des ouvriers traisnent ensemble quelque fardeau : car s'ils ne suivent dans leur marche le mesme chemin, et n'observent dans leur pas une pareille distance, un temps égal, et un semblable repos, la difficulté du travail les fatigue incontinent, et s'ils le continuent, elle leur devient insupportable. Ainsi lors que ceux qui chantent ensemble ne gardent pas dans leurs sons, et dans leurs intervalles une égalle distance, un mesme temps, un pareil repos, et un semblable ton de voix, il ne se peut faire qu'un chant si mal (2) concerté ne leur soit penible, desagreable, et ennuyeux.

III. Que si l'accord est si necessaire pour la perfection du chant, et pour le soulagement de ceux qui chantent, il ne l'est pas moins pour la satisfaction de ceux qui écoutent. Il faut que l'harmonie et la douceur du chant attire et entretienne leur attention (3), afin qu'ils puissent concevoir les sentimens qui repondent au sens de la lettre et au mode du chant. Le deregle- ment et l'alteration du chant produit communément un effet bien contraire (4). Il blesse égale-

---

(1) Est enim absurdum à concentu universo discrepare, et singulis rythmis minime tribuere consentanea. Horum igitur concentuum formæ certis legibus necessario sunt definiendæ, et utrisque congruenter attribuendæ. *Plato* 7. *de legibus.*

(2) Illud quoque quis non defleat, quod tam gravis est in sancta Ecclesia error, tamque periculosa discordia; ut quando divinum celebramus officium, sæpe non Deum laudare, sed inter nos certare videamur : vix denique unus concordat alteri non magistro discipulus, nec discipuli cum discipulis. *Guido Aretinus in prologo prosaico antiphonarij.*

(3) Ita quisque, ut audit, movetur. *Quintilianus lib.* 11. *institut. cap.* 3 *in initio.*

* Hoc etiam in auribus facilius advertitur, nam quicquid jucunde sonat, illud libet, atque ipsum auditum illicit : quod autem per eundem sonum bene significatur, nuntio quidem aurium, sed ad solam mentem refertur. *Aug. l.* 2. *de ordine cap.* 11.

* Quæ melius cantantur, melius adhærent nostris sensibus. *Ambros. serm.* 7. *in psal.* 118.

(4) Auditus sonorum concinnitate mulcetur, et absurditate offenditur. *Aug. l.* 6. *mus. cap.* 2.

* In sono versuum dimensio quædam numerorum delectat, quo perturbato delectatio illa exhiberi auribus non potest, imo nec sine offensione audiri. *Aug. l.* 2. *mus. cap.* 3.

ment leurs oreilles et leur esprit; il les jette dans la distraction, et le dégoust; il les porte au murmure et au mépris.

IV. Comme les Ecclesiastiques font une profession plus particuliere du chant de l'Eglise, et qu'il fait la principalle et la plus ordinaire occupation de toute leur vie, il leur importe extremement de bien sçavoir les regles et les preceptes d'une chose dont l'ignorance ne leur seroit pas moins honteuse (1), que scandaleuse et dommageable. On a dressé cet ouvrage pour en instruire ceux qui les ignorent, et pour les aider à rendre leur chant aussi parfait (2) à l'exterieur, qu'il le doit estre dans l'interieur à l'égard du cœur et de la disposition de la volonté. Car le sacrifice de leurs levres ne peut estre accepté, et receu favorablement de Dieu (3) ni donner de l'édification aux peuples, si outre la foy, l'attention, la reverence et les autres conditions dont il doit estre interieurement accompagné, ils ne prennent soin de l'orner en mesme temps de toute la decence qu'il demande au dehors. Ce sacrifice est spirituel, mais pourtant le corps y a part. Il commence dans le cœur, mais il s'acheve par la langue : et comme dans l'un et l'autre il est œuvre et service de Dieu, il faut aussi qu'il se fasse d'une maniere digne de Dieu, comme parle l'Apostre.

V. Aussi l'Eglise a toûjours eu un soin particulier du chant, comme d'une chose qui est la plus importante et la plus considerable dans le culte exterieur. D'où vient que ceux qui d'ancienneté ont esté preposez à la conduite du chant et des ceremonies ont plûtost pris la qualité de Chantre que celle de Ceremoniaire, pour marquer par là que l'application au chant estoit la principale partie de leur devoir et de leur charge. Ce n'est pas qu'il ne faille faire beaucoup d'estat des ceremonies : Il faut au contraire en avoir l'estime qu'elles méritent. Il faut les pratiquer avec toute l'exactitude possible : mais il faut reconnoistre que le chant est encore plus considerable, en ce qu'il est plus commun et plus frequent, plus exposé à la connoissance de ceux qui sont dans l'Eglise, et plus capable d'exciter dans leurs cœurs de saintes affections. Car on chante quasi toûjours dans la celebration de l'Office Divin, au lieu que l'on ne fait que bien rarement des ceremonies, et quelque fois seulement à de certains versets. De plus le chant est entendu de chacun, et si l'on y commet des manquemens d'ignorance, de precipitation, de pesanteur, de negligence, d'affectation, de discord, et autres semblables, chacun s'en apperçoit, l'on en est mal edifié : mais quant aux ceremonies, elles ne sont ordinairement veuës que d'un petit nombre de personnes qui sont autour de l'autel, ou du chœur; et si l'on y commet quelque faute, il y en a peu qui soient capables de la reconnoistre, ou qui apportent assez d'attention pour la remarquer : enfin le chant a bien plus de pouvoir que les ceremonies pour s'insinuer dans les cœurs, et (4) y faire naistre de pieux sentimens; ainsi que S. Augustin témoigne dans ses confessions qu'il l'avoit éprouvé luy mesme, en sorte que lors qu'il entendoit chanter des Hymnes et des Cantiques dans l'Eglise, ces sons agreables frappoient son cœur (5), aussi bien que ses oreilles, et y excitoient de si forts et de si tendres mouvemens de devotion, qu'il en versoit des larmes.

(1) Pudet me plerosque ecclesiasticos viros totius vitæ cursu in cantu versari; ipsum verò cantum, quod turpe est, ignorare. *Cardinalis Bona De divina Psalmodia cap.* 17. § 3.

(2) Tam nobilis est tamque utilis recte canendi disciplina, ut qui ea caruerit ecclesiasticum officium congrue implere non possit. Quicquid enim in lectionibus decenter pronuntiatur; ac quicquid de Psalmis suaviter in ecclesia modulatur, hujus disciplinæ scientia ita temperatur, ut per eam omne Dei servitium impleatur. *Rabanus Maurus De institut. clericorum lib.* 3. *cap.* 24.

(3) Si ergo concors et decens fuerit modulatio nostra, nos ipsos delectabit, et audientes ædificabit, et Deo suavis et grata erit, qui unanimes habitare facit in domo. *Augustin. serm. de utilitate et cantu psalmorum juxta milleloquium. verbo psalmus et psallere. Et Dionisium Carthus. sermone* 5. *in Dom.* 2. *Adventus.*

(4) Est igitur cantus ecclesiasticus plenus majestate, et nescio quam vim animos in Deum concitandi possidet, præsertim cum decore et studio requisito peragatur. Neque quidquam ad animam tranquillandam efficacius inveniri posse puto, quam monachos aut clericos cantantes dictos hymnos et cantica, unisona illa alternarum æqualium vocum symphonia, constanti tenore, servata temporis et mensuræ proportione requisita, auscultare. *Kirch. to.* 1. *musurgiæ univers. lib.* 7. *cap.* 3.

* Princeps et primaria illa in musica educatio, quæ in modulorum concentuumque rationibus versatur, efficacissime in interiores animi partes influit, et venustate quadam animum vehementissime tangit, eumque adeo eodem venustatis decore afficit, si in ea accurate elaboret et instituatur, sin minus, contra. *Plato. lib.* 3. *de republica.*

(5) Quantum flevi in hymnis et canticis tuis, suavesonantis ecclesiæ tuæ vocibus commotus acriter, voces illæ influebant auribus

VI. Par où il est facile de juger de quelle consequence est le chant, et combien il est à souhaitter que ceux qui y sont employez, y apportent la diligence, l'attention, et l'exactitude requise, afin que les fidelles ne soient pas privez du fruit et de l'utilité qu'ils en peuvent tirer. Pour cet effet il faut se donner la peine d'apprendre les preceptes et la veritable pratique du chant : car l'on ne peut pas les observer sans les sçavoir, et l'on ne doit en cecy jamais se fier ni au seul chant naturel, ni à la seule imitation ; parce que l'un et l'autre est trompeur, et ceux qui se conduisent ainsi, sans se rendre attentifs aux regles, sont comme des aveugles qui marchent (1) sans guide, et ils commettent une infinité de manquemens dont ils ne s'apperçoivent pas, ils s'en forment ensuite une mauvaise habitude qui corrompt l'harmonie et la douceur du chant, et qui par consequent en enerve toute la force. Car si la maxime des plus sages Philosophes est veritable, que le seul changement d'un genre, ou d'une espece de chant en un autre genre ou espece, quoy que legitime, cause insensiblement de l'alteration (2) et de la corruption dans les mœurs, quel desordre n'apporte pas et dans les bonnes mœurs et dans la pieté le chant qui est alteré et corrompu par le mauvais usage et par la mauvaise coustume (3). C'est donc un des principaux sujets pour lequel les divins Cantiques de l'Eglise ne produisent point ces excellents effets dont l'on a cy-dessus parlé : et partant il est du devoir de ceux qui sont occupez en ce ministere angelique de se bien instruire de la science et de la pratique du chant, et d'en observer soigneusement les moindres regles, afin de se rendre capables de recevoir eux mesmes, et de donner aussi au peuple de la devotion et de l'édification en chantant ou recitant comme il faut les Divins Offices. C'est ce que leur recommande le Concile d'Aix la Chapelle tenu l'an 816. par les soins et en presence de Loüis le Debonnaire (4) ; en ces termes. *Que l'on établisse dans l'Eglise des personnes pour lire, chanter, et psalmodier, qui rendent à Dieu les loüanges qui luy sont deuës, non avec superbe, mais avec humilité ; qui par la douceur de leur lecture et de leur chant charment les doctes, et instruisent les moins doctes ; et qui en lisant ou en chantant ayent à cœur l'édification du peuple, non la tres vaine opinion dont il pourroit les flatter. Que s'il s'en rencontre quelques uns qui ne puissent pas le faire avec science, qu'ils se fassent instruire par les Maistres ; et lors qu'ils seront bien instruits, qu'ils s'estudient d'accomplir ces choses, afin que ceux qui les entendent soient edifiez.*

---

meis, et eliquabatur veritas tua in cor meum, et ex ea æstuabat affectus pietatis, et currebant lachrymæ, et bene mihi erat cum eis. *Aug. lib.* 9. *confess. cap.* 6.

(1) Non ergo debemus quasi cœci sine ductore procedere, sed singulorum sonorum, omniumque depositionum et elevationum diversitates proprietatesque alto memoriæ commendare. *Guido cap.* 3. *prologi prosaïci.*

(2) Atque hic maxime illud est retinendum, quod si quoquo modo per parvissimas mutationes, hinc aliquid permutaretur, recens quidem minime sentiri ; post vero magnam facere differentiam ; et per aures ad animum usque delabi. *Boëtius lib.* 1. *mus. cap.* 1.

* Assentior Platoni, nihil tam facile in animos teneros atque molles influere, quam varios canendi sonos ; quorum vix dici potest, quanta sit vis in utramque partem. *Et paulo infra.* Quamobrem ille quidem sapientissimus Græciæ vir, longeque doctissimus, valde hanc labem veretur, negat enim mutari posse musicas leges sine mutatione legum publicarum. *Cicero lib.* 2. *de legibus.*

(3) L'original porte : — « Car si la maxime des plus sages phi- « losophes est veritable, que le seul changement d'un genre, ou « d'une espece de chant en un autre genre ou espece, quoy que le- « gitime, cause insensiblement de l'alteration et de la corruption « dans les mœurs. Quel desordre n'apporta pas, etc. » — Évidemment, cette version est inintelligible par suite d'erreurs purement typographiques ; nous avons donc cru devoir la rectifier.

(Note des éditeurs.)

(4) Tales ad legendum, cantandum et psallendum in ecclesia constituantur, qui non superbe, sed humiliter debitas Deo laudes persolvant, et suavitate lectionis ac melodiæ, et doctos demulceant, et minus doctos erudiant ; plusque velint in lectione vel cantu populi ædificationem, quam popularem vanissimam adulationem. Qui vero hæc docte peragere nequeant, erudiantur prius à magistris ; et instructi hæc adimplere studeant, ut audientes ædificent. *Conc. Aquisgranense lib.* 1 *cap.* 133.

REPRODUCTION EXACTE DES PASSAGES DE GUY D'AREZZO

QUI SE TROUVENT CITÉS DANS LE CHAPITRE IX DE JUMILHAC, COLLATIONNÉS DE NOUVEAU SUR LE MANUSCRIT DE SAINT—EVROULT.

Page 41, note 2.

« Illud quoque quis non defleat, quod tam gravis est in sancta ecclesia error, tamque periculosa discordia, ut quando divinum celebramus officium, sepe non dominum laudare sed inter nos certare videamur. Vix denique unus concordat alteri non magistro discipulus, nec discipulus cum discipulis. » (Chap. Ier du Prologue prosaïque, p. 20 du manuscrit de S.-Evroult.)

Page 43, note 1.

« Non ergo debemus semper pro ignoto cantu vocem hominis vel alicujus instrumenti querere, ut quasi ceci videamur nusquam sine ductore procedere, sed singulorum sonorum, omniumque depositionum et elevationum diversitates proprietatesque alte memorie commendare. » (Chap. 3 du Prologue prosaïque, p. 22 du manuscrit de S.-Evroult.)

PARTIE SECONDE.

DES SONS OU VOIX DU CHANT, ET DE LEURS INTERVALLES.

CHAPITRE I.

DE LA NATURE DES SONS OU VOIX, ET DE LEURS DIVERS NOMS.

Puisque le chant est composé de sons, ou de voix, il est bien à propos de sçavoir quelle est leur nature, leurs noms, leurs qualitez, leurs divisions, leurs proprietez et leurs differences. Car il semble que pour bien user d'une chose il soit, si non necessaire, du moins utile et avantageux d'en avoir une exacte connoissance (1). Le son (parlant en general) n'est autre chose, selon Boëce, qu'un battement d'air continué jusques au sens de l'oüye sans interruption aucune; ou bien selon d'autres Philosophes le son est une qualité sensible qui est le terme de ce battement, et qui est propre à toucher l'oüye. Il est produit en l'air à peu prés de la mesme façon qu'un cercle est formé dans (2) l'eau par le jet d'une pierre, et qu'il y est augmenté ou étendu sans aucune dis-continuation (3). La force du son est d'autant plus grande, qu'il est causé par un battement d'air

(1) Sonus est aëris percussio indissoluta usque ad auditum. *Boë-lius l.b. 1. Mus. c. 3.*

* Si foret rerum omnium quies, nullus auditum sonus feriret ; id autem fieret, quoniam cessantibus cunctis nullæ inter se res pulsum cierent. Ut igitur sit vox pulsu opus est ; sed ut sit pulsus, motus necesse est, antecedat : ut ergo sit vox, motum esse ne-cesse est. Sed omnis motus habet in se tum velocitatem tum etiam tarditatem ; si igitur sit tardus in pellendo motus, gravior redditur sonus ; nam ut tarditas proxima stationi est ; ita gravitas contigua taciturnitati. Velox vero motus acutam voculam præstat. *Boët. l. 4. mus. cap. 1.*

* Sonus est affectio aëris pulsati, prima et generalissima earum, quæ audiuntur. *Ptolemæus lib. 1. harmonic. c. 1.*

(2) Tale enim quiddam fieri consuevit in vocibus, quale cùm pa-ludibus vei quietis aquis, jactum eminus jacitur saxum ; primum enim in parvissimum orbem undam colligit, deinde majoribus orbibus undarum globos spargit, atque eo usque, dum fatigatus motus ab eliciendis fluctibus conquiescat ; semperque posterior et major undula pulsu debiliore diffunditur'. Quod si quid sit, quod crescentes undas possit offendere, statim motus ille revertitur, et quasi ad centrum unde profectus fuerat, eisdem undulis rotundatur. Ita igitur cum aër pulsus fecerit sonum, pellit alium proximum, et quodam modo rotundum fluctum aëris ciet, itáque diffunditur, et omnium circumstantium ferit auditum ; atque illi est obscurior vox, qui longius steterit, quoniam ad eum debilior pulsi aëris unda pervenit. *Boët. l. 1. cap. 14.*

(3) La science qui a pour objet le mouvement vibratoire des corps sonores, considéré dans ses effets sur l'organe de l'ouïe, se nomme *acoustique* (ἀκούω, j'entends).

On appelle *mouvements vibratoires* les oscillations que font les molécules d'un corps pour reprendre leur position primitive, lors-qu'elles en ont été écartées par l'action instantanée d'une force quelconque.

Quand les vibrations, communiquées à l'air environnant, sont

plus prompt et plus violent; et ce battement est plus violent lors qu'on frappe une plus grande quantité d'air en mesme temps (1). Ses deux principales proprietez sont d'estre grave ou d'estre aigu, c'est à dire, bas, ou haut : Sa gravité est d'autant plus grande, qu'il se fait par des battemens plus tardifs ; et au contraire il est d'autant plus aigu, qu'il est formé par des battemens plus vistes. De sorte qu'un son qui est produit par cent battemens d'air en mesme temps, sera deux fois plus aigu que celuy qui n'est causé que par cinquante battemens. Les sons sont l'objet du sens de l'oüye, de mesme que les couleurs le sont de celuy de la veuë, les saveurs de celuy du goust, et les odeurs de l'odorat.

II. Quant à la voix, Lactance dit que c'est un air battu par le souffle interieur (2); ou bien selon Aristote et les autres Philosophes, c'est une espece de son qui est formé par la bouche de l'animal, avec intention de signifier quelque chose. Elle est produite par l'air qui est poussé du poulmon et de la poitrine, et par l'allision ou le battement, qui s'en fait par le moyen de l'artere vocale du larinx, de la glotte, du palais, des dents et des lévres (3).

III. Voilà les definitions des sons et des voix que les Phisiciens ont accoûtumé de donner : Mais les Musiciens en matiere de chant les definissent autrement, et disent que le son (4) est une chûte de voix propre à la melodie par le rehaussement ou le rabaissement qu'on en peut faire ; car de soy il ne signifie qu'une voix qui tient ferme sur une mesme note, ou une continuation de voix en mesme estat (5), laquelle toutesfois a de l'aptitude pour estre rehaussée ou rabaissée. Le son est à l'égard du chant et de la musique, ce qu'est l'unité à l'arithmetique, le point à la geome-

---

assez rapides et assez fortes pour arriver de proche en proche à la membrane du tympan d'une oreille humaine , agiter cette membrane et se transmettre à l'air renfermé au-dessous, elles produisent sur les nerfs acoustiques une impression de laquelle résulte la sensation du *son* ou du *bruit*.

Si les vibrations sont appréciables et régulières, elles engendrent le *son distinct* ou le *son musical* proprement dit; si elles ne le sont pas, elles ne produisent que du *bruit*.

(Note des éditeurs.)

(1) Vox autem magna tunc oritur, cum aëris multum agitur : utque acuta cum celeriter, sic gravis cum tarde aër incitatur. *Aristoteles sect.* 11. *Problem.* 3. 21. 32. 34. 35. 40. 53. *et sectione* 19. *Probl.* 51.

* Differentiæ vero eorum quæ sonant, in sono qui actus est, patefiunt. Ut enim sine lumine colores non cernuntur, ita sine sono acutum et grave non percipitur. 21. Hæc autem dicuntur per translationem ab ijs quæ sub tactum cadunt, acutum enim brevi tempore multum movet sensum ; grave autem longo tempore parum. Non igitur acutum est velox, et grave tardum; sed illius propter celeritatem fit motus talis ; hujus autem propter tarditatem. Ac videntur proportione respondere acuto et obtuso, quod in tactu cernitur : acutum enim quasi pungit, obtusum vero quasi pellit : quoniam alterum brevi, alterum longo tempore movet. Unde fit ut alterum sit velox, alterum tardum. 22. De sono igitur hæc definita sunto. *Aristoteles lib.* 2. *de anima cap.* 8. *n.* 20. 21. *et* 22.

* Unde fit ut tensior chorda velociorem agat pulsum ; celeriusque revertatur ; atque frequentius et spissius aërem feriat. Laxior vero solutos ac tardos pulsus efferat, atque raros ipsa imbecillitate feriendi ; nec diutius tremat. Sed neque quoties chorda pellitur, unum tantum edi putemus sonum, aut unam in his esse percussionem ; cum toties aër feriatur quoties cum chorda tremebunda percusserit : Verum quoniam junctæ sunt sonorum velocitates, nulla intercapedo auribus sentitur; unus namque sonus sensum pellit, vel gravis, vel acutus, quamquam uterque ex pluribus constat : gravis quidem ex tardioribus, et rarioribus; acutus vero ex celerioribus et spissis. *Franch. l.* 2. *theor. mus. c.* 1.

* Fit autem soni gravitas cum ex intimo quidam spiritus trahitur. Acumen vero cum ex superficie oris emittitur. *Martian. Capella lib.* 9. *cap. de septem partibus harmoniæ.*

(2) Vox est aër spiritu verberatus, unde et verba sunt nuncupata. *Isid. l.* 3. *c.* 19.

* *Lactantius lib. de opificio Dei c.* 15.

* Vox est sonus quidam animati : nullum enim inanimatum vocem emittit : sed per similitudinem dicitur habere vocem, ut tibia et lyra, et quæcumque inanimata extensionem habent, et melos et locutionem : sic enim videtur, quia et vox hæc habet. *Aristot. l.* 2 *de anima c.* 8. *n.* 23.

(3) La voix humaine prend naissance dans la glotte au moyen d'une expiration un peu forcée. L'air, chassé des poumons, parcourt d'abord un canal assez large et finit par traverser une fente très-étroite. Les bords de cette ouverture sont deux lames vibrantes qui, semblables à celles des anches, permettent ou interceptent de temps en temps le passage de l'air; ces alternatives de passage et de non-passage déterminent des ondulations sonores dans le courant d'air qui les frappe.

Le palais, la langue, les dents, les lèvres, sont tous des organes utiles au mécanisme de la voix.

La trachée-artère, les poumons, le larynx, les sinus frontaux et maxillaires, les fosses nasales, concourent aussi à sa formation.

(Note des éditeurs.)

(4) Sonus igitur est vocis casus ἐμμελίς id est aptus melo in unam intensionem. Sonum vero non generalem volumus definire, sed eum qui græce φθόγγος dicitur à similitudine loquendi φθέγγισθαι. *Boëtius lib.* 1. *cap.* 8.

(5) Sonus directus est, præcedit autem sonus cantum. *Isidorus l.* 3. *cap.* 19.

* Sonus est vocis casus in unam tensionem. *Aristox. l.* 1. *harm. elem. circa medium.*

* Sonus est concinnus vocis casus in unam intentionem. *Euclides in musica.*

* Sonus est concinnæ vocis tensio latitudine carens : Tensio vero mansio aliqua et identitas secundum magnitudinem soni intervallo carentis. *Nicomachus lib.* 1. *manualis harmonices.*

trie, et le moment au temps (1). Car de mesme que l'unité ne fait pas le nombre, ny le point la ligne, la superficie, ou le corps, ny l'instant le temps : mais qu'ils sont seulement les principes (2) ou du nombre, ou de la quantité, ou du temps; ainsi le son n'est point le chant, mais seulement son origine ou son plus petit commencement.

IV. Quant au nom, bien que le mot de son ait accoûtumé de signifier generalement toute sorte de sons, et ceux mesme de la voix ; neantmoins on l'approprie ordinairement à ceux des instrumens : et au contraire, quoy que la vraye signification du mot de voix n'appartienne qu'aux sons des animaux, et plus particulierement à celuy de l'homme, toutesfois dans l'usage commun de l'art du chant, l'on ne laisse pas de s'en servir indifferemment pour marquer toute sorte de sons dont le chant est composé, et aussi bien ceux des instruments, que ceux de la voix humaine (3).

V. Il y a encore en cét art d'autres termes dont on use pour exprimer communément ces mesmes sons ou voix. Premierement celuy des cordes, qui est un des plus anciens qui leur ait esté donné, tant parce que les premiers instruments du chant ont esté composez de cordes, et estimez les plus propres et les plus commodes pour marquer les differents sons, mesme de la voix humaine, qu'à cause que le mesme nom peut aussi donner à connoistre et la mesure des sons par leur battement qui est semblable à celuy (4) du cœur, et le pouvoir qu'ont les mesmes sons pour toucher les cœurs (5). C'est pourquoi les quatre premiers sons qui ont donné commencement au chant, comme aussi les suivans qui ont continué d'accroistre son harmonie, ont esté nommez tetracordes; ainsi qu'il se peut voir dans le systeme des Grecs, aux tetracordes d'hypaton, de meson, de diezeugmenon, de sinemenon, et d'hyperboleon; ou bien dans la gamme d'Aretin aux tetracordes des graves, des finales, des confinales, des aiguës, et des suraiguës, dont il sera fait une plus ample mention dans les chapitres suivans (6).

VI. Un autre nom des mesmes sons ou voix, est celuy de notes (7), qui semblablement leur a esté approprié, parce qu'anciennement on marquait les mesmes sons ou voix avec certains caracteres ou figures, qui depuis ont esté vulgairement appellées notes ; ce qui a donné occasion de se servir du nom du Signe pour exprimer la chose qu'il signifiait : Boëce les a ainsi nommées, et nous a laissé la forme des caracteres dont les anciens se servoient pour les designer (8). Aretin a semblablement donné le mesme nom de notes (9) aux lettres de son monocorde ou de sa gamme, et marque toûjours la difference de sons et leurs intervalles par les mesmes lettres.

<hr>

(1) Sicut numeri unitas, lineæ punctum, et momentum temporis ; ita harmoniæ phtongus. Vox quidem individua, elementi hoc in negotio fungens vice, ex quo omne melos constat, et in quem resoluitur. *Glarean. l. 1. dodecachordi cap. 9.*

(2) Unum semen esse numeri, non numerum volunt, nam numerus est multitudo ex unitatibus constituta. *Isid. lib. 3. orig. cap. 3.*

(3) L'expression *voix* ne s'applique plus au son des instruments.
(*Note des éditeurs.*)

(4) Chordas autem dictas à corde : quia sicut pulsus est cordis in pectore, ita pulsus chordæ in cythara. *Isid. l. 3. orig. c. 21.*

(5) Hinc etiam existimamus appellatam esse chordam, quod facile corda moveat. Ubi tanta vocum collecta est sub diversitate concordia, ut vicina chorda pulsata, alteram faciat sponte contremiscere, quam nullum contigit attigisse. Tanta enim est vis convenientiæ, ut rem insensualem sponte se movere faciat, quia ejus sociam constat agitatam. Hinc diversæ veniunt sine lingua voces, *etc. Cassiod. lib. 2. variarum epist. 40.*

(6) Cette expression est tombée en désuétude.
(*Note des éditeurs.*)

(7) Restat musicus interim notas apponere, ut cum divisam lineam ijsdem notulis signaverimus, quod unicuique sit nomen facillime possit agnosci. Veteres enim musici propter compendium scriptionis, ne integra semper nomina necesse esset apponere, excogitavere notulas quasdam, quibus nervorum vocabula notarentur. Easque per genera modosque divisere, simul etiam hac brevitate captantes, ut si quando melos aliquod musicus voluisset ascribere super versum rythmica metri compositione distentum, has sonorum notulas ascriberet, ita miro modo reperientes, ut non tantum carminum verba, quæ litteris explicarentur ; sed melos quoque ipsum, quod his notulis signaretur in memoriam, posteritatemque duraret. *Et infra.* Nos vero cavemus aliquid ab antiquitatis authoritate transvertere. *Boët. lib. 4. musicæ cap. 3.*

(8) Ceux qui voudraient connaître à fond la notation de l'ancienne musique grecque trouveront, dans la *Revue musicale* de M. Fétis, des articles vraiment remarquables où cette matière est traitée avec une érudition peu commune. Ces articles sont dus à la plume de l'illustre Perne, et ont pour titres: *Découverte, dans les manuscrits d'Aristide Quintilien qui existent à la Bibliothèque du Roi, d'une notation inconnue jusqu'à ce jour, et antérieure de plusieurs siècles à celle qu'on attribue à Pythagore* (t. III, p. 433-441, et 481-491; t. IV, p. 25-34, et 219-228); *Nouvelle exposition de la Séméïographie musicale grecque* (t. V, p. 241-250, et 553-560; t. VIII, p. 98-107; t. IX, p. 129-136).
(*Note des éditeurs.*)

(9) Qu. vel quales nt notæ, et quot; seu De numero et de

VII. L'on a encore attribué le nom de syllabes aux sons, depuis que Guy Aretin (1) en a accompagné ses lettres, afin de faciliter la prononciation des mesmes sons aux enfants à qui il apprenoit le chant.

mensione notarum ; De dispositione earum in monochordo ; De diapason , et cur tantum septem sint notæ, *etc. Guido in tabella capitum microl. post epist. dedicatoriam.*

(*Note des éditeurs :* — Jumilhac ne cite pas ici Guy d'Arezzo d'une manière exacte. Voir pages 13 et 14.)

(1) *Guido c. 5. prologi pros. antiphon.*

CHAPITRE II.

DES DIVERSES QUALITEZ DES VOIX, ET DE LEUR DIFFERENTE DIVISION.

I. Saint Isidore traitant de la diversité des voix, dit (1) qu'il y en a de douces, d'éclatantes ou perçantes, de menuës, de grosses ou grasses, de dures ou violentes, de rudes ou enrouées, de sourdes ou étouffées, de molles, de flexibles, et enfin de parfaites, c'est à dire qui sont hautes, douces, et claires. Aristote et Quintilien avoient (2) fait une pareille observation, et avoient mesme remarqué les (3) causes, tant des bonnes que des mauvaises qualitez de la voix.

II. Une de leurs principales differences ou divisions est, que les unes sont graves, les autres aiguës; ou en autres termes, les unes basses, les autres hautes : laquelle difference sert comme de fondement à tous les intervalles, et à toute l'harmonie du chant; de sorte que quand la voix est si basse, qu'elle ne peut plus descendre, ou bien si haute, qu'elle ne peut pas s'élever davantage ; elle ne peut aussi plus produire d'harmonie (4). Or quoy que tous les Musiciens demeurent d'accord de cette division des sons graves et des aigus; neantmoins la façon d'expliquer leur difference a esté diverse (5). Car Aristoxene et ses disciples ayant estimé que le son ou la voix estoit une qualité qui est produite par le battement et l'agitation de l'air; luy ont consequemment assigné le grave et l'aigu, comme autant de differens degrez de son élevation du grave à l'aigu, ou de sa

---

(1) Suaves voces sunt *subtiles* et spissæ, claræ atque acutæ. Perspicuæ voces sunt, quæ longius protrahuntur, ita ut omnem impleant *continuo* locum, sicut clangor tubarum. Subtiles voces sunt, quibus non est spiritus spissus, qualis est infantium, vel mulierum vel ægrotantium, sicut in nervis, quæ enim subtilissimæ chordæ sunt, subtiles as tenues sonos emittunt. *Pingues* sunt voces; quando spiritus multus simul egreditur, sicut virorum. *Acuta* vox, tenuis, alta, sicut in chordis videmus. *Dura* vox quæ violenter emittit sonos, sicut tonitruum, sicut incudis sonus, quoties in durum malleus percutit ferrum. *Aspera* vox est rauca, et quæ dispergitur per minutos et indissimiles pulsus. *Cæca* vox est, quæ mox ut emissa fuerit, conticescit, atque suffocata nequaquam longius producitur, sicut est in fictilibus. *Vinnolata* vox, est levis et mollis atque flexibilis, et vinnolata dicta à vinno, hoc est cincinno molliter flexo. *Perfecta* autem vox, est alta, suavis et clara; alta, ut in sublimi; clara, ut aures impleat; suavis, ut animos audientium blandiat; si aliquid ex eis defuerit, vox perfecta non erit. *Isid. l. 3. orig. cap.* 19.

(2) Cum sit autem omnis actio, ut dixi, duas divisa in partes, vocem, gestumque, quorum altera oculos altera aures movet, per quos duos sensus omnis ad animum penetrat affectus; prius est de voce dicere, cui etiam gestus accommodatur. In ea prima observatio est, qualem habeas; secunda quomodo utaris. Natura vocis spectatur quantitate et qualitate; Quantitas est simplicior, in summa enim grandis aut exigua est; sed inter has extremitates mediæ sunt species; et ab ima ad summam; ac retro multi sunt gradus. Qualitas magis varia : nam est et candida et fusca : et plena, et exilis : et levis et aspera : et contracta, et fusa : et dura, et flexibilis : et clara, et obtusa : spiritus etiam longior, breviorque, nec causa, cur quicquam eorum accidat, persequi proposito operi necessarium est, *et consequenter.*

(3) Eorumne sit differentia in quibus aura illa concipitur; an corum per quæ velut organa meat, an ipsi propria natura, an prout movetur lateris pectorisve firmitas, an capitis etiam plus adjuvet. Nam opus est omnibus, sicut non oris modo suavitate, sed narium quoque, per quas, quod superest vocis egeritur. Dulcis tamen esse debet, non exprobans sonus. *Quintil. lib.* 11. *institut. cap.* 3. *non longe ab initio.*

* *Aristot. lib. de audibilibus.*

(4) Il ne faut pas oublier qu'en ce passage, comme en beaucoup d'autres, Dom Jumilhac donne au mot *harmonie* la même signification qu'à l'expression moderne de *mélodie*. Dans l'art actuel, ces deux mots ne signifient plus une seule et même chose. *Harmonie* veut dire maintenant *simultanéité de sons; mélodie*, au contraire, *succession de sons.* C'est pour avoir méconnu cette acception définitive de deux termes si opposés aujourd'hui et que l'on confondait autrefois, que certains littérateurs étrangers à l'histoire et à la pratique de la musique ont commis d'énormes bévues : témoin une foule d'écrivains qui, de nos jours, ont écrit sur le plain-chant; témoin encore M. Didron, l'archéologue, qui, dans ces derniers temps, a beaucoup parlé du chant religieux, sans trop savoir en quoi il consiste. (*Note des éditeurs*)

(5) Gravitatis et acuminis differentiam diversa ratione ponebant Aristoxenum secuti, et Pythagorici. Aristoxenus quippe sonorum differentias secundum gravitatem atque acumen arbitrabatur in qualitate consistere; Pythagorici in quantitate ponebant. Ptolemæus autem Pythagoricis proprior videtur, idcirco quod ipse quoque gravitatem atque acumen non in qualitate putat, sed in quantitate constitui. Etenim spissiora ac subtiliora corpora acumen, rariora et vastiora edere gravitatem, ut nihil nunc de intensionis, relaxationisque modo dicatur. Quamquam etiam cum relaxatur aliquid, quasi fit rarius, atque crassius, cum vero intenditur, spissius redditur, subtiliusque tenuatur. *Boet. lib.* 5. *musicæ cap.* 3.

descente de l'aigu au grave. Mais les Pythagoriciens et Ptolémée, qui tiennent que le son et la voix consistent dans la quantité, ont considéré le grave et l'aigu à la façon d'une distance locale, ou des differens degrez d'une eschelle. D'où vient que les systemes ou gammes qui representent la difference des mesmes voix graves ou aiguës, sont communément nommées eschelles de musique ou du chant ; parce que la suite de leur degré n'est que pour marquer la distinction des voix graves et des aiguës, et les intervalles des unes aux autres.

III. De cette premiere division il en resulte une autre ; sçavoir, que les voix sont ou égales ou inegales (1). Les égales sont celles qui ont un mesme son, soit grave, soit aigu ; les inegales, celles qui ont le son different, les unes grave, les autres aigu. Mais comme les voix peuvent encore estre égales ou inégales dans leur durée ou mesure, aussi bien que dans leur distance ; l'on ne traite en cette Partie que de l'égalité et inégalité de leur distance, reservant celle de leur durée pour la troisiéme Partie.

IV. La troisiéme difference des voix, provient de la maniere avec laquelle elles sont proférées, qui est ou continuë (2), ou interrompuë. Les voix continuës, sont celles avec lesquelles discourant, ou lisant de la prose l'on parcourt et l'on fait entresuivre les mots en la maniere qui est la plus propre pour en exprimer le sens, sans s'arrester autrement ny aux sons graves, ny aux aigus. Les voix interrompuës, sont celles que l'on suspend en chantant, aux notes desquelles l'on s'assujettit davantage, que non pas aux paroles. La troisiéme sorte de ces voix, est celle qui est entremeslée de continuës et d'interrompuës, ainsi qu'il arrive en la Poësie, où les Vers heroïques, par exemple, ne se lisent pas ny tout d'une traite, de mesme que la prose ; ny aussi avec discontinuation, comme les syllabes ou notes du chant ; mais d'une façon qui est entre-deux, et participe quelque chose de l'un et de l'autre.

V. La quatriéme difference des voix est, qu'elles sont ou unisones (3), ou non unisones : Les unisones sont celles qui ont le mesme son, soit grave, soit aigu ; ce qui se peut faire en deux manieres, l'une en tenant la voix ferme sur le mesme son ou la mesme corde, ainsi qu'il arrive lorsque l'on recite tout droit les mots ou les syllabes des versets de la Psalmodie, et d'autres

---

(1) Motuum vero alij sunt velociores alij tardiores, eorumdemque motuum alij rariores sunt, alij spissiores. Igitur quoniam acutæ voces spissioribus, et velocioribus motibus incitantur, graves vero tardioribus et raris : liquet additione quadam motuum ex gravitate acumen intendi ; detactione vero motuum laxari de acumine gravitatem ; ex pluribus enim motibus acumen quam gravitas constat. In quibus autem pluralitas differentiam facit, eam necesse est in quadam numerositate consistere, omnis vero paucitas ad pluralitatem se habet ut numerus ad numerum comparatus. Eorum vero quæ secundum numerum conferuntur, partim sibi sunt æqualia, partim inæqualia : quocirca soni quoque partim sunt æquales, partim inæqualitate distantes. *Boëtius lib.* 1. *musicæ cap.* 3.

* Sicut tarditas proxima stationi est, ita gravitas contigua taciturnitati. Velox vero motus acutam voculam præstat. Præterea quæ gravis est, intensione decrescit ad medium, quæ vero acuta remissione decrescit ad medium. Unde fit ut omnis sonus quasi ex quibusdam partibus compositus esse videatur. Omnis autem partium conjunctio quadam proportione committitur : sonorum igitur conjunctio proportionibus constituta est ; proportiones autem principaliter in numeris considerantur, *etc. Boët. l.* 4. *mus. cap.* 1.

(2) Omnis vox aut συμνιχης est quæ continua, aut διασηματικη quæ dicitur cum intervallo suspensa : et continua quidem est qua loquentes, vel prosam orationem legentes verba percurrimus ; festinat enim tunc vox non inhærere in acutis et gravibus sonis, sed quam velocissime verba percurrere, expediendisque sensibus, exprimendisque sermonibus continuæ impetus vocis operatur. Diastematice autem est ea, quam canendo suspendimus, in qua non potius sermonibus, sed modulis inservimus. Estque vox ipsa tardior, et per modulandas varietates quoddam faciens intervallum ; non taciturnitatis, sed suspensæ ac tardæ potius cantilenæ. His ut Albinus autumat additur tertia differentia, quæ medias voces possit includere, sicut Heroum poëmata legimus ; neque continuo cursu, ut prosam, neque suspenso, segniorique modo vocis, ut canticum. *Boët. lib.* 1. *mus. cap.* 12.

* *Euclides in musica non longe ab initio.*

* *Martianus Capella lib.* 9. *cap. de voce.*

(3) Differentias sonorum Ptolemæus dividit hoc modo. Vocum aliæ sunt unisonæ, aliæ minime ; unisonæ sunt quarum unus sonus est, vel in gravi, vel in acuto. Non unisonæ vero, quarum alia est gravior, alia acutior. Harum partim ita sunt, ut earum inter se differentia communi fine jungatur. Non enim discreta est, sed à gravi in acutum ita deducitur ; ut continua videatur. Aliæ vero sunt non unisonæ, quarum differentia silentio interveniente distinguitur. Ut vero voces communi fine jungantur, fit hoc modo. Sicut enim cum in nubibus arcus aspicitur, ita colores sibimet sunt proximi, ut non sit certus finis, cum alter ab altero disgregatur : sed ita v. g. à rubro discedit in pallidum, ut per continuam mutationem in sequentem vertatur colorem, nullo medio certoque interveniente, qui utrosque distinguat. Ita etiam fieri solet in vocibus unisonis, ut si quis percutiat nervum ; eumque dum percutit torqueat, evenit ut in principio pulsus gravior sit, dum torquetur vero, vox illa tenuetur, continuique fiant gravis vocis sonitus et acutæ. *Boët. l.* 5. *mus. cap.* 4.

* *Ptolemæus lib.* 1. *harmonicorum cap.* 4.

choses semblables : L'autre, en chantant les mesmes notes et les mesmes intervalles en mesme temps; ainsi qu'ont accoûtumé de faire ceux qui chantent ensemble les pieces du plain-chant, et des chants rythmiques et metriques. Quand aux voix non unisones, ce sont celles qui ont le son different, l'une plus grave, l'autre plus aigu : ce qui se pouvant aussi faire en deux façons, l'une continuë et quasi confuse, par laquelle les voix sont jointes ensemble par une fin ou un terme qui leur est commun, de mesme que les couleurs sont unies dans l'Arc-en-ciel; l'autre distincte où les voix sont separées les unes des autres, ainsi que le sont les diverses couleurs qui n'ont entr'elles aucun meslange : Il arrive aussi parmy les voix non unisones, qu'il y en a qui sont continuës, et d'autres qui sont discretes ou séparées (1); Mais dautant que les continuës sont dissemblables à elles-mesmes et n'ont pas un son bien distinct, on les exclud de la science du chant : C'est pourquoy il ne reste seulement que les discretes qui appartiennent à cét art ; parce qu'estans distantes l'une de l'autre, et dissemblables, l'on peut aussi plus aisément en reconnoistre la difference.

VI. Le concours des mesmes voix non unisones discretes, fait le sujet de leur cinquiéme difference : car en ce concours elles sont ou equisones, ou consonantes, ou bien dissonantes (2). Les equisones, sont celles qui de deux ensemble n'en font en quelque maniere qu'un seul ou un simple son, comme est celuy de l'octave, ou de la double octave. Les consonantes, celles qui estant jointes rendent un son composé et entremeslé, toutesfois suave et agreable, ainsi qu'est celuy de la quinte, ou bien celuy de la quarte (3). Mais les dissonantes, sont celles qui ne meslent ou n'u-

---

(1) Cum igitur non unisonarum vocum aliæ continuæ sint, aliæ discretæ, etc. Continuæ quidem non unisonæ voces ab harmonica facultate separantur; sunt enim sibi ipsi dissimiles, nec unum aliquid personantes. Discretæ vero voces harmonicæ subjiciuntur arti ; potest enim distantium, sibique dissimilium vocum differentia deprehendi. *Boët. l. 5. mus. cap. 5.*

(2) Non unisonarum quidem vocum aliæ quidem sunt æquisonæ, aliæ consonæ, aliæ dissonæ. Æquisonæ sunt quæ simul pulsæ unum ex duobus, atque simplicem quodammodo efficiunt sonum, ut est diapason, atque duplicata bis diapason. Consonæ autem sunt quæ compositum, permixtumque, suavem tamen efficiunt sonum, ut diapente et diatessaron. Dissonæ vero sunt quæ non permiscent sonos, atque insuaviter feriunt sensum. *Boët. l. 5. mus. cap. 10.*

* Consonæ sunt quæ simul pulsæ suavem permixtumque inter se conjungunt sonum. Dissonæ vero quæ simul pulsæ non reddunt suavem neque permixtum sonum. *Boët. l. 4. mus. cap. 1.*

* *Ptolem. lib. harmonic. cap. 7.*

(3) La quarte est un intervalle dont la monographie, pour être complète, exigerait de longs développements historiques.

Francon de Cologne la regardait comme une *concordance moyenne*. Marchetto de Padoue (*Lucidarium musicæ planæ*, traités V et VI), appelait cet intervalle une *consonance divine*, parce que, disait-il, elle renferme en elle-même le *sacré quaternaire* des Pythagoriciens (1), et que ses parties sont à l'égard de la musique ce que sont, en d'autres choses, les quatre temps de l'année, les quatre plaies du monde, les quatre éléments, les quatre évangiles, etc.

Malgré l'influence immense de Francon et de Marchetto sur la musique du moyen âge, les artistes de cette période ne tardèrent pas à mettre la quarte au nombre des dissonnances; et il en fut ainsi jusqu'en l'année 1558, époque où l'illustre Zarlino fit paraître la première édition de ses *Istitutioni harmoniche*, dans lesquelles il établissait, contrairement à l'opinion générale, que la quarte est une consonnance parfaite (*Terza parte*, cap. V et VI, p. 152-154). Zarlino ne se dissimulait pas qu'en rappelant à ses

(1) Qu'entend-on par ce sacré quaternaire? Voyez le *Mémoire sur la musique des anciens*, de l'abbé Roussier, art. VII.

contemporains la doctrine *prédominante* de l'antiquité grecque, professée plus tard par Francon et Marchetto, *il semblait avancer une théorie nouvelle;* mais se mettant au-dessus de la routine, et s'appuyant sur l'autorité et sur la raison, il contribua pour beaucoup à éclairer la science des intervalles harmoniques.

L'enseignement de Zarlino eut des partisans nombreux. C'est ainsi, par exemple, qu'en l'année 1568, André de Paep, savant chanoine de Saint-Martin à Liége, composa tout un volume in-12, pour prouver que la quarte est une consonnance parfaite. La seconde édition de cet ouvrage, dont on a deux exemplaires à la Bibliothèque royale de Paris, est intitulé : *De Consonantiis seu pro Diatessaron*, Anvers, 1581, in-8°, chez Plantin. En 1622, Jean Alvarès Frovo reproduisit une partie des arguments d'André de Paep, en faveur de la quarte, envisagée comme consonnance parfaite. Le livre de ce savant Portugais a pour titre : *Discursos sobre a perfeçau de Diathessaron*, Lisbonne, in-4°. M. Fétis en possède une traduction latine manuscrite d'un auteur inconnu. Quelques années plus tard, Jean du Cousu, qui devint chanoine de Saint-Quentin, suivit la même doctrine dans son admirable ouvrage in-folio sur *La musique universelle*. Au livre second (ch. 55, p. 154-157), ce célèbre didacticien, trop peu connu, *montre par authoritez, par raisons, et par exemples, que la quarte est une consonance parfaite*. Kircher rapporte, dans sa *Musurgia* (liv. 7, ch. 7, p. 627-634), une fantaisie de ce même du Cousu en faveur de la quarte. C'est un morceau fort bien fait.

Nous n'en finirions pas s'il nous fallait reproduire toutes les pièces du grand procès intenté par les érudits contre les partisans de la quarte-dissonnance. On se serait épargné, pensons-nous, bien des discussions qui durent encore et bien des erreurs, si l'on s'était ressouvenu que la quarte étant un renversement de la quinte, consonnance parfaite, elle ne peut être elle-même d'une autre nature que la quinte. Ce qui a trompé les théoriciens, c'est que la quarte heurte parfois en seconde l'une des parties de l'accord où elle est employée. « Alors, « dit M. Fétis, dans son édition des *Études de Beethoven* (t. 1, « p. 55), ce n'est point comme quarte qu'elle est préparée et ré-« solue, mais comme seconde. »   (*Note des éditeurs.*)

14

nissent point leurs sons, et qui frappent l'ouïe d'une maniere desagreable. D'où vient que la consonance n'est autre chose, qu'un (1) accord de plusieurs voix dissemblables; ou bien (2) un agreable meslange de son grave et de l'aigu, qui touche doucement et uniformement l'oreille. La dissonance au contraire est un choq de plusieurs sons qui blessent l'oreille.

VII. La bonne ou la mauvaise suite, qui se peut rencontrer entre les mesmes voix non unissones discretes, est la cause de leur sixiéme difference, de mesme que leur concours l'est de la precedente. Or cette suite des voix est en quelque façon semblable à celle que les lettres ont en Grammaire (3) : car tout ainsi que quand elles y sont bien ordonnées et qu'elles se suivent bien, elles sont propres à former les dictions et les syllabes; et qu'au contraire, lors qu'elles ne sont pas dans l'ordre et la suite convenable, elles ne peuvent produire aucune syllabe ny diction qui soit d'usage : De mesme quand les voix sont bien ordonnées et se suivent bien, elles ne manquent jamais de faire melodie ; et au contraire de faire du discord, lors qu'elles ne sont point dans l'ordre et la suite convenable. Leur suite donc est bonne, et elles sont propres à produire de la melodie, quand elles joignent ou composent ou divisent les consonances, et pour ce sujet sont appellées en Grec *Emmeles* (4), et *Concinnæ* en Latin. Mais si leur suite n'est pas bonne en joignant ou composant ou divisant les consonances, elles ne peuvent produire aucune melodie, et sont nommées *Ecmeles*, ou bien (5) *Inconcinnæ*.

---

(1) Consonantia est dissimilium inter se vocum in unum redacta concordia. *Boët. lib. 1. mus. cap. 3.*

(2) Consonantia est acuti soni, gravisque mixtura suaviter uniformiterque auribus accidens. Dissonantia vero est duorum sonorum sibimet permixtorum ad aurem veniens aspera injucundaque percussio : nam dum sibimet misceri nolunt, et quodammodo integer uterque nititur pervenire, cumque alter alteri officit, ad sensum insuaviter uterque transmittitur. *Boëtius lib. 1. cap. 8. et 28.*

(3) Quidam est circa concinnum et inconcinnum ordo, qualis est circa litterarum compositionem in sermocinando; non enim ex litteris quomodolibet compositis, fit syllaba, sed alio quidem, alio non. *Aristoxenus lib. 2. harmonic. elementorum.*

(4) In quibus quæ junctæ efficere melos possunt ἰμμελεῖς dicuntur : ἰκμελεῖς autem quibus junctis effici non potest. *Boët. lib. 5. mus. cap. 5.*

Item cap. 10 Aliæ emmelis, aliæ ecmelis. Emmelis autem sunt quæcumque consonæ non sunt, possunt aptari tamen recte ad melos, ut sunt hæ quæ consonantias jungunt, vel quæ diapente ac diatessaron dividunt, ut tonus, cæteræque simplices earum partes ; sicut enim æquisonæ junguntur quodammodo ex consonantibus ut diapason ex diatessaron ac diapente; ita consonantiæ ex his, quæ emmeles soni vocantur, ut eadem diapente, et diatessaron tonis, cæterisque posterius dicendis proportionibus. Ecmeles vero sunt, quæ non recipiuntur in consonantiarum conjunctione. *Boët. lib. 5. mus. cap. 10. et 11.*

(5) Sunt enim concinni soni quicumque conjuncti invicem auribus accommodantur. Inconcinni vero, qui è converso se habent. *Franch. lib. 1. harm. instr. cap. 2.*

CHAPITRE III.

DU NOMBRE DES VOIX, QUI SONT NECESSAIRES AU CHANT ET A LA MELODIE; ET DES TROIS GENRES
D'INTERVALLES DONT ANCIENNEMENT LE CHANT A ESTÉ COMPOSÉ.

I. Quoy qu'il en soit du tetrachorde de Mercure, que l'on dit avoir contenu (1) l'octave depuis sa premiere chorde jusques à la quatriéme et derniere; la quarte depuis la premiere à la seconde, la quinte de la premiere à la troisiéme, la quarte derechef de la troisiéme à la quatriéme, et le ton de la seconde à la troisiéme; lequel tetrachorde peut estre qualifié, tetrachorde des consonances. Les Grecs les plus anciens, soit Philosophes, soit Musiciens, qui ont traité de la Melodie, l'ont commencée par un tetracorde (2) et diatessaron, c'est à dire par une quarte, et par quatre sons differens; et ils n'ont pas estimé qu'un moindre nombre de sons, que celuy de quatre, dont le tetracorde est composé, meritast le nom de chant (3), ou de melodie, ou de consonance, ou de genre. Mais comme les ouvrages de l'art imitent ceux de la nature, et se perfectionnent par l'industrie des hommes, aussi ces premiers essais de melodie par succession de temps, se sont accrûs premierement jusques à un second tetracorde, soit par (4) la division des quatre cordes de celuy de Mercure, soit par l'addition d'un second tetracorde, à un premier tetracorde simple, afin d'achever le diapason ou l'octave, qui contient une melodie parfaite; et ensuite ont esté portez et étendus jusques à un troisiéme et quatriéme tetracorde, afin de former le systeme parfait du disdiapason, ou de la double octave, dont il sera parlé cy-apres.

II. Toute la melodie donc, et tous ses systemes, ne sont autre chose que ce premier tetracorde (5), doublé, triplé, ou autrement multiplié; c'est pourquoy les chants n'ont esté estimez differens les uns des autres, que selon la difference des intervalles dont leurs tetracordes ont esté composez;

---

(1) Refert Nicomachus canendi disciplinam primitus adeo simplicem fuisse, ut solo tetrachordo consisteret : cujus prima chorda ad ultimam diapason consonantiam respondebat : ad secundam vero diatessaron; sed ad tertiam diapenten : Atque tertia ipsa ad quartam diatessaron; sed secunda ad tertiam ducebat tonum. Mercurium enim hujus quadrichordi Græci asserunt fuisse inventorem. *Franch. l. 5. theor. c. 1.*

(2) Melodia dicitur, quæ et antiquior, quamvis subasperior, quando consonantia ex duobus tonis et semitonio, vel hemitonio et duobus tonis completur. Chromatica quæ et posterior et ad delectationem aurium sua varietate permulcet animos, constatque ex tono et tribus semitonijs, vel tribus semitonijs et tono. Enharmonium totam possidet harmoniam et sui dignitate alias præcellit, et constat ex duabus diesis et duobus tonis, vel duobus tonis et duabus diesis. *Et paulo infra.* Nam prima consonantia musicæ artis est sesquitertia, hoc est diatessaron, inde pervenitur ad sesquialteram, hoc est diapente, inde ad duplum quæ est diapason. *Beda in musica theorica.*

* Tetrachordum autem est quatuor sonorum in ordine positorum congruens fidaque concordia. *Martianus Capella lib. 9. cap. de tonis.*

* *Kircherus musurgiæ univers. to. 1. lib. 3. cap. 8.*

(3) Videtur itaque consonantium intervallorum minimum ab ipsa cantus natura esse definitum. Etenim multa modulamur intervalla ipso diatessaron minora; sed dissona omnia. *Et infra.* Consonorum minimum quatuor sonis est contentum. *Aristoxen. lib. 1. harmonic. elementor. post medium.*

* Quoniam primum omnium, et simplicissimum consonum est ipsum diatessaron, in tetrachordo continuo, ratione vero supertertia, merito secundum hoc trium modulationis generum variationes inter se inveniuntur. *Nicomach. l. 1. manualis harmonices.*

(4) His quippe nervis quatuor, alij inseruntur quatuor; primæ partes minoribus dum dividuntur motibus. Octochordo nos utimur pro eorum quatrifido, et pro triatis vocibus, septenas nos recipimus. Unius modi cantica sonabant illi rigida. Octo nunc modis concrepant sonora nostra organa. *Guido in epilogo rythmico post modorum formulas.*

(5) Atque idcirco hæc potissima fuit causa, cur Pythagoras, et post eum reliqui Philosophi perfectum ac plenum systema per tetrachorda disjunctum sane composuerint; nam qua ratione et progressione unumquodque tetrachordum procederet, ea ipsa consideratione et reliqua possent tetrachorda pervideri omni prorsus errore semoto. Uniuscujusque enim tetrachordi, in quovis genere eadem semper ratio dimensionis apparet : secus in pentachordorum dispositione, nam aliud pentachordum perfectam diapentem consonantiam ducit tribus scilicet tonis ac semitonio plenam; aliud diminutam ostendit et imperfectam duobus tantum tonis ac duobus minoribus semitonijs dispositam diatonice; quum potissime secundum ordinem specierum successive procedunt : ut constat diligenter intuenti. *Franch. lib. 1. harmoniæ instrumentalis cap. 6.*

laquelle difference les Anciens ont exprimée par le mot de genre (1), qui en matiere de chant ne signifie autre chose qu'une certaine maniere de monter du grave à l'aigu, ou de descendre de l'aigu au grave, par les trois intervalles dont chaque tetracorde est composé : ou bien en autres termes (2) une certaine façon de chant contenant trois intervalles compris dans les quatre sons d'un tetracorde, dont les deux extrémes soient en proportion sesquitierce, et fassent le diatessaron ou la quarte.

III. Les mesmes Philosophes et les mesmes Musiciens, ont réduit ces genres au nombre de (3) trois, qu'ils ont nommé diatonique, chromatique, et enharmonique. Le diatonique prend son nom de la multitude des tons dont il abonde, et qui le rendent plus rude, mais plus naturel que les autres deux genres. Il est composé d'un demyton mineur, et de deux tons, soit qu'il faille monter ou descendre, ou que le demyton se rencontre au commencement, au milieu, ou à la fin des trois intervalles du tetrachorde; dautant que cette diverse situation ne varie point le genre du chant pour en establir un nouveau, mais seulement les differentes especes d'un mesme tetrachorde, qui par consequent sont trois en nombre, conformément à la triple situation que le mesme demyton peut avoir dans la quarte, sçavoir au commencement, au milieu, ou à la fin, en cette maniere.

1. Demyton,	Ton,	Ton.
2. Ton.	Demyton,	Ton.
3. Ton,	Ton,	Demyton.

IV. Le Chromatique est ainsi appellé, soit à cause des diverses couleurs, dont anciennement on le distinguoit du diatonique (4), soit parce qu'il diminuë de l'intention du mesme diatonique, et que ses tetrachordes abondent en demy-tons, qui luy donnent autant de douceur et de grace, qu'un beau coloris a (5) accoûtumé d'en donner à la peinture. Ses trois intervalles sont deux demytons, l'un mineur, l'autre plus grand (6) ou majeur, et un hemiditon ou tierce mineure, qui en ce genre ne fait qu'un (7) seul et simple intervalle, dont la diverse situation qui s'en fait au commencement, au milieu, ou à la fin des deux demy tons, varie pareillement, et establit les trois especes de ce genre (8), ainsi qu'il s'en suit.

(1) *Gassend. to. 5. in manuductione ad theoriam musicæ.*

(2) Genus autem in harmonia seu modulatione est habitudo inter se invicem sonituum qui diatessaron consonantiam composuerint. *Ptolem. l. 1. cap. 13.*

* Genus est certa quædam habitudo sive convenientia sonorum qui inter se componunt quartam sive diatessaron. Vel genus est relatio quædam quam ad invicem habent quatuor soni vel tria intervalla quartæ alicujus. *Kircher. to. 1. musurg. univers. l. 3. c. 13.*

* Genus est certa quatuor sonorum divisio. *Euclides in musica.*

(3) *Euclides in musica.*

* His igitur expeditis, dicendum est de generibus melorum, sunt autem tria diatonum, chroma, enharmonium : et diatonicum quidem aliquanto durius et naturalius : chroma vero est quasi jam ab illa naturali intensione descendens. Enharmonium vero optime atque apte conjunctum. Cum sint igitur quinque tetrachorda, hypaton, meson, sinememon, diezeugmenon, hyperboleon ; in his omnibus secundum diatonum cantilenæ procedit vox per semitonium, tonum ac tonum in uno tetrachordo. Rursus in alio tetrachordo per semitonium, tonum et tonum ac deinceps progreditur. Ideoque vocatur diatonicum, quasi quod per tonum et tonum progreditur. Chroma autem, quod dicitur color, quasi jam ab hujusmodi intensione prima, mutatio; cantatur per semitonium et semitonium, et tria semitonia : Tota enim diatessaron consonantia est duorum tonorum ac semitonij non pleni. Tractum est vero hoc vocabulum, ut diceretur Chroma, à speciebus, quæ cum permutantur in alium transeunt colorem. Enharmonium vero quod est majus coaptatum, est quod cantatur in omnibus tetrachordis per diesin, et diesin et ditonum. Diesis autem est semitonij dimidium. *Boët. lib. 1. mus. cap. 21.*

* Diatonicum genus id est quod semitonio minore, tono et tono incedit. Alterum chromaticum, quod semitonio minore, semitonio majore, ac tribus semitonijs, sive quod idem est, semiditono constat. Tertium enharmonicum, quod diachismate ac diachismate, (*quam diesin vocat Boetius*) et ditono conflatur : vocatur autem diachisma dimidium semitonij minoris. *Glarean. l. 1. dodecach. cap. 5.*

* *Faber stapulensis initio l. 4. elem. musicalium.*

(4) Chromaticum à coloribus dictum; quod veteres hoc à diatonico diversis coloribus contra distinguebant, *etc. Kirch. to. 1. musurgiæ univers. lib. 3. cap. 8.*

(5) Inde chromatica appellatur, quasi in alteram speciem transmutata, quemadmodum quod inter album est, et nigrum chroma vocatur. Rursusque dum superficies permutantur in alterum colorem; sic hoc canendi genus à diatonico quod naturalius et antiquissimum est, tamquam color permutatus, alia varians diastemata, chroma nuncupatur. *Franch. l. 2. harmoniæ instr. c. 11.*

(6) *Franch. l. 2. mus. instrument. cap. 1. 2. et 7.*

(7) *Boët. l. 1. mus. cap 23.*

* *Euclides in musica.*

(8) Sicut in diatonico tetrachordo semitonium situm ter mutat, ita in tetrachordo chromatico semiditonus ter situm mutat : et quem-

1. Tierce mineure,   Demyton,   Demyton.
2. Demyton,   Tierce mineure, Demyton.
3. Demyton,   Demyton,   Tierce mineure.

V. L'enharmonique a esté nommé de la sorte, parce qu'il contient une harmonie fort bien et fort proprement suivie par le moyen d'un plus grand nombre de Dieses ou quarts de ton, dont il est remply; et que ses tetrachordes sont composez de 2. Dieses enharmoniques, dont chacune (1) est la moitié du Demyton mineur, et d'un Diton ou Tierce majeure, laquelle d'un plein sault fait son troisiesme et simple intervalle; soit qu'elle se trouve au commencement, soit au milieu, soit à la fin de son tetrachorde. Car cette varieté ne fait que diversifier les espèces de ce genre; de mesme que la differente assiette du demyton change seulement celles du genre diatonique, ou bien celle de la Tierce mineure, les espèces du chromatique; comme on peut voir dans la table suivante.

1. Tierce majeure,   Diese,   Diese.
2. Diese,   Tierce majeure, Diese.
3. Diese,   Diese,   Tierce majeure.

VI. Outre ces trois sortes de genres Euclide fait mention de deux autres, dont il appelle l'un commun, et l'autre meslé ou (2) mixte, et sous divise ou distingue le diatonique en deux manieres, et le chromatique en trois; le premier desquels il appelle toniée, ou entonné; le second sesquialtere ou d'autant et demy; et le troisiesme mol. Quant aux deux diatoniques il nomme l'un incité, à cause que ses intervalles ont une suitte plus naturelle et plus coulante; et l'autre mol. Les raisons de ces distinctions sont les diverses proportions des intervalles, dont leurs quartes ou tetrachordes ont esté composez. C'est pourquoy pour en mieux concevoir la difference, il faut icy supposer les divisions geometriques du ton dont Aristoxene se servoit, suivant les proportions que Boëce, Glarean, et autres luy ont attribué par le moyen des nombres : car ainsi que le mesme Boëce a fort bien remarqué, il n'est pas possible de sçavoir la véritable difference des voix et des intervalles, sans en establir auparavant la grandeur (3), et la mesure. Aristoxene donc divisoit le ton (4) en deux, trois, quatre et huit parties, et nommoit la quatriéme Diese enharmonique; la troisiéme Diese chromatique; et la quatriéme jointe à la huitiéme, (c'est à dire les trois huitiémes parties du ton,) Diese chromatique sesquialtere. Ce qui sera plus aisé à comprendre, si l'on veut diviser le ton en 24. parties égales, et en donner la moitié au Demyton, sçavoir douze; la quatriéme partie à la diese enharmonique, qui est six; le quart et demy à la Diese chromatique sesquialtere; c'est à dire neuf; et la troisiéme partie à la chromatique molle, sçavoir huit. Suivant lesquelles divisions et proportions, il est aisé de voir à l'œil la difference des trois intervalles de chaque tetrachorde dans les six sortes de ces trois genres; et tout ensemble l'égalité qu'ils ont dans leurs extremes, d'autant que le nombre total (qui est marqué à 60.) se rencontre le mesme en chacune de ces six sortes, ainsi qu'il paroist par la table qui suit.

---

admodum semitonium in diatonico omnem varietatem inducit, ita in chromatico semiditonus. *Kirch. to.* 1. *musurg. univers. lib.* 7. *c.* 7.

(1) Le mot *diése* est maintenant du genre masculin.

(Note des éditeurs.)

(2) Commune autem est, quod statis phtongis componitur, mixtum denique, in quo duorum vel trium generum vestigia apparent, diatoni nempe et chromatis; vel diatoni et harmoniæ; vel diatoni, chromatis et harmoniæ. *Et infra.* Colorum vero qui sunt in chromatica divisione alius vocatur chroma molle, alius chroma sesquialterum, alius chroma tonium, et molle quidem, *etc.* Colorum denique divisionis diatonicæ, alter vocatur mollis diatonicus, alter diatonicus syntonus, id est concitatus, *etc. Euclides in musica.*

* *Boëtius lib.* 5. *mus. cap.* 15.

(3) Nimis improvide quis differentiam se scire arbitratur earum vocum, quarum magnitudinem nullam, mensuramque constituat. *Boët. lib.* 5. *musicæ cap.* 12.

(4) *Aristox. lib.* 1. *harmonic. element. post medium.*

15

DIATONIQUE	INCITÉ		MOL			
Demyton	12		12			
Ton	24	60	18	60		
Ton	24		30			

CHROMATIQUE	TONIÉE		SESQUIALTERE		MOL	
Tierce mineure	36		42		44	
Demyton	12	60	9	60	8	60
Demyton	12		9		8	

ENHARMONIQUE						
Tierce majeure	48					
Diese enharm.	6	60				
Diese enharm.	6					

Les extremes donc sont les mesmes en tous ces genres, et en toutes leurs especes; et lorsque leurs quartes se font par degrez disjoints, ou d'un plain sault, elles sont toutes égales; c'est pourquoy il n'y a que la seule varieté des trois intervalles, dont ils sont composez, qui les rende inegales. D'où il est aisé de reconnoistre, que bien que la Diese enharmonique soit le moindre (1) intervalle, dont on puisse sensiblement user dans la musique, neantmoins selon la theorie l'on eust pù encore établir beaucoup d'autres sortes de genres, ou d'especes par de nouvelles proportions des trois intervalles dont on eust pù diversement assortir leurs tetrachordes. Ainsi qu'on le peut remarquer aux tetrachordes d'Archytas, d'Aristoxene, de Eratosthene, de Didyme, et d'autres, desquels Ptolemée et Mersenne font (2) mention.

VII. En confirmation de quoy nous voyons aujourd'huy, que la pluspart des Musiciens modernes, apres Vincentin, demeurent d'accord d'une nouvelle distinction ou division (3) des

(1) Est autem diesis enharmonica dimidium semitonij minoris, intervallum duobus sonis circumscriptum, ac minimum quod concinnitati congruat. *Franchin. lib. 2. musicæ instrumentalis. cap. 8. et 15.*

* Itaque in parvitatem unâ videntur vox et auditus deficere; neque enim vox diesi minima minus adhuc intervallum distincte proferre potest, nec intellectus dijudicare, vel percipere quænam pars sit, num dieseos, an alterius cujusdam notorum intervallorum. *Et infra.* Quæ his sunt minora intervalla omnia cani nequeunt, *etc.* Illud enim non posse cani dicimus, quod per se non collocatur in systemate. *Aristox. lib. 1. harmonic. elementorum.*

(2) *Ptolem. lib. 2. cap. 14.*

* *Mersenne tome 2. de l'harmonie universelle livre 2. des instrumens, proposition 8ᵉ.*

(3) Primus quod sciam, qui aliquid circa compositiones trium generum machinatus est, fuit Nicolaus Vincentinus: hic cum videret partitionem tetrachordorum juxta tria genera à Boëtio descriptorum polyphoniæ melothesiæ, et nostræ componendi rationi convenire non posse: aliam methodum architectatus est, quam et integro libro fuse pertractat. *Et paulo infra.* Diatonicum igitur, quo utitur Vincentinus, non est idem cum antiquo: Boëtius enim diatonicum tetrachordum format ex semitonio minori, et duobus tonis majoribus sesquioctavam proportionem habentibus; diatonicum vero tetrachordon, quo Vincentinus utitur constat ex semitonio majori, et duobus tonis uno minore sesquinono, et altero majore sesquioctavo. Sunt igitur quartæ et quintæ apud Boëtium in hoc genere perfectæ, nec ullum ditonum, semiditonum, aut hexachordon admittunt; sive quod idem est, nec tertiæ nec sextæ ulla ratione possunt in dicto genere associari. In nostro vero diatonico maximus tertiarum, atque sextarum usus est; emerguntque ex divisione quartæ in semitonium majus et duos tonos, quorum unus minor alter major est. Ex hoc enim quarta paululum prolongata, et quinta abbreviata assignabit consonantias auditui gratissimas, ut vel hinc pateat multo majorem hoc sæculo esse musicæ varietatem, quam olim, cum nullus eo tempore esset tertiarum, sextarumque usus, nec possent esse, retento dicti generis diatonici tetrachordo. Unde musica moderna non immerito participata dici potest, et mista ex partibus, intervallisque trium generum, et quibusdam speciebus chromaticis.

Genus chromaticum Boëtianum similiter differt à Vincentini et modernorum quorumdam ratione. Boëtius ad generis chromatici tetrachordon requirit semitonium minus et majus unâ cum simiditono, idest trihemitonio. Vincentinum chromaticum requirit con-

tetrachordes des trois anciens genres ; qui est differente de celle que l'on en a donné cy-dessus, non seulement dans la theorie, mais aussi dans la pratique. Car ils divisent les tetrachordes du Genre Diatonique en un Demyton majeur, et deux tons dont l'un soit Majeur, et l'autre Mineur : et mettent un ton Majeur entre les deux tetrachordes pour faire l'Octave. Les tetrachordes du genre chromatique en un Demyton majeur, un Demyton mineur, et une Tierce mineure : Et ceux du genre enharmonique quelquefois en deux Dieses ; d'autres fois en deux Dieses et un comma, et une Tierce majeure, c'est à dire deux tons, l'un Majeur, l'autre Mineur, selon qu'il est plus convenable pour faire l'accord entre les differentes voix, ou parties de la musique. La raison de cette division est, que bien que les intervalles des anciens tetrachordes marquez au commencement de ce Chapitre soient fort propres au chant d'une seule voix ou de plusieurs voix qui chantent à (1) l'unisson, ainsi qu'on le pratiquoit anciennement, et qu'encore maintenant on le pratique tant au plain-chant, qu'aux chants rithmiques, et metriques, qui se chantent à l'unisson. Toutefois ces anciens intervalles ne peuvent point s'ajuster avec les chants qui sont composez de plusieurs parties ; parce que ni les Tierces ni les Sextes majeures, ni les mineures ne peuvent pas se trouver justes, ni y estre employées, si ce n'est par le moyen de cette nouvelle division. D'où ils concluent qu'elle est tout à fait necessaire à la musique moderne à plusieurs parties, bien qu'elle ne le soit pas au plain-chant, ni aux autres chants à l'unisson. Cette mesme division se tire des principes d'Euclide ; sur quoy l'on peut voir Herigon (2).

IX. Les proprietez de ces trois genres selon Aristide (3) sont, que le diatonique est masle et austere ; le chromatique plus mol et propre aux larmes ; l'enharmonique doux, et vigoureux tout ensemble.

tra semitonium majus et minus, et deinde semiditonum, sive tertiam minorem incompositam.

Enharmonici denique generis à Boëtio descripti tetrachordon constat duabus diesibus, et ditono incomposita..Vincentinum vero tetrachordon constat subinde duabus diesibus, nonnunquam duabus diesibus cum commate, et ditono, hoc est tonis duobus, quorum unus major alter minor est ; ijsque, prout conditio melothesiæ fert, utitur. *Kircher. to. 1. musurgiæ univers. lib. 7. c. 7.*

(1) Notandum aliud esse monodium diatonicum, chromaticum, enharmonicum ; aliud polyodium ; Atque monodia antiquis in usu fuisse nullum dubium est : et hodierna die hujusmodi et componi et cantari posse ambigere nullus debet. Quæritur tantum utrum hujusmodi genera pluribus vocibus accommodari, sive an compositiones polyodiæ diatonicæ, chromaticæ, enharmonicæ fieri possint. Respondeo itaque breviter ; quod si stricte tenenda sit regula à Boëtio præscripta circa triplicis generis processum, eam in plurium vocum concentu nulla ratione impleri posse ; cum processus de tono in tonum incompositum et in semitonium, salva harmonia, in diversis vocibus, ob diversas reliquarum vocum cadentias incongruus sit, nisi singulis vocibus eadem intervalla attribuere velimus. At illud tunc non polyphonium, sed isophonium, sive monodium pluribus vocibus cantabile dicendum esset. Potest tamen tetraphonium fieri simpliciter diatonicum, ita ut semper in singulis vocibus processus diatonicus alterius vocis processum per modum fugæ excipiat, reliquis interim vocibus alia et alia intervalla tam composita quam incomposita servantibus. *Et infra.* At in hujusmodi simpliciter diatonica polyodia, intervalla quædam occurrunt tanta asperitatis et duritiei, ut aures vix ea sustineant ; neque ea vitari possint. Unde Vincentinus paradigmate ostendit musicam modernam minime simpliciter diatonicam esse ; sed mistam sive participatam : cum sine hac mistura et participatione intervallorum, ab alijs generibus mutuatorum, nulla varietas, neque gratia harmoniæ conciliari possit : quidquid alij contra dicant. *Kirch. ibid. circa initium ejusdem cap. 7.*

(2) Hinc perspicuum est diapason continere duos tonos minores, tres majores et duo semitonia majora. *Herigon. in musicam Euclidis.*

(3) Diatonum, ita dictum ob tonos, quos frequentiores habet, virilius et austerius ; chromaticum à chrosin, quia coloret reliqua intervalla, non tamen illorum quoquam indigeat, suavissimum est, et flebile. Porro enharmonium, quia in modulatæ seriei perfecta distantia sumatur (nec enim ditono majora, nec diesi minora licebat secundum sensum sumere intervalla) excitandi vim habet, et est mansuetum. *Aristid. Quintil. lib. 2. de musica in fine.*

CHAPITRE IV.

DES INTERVALLES DU GENRE DIATONIQUE, QUI SONT PROPRES A LA MELODIE.

I. Laissant maintenant à part tous les autres genres, et toutes leurs especes, l'on ne traitte seulement icy, que des intervalles de l'ancien diatonique incité; parce qu'ils sont plus naturels, plus simples, et beaucoup plus aisez à pratiquer, que ceux des autres genres : c'est pourquoy les autheurs du plain-chant les ont choisi pour le chant de l'Eglise; et ont laissé les autres à cause qu'ils demandent trop d'artifice, et qu'on ne les peut bien apprendre, qu'en accompagnant la voix d'un instrument ajusté selon leur varieté ; ni en acquerir l'habitude, que par une longue et penible (1) continuation de cet exercice.

II. L'intervalle donc, parlant en general, n'est autre chose, que la distance du son grave à l'aigu (2), ou de l'aigu au grave : de sorte qu'il faut deux sons pour faire un intervalle. Or tout intervalle selon Euclide, peut estre different d'un autre en cinq (3) façons. 1. En genre, selon qu'il est ou diatonique, ou chromatique ou enharmonique, dont il a déja esté fait mention. 2. En grandeur selon que conformement à la distance les uns sont plus grands, ou plus petits que les autres. 3. Comme consonans ou dissonans. 4. En tant qu'explicables ou inexplicables, c'est à dire rationels ou irrationels. 5. Comme simples ou composez, c'est à dire aux termes d'Euclide (4) et de Franchin, qui se suivent au systeme ou immediatement comme C. D, ou D. E, ou bien mediatement, ainsi que A. C, ou C. E. mais à present l'on a coûtume de donner à ces mesmes sons les noms d'intervalles conjoints ou disjoints. Les conjoints, sont ceux qui se font d'un son à un autre son immediat : Les disjoints, ceux dont les extrémes ne produisent qu'un seul et total son, bien qu'il y ait entre-deux plusieurs autres sons ou intervalles qui sont comme supprimez, et ne sont contenus entre les mesmes extrémes qu'implicitement. C'est pourquoy l'on donne aujourd'huy aux mots de simple et de composé une autre signification en matiere de sons, et l'on appelle simples ceux qui sont contenus dans l'étenduë d'une octave; composez, ceux qui la surpassent, et sont formez de la premiere et de la seconde octave; comme seroit une onziéme, ou douziéme, ou quinziéme, ou vingt-deuxiéme, ou autres semblables intervalles qui se forment par l'union de plusieurs octaves.

III. Les intervalles simples propres à la melodie, sont au nombre de neuf; le premier ou le

---

(1) Enharmonio enim vix etiam magno cum labore sensus assuescit. *Aristox. lib. 1. harmonic. element. post medium.*

(2) Intervallum vero est soni acuti, gravisque distantia. *Boëtius lib. 1. mus. cap. 8.*

* Intervallum est quod continetur duobus sonis acumine et gravitate differentibus. *Euclid. in musica. Vel.* Quod duobus sonis non eamdem tentionem habentibus finitur. *Aristox. lib. 1. harmonic.*

(3) Intervallorum autem differentiæ sunt quinque, nam et magnitudine inter se differunt; et genere; et ut consona à dissonis; et ut simplicia à compositis; et ut explicabilia ab inexplicabilibus. Et magnitudinis quidem differentia est secundum quam intervallorum quædam sunt majora, quædam minora, ut ditonus, sesquiditonus, tonus, semitonium, diesis, diatessaron, diapente, diapason, et similia. Generis vero, qua intervallorum alia diatonica sunt, alia chromatica, alia enharmonica. Differentia consoni à dissono, qua intervallorum quædam sunt consona quædam dissona, *etc.* Composita à simplici, qua intervallorum alia sunt simplicia, alia composita, *etc.* Differentia, qua explicabilia differunt ab inexplicabilibus, est qua alia sunt explicabilia, alia inexplicabilia; explicabilia sunt quorum magnitudines assignari possunt, ut tonus, semitonium, ditonus, tritonus et his similia. Inexplicabilia vero, quæ explicabilibus majora minorave sunt magnitudine aliqua inexplicabili. *Euclides in musica.*

* *Aristox. lib. 1. harmonic. element. circa medium.*

(4) *Euclides in musica.*

* Composita intervalla sunt, quæ inter non continuos phtongos considerantur, ut ab hypate hypaton, ad hypaten mesou, et similia quæ inter extrema alios phtongos intercipiunt. Non composita vero et simplicia intervalla sunt, quæ è continuis, id est, à propinquioribus phtongis continentur, ut ab hypate hypaton, ad parhypaten hypaton. *Franchinus lib. 1. harmoniæ instrument. cap. 3.*

moindre, est le demyton (1) mineur, ou la seconde mineure ; il est composé de deux sons prochains et immediats, dont la distance de l'un à l'autre est moindre que celle du ton environ de la moitié (2). Car quoy que l'on ait supposé cy-dessus la division du ton en deux parties égales, suivant l'opinion d'Aristoxene ; toutesfois ce n'a esté que pour faire mieux entendre les proportions des intervalles de chaque genre et de ses especes : car d'ailleurs la raison et l'authorité de Pythagore, d'Euclide, de Ptolemée, de Boëce, de Bede, de Franchin, et de quasi tous les autres Philosophes et Musiciens obligent d'avoüer que le ton ne peut estre divisé en deux (3) parties parfaitement égales, mais qu'il y a toûjours entr'elles quelque inégalité, laquelle neantmoins est quasi imperceptible (4) au sens de l'oüie ; de mesme que l'accroissement et la diminution de chaque jour le sont à celuy de la veuë : c'est pourquoy comme leur accroissement ou leur diminution ne sont pas visiblement reconnus, si ce n'est apres un certain temps ou nombre de jours ; aussi l'on ne discerne pas d'abord l'inégalité de chaque demyton, ni mesme de chaque (5) ton, jusques à ce qu'estans joints ensemble et reünis en quelqu'une des consonances, leurs intervalles soient rendus plus apparens et plus sensibles.

EXEMPLES DU DEMYTON :

Le second de ces intervalles est le ton majeur, ou la seconde majeure, qui est encore formé de deux sons prochains et immediats ; mais dont la distance de l'un à l'autre soit aussi grande que celle des deux demy-tons le mineur et le majeur ensemble. L'on peut voir aux notes la description que Franchin fait tant du ton que du demy-ton (6) ; comme aussi l'exactitude avec laquelle Boëce a décrit (7) le ton et les autres principaux intervalles, qui sont tous composez du demy-ton et du ton (8) ; en telle sorte toutefois que le demy-ton est comme la forme qui leur donne l'espece,

---

(1) Semitonium diatonicum est minus semitonium. *Franchinus lib. 1. harmoniæ instrumentalis cap. 5. et lib. 2. cap. 20.*

* *Glarean. lib. 1. dodecach. c. 8.*

(2) Semitonium est quando tonus in duas, non æquas, sed inæquales partes secatur. Alterum semitonium majus ; alterum semitonium minus dici maluerunt. *Beda in musica theorica.*

* Videntur semitonia nuncupata, non quod sint tonorum medietates, sed quod sint non integri toni. *Boët. lib. 2. mus. cap. 27.*

(3) Tonus in duas pluresve æquales partes dividi non potest. *Euclid. in sect. regulæ harm. proposit. 16.*

* *Boët. l. 1. mus. cap. 16. et c. 33. infra citato ad notam 7 hujus paginæ.*

* Constat enim proportionem sesquioctavam, ac rursus omnem super particularitatis habitudinem in duas partes proportione æquas dividi non posse. *Franchinus lib. 2. harm. instrum. cap. 12 et 22.*

(4) Quando augetur dies vel minuitur, non statim præsentatur, nisi per multos dies : sic etiam musica quando augetur vel minuitur per hemitonia vel diesin, non continuo percipitur, donec illæ partes supercrescant. *Beda in musica theorica.*

(5) Quod igitur in singulis tonis minus pervidetur, id collectum in consonantiam evidenter apparet. *Boët. l. 5. musicæ cap. 1.*

(6) Est enim tonus legitimum sesquioctavæ dimensionis spatium duobus sonis circumscriptum. *Et infra.* Semitonium ipsum liceat definiri intervallum quod duabus sesquioctavis appositum sesquitertiam ducit proportionem ; seu spatium quod duobus tonis conjunctum sonoris extremis terminis diatessaron perficit consonantiam.

Namque concors et suave tonis ipsis et consonantijs præstat temperamentum ; cum potissime in diatonica introductione ante vel post, vel inter duos tonos naturaliter noscatur esse deductum. Abstracto autem ab ipso tono semitonio minore, relinquitur apothome, quo difficillime discors transitus procedit in vocibus. *Franch. l. 1. mus. pract. cap. 2.*

(7) Tonum sesquioctavam facere proportionem, eumque in duo æqualia dividi non posse, sicut nullam ejusdem generis proportionem, id est superparticularis. Diatessaron etiam duobus tonis semitonioque consistere ; semitonia vero esse duo majus ac minus. Diapente autem tribus tonis ac semitonio minore contineri. Diapason vero quinque tonis ac duobus semitonijs minoribus expleri ; neque ad sex tonos ullo modo pervenire. Hæc omnia posterius et numerorum ratione, et aurium judicio comprobabo. *Boët. l. 1. mus. c. 33.*

* *Franchinus lib. 2. harmoniæ instrum. à cap. 33. ad 37.*

* *Euclides in sectione regulæ harmonicæ.*

(8) Hi discreti duo motus totum cantum construunt. *Guido Aret. in epilogo rhythmico post modorum formulas.*

* Porro ex his duobus intervallis tono, ac hemitonio minore reliqua omnia conficiuntur ; itaque primum memoriæ commendanda præcipue minorum hemitoniorum loca. Nam ex ijs intervallorum species potissimum sumuntur. *Glarean. l. 1. dodecach. cap. 8.*

* Et si diatonica dimensione semitonium intervallum minimum quidem est, maximam tamen consonantijs vim conferre percipitur. *Franch. l. 1. musicæ instrum. cap. 15.*

la force et la vigueur; et que chacun d'eux contient toûjours un intervalle moins (1) qu'il n'a de sons ou de chordes; c'est pourquoy l'on appelle l'un et l'autre de ces deux intervalles seconde, à cause que leur unique intervalle est entre deux chordes; et les deux suivans sont pareillement nommez tierces à cause de leurs trois chordes; quoy qu'ils soient aussi appellez hemiditon et diton, à cause de leurs deux intervalles. Ptolemée rapporte (2) l'origine du ton à l'excés qui est entre les deux premieres consonances, la quinte et la quarte, et qui en fait la difference; car c'est d'un ton ou d'une sesquioctave que la quinte excede la quarte : et l'origine du demy-ton à l'excés dont la quarte surpasse la tierce majeure, et qui en fait la difference. — Exemples :

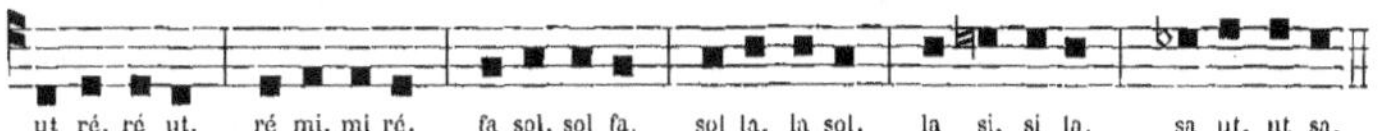

Le troisiéme intervalle donc est l'hemiditon ou la tierce – mineure, qui est formée d'un demy-ton mineur, et d'un ton compris entre trois chordes; ou bien en autres termes, de trois sons ou voix qui rendent un ton et un demy ton.

Le quatriéme, est le diton ou la tierce-majeure, composé de deux tons contenus entre trois chordes.

Le cinquiéme, est le diatessaron ou la quarte, formé d'un demy-ton mineur (3) et de deux tons entre quatre chordes, qui rendent la tierce mineure avec la seconde majeure.

Le sixiéme, est le diapente ou la quinte, contenant un demy-ton mineur, et trois tons entre cinq chordes, qui font ensemble les deux tierces la mineure et la majeure.

Le septiéme, est l'hexachorde ou la sexte mineure, comprenant deux demy-tons mineurs, et trois tons entre six chordes, qui rendent ensemble la tierce mineure avec la quarte.

Le huitiéme, est la sexte majeure formée d'un demy-ton et de quatre tons entre six chordes, qui ensemble sont égaux à la tierce majeure et à la quarte.

Le neufiéme, est le diapason ou l'octave, composée de deux demy-tons mineurs, et de cinq (4) tons majeurs, compris entre huit chordes, qui font ensemble la quarte et la quinte. Les exemples de tous ces intervalles de tierces mineure et majeure, de quarte, de quinte, de sextes mineure et majeure, et d'octave, se peuvent voir au chapitre suivant.

IV. Outre ces intervalles simples, qui sont contenus dans l'octave, qui la composent, et qui tout ensemble procedent de sa division; il y a des intervalles composez, qui sont formez de la premiere octave et des divers intervalles des octaves suivantes, comme d'une double, triple, quatruple, ou plus grand nombre d'octaves, ou bien de l'une de ces octaves, avec la tierce ou la quarte, ou la quinte, ou la sexte; mais ceux-cy ne sont jamais employez au plain-chant par degrez disjoints, ou d'un plain sault; ils le sont seulement dans les consonances de la musique à plusieurs parties : c'est pourquoy Guy Aretin traitant du chant Gregorien, n'a fait aucune mention de ces intervalles composez, et mesme il ne reconnoit des simples, que les (5) six premiers des

---

(1) Generalis est canon. Omne intervallum unam minus habere speciem, quam sit numerus phtongorum quod divus Severinus asserit, lib. 4. mus. c. 13. *Glarean. l.* 1. *dodech. c.* 8.

(2) *Ptolemæus lib.* 1. *harmonic. c.* 16. *sub finem.*

(3) Diatessaron est, cum inter duas voces quocumque modo duo sunt toni et unum semitonium; Diapente vero uno tono major est, cum inter quaslibet voces tres sunt toni et unum semitonium. *Guido Aret. cap.* 4. *microl.*

(4) Diapason est consonantia octo sonorum secundum diatonicum genus compositorum quinque tonis, et duobus semitonijs minoribus ducta. Fit enim ex diatessaron et diapentes commixtione, medio ac communi existente conjunctionis termino, quem quidem com-

munem dixero, quum finis diatessaron, fuerit et diapentes principium, aut è converso. *Franchinus lib.* 1. *mus. pract. cap.* 7.

(5) Dispositis itaque vocibus inter vocem et vocem, alias majus spatium cernitur, ut inter Γ et inter A, et inter A et B. Aliàs minus ut inter B et C et reliqua. Et majus quidem spatium tonus dicitur; minus vero semitonium, semis videlicet est, non plenus tonus. Item inter aliquam vocem et tertiam à se disjunctam tum ditonus est, id est duo toni, ut C in E. Tum hoc ex altera parte semiditonus, qui habet tantum tonum et semitonium, ut A, C, D, F, et reliqua. Diatessaron est cum inter duas voces quocumque modo duo sunt toni et unum semitonium, ut ab A ad D, à B ad E, et reliqua. Diapente vero uno tono major est, cum inter quasli-

ABREGÉ RYTHMIQUE DES NEUF INTERVALLES QUI SONT PROPRES A LA MELODIE.

MESLANGE DES MESMES INTERVALLES EN MONTANT ET EN DESCENDANT.

Meslange des tierces :

Meslange des quartes.

Meslange des quintes :

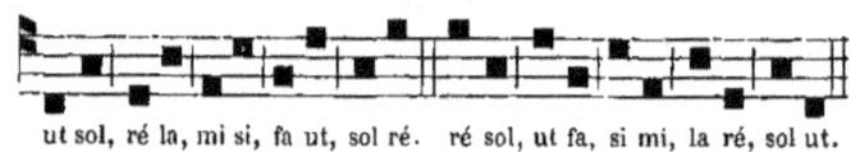

AUTRE MESLANGE DES INTERVALLES DE CHAQUE OCTAVE.

Meslange des intervalles de l'octave de C UT :

Meslange des intervalles de l'octave de D RÉ :

Meslange des intervalles de l'octave de E MI :

Meslange des intervalles de l'octave de F FA :

Meslange des intervalles de l'octave de G SOL :

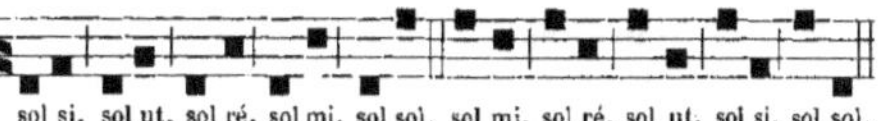

Meslange des intervalles de l'octave de A LA :

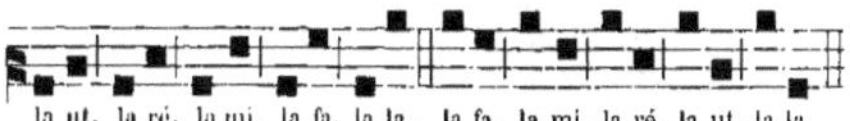

Meslange des intervalles de l'octave de ♮ SI :

AUTRE FAÇON DE MESLER LES INTERVALLES DE L'OCTAVE, TIRÉE DU CHAPITRE XVI
DU MICROLOGUE DE GUY ARETIN.

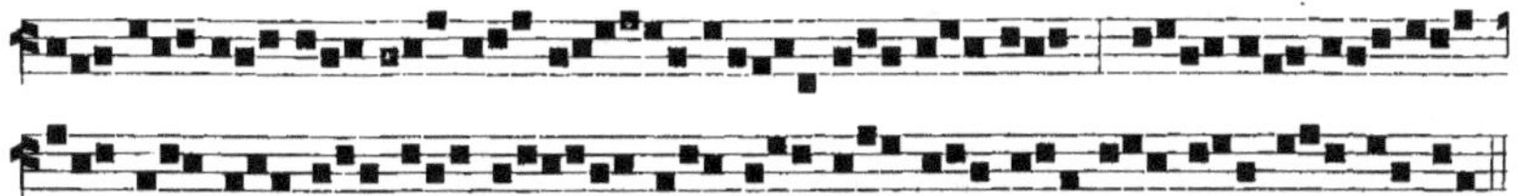

AUTRE FAÇON DE MESLER LES INTERVALLES DE L'OCTAVE, TIRÉE DES CHAPITRES IV ET VI
DU PROLOGUE PROSAIQUE DU MESME ARETIN.

neuf qui ont esté cy-dessus marquez : Non qu'il ait ignoré la sexte ny l'octave ; puis qu'il fait mention de celle-cy en toute rencontre, et de celle-là dans son Micrologue chap. 13. (dont le passage est cité à la premiere note du chap. 4. de la quatriéme Partie.) au prologue rhythmique de l'Antiphonier (1), et en quasi tous les endroits où il traite du troisiéme mode ou de sa formule ; Mais à cause qu'elles n'ont pas accoûtumé d'estre employées au chant Gregorien par degrez disjoints, si ce n'est en l'intonation du troisiéme mode, où la sexte mineure y est en usage au lieu de la quinte : Quant à l'octave, elle ne se trouve que dans quelques chants modernes et musicaux. Pour ce qui est de la sexte majeure, il semble qu'Aretin ne luy a donné aucun lieu dans la pratique du chant Gregorien, à cause de sa grande (2) rudesse ; comme en effet on ne l'y met que tres-rarement, ou plûtost point du tout. Quant aux autres intervalles simples, ceux-là y sont les plus frequens, dont les extrémes sont les moins (3) éloignez : c'est pourquoy les secondes s'y rencontrent plus souvent que les tierces, les tierces que les quartes, les quartes que les quintes, et celles cy plus souvent que les sextes mineures.

bet voces tres sunt toni, et unum semitonium, ut ab A in E, et à C in G, et reliqua. Habes itaque sex vocum consonantias scilicet tonum, semitonium, ditonum, semiditonum, diatessaron, diapente. In nullo enim cantu aljis modis vox voci conjungitur, vel intendendo vel remittendo. Cumque tam paucis clausulis tota harmonia formetur, utillimum est eas alte memoriæ commendare et donec plene in canendo sentiantur, et cognoscantur, ab exercitio nunquam cessare, ut his velut clavibus habitis canendi possis peritiam sagaciter, ideoque facilius possidere. *cap. 4. micrologi.* Diapason autem est in qua diatessaron et diapente junguntur, cum enim ab A in D sit diatessaron et ab eodem D in A sit diapente. Ab A in alteram A diapason existit ; cujus est eamdem litteram habere in utroque latere, ut *à B in ♄ et le reste qui est cité à la premiere note du chapitre 13. suivant. Guido cap. 5. micrologi.*

* Atque ij dicuntur sex motus vocum, quibus ad se invicem voces moventur. Ea autem concordia quæ est inter gravem aliquam litteram et eamdem acutam, sicut à prima in primam, vel secunda in secundam, diapason dicitur ; hoc est de omnibus. Habet enim voces omnes, et tonos quinque cum duobus semitonijs, hoc est diatessaron et diapente. Hæc diapason in tantum concordes facit voces, ut non eas dicamus similes, sed easdem. Omnes autem voces in tantum sunt similes, et faciunt similes sonos, et concordes neumas, in quantum similes elevantur et deponuntur, secundum dispositionem tonorum et semitoniorum : utputa prima vox et quarta (1. *A et D*) similes et unius modi dicuntur, quia utraque in depositione tono ; in elevatione vero habent tonum, et semitonium, et duos tonos. Atque hæc est prima similitudo in vocibus, id est primus modus, *etc. Guido in prologo prosaico antiphonarij. cap. 7.*

(1) Inter alias secunda (1. *B*) vox tacet innobilis contra tertia et sexta (1. *c et f*) frequentatur sæpius, cujus rei mihi testis sanctus est Gregorius principalem quoque esse, quia ipsam noluit. Deuterus autentus sumpsit loco ejus tertiam, cujus fini quamvis sexta, sæpe ipsum incohat. *Guido in prologo rythmico antiphonarij.*

(2) Et hæc uno saltu vix admittitur ; est enim oppido quam dura. *Glarean. l. 1. dodecachordi cap. 8.*

(3) Spatiosis namque formis, maximeque vacuis, raro utitur in cantu breviore spatio, atque minus interruptas frequens usus approbat. Cumque formæ sint majores factæ de minoribus, non est dubium quod si quis minimas cognoverit, de majoribus nequaquam dubitare poterit. *Guido in prologo rythmico antiphonarij versus finem.*

REPRODUCTION EXACTE DES PASSAGES DE GUY D'AREZZO

QUI SE TROUVENT CITÉS DANS LE CHAPITRE IV DE JUMILHAC, COLLATIONNÉS DE NOUVEAU SUR LE MANUSCRIT DE SAINT-EVROULT.

Page 59, note 8.

« Hii discreti duo motus totum cantum construunt » (P. 43 du manuscrit de S.-Evroult).

Page 60, note 3.

« Diatessaron est, cum inter duas voces quocumque modo duo sunt toni, et unum semitonium ut ab A in D, et á B in E, et reliqua. Diapente vero uno tono major est, cum inter quaslibet voces tres sunt toni et unum semitonium ut ab A in E, et á C in G, et reliqua » (P. 3 du manuscrit de S.-Evroult).

Ibid., note 5.

« Dispositis itaque vocibus inter vocem et vocem aliud majus spatium cernitur, ut inter Γ et A, et inter A et B, alias (1) minus ut inter B et C, et reliqua. Et majus quidem spatium tonus dicitur, minus vero semitonium, semis videlicet est non plenus tonus. Item inter aliquam vocem et tertiam á se disjunctam tum ditonus est id est duo toni ut C in E. Tum ex altera parte semiditonus qui habet tantum tonum et semitonium ut á D ad F, et reliqua. Diatessaron

(1) Il faut certainement lire *aliud*.

est, cum inter duas voces quocumque modo duo sunt toni, et unum semitonium, ut ab A ad D, á B in E, et reliqua. Diapente vero uno tono major est, cum inter quaslibet voces tres sunt toni et unum semitonium ut ab A in E, et á C in G, et reliqua. Habes itaque sex vocum consonantias, scilicet tonum, semitonium, ditonum, semiditonum, diatessaron et diapente. In nullo enim cantu aliis modis vox voci conjungitur, vel intendendo, vel remittendo. Cumque tam paucis clausulis tota armonia formetur, utillimum est alte eas memoriç commendare, et donec plene in canendo sentiantur, et cognoscantur, ab exercitio nunquam cessare, ut his velut clavibus habitis canendi possis peritiam sagaciter, ideoque facilius possidere. Diapason autem est, in qua diatessaron et diapente junguntur. Cum enim ab A in D sit diatessaron, et ab eodem D in A sit diapente, ab A in alteram A diapason existit; cujusvis est eandem litteram in utroque habere latere, ut á *B in* ♮, etc. » (P. 3 du manuscrit de S.-Evroult).

« Atque hii dicuntur sex motus vocum, quibus ad se invicem voces moventur. Ea concordia quę est inter gravem aliquam vero litteram et eandem acutam, et sicut á prima in primam, vel secunda in secundam, diapason dicitur, hoc est de omnibus. Habet enim voces omnes, et tonos quinque cum duobus semitoniis, hoc est diatessaron et diapente. Hęc diapason in tantum concordes facit voces, ut non eas dicamus similes, sed easdem. Omnes autem voces in tantum sunt similes et faciunt similes sonos, et concordes neumas, in quantum similes elevantur et deponuntur, secundum dispositionem tonorum et semitoniorum. Utputa prima vox et quarta, similes et unius modi dicuntur, quia utraque in depositione tono, in elevatione vero habent tonum, et semitonium, et duos tonos, atque hęc est prima similitudo in vocibus, id est primus modus, *etc.* » (P. 24 du manuscrit de S.-Evroult, chap. 6 et non 7, comme le dit Jumilhac).

Page 61, note 1.

« Inest (1) alias secunda vox tacet innobilis,
Contra (2) tertia et sexta frequentantur sepius,
Cujus rei mihi testis sanctus est GREGORIUS,
Principalem quoque quia ipsam noluit.
Deuterus autentus sumpsit loco ejus tertia (3),
Cujus fini quamvis sexta sepe ipsum inchoat »
(P. 17 du manuscrit de S.-Evroult).

Ibid., note 3.

« Spatiosis formis maximeque vacuis,
Raro utitur in cantu breviore spatio,
Atque minus interruptas frequens usus approbat.
Cumque formę sint factę de minoribus,
Non est dubium quod si quis minimas cognoverit,
De majoribus nequaquam dubitare poterit »
(P. 18 du manuscrit de S.-Evroult).

(1) Il faut èvidemment lire *inter.*
(2) Lisez *à contra.*
(3) Lisez *tertiam.*

CHAPITRE V.

DES INTERVALLES DU GENRE DIATONIQUE, QUI NE SONT PAS PROPRES A LA MELODIE.

I. Ces intervalles sont ceux qui n'ont pas une bonne suite ; ce qui provient, ou de ce qu'ils ont une distance plus grande qu'il n'est convenable, d'où ils sont appellez superflus ; ou bien de ce qu'ils l'ont moindre qu'il ne faut, et pour ce sujet on leur donne le nom de faux ou diminuez ; ils sont pareillement divisez en simples et composez ; les simples sont au nombre de cinq.

II. Le premier desquels est le triton ou la quarte superfluë, composée suivant son nom de trois tons entre quatre chordes. — Exemples :

(1) Depuis l'époque du musicien Jean Cotton, c'est-à-dire depuis le XIe siècle jusqu'au milieu du XVIe, l'échelle de la musique européenne ne fut composée que des six notes : *Ut, ré, mi, fa, sol, la,* faussement attribuées à Guy d'Arezzo, comme nous le prouverons ailleurs. Mais comme il arrivait souvent que la mélodie dépassât cette échelle, les chanteurs avaient alors recours à un système de solmisation ou syllabisation qu'on appelait *Muances,* et que Dom Jumilhac expose au chapitre XI de cette seconde partie. Ce système présentait d'énormes difficultés en pratique.

Un musicien belge, nommé Hubert Waelrant, essaya d'ajouter, en 1547, une septième note à l'échelle mélodique, afin de rendre plus facile l'étude du chant, en ramenant celui-ci à l'Heptacorde de S. Grégoire et de Guy d'Arezzo. Waelrant appela les sept notes : *Bo, cé, dé, ga, lo, ma, ni,* d'où la nouvelle méthode fut nommée *Bobisation* ou *Bocédisation belge.* Toutefois, comme cette méthode n'était confiée qu'à l'enseignement oral de l'artiste innovateur, elle ne fit guère de progrès qu'en Belgique, alors le pays le plus avancé dans la science musicale.

Un autre Belge, Henri Van den Putte (Erycius Puteanus), essaya la même réforme en Italie, en développant la théorie de Waelrant dans un ouvrage in-8° qu'il publia pour la première fois, en 1599, à Milan, sous le titre de *Modulata Pallas, sive Septem discrimina vocum, etc.* Une deuxième édition de ce livre curieux et rare parut à Francfort, en 1602, dans le format in-12, avec le nouveau titre de *Musathena, seu notarum heptas, etc.* Van den Putte avait précédemment donné un abrégé de son travail, qui eut aussi plusieurs éditions.

Zacconi, dans sa *Prattica di musica* (Part. 2, lib. 1, c. 10), dont la seconde partie a été imprimée en 1622, assure qu'un Flamand du nom d'Anselme, musicien des ducs de Bavière, avait aussi entrepris de compléter la gamme *ut, ré, mi, fa, sol, la,* par l'addition du *si* quand la septième note était naturelle, et du *bo* quand cette même note était affectée d'un bémol.

D'autres auteurs suivirent la voie de simplification proposée par les maîtres belges que nous venons de citer. Tels furent Calvisius ou Kalwitz dans son *Compendium musicæ practicæ,* Leipsick,

in-8°, 1595, et dont une troisième édition parut en 1616 ; — Pierre d'Urena, dont les travaux ne nous sont connus que par l'abrégé qu'en publia l'évêque Caramuel de Lobkowitz, sous ce titre : *Arte nueva de musica, etc.,* Rome, in-4°, 1669 ; — Daniel Hitzler, qui proposa, vers le commencement du XVIIe siècle, d'adopter la gamme heptacorde, et de nommer les notes : *La, bé, cé, dé, mé, fé, gé.*

Disons-le cependant : il y eut de longues et vives résistances qui s'élevèrent contre l'introduction d'une septième note dans la solmisation, et l'on vit des écrivains soutenir le système des muances avec un inexplicable acharnement. Hippolyte Hubmeyer attaqua Calvisius par d'assez mauvais raisonnements dans ses *Disputationes questionum illustrium, philosophicarum, musicarum, etc.,* Jena, in-4°, 1609 ; Calvisius pulvérisa sans peine les objections de son antagoniste. — Laurent Stiphelius proposa d'adopter les syllabes *ré, mi, fa* en montant, et *la, sol, fa* en descendant ; ses idées musicales, toutes imprégnées de haine contre l'Heptacorde, sont consignées dans un livre qu'il fit imprimer sous le titre de *Compendium musicum,* in-8°, Naumbourg, 1609 ; Jena, 1614. — Pierre Maillart, auteur original d'un traité qu'il intitula *Les Tons ou discours sur les modes de la musique, et les tons de l'église, et la distinction entre iceux,* prétendit que le système des muances était inhérent à la tonalité du plain-chant, et qu'à ce titre seul la réforme proposée par Van den Putte était inutile. — Jean-Baptiste Doni, dans un manuscrit autographe qui existe à la Bibliothèque royale de Paris (fonds de Saint-Germain-des-Prés, n° 1689), rejetait en 1640 l'hexacorde du moyen âge ; mais, à l'exemple de Stiphelius, il s'élevait avec force contre la gamme heptacorde, proposant de n'admettre que les quatre notes : *Ré, mi, fa, sol.* — Jean Millet, auteur d'un assez bon traité de plain-chant, imprimé à Lyon, en 1666 (*Directoire du chant grégorien,* in-4°), fit aussi des tentatives pour maintenir le système des muances ; mais comprenant combien ce système offre de difficultés, il proposa une *Méthode nouvelle qui enseigne à connoistre toutes les nottes du chant dans bien peu de temps, sans recourir à la Gamme des muances.* L'exposition de cette méthode se trouve dans

Le deuxième, est le semidiapente, ou la fausse quinte, qu'on peut aussi nommer la quinte diminuée, contenant deux demy-tons et deux tons entre cinq chordes, qui font ensemble deux tierces mineures. — Exemples :

Le troisième, est la septième mineure formée de deux demy-tons, et de quatre tons entre sept chordes, qui rendent la quinte et la tierce mineure. — Exemples :

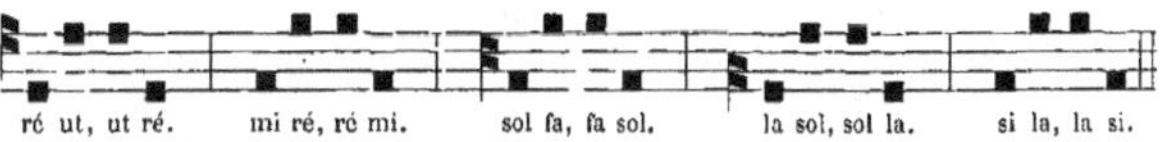

Le quatrième, est la septième majeure, composée d'un demy-ton et de cinq tons entre sept chordes, qui font ensemble la quinte avec la tierce majeure. — Exemples :

Le cinquième, est le semidiapason ou l'octave fausse ou diminuée, qui contient trois demy-tons et quatre tons entre huit chordes, qui rendent la quarte avec la fausse quinte. — Exemple :

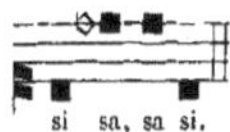

III. Outre ces cinq intervalles, qui sont communs au plain-chant et à la musique, les Musiciens en reconnoissent encore trois autres entre leurs différentes parties ; 1°. La fausse quarte ou diminuée, composée de deux demy tons et d'un ton entre quatre chordes (1). 2. La quinte superfluë formée de quatre tons entre cinq chordes, qui font deux tierces majeures (2). 3. L'octave superfluë,

son *Directoire* (ch. XXIX, 1ʳᵉ partie, p. 46–48). Bien que Millet semble s'y donner comme inventeur, on peut se convaincre sans peine que tout ce qu'il dit n'est que la reproduction pure et simple des idées de J.-B. Doni. — Enfin, pour mettre des bornes à nos citations, Jean Buttstedt ne voulut admettre aucune modification au système des muances, et c'est dans ce sens qu'il publia son ouvrage intitulé : *Ut, ré, mi, fa, sol, la, tota musica et harmonia æterna*, etc., Erfurt, in-4°, vers 1716.

Cette éternité, prédite par Buttstedt à l'hexacorde et aux muances du moyen âge, se trouva bientôt démentie par une révolution complète en faveur de la gamme, telle que nous l'avons aujourd'hui (1). Les notes *ut* (2), *ré*, *mi*, *fa*, *sol*, *la*, restè-

(1) Nous ferons remarquer ici, comme une exception des plus bizarres, l'ouvrage espagnol de Don Francisco Marcos y Navas, intitulé : *Arte, ó Compendio general del Canto-llano*, etc., in-4°, Madrid, 1816. Ce traité, inconnu à M. Fétis, et dont le savant M. Bottée de Toulmon, bibliothécaire du Conservatoire de Musique de Paris, possède un exemplaire, repose sur le système des muances ; il n'y est pas même fait mention de la gamme actuelle......

(2) Depuis quelques années, la coutume de nommer *do* la note vulgairement appelée *ut* s'est répandue en France. La syllabe *do* a été proposée, pour la première fois, par J.-B. Doni (*manuscrit cité*), vers 1640. Il paraît qu'elle fut favorablement accueillie dans la Péninsule italique, puisque le Florentin Matteo Coferati disait en 1682, dans son *Cantore addottrinato* : « Si deo bone osseruare, cha i moderni in vece della sil-laba Vt vsano quest'altra sillaba Do, o Du, e così comunemente si pratica. »

rent ; et l'on appela *si* la septième note naturelle, et *sa* ou *za* cette même note bémolisée.

Mersenne rapporte, dans son *Traité des Harmoniques*, que Le Maire, musicien français d'une grande érudition, *assurait* de son temps avoir inventé le nom de *si* depuis trente années (c'est-à-dire vers 1605), bien que les autres artistes ne voulussent point en convenir ; et, en effet, on se rappelle que nous avons rapporté plus haut le témoignage de Zacconi qui, en 1622, déclarait positivement que cette appellation avait été inventée depuis longtemps par le Flamand Anselme.

Quant à l'usage de nommer *sa* ou *za* le *si* bémolisé, Mersenne déclare, dans l'avertissement du 5ᵉ livre de son *Harmonie universelle*, qu'il fut introduit en France par Gilles Granjan, maître écrivain de la ville de Sens, vers 1630.

Cette expression de *sa* ou *za* se trouve encore employée de nos jours dans quelques traités de plain-chant.   (*Note des éditeurs.*)

(1) Quand, par exemple, la mélodie monte d'*ut* ♯ à *fa* naturel, elle parcourt un intervalle de fausse quarte.

(*Note des éditeurs.*)

(2) La quinte superflue se nomme aujourd'hui *quinte augmentée*. Cette quinte existe dans l'intervalle ascendant de *fa* ♮ à *ut* ♯, etc.

(*Note des éditeurs.*)

contenant un seul demy-ton avec six tons entre huit cordes, qui valent autant que la sexte majeure et la tierce majeure, ou bien que la quinte et le triton.

EXEMPLE DE L'OCTAVE SUPERFLUE :

IV. Nul de tous ces intervalles n'est dans l'usage du plain-chant par degrez disjoints ; que si l'on y en emploie quelques-uns par degrez conjoints, ils doivent estre tellement ajustez entre les extrémes, que la suite n'en soit pas mauvaise : autrement l'on ne pourra les faire servir non plus par degrez conjoints, que par degrez disjoints, ainsi qu'il arrive au triton, qui pour ce sujet est entierement banny de la pratique du plain-chant ; de sorte que pour l'y éviter l'on a toûjours accoûtumé d'y marquer ou sous-entendre le *b mol* sous la lettre *B,* ou bien de le feindre sous d'autres lettres, comme sous l'*A* ou sous l'*E* (1). L'on se sert aussi de semblable adresse pour y empescher la fausse quinte, particulierement par degrez disjoints marquant ou sous-entendant le *mi* sous la lettre de ♮ *carre* ou bien le feignant sous quelqu'une des autres lettres ; comme sous *F.* ou sous *C.* suivant ce qui en est remarqué cy-dessous en l'onziéme chapitre.

V. Les intervalles composez, c'est à dire formez de l'un de ces intervalles simples joints à une ou deux ou plus grand nombre d'octaves, sont encore moins dans l'usage du plain-chant que les simples dont ils sont composez. Parce qu'outre la mauvaise suite qu'ils contractent par l'union à cette sorte de simples, la grande distance qui est entre leurs extrémes les en exclud entierement.

VI. A tous ces intervalles qui ne sont pas propres à la melodie du genre diatonique, l'on peut encore ajoûter ceux qui sont moindres que le demy-ton mineur ; et bien que leur connoissance ne soit pas necessaire à la pratique des intervalles diatoniques, et que mesme ils ne soient pas propres à leur melodie ; neantmoins leur theorie ne sera pas inutile, veu que par son moyen l'on peut éviter l'équivoque, mieux entendre les autheurs du chant et de la musique, et distinguer plus nettement la pratique du plain-chant d'avec la pratique de la musique moderne, où ces sortes d'intervalles peuvent estre employez par le mélange des divers genres. Ces intervalles proviennent des divisions du ton que les anciens (2) nous ont laissées. Car apres celle des deux demy-tons, l'un mineur qu'ils ont aussi appellé diese, l'autre majeur qu'ils ont nommé apotome, ils ont sousdivisé le ton mineur en deux diachismes, et donné au ton majeur deux diachismes et un comma. 3°. Ils ont derechef divisé le diachisme, autrement qualifié diese (3) enharmonique (qui est le moindre de tous les intervalles dont on se serve (4) dans la melodie des trois genres) en deux comma : et quoy que le comma soit trop petit pour faire de luy mesme un (5) intervalle sensible à l'ouïe, ils l'ont en quatriéme lieu divisé en deux schisma,

---

(1) In cantu ficto præcipue debet observari *fa* in *A* et *e ; et mi* in *f,* etc. Sicque facile occurret tertia, in qua *re* vel *la* accipiatur. *Georgius Rhau in musica practica cap.* 3.

(2) *Boëtius lib.* 3. *mus. cap.* 5. 6. 7 *et* 8.

* *Pontus Thiard Evesque de Chalons. Au solitaire* 2.

* *Franchinus lib.* 2. *mus. instrument. cap.* 14.

(3) Quæ diachismata Philolaus, posteri dieses (*scilicet enharmonicas*) nominarunt. *Franch. lib.* 2. *mus. instrum. cap.* 15.

(4) Minimum enim intervallum concinnitati ipsi congruum est diesis, quam constat enharmonico generi convenire. *Franch. lib.* 1. *mus. instr. cap.* 15. *et lib.* 2. *cap.* 33.

(3) Cum comma minimum spatium sit, in nullo genere chordam possidet congruam concinnitati. *Franch. ibid.*

* Auditus quod minimum est insensibilium differentijs (quamquam ratione examussin exquiritur) sentire non potest ; quod et cæteris evenit sensibus ; nam visus, *etc. Franch. l.* 2. *mus. instr. cap.* 14.

* Hoc ideo, quia per processus quidem rationi locus accrescit, deficit sensui. *Boët. l.* 5. *mus. c.* 1.

dont l'un est environ la dix-septiéme partie du ton mineur, et la dix-huitiéme du majeur; de sorte que le ton majeur est composé d'un apotome et d'une diese, ou bien de deux dieses et d'un comma : ou bien en autres termes de quatre diachismes et un comma : ou selon d'autres de neuf comma, c'est à dire incisions : ou bien de dix-huict schismes ou divisions : toutes lesquelles façons de parler reviennent à mesme chose.

CHAPITRE VI.

DES DIVERSES ESPECES DES INTERVALLES DIATONIQUES.

I. Tous les intervalles qui sont composez du ton et du demy-ton, estans considerez par degrez conjoints, ont autant d'especes que leur demy-ton peut recevoir de situations differentes dans leur étenduë; parce que le nombre de ces especes ne provient que de celuy de cette diverse (1) situation, à laquelle toutefois l'on n'a point d'égard lorsque ces intervalles ne sont que par degrez disjoints, et n'ont que les deux extrémes sans aucun milieu : car ils sont alors tous égaux sans aucune difference d'espece.

II. Comme donc la tierce mineure peut avoir son demy-ton placé ou avant, ou apres le ton, aussi en reconnoist-on deux especes. Et au contraire parce que la Tierce majeure n'a point de demy-ton, elle n'a pareillement qu'une seule espece.

TIERCES MINEURES :

Premiere espece.

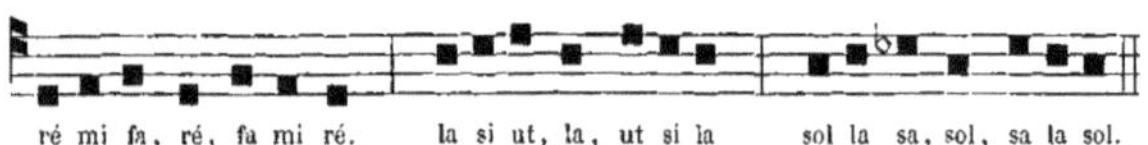

Deuziéme espece.

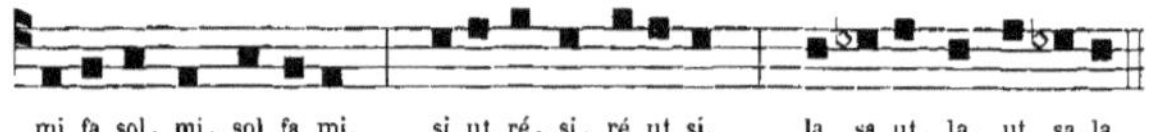

TIERCES MAJEURES :

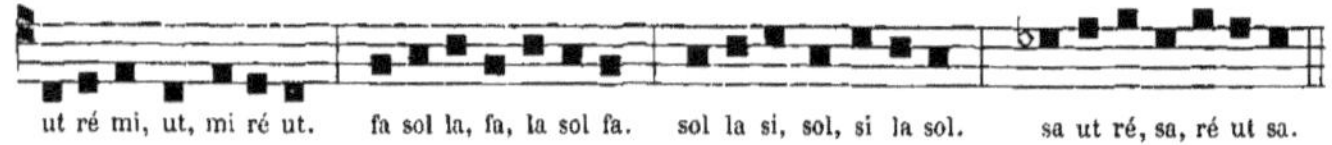

La quarte qui peut avoir le demy-ton en son premier (2), second et troisiéme intervalle, a semblablement ses trois especes.

Premiere espece :

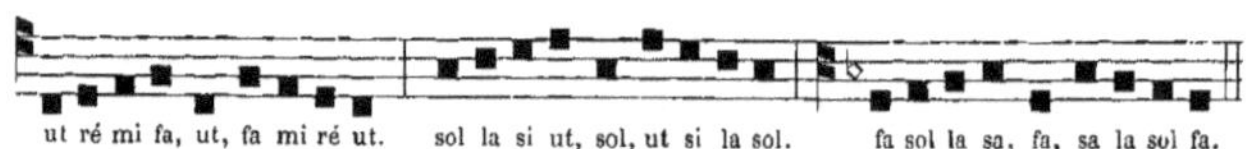

---

(1) Species vero intervallorum authore Cleonida in harmonico introductorio potissimum sumuntur ex vario hemitoniorum positu. *Glarean. l. 1. dodecachordi cap. 8.*

(2) Prima species consonantiæ diatessaron est cujus semitonium ad graviorem partem est quam toni; secunda cujus semitonium medio loco. Tertia cujus semitonium acutior est tonis. *Euclid. in musica.*

Deuziéme espece :

Troisiéme espece :

La quinte qui le peut avoir en chacun de ses quatre intervalles (1) a un pareil nombre d'especes.

Premiere espece :

Deuziéme espece :

Troisiéme espece :

Quatriéme espece :

Mais parce que l'une et l'autre Sexte, la majeure et la mineure, ne le peuvent avoir qu'en trois differens endroits, aussi n'ont-elles chacune que trois especes.

SEXTES MINEURES :

Premiere espece :

(1) In diatono autem prima species consonantiæ diapente est in qua semitonium primum et gravissimum locum habet. 2ª In qua semitonium primum locum habet ad partem acutissimam. 3ª In qua penultimum locum habet tendendo à gravi in acutum. 4ª In qua semitonium penultimum locum habet tendendo ab acuto in grave. *Euclid. in music.*

Deuziéme espece .

Troisiéme espece :

SEXTES MAJEURES :

Premiere espece :

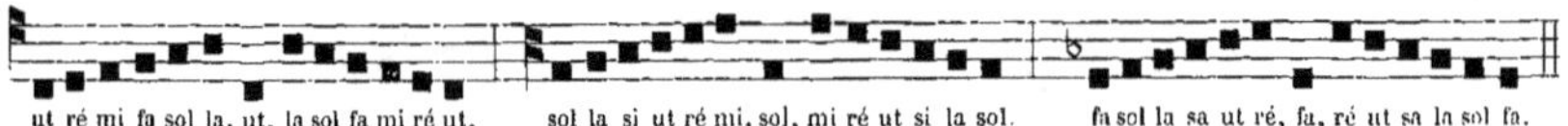

Deuziéme espece :

Troisiéme espece :

Enfin l'octave qui dans la situation de ses demytons peut estre diversifiée en (1) sept manieres (qui comprennent, tant les trois especes de quarte, que les quatre especes de quinte, desquelles elle est composée) a semblablement le nombre de sept especes : Les exemples de toutes les especes de ces intervalles se peuvent voir à la suite de ce paragraphe. Touchant lesquels il faut seulement remarquer, qu'encore que ces differentes especes puissent estre commencées par chacune des sept lettres de l'octave, et considerées à la façon d'un cercle où il n'y a ni premier ni dernier : Neantmoins les plus anciens philosophes ont commencé la quarte et l'octave par la voix qui est nommée *Hypate Hypaton*, au systeme des Grecs, et qui répond à la Lettre *B* de la gamme d'Aretin. Quant à la quinte, ils l'ont commencée par *Hypate meson*, qui répond à la lettre *E* d'Aretin ; comme on peut voir par les passages d'Euclide, cités dans ce chapitre. Par succession de temps toutefois d'autres philosophes et musiciens ont commencé à compter les especes de la quarte et de l'octave par la voix *ajoûtée*, que les Grecs nomment *proslambanomenos,* qui répond à la lettre *A* de la gamme d'Aretin ; mais pour les especes de la quinte, ils les ont commencées par *lichanos hypaton,* c'est à dire par la lettre *D* d'Aretin , ainsi qu'on le peut voir dans (2) Franchin et dans

(1) In genere vero diatonico 1ª species consonantiæ diapason est, in qua hemitonium alterum est in parte gravissima, alterum vero in quarto loco, si à gravi in acutum pergas 2ª species est cujus hemitonium alterum habet locum tertium à gravissimo, alterum vero locum septimum et acutissimum. 3ª est in qua utrum-que semitoniorum ab altero extremiorum abest uno loco, *etc. Euclid. ib.*

(2) *Franchinus lib.* 5. *musicæ theoricæ cap.* 7.
* *Lib.* 2. *harm. instrum. cap.* 31 *et* 32. *et lib.* 1. *cap.* 11. 12 *et* 13.
* *Glareanus lib.* 2. *dodecachordi cap.* 2 *et* 9.

le II. exemple. Enfin Aretin a commencé les especes de tous ces trois intervalles par la lettre *G*, ou le *gamma* qu'il ajoûta sous *prolambanomenos* : et maintenant la pluspart des Musiciens commencent à compter ces mesmes especes par la lettre *C*, qu'Aretin dit devoir estre la premiere, et qui répond au parhypate hypaton du systeme des Grecs. Suivant quoy elles ont esté notées cy-dessous; bien qu'en ce livre l'on se serve ordinairement de la seconde façon de les compter par les lettres *A* et *D*, ainsi qu'elles se voyent au II. exemple; ce qui a esté fait afin d'empescher l'équivoque, qui autrement pourroit se rencontrer dans les termes avec lesquels les anciens autheurs ont écrit du nombre des modes ou des tons.

PREMIER EXEMPLE DES DIFFERENTES ESPECES D'OCTAVES :

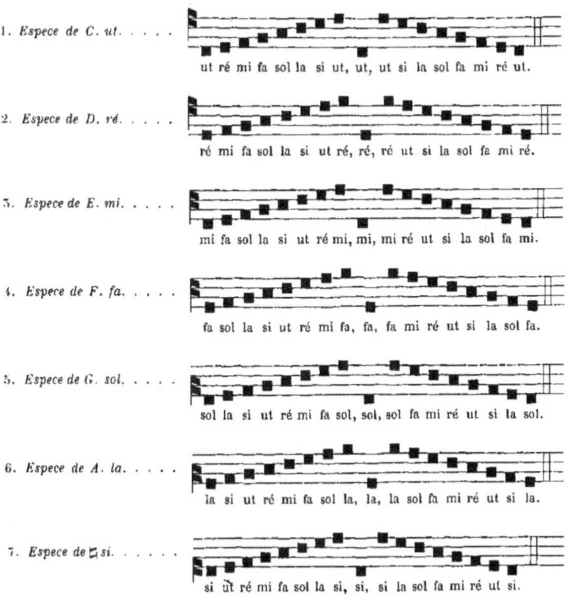

DEUZIÉME EXEMPLE :

Octaves transposées en ♭ mol, qui selon Guy Aretin doivent commencer par F.

III. Quant aux intervalles du ton et du demy-ton, quoy que la pluspart des Musiciens modernes en reconnoissent et pratiquent plusieurs especes au genre diatonique, sçavoir deux du ton, le majeur et le mineur, et deux ou trois du demy-ton, le majeur, le mineur, et le moyen; et qu'ils composent le ton majeur des demy-tons majeur et moyen; et le ton mineur des demy-tons majeur et mineur : neantmoins comme ils ne se servent de ses divisions, que pour rendre leurs consonances plus justes et plus parfaites; aussi ne les employent-ils qu'en la seule musique à plusieurs parties, lors qu'il en est de besoin pour l'accomplissement de leurs accords et de leurs consonances, ainsi qu'il a esté remarqué cy-dessus à la fin du chapitre troisiéme. C'est pourquoy leur distinction n'altere ny n'embarrasse aucunement l'usage du plain-chant, ny des autres chants à l'unisson, où il n'y a que le seul ton majeur et le demy-ton mineur qui y soient employez; vû mesme qu'au rapport de Mersenne (1), il y a encore plusieurs bons musiciens qui n'en admettent point d'autres pour la musique à plusieurs parties, tant pour se conformer au sentiment et à la pratique des anciens autheurs, que parce qu'ils estiment que la difference des tons et des commas y mettent trop de confusion et de difficulté.

IV. Supposé toutefois la division qu'en font communément les autres Musiciens modernes, ils multiplient aussi les especes de leurs intervalles, et en mettent autant de sortes que leurs tons et leurs demy-tons, majeurs et mineurs peuvent souffrir de situations differentes entre les extrémes de chaque consonance, et pour ce sujet ils reconnoissent six especes de quarte, sçavoir;

1. Demy-ton,	Ton majeur,	Ton mineur.
2. Demy-ton,	Ton mineur,	Ton majeur.
3. Ton majeur,	Ton mineur,	Demy-ton.
4. Ton majeur,	Demy-ton,	Ton mineur.
5. Ton mineur,	Demy-ton,	Ton majeur.
6. Ton mineur,	Ton majeur,	Demy-ton.

et ainsi des especes de toutes les autres consonances par proportion.

V. Or ils placent toûjours le ton majeur immediatement au-dessus du demy-ton, c'est à dire, au-dessus de *F* et de *C*, ou en autres termes de *l'ut* au *re*, et du *fa* au *sol*; de plus ils le mettent encore au dessous du ♮ *carre*, c'est à dire de *l'A* à ♮ *carre*. Quant au ton mineur, ils le placent en tous les autres endroits de la gamme où il y a des tons : Les exemples en sont mis précédemment dans ce chapitre.

<hr>

(1) *Mersenne tome* 1. *de l'harmonie universelle livre* 3. *des genres et des modes, proposition* 18. *à la fin.*

CHAPITRE VII.

I. Quoy que la connoissance de ces intervalles appartienne plûtost au chant à plusieurs parties, que l'on nomme vulgairement musique, qu'aux chants à l'unisson ; toutefois comme elle ne laisse pas de donner de la lumiere aux intervalles qui se suivent bien, et qu'elle peut servir à faire mieux connoistre la différence qu'il y a des uns aux autres, il ne sera pas inutile d'en faire icy mention. Car bien que tous ceux qui sont consonans se suivent bien et soient propres à la melodie ; neantmoins tous ceux qui se suivent bien et qui sont propres à la melodie, et à joindre ou diviser ou composer les consonances, ne sont pas pour cela consonans.

Pareillement, encor que tous ceux qui ne sont pas propres à la melodie, soient aussi dissonans ; neanmoins il y en a quelques-uns de ceux qui sont propres à la melodie, qui ne laissent pas d'estre dissonans. De sorte que les intervalles dissonans comprennent dans leur étenduë, non seulement ceux qui ne se suivent pas bien, mais aussi quelques-uns de ceux qui se suivent bien ; et les consonans au contraire n'enferment pas dans la leur tous les intervalles qui se suivent bien, ou qui sont propres à la melodie, mais seulement quelques-uns.

II. Tous ces intervalles, tant les consonans que les dissonans, sont de deux sortes ; les uns simples, les autres composez : et parmy les intervalles consonans, ou les consonances, tant simples que composées, les unes sont appellées parfaites, et les autres imparfaites. Les simples parfaites ne sont que trois en nombre, sçavoir est l'octave, la quinte, et la quarte, qui sont nommées parfaites parce qu'elles ne sont produites que de la proportion multiple et de la surparticuliere, qu'elles sont contenuës dans la suite naturelle des quatre premiers nombres simples et radicaux, 1. 2. 3. 4. et que l'octave est composée de la quinte et de la quarte les (1) deux premieres consonances selon leur suite naturelle ; de mesme que la raison double est formée des deux premieres surparticulieres la sesquialtere et la sesquitierce suivant l'ordre naturel des nombres. Les composées parfaites sont celles qui sont formées de ces trois simples, et n'en sont que des repliques après la premiere, ou la seconde ou la troisiéme, ou plus grand nombre d'octaves, dont la multiplicité augmente pareillement le nombre de ces consonances. Par exemple, la premiere octave jointe à la seconde, fait une double octave, ou une quinziéme, jointe à la troisiéme, rend une triple octave ou une vingt et deuxiéme : jointe à la quatriéme, une quadruple octave ou une vingt-neufiéme, et ainsi des suivantes.

La quinte jointe à l'octave, forme une douziéme ; mise avec deux octaves, une dix-neufiéme ; avec trois, une vingt-sixiéme, etc.

La quarte avec l'octave rend une onzième, avec deux une dix-huictiéme, avec trois une vingt-cinquiéme, etc.

Car bien que les Philosophes Pythagoriciens n'ayent pas voulu mettre au nombre des consonances la quarte jointe à l'octave, à cause qu'elle est en raison surpartiente de trois à huit ; et qu'ils

---

(1) Cum inter consonantias pulcherrima sit diapason, ut inter rationes dupla præstantissima : illa quod æquitono sit proxima : hæc quia sola excessum æqualem facit ei, quod exceditur ; et quia diapason componi contingit ex duobus ordine se consequentibus et primis consonantijs diapente scilicet et diatessaron : duplam vero ex duobus ordine sequentibus primisque superparticularibus puta sesquialtera, et sesquitertia : utque hic majorem sesquitertia, constat esse sesquialteram rationem, ita illic quam diatessaron, diapente consonantiam ; quare et excessus eorum, videlicet tonus ponatur juxta sesquioctavam rationem, qua sesquitertiam excedit sesquialtera. *Ptol. l. 1. harm. c. 5. et 7.*

ayent eu pour principe qu'aucune proportion surpatiente ne doit estre mise au nombre des consonances : Neantmoins Ptolemée n'a pas (1) estimé qu'on l'en pust raisonnablement exclure, puisque l'octave jointe à une autre consonance ne peut jamais la rendre dissonante ; qui est un principe bien plus certain, et receu universellement de tous les Philosophes et de tous les Musiciens.

Or il faut remarquer que toutes ces consonances composées, et autres semblables ont toûjours un son qui leur est (2) commun, sçavoir le plus haut de la plus basse consonance, et le plus bas de la plus haute.

III. Les consonances simples imparfaites sont au nombre de quatre. Elles sont ainsi nommées parce qu'elles sont formées de la proportion surpatiente ; ou que si elles le sont aussi de la surparticuliere, elles sont contenuës hors le quaternaire des quatre premiers nombres radicaux, dans le premier senaire parfait, et le premier octonaire cubique ; en quoy se rencontre une chose qui est en quelque façon merveilleuse, et qui merite reflexion, parce qu'encore que les consonances parfaites et imparfaites jointes ensemble fassent le nombre de sept ; et que ce nombre égale celuy des voix, et qu'il soit propre à compter tant les unes que les autres ; toutefois il n'est ny propre à la melodie, ny ne peut produire aucune consonance, puisque les septiémes sont excluës et des intervalles qui se suivent bien et de ceux qui font consonance. Or il faut icy remarquer, que bien que Boëce (3) n'ait mis que les trois premieres consonances et celles qui en sont composées au nombre des consonances, et qu'ainsi il en ait aucunement exclus les imparfaites, soit à cause qu'elles ne sont prises que des proportions surpatientes, ou des surparticulieres qui sont contenuës hors les quatre premiers nombres radicaux, soit parce qu'elles ne peuvent pas estre ny bien justes ny entierement agreables suivant la division des intervalles qu'il assigne aux tetracordes des trois genres : neanmoins les Musiciens modernes, apres Ptolemée, les y ont admises, mais sous la qualité d'imparfaites : et par une nouvelle division des mesmes tetracordes qu'ils ont inventé, donnant à celuy du genre diatonique un demy-ton majeur avec deux tons, dont l'un est majeur et l'autre mineur, ils les ont renduës plus justes et plus accomplies, afin d'en pouvoir plus agreablement diversifier et embellir leurs chants à plusieurs parties, ainsi qu'il a esté déja remarqué cy-dessus.

IV. Les consonances composées imparfaites sont celles qui sont formées des simples imparfaites jointes à la premiere, ou seconde, ou troisiéme, ou quatriéme, ou un plus grand nombre d'octaves, et qui n'en sont que les (4) repliques. Par exemple, la tierce mineure jointe à une octave fait la dixiéme mineure ; et la tierce majeure jointe à la mesme octave rend la dixiéme majeure. Deux octaves avec la tierce mineure font la dix-septiéme mineure ; et avec la tierce majeure la dix-septiéme majeure ; les trois octaves avec la tierce mineure rendent la vingt-quatriéme mineure ; et avec la majeure la vingt-quatriéme majeure, etc. De mesme l'octave avec la sexte mineure rend la treiziéme mineure ; et avec la sexte majeure la treizième majeure. Les deux octaves avec la sexte mineure font la vingtiéme mineure ; et avec la majeure la vingtiéme majeure. Les trois octaves avec les mesmes sextes forment les vingt-septiémes mineure et majeure : et ainsi du reste des consonances.

---

(1) Canuntur autem tam diapente, quam diatessaron consonantiæ per se in ea quæ ad viciniorem est ipsius diapason habitudine. At diatessaron cum diapason, atque iterum diapente cum diapason in ea quæ ad remotiorem ; quare merito eadem fiet auditui perceptio diatessaron et diapason, quæ solius diatessaron ; ac ipsius diapente et diapason perceptio eadem, quæ solius diapente : atque hac de causa omnino consequitur, ex eo quod consonum est diapente, etiam cum diapason diapente consonum esse ; ex eo vero quod diatessaron consonum est etiam diapason et diatessaron consonum esse ; eodemque modo se habere perceptionem diapente et diapason, ad eam quæ est diatessaron et diapason, quomodo se habebat solius diapente ad eam, quæ solius erat diatessaron, convenienter his, quæ ab evidenti experientia accipiuntur. *etc. Ptolem. lib.* 1. *harmonic. cap.* 6.

(2) Id quoque est sciendum, quod cum de compositis consonantijs loquimur, unum sonum esse communem, videlicet consonantiæ gravioris acutiorem, atque acutioris consonantiæ graviorem intelligamus. Diapente enim et diatessaron simul junctæ faciunt diapason, quæ si disjungerentur unico eam sono excederent et intervallo. *Franch. lib. musicæ theor. cap.* 8.

(3) *Boët. lib.* 1. *mus. cap.* 6. *et* 7.

(4) *Franchin. lib.* 3. *musicæ pract. cap.* 2.

V. Il faut encore remarquer icy, que ces qualitez de parfaites et d'imparfaites attribuées aux consonances, le sont plûtost par rapport ou comparaison des unes aux autres, que non pas absolument en elles mesmes : vû que les imparfaites ne laissent pas d'avoir leur façon de perfection, et que les parfaites mesme n'ont pas la leur avec égalité : car la quinte est beaucoup plus parfaite que la quarte; et le diapason ou l'octave surpasse tellement l'une et (1) l'autre, qu'il n'y a qu'elle seule qui merite absolument le nom ou la qualité de parfaite (2). Dequoy les Philosophes et Musiciens apportent (3) plusieurs raisons. 1°. Parce que la perfection de l'accord et de la suavité des consonances ne se prenant que de l'union plus grande ou plus étroite qui est entre leurs sons, l'on experimente que l'union des sons de l'octave est la plus grande apres celle de l'unisson ; dautant que comme celle-cy se fait par le meslange de deux sons produits par un égal nombre des retours ou de tremblement que font les cordes, ou bien des battemens d'air que font les autres corps ; aussi l'octave est le meslange de deux sons dont le plus grave est formé par un retour de cordes ou bien par un battement d'air, et le plus aigu par deux, soit que le premier battement du son aigu s'unisse avec la premiere partie du battement du son grave, et son second battement avec l'autre partie du mesme son grave; soit que ces battemens ou retours s'unissent de deux en deux coups : mais l'union des sons de toutes les autres consonances se trouve beaucoup moindre ; parce que celle de la quinte ne se fait que par le meslange des deux sons dont le plus grave se fait par deux battemens ou par deux retours ou tremblemens de la corde, et le plus aigu par trois. La quarte semblablement se fait par le meslange de deux sons desquels le grave est produit par trois battemens ou tremblemens, pendant que l'aigu l'est par quatre. La tierce majeure par deux sons dont le plus grave provient de quatre battemens ou retours, et le plus aigu de cinq. La tierce mineure est formée de cinq dans son grave, et de six dans son aigu, conformément aux six premiers nombres radicaux qui contiennent toutes les simples consonances, et tout ensemble representent le nombre et la comparaison de leurs battemens; au moyen desquels on peut voir la maniere avec laquelle les battemens ou bien les retours ou tremblemens des autres consonances, qui sont composées de celles-cy, doivent estre proportionnez.

VI. Une seconde raison pour laquelle l'octave est entièrement parfaite est qu'elle n'est pas seulement consonance, mais qu'elle est aussi equisonance. 3°. Elle seule comprend les huit accords de musique (4), et les huit raisons qui les contiennent, sçavoir l'unisson qui contient la raison d'égalité; l'octave, dont la raison est double et la première des multiples : la quinte qui contient la première des raisons surparticulieres, que l'on appelle sesquialtere : la quarte qui est à la raison sesquitierce; la tierce majeure qui est dans la sesquiquarte : la tierce mineure comprise dans la sesquiquinte : la sexte majeure qui a la surbipartiente trois; et la sexte mineure qui est dans la surtripartiente cinq. 4°. Elle seule contient pareillement tous les intervalles du chant, tant ceux qui se suivent bien que ceux qui n'ont pas une bonne suite, tant les consonans que les dissonans, tant les simples que les composez; ceux-là actuellement, et ceux-cy virtuellement ou radicalement, de mesme que le nombre de dix contient tous les autres nombres de l'arithmétique, et le

---

(1) Hæ tres species, simphonias, id est, suaves vocum copulationes memineris esse vocatas, quia in diapason diversæ voces unum sonant : diapente vero et diatessaron, diaphoniæ, id est organi, jura possident, et voces utcunique similes reddunt. *Guido Aretinus c. 6. micrologi.*

(2) Cum diapason prima sit, ac minor æquisonantia, quæ harmonice mediata est; Aristoteles ipse 18° problemate, solam asserit perfecte consonare. *Franch. lib. 3. musicæ pract. c. 2.*

* Inter tria genera inæqualis toni distinctasque voces, præcedit virtutis gratia genus univocarum; (1. *æquisonarum*) secundum est consonantium, tertium cantui aptarum. Manifeste enim differunt diapason et bis diapason ab alijs consonantijs, ut illæ ab idoneis cantui; quare illas proprie univocas quis appellet, *etc.*

Quocirca componuntur etiam univocæ ex consonantibus; porro consonantes ex cantui aptis. *Et infra.* Cæterum, ut uno verbo expediam, inter numeros univoci sunt multiplex dimensique ab illo; consoni vero duo primi superparticularium, quique ex illis et univocis componuntur; apti cantui, qui sub tertia superparticulares sunt. *Ptolem. lib. 1. harmonic. cap. 7.*

(3) *Boëtius lib. 1. mus. c. 6. et l. 2. c. 5.*

* *Beda in musica theorica.*

* *Mersennus lib. 4. harmonic. proposit. 22.*

* *Mersenne to. 1. de l'harmonie universelle livre 1. des consonances, proposit. 22. et aux suivantes.*

(4) *Mersenne to. 1. de l'harmonie universelle liv. 1. des consonances, proposit. 9.*

cercle toutes les autres figures de la geometrie ; c'est pourquoi Philolaus Philosophe Pythagoricien a qualifié l'octave et le nombre de huit du titre d'harmonie geometrique ; et Aristote l'a surnommée μέτρον τῆς μελῳδίας, la (1) mesure de la melodie, et on luy a donné le nom de diapason (2), comme comprenant en soy tous les sons ; ce qui est le sujet pour lequel les facteurs d'orgue, d'épinette et d'autres semblables instruments harmoniques ne se servent que du diapason pour regler leurs claviers sur une mesme octave ; ny les fondeurs de cloches que de leur brochette ou diapason pour faire des cloches de toute sorte de grandeurs ; en quoy ils gardent une telle proportion, que pour rendre un tuyau d'orgue ou bien une cloche à l'octave d'un autre ils donnent au plus grand tuyau ou à la plus grande cloche huit fois autant de poids et de solidité qu'ils en donnent au moindre tuyau ou à la moindre cloche avec le double de leur diametre. 5°. L'octave est la seule de toutes les consonances qui estant doublée, triplée, ou autrement multipliée rend toûjours des consonances, bien que toutes les autres estans doublées et multipliées ne puissent produire que des (3) dissonances. 6°. Elle est la seule qui demeure entiere, et qui par l'addition des autres consonances qui luy sont jointes, ne reçoit aucune alteration ny changement, et ne leur en communique aucun, mais les laisse dans leur naturelle integrité ; de mesme que les nombres que l'on ajoute au (4) nombre de dix se maintiennent tels qu'ils sont, aussi-bien que le nombre de dix auquel ils sont joints. Enfin l'octave est cette corde moyenne qui lors qu'elle est bien ajustée entretient toute la mélodie ; mais qui la déconcerte entierement quand elle se trouve defectueuse (5). Il y a encore quelques autres raisons, qui seront touchées au chapitre suivant nombre 4. et 5. et au chapitre 13. à cause qu'estant toutes jointes ensemble elles peuvent donner de la lumiere pour l'intelligence et le choix des gammes, qui est le sujet pour lequel on s'est étendu plus au long sur les avantages de cette consonance.

VII. Quant aux dissonances, les simples sont prises au delà du senaire, et sont au nombre de

---

(1) Et quoniam modulandi mensuram hæc tenet, merito omnium elegantissima constat. *Arist. sect.* 19. *problemate* 33.

(2) Diapason nominatur quasi ex omnibus sonitibus constans, ex omnibus harmonijs scilicet congregata, ut virtutes quas universum melos habere potuisset, hæc adunatio mirabilis contineret, *etc*. Hinc etiam appellatam existimamus chordam, quod facile corda moveat. Ubi tanta vocum collecta est sub diversitate concordia, ut vicina chorda pulsata, alteram faciat sponte contremiscere, quam nullum contigit attigisse. Tanta enim vis est convenientiæ, ut rem insensualem sponte se movere faciat, quia ejus sociam constat agitatam. Hinc diversæ veniunt sine lingua voces : hinc varijs sonis efficitur quidam suavissimus chorus, illa acuta nimia tensione, ista gravis aliqua laxitate, hæc media tergo blandissime temperato ; ut homines se ad tantam perducere non prævaleant unitatem, in quantam ad socialem convenientiam ratione carentia pervenerunt. Ibi enim quicquid excellenter, quicquid ponderatim, quicquid rauce, quicquid purissime, aliasque distantias sonat, quasi in unum ornatum constat esse collectum. Et ut diadema oculis varia luce gemmarum, sic cythara diversitate soni blanditur auditui. *Cassiod. l.* 2. *variarum epist.* 40.

* Diapason ambitu primo continetur omnis cantilenæ forma, quare verisimile est diapason vocari, id est per omnia et non diocto sicut diapente et diatessaron à numero continentium ipsas sonorum. *Ptolemæus lib.* 3. *harmonic. cap.* 1.

(3) Inter numeros quorum intervallum sit superparticulare ; medij proportionales, neque unus, neque plures cadent. Si intervallum non multiplex duplicetur, producetur intervallum quod neque multiplex erit neque superparticulare. *Euclid. in sect. regulæ harmon. proposit.* 3. *et* 4.

* Bis diapente aut bis diatessaron consonantia componi non potest, nec institui. *Aristot. sect.* 19. *problem.* 34.

* *Pontus Thiard au solitaire* 2. *folio* 83 *de la premiére impression.*

* *Mersennus lib.* 4. *harmonicorum proposit.* 15.

(4) Omni enim intervallo consono ad diapason addito, et majore, et minore et æquali ; totum evadit consonum. *Aristox. lib.* 1. *harm. element. post medium, et lib.* 2. *circa medium.*

* Diapason pene una vocula est, talisque consonantia, ut unum quodammodo effingat sonum ; et sicut denario numero qui fuerit additus, integer inviolatusque servatur ; cum in cæteris id ita minime eveniat ; ita in hac consonantia. Nam si duo tribus adjicias, quinque continuo reddis, et species numeri immutata est : si vero eosdem denario addas, duodecim feceris ; et binarius junctus denario conservatus est : Item ternarius, cæterique eodem modo. Ita igitur symphonia diapason quamcumque aliam susceperit consonantiam, servat, nec immutat, nec ex consona dissonam reddit. *etc.* *Boëtius l.* 3. *musicæ c.* 9.

* Diapason non mutat consonantiam, vel dissonantiam intervalli cui additur. *Euclides in sectione regulæ harmonicæ. Axiomate.* 4.

(5) Cur si nervus medius ex suo intentionis modo dimotus sit, cæteri quoque omnes incompositos sonos reddent ; sed si integre illo manente aliquis ex cæteris sit dimotus, solus hic aberrabit, qui modo suo caruerit ? An quod ratio concinendi nervis omnibus apta intensione continetur, quæ non nisi per habitudinem quandam ad medium accommodanda omnibus est, ordoque ratione illius disponi singulis debet : ergo sublata continendi, concinendique causa, concentus æque custodiri præterea non potest ? Cum tamen nervo medio sibi constante unus ex cæteris aliquis discreparit, merito illius dumtaxat deest : cæteri namque omnes modum suæ concinentiæ servant integrum. *Aristotel. sect.* 19. *problem.* 36. *Item eadem sectione problem.* 20.

dix; sçavoir le demy-ton, le ton, et les huit intervalles qui n'ont pas une bonne suite, qui sont le triton, la fausse quinte, les deux septiémes la majeure et la mineure, et la fausse octave; la fausse quarte, la quinte superfluë, et l'octave superfluë. Pour ce qui est des dissonances composées, comme elles se forment des precedentes et en sont les repliques, elles peuvent estre autant multipliées que les octaves ausquelles elles peuvent estre ajoûtées. Par exemple, le ton ou la seconde majeure estant jointe à l'octave fait une neufiéme; jointe à deux octaves, une seiziéme; jointe à trois, une vingt troisiéme, etc.

Le triton ajoûté à l'octave forme une onziéme superfluë; ajoûté à deux, une dix-huitiéme aussi superfluë; et ajoûté à trois octaves la vingt-quatriéme pareillement superfluë; et ainsi des autres.

La fausse quinte avec l'octave fait la fausse douziéme; avec deux octaves, la fausse dix-neufiéme; avec trois, la fausse vingt-cinquiéme, etc.

Les deux septiémes unies à l'octave font l'une la quatorziéme majeure, l'autre la quatorziéme mineure; unies à deux octaves, la vingt-uniéme majeure ou mineure respectivement : unies à trois, la vingt-huictiéme majeure ou mineure, etc.

L'octave diminuée jointe à l'octave fait pareillement une quatorziéme, que l'on peut qualifier maxime ou tres-grande; jointe à deux, une vingt-uniéme maxime; jointe à trois, une vingt-huitiéme maxime : car la fausse octaue ou diminuée peut passer sous le nom de septiéme maxime, comme l'octave superfluë peut passer sous celuy de neufiéme mineure; et estant unie à une octave, rendre une seiziéme mineure; unie à deux, une vingt-troisiéme mineure; unie à trois, une trentiéme mineure; unie à quatre, une trente-septiéme mineure, etc.

VIII. L'on peut encore ajoûter au nombre des dissonances, les intervalles qui sont moindres (1) que le demy-ton, comme la diese enharmonique, le diachisme, le comma et autres semblables.

(1) Dissona vero seu diaphona intervalla ea omnia dicuntur, quæ trihemitonio minora sunt, ut diesis, semitonium, tonus. *Franch. lib.* 1. *mus. instr. cap.* 5.

CHAPITRE VIII.

I. Les philosophes et les musiciens demeurent d'accord, que pour bien entendre la nature et la difference des sons et de leurs intervalles, il est necessaire de connoistre (1) leur grandeur, leur mesure, et leurs proportions; parce qu'estans composez de divers nombres ou parties, ils ne peuvent estre sans quelque grandeur, ny unis ensemble sans quelque proportion (2) : mais ils sont partagez en expliquant ce en quoy consiste cette grandeur et cette proportion. Car Aristoxene les a seulement establies sur celles de la geometrie, et s'est seruy d'un monocorde sur lequel ces proportions estoient geometriquement marquées sans aucun nombre. Pythagore au contraire et ses disciples les ont exprimées par la difference des nombres d'arithmetique; et il y en a eu d'autres qui ont employé conjointement l'une et l'autre façon, ajoûtant la difference des nombres aux divisions du monocorde, parce que la science du chant tenant comme le milieu entre l'arithmetique et la geometrie, elle participe aucunement de l'une et de l'autre, et par consequent elle s'en peut servir.

II. Afin de mieux comprendre cecy, il faut remarquer et supposer quatre ou cinq choses. 1°. Que la proportion n'est autre chose qu'un certain rapport (3) ou comparaison de deux quantitez de mesme genre, ou bien de deux termes, les uns aux autres; sous lesquels noms de quantitez, de termes ou d'extremes, les sommes d'arithmetique se trouvent pareillement comprises. 2°. Que la proportionalité, qui est autrement appellée raison, est un (4) assemblage de proportions égales, laquelle ne peut subsister en moins de trois termes, bien qu'elle puisse estre dans un plus grand nombre. Car lors que le premier terme garde la mesme proportion à l'égard du second, que le second la garde au regard du troisiéme, l'on appelle ce rapport proportionalité ou raison, dont le second est le terme milieu. 3°. Que le terme milieu, qui produit et joint ensemble les proportions, le fait plus particulierement en trois manieres (5), qui établissent les trois principaux

---

(1) Nimis improvide quis differentiam se scire arbitratur earum vocum, quarum magnitudinem nullam, mensuramque constituit. *Boët. lib.* 5. *musicæ cap.* 12.

(2) Si foret rerum omnium quies nullus auditum sonus feriret. Id autem fieret, quoniam cessantibus cunctis nullæ inter se res pulsum cierent. Ut igitur sit vox pulsu opus est ; sed ut sit pulsus, motus necesse est, antecedat. Ut ergo sit vox, motum esse necesse est. Sed omnis motus habet in se tum velocitatem, tum etiam tarditatem. Si igitur sit tardus in pellendo motus, gravior redditur sonus ; nam ut tarditus proxima est stationi, ita gravitas continua taciturnitati. Velox vero motus acutam voculam præstat. Præterea quæ gravis est, intensione decrescit ad medium : quæ vero acuta remissione decrescit ad medium. Unde fit ut omnis sonis quasi ex quibusdam partibus compositus esse videatur. Omnis autem partium coniunctio quadam proportione committitur. Sonorum igitur conjunctio proportionibus constituta est. Proportiones autem principaliter in numeris considerantur. Proportio vero simplex numerorum, vel in multiplicibus vel in superparticularibus, vel superpartientibus invenitur. Secundum vero multiplices proportiones, vel superparticulares, consonæ, vel dissonæ voces exaudiuntur. *Boëtius lib.* 4. *musicæ cap.* 1.

* *Euclides in sectione regulæ harmonicæ.*

(3) Ratio seu proportio est duarum quantæcumque sint ejusdem generis quantitatum certa alterius ad alterum habitudo. *Euclid. lib.* 5.

* *Boëtius lib.* 2 *arithm. cap.* 40.

* Proportio est duorum ad se terminorum quædam comparatio ; terminos autem voco numerorum summas.

(4) Proportionalitas est æquarum proportionum collectio. Proportionalitas autem in tribus terminis minimis constat. Constat autem plerumque in pluribus ut in 4. vel sex terminis. Cum enim primus ad secundum terminum eamdem retinet proportionem, quam secundus ad tertium, dicitur hæc proportionalitas, estque medius qui secundus est.

(5) Has igitur proportiones medij conjungentis trina partitio est. Aut enim æqua est differentia minoris termini ad medium, et medij ad maximum; sed non æqua proportio, ut in his 1. 2. 3. Inter unum quippe ac duo, et inter duo et tres tantum unitas differentiam tenet; non est autem æqua proportio: duo quippe ad unum dupli sunt; ternarius ad duo sesquialter. Aut est æqua proportio in utrisque, non vero æqualibus differentijs constituta; ut in his numeris 1. 2. 4. nam duo ad unum ita sunt dupli; quemadmodum quaternarius ad binarium : sed inter quaternarium binariumque binarius; inter binarium et unitatem, unitas differentiam facit.

genres de proportionalité, que les arithmeticiens appellent autrement medietez. Car ou la difference du moindre terme comparé à celuy du milieu est égale à celle qui est entre le mesme terme du milieu et le plus grand, quoy que la proportion n'en soit pas égale, ainsi qu'il se peut voir dans les nombres 1. 2. 3. où il n'y a que la seule unité qui fasse la difference égale entre un et deux, et entre deux et trois, bien que la proportion ne le soit pas; car deux à l'égard d'un la font double, et trois comparez à deux la rendent sesquialtere : Ou bien la proportion de ces mesmes termes est égale, et non pas la difference, comme il arrive aux nombres 1. 2. 4. car un est la moitié de deux, comme deux l'est de quatre : mais c'est le binaire qui met la difference entre quatre et deux, et c'est l'unité qui la met entre deux et un. Outre ces deux sortes de medieté ou de milieu, il y en a un troisiéme, qui ne consiste ny dans les mesmes proportions, ny dans les mesmes differences; mais en ce que la difference des plus grands termes ou extrémes se rapporte à la difference des plus petits en la mesme maniere que le plus grand terme se rapporte au plus petit, ainsi qu'en ces nombres 3. 4. 6. car 6. est double de 3. comme 2. (qui est la difference de 6. et de 4.) est double de 1. (qui est la différence de 4. et de 3.)

La medieté ou le milieu auquel les differences sont égales, s'appelle arithmétique; celuy ou les proportions sont semblables, geometrique : et le troisiéme où les differences et les proportions sont diverses (1), mais ajustées en sorte qu'il y a égalité de proportions (2) tant aux termes qu'en leurs differences, se nomme harmonique.

La medieté arithmetique rend une plus grande proportion entre les parties qui sont moindres, et une moindre entre les plus grandes. Comme en 1. 2. 3. la proportion d'un à deux qui sont les moindres nombres est double, et la proportion de deux à trois qui sont les plus grands, n'est que d'autant et demy, qui est moindre que double.

La Geometrique garde une égale proportion entre les moindres et les plus grands termes, car la moindre proportion qui se trouve entre deux et quatre, se rencontre pareillement entre quatre et huit.

Mais l'harmonique tient une proportion qui est semblable à celle de ses termes (3), moindre entre les moindres, et plus grande entre les plus grands. Car en ces termes 3. 4. 6 la proportion de trois à quatre qui sont les moindres est d'autant et tiers; ou celle de six à quatre, qui sont les plus grands, est d'autant et demy, qui est plus grande que celle qui n'est que d'autant et tiers.

Est vero tertium medietatis genus quod neque eisdem proportionibus, neque eisdem differentijs constat : sed quemadmodum se habet maximus terminus ad minimum, ita se habet majorum terminorum differentia ad minorum differentiam terminorum : ut in his numeris 3. 4. 6. nam sex ad tres duplus est, inter sex vero et quatuor binarius interest; inter quaternarium vero et ternarium unitas. Sed binarius comparatus ad unitatem rursus duplus est; ergo ut est maximus terminus in numeris ad minimum : ita majorum differentia, ad minorum differentiam terminorum. Vocatur igitur illa medietas, in qua æquæ sunt differentiæ, arithmetica. Illa vero in qua æquæ proportiones, geometrica. Illa autem quam tertiam descripsimus, harmonica. Quarum hæc subjiciamus exempla.

ARITHMETICA.	GEOMETRICA.	HARMONICA.
1. 2. 3.	1. 2. 4.	3. 4. 6.
Æquæ differentiæ	æquæ proportiones	diversæ differentiæ, et proportiones.

Non vero ignoramus alias quoque esse proportionum medietates, quas quidem in arithmetica diximus, sed ad præsentem tractatum hæ sunt necessariæ. Sed inter has tres medietates, proportionalitas quidem proprie, et maxime geometrica nuncupatur; idcirco quoniam æquis proportionibus tota contexitur. Sed tamen eodem utemur promiscue vocabulo, proportionalitates etiam cæteras nuncupantes. Boët. lib. 2. mus. cap. 12.

(1) *Boëtius libro 2. arithmeticæ cap.* 47.

(2) Harmonica autem vocatur, quoniam ita est coaptata, ut in differentijs ac terminis æqualitas proportionum consideretur. *Boët. l. 2. musicæ cap.* 14.

* Arithmetica dispositio æquas tantum per differentias dividit quantitates, geometrica vero terminos æqua proportione conjungit; at vero harmonica ad aliquid quodammodo relata consideratione, neque solum in terminis speculationem proportionis habet, neque solum in differentijs, sed in utrisque communiter. Quærit enim ut quemadmodum sunt ad se extremi termini; sic majoris ad medium differentia, contra differentiam medietatis ad ultimum. Ad aliquid autem considerationem harmoniæ proprie esse, in primi libri rerum omnium divisione monstravimus. Ipsarum quoque musicarum consonantiarum (quas symphonicas nominant) proportiones in hac pene sola medietate frequenter invenias. Namque symphonia diatessaron, quæ princeps est, et quodammodo vim obtinens elementi. *etc. Boët. l. 2. arith. cap.* 48.

(3) *Boëtius libro 2. arithmetica. cap.* 47.

De plus, la medieté arithmetique surpasse le moindre extréme de la moindre partie de soy-mesme, avec laquelle il est surmonté par la plus grande : car dans les nombres 1. 2. 3. celuy de deux, qui est le milieu, surmonte un d'une unité, de laquelle il est pareillement surmonté par trois.

La geometrique surpasse le moindre extréme d'une semblable partie de soy-mesme, dont il est surmonté par la partie du plus grand ; comme en ces nombres 2. 4. 8. quatre surmonte deux de deux qui est sa moitié, et il est pareillement surpassé par huit de la moitié de huit qui est quatre.

Mais l'harmonique excede son moindre extréme de la mesme (1) partie du moindre, avec laquelle il est excedé du plus grand, ainsi qu'il paroist en ces nombres 2. 3. 6. où trois qui est le milieu, surpasse deux, qui est le moindre, de sa moitié qui est un : et le mesme trois est surmonté par six, qui est le plus grand, de trois qui est la moitié du mesme six.

III. La quatriéme remarque qu'il faut supposer, est que l'égalité est le principe (2) de toutes les proportions, de mesme que l'unité est l'origine de tous les nombres et de toute multitude : de sorte que l'égalité est à l'égard des proportions, ce qu'est l'unité à l'égard des nombres : et partant indivisé en soy, et sans aucune difference de genre ny d'espece, tout de mesme que (3) l'unité. L'inegalité au contraire est sujette à toute sorte de divisions (4), dont la premiere ou la plus generale est d'estre plus grand ou plus petit. Le plus grand est sousdivisé en cinq parties ; dont la premiere est nommée multiple, la deuxiéme surparticuliere, la troisieme surpartiente, la quatriéme multiple surparticuliere, la cinquiéme multiple surpartiente. Le plus petit a pareillement cinq especes opposées à celles du plus grand, aux noms desquelles l'on ne fait qu'ajoûter le mot *sous*, pour signifier que le plus petit est contenu dans le plus grand ; d'où vient que la premiere s'appelle soû-multiple, la deuxiéme soû-particuliere, la troisiéme soû-surpartiente ; la quatriéme multiple soû-surparticuliere, la cinquiéme multiple soû-surpartiente. La raison de ces divisions est, qu'une chose qui est inégale surpasse l'autre ou en est surpassée (5), ou bien de

---

(1) *Boët. l. 2. arith. cap. 37. et cap. 34. seu ultimo.*

(2) Est autem quemadmodum unitas pluralitatis numerique principium, ita æqualitas proportionum. *etc. Boët. l. 2. mus. cap. 2.*

* Quod in numero valet unitas, idem in proportionibus æqualitas valet : et sicut numeri caput est unitas ; ita proportionum æqualitas est principium. *Boët. lib. 2. mus. cap. 15.*

* Quemadmodum per se constantis quantitatis unitas principium et elementum est, ita ad aliquid relatæ quantitatis æqualitas mater est. Demonstravimus enim, quod hinc et ejus procreatio prima foret, et in eam rursus postrema solutio est. *Boëtius lib. 2. arithmet. cap. 1.*

(3) Unitas propria virtute perfecta est, quod et prima est, et incomposita ; et per se ipsam multiplicata sese ipsa conservat. *Boëtius lib. 1. arithmeticæ cap. 20.*

* Ad aliquid relatæ quantitatis duplex est prima divisio ; Omne enim aut æquale est, aut inæquale quidquid alterius comparatione metitur : et æquale quidem est, quod ad aliquid comparatum neque minore summa infra, neque majore transgreditur, ut denarius denario, vel ternarius ternario, vel pes pedi et his similia : Hæc autem pars relatæ ad aliquid quantitatis, id est æqualitas naturaliter indivisa est ; nullus enim dicere potest, quod æqualitatis hoc quidem tale est, illud vero ejusmodi. Omnis enim æqualitas unam servat in propria moderatione mensuram. *Et infra.*

(4) Inæqualis vero quantitatis gemina divisio est, secatur enim quod inæquale est in majus atque minus, quæ contraria sibimet denominatione funguntur. Namque majus, minore majus est, et minus, majore minus est ; et utraque non cisdem vocabulis, quemadmodum secundum æqualitatem dictum est ; sed diversis distantibusque signata sunt ad modum discentis scilicet vel docentis ; vel cædentis, vel vapulantis : vel quæcumque ad aliquid relata aliter denominatis contrarijs comparantur. Majoris vero inæqualitatis quinque partes sunt. Est enim una quæ vocatur multiplex. Alia superparticularis. 3ª superpartiens. 4ª multiplex superparticularis. 5ª multiplex superpartiens. His igitur quinque majoris partibus inæqualitatis oppositæ sunt aliæ quinque partes minoris ; quemadmodum ipsum majus minori semper opponitur ; ita tamen ut eisdem nominibus nuncupentur, sola tantum, sub, præpositione distantes. Dicitur enim 1ª submultiplex. 2ª subsuperparticularis. 3ª subsuperpartiens. 4ª multiplex subsuperparticularis. 5ª multiplex subsuperpartiens. *Boëtius l. 1. arithm. cap. 21. et 22. usque ad 32. Item lib. 1. musicæ cap. 4. 5. 6. et 7. et lib. 2. musicæ cap. 4.*

* *Isidorus lib. 5. orig. cap. 6. et seqq.*

(5) Quæ vero inæqualia sunt, quinque interse modis inæqualitatis momenta custodiunt. Aut enim alterum ab altero multiplicitate transcenditur, aut singulis partibus, aut pluribus. Et primum quidem inæqualitatis genus multiplex appellatur. Est vero multiplex ; ubi major numerus minorem numerum habet in se totum, vel bis, vel ter, vel quater, ac deinceps ; nihilque deest, nihilque exuberat : appellaturque duplum, vel triplum vel quadruplum : atque ad hunc ordinem in infinita progreditur.

Secundum vero inæqualitatis genus est, quod appellatur superparticulare, id est cum major numerus minorem habet in se totum et unam ejus aliquam partem, eamque vel dimidiam, ut tres duorum, et vocatur sesquialtera proportio : vel tertiam, ut quatuor ad tres et vocatur sesquitertia : Ad hunc etiam modum in posterioribus numeris pars aliqua à majoribus super minores numeros continetur.

Tertium vero inæqualitatis genus est, quotiens minor numerus totum intra se minorem continet, et ejus aliquantas insuper partes : et si duas quidem supra continet, vocabitur proportio superbipartiens ; ut sunt quinque ad tres. Sin vero tres super se continet, vocabitur supertripartiens ut sunt septem ad quatuor. Et in cæteris quidem eadem similitudo esse potest.

Quartum vero est inæqualitatis genus, quod ex multiplici et su-

son total, ou seulement de l'une de ses parties. Quand donc elle surpasse de son total, ce premier genre d'inegalité est appellé multiple; et selon que le plus grand nombre contient en soy le moindre, ou deux, ou trois, ou quatre fois ou davantage, sans que rien y manque ni excede, il est nommé ou double, ou triple, ou quatruple, et ainsi des suivans jusques à l'infiny.

Le deuxiéme genre d'inegalité, que l'on nomme surparticulier, se fait lors que le plus grand nombre contient en soy le moindre tout entier avec l'une de ses parties; et si cette partie est la moitié, ainsi que trois contiennent deux et la moitié de deux qui est un, la proportion s'appelle sesquialtere; que si cette partie est la tierce, comme quatre contiennent trois, et la tierce partie de trois, la proportion est sesquitierce. Si c'est la quatriéme, ainsi que cinq comparez à quatre, la proportion est sesquiquarte : suivant quoy l'on garde une semblable proportion dans tous les autres nombres, lors que les plus grands contiennent en cette façon quelque partie de plus, que les moindres.

Le troisiéme genre d'inégalité appellé surpartient, se forme toutefois et quantes que le plus grand nombre renferme en soy tout le moindre, et en outre quelques-unes de ses parties : Que si ces parties ne sont que deux, la proportion en est nommée surbipartiente, ainsi qu'est le nombre de cinq à l'égard de trois : Mais si l'excés de ces parties est de trois, la proportion est surtripartiente, comme est celle du nombre de sept comparé à quatre : Si l'excés est de quatre, ou de plus grand nombre de parties, l'on observe aux suivans une semblable proportion.

Le quatriéme genre d'inégalité, est celuy qui est composé du multiple et du surparticulier joints ensemble; sçavoir, lors que le plus grand nombre contient en soy le moindre deux ou trois ou quatre fois, ou davantage, et en outre quelqu'une de ses parties. Que s'il contient le moindre deux fois et demy, on l'appelle double sesquialtere, comme cinq à l'égard de deux : S'il le contient deux fois, et sa tierce partie tant seulement, il est nommé double sesquitierce, comme sept comparez à trois. Mais si le moindre nombre est contenu trois fois et demy par le plus grand, il sera appellé triple sesquialtere, comme sont sept à l'égard de deux. Enfin le reste des nombres se varie de la mesme façon, selon que la multiplicité et la surparticularité des nombres se rencontrent jointes ensemble.

Le cinquiéme genre d'inégalité, est celuy qui est formé du multiple et du surpartient unis ensemble; lors que le plus grand nombre comprend en soy le moindre plus d'une fois, et en outre plus d'une de ses parties. Que s'il contient le moindre deux fois avec deux de ses parties, il est nommé double surbipartient, comme trois à l'égard de huit. Si trois fois avec deux de ses parties, on l'appelle double surtripartient, comme trois comparez à onze : Si davantage, l'on diversifie et change de mesme les noms de la multiple et de la surpartiente, conformément à la quantité de leurs nombres unis ensemble.

IV. La cinquiéme remarque concerne les diverses proprietez de ces genres d'inégalité, et les avantages que les uns ont par dessus les autres; dautant que cette connoissance peut donner beaucoup de jour à celle des intervalles, des consonances, et mesme des systemes, ou des gammes, qui en tirent leur origine et leur excellence. En voicy quelques-unes de celles que Boëce nous a laissées apres avoir jetté le fondement de leur induction qui se peut voir à la note (1). La mul-

---

perparticulari conjungitur; cum scilicet major numerus habet in se minorem, vel bis, vel ter, vel quotieslibet, atque ejus unam aliquam partem. Et si eum bis habet, et ejus dimidiam partem, vocabitur duplex sesquialter, ut sunt quinque ad duo : sin vero bis minor continebitur, et ejus tertia pars, vocabitur duplex sesquitertius, ut sunt septem ad tres : sin vero tertio continebitur, et ejus dimidia pars, vocabitur triplex sesquialter; ut sunt 7. ad duo. Atque ad hunc eumdem modem in cæteris et multiplicitatis, et superparticularitatis vocabula variantur.

Quintum est genus inæqualitatis, quod appellatur multiplex superpartiens, quando major numerus minorem habet in se totum plusquam semel et ejus plusquam unam aliquam partem. Et si bis major numerus minorem numerum continebit, duasque ejus insuper partes, vocabitur duplex superbipartiens; ut sunt tres ad undecim. Ac de his nunc strictim, ac breviter explicamus, quoniam in libris quos de arithmetica institutione conscripsimus diligentius enodavimus. *Boëtius lib. primo mus. c. 4.*

* *Glarean. lib. 3. dodecach. cap. 12.*

(1) En namque probantur comparationi consentanea, quæ sunt natura simplicia. Et quoniam gravitas et acumen in quantitate con-

tiplicité, dit-il, croissant toûjours à l'infiny, conserve beaucoup mieux la (1) nature du nombre que ne font pas les autres genres : car la surparticularité diminuë le moindre nombre à l'infiny, en ce qu'elle le contient, et en outre ou sa moitié, ou sa troisiéme, ou sa quatriéme, ou sa cinquiéme partie, etc. et ainsi elle est renduë semblable à la quantité continuë. La surpartiente pareillement se départ en quelque façon de la simplicité, parce qu'outre le moindre nombre, elle contient encore, ou deux, ou trois, ou quatre, ou un plus grand nombre de ses parties.

De plus toute sorte de multiplicité s'entretient dans l'integrité : car le double a deux fois en soy tout le moindre, le triple l'a trois fois, et ainsi du reste des multiples : La surparticularité au contraire ne garde rien d'entier ; mais le surpasse ou de moitié, ou de la troisiéme, ou de la quatriéme, ou de la cinquiéme partie, etc. en telle sorte toutefois que cette division ne se fait qu'en l'une des parties simples. Enfin la surpartiente ne conserve ny l'integrité, ny la simplicité des parties, et partant les Pythagoriciens n'ont pas estimé que ses proportions dûssent estre mises au nombre des consonances de la musique. Ptolemée toutefois n'a pas crû qu'on les en dûst exclure.

La multiple a encor plusieurs autres avantages ; car elle est la plus ancienne et la plus (2) excellente de toutes ; elle seule merite d'estre comparée à (3) l'unité comme la premiere de toutes ; c'est elle qui est la plus connuë (4) de toutes, et qui est plûtost equisonance (5) que consonance : c'est elle dont les proportions croissent à mesure que les nombres augmentent (6) ; et au contraire plus les nombres s'accroissent, et plus les proportions de la surparticuliere diminuent ; en sorte que la proportion se trouve moindre (7) aux plus grands nombres, et plus grande

sistunt, ea maxime videbuntur servare naturam concinentiæ, quæ discretæ proprietatem quantitatis poterunt custodire. Nam cum sit alia quidem discreta quantitas, alia continua : ea quæ discreta est, in minimo quidem finita est, sed in infinitum per majora procedit ; uamque in ea minima unitas, eademque finita est. In infinitum vero modus pluralitatis augetur, ut numerus, qui cum à finita incipiat unitate, crescendi non habet finem. Rursus quæ est continua, tota quidem finita est ; sed per infinita minuitur : linea enim, quæ continua est, in infinita semper partitione dividitur ; cum sit ejus summa vel bipedalis, vel quæcumque alia definita mensura. Quocirca numerus semper in infinita concrescit : continua vero quantitas in infinita minuitur.

(1) Multiplicitas igitur quoniam crescendi finem non habet, numeri maxime servat naturam. Superparticularitas autem quoniam in infinitum minorem minuit, proprietatem servat continuæ quantitatis. Minuit autem minorem, cum semper eum continet, et ejus vel dimidiam partem vel tertiam vel quartam vel quintam : nam semper pars à majore numero denominata ipsa decrescit : nam cum tertia à tribus denominata sit ; quarta vero à quatuor ; cum quatuor tres superent, quarta potius quam tertia minutior invenitur. Superpartiens vero jam quodam modo à simplicitate discedit : duas enim, vel tres, vel quatuor habet insuper partes, et à simplicitate discedens exuberat ad quamdam partium pluralitatem.

Rursus multiplicitas omnis in integritate se continet. Nam duplum bis habet totum minorem ; atque ad eumdem modum, et cætera. Superparticularitas vero nihil integrum servat ; sed vel in dimidio superat, vel tertia parte, vel quarta, vel quinta ; sed tamen divisionem singulis ac simplicibus partibus operatur. Superpartiens autem inæqualitas nec servat integrum, nec singulas adimit partes ; atque ideo secundum Pythagoricos consonantijs musicis minime adhibetur. Ptolemæus tamen etiam hanc proportionem inter consonantias ponit. *Boët. l. 1. mus. c. 6.*

* Obtinere igitur majorem ad consonantias potestatem videtur multiplex ; consequenter autem superparticularis : superpartiens vero ab harmoniæ concinentia separatur, ut quibusdam, præter Ptolemæum videtur. *Boët. lib. 1. musicæ cap. 5.*

(2) Multiplex prima pars inæqualitatis cunctis alijs antiquior, naturaque præstantior. *Boët. lib. 1. arithmeticæ c. 25.*

(3) Naturalis enim numeri dispositio in multiplicibus unitati, quæ prima est, comparatur. Superparticularis vero non unitatis comparatione perficitur, sed ipsorum, qui post unitatem dispositi sunt terminorum, ut ternarij ad binarium, quaternarij ad ternarium : et in cæteris ad hunc modum. Superpartientium vero longe retro formatio est, quæ nec continuis numeris comparatur, sed intermissis ; nec semper æquali intermissione, sed nunc quidem una, nunc vero duabus, nunc tribus, nunc quatuor : atque ita in infinita succrescit. Amplius multiplicitas ab unitate incipit ; superparticularitas à binario ; superpartiens proportio à ternario initium capit. *Boët. l. 2. mus. c. 5.*

(4) Neque nunc locus est, ut ostendam, quantum valeat consonantia simpli ad duplum, quæ maxima in nobis reperitur, ut sit nobis insita naturaliter : à quo itaque, nisi ab eo qui nos creavit ? ut nec imperiti possint eam non sentire, sive ipsi cantantes sive alios audientes ; per hanc quippe voces acutiores gravioresque concordant : ita ut quisquis ab ea dissonuerit non scientiam, cujus expertes sunt plurimi ; sed ipsam sensum auditus nostri vehementer offendat. Ut ipsis auribus exhiberi potest ab eo qui novit in regulari monochordo. *Augustinus lib. 4. de trinitate cap. 2.*

* Quale est unumquodque per semetipsum, tale et deprehenditur sensu : si igitur cunctis notior est ea consonantia quæ in duplicitate consistit, non est dubium primam esse omnium consonantiam, meritoque excellere, quoniam cognitione præcedat : Reliquæ vero hunc necessario secundum Pythagoricos ordinem tenent, quem dederint multiplicitatis augmenta, vel superparticularis habitudinis detrimenta. *Boetius lib. 2. mus. cap. 17.*

(5) Quia superparticularis in decrescentibus partibus similis est continuæ quantitati, non eamdem quam multiplex ad consonantias vim retinet ; sed tamen propter singularitatem partium secundo loco admittitur. Superparticularis etiam consonantias tantum ; multiplex vero non tam consonantias, quam æquisorantias efficit. *Beda in musica theor.*

(6) In multiplicibus quippe quanto major est numerus, tanto major fit proportio. In superparticularibus vero crescente numero decrescunt proportiones. *Beda ibidem.*

(7) Majores et minores proportiones hoc modo intelliguntur.

aux plus petits. Car aux nombres 1. 2. 3. 4. le binaire est double à l'égard de l'unité : le ternaire n'est que sesquialtere au respect du binaire : et le nombre de quatre comparé à celuy de trois, n'est que sesquitierce : quoy que d'ailleurs trois et quatre soient des nombres bien plus grands que ne sont pas un et deux.

V. Ces remarques estans ainsi supposées, il ne sera pas malaisé d'entendre les proportions, soit arithmetiques, soit geometriques, que les musiciens ont accoûtumé de donner aux intervalles du chant. Voicy ce que Bede en a laissé touchant les principaux (1). Le ton, dit-il, se forme quand une voix surpasse une autre de toute son étenduë ou quantité, et en outre de la huitiéme partie de la voix qui est surpassée, soit que l'on monte, soit que l'on descende. Mais le demy-ton se fait lors que le ton est divisé en deux parties non égales, mais inégales. Le diatessaron ou la quarte se rencontre quand une voix en sa hauteur contient une voix plus basse, et en outre la troisiéme partie de la mesme voix basse. Le diapente ou la quinte, provient de ce qu'une voix surpasse une autre voix de toute son étenduë, et en outre de la moitié de la voix moindre qui est ainsi surpassée. Enfin le diapason ou l'octave (qui merite mieux le nom de equisonance que de consonance) se trouve toutesfois et quantes qu'une voix, soit en s'élevant, soit en s'abaissant, contient deux fois toute l'étenduë ou la quantité de la voix qu'elle surpasse. Apres quoy, le mesme autheur continuë à exprimer les proportions de ces intervalles (2), premierement par les differentes divisions geometriques d'une corde, et ensuite par les nombres d'arithmetique. De laquelle methode Boëce (3), et la pluspart des autres autheurs se sont pareillement servis en traitant de cette matiere, ainsi qu'on le peut voir dans leurs livres. Suivant quoy j'ay marqué cy-dessous en l'une et l'autre façon la liste de ce qu'ils nous ont laissé des proportions de tous ces intervalles. Et quoy que celle des nombres semble plus propre à les expliquer dans leur justesse, à cause de la dépendance plus naturelle, et de la liaison plus estroite qui est entre l'Arithmetique et la Musique : neanmoins l'accord qui est entre les proportions de la Geometrie, et celles de l'Arithmetique ne laissera pas de leur donner de l'éclaircissement et d'en faciliter l'intelligence.

VI. Afin donc de commencer par les nombres, apres l'unisson qui est dans la proportion d'égalité d'un à un, ou de deux à deux etc. et partant qui n'a et ne peut avoir aucune espece differente, bien qu'il soit le fondement, le principe, et la fin de tous les differens intervalles, et de toutes les

<hr>

Dimidia major est quam tertia ; tertia major quam quarta ; quarta major quam quinta ; ac deinceps eodem modo. Unde fit ut sesquialtera proportio major sit quam sesquitertia et sesquitertia sesquiquintam vincat. Atque idem in cæteris. Atque hinc evenit, ut in majoribus numeris minor ; et in minoribus major semper videatur proportio superparticularium numerorum. Quod apparet in numero naturali 1. 2. 3. 4. Binarius igitur ad unitatem duplus est, ternarius ad binarium sesquialter est : quaternarius vero ad ternarium sesquitertius. Majores vero sunt numeri tres et quatuor : minores vero binarius et unitas. In majoribus igitur minor, et in minoribus major proportio continetur. *Boët. l. 2. mus. cap. 9.*

(1) Tonus est quando vocula voculam tota sui quantitate superaverit, et insuper ipsius superatæ voculæ octava parte, vel in intensione acuminis, vel in remissione gravitatis. Semitonium est quando tonus in duas non æquas partes secatur. Alterum semitonium majus, alterum semitonium minus dici maluerunt.

Consonantia Diatessaron est, quando vocula intensione sui acuminis voculam in remissione gravitatis totam possidet, insuper et tertiam partem superatæ voculæ.

Diapente consonantia est, quando vocula voculam tota sui quantitate superat, videlicet et superatæ vocis, insuper et ejus medietate, vel in intensione acuminis vel in remissione gravitatis.

Diapason non consonantia, sed æquisonantia est, quoties vocula voculam, sui acumine si fuerit in intensione ; aut sui gravitate si fuerit in remissione, tota sui quantitate superatæ vocis quantitatem bis occupat.

Et ut aperte advertas quid sit intensio, quid remissio, quæ in omnibus consonantijs videnda est ; ita noveris. Quando primam vocem ex ore vel corde, vel in aliqua materia organi emiseris ; fige metam, et quicquid per illam primam vocem in altum sui gerit ; aut tonum aut diapason aut diapente aut diatessaron, noveris illas omnes consonantias in intensione acuminis esse factas. Quicquid vero per illam primam vocem, ubi terminum figendum esse diximus, deorsum remittendum fluxerit, sive tonus, sive diatessaron, sive cætera : scito omnes illas consonantias in remissione-gravitatis fieri. Si autem toni sonum, vel diatessaron, ac reliquarum consonantium nosse cupis, talem cape conjecturam. Accipe regulam ligneam manibus magistri formatam, et præparatis tribus articulis vel arculis ex omni parte æque libratis et cavatis, extende nervum super regulam, *etc. Beda in musica theorica.*

(2) *Beda ibid.*

(3) *Boët. lib. 4. mus. c. 10. et ult. et lib. 5. in proemio.*

* *Franch. l. 1. mus. instr. c. 5. 6. et seqq.*

* *Pontus Thiard Au solitaire 2.*

* *Mersennus harmonicorum lib. 4. de consonantijs proposit.* 15. *et* 16. *et l.* 5. *de dissonantijs proposition* 13. *et* 21.

* *Kircher. to. 1. musurg. univers. l. 4. cap. 4. et seqq.*

consonances, de mesme que l'égalité l'est de toutes les diverses proportions; l'unité de toute sorte de nombres (1); et le point de la varieté des lignes. Voicy en suite la table des intervalles avec les proportions des nombres dans leurs termes radicaux, c'est à dire, les premiers (2) qui conviennent à chacun.

L'unisson d'un à un.	1	1
L'octave (3) de deux à un.	2	1
La quinte de trois à deux.	3	2
La quarte de quatre à trois.	4	3
La tierce majeure de cinq à quatre.	5	4
La tierce mineure de six à cinq.	6	5
Le ton majeur de neuf à huict.	9	8
Le demy ton mineur de 25. à 24.	25	24
La sexte mineure de huict à cinq.	8	5
La sexte majeure de cinq à trois.	5	3
La 10. mineure de douze à cinq.	12	5
La 10. majeure de cinq à deux.	5	2
La 11. de huit à trois.	8	3
La 12. de trois à un.	3	1
La 13. mineure de treize à dix.	13	10
La 13. majeure de dix à trois.	10	3
La 15. ou double octave de quatre à un.	4	1
La 17. mineure de vingt-quatre à cinq.	24	5
La 17. majeure de cinq à un.	5	1
La 18. de seize à trois.	16	3
La 19. de six à un.	6	1
La 20. mineure de trente-deux à cinq.	32	5
La 20. majeure de vingt à trois.	20	3
La 22. ou la triple octave de huit à un.	8	1
La 24. mineure de quarante-huit à un.	48	1
La 24. majeure de dix à un.	10	1
La 25. de trente-deux à trois.	32	3
La 26. de douze à un.	12	1
La 27. mineure de soixante-quatre à cinq.	64	5
La 27. majeure de quarante à trois.	40	3
La 29. ou quatruple octave de seize à un.	16	1

Le reste des intervales et des consonances ont pareillement des nombres qui par proportion

(1) Quia unisonus cæteris concordantijs (namque derivantur ab ipso) plurimum conferat augmenti, velut et numeris unitas; ac lineæ punctus. Musici ipsum unitatis loco observantes, concordantijs concorditer adscripserunt. *Franchin. l. 5. musicæ pract. c. 2.*

(2) Radices proportionum dicuntur in quibuscumque generibus illi numeri, qui primum naturaliter efficiunt illas proportiones; ideoque radices sunt consimilium proportionum. *Franch. l. 1. musicæ theor. cap.* 6.

(5) Consonantia diapason est quæ fit in duplo, ut hæc est : 1. 2. Diapente vero, quæ constat his numeris : 2. 3. Diatessaron vero, quæ in hac proportione consistit . 3. 4. Tonus vero sesquioctava proportione concluditur, sed in hoc non dum est consonantia, ut 8.

9. Diapason vero et diapente tripla comparatione colligitur hoc modo. 2. 4. 6. Bis diapason quadrupla collatione perficitur. 2. 4. 8. Diatessaron vero et diapente unum perficiunt diapason hoc modo 2. 3. 4. *Boët. lib. 1. mus. cap. 16. et l. 2. cap. 25. Item lib. 1. mus. cap. 7. et lib. 2. arith. cap. 3.*

* Bis diapason ita se habet ad diapente et diapason, id est quadrupla ratio ad triplam, ut sola diapason ad solam diapente, seu dupla ratio ad sesquialteram; siquidem enim cum numeri alicujus accipiantur tripla et quadrupla, denuoque sesquialtera et dupla; referent sesquitertiam rationem quadruplus numerus erga triplum, et duplus ad sesquialterum : adeoque quanto consonantius est diapason quam diapente, tanto consonantius fiet bis diapason, quam diapason cum diapente. *Ptolem. lib. 1. harmonicor. c.* 6.

leur correspondent, mais il n'est pas besoin d'en continuer plus avant la liste en montant ; Il faut seulement remarquer en descendant que les proportions du ton mineur et du demy-ton majeur, dont la pluspart des musiciens se servent maintenant dans leurs differentes parties, comme aussi les proportions de la diese enharmonique, et du comma, sont celles-cy.

Le ton mineur est de dix à neuf. 10   9 .
Le demy-ton majeur de seize à quinze. 16   15
La diese enharmonique de 128. à 125. 128   125
Le comma d'octante à octante-un. : 80   81

Que si quelqu'un veut comme en abregé voir les proportions harmoniques de tous les intervales du chant par le rapport des nombres les uns aux autres, il n'a qu'à jetter la vûë sur la table suivante, où la disposition des nombres est si admirable, que ceux qui sont perpendiculairement les uns sur les autres, sont en proportion multiple ; combinez dans la suite naturelle ils se rencontrent dans la suparticuliere, et traversez diagonalement de la gauche à la droite, ou de la droite à la gauche ils se trouvent ou en la suparticuliere ou en la surpartiente : De sorte que si l'on en continuë la table, il n'y a aucun intervale pour petit qu'il soit qui ne s'y rencontre au moyen de ces proportions arithmetiques. Voicy le commencement de cette table.

1		2		3		4		5		6
2	3	4	5	6	7	8	9	10	11	12
sesqui-altera	sesqui-tertia	sesqui-quarta	sesqui-quinta	sesqui-sexta	sesqui-septima	sesqui-octava	sesqui-nona	sesqui-decima	sesqui-undecima.	
octava		quinta		quarta		tertia major		tertia minor.		

Quant aux proportions des intervalles dissonans :

Le triton est de quarante-cinq à trente-deux. 45   32
La quarte diminuée de trente-deux à vingt-cinq. 32   25
La fausse quinte de soixante-quatre à 45. 64   45
La quinte superfluë de vingt-cinq à seize. 25   16
La septiéme mineure de neuf à cinq. 9   5
La septiéme majeure de quinze à huit. 15   8
La fausse octave de quarante-huit à 25. 48   25
L'octave superfluë de cent trente-cinq à 64. 135   64
La neuviéme mineure de trente-deux à quinze. 32   15
La neuviéme majeure de neuf à quatre. 9   4
Le triton diapason de quarante cinq à seize. 45   16
La fausse quinte diapason de 128 à 45. 128   45
La quatorziéme mineure de dix-huit à cinq. 18   5
La quatorziéme majeure de quinze à quatre. 15   4
La seiziéme mineure de soixante-quatre à quinze. 64   15
La seiziéme majeure de neuf à deux. 9   2
Le triton disdiapason de quarante-cinq à huit. 45   8
Le semidiapente disdiapason de 256 à 45. 256   45

La vingt-uniéme mineure de trente-six à cinq. 36   5
La vingt-uniéme majeure de soixante à neuf. 60   9
La 23. mineure de cent vingt-huit à cinq. 128   5
La 23. majeure de neuf à un. 9   1
Le triton trisdiapason de quarante-cinq à quatre. 45   4
La 28. mineure de sept cens vingt-un à cinq. 721   5
La 28. majeure de six-vingt à neuf. 120   9
Et ainsi par proportion du reste des dissonances.

VII. Apres avoir donné la table ou la liste de l'accord que les intervalles harmoniques du chant ont avec les nombres d'arithmetique, et fait voir la correspondance qui est aussi entre les intervalles dissonans et les nombres, il reste à voir le rapport que les proportions de geometrie ont avec les mêmes intervalles harmoniques et avec leurs nombres arithmetiques. La division du monochorde est fort propre (1) à cet effet, aussi l'usage en a-t-il esté singulierement recommandé par les plus anciens et les plus illustres auteurs qui ont traité de cette science. Car Pythagore estant aux approches de la mort recommanda particulierement l'usage du monochorde à ses disciples (2). Et Ptolemée l'a pareillement estimé l'instrument le plus juste et le plus propre à regler l'harmonie et la difference des sons; et c'est pour ce sujet qu'il luy a donné le nom de regle harmonique ou canonique (3) : parce qu'il n'est pas moins propre, ny moins utile à mesurer leurs intervalles depuis le plus bas jusques au plus haut, ou du plus haut jusques au plus bas, que la regle ordinaire des geometres à tirer les lignes droites, ou le compas à décrire les circulaires (4). Aretin donc suivant les mesmes maximes en a pareillement proposé l'usage d'abord, et a laissé par écrit deux ou trois manieres d'en faire la division pour les vingt chordes de son systeme (5); et toutes ces manieres sont si exactes et si justes, qu'elles conviennent entierement les unes avec les

(1) Monochordum est instrumentum musicum oblongum, unam habens chordam per longum extensam, secundum consonantiarum proportiones in partes quandoque, quæ chordæ sive voces dicuntur, divisum. Hæ namque partes non semper sunt chordæ realiter, sed sectiones, super quibus, si chorda in longum extensa premitur, et movetur, omnium dictarum sectionum voces, sive sonos reddit. *Orontius Finæus lib.* 5. *Margaritæ philosophicæ tractatu primo cap.* 14.

(2) Quocirca Pythagoras mortem cum vita commutans monochordi usum discipulis commendavit, ut inquit Aristides; quasi qui musices summam magis intellectu per numeros, quam sensu per auditum percipiendam esse doceret. *Franchinus libro* 4. *musicæ instrumentalis cap.* 15.

(3) *Ptolemæus lib.* 1. *harmonicorum cap.* 2.

(4) *Ptolemæus lib.* 1. *harmonicorum cap.* 1.

(5) Qui vero monochordum desiderat facere, et qualitates, et quantitates, similitudines et dissimilitudines sonorum, tonorumve discernere, paucissimas quas subjecimus regulas summopere studeat intelligere. In monochordo autem istis mensuris disponuntur : Γ Græcum hoc est G latinum pone in capite, et incipiens totam lineam, quæ sonanti chordæ subjacet, per novem partes studiosissime divide, et ubi prima pars fecerit finem. *etc. Guido Aretinus c.* 6. *prologi prosaici antiphonarij.*

* Sed quia voces, quæ hujus partis prima sunt fundamenta, in monochordo melius intuemur, quomodo eas ibidem ars naturam vocum imitata discrevit, primitus videamus. In monochordo hæ sunt, *etc.* Γ Gamma itaque in primis affixa, ab ea usque ad finem subjectum chordæ spatium per novem partire, et in termino primæ nonæ partis A litteram pone, in qua omnes antiqui fecerunt principium. Item ab A ad finem nona parte collecta, eodem modo B litteram junge. Post hæc ad gamma revertens ad finem usque metire per 4. et in primæ partis termino inveniens C; eademque divisione per quatuor, sicut cum gamma inventum est C; simili modo per ordinem cum A invenies D. Cum B invenies E, et cum C invenies F, et cum D, G, et cum E, A, et cum F, b rotundam. Quæ vero sequuntur similium et earumdem omnes per ordinem medietate facile colliguntur, ut puta à B ad finem in medio spatio pone aliam ♮ : similiterque C signabit aliam c; d designabit aliam d : et e, aliam e : et f, aliam f : et G aliam g ; et reliqua eodem modo. Enim vero sicut per F grave inventum est b molle partitione per 4. ita per f, invenies aliam bb molle divisione in quatuor. Posses in infinitum ita progredi sursum vel deorsum nisi artis præceptum sua te autoritate compesceret.

De multiplicibus, diversisque monochordi divisionibus, unam apposui ut cum de multis ad unam intenderetur, sine scrupulo caperetur, præsertim cum sit tantæ utilitatis, ut et facile intelligatur, et intellecta vix obliviscatur. Alius vero dividendi modus sequitur, qui etsi memoriæ minus adjungitur, eo tamen monochordum velociori celeritate componitur hoc modo.

Cum à Γ ad finem novem passus, id est particulas facis : Primus passus terminabitur in A, secundus vacat. Tertius in D quartus vacat. Quintus in a. Sextus in d. Septimus in aa, reliqui vacant. Item cum ab A ad finem novenis partiris : Primus passus terminabitur in B secundus vacat. Tertius in E, quartus vacat. Quintus in ♮. Sextus in e. Septimus in ♮♮, reliqui vacant. Item cum à Γ ad finem quaternis dividis; Primus passus terminabitur in C. Secundus in G. Tertius in g. Quartus finit. Ab C vero ad finem similiter quatuor passuum. Primus terminabitur in F. Secundus in C. Tertius in cc. Quartus finit. Ab F vero quatuor passuum. Primus terminabitur in b rotundum. Secundus in f. De dispositionibus vocum hi duo regularum modi sufficiant; quorum superior quidem modus ad moderandum facillimus : hic vero ad faciendum celerrimus. *Guido Aret. c.* 5. *microl.*

autres; et que les trois ensemble ne rendent qu'une mesme division, ainsi qu'on le peut voir dans l'exemple suivant :

ee.	1536
dd.	1728
cc.	1944
♮♮.	2053
bb.	2212
aa.	2304
g.	2592
f.	2916
e.	3072
d.	3456
c.	3888
♮.	4096
♭.	4374
a.	4608
G.	5184
F.	5832
E.	6144
D.	6912
C.	7776
B.	8192
♭.	8748
A.	9216
Γ.	10368

Voici une autre figure de la gamme d'Aretin où les cordes sont separement estenduës pour en rendre les proportions plus apparentes, la differente longueur qu'il leur donne est la marque de leurs pro—

portions geometriques, et les diuers nombres qui leur sont ajoustez la marque des arithmetiques :

En-tête des colonnes (de gauche à droite) : Γ A B C D E F G a b ♭ c d e f g aa ♭♭ ♮♮ cc dd ee

Note	Intervalle	Intervalle	Nombre
e e			1536
	Ton majeur.		
dd			1728
	Ton majeur.		
c c			1944
		Demiton min.	
♯♯	Ton majeur...		2053
		Ton majeur...	
♭♭			2212
	Demiton min.		
a a			2304
	Ton majeur.		
g			2592
	Ton majeur.		
f			2916
	Demiton	mineur.	
e			3072
	Ton majeur.		
d			3456
	Ton majeur.		
c			3888
	Ton majeur.		
♯			4096
		Ton majeur.	
♭			4374
a			4608
	Ton majeur.		
G			5184
	Ton majeur.		
F			5832
	Demiton	mineur.	
E			6144
	Ton majeur.		
D			6912
	Ton majeur.		
C			7776
	Demyton	mineur.	
B			8192
		Demyton maj.	
♭	Ton majeur.		8748
		Demyton min.	
A			9216
	Ton	majeur.	
Γ			10368

La division de ce monochorde (*page précédente*) est faite suivant les termes et le texte du mesme Aretin qui se peut voir aux notes; l'on y a seulement ajoûté les nombres et les proportions d'arithmetique qui répondent aux sections et aux proportions geometriques, qui d'un costé sont marquées de lettres, et de l'autre costé de nombres, afin qu'on puisse voir le parfait accord qui est entre ces deux sortes de proportions avec les proportions harmoniques des intervalles des sons : Outre quoy voicy encore deux ou trois autres façons de faire les divisions geometriques du monochorde (1), qui pourront faciliter l'intelligence des differentes proportions de chaque son ou intervalle particulier.

VIII. Afin donc de rencontrer l'unisson au monochorde, il ne faut que diviser la prochaine ligne *A B* par le milieu, puis mettre le chevalet coulant sous le point du milieu sur lequel est la lettre C. Apres quoy si l'on touche le costé de la chorde qui est de l'A au C, et l'autre costé de la mesme chorde qui est du C au B, elles rendront toutes deux le mesme son ou l'unisson.

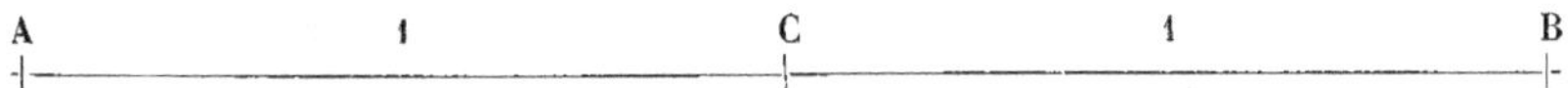

Pour trouver l'octave, qui consiste en proportion double de deux à un, qui joints ensemble font le nombre de trois, il n'y a qu'à diviser en trois la ligne A B. et appliquer le chevalet entre les deux et la troisiéme à l'endroit de la lettre C, puis toucher l'une et l'autre partie de la chorde A. C. et C B et lors C B sonnera l'octave (2) contre A C.

La quinte qui est en proportion sesqui-altere de deux à trois; se forme en joignant ces deux nombres ensemble qui font celuy de cinq, divisant la chorde en autant de parties, et appliquant le chevalet entre les trois et les deux sous le point du C. car alors la partie du C. au B. fera la quinte contre l'autre partie du C. à l'A. (3).

La quarte qui est en proportion sesquitierce de trois à quatre, se produit en joignant ensemble ces deux nombres, divisant la chorde en sept parties, et appliquant le chevalet entre les quatre, et les trois sous le point du C. car la partie de la chorde qui est de l'A. au C. estant touchée avec l'autre partie du C. au B. celle-cy rendra la quarte. (4).

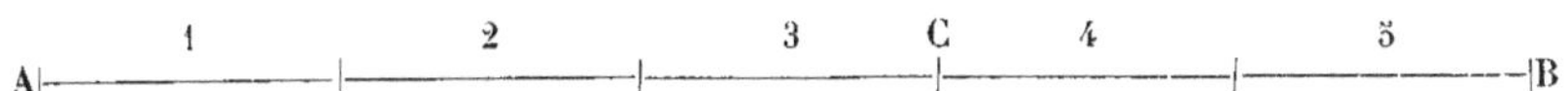

Afin d'avoir la tierce majeure qui est en proportion sesquiquarte de quatre à cinq, divisez.

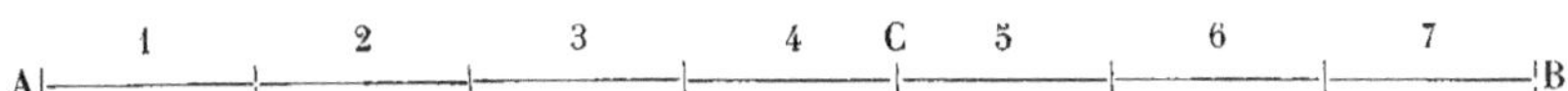

---

(1) *Boët. l. 4. cap.* 18.

(2) Tanto chorda major est in acumine, quanto fuerit minor in spatio : et quæ est dimidia in quantitate, erit dupla in acumine. *Boetius lib. 4. mus. cap. 4. et lib. 5. c. 4.*

* Quod vel in fistulis æque perspicere licet; vox enim quæ per medium foramen emergit, diapason resonat cum ea quæ per totam fistulam promitur. *Arist. sect.* 19. *probl.* 23.

* In hac diapason specie gravior vox duo habet spatia, acuta unum. *Guido c.* 6. *micrologij.*

(3) Diapente dicitur de quinque, sunt autem in ejus spatio voces quinque, ut à D in a; sed gravis vox ejus tria habet spatia, acuta duo. *Guido. cap.* 6. *microl.*

(4) Diatessaron sonat de quatuor; nam et quatuor habet voces, et gravior ejus vox quatuor habet spatia, acuta vero tria; ut à D in G. *Guido ib.*

selon ces deux nombres la chorde en neuf parties, mettez le chevalet entre les cinq et les quatre sous le point du C. et la partie du C. au B. sonnera la tierce majeure contre l'autre partie de l'A au C.

```
         1      2      3      4      5   C   6      7      8      9
   A|----------|------|------|------|------|------|------|------|------|----- |B
```

Pour la tierce mineure qui est en proportion sesquiquinte de cinq à six qui font onze, divisez la chorde en onze parties égales et mettez le chevalet sous le point de la chorde qui est entre les six parties d'une part et les cinq de l'autre; apres quoy la partie de la chorde qui contient les cinq estant touchée contre celle des six rendra la tierce mineure.

Pour le ton majeur qui est en proportion sesquioctave de neuf à huit qui font dix-sept, divisez la chorde en dix-sept parties, mettez le chevalet sous le point de la chorde qui est entre les neuf parties d'un costé et les huit parties de l'autre, et le costé des huit parties estant touché contre celuy des neuf produira le ton majeur (1).

Pour le demy-ton mineur en proportion sesqui vingt-quatriéme de vingt-quatre à vingt-cinq qui font quarante-neuf divisez la chorde en autant de parties, et ayant mis le chevalet sous le point de la chorde qui est entre les 25 d'un costé et les 24. de l'autre, ce costé de chorde estant touché contre l'autre formera le ton mineur.

Pour la sexte majeure qui est en proportion surbipartiente les tierces de trois à cinq, joignant ensemble ces deux nombres qui font huit, divisez pareillement la chorde en huit parties, et mettez le chevalet en sorte que cinq parts demeurent à l'un de ses costez et trois de l'autre; puis le costé des trois estant touché contre celuy des cinq sonnera la sexte majeure.

Pour la sexte mineure qui est en proportion surtripartiente les quintes de cinq à huit qui font treize, divisez aussi en treize la chorde; et le chevalet estant mis entre les cinq et les huit, le costé des cinq rendra la sexte mineure contre le costé où il y en a huit.

Pour la dixiéme majeure qui est en proportion double sesquialtere ou sesquiseconde de deux à cinq, divisez la chorde en sept, et mettant le chevalet entre les deux et les cinq, le costé où sont les deux fera la dixiéme majeure contre le costé des cinq, lors qu'ils seront touchez l'un contre l'autre.

Pour la dixiéme mineure en proportion double surbipartiente les quintes de douze à cinq qui font 17. divisez la chorde en autant de parties, et mettant le chevalet sous le point de la chorde qui fait le milieu entre les cinq parties d'un costé, et les douze de l'autre, le costé des cinq estant touché contre le costé des douze rendra la dixiéme mineure.

Pour l'onziéme qui est en proportion double surtripartiente les tierces de huit à trois, divisez la chorde en onze, et mettez le chevalet en sorte qu'il ait d'un costé huit, et de l'autre trois de ces parties, lors le costé des trois estant touché contre celuy des huit rencontrera l'onziéme.

La douziéme qui est en proportion triple de trois à un, se trouvera pareillement en divisant la chorde en quatre, et laissant à vn costé du chevalet trois de ces parties, et seulement une à son autre costé.

La treiziéme majeure en proportion triple sesquitierce de dix à trois, sera formée en divisant la chorde en treize, et mettant le chevalet entre les trois d'un costé et les dix de l'autre; car les trois estant touchées contre les dix, rendront cette treiziéme.

La treiziéme mineure en proportion sursextipartiente les dixiémes de dix à seize sera produite, divisant la chorde en vingt-six, et posant le chevalet sous le point qui est entre les seize parts d'un costé et les dix de l'autre, qui estans touchées contre les seize, feront la treiziéme mineure.

---

(1) Tonus autem ab intonando, id est sonando, nomen accepit, qui majori voci novem, minori vero octo passus constituit. *Guido* cap. 6. *microl.*

Le disdiapason ou la double octave, en proportion quadruple de quatre à un, ne manquera pas de se rencontrer, si divisant la chorde en cinq, l'on met le chevalet sous le point de la chorde qui a quatre parties à l'un de ses costez, et seulement une à son autre costé : car celle-cy touchée contre l'autre, rendra la double octave.

IX. Ces exemples suffisent pour faire voir la maniere avec laquelle toute sorte d'autres intervalles, soit qu'ils ayent une bonne ou mauvaise suite, soit qu'ils soient consonans ou dissonans, peuvent estre formez par la division du monochorde. Car le triton par exemple, qui est de trente-deux à quarante-cinq sera produit, si divisant la chorde en septante-sept portions égales, l'on applique le chevalet sous le point de la chorde qui divise le costé de la chorde où sont les trente-deux portions, d'avec l'autre costé où sont les quarante-cinq.

La septiéme mineure qui est de cinq à neuf, se rencontrera si divisant la chorde en quatorze parties, l'on place le chevalet en sorte qu'un costé de la chorde contiene cinq parties, et l'autre costé en contiene neuf. Ce qui peut par proportion estre verifié en parcourant le reste des consonances. Or en toutes ces sortes de divisions, il est aisé de remarquer le merveilleux accord qui se trouve entre les rapports des nombres de l'arithmetique, et les proportions de la geometrie, et l'uniformité avec laquelle la multitude des nombres, et la grandeur des proportions conviennent ensemble pour designer les sons bas ou graves d'une part ; et de l'autre comme la moindre quantité des nombres, et la petitesse des proportions s'ajustent fort bien ensemble pour marquer les sons hauts ou aigus.

X. Une autre façon de diviser le monochorde, et par sa division d'exprimer en particulier chaque intervalle, est d'avoir deux chordes ou deux lignes paralleles de mesme longueur, dont laissant l'une entiere sans aucune division, l'on applique les divisions sur l'autre. Car alors la moitié de la ligne A. B. par exemple, ou de l'A à l'E. ou de l'E au B. estant touchée contre la chorde indivise de C D, rendra l'octave.

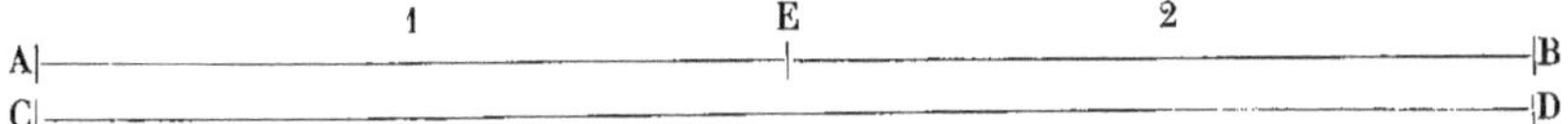

La quinte semblablement sera produite, si divisant l'une des deux chordes paralleles en trois, et mettant le chevalet entre les deux, et la troisiéme sous le point E, l'on touche le costé de l'A à E, contre la chorde entiere ou indivise.

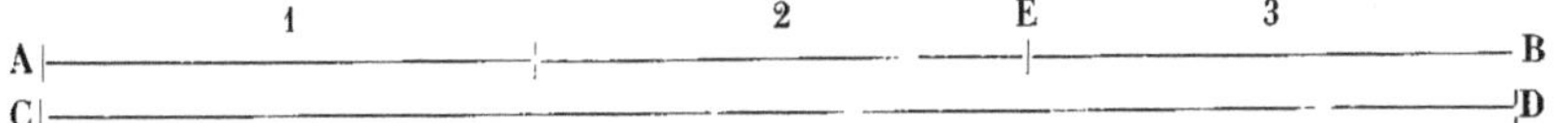

L'on trouvera pareillement la quarte, si divisant l'une des deux paralleles en quatre, et mettant le chevalet entre la troisiéme et la quatriéme partie, l'on touche le costé de la chorde où sont les trois parts de l'A à l'E, avec l'autre chorde parallele toute entiere.

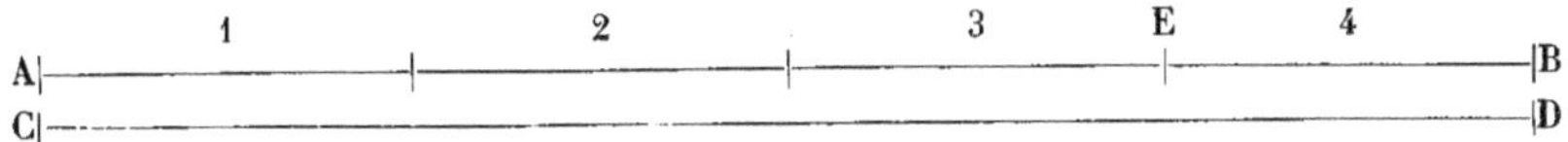

Toutes les autres sortes d'intervalles se peuvent former de la mesme maniere par les divisions de l'une de ces deux chordes qui leur soient proportionnées.

XI. Outre ces deux façons de diviser le monochorde, qui ne servent chacune qu'à former un

des intervalles. L'on peut diviser la chorde en sorte que dans ses divisions il s'y rencontre plusieurs intervalles ensemble : Par exemple, si on la divise en six parties égales, l'on y trouvera 5.

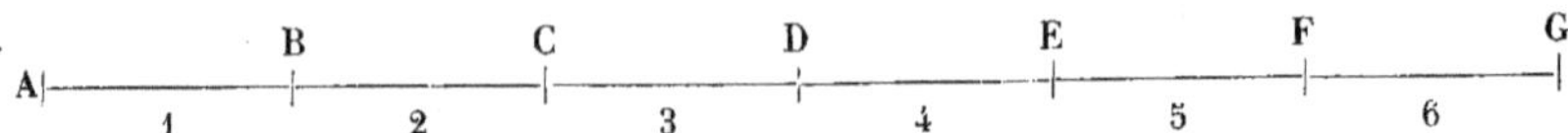

des principaux intervalles, et des premieres consonances. Car A. C. rendront l'octave contre B. C. en proportion double.

A. C. contre A. D. feront la quinte, ou sesquialtere.

A. D. contre A. E. la quarte ou sesquitierce.

A. E. contre A. F. la tierce majeure, ou sesquiquarte.

A. F. contre A. G. la tierce mineure ou sesquiquinte.

Et si la multiplicité des divisions d'une seule chorde n'estoit pas exposée à quelque danger de confusion, il ne seroit pas malaisé d'y en marquer un plus grand nombre avec autant des differens intervalles qui y peuvent correspondre : Par exemple, si l'on vouloit diviser une chorde en seize parties, l'on y rencontreroit les intervalles ou les consonances qui s'ensuivent.

Et premierement si l'on divise la chorde A. B. au C. il en sortira l'unisson de l'A. C. à C. B. et l'octave de l'A. C. à l'A. B.

2. Si on divise le C. B. de la mesme chorde en D. il en reviendra

la quarte de l'A. D. à l'A. B.

l'octave de l'A. C. à C. D.

la quinte de l'A. D. à l'A. C.

l'octave avec la quinte ou douziéme de l'A. D. à C. D.

la double octave ou disdiapason de D. B. à l'A. B.

3. Si l'on divise le C. D. en E. ou le D. B. en F. il s'y rencontrera

la tierce majeure de l'A. E. à l'A. C.

le disdiapason avec la tierce maj. ou 17ᵉ maj. de l'A. E. à C. E.

le disdiapason ou 15ᵉ de l'A. C. à C. E.

le disdiapason avec la quinte ou 19ᵉ de l'A. D. à l'E. D.

la sexte majeure de l'A. E. à E. B.

la sexte mineure de l'A. B. à l'A. E.

le trisdiapason ou 22ᵉ de l'A. B. à B. F.

4. Si l'on divise E. C. en G. il y aura

le ton mineur de l'A. G. à l'A. E.

le ton majeur de l'A. G. à l'A. C. etc.

REPRODUCTION EXACTE DES PASSAGES DE GUY D'AREZZO

QUI SE TROUVENT CITÉS DANS LE CHAPITRE VIII DE JUMILHAC, COLLATIONNÉS DE NOUVEAU SUR LE MANUSCRIT DE SAINT-EVROULT.

Page 85, note 5.

« Qui vero monocordum desiderat facere, et qualitates et quantitates, similitudines et dissimilitudines sonorum, tonorumve discernere, paucissimas quas subjecimus regulas summopere studeat intelligere. In monocordo autem istis mensuris disponuntur Γ Grecum, hoc est G latinum pono (1) in capite, et incipiens totam lineam, quę sonanti cordę subjacet, per novem partes studiosissime divide, et ubi prima pars fecerit finem. etc. » (Pages 23-24 mss de S.–Evroult).

« Sed quia voces quę hujus artis prima sunt fundamenta in monocordo melius intuemur, quomodo eas ibidem ars naturam vocum imitata discrevit, primitus videamus. In monocordo hę sunt, etc. Γ Gamma itaque in primis affixa, ab ea usque ad finem subjectum cordę spatium per novem partire et in termino primę nonę partis A litteram pone, in qua omnes antiqui fecerunt principium. Item ab A ad finem nona parte collecta eodem modo B litteram junge. Post hęc ad gamma revertens ad finem usque metire per 4, et in primę partis termino inveniens C, eademque divisione per quatuor, sicut cum Γ gamma inventum est C, simili modo per ordinem cum A invenies D, cum B invenies E, et cum C invenies F, et cum D, G, et cum E, A, et cum F, b rotundam. Quę vero sequuntur similium et earumdem omnes per ordinem medietate facile colliguntur, ut puta á B ad finem in medio spatio pone aliam ♮, similiterque C signabit aliam c, d designabit aliam d, et e, aliam e, et f, aliam f, et G aliam g, et reliqua eodem modo. Enim vero sicut per F grave inventum est b molle partitione per 4, ita per f invenies aliam B molle divisione in quatuor. Posses in in-

(1) Il faut évidemment lire pone.

finitum ita progredi sursum vel deorsum, nisi artis præceptum sua te autoritate compesceret. De multiplicibus, diversisque monochordi divisionibus unam apposui, ut cum de multis ad unam intenderetur sine scrupulo caperetur, præsertim cum sit tantæ utilitatis ut et facile intelligatur, et intellecta vix obliviscatur. Alius vero dividendi modus sequitur, qui etsi memoriæ minus adjungitur, eo tamen monochordum velociori celeritate componitur hoc modo.

Cum primum á Γ ad finem novem passus id est particulas facis, primus passus terminabitur in A, secundus vacat, tertius in D, quartus vacat, quintus in a, sextus in d, septimus in aa, reliqui vacant. Item cum ab A ad finem novenis partiris, primus passus terminabitur in B, secundus vacat, tertius in E, quartus vacat, quintus in ♮, sextus in e, septimus in ♮ ♮, reliqui vacant. Item cum à Γ ad finem quaternis dividis, primus passus terminabitur in C, secundus in G, tertius in g, quartus finit. A C vero ad finem similiter quatuor passuum, primus terminabitur in F, secundus in C, tertius in cc, quartus finit. Ab F vero quatuor passuum. Primus terminabitur in b rotundam, secundus in f. De dispositionibus vocum hi duo regularum modi sufficiant, quorum superior quidem modus ad moderandum facillimus, hic vero ad faciendum celerrimus » (Chapitres I, II et III du Micrologue, p. 2 et 3 du mss de S.–Evroult).

Page 88, note 2.

« In hac specie (diapason) gravior vox duo habet spatia, acuta unum » (P. 4 du mss de S.–Evroult).

Page 88, notes 3 et 4.

Ces extraits sont parfaitement cités par Dom Jumilhac, et appartiennent à la page 4 du mss de S.–Evroult.

CHAPITRE IX.

DES DIVERSES GAMMES, OU SYSTEMES DES SONS, ET DES INTERVALLES DU CHANT.

I. Le mot de Gamme ou de Systeme ne signifie autre chose qu'un amas ou assemblage (1), et une suite ou composition de plusieurs dictions, ou syllabes, ou lettres, qui signifient et donnent à connoistre les sons graves et les aigus, leur difference et leurs intervalles, leur harmonie, et leur melodie, leur bonne suite et leurs consonances ; afin que par leur moyen l'on puisse non seulement discerner, lire et chanter toute sorte de pieces de chant, mais aussi les composer. De sorte que les Systemes ou les Gammes sont à l'égard du chant, ce que les Alphabets sont au regard de la Grammaire ; c'est à dire les premiers élemens des sons, de leurs intervalles, et de tout le reste qui concerne le chant, comme les Alphabets le sont des syllabes, des dictions des discours, des livres, de leur lecture ou pronontiation, et de tout le reste qui appartient à la Grammaire. C'est pourquoy (2) Franchin leur a donné le nom d'introduction et d'introductoire au chant et à la musique.

II. Mais comme il y a eu divers Alphabets selon la difference, ou des langues, ou des temps, ou des lieux (quoy qu'ils n'ayent tous esté dressez que pour signifier les mesmes voyelles et les mesmes consones :) de mesme les philosophes et les musiciens par succession de temps ont pareillement inventé diverses façons de systemes, composez de differentes dictions, ou characteres, ou lettres, ou syllabes, selon qu'il leur a semblé le plus commode pour mieux exprimer ou representer les mesmes sons, et leurs intervalles.

III. Le premier de ces systemes, dont la memoire se soit conservée dans la succession des siecles, a esté celuy des Grecs, qui ayant commencé par un tetrachorde, fut dans la suite du temps augmenté par divers philosophes et musiciens Grecs, jusques à un second, troisiéme, et quatriéme tetrachorde, et au nombre de quinze chordes, qui font le disdiapason, ou la double octave. L'on peut voir dans Boëce (3) et dans Plutarque ceux à qui les payens ont attribué l'invention de ces chordes.

IV. Mais parce que les noms de ces quinze chordes, par exemple, de *proslambanomenos*, *hypate hypaton*, et les autres suivantes ne pouvoient pas commodement estre écrites avec le texte, tant à cause de leur (4) longueur, que de la difficulté qu'il y pouvoit avoir à les prononcer ou à les

---

(1) Systema est conglobatio seu congeries plurium sonorum uno aut pluribus diastematibus composita. Hinc diatessaron atque diapente systemata nuncupari possunt. Ptolemæus vero systema simpliciter considerans, magnitudinem quamdam esse dixit ex consonantijs compositam, quemadmodum consonantiam censuit magnitudinem quandam esse ex concinnitatibus ductam, verum Briennius systema velut consonantiam consonantiarum esse asserit, ut diapason, ac disdiapason. Ac diapason quidem perfectum systema dicitur, quod diatonice disposita omnes suæ continuæ consonantiæ species contineat : habet enim diapason consonantia diapentem sibi continuam, scilicet minorem ; et diapente habet diatessaron, *etc*. Hinc perfectum systema minus atque mutabile diapason vocamus, quia ex minoribus ac simplicioribus, diatessaron scilicet ac diapentes diastematibus fiat : mutabile inquam, quoniam intensione et remissione per species variatur.

Disdiapason vero quia majoribus atque compositis diastematibus deductum est, omnesque consonantias, omnes item consonantiarum species continet, diatonica quindecim chordarum dispositione, perfectum, atque majus, et immutabile systema merito nuncupatur. Nihil enim eidem ad totius harmonici modulaminis integritatem deest, nihilque exuberat ; et immutabile quia uni eidemque dispositioni semper inhæret. *Franchinus lib. 1. harmon. instrument. cap.* 14.

* *Ptolemæus libro 2. harmonicorum cap.* 4.

(2) Hanc igitur litterarum syllabarumque proprijs tonis, atque fixis semitonijs dimensam descriptionem introductorium musicæ duximus nuncupandum : cum primo actu introducendis præponatur, ut alphabetum pueris grammatici tradere soliti sunt. *Franchinus l. 5. theoriæ musicæ cap.* 6.

(3) *Boëtius lib. 1. mus. cap.* 20.

* *Plutarchus in commentario de musica.*

(4) Veteres enim musici propter compendium scriptionis ne in—

retenir, les anciens musiciens s'avisérent de substituer en leur place de certaines lettres, ou caracteres, ou chiffres, qui fussent propres à signifier les noms des mesmes chordes : Ils employerent premierement leurs lettres grecques diversifiées dans leur situation ou figure, desquelles Alipius et le mesme (1) Boëce ont fait une exacte description.

V. Et d'autant que ces sortes de caracteres ou de chiffres estoient trop difficiles à retenir, tant à cause de la varieté de leurs figures (2), que de leur excessive multitude qui selon la supputation qu'en a fait Kirchier monte jusques au nombre de mil deux-cent quarante (3). Les Latins ennuyez de ces caracteres étrangers, employerent en leur lieu premierement les quinze premieres lettres de leur Alphabet. A. B. C. D. E. F. G. H. I. K. L. M. N. O. P. ainsi qu'on le peut voir dans le mesme Boëce (4). Puis S. Gregoire, au rapport de Franchin et de Kirchier, reduisit le nombre de ces quinze lettres à celuy des sept (5) premieres. A. B. C. D. E. F. G. en sorte toutefois qu'elles fussent reïterées autant qu'il en seroit besoin pour satisfaire à l'étenduë, soit des pieces de chant, soit de la voix humaine, soit des instrumens. En suite de quoy l'on se servit au lieu de ces lettres de certaines notes en façon de points, les uns sans queuës, les autres avec des queuës, ainsi qu'on le peut voir en plusieurs manuscrits du 8ᵉ ou 9ᵉ siecle. Mais parce que des notes sans aucune lettre estoient trop difficiles à discerner (particulierement aux chants extraordinaires ou de grande étenduë), il se trouve quelques manuscrits d'environ les mesmes siecles, ou les lettres et les points sont conjointement marquez au dessus du texte; les lettres immediatement au dessus, et les points qui leur correspondent immediatement au dessus de chacune des lettres qu'ils representent, et dont ils sont les signes. Il y a toutefois grande apparence que dans le dixiéme siecle l'on ne se servoit communément que des lettres ou bien des points : parce que lors que Guy Aretin, qui a écrit à la fin de ce siecle, propose quelques exemples de chant en son Micrologue, ou au Prologue de son Antiphonaire, ou au Formulaire de ses modes, il les explique toûjours ou par les lettres, ou par les points, comme par les choses qui estoient lors les plus connuës et les plus familieres dans l'usage. Mais il ajoûte une ligne et une lettre aux points, afin d'en rendre d'abord la connoissance plus aisée.

tegra semper nomina necesse esset apponere, notulas quasdam quibus nervorum vocabula notarentur, easque per genera modosque divisere ; ut si quando melos aliquod musicus voluisset ascribere super versum rythmica metri compositione distentum, has sonorum notulas ascriberet. Ita miro modo reperientes, ut non tantum carminum verba, quæ litteris explicarentur; sed melos quoque ipsum, quod his notulis signaretur, in memoriam posteritatemque duraret. *Et infra.* Sane si quando dispositionem notarum, græcarum litterarum nuncupatione descripsero, lector nulla novitate turbetur. Græcis enim litteris fiunt in quamlibet partem imminutis; nunc etiam inflexis tota hæc notarum descriptio constituta est. Nos vero cavemus aliquid ab antiquitatis authoritate transvertere. *Boët. lib. 4. mus. cap. 3.*

(1) *Alipius in mus. apud Meibomium.*

* *Boët. lib. 4. c. 14.*

(2) Verum cum ante litterarum hujusmodi dispositionem difficillimis quibusdam ziffris chordas sonantes signarent scriptores, alterum harum scilicet litterarum annotandi modum providi musici facilitate devicti dicuntur instituisse, ad Guidonis usque tempora celebratum; quod carmine ipse testatus est; *solis litteris notare optimum probavimus, quibus ad discendum cantum nil est facilius. Franch. lib. 3. theor. cap. 6.*

(3) Norant Græci non nisi tres consonantias; harumque consonantiam non nisi per nervos in polychordo ordine extensos addiscebant : id tamen non nisi simplicissimi contrapuncti rationem habebat; ad quam tamen antequam pervenirent, 1240. caracteres musici ad aliquam sibi symphoniam comparandam, ex notis, seu litteris unicuique tono, et generi proprijs, addiscendi erant : quæ res et summam memoriam cum summa patientia requirebat; multis quoque ob laborem in his addiscendis exhantlandum prorsus videbatur intolerabilis. A tempore vero quo Guido Aretinus æternæ memoriæ vir musicam veterem in meliorem, facilioremque methodum transtulit. *etc. Kircher. to. 1. musurg. univers. l. 7. parte 1. Eromate 3. §. 3.*

[NOTE DES ÉDITEURS : — Il y a même des auteurs, et entre autres M. Burette, qui ont porté à *seize cent vingt* le nombre des signes destinés à représenter les sons de la musique grecque. « Mais, dit M. Fétis, M. Perne a fait remarquer que ce nombre « si considérable..... n'a jamais été réellement usité dans la mu- « sique des Grecs, parce que les signes de la notation instrumentale « et vocale étaient différents,.... et que la connaissance des quinze « paires de notes du mode lydien était suffisante à un musicien « pour l'usage habituel (*Biog. des mus.*, p. cxxi). » Voyez la note 8 de la page 47.]

(4) *Boëtius libro quarto musicæ cap.* 13 *et* 16.

(5) Septem tantum esse essentiales chordas septenis litteris à Gregorio descriptas, 6. Æneïdos hoc carmine Maronis auctoritas celebravit;

> Nec non Trahitius longa cum veste sacerdos
> Obloquitur numeris septem discrimina vocum.

(*Franch. l. 1. practicæ cap. 2.*)

* Servatis præterea septem litteris, quæ in signando cantu in illum usque diem à tempore S. Gregorij in usu fuerant, videlicet *A*, *B*, *C*, *D*, *E*, *F*, *G*, post quarum curriculum ad absolvendam octavam ad *A* revolutio fit. *etc. Kircherus tomo* 1. *musicæ univers. lib. 3. c. 2.*

VI. Enfin dans l'onziéme siecle, environ l'an (1) 1024, sous le Pontificat de Jean XX. et l'Empire de Henry III. (bien que Sigebert (2) et Crantzius disent que ce fut en 1028.) Guy Aretin natif de la ville d'Arezze en Toscane, et de profession Moine Benedictin du Monastere de Nostre-Dame de Pompose, au Duché de Ferrare, mit au jour la façon de la Gamme, des lignes, des notes, et des lettres, ou clefs, dont l'Eglise et tous les chantres se sont depuis toûjours servis dans la pratique du plain-chant, au moyen dequoy les enfans, qui (comme dit le mesme Aretin) ne sçavoient encore pas assembler ou prononcer les mots du texte, pouvoient neanmoins en chanter la note en peu de jours avec plus de facilité, que la pluspart des chantres n'eussent pû faire auparavant avec l'étude et le travail d'une centaine d'années (3).

VII. Kirchier fait (4) encore mention de deux ou trois autres manieres de marquer les caracteres du systeme des Grecs, qu'il prétend estre plus anciennes que celle d'Aretin, à cause de la qualité des manuscrits grecs où elles se voyent, qu'il estime estre de sept-cent ans, dont les uns à ce qu'il dit sont au Monastere de S. Sauveur de Messine, et les autres sont citez par Vincent Galilée. Il dit donc qu'afin de mieux distinguer les notes ou les points qui estoient les signes de ces caracteres, il y a huit lignes dans ces manuscrits, et qu'au commencement de chaque ligne ceux de Messine ont les premieres lettres grecques, en sorte que la premiere, qui est *l'alpha*, est au commencement de la plus basse ligne, et la huitiéme, qui est le *theta*, est à la plus haute ; mais ceux de Vincent Galilée n'ont que sept lettres grecques, sçavoir *l'omega* au commencement de la plus basse, le *phi* à la suivante, le *tau* à la troisiéme, le *pi* à la quatriéme, le *my* à la cinquiéme, le *lambda* à la sixiéme, le *eta* à la septiéme, et la huitiéme ligne est sans aucune lettre, pour marquer vray-semblablement la reïteration de l'*omega*, afin d'achever l'octave. Pour ce qui est des points ou des notes de ces huit lignes, ils ne sont placez que sur les mesmes lignes, et il n'y en a aucun dans leurs interlignes. Le mesme Kirchier fait aussi mention de quelques anciens antiphoniers manuscrits de Vallombreuse qui n'ont que deux lignes avec des points ou des notes au dessus et au dessous de chacune, sans aucune lettre ; pretendant que tant ceux-cy que ces autres manuscrits grecs ont esté faits avant le temps d'Aretin : Neanmoins il est bien plus vray-semblable que les uns et les autres luy sont posterieurs. Car premierement pour ce qui est de Vallombreuse, Aretin publia sa nouvelle methode avant la fondation de cette Abbaye, qui ne fut bâtie que vers l'an 1040. Et si les deux lignes de ces manuscrits sont colorées, elles sont par consequent marquées des lettres que signifient leurs couleurs, dont la rouge designoit alors la lettre *F*. et la verte la lettre *C*. Que si elles ne sont accompagnées d'aucune couleur ni d'aucune lettre, elles reviendront à la façon de noter du neufiéme siecle, dont il a esté parlé cy-dessus ; vû que dans les manuscrits de ces temps-là on ne laissoit pas de traçer quelques lignes pour conduire l'assiette des points en écrivant. Quant aux Grecs, si ces sortes de lignes, de lettres et de notes avoient esté en usage parmy eux, et dans l'Orient, les Latins qui avoient tant de commerce avec eux, en auroient eu quelque connoissance, et Aretin n'auroit pas manqué à se prevaloir de

---

(1) His postremis temporibus Benedicti Octavi Papæ sedis, Guido Aretinus professione monachus, musicus insignis innotuit, vocatus ab eodem Pontifice Romam. Hic enim maxima omnium admiratione, novam addiscendi musicam rationem invenit, adeo ut puer paucis mensibus addisceret, quod pluribus annis vix homo quilibet pollens ingenio addiscere potuisset ; magnoque miraculo accidere videretur, ut pueri senum et magistrorum magistri evaderent. Delata est res ad eumdem summum pontificem, qui hujuscemodi rei tantæ experimentum fieri videre cupiens, ipsum Romam ad se accersendum curavit. *etc. Baronius tomo* 11. *Annalium ad annum Christi.* 1022.

(2) *Sigebertus in chronico.*

(3) Tales apud nos pueruli sæpe et ipsius antiphonæ, quam per se sine magistro possunt cantare, verba et syllabas nesciunt pronuntiare. Miserabiles autem cantores, cantorumque discipuli, etiamsi per centum annos cotidie cantent, nunquam per se sine magistro unam vel saltem parvulam cantabunt antiphonam *Guido cap.* 1. *prologi prosaïci.*

* Quidam eorum imitatione chordæ, et nostrarum notarum usu exercitati ante unius mensis spatium invisos et inauditos cantus ita primo intuitu indubitanter cantabant, ut maximum spectaculum plurimis præberent : quod tamen qui non potest facere, nescio qua fronte se musicum vel cantorem audeat dicere. Maxime itaque dolui de nostris cantoribus, qui, et si centum annis in canendi studio perseverent, nunquam tamen vel minimam antiphonam per se valent afferre. *Guido in epist. dedicatoria micrologi ad Theodaldum episcopum.*

(4) *Kircherus. to.* 1. *lib.* 3. *c.* 2.

leur exemple pour se mettre à couvert des insultes de ceux qui poussez d'envie tàchoient de décrier sa nouvelle methode : Il n'auroit pas eu la hardiesse d'en attribuer l'invention immediatement à la grace; et Kirchier ni les autres autheurs qui en ont écrit avant luy n'auroient pas eu raison de l'imputer à un mouvement plus divin qu'humain. Ainsi il y a grande apparence que ces manuscrits grecs, dont Kirchier et Galilée font mention, ont esté faits aprés l'établissement de la pratique d'Aretin ; et que les grecs voulant l'imiter y ont employé huit lignes et huit lettres dans ces commencemens, pour y pouvoir marquer l'octave entiere dont les pieces de chant ont accoûtumé d'estre composées, et n'estre pas obligez de mettre des notes dans les interlignes à la façon d'Aretin.

VIII. Mais parce que outre ces manuscrits qui sont citez par Kirchier, il s'en trouve quelques autres avec des notes et des lignes, qui sont effectivement avant le siecle d'Aretin, il est necessaire de remarquer la difference qui est entre leurs lignes et leurs notes, et entre celles dont Aretin s'est depuis servy, afin de ne se pas tromper dans le jugement que l'on peut porter de leur antiquité. Les lignes donc qui se voyent dans les manuscrits qui ont precedé le siecle d'Aretin, n'y ont esté employées que pour conduire la main des écrivains, afin qu'en suite tant l'écriture du texte que les points ou les notes du chant fussent tirées avec plus de droiture ou de symmetrie. Du reste tant ces lignes que leurs notes n'ont eu aucune lettre ni couleur, et partant elles sont qualifiées aveugles par Aretin, d'autant qu'elles sont privées de la lumiere qui est necessaire pour faire connoistre la difference des sons, et pour conduire le chant. Que si en quelques-uns de ces mesmes manuscrits il se voit maintenant quelque lettre à l'endroit de leurs points ou de leurs notes, il n'y a qu'à les regarder de prez, et à les examiner un peu plus exactement, et l'on trouvera qu'elles ne sont pas écrites de la mesme main, et qu'elles y ont esté ajoûtées depuis qu'on a pù leur donner de la lumiere par le moyen des lettres d'Aretin, afin de les tirer de l'obscurité et de la confusion où elles estoient auparavant. C'est ainsi que je l'ay moy-mesme veû et observé en quelques manuscrits, et entre autres en celuy du Monastere de Ripouille qui est de l'année 842.

IX. Quant aux lignes et aux notes d'Aretin, elles ont esté d'abord d'une qualité bien differente; car ses lignes ont esté parfaitement distinguées par la varieté de leurs couleurs et de leurs lettres, et ont rendu les notes qui estoient placées dessus et dans leurs entre-deux, non seulement plus intelligibles, mais aussi visibles et palpables. Pour cet effet il donna à deux de ses quatre lignes deux diverses couleurs (1), à l'une le rouge, pour marquer la lettre ou la clef *F*. à

(1) Ita igitur disponuntur voces, ut unusquisque sonus, quantumlibet in cantu repetatur, in uno semper et suo ordine inveniatur. Quos ordines ut melius possis discernere, spissæ ducuntur lineæ, et quidam ordines vocum in ipsis fiunt lineis : Quidam vero inter lineas in medio intervallo et spatio linearum. Quanticumque ergo soni in una linea, vel in uno sunt spatio, omnes similiter sonant. Ut autem et illud intelligas, quantæ lineæ, et spatia unum habent sonum quibusdam lineis vel spatijs quædam litterę de monochordo præfiguntur; atque etiam colores superducuntur. Unde datur intelligi, quia in toto antiphonario et in omni cantu quantæcumque lineæ, vel spatia unam eamdemque habent litteram, vel eumdem colorem, ita per omnia similes sonant, tanquam si omnes in una linea fuissent. Quia sicut linea unitatem sonorum, ita per omnia littera et color unitatem significat linearum ; ac per hoc etiam sonorum. Quod si secundum ordinem sonorum ab ipsa littera vel colorata linea ubique inspicias, et illud aperte cognosces, quia in omnibus secundis ordinibus (*c'est à dire dans les entrelignes des lettres aux lignes*) eadem vocum et neumarum est unitas. Similiter et de tertio, vel quarto ordine, et reliquis intellige, sive superiores sive inferiores ordine cernas. Igitur certissime constat quia omnes neumæ vel soni in ejusdem litteræ vel coloris lineis similiter positi, vel absimiliter litteræ vel colorata linea pariter elongati, per omnia similiter sonant. Ideoque quamvis perfecta sit positura neumarum; cæca omnino est, et nihil valet sine adjutorio litterarum, vel colorum. Duos enim colores ponimus, croceum scilicet et rubeum, per quos colores valde utilem tibi regulam trado, per quam apertissime cognosces de omni neuma; et unamquamque vocem de quali tono sit, et de quali littera monochordi; si tamen ut valde est oportunum, monochordum et tonorum formulas in frequenti habeas usu. Septem vero sunt litteræ monochordi, ut plenius postea demonstrabo. Ubicumque videris crocum, ipsa est littera tertia (id est C,) et ubicumque videris minium, ipsa est littera sexta (*i, f*) sive in lineis, sive inter lineas ipsi ducantur colores. Igitur tertio ordine sub croco prima est littera. (*i, A*) et tonus primus vel secundus; super hanc autem juxta crocum, secunda littera (*i, B*) in qua est tonus tertius vel quartus. Deinde in ipso croco, est vox vel littera tertia : (*i, c*) in qua tonus quintus est sextus. Ultima super crocum, et tertia sub minio est littera quarta (*i, D*) in qua est tonus primus vel secundus. Proxima est sub minio quinta (*i, E*) in qua tonus tertius vel quartus. In ipso est minio secta (*i, F*) in qua tonus quintus vel sextus. Juxta super minium, septima (*i, G*) in qua est tonus septimus et octavus. Deinde prima (*i, A*) reperitur tertio ordine super minium (*i, f*) et tertio ordine subtus crocum (*i, c*) in qua tonus primus, vel

l'autre le vert, pour marquer la lettre ou la clef du *C*. Aux deux autres de ses lignes qui n'avoient aucune couleur, il mit à leur commencement deux autres des sept premieres lettres : de sorte que chacune de ses quatre lignes ayant sa lettre ou sa clef, les points ou les notes qui se trouvoient assises tant sur les lignes, qu'au dessus ou au dessous, et dans les interlignes, estoient d'abord discernées avec tant d'évidence, qu'en suite il n'a pas esté besoin, ni de continuer à distinguer les lignes par des couleurs, ni de multiplier les lettres ou les clefs; C'est pourquoy il y a déjà plusieurs siecles que l'on s'est contenté d'en marquer une seule à l'une des quatre lignes, ainsi qu'on le voit à present dans les livres de chant, et qu'il sera cy-dessous declaré plus au long dans le systeme des notes; mais il faut auparavant sçavoir en quoy consistoient, tant le systeme des Grecs, que ceux d'Aretin; et dautant que celuy des Grecs est le fondement et l'origine de tous les autres, et que ceux d'Aretin n'ont esté inventez que pour rendre celuy des Grecs plus intelligible, et sa pratique infiniment plus aisée et plus commode qu'elle n'estoit auparavant; Il est du bon ordre de commencer leur explication par celuy des Grecs. Quant à leurs figures, elles sont mises au chapitre suivant, dans lequel le systeme des Grecs est expliqué d'une manière complete. Nous ne finirons pas toutefois sans donner icy une idée des anciennes façons des lignes, et des points ou notes, desquelles il a esté fait mention cy-dessus. Le premier exemple que nous en offrirons est celuy des quinze premieres lettres latines appliquées sur l'*Exultet* qui se chante à la benediction du cierge Paschal; il est extrait du fragment d'un manuscrit de l'Abbaye de Jumieges en Normandie (1) : Ce fragment est fort ancien, et paroist avoir six ou sept cens ans; il est fort bien écrit et fort bien noté, et se conserve dans la Bibliotheque de l'Abbaye de S. Germain des Prez. Le voici :

f h' g   g   g gh g g g g gf fg g   f h' g   g g g   g g f f
Exultet jam angelica turba cœlorum. exultent diuina misteria.

d f   gg h g g f g gf f
Per omnia sæcula sæculorum.

g i kl k i   i   ii j ih hg gh h iki gf   gh h h i' hg gh h
Huius igitur sanctificati–o noctis fugat scelera culpas lauat, etc.

La seconde façon qui concerne les points est tiré d'un manuscrit de l'Abbaye de Ripoüille, située aux confins de la Catalogne, et d'un manuscrit de l'Abbaye de Corbie, qui contient le Sacramentaire de S. Gregoire, sur le dos duquel est écrit, *Missale S. Eligii*. L'un et l'autre sont

secundus, ut dictum est; post quam aliæ omnes reiterantur, prioribus in nullo dissimiles. Quæ omnia plenius te hæc figura docebit.

V	C	VI.		III	B	IIII.		I	A	II.		VII	Γ	VIII.
VII	G	VIII.		V	F	VI.		III	E	IIII.		I	D	II.
I	d	II.		V	c	VI.		III	ϛ	IIII.		I	a	II.
I	a	II.		VII	g	VIII.		V	f	VI.		III	e	IIII.

Quamvis autem duo semper toni in una sint littera, vel voce, tamen multo melius et frequentius conveniunt singulis neumis ac sonis formulæ secundi toni, quarti, sexti, octavi : Nam formulæ primi, tertij, quinti et septimi non conveniunt, nisi cum cantus ab alto descendens in gravem devenerit finem. *Et paulo infra.* Et simplicibus quidem ad cognoscendas simpliciter neumas ista sufficiant. *Guido Aretinus in prologo prosaïco antiphonarij cap. 1.*

* Ut proprietas sonorum discernatur clarius, quasdam lineas ( ) gnamus varijs coloribus, ut quo loco quis sit sonus, mox discernat oculus. Ordinem tertiæ vocis splendens crocus radiat. Sexta ejus sed affinis flavo rubet minio, est affinitas colorum reliquis inditio. Et si littera vel color neumis non intererit, tale erit quasi funem dum non habeat puteus, cujus aquæ, quamvis multæ, nihil prosunt videntibus. *Guido in prologo rythmico antiphonarij.*

(1) Comme Dom Jumilhac renvoyait ici ses lecteurs aux exemples placés à la fin de son livre, nous avons été forcés de modifier légèrement son texte. Voici quelle était la version originale : — « Quant à leurs figures, elles sont mises au premier exemple, afin qu'on en puisse prendre l'idée avant que d'en voir l'explication, et se la renouveller quand il en sera besoin. Ceux qui auront la curiosité de voir les anciennes façons des lignes, et des points ou notes, desquelles il a été fait mention cy-dessus, les trouveront au troisiéme exemple, dont celuy des quinze premières lettres latines appliquées sur l'*Exultet* qui se chante à la benediction du cierge Paschal, est extraite (sic), etc. »   (*Note des éditeurs.*)

fort bien écrits. Celuy de Ripoüille est à présent dans la Bibliothcque de S. Germain des Prez, à laquelle il fut donné par feu Monseigneur de Marca, qui aprés avoir esté Intendant pour le Roy en Catalogne, fut depuis Archevesque de Tolouse, et de Paris. La datte de ce manuscrit y est marquée de l'an deuxiéme aprés le decez de Loüis le Debonaire, qui est l'an de nostre Seigneur 842. Celuy de Corbie est environ du mesme temps [*Voir planche deuziéme*, n° 1 (1)].

La troisiéme façon avec les points et les 15 lettres, est prise d'un manuscrit fort ancien, bien écrit et bien noté, de l'Abbaye de S. Germain des Prez, ou il a vray‑semblablement esté porté avec le corps de S. Thuriave Evesque de Dole en Bretagne, dont il contient l'Office propre. Or ce S. Corps fut porté au Monastere de S. Germain, lors que les Normans ravagerent la Bretagne, environ l'an 850 (*Voir planche deuziéme*, n° 2).

La quatriéme avec les sept premieres lettres de l'Alphabet latin, est extraite du manuscrit d'Aretin de l'Abbaye de saint Evroult, dont il a esté parlé dans la Preface. En voici des fragments :

Dab a   a   g ef   g   fe   d defgagag

Primum quærite regnum Dei.

(Chap. 13 du *Micrologue* de Guy d'Arezzo.)

Gf   f Ga a G

Ad te levavi.

(Chap. XV du mesme *Micrologue*.)

c   c   d   c   a   c ♮ c   a   g   f   g g

Victor ascendit cœlos unde descenderat.

(Chap. XVIII du mesme *Micrologue*.)

d (2) c♭   c   de   d   c   c♭ a ♮ c a   ag   f g g

Sit nomen domini benedictum in sæcula.

(Prologue rhythmique de l'*Antiphonaire* de Guy d'Arezzo.)

La cinquiéme avec des points et une ligne, est du mesme manuscrit d'Aretin (*Voir planche deuziéme*, n° 3).

La sixiéme avec les deux lignes de couleur, les deux autres lignes tracées sans couleur, et leurs deux lettres, est prise de l'Antiphonaire ou Graduel du mesme manuscrit [*Voir planche deuziéme*, n° 4 (3)].

---

(1) Dom Jumilhac y rapporte un troisième fragment tiré d'un missel manuscrit de l'abbaye de Saint-Denis, dont il ne donne ici aucun détail, et que les lecteurs pourraient croire ajouté par nous, si nous ne les prévenions de l'oubli du docte bénédictin.
(*Note des éditeurs.*)

(2) Dans la leçon donnée par Jumilhac, il y avait un *a* sur la syllabe *sit*; le manuscrit de Saint-Evroult porte un *d*.
(*Note des éditeurs.*)

(3) Nous avons ajouté aux exemples de dom Jumilhac, cités dans la Planche deuxième, quelques fragments d'ancienne notation em‑ pruntés au savant mémoire de M. Bottée de Toulmon (*Instructions du comité historique des arts et monuments*) relatif aux documents inédits (manuscrits, peints ou sculptés) qui doivent servir à l'histoire musicale du moyen âge. En reproduisant ces pièces archéologiques, nous avons voulu rendre un hommage sincère et profond au zèle, à l'érudition et à la persévérance que déploie l'illustre bibliothécaire du Conservatoire de musique de Paris, dans tout ce qui se rattache à l'étude des monuments antiques d'un art qu'il cultive avec une noble passion, et un désintéressement sans bornes.
(*Note des éditeurs.*)

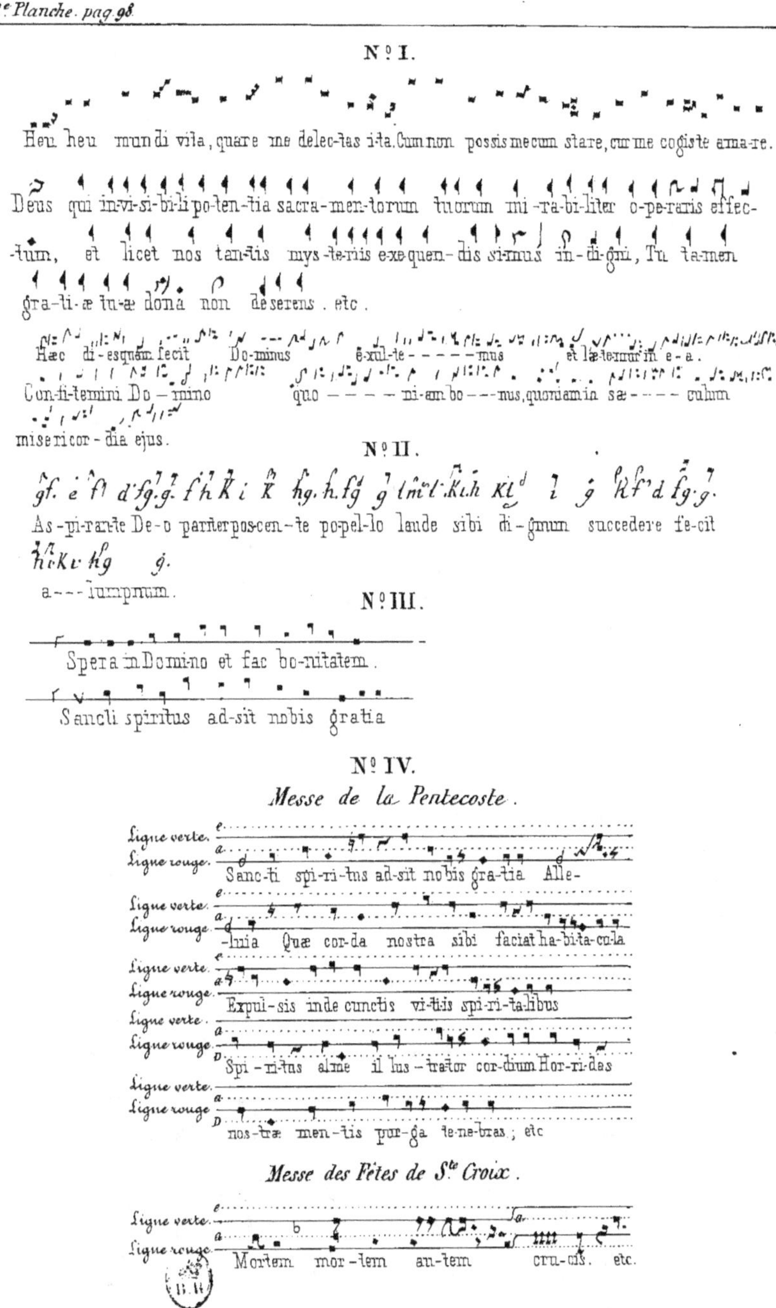
N° I.
Heu heu mundi vita, quare me delec-tas ita. Cum non possis mecum stare, cur me cogiste ama-re.
Deus qui in-vi-si-bi-li po-ten-tia sacra-men-torum tuorum mi-ra-bi-liter o-pe-raris effec-
-tum, et licet nos tan-tis mys-te-riis exe-quen-dis simus in-di-gni, Tu tamen
gra-ti-æ tu-æ dona non de serens . etc.
Hæc di-es quam fecit Do-minus exul-te-mus et læ-temur in e-a.
Con-fi-temini Do-mino quo-ni-am bo-nus, quoniam in sæ-culum
misericor-dia ejus.
N° II.
As-pi-rante De-o pariterposcen-te po-pel-lo laude sibi di-gnum succedere fe-cit
a-sumptum.
N° III.
Spera in Domino et fac bo-nitatem.
Sancti spiritus ad-sit nobis gratia
N° IV.
Messe de la Pentecoste.
Ligne verte. Ligne rouge. Sanc-ti spi-ri-tus ad-sit nobis gra-tia Alle-
Ligne verte. Ligne rouge. -luia Quæ cor-da nostra sibi faciat ha-bi-ta-cu-la
Ligne verte. Ligne rouge. Expul-sis inde cunctis vi-tiis spi-ri-ta-libus
Ligne verte. Ligne rouge. Spi-ri-tus alme il lus-trator cor-dium Hor-ri-das
Ligne verte. Ligne rouge. nos-træ men-tis pur-ga te-ne-bras ; etc
Messe des Fêtes de Ste Croix.
Ligne verte. Ligne rouge. Mortem mor-tem au-tem cru-cis. etc.

N.º V.
VIII.ᵉ Siècle.

Ostende nobis domine misericordiam
tu am & salutare
tu um
da nobis.

N.º VI.
IX.ᵉ Siècle.

Benedictus sit deus pater unigenitus que dei filius sanctus quoq́
spiritus quia fecit nobiscum misericordiam suam. V. Benedi
camus patrem & filium cum san cto spiritu laudemus & super
exaltemus eum in secula.

N.º VII.
X.ᵉ Siècle.

os virgines que ad eos venimus negligenter oleum
fiun di mus ad eos orare sorores cupimus ut villd. q̄bus nos

N.º VIII.
XI.ᵉ Siècle.

cre di mus dolen tas chariuas trepiauem dormit Nos eo
Pater in filio filius in patre spiritus sanctus ex
utro que p ce dens

N.º IX.
XII.ᵉ Siècle.

Bea tus vir mauris clarissimo genere exortus sco benedict nutrien us
aparenabus et radicis S. ctoř am P. Beatus vir V. Quidam adhuc
iunior bonis polleret moribus magistri cepit adiutor existere eteius miraculorz
co operatr ee S. dos am P. Quare V. Hunc sanctus benedicens ita inclí servi
tio diligenter informauit nenenim post ipsum instancia observacione V. fuerit
secundus S. dos am P. Cummunicare V. Corpus namque pprium ieiunius absti
nencia atque vigilus cenuius semp eclomabat frigoribus P. Verba mea
S. dos am V. Exemplo magistri sui procaus indesinenter carnem macerabat
S. dos am P. due diisni V. His ergo plenuer excrescans uirtutib; sancto bene

REPRODUCTION EXACTE DES PASSAGES DE GUY D'AREZZO

QUI SE TROUVENT CITÉS DANS LE CHAPITRE IX DE JUMILHAC, COLLATIONNÉS DE NOUVEAU
SUR LE MANUSCRIT DE SAINT—EVROULT.

Page 95, note 3.

« Tales... apud nos pueruli... sępe et ipsius antiphonę quam per
se sine magistro recte possunt cantare, verba et syllabas nesciunt
pronuntiare. Miserabiles autem cantores, cantorumque discipuli,
etiamsi per centum annos cotidie cantent nunquam per se sine
magistro unam vel saltem parvulam cantabunt antiphonam » (P. 20
du mss de S.-Evroult).

« Quidam eorum, etc. (*Voir page 14 de cette édition.*)

Page 96, note 1.

« Ita igitur disponuntur voces, ut unusquisque sonus quatum-
libet in cantu repetatur, in uno semper et suo ordine inveniatur.
Quos ordines ut melius possis discernere, spissę ducuntur lineę, et
quidam ordines vocum in ipsis fiunt lineis, quidam vero inter lineas
in medio intervallo et spatio linearum. Quanticumque ergo soni in
una linea, vel in uno sunt spatio, omnes similiter sonant. Ut autem
et illud intelligas, quantę lineę et spatia unum habent sonum,
quibusdam lineis vel spatiis quędam litterę de monocordo pręfi-
guntur; atque etiam colores superducuntur. Unde datur intelligi
quia in toto antiphonario et in omni cantu quantęcumque lineę
vel spatia unam eandemque habent litteram, vel eundem colorem,
ita per omnia similes sonant, tanquam si omnes in una linea fuissent. Quia sicut linea unitatem sonorum, ita per omnia littera et
color unitatem significant linearum, ac per hoc etiam sonorum.
Quod si secundum ordinem sonorum ab ipsa littera vel colorata linea
ubique inspicias, et illud aperte cognosces, quia in omnibus secundis
ordinibus eadem vocum et neumarum est unitas. Similiter et de
tertio vel quarto ordine et reliquis intellige, sive superiores sive
inferiores ordine cernas. Igitur certissime constat quia omnes neumę
vel soni in ejusdem litterę vel coloris lineis similiter positi vel
absimiliter littera vel colorata linea pariter elongati, per omnia
similiter sonant. Ideoque quamvis perfecta sit positura neumarum, cęca omnino est et nichil valet sine adjunctione litterarum
vel colorum. Duos enim colores ponimus, croceum scilicet et rubeum, per quos colores valde utilem tibi regulam trado, per quam
apertissime cognosces de omni neuma, et unamquamque vocem de
quali tono sit, et de quali littera monocordi, si tamen ut valde est
oportunum, monocordum et tonorum formulas in frequenti habeas
usu. Septem vero sunt litterę monocordi, sicut plenius postea demonstrabo. Ubicumque videris crocum, ipsa est littera tertia et
ubicumque videris minium, ipsa est littera sexta, sive in lineis sive
inter lineas ipsi ducantur colores. Igitur tertio ordine sub croco
prima est littera, et tonus primus vel secundus, super hanc autem
juxta crocum, secunda littera in qua est tonus tertius vel quartus.
Deinde in ipso croco, est vox vel littera tertia, in qua est tonus quintus
et sextus. Ultima super crocum et tertia sub minio est littera quarta
in qua est tonus primus vel secundus. Proxima est sub minio quinta
in qua tonus tertius vel quartus. In ipso est minio secta in qua
tonus quintus vel sextus. Juxta super minium septima est in qua
tonus septimus vel octavus. Deinde prima repperitur tertio ordine
super minium et tertio ordine subtus crocum in qua tonus primus vel
secundus, ut dictum est. Post quam alię omnes reïterantur, prioribus in nullo dissimiles, quę omnia plenius te hęc figura docebit.

V C VI,	III B IIII,	I A II,	VII Γ VIII,
VII G VIII,	V F VI,	III E IIII,	I D II,
I d II,	V c VI,	III ♭ IIII,	I a II,
I a II,	VII g VIII,	V f VI,	III e IIII.

« Quamvis autem duo semper toni in una sint littera vel voce, tamen
multo melius et frequentius conveniunt singulis neumis ac sonis
formulę secundi toni, quarti, sexti, octavi, nam formulę primi,
tertii, quinti et septimi non conveniunt, nisi cum cantus ab alto
descendens in gravem devenerit finem. *Et paulo infra.* Et simplicibus quidem ad cognoscendas simpliciter neumas ista sufficiant »
(P. 21-22 du mss de S.-Evroult).

« Ut proprietas sonorum discernatur clarius,
Quasdam lineas signamus variis coloribus,
Ut quo loco quis sit sonus mox discernat oculus.
Ordinem tertię vocis splendens crocus radiat.
Sexta ejus sed affinis flavo rubet minio.
Est affinitas colorum reliquis inditio.
Et si littera vel color neumis non intererit,
Tale erit quasi funem dum non abeat (*habeat*) puteus,
Cujus aquę quamvis multę nichil prosunt videntibus »
(P. 18 du mss de S.-Evroult).

CHAPITRE X.

I. Le systeme des Grecs est surnommé le systeme parfait et immuable, parce que la parfaite disposition de ses chordes et de leur étenduë contient toutes les consonances avec toutes leurs especes, et tous les tons ou modes du chant; en sorte qu'il ne luy manque rien de tout ce qui peut estre utile à la melodie, et qu'il ne contient rien qui y soit superflu. C'est pourquoy il est non seulement parfait, mais aussi immuable dans la disposition de ses chordes, qui sont au nombre de quinze, dont voicy les noms, avec les lettres de Guy Aretin qui leur répondent à costé.

Tetrachordon Hyperboleon		
aa Nete hyperboleon		
g Paranete hyperboleon		
f Trite hyperboleon		

Tetrachordon Diezeugmenon		Tetrachordon Synemenon
e Nete diezeugmenon		
d Paranete diezeugmenon	d Nete Synemenon	
c Trite dieuzeugmenon	c Panete Synemenon	
♮ Paramese.	b Trite Synemenon	
a Mese.	a Mese	

Tetrachordon Meson		
G Lychanos meson		
F Parhypate meson		
E Hypate meson		

Tetrachordon Hypaton		
D Lychanos hypaton		
C Parhypate hypaton		
♮ Hypate hypaton		
A Proslambanomenos		

c'est à dire,

Tetrachorde des plus hautes.		
aa La derniere des excellentes ou des plus hautes.		
g La penultiéme des excellentes ou des plus hautes.		
f La troisiéme des excellentes ou des plus hautes.		

Tetrachorde des dis-jointes.		Tetrachorde des conjointes.
e La derniere des dis-jointes.		
d La penultiéme des dis-jointes.	d La derniere des conjointes.	
c La troisiéme des dis-jointes.	c La penult. des conjointes.	
♮ La sous-moyene.	b La troisiéme des conjointes.	
a La moyene.	a La moyenne.	

Tetrachorde des moyenes.		
G L'indice ou la monstre des moyenes.		
F La sous-principale des moyenes.		
E La principale ou la plus basse des moyenes.		

Tetrachorde des plus basses.		
D L'indice ou la monstre des principales ou des plus basses.		
C La sous-principale des principales ou des plus basses.		
♮ La principale des principales, ou la plus basse des plus basses.		
A L'acquise ou ajoûtée.		

Ces quinze chordes font le disdiapason, c'est à dire la double octave, et chacune de ces deux octaves est composée de deux tetracordes ou quartes, qui ne faisans ensemble qu'un *heptacorde* ou septiéme, l'on a ajoûté au dessous du plus bas tetrachorde nommé *hypaton*, c'est à dire des principales, la chorde de *proslambanomenos*: c'est à dire ajoûtée, afin d'achever la plus basse octave, et faire que la *mese*, selon que son nom le porte, soit la chorde du milieu de ce systeme qui joigne ensemble les deux octaves si étroitement (1), qu'elle soit la plus haute chorde de la plus basse octave, et la plus basse chorde de la plus haute octave.

II. Il faut toutefois remarquer que comme le second tetrachorde appellé *meson*, c'est à dire des moyenes, peut estre joint avec le troisiéme qui est immediatement au dessus par la chorde de mese, il en peut pareillement estre separé par la chorde de *paramese*, c'est à dire la plus proche au dessus de la *mese*. Quand donc le troisiéme tetrachorde est joint avec le second, il est avec les trois chordes qui sont immediatement au dessus de la mese, appellé tetrachorde *synemenon*, c'est à dire des conjointes (2) ; bien que d'autre part il soit separé d'avec le tetrachorde *hyperboleon*, c'est à dire des excellentes, (qui est le dernier et le plus haut du Systeme) par la chorde *nete diezeugmenon*, c'est à dire la derniere des disjointes, qui en ce cas là conserve seule le nom de son tetrachorde, à cause qu'elle seule de son tetrachorde demeure lors disjointe des autres trois chordes de son tetrachorde, qui demeurants unies au tetrachorde *synemenon*, en prenent aussi le nom ; et qu'en outre elle separe lors le quatriéme et dernier tetrachorde *hyperboleon*, d'avec le tetrachorde *synemenon*, qui est lors le troisiéme. Mais quand le troisiéme tetrachorde est disjoint du second de la plus basse octave nommé *meson*, il change le nom de *synemenon* en celuy de *diezeugmenon* (3), et a la chorde de *paramese* entre la *mese* et les trois chordes qui portent son mesme nom *diezeugmenon*, quoy qu'alors il soit d'autre part conjoint par sa plus haute chorde, qui est *nete diezeugmenon* avec le tetrachorde *hyperboleon*. De sorte que quand la conjonction se fait entre le second tetrachorde *meson*, et le troisiéme qui est lors appellé *synemenon*, il se fait disjonction entre ce troisiéme et le quatriéme *hyperboleon* : Et au contraire lors que la disjonction se fait entre le second tetrachorde et le troisiéme qui alors est nommé *diezeugmenon*, il se fait conjonction entre ce troisiéme tetrachorde, et le quatriéme *hyperboleon;* c'est ce qui a pû donner occasion à Bacchius et à quelques autres anciens de dire qu'il y a deux disjonctions ; quoy que Euclide et les autres n'en content qu'une, laquelle toutefois se peut rencontrer aux deux endroits qui viennent d'estre marquez.

III. Les deux tetrachordes du milieu de ce systeme peuvent donc estre conjoints ou disjoints selon que la melodie ou l'harmonie le demandent soit pour eviter le triton (4) ou la mauvaise suite des voix ; soit pour empescher la dissonance des parties ; soit afin de pouvoir commodement transposer les modes du chant (5) sans outrepasser les extremes du systeme. Quant aux autres tetrachordes, ils sont regulierement conjoints (6) ; de sorte que lors qu'on y fait quelques autres conjonctions ou

---

(1) *Boëtius libro quarto musicæ capite quarto.*

(2) Tetrachordum conjunctum est, cujus principium est præcedentis tetrachordi finis ; disjunctum vero cujus primordialis nervus à proximo præcedentis tetrachordi finali nervo uno tono disjungitur. *Stapulensis lib. 4. musices element.*

* Sinaphe est, quam conjunctionem dicere possumus, quoties duo tetrachorda unius termini medietas continuat atque conjungit. *Boetius lib. 1. music. c. 24.*

* Est autem conjunctio duorum tetrachordorum consequenter ordineque modulatorum et specie similium communis phtongus. *Euclides in musica.*

(3) Disjunctio vero est duorum tetrachordorum consequenter ordineque modulatorum, et specie similium toni interpositio. *Euclides in musica.*

* Diezeugsis est cum inter duo tetrachorda tonus fuerit medius, et sonorum species per diapente inter se consonant. *Bacchius in introductione ad musicam.*

* Diezeugsis appellatur quæ et disjunctio dici potest, quoties duo tetrachorda toni medietate separantur. *Boet. lib. 1. mus. cap.* 25.

(4) Est enim adjunctum tetrachordum synemenon, et cum chorda mese ligatum, ad demulcendam tritoni duritiem, cujus dissonum, asperumque modulamen ars abjicit, et perhorrescit natura. Ad placitum idcirco disponitur adhærens meses chordæ, atque inde aufertur ad placitum. *Franch. l. 5. theor. c. 1 et 3.*

(5) Exachordum b molle dictum, quod et conjunctum dici potest, superductum est, ut et tritoni asperitas fiat in modulatione suavior, et nonnullorum tonorum compositio possit per varias consonantiarum species commixte atque item acquisite procedere. *Franch. lib. 1. musicæ pract. cap. 2.*

* Ad hoc inventum est tetrachordum synemenon, ut systemata infima (*modorum scilicet*) in superioribus quoque clavibus locum haberent, et voces omnes potius intra scalam continerentur, quam extra temere vagarentur. *Glarean. lib. 2. dodecach. c.* 15.

(6) Sunt autem in universum conjunctiones tres, media, acutissima, et gravissima. Et gravissima quidem est duorum tetrachordorum, quorum alterum est tetrachordum hypaton, alterum vero tetrachordum meson ; communis enim phtongus ea conjungit quæ est hypate meson. Media est conjunctio tetrachordi meson, et tetrachordi synemenon, quæ conjunguntur communi phtongo, qui est mese. Acutissima demum conjunctio est tetrachordi diezeugmenon, et tetrachordi hyperboleon : ea enim unus communis phtongus nete diezeugmenon conjungit. Disjunctio unica est duorum tetrachordorum quorum alterum est tetrachordum mediarum ; al-

disjonctions qui ne sont pas dans la suite reguliere de leurs chordes, c'est par une espece de licence, et par des chordes feintes ou ajoûtées, que maintenant l'on appelle communément notes feintes.

IV. Le nombre des voix ou chordes de ce systeme n'est que de quinze, parce que ce nombre égale la portée naturelle de la voix humaine, qui ordinairement ne peut s'étendre avec harmonie au dela de deux octaves (1). 2°. Parce que ce nombre rend ce systeme si accomply, qu'il contient les sept especes de l'octave, les quatre especes de la quinte, les trois de la quarte, et toutes les autres consonances, et intervalles simples; comme aussi tous les modes du chant, avec les differences, et (2) les nombres harmoniques qui se peuvent rencontrer aux uns ou aux autres. 3°. parce que l'adition des autres octaves, dont on peut augmenter ce systeme pour luy faire égaler le nombre de trois ou quatre ou davantage d'octaves, ausquelles plusieurs instrumens peuvent monter, n'est autre chose qu'une repetition du mesme systeme de quinze chordes, et de ses octaves; c'est pourquoy Ptolemée a dit que sa plus haute chorde est la mesme que la plus basse (3). 4°. A cause que ce mesme systeme unit et conjoint tous les sons d'une maniere la meilleure, ou la plus parfaite; qui consiste, selon Saint Augustin, en ce que le milieu soit entierement (4) d'accord avec ses extremes, et les extremes reciproquement d'accord avec leur milieu.

V. Et quoy qu'il semble que Euclide, Boëce, Bede, et quelques autres autheurs donnent à ce systeme le nombre de dix-huit chordes (5), lors qu'ils distinguent ce systeme en cinq tetrachordes; il est toutefois certain que la conjonction ou la disjonction des tetrachordes *synemenon*, et *diezeugmenon*, ne fait que changer le nom de leurs chordes sans en augmenter ny multiplier aucunement le nombre; parce qu'ils ne sont jamais employez tous deux ensemble, mais seulement l'un au defaut de l'autre; en sorte que quand l'harmonie demande l'un, l'autre est toûjours omis, et n'est point alors compté. Ainsi que Ptolemée, Boëce et Franchin le témoignent (6) en d'autres endroits; ce que Bacchius semble aussi avoir voulu donner à entendre lors qu'il a dit que le systeme immuable contient cinq tetrachordes en puissance (7) : mais cela se voit encore mieux à l'œil dans la figure de ce systeme qui est au commencement et à la fin de ce chapitre.

VI. Les musiciens mettent encore une autre espece de distinction entre les chordes de ce systeme, en veuë de laquelle ils appellent les unes stables ou immobiles; les autres mobiles. Les immobiles sont celles qui ne varient point dans la distinction des genres, mais qui demeurent toûjours dans la mesme teneur, ainsi que font les extremes des tetrachordes, qui sont toûjours les mesmes en chaque genre. Les mobiles au contraire sont celles que l'on a coûtume de changer dans la mutation des genres, et qui ne demeurent pas toûjours en un mesme son ou teneur : comme sont celles qui sont entre les extremes des tetrachordes. Les immobiles donc répondent au *mi* et au *la* du systeme d'Arétin, ausquelles *l'A re* du *proslambanomenos* est ajoûté, de sorte qu'elles sont sept en nombre, sçavoir est, *proslambanomenos, hypate hypaton, hypate meson, mese,*

---

terum vero tetrachordum netarum disjunctarum, quæ uno communi tono disjunguntur, qui est inter mesen, et paramesen. *etc. Euclid. in musica.*

* *Boetius lib. 1. mus. cap. 20.*

(1) Pythagoras ipse quindecim chordarum excessum in sonis importunum et infructuosum esse censebat. *Franch. l. 1. mus. instrum. c. 5. et 4. et l. 2. c. 59.*

* Pythagorici ultra bis diapason nullam exquirere tentaverunt consonantiam ob maximam inconvenientemque extremorum distantiam : et quanto ultra bis diapason protensi fuerint soni, tanto extremorum sonorum distantia auribus dissonantiam afferre videtur : quoniam extremi æquisonantiarum soni in ea prolixiori distantia, à sua æquitate discedere aurium judicio, atque naturali multiplicium proportionum dispositione facile judicantur. *Franch. l. 4. theor. cap. 8.*

(2) *Franchinus lib. 1. mus. instrum. cap. 11. 12. 15. et 14.*

(3) Ultima excellentium una eademque est cum assumpta. *Ptol. l. 2. harmon. c. 5.*

(4) Tunc è pluribus unum aliquid maxime fieri, cum extremis media, et media extremis consentiunt. *Aug. l. 1. mus. c. 12.*

(5) *Euclides in musica.*

* *Boët. l. 1. mus. c. 25. et l. 4. c. 10. et 11.*

* *Beda in musica theorica.*

(6) *Ptolem. l. 2. harmonic. cap. 6.*

* *Boët. l. 1. mus. c. 20. 24. 25. et seqq.*

* *Franc. l. 5. theor. c. 1. et 5. cité à la note 4 de la page précédente.*

(7) Sunt tetrachorda in systemate immutabili multitudine quidem infinita, potentia vero quinque. *Bacchius in introductorio artis musicæ.*

FIGURE DU SYSTEME DES GRECS.

FIGURE DE LA GAMME DE GUY ARETIN.

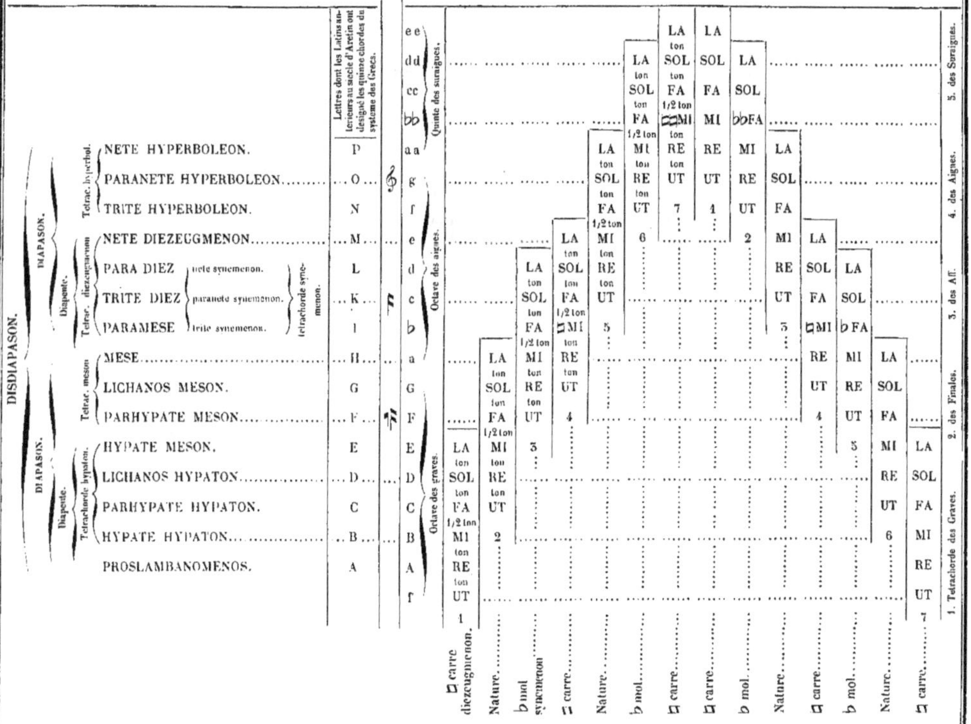

FIGURE ABRÉGÉE DE LA GAMME D'ARETIN.

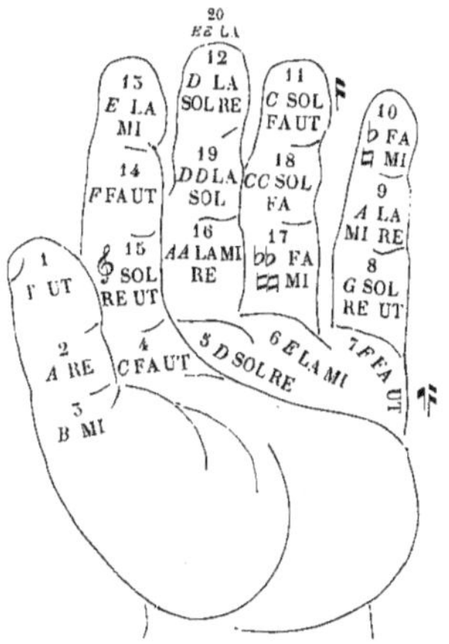

Voir, pour l'appréciation critique de ce tableau, la note 2 de la page 104, la note 1 de la page 105 et la note 2 de la page 110.
(*Les éditeurs.*)

paramese, *nete diezeugmenon*, et *nete hyperboleon*. Les mobiles sont toutes les autres qui sont comprises entre celles-cy, sçavoir est, *parhypate hypaton*, et *lichanos hypaton; parhypate meson*, et *lichanos meson; trite diezeugmenon*, et *paranete diezeugmenon; trite hyperboleon* et *paranete hyperboleon*. Mais parce que cette sorte de distinction ne concerne que la difference des genres, de la theorie ou pratique desquels il n'est pas icy traité, il suffira d'en avoir fait mention, afin que ceux qui voudront en sçavoir davantage puissent voir Euclide, Boëce et les autres qui en ont écrit plus au long (1).

VII. Dans la figure de ce systeme, qui est à la planche troisiéme, l'on a ajoûté à costé des noms de ses quinze chordes les quinze premieres lettres de l'alphabet, dont les latins se sont ancienement servis pour en signifier les noms, et le nombre : et à costé de ces quinze lettres l'on a mis les lettres et les syllabes des systemes ou gammes d'Aretin, afin de faire voir par ce parallele l'accord et la correspondance qui est entre les chordes de l'un, et les lettres et les syllabes des autres.

(1) *Euclides in musica.*   * *Boëtius lib. 4. mus. cap. 12.*

CHAPITRE XI.

EXPLICATION DE LA PREMIERE ET SECONDE FIGURE DU SYSTEME OU GAMME DE GUY ARETIN.

I. Quoy que Aretin ait donné à son systeme le nom de monochorde (1) parce que tous les sons y sont divisez avec autant de justesse qu'ils le pourroient estre dans une chorde; neantmoins il a depuis esté communément appellé Gamme, à cause de la lettre grecque de *Gamma*, par laquelle il le commença; de mesme que les alphabets de grammaire ont esté ainsi nommez à l'occasion de leurs deux premieres lettres *Alpha Béta* (2). Les autheurs donnent diverses raisons pour lesquelles il le commença par *Gamma*; les uns qu'il le fit ainsi pour monstrer que son systeme tiroit son origine de celuy des Grecs, et n'en estoit que l'explication; les autres que ce fut pour ne pas reïterer la lettre capitale G. D'autres qu'il le fit à dessein d'y marquer son nom; ce qu'il semble confirmer luy-mesme par les deux acrostiques qui sont l'un avant (3) l'Epistre dedicatoire de son Micrologue à Theodalde Evesque d'Arezze; l'autre à la fin du mesme Micrologue (4).

II. Quant aux figures qu'il donna au mesme systeme, elles semblent n'estre parvenuës à nous que par tradition, laquelle toutefois est fondée sur ce qu'il en a laissé dans ses écrits : car bien qu'il n'y fasse mention que du nombre et de la disposition des lettres; et qu'il ne leur y applique pas en particulier les syllabes; neanmoins la raison nous oblige de croire qu'il a aussi donné les tables, ou les figures, que Franchin et tous les autheurs luy (5) attribuënt, afin par leur moyen de faire plus aisément comprendre son systeme ou monochorde, et en rendre la pratique plus familiere et plus commune. Ce qui a pû estre la cause pour laquelle ceux qui ont transcrit ses opuscules avant l'usage de l'impression n'ont pas estimé necessaire de les inscrer parmy ses écrits, parce que elles estoient déja si communes, qu'elles estoient entre les mains d'un chacun, et seules capables de faciliter les premieres leçons du chant à ceux qui vouloient l'apprendre. Ce chapitre contient l'explication des deux premieres figures du mesme systeme, dont l'une est en façon d'échelle, l'autre en façon de main (6);

---

(1) Quia voces quæ hujus artis prima sunt fundamenta, in monochordo melius intuemur; quomodo eas ibidem ars naturam imitata discrevit, primitus videamus. *Guido cap* 1. *micrologi*.

* Supponantur itaque vocales per ordinem septem litteris monochordi, et quia quinque tantum sunt, tam diverse repetantur, donec unicuique sono sua suscribatur vocalis. *Guido c*. 17. *microl*.

(2) Guy d'Arezzo n'ajouta point, comme on le croit généralement mais à tort, le *gamma* à l'échelle des sons. « *Gamma* « *grecum*, dit-il dans ses Règles Rhythmiques, *quidam ponunt* « *ante primam litteris*. » — « *In primis*, dit-il encore au « 2ᵉ chapitre de son Micrologue, *ponatur* Γ *grecum á modernis* « *adjunctum*. » — Ces simples citations suffisent pour renverser tout ce qu'avance ici Dom Jumilhac. (*Note des éditeurs*.)

(3)   G ymnasio musas placuit revocare solutas;
U t pateant parvis, habitæ vix hactenus altis.
I nvidiæ templum perimat dilectio cæcum.
D ira quidem pestis tulit omnia commoda terris.
O rdine me scripsi primo, qui carmina fluxi.
Guido ante epistolam dedicatoriam micrologj.

(4)   G liscunt corda meis hominum mollita camenis :
U na mihi virtus numeratos contulit ictus,
I n cælis summo gratissima carmina fundo.
D ans aulæ Christi muuus cum voce ministri.
O rdine me scripsi primo qui carmina fluxi.
Guido in fine micrologi.

(5) Constat itaque Guidonem ipsius frugiferæ musicæ introductorium descripsisse septem litteris, atque sex syllabis chordas omnes denominantibus ad instar quindecim chordarum naturalis et perfecti diatonici systematis perornatum. Et ecclesiastici nostri Guidonis hujusmodi traditionem, quam manum vocant, in grave, acutum et superacutum distinctam : ut viginti ac duarum chordularum lineis et intervallis; seu spatijs alternatim scriptarum (connumeratis scilicet ipsius sinemenon tetrachordi causa et imitatione duabus conjunctis) octo priores, quasi silentio proximas, appellant graves. *etc. Franch. l*. 1. *mus. pract. cap*. 1.

* Guido Aretinus quæque obscura viderentur, et ignota faciliori perceptione aperuit. *Et paulo infra*. Guidonis traditionem imitatus Joannes Cartasinus, *etc. Franch. l*. 1. *mus. theor. c*. 1. *sub finem*.

* Latini musici Guidonem Aretinum introductorij musicalis, quod monochordum sive manum appellant, sex tantum syllabis, ut, re, mi, fa, sol, la, septies replicatis, institutorem venerari noscuntur. *etc. Franch. lib*. 5. *theor. cap*. 2.

(6) « L'invention de la main musicale, dit M. Fétis (*Biogr. des* « *mus*., art. *Guido*, tom. IV, p. 457, 1ʳᵉ colonne), n'appartient « pas à Guido, puisque cette méthode est intimement liée au sys- « tème de l'hexacorde, qui est étranger à ce moine. » — En effet, en plusieurs endroits de ses ouvrages, ce dernier admet sept notes ou sept sons, *et non six*, comme on l'affirme communément de-

parce que bien qu'en apparence elles semblent diverses, neanmoins elles ne sont en effet qu'une mesme chose, l'usage de laquelle Aretin a voulu rendre plus familier en marquant la difference des voix, et de leurs lettres ou syllabes sur les diverses jointures ou articles des cinq doigts de celle qui est en façon de main.

III. Ce systeme donc en l'une et en l'autre de ces deux figures est composé de lettres qui en marquent les octaves; de syllabes qui les accompagnent, et qui en distinguent les hexacordes, de divers ordres, et de la muance des mesmes syllabes, qui donnent à connoistre la conjonction, et la separation des tetrachordes. Les lettres en ce systeme ne signifient pas le premier ou le plus simple commencement d'une syllabe ou d'une diction, ainsi qu'elles font en grammaire; mais plûtost à la façon de l'arithmetique elles tiennent lieu de nombre et d'une espece de chiffre propre à exprimer la multitude des differens sons, et à en faire la distinction et le discernement, afin de donner au chant et l'ouverture et la conduite, qui luy est necessaire. Elles sont sept en nombre, sçavoir A. B. C. D. E. F. G. Quoy que le nombre des syllabes qui sont à leur costé ne soit que de six; parce que les sept lettres marquent les octaves dont ce systeme est composé, en sorte que chaque octave s'acheve toûjours apres la septiéme lettre, lors que l'on arrive à la mesme lettre par laquelle l'on a commencé le chant : mais les syllabes ne leur sont jointes que par maniere d'exemple, ou pour marquer les hexachordes suivant ce qui sera dit cy-apres.

IV. Chacune de ces sept lettres gouverne le nombre des syllabes qui sont à sa suite, et marque la difference qui est entre le son de ces mesmes syllabes, et le son des syllabes qui sont sous chacune des autres lettres; de sorte que bien que les syllabes qui sont sous une même lettre soient differentes dans leur prononciation, ou qu'elles soient semblables à celle des autres lettres, elles ne laissent pas toutefois d'avoir le mesme son sous leur lettre, et d'y estre parfaitement unissones, à l'exception neanmoins des deux syllabes qui sont sous le B. qui ont leurs sons differens de mesme que leurs noms et la figure de leur *B.* dont l'une est ronde et plus douce, qui s'appelle b. rond, et plus communément *b. mol,* ou *b. fa,* à cause qu'on l'accompagne de la syllabe *fa;* l'autre figure est carrée et plus rude, que l'on nomme ♮ *carre,* ♮ *dur* ou ♮ *mi* à cause qu'on luy joint le *mi.* La raison pour laquelle Aretin a varié la figure de cette lettre, et en a fait une ronde, a esté pour marquer que de la lettre *A,* au *b mol,* il n'y doit avoir qu'un demy-ton, qui est l'intervalle le plus doux du chant diatonique; ce qu'il a encore confirmé en luy joignant la syllabe *fa,* à laquelle l'on ne monte dans aucun hexacorde de son systeme que par le demy-ton; Et au contraire il a rendu l'autre figure carrée pour monstrer qu'il y doit avoir un ton entier de la mesme lettre *A* au ♮ *carre,* qui selon (1) Aristote est un intervalle plus rude que le demy-ton; en confirmation de quoy il l'a voulüe accompagner de la syllabe *mi,* à laquelle l'on ne monte que par un ton dans tous les autres hexachordes de son systeme. Or le sujet pour lequel Aretin a disposé ces deux differens sons sous la lettre B. a esté afin de pouvoir faire par leur moyen, ce que les Grecs font par leurs deux tetrachordes *synemenon* et *diezeugmenon* pour joindre ou separer le second tetrachorde (qu'il appelle des finales et qui répond à celuy de *meson* du systeme des Grecs) et le troisiéme (qu'il nomme des affinales, et qui tient le lieu de *synemenon,* ou de *diezeugmenon* des Grecs) de sorte que quand le *b mol* est marqué, c'est un signe que le troisiéme tetrachorde des affinales est conjoint avec le second afin d'éviter le triton, et que le *fa* qui accompagne le *b,*

---

puis Engelbert d'Aimont, écrivain du xiii° siècle. Voici quelques citations de Guy d'Arezzo qui ne laisseront aucun doute à cet égard :

« Cum autem sint septem voces, quia alię ut diximus sunt « heędem, septenas sufficit explicare.... (p. 4 du mss. de Saint-« Evroult). »

« Sicut in omni scriptura xx et iii litteras, ita in omni cantu « septem tantum habemus voces. Nam sicut septem sunt dies in « ebdomada, ita septem sunt voces in musica. Alię vero quę « super vii adjunguntur, heędem sunt, et per omnia similiter « canuntur, in nullo dissimiles, nisi quod altius duppliciter « sonant, *etc.* » (p. 25 du mss. de Saint-Evroult).

(*Note des éditeurs.*)

(1) *Aristoteles sectione* 19. *problemate* 4.

répond à l'*ut* de *f*. (1) mais lorsque le ♮ *carre* y est, c'est une marque que le troisième tetrachordé est disjoint du second, et que le *mi* qui l'accompagne répond à l'*ut* du *G*. D'où il arrive par une tres-belle suite, que le demy-ton de chaque hexachorde s'y rencontre toûjours en mesme situation; que les sept hexachordes de ce systeme y sont entiers et accomplis; que les trois especes de quarte se trouvent également en chaque hexachorde : et qu'il est tres-facile d'éviter la mauvaise suite et la dissonance du triton.

V. Ces sept lettres y sont reïterées, afin de marquer la distinction des octaves par leur repetition, et par la diversité de leurs figures ; car les sept lettres de la plus basse octave sont capitales ou (2) majuscules, pour signifier que c'est l'octave des voix les plus basses ou graves, celles de la suivante minuscules, pour marquer l'octave des voix hautes ou aigues : et celles du tetrachorde de la troisiéme octave y sont doubles, pour donner à connoistre les voix hautes ou suraigues. Je dis tetrachorde et non pentachorde, parce qu'Aretin le qualifie ainsi et dans le manuscrit de S. Evroult et dans celuy de Bochel, et que l'un et l'autre terminent sa gamme au double *dd*, et non pas au double *ee*, auquel tous les autres écrivains ont accoûtumé de la terminer afin que leur septiéme hexachorde de syllabes soit entier en finissant par le *la* : mais Aretin n'a peut estre pas eu égard à cela d'autant qu'il ne compte jamais les octaves par les sillabes, mais toûjours par les lettres, et d'une lettre à l'autre (3), comme de l'*A* à l'*a*, du ♮ au ♮. du *C* au *c*. et ainsi des autres : Il en use de la mesme maniere par proportion toutes les fois qu'il veut marquer la distinction de tous les autres intervales ; qui est le sujet pour lequel il les appelle notes au premier passage qui est cité en ce nombre et qu'au passage qui est cité au n. xi. suivant, il exprime la difference des intervalles par les divers rapports que ces lettres ont les unes aux autres.

VI. Chacune de ces octaves est divisée en deux tetrachordes; dont le plus bas de l'octave des voix graves en retient le nom et est appellé tetrachorde des graves; parce qu'il en marque les plus basses voix ; et le second tetrachorde des finales, d'autant que les finales des principaux et plus anciens modes y sont prises; et que les quatre especes de leur quinte y sont commencées, la premiere à la lettre *D*. la seconde à *E*. la troisiéme à *F*. la quatriéme à *G*. le plus bas tetrachorde de la seconde octave des voix hautes ou aigues est nommé tetrachorde des affinales à cause de l'affinité que ses quatre voix ont avec les quatre voix du tetrachorde des finales, et que plusieurs autres modes comme le neuviéme, le dixiéme, l'onziéme et le douziéme y prennent leur finales, et les quatre premiers plagaux leurs confinales, c'est à dire la plus basse voix de leurs octaves, par le rabaissement qui se fait de leur quarte sous la quinte : de sorte que chaque voix affinale est toûjours celle qui fait la quinte au dessus de la finale, ou bien la quarte au dessous, lors que la quarte est renversée sous la quinte. Or il faut icy remarquer que conformément à leur nom elles ont seulement quelque ressemblance (4) et non pas une identité avec les finales qui leur correspondent,

---

(1) B vero rotundum quod minus et regulare, quod adjunctum, vel molle dicitur cum f, habet concordiam ; et ideo additum est ; quia cum quarta à se ♯ tritono differente nequibat habere concordiam : utrumque autem b et ♮ in eadem neuma ne jungas. *Aret. cap. 8. micrologi.*

(2) Sed quia voces, quæ hujus artis prima sunt fundamenta in monochordo melius intuemur quomodo eas ibidem ars naturam vocum imitata discrevit primitus videamus. Notæ autem in monochordo hæ sunt. In primis ponitur Γ Græcum, gamma à modernis adjunctum. Sequuntur septem alphabeti litteræ graves, ideoque majoribus litteris insignitæ hoc modo A, B, C, D, E, F, G. Post has eædem septem acutæ litteræ repetuntur, sed minoribus litteris describuntur. In quibus tamen inter a et ♮ aliam ♭ ponimus, quam rotundam facimus, alteram vero quadravimus : ita a, b, ♮, c, d, e, f, g. Addimus his eisdem litteris sed varijs figuris tetrachordum superacutarum, in quo aa, bb, ♮♮, cc, dd, similiter duplicavimus ita. Hæ à multis superfluæ dicuntur; nos autem maluimus abundare, quàm deficere. Fiunt itaque omnes simul xxi. hoc modo, Γ, A, B, C, D, E, F, G, a, b, ♮, c, d, e, f, g. aa, bb, ♮♮, cc, dd. Quarum dispositio ab auctoribus aut tacita, aut nimia obscuritate perplexa, adest etiam pueris breviter, et planissime explicata. *Guido Aretinus cap. 2. micrologi et cap. 5. prologi antiphonarij.*

(3) Diapason est in qua diatessaron et diapente junguntur : cum enim ab A in D sit diatessaron, et ab eadem D in a sit diapente, ab A in alteram a diapason existit; cujus est litteram habere in utroque latere ; ut à B in ♮, à C in c, à D in d, et reliqua. Sicut enim utraque vox eadem littera notatur, ita per omnia ejusdem qualitatis perfectissimæque similitudinis utraque habetur et creditur. *Guido cap. 5. microl.*

(4) Quævis quamvis sint affines, non perfecte consonant. *Guido in prol. rhytmico antiphonarij.*

* Unaquæque vero vocum habet aliquid proprium, dum eorum affinitas non in toto acumine, vel gravitate concordant; et aliqua

d'autant que leurs octaves different toûjours des octaves des mesmes finales, ou en la quinte ou en la quarte. Quant au second tetrachorde de cette octave des voix aigues, il en retient le nom, et est appellé tetrachorde des aigues, parce qu'il acheve le disdiapason ou la double octave, qui est le terme ordinaire auquel le plus haut de la voix humaine a coûtume d'estre borné. Enfin le pentachorde ou quinte de la troisiéme octave des suraigues qui n'est pas achevée, a esté ajoûtée au systeme des Grecs par Aretin, d'autant qu'il a estimé qu'il valoit mieux avoir quelques voix de reste que d'en manquer : outre qu'il a pû marquer par là le dernier terme auquel la plus haute voix humaine peut atteindre, qui selon le sentiment d'Aristoxene l'un des plus anciens et des plus illustres (1) musiciens qui ait esté parmy les mesmes Grecs, est une quinte au dessus du disdiapason. De plus encore que cette quinte surpasse la portée ordinaire d'une seule voix, toutefois elle ne sert pas peu à la musique à plusieurs voix ou parties, pour l'usage desquelles la disposition des octaves, et des tetrachordes d'Aretin est aussi commode qu'elle est ingenieuse : car par leur moyen chaque partie y trouve sa clef et son ton parfaitement distinguez de ceux des autres parties, la basse l'ayant à f. des majuscules; la taille au c. des minuscules ; le superius au g. des mesmes minuscules : et toutes ces parties jointes ensemble y rencontrent l'étenduë ordinaire à laquelle leurs voix peuvent ou monter ou descendre. Que si cette disposition est commode à la multitude des voix de la musique, elle ne l'est pas moins à une seule voix, et à la pratique du plain-chant; en ce que les finales ne sont pas prises au tetrachorde des graves, qui contient le plus bas son de la voix et le plus proche du silence; mais au tetrachorde superieur qui pour ce sujet est surnommé des finales (2), afin que lorsqu'il est besoin de descendre sous la finale, l'on le puisse faire avec melodie. Il reste pareillement une quinte au dessus l'étenduë des modes les plus hauts, afin que quand il leur arrive de passer les bornes de leur étenduë ordinaire, la voix semblablement puisse s'y élever avec melodie.

VII. Or tous ces tetrachordes et le pentachorde contenus en ce systeme joints ensemble font le nombre de vingt voix differentes; parce que les deux de plus, qui sont comptées par Aretin, ne consistent qu'aux deux doubles B de *b mol* et de ♮; qui selon la regle du mesme Aretin citée cy-dessus au n. IV, ne devant estre jamais tous deux employez ensemble; mais toûjours l'un en l'absence, ou au defaut de l'autre, (ainsi qu'il a esté dit cy-dessus des deux tetrachordes, *synemenon* et *diezeugmenon*) ils n'augmentent pas plus le nombre des vingt voix du systeme d'Aretin; que le tetrachorde *synemenon* augmente les quatre tetrachordes, ou les quinze chordes du systeme des Grecs.

VIII. Ces vingt voix rendent cinq tetrachordes disjoints, en sorte toutefois que celles qui ont du rapport aux tetrachordes du systeme des Grecs peuvent estre considerées, ou par tetrachordes conjoints qui ne rendent qu'un heptachorde ou septiéme ; ou par tetrachordes disjoints qui rendent l'octochorde ou l'octave à cause du ton qui se rencontre entre deux lors qu'ils sont dis-joints, et que la marque ordinaire de leur dis-jonction, tant feinte que naturelle est le ♮ *carre;* de

semper similitudine cum extraneis admiscentur, id est, cum eis qui alterius modi sunt : ut pote D et A quæ affines sunt, id est unius modi, non sunt per totum similes, sed singillatim proprias retinent qualitates : id est dum D deponitur tono, semitonio ; et iterum elevatur tono, semitonio, tritono, et semeditono, usque ad d acutum, Itemque A ditono deponitur et semitonio; elevatur autem per tonum, semitonium et ditonum, et alium semitonium, et ditonum, usque ad altum a acutum. *etc. Guido Aretinus cap. 6. epilogi in modorum formulis.*

(1) Apparet autem minimum intervallorum consonorum ab ipsa cantus natura determinatum esse : modulamur enim minora quam diatessaron intervalla complura quidem, tamen omnia dissona : quam minimum sic in ipsa vocis natura definitum est : magnitudo non itidem videtur deffiniri, quippe quæ in infinitum augescere videtur, juxta ipsam cantus naturam, quemadmodum et dissonum. Siquidem omni consono intervallo ad diapason apposito, sive majore, sive minore, sive æquali totum conflatur consonum : Quocirca non videtur hac ratione maximum intervallorum perhiberi posse; nihilominus pro usu nostro, qui ab humana fit voce, videtur quoddam esse maximum intervallorum consonorum : id autem ERIT DIAPENTE, ET BIS DIAPASON; etenim ad ter diapason non progreditur intensio. *Aristoxenus lib. 1. harmonicorum post medium.*

(2) A finali itaque voce ad quintam in quolibet cantu justa est depositio, et usque ad octavas elevatio : licet contra hanc regulam sæpe fiat, cum ad nonam, decimamve progrediamur. Unde et finales voces statuerunt D, E, F, G, quod his primum prædictam elevationem vel depositionem monochordi positio commodaverit; habent enim deorsum unum tetrachordum gravium; sursum vero duo acutarum. *Guido Aret. cap. 11. micrologi.*

* Tonorum modulationes regulariter propriæ diapentes initia suis pariter terminationibus adscripserunt, propterea quidem quod vox humana in acutum ducta amplius defatigatur quam in grave :

mesme que la marque de leur conjonction, soit feinte soit naturelle, est le *b mol.* Or par le mot de naturelle au present sujet, l'on entend la dis-jonction ou conjonction de voix qui se fait en suivant la disposition reguliere des intervalles diatoniques contenus en cette gamme ou systeme : et par celuy des feintes (que Franchin en autres termes appelle acquises (1) ou ajoutées) l'on y signifie celles que l'on employe sous d'autres lettres ou clefs que celles où elles devroient estre suivant l'ordre des degrez (2) ordinaires de la mesme gamme ou systeme : comme sont par exemple le *mi* au lieu du *fa,* sous les lettres *F* ou *C* : ou bien le *fa* au lieu du *mi,* sous les lettres *A* et *E,* ou autres semblables qu'il est necessaire de feindre quelquefois au chant (3), soit afin de maintenir en une bonne suite les intervalles diatoniques ; soit pour conserver l'accord et les consonances entre les diverses parties de la musique. En voici des exemples :

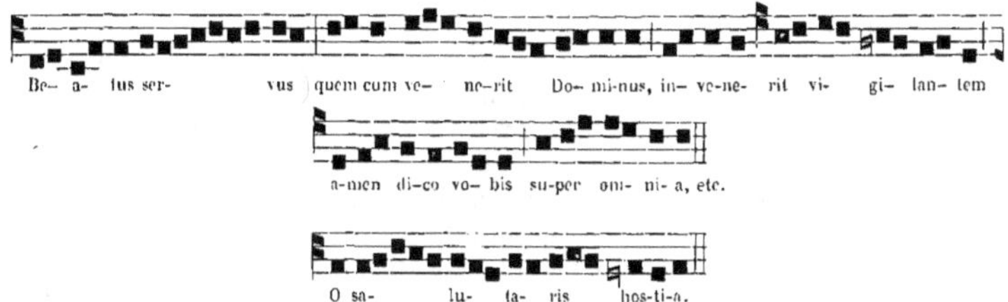

L'exemple suivant est de Glarean lib. 2. Dodedachordi cap. 1.

IX. Quoy que chacune de ces sept lettres puisse donner l'ouverture au chant, et pour ce sujet estre appellée (4) clef ; l'on n'a toutefois pas coûtume de donner ce nom qu'à trois ou quatre, parce qu'il n'y a que celles là que l'on marque à present dans les livres du plain-chant, non pas toutes ensemble, mais seulement une ou deux qui y sont placées au commencement de l'une des quatre lignes parallelles qui sont au dessus du texte, afin qu'au seul aspect de leur situation l'on puisse aussitost reconnoistre toutes les autres, qui bien qu'elles n'y soient pas exprimées, ne laissent pas d'y estre sous-enduës selon le rang et la suite qu'elles doivent tenir au dessus et au dessous de celle qui est marquée, de mesme que les lettres du Calendrier qui marquent les jours de la semaine, peuvent estre sous-entenduës et connuës par la seule veuë de la lettre Dominicale, en suite dequoy l'on vient pareillement à la connoissance des syllabes que les lettres gouvernent, et de l'ordre auquel elles appartiennent.

namque ex acuto in gravitatem remissa fit quieti propinquior, quatuor ipsas finales tonorum chordas in gravium vocum ordine deligendas duxerunt. Eas, inquam, quibus congrue subsisteret conjunctum in grave uniuscujusque collateralis toni tetrachordum. *Franch. l. 1. mus. pract. cap 8.*

(1) Tonum extra naturalem, ac primariam ejus dispositionem ductum possumus fictum, vel acquisitum appellare. *Franch. lib. 1. mus. pract. c. 8. et lib. 3. cap. 13.*

(2) Neque vero has voces recte fictas quis vocet, quæ in octavis reperiuntur ; sed eas potius fictas dixeris, quas neque eæ claves ; ubi licentia usurpantur, neque octavæ earum continent, ut mi in f, fa, ut : *sol* in e, *mi,* la ; *fa* in A, la, mi, re. etc. *Glar. l. 1. dodech. c. 3.*

* *Orontius Finæus l. 5. margaritæ philos. tractatu 2. cap. 2.*

(3) Musica ficta fingit in quacumque clave quamcumque vocem consonantiæ causa. *Georgius Rhau. in mus. practica cap. 3.*

(4) Litteræ claves nominantur, quia occulta et incognita monochordi nobis reserant et manifestant, videlicet voces cantus et tonos quorum claves sunt. *Finæus lib. 5. margaritæ philosoph. tract. 2. cap. 2.*

X. Quant aux figures de ces clefs, il y a déja plusieurs siecles, qu'au lieu de la figure des lettres dont Aretin s'estoit servy dans son antiphonaire, on leur a donné les figures avec lesquelles nous voyons qu'on a coûtume de les representer maintenant aux livres de chant. Mais les musiciens varient un peu touchant le nom de ces figures; car il y en a qui le tirent de l'*ut* de chacun des trois ordres qui se voyent dans les figures des gammes; et partant appellent la clef de *b mol*, clef de *f fa*, *ut*. La clef de nature, clef de *C*, *sol*, *fa*, *ut*. La clef de ♮ *carre*, clef de *G*, *sol*, *re*, *ut*. Et ainsi ils ne comptent que trois clefs. D'autres au contraire leur font prendre le nom du *fa* de chacun des trois ordres; en sorte que le *b fa*, soit la clef de *b mol*. *f fa*, *ut*, soit celle de nature, et *C*, *sol*, *fa*, *ut*, celle de ♮ *carre*. Ce qui est plus conforme à l'usage communément recu (1) fondé sur l'authorité de Guy Aretin, qui au chapitre 1. du prologue de son antiphonaire veut que l'on marque toûjours chaque piece de chant avec les deux lettres *F*. et *C*. et que pour les mieux distinguer et reconnoistre plus facilement, l'on mette la ligne de *F*. en couleur rouge, et la ligne du *C*. en couleur verte (ce qu'il a tres-exactement observé en tout le cours de son antiphonaire ou graduel) et en un autre endroit traitant des formules des modes, lors qu'il parle de celle du cinquiéme qui embrasse ces deux lettres avec leurs deux diverses couleurs, il leur donne la qualité non seulement de clefs, mais aussi de portes de la voix (2); vray semblablement parce que le demi-ton, qui est le plus important intervalle du genre diatonique, le plus artificieux, et le plus difficile, se rencontrant toûjours entre les lettres *e* et *f*, et entre ♮ et *c*, c'est à dire entre le *mi* et le *fa*, il semble plus à propos d'y fixer la clef de *fa*, afin de le faire mieux reconnoistre, et de l'indiquer plus precisément. A quoy l'on peut ajoûter que cette denomination de *fa* est encore necessaire, afin de garder l'ordre qui doit estre suivi dans les muances. Car supposé qu'elles ne se doivent faire qu'au dessus du *fa* en montant, et au dessous du *fa* en descendant (ainsi qu'il est remarqué cy-dessous) il faut necessairement conclure que le *fa* est d'un autre ordre, que n'est la syllabe de celuy auquel on monte ou auquel on descend; puis qu'il sert comme de terme au dessus, ou au dessous duquel les muances se doivent commencer. Pour ce qui est de la quatriéme clef de *G*. *sol*, *re*, *ut*, elle n'est que comme une seconde clef de ♮ *carre*, à cause de son *ut*. C'est pourquoy Aretin ne s'en est servi en aucun endroit de son antiphonaire, et l'on ne l'employe point non plus à present aux livres du plain-chant, quoy qu'on s'en soit servi aux siecles precedens en quelques pieces du mesme chant, et qu'on s'en serve encore utilement aux livres de musique à plusieurs parties. Les figures de ces clefs, et les diverses façons de les placer sur les quatre lignes se peuvent voir dans l'exemple suivant :

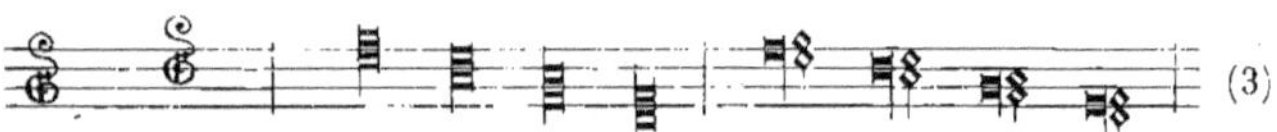

(3)

XI. La seconde chose qui se voit en la gamme d'Aretin, sont les syllabes, qui en ce systeme ne signifient pas le second instrument de grammaire, qui est l'élement de la diction sujette à l'accent, mais signifient plutost les notes qui marquent les differentes voix ou sons, que les diverses lettres donnent à connoistre. Car Guy Aretin ne les a employées dans les figures ou tables de son

(1) Verum *fa* acutior noscitur quam *mi* solo semitonij minoris spatio; inde eodem intervallo *mi* quam *fa* graviorem esse necesse est. Neque inconvenienter uno consensu musici ei notulæ, quæ ad gravem sibi propinquiorem semitonium deduceret, clavem adscripserunt; namque semitonium ipsum magis artificiosum, et ipsa proportione atque prolatu, natura et arte difficilius est tono; hinc magis indiget demonstratione. *Franchinus lib. 1. musicæ practicæ cap.* 2. *et* 3.

(2) Troporum quintus, tritus agricole dictus insequitur splendens croceo rubroque colore. *Et infra.* Claviger ac fortis reserat sic ostia vocis. *Guido in modorum formulis c.* 7. *formula autenti triti.*

* Præfatus ergo tritus, qui vocum aliorumque modorum est quasi formator et ostensor, coloribus tingitur croceis et rubeis, ut eo modo cæteros circa se signet, signatus quibus ipse cernitur coloribus. *Guido ibid. cap.* 8.

(3) La clef de G ou de sol n'est plus en usage dans le plain-chant; et les figures des clefs d'ut et de fa ne s'y écrivent plus de la manière ci-dessus indiquée par Jumilhac. Nous avons adopté, dans cette édition, le dessin moderne de ces deux clefs.

(*Note des éditeurs.*)

systeme ou gamme, que par maniere d'exemple, afin de faire voir comment l'on peut accompagner les lettres de syllabes, et par leur moyen faciliter à ceux qui chantent la prononciation des sons et intervalles que les lettres signifient (1), ainsi qu'on le peut voir au passage du mesme Aretin, qui est cité cy-dessous en la vi. partie, ch. vi. n. 1. et dans celuy de Franchin (2) : Où l'on voit que ce ne fut que par accident et par occasion qu'Aretin choisit les six syllabes, *ut*, *re*, *mi*, *fa*, *sol*, *la* (avec lesquelles l'on a coûtume depuis son temps et à son exemple d'exercer ceux à qui l'on enseigne le chant) parmi les autres syllabes des trois vers de la première strophe de l'hymne de S. Jean Baptiste.

Ut queant laxis,   *Re* sonare fibris,
Mi ra gestorum   *Fa* muli tuorum,
Sol ve polluti   *La* bii reatum (3).

(1) Deinde nota, quod inter secundam et tertiam litteram (*i*, *B* et *C*) et inter quintam et sextam (*i*, *E* et *F*) parvissima spatia veniant, quæ semitonia vocantur. A tono, B semitonio, C tono, D tono, E semitonio, F tono, G. Inter alias vero voces majora intervalla sunt, et dicuntur toni. *Guido c. 6. prologi pros. antiph.*

(2) Quo actum est ut Guido ipse introductorium seu monochordum à nonnullis manus appellatum, eo quod in sinistra manu frequenter percipiatur, sex ipsis syllabis mira dispositione duxerit exornandum. Et quemadmodum in distributione litterarum, inter B et C atque inter e et f, quandoque inter A B, ubi potissime tritoni asperitatem, duritiemve effugere liceret, semitonium minus diatonica progressione evenire deprehensum est; ita hac mira syllabarum deductione, unica tantum (quod ornatus atque excellentius est) pronuntiatione, ac descriptione omnia minora semitonia disposuit : eaque animadversione semitonium inter mi et fa repertum est, quæ ad se suavitate quadam conferuntur, ut minori earum intercapedini inter se solæ ipsæ conveniant, quòd in reliquis evenire non contingit. *Franchin. lib. 5. theor. cap. 6.*

(3) Guy d'Arezzo est en possession, depuis huit cents ans, de l'honneur d'avoir inventé les noms des notes *ut*, *ré*, *mi*, *fa*, *sol*, *la* ; mais c'est à tort, et nous allons le prouver rapidement.

Le célèbre didacticien a, dit-on, tiré ces noms de l'hymne de S. Jean-Baptiste, dont voici le chant, tel qu'il se trouve au chapitre III du Prologue Prosaïque de cet auteur (p. 22 du mss. de S.-Evroult) :

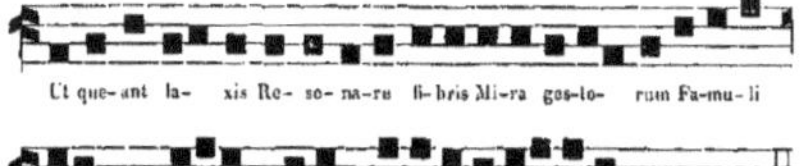

Si l'on fait attention aux notes qui se trouvent sur les syllabes *ut*, *ré*, *mi*, *fa*, *sol*, *la*, du texte de l'hymne de S. Jean, on verra qu'elles forment en réalité une échelle diatonique ascendante. Or, cette concordance a induit en erreur presque tous les théoriciens et les historiens de la musique : on en a conclu que Guy d'Arezzo avait eu l'intention expresse d'appeler *ut*, *ré*, *mi*, *fa*, *sol*, *la*, les six premières notes de la gamme.

(1) Cette mélodie, qui, dans le mss. de S.-Evroult, est notée comme les exemples arétins de la planche 2ᵉ de cette édition, n'a pas été reproduite d'une manière bien fidèle par Dom Jumilhac (vᵉ partie, ch. 1, nombre IV); Jean-Jacques Rousseau l'a défigurée dans son *Dictionnaire de Musique*, en copiant un ancien mss. de l'église de Sens, qui était très-défectueux ; Léonard Poisson, dans son *Traité du chant Grégorien* (p. 44-46) a suivi la version du mss. de Sens, et y a ajouté une autre leçon qui n'est pas plus satisfaisante.

Il suffit de lire les ouvrages de Guy pour se convaincre que telle n'a pas été sa pensée. Cet auteur employait, dans ses leçons musicales, la méthode que M. Jacotot de Dijon a dernièrement systématisée sous le nom d'*Enseignement universel*, et qui se résume en cette formule : « Apprendre quelque chose et y rapporter tout « le reste. » Guy commençait donc par faire apprendre à ses élèves une mélodie très-connue, n'importe laquelle ; et lorsque ceux-ci la savaient parfaitement, il leur montrait que *tout est dans tout*, comme Jacotot, c'est-à-dire que les intervalles mélodiques de tout plain-chant se retrouvent dans la mélodie-type, dans l'espèce d'*Epitome* musical qui a servi de point de départ aux élèves.

Le chant de l'hymne *Ut queant laxis* était celui que préférait Guy d'Arezzo ; et, en effet, il était extrêmement populaire au moyen âge : tout le monde le connaissait, et beaucoup de chanteurs le regardaient même comme un spécifique infaillible contre l'enrouement. Mais Guy d'Arezzo n'était point exclusif dans le choix de la mélodie-modèle ; il le dit en termes précis, et rien que cette circonstance prouverait, à elle seule, qu'il n'eut jamais l'intention d'appliquer aux notes de sa gamme, ou plutôt de son monochorde, les syllabes *ut*, *ré*, *mi*, *fa*, *sol*, *la*, de l'hymne de S. Jean.

Voici ce qu'il écrivait à un moine du nom de Michel :

« Si vous voulez imprimer dans votre mémoire un son ou neume, « pour pouvoir le retrouver partout et dans quelque chant que ce « soit (connu de vous ou ignoré), de manière à l'entonner sans « hésitation, il faut mettre dans votre tête la teneur d'une mélodie « très-connue, et, pour chaque chant que vous voulez apprendre, « avoir présent à l'esprit un chant du même genre qui commence « par la même note, comme, par exemple, cette mélodie dont je « me sers pour enseigner aux enfants qui commencent, et même « aux plus avancés : *Ut queant laxis, etc.* (1). »

Ces paroles ne laissent aucun doute sur l'emploi réel que Guy faisait de la mélodie de l'hymne de S. Jean, et l'on n'y trouve pas l'ombre d'une preuve en faveur de la solmisation par les syllabes *ut*, *ré*, *mi*, *fa*, *sol*, *la*, que l'on a cependant prétendue avoir été inventée par lui.

Si Guy avait voulu donner des appellations syllabiques aux notes, à coup sûr il en aurait parlé, et c'est ce qu'il n'a point fait. Puis, comme il admettait sept notes, il aurait déterminé *sept* appellations, et non *six*. Ajoutons enfin qu'il n'avait pas besoin de syllabes pour qualifier les sons de l'échelle musicale, puisqu'il avait à sa disposition les lettres de l'alphabet dont il se sert constamment dans les meilleurs manuscrits qui nous restent de ses œuvres.

Le premier auteur qui ait parlé de l'appellation des notes par les syllabes *ut*, *ré*, *mi*, *fa*, *sol*, *la*, est Jean Cotton, qui paraît

(1) Traduction de M. Fétis, *Biographie univ.*, tome IV, p. 455. M. Fétis est le premier qui ait bien apprécié les travaux de Guy d'Arezzo.

Prenant à cét effet la premiere syllabe de chacun de ses trois vers saphiques, avec la premiere qui suit aprés la cæsure de chacun de ses trois vers, suivant l'ordre et la proportion des degrez harmoniques qu'avoit lors la melodie de ces trois vers, qui en montant de bas en haut faisoit un hexachorde ou sexte majeure composée de quatre tons, et d'un demy ton au milieu des quatre tons, avec une si belle disposition, que les trois especes de quarte y sont contenuës, et que les tons s'y élevent toûjours de bas en haut depuis les syllabes d'*ut* à *re*, de *re* à *mi*, de *fa* à *sol*, et de *sol* à *la*, et descendent reciproquement du haut en bas depuis les syllabes de *la* à *sol*, de *sol* à *fa*, de *mi* à *re*, et de *re* à *ut*. Et semblablement que le demy-ton s'y éleve toûjours du bas en haut depuis la syllabe *mi* à celle de *fa*, et descend toûjours du haut en bas depuis la syllabe *fa* à celle de *mi*, de quelque ordre qu'ils puissent estre. Que si par fois le ton ou le demy-ton se rencontrent hors de cét ordre et de cette disposition, ce n'est que par une espece de licence, ou pour parler aux termes des chantres et des musiciens, par des notes feintes, afin d'éviter la mauvaise suite des voix au plain-chant, ou les dissonances en la musique, ainsi qu'il a esté remarqué cy-dessus n. VIII. et au chapitre precedent n. III.

XII. Or d'autant que la parfaite harmonie surpasse l'hexachorde de ces six syllabes, et que la correspondance, qu'elles doivent avoir avec les lettres qu'elles accompagnent demande que leur nombre egale celuy des vingt lettres de ce systeme, soit par leur multiplication, soit par leur repetition, Aretin voulant éviter la multiplication d'un si grand nombre de syllabes, qui eust pû confondre ou surcharger la memoire, et rendre leur usage plus difficile, s'est servy de leur repetition, comme estant plus aisée et plus commode; c'est pourquoy il les a reïterées dans les tables ou figures de son échelle et de sa main harmonique jusques à sept fois; mais avec un tel ordre et un tel enchaisnement (1) que par le moyen des muances que l'on fait des unes avec les autres, la lettre B. y rencontre toûjours les deux differentes syllabes, *fa* et *mi* qui correspondent à ses deux differentes figures, le *fa* au *b mol*, qui pour ce sujet est aussi nommé *b fa*: le *mi* au ♮ *carre*, qui est pareillement surnommé ♮ *mi*, et par cette correspondance tous les hexachordes y sont entretenus dans leur suite diatonique; et tant la conjonction que la disjonction des tetrachordes y est aussi parfaitement observée qu'au systeme des Grecs, soit qu'on les commence par l'*ut* suivant la gamme d'Aretin; soit qu'on les commence par le *re*, ou par le *mi*, à la façon des Grecs. De plus leur repetition y est tellement disposée, qu'elle ne rend en tout que le nombre de vingt voix differentes conformément au nombre des vingt lettres; et qu'elle est terminée en ses deux extremes par l'unité de la syllabe *ut* en bas. l'*ut*, et par celle de *la* en haut, ee *la*.

XIII. Et afin que leur repetition si frequente ne donne point occasion à quelque confusion, Aretin a distingué les mesmes six syllabes en trois ordres, à l'un desquels il a donné le nom de ♮ *carre*, dont les hexachordes commencent par les *ut* des trois *G*. sçavoir est du gamma grec, et des deux latins, le majuscule, et le minuscule. Au second le nom de *nature*, les hexachordes duquel commencent par les *ut* des deux *C*. le majuscule, et le minuscule. Au troisiéme celuy de *b mol*, qui commence ses hexachordes par les *ut* des deux *F*, la majuscule et la minuscule : de

---

avoir écrit dans la seconde moitié du xi° siècle. « Sex sunt syllabæ, « dit-il, quas ad opus musicæ assumimus, diversæ quidem apud « diversos : verum Angli, Francigenæ, Alemanni *ut*, *re*, *mi*, *fa*, « *sol*, *la*; Itali autem alias habent : quas qui nosse desiderant, sti- « pulentur ab ipsis (*Tractatus de musica*, cap. 1, apud Gerbert, « *Scriptores Eccles. de mus. sacra*, tom. 2, p. 232). » Jean Cotton rapporte l'origine du nom des six premières notes de la gamme à l'hymne de S. Jean; mais il ne cite point Guy d'Arezzo comme auteur de cett einnovation. On aurait dû toujours imiter cette sage réserve, car on se serait épargné de la sorte bien des bévues.

(*Note des éditeurs.*)

(1) Tanta fuit ad commixtorum septem exachordorum dispositionem ipsius Guidonis animadversio, ut uniuscujusque exachordi principium, vel primo præcedentis exachordi tetrachordo conjunxerit, vel ipsum ab eo toni disjunctum instituerit intervallo. Qua ex re in eptachordo duorum exachordorum prima comprobantur tetrachorda. At ubi primum secundi exachordi tetrachordum terminatur ; tertium hexachordum b molle dictum, (quod et conjunctum dici potest) sumit exordium : Quartum vero exachordum à primo secundi hexachordi tetrachordo toni intervallo disjungitur in acutum. Quintum autem exachordum primo quarti exachordi conjungitur tetrachordo. Verum primo quinti hujus exachordi tetrachordo sextum connexum est exachordum, quod sinemenon, seu conjunctum potest appellari. Septimum exachordum à primo quinti exachordi tetrachordo toni distantia disjungitur in acutum. *Franch. l. 1. musicæ pract. cap. 2.*

sorte que les mesmes six syllabes sont reïterées trois fois dans l'ordre de ♮ *carre*, une fois à la plus basse octave des voix graves, une autre fois en celle des aigues, et la troisiéme en celle des suraigues. Deux fois en l'ordre de *nature*, l'une en l'octave des voix graves, et l'autre en celle des aigues; et deux fois en l'ordre de *b mol*, dont l'une commence au dessous de l'octave des aigues, et l'autre au dessous des suraigues.

XIV. De plus ces six syllabes sont tellement disposées dans la repetition de ces sept hexachordes de divers ordres, que lors que le chant s'éleve au dessus d'un hexachorde, ou s'abaisse au dessous, l'on passe à l'un des hexachordes d'un autre ordre, soit pour élever, soit pour abbaisser la voix; en sorte toutefois que l'on ne passe jamais immédiatement de l'ordre de *b carre* à celuy de *b mol;* ni de l'ordre de *b mol* à celuy de *b carre;* mais toûjours tant de l'un que de l'autre à celuy de *nature*, duquel reciproquement l'on passe tantost à celuy de ♮ *carre;* tantost à celui de *b mol*, selon que la melodie le demande. Et c'est ce passage d'un ordre à l'autre, qui se fait en changeant une syllabe de l'un de ces ordres en une autre syllabe d'un autre ordre qui est sous la mesme lettre et qui a le mesme son, quoy qu'elle ait un nom different, que l'on nomme communement *muance* (1). De la quelle l'on a accoûtumé de se servir lors qu'il est besoin de monter au dessus, ou de descendre au dessous de ces six syllabes; si ce n'est qu'il ne faille monter que d'une syllabe au dessus du *la;* car il suffit alors de prendre le *fa*, qui se rencontre immédiatement au dessus du *la*, sans faire d'autre muance : Ou bien qu'il faille d'un plein saut aller à l'octave, ou à la sexte, ou à la quinte (2); parce que la muance n'est pas lors considerée dans ces sortes d'intervalles disjoints. Ces muances donc ne consistent qu'au seul changement du nòm des syllabes, et n'apportent aucune variation ny à l'ordre des sons, ni à celuy de leurs lettres, qui sont toûjours les mesmes sans aucune muance ni alteration, et partant elles ne sont qu'accidentelles à l'essence de la melodie, et à l'harmonie de ses sons et de ses intervalles et à l'ordre des sept lettres qui en sont la marque invariable, de laquelle seule Aretin à toûjours coûtume de se servir.

XV. L'endroit ou les muances de ces syllabes ont accoûtumé d'estre commencées est toûjours au dessus le *fa* en montant; et par dessous le *fa* en descendant. Mais tant celles qui se rencontrent en montant en haut, que celles qui se font en descendant en bas peuvent estre faites ou immediatement, ou bien mediatement apres le mesme *fa;* en sorte que celles qui se font immediatement sous le *fa* marquent que la muance se fait par des tetrachordes conjoints; et au contraire celles qui ne se font que mediatement, denotent que la muance ne s'y fait que par des tetrachordes disjoints : lesquelles conjonctions et disjonctions de tetrachordes en ces muances mediates et immediates sont marquées et se peuvent voir dans la figure de cette gamme; parce que quand la muance se fait immediatement, ou par tetrachordes conjoints, elle se prend dans la deduction qui luy est contiguë; mais lors que la muance ne se fait que mediatement ou par tetrachordes disjoints, alors elle ne se prend aussi que dans la deduction qui est au delà de la prochaine.

Les muances donc en montant se font immediatement lors qu'au lieu du *sol* qui est par dessus le *fa*, l'on prend le *re* de l'ordre auquel il faut monter : elles ne se font que mediatement lors qu'au lieu du *la* qui est par dessus le *fa* l'on prend l'ordre auquel on monte. En descendant les muances pareillement se font immediatement quand au lieu du *mi* qui est sous le *fa* l'on employe le *la* de l'ordre auquel on doit descendre; et elles ne se font que mediatement lors qu'au lieu du *re* qui est inferieur au *fa* l'on prend le *la*.

XVI. Et partant le nombre des muances est de quatre en montant, et pareillement de quatre en descendant. Car pour monter de ♮ *carre* en *nature*, ou de *nature* en *b mol*, le *sol* de la lettre

---

(1) Mutatio vocum est unius in aliam sub eodem sono variatio. *Finæus lib.* 5. *margaritæ philosophicæ tractatu* 2. *cap.* 5.

(2) Illud postremo notandum in longis saltibus, ut in octavis, septimis, ac sextis nullam fieri mutationem; Item in quintis mi, mi; fa, fa; (nam hæc exachordorum ordinem egrediuntur.) Sed simpliciter voces sunt apprehendendæ, ut in clavibus inveniuntur. *Glarean. lib.* 1. *dodecach.* c. 6.

D, qui est immediatement au dessus le *fa* de ♮ *carre*, ou le *sol* de la lettre *G*, qui est immediatement au dessus le *fa* de *nature* se change au *re* des mesmes deux lettres *D* ou *G*. Mais pour monter de *b mol* en *nature*, ou de *nature* en ♮ *carre* le *la* des lettres *D* ou *A*, qui n'est que mediatement sur le *fa*, se change au *re* des mesmes lettres *D* ou *A*.

XVII. Semblablement entre les quatre muances qui se font en descendant les deux qui descendent, l'une de *b mol* en *nature*, l'autre de *nature* en ♮ *carre*, changent le *mi* des lettres *A* ou *E*, qui est immediatement sous le *fa* de *b mol*, ou de *nature*, au *la* des mesmes lettres *A* ou *E* respectivement.

Mais pour descendre de ♮ *carre* en *nature* ou de *nature* en *b mol*, le *re* des lettres *A* ou *D*, qui n'est que mediatement sous le *fa* de ♮ *carre* ou de *nature* se change au *la* des mesmes lettres *A* ou *D*.

EXEMPLES DE TOUTES LES MUANCES :

Pour monter de nature en ♭ *mol.*

Pour monter de ♮ carre en nature.

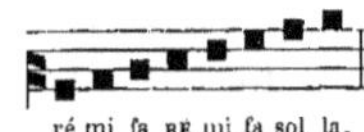

Pour monter de nature en ♭ *mol.*

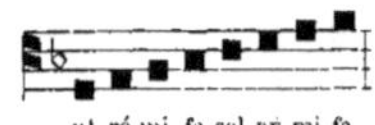

Pour monter de nature en ♮ *carre.*

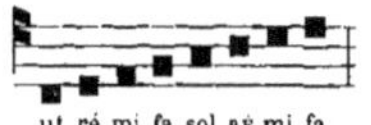

Pour descendre de ♭ *mol en nature.*

Pour descendre de nature en ♮ *carre.*

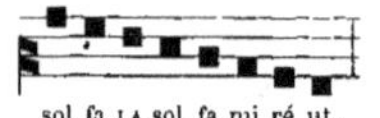

Pour descendre de nature en ♭ *mol.*

Pour descendre de ♮ carre en nature.

REPRODUCTION EXACTE DES PASSAGES DE GUY D'AREZZO

QUI SE TROUVENT CITÉS DANS LE CHAPITRE XI DE JUMILHAC, COLLATIONNÉS DE NOUVEAU SUR LE MANUSCRIT DE SAINT-ÉVROULT.

Page 104, note 1.

« Sed quia voces quę hujus artis prima sunt fundamenta in monocordo melius intuemur, quomodo eas ibidem ars naturam imitata discrevit, primitus videamus (P. 2 du mss. de S.-Evroult). »

« Subponantur itaque (*vocales scilicet*) per ordinem septem litteris monocordi, et quia quinque tantum sunt, tam diverse repetantur, donec unicuique sono sua suscribatur vocalis (P. 11 du mss. de S.-Evroult). »

Ibidem, note 3.

« G ymnasio musas placuit revocare solutas,
U t pateant parvis, habitę vix hactenus altis.
I nvidię templum perimat dilectio cęcum.
D ira quidem pestis tulit omnia commoda terris.
O rdine me scripsi prime qui carmina fixi (1)

(Page 1 du mss. de S.-Evroult). »

1) Ce vers offre deux fautes incontestables du copiste ; il faut lire : *primo et finxi*

Ibidem, note 4.

« G liscunt corda meis hominum mollita camenis,
U na mihi virtus numeratos contulit ictus,
I n cęlis summo gratissima carmina fundo,
D ans aulę Christi munus cum voce ministri.
O rdine me scripsi primo qui carmina finxi
(Page 15 du mss. de S.-Evroult). »

Page 106, note 1.

« B vero rotundum quod minus et regulare, quod adjunctum vel molle dicitur, cum f habet concordiam et ideo additum est quia cum quarta á se ♮ tritono differente, nequibat habere concordiam, utrumque autem b ♮ in eadem neuma ne jungas (Page 5 du mss. de S.-Evroult). »

Page 106, note 2.

« Sed quia voces quę hujus artis prima sunt fundamenta in monocordo melius intuemur, quomodo eas ibidem ars naturam vocum imitata discrevit primitus videamus. Notę autem in monocordo hę sunt. In primis ponitur Γ Gręcum, gamma á modernis adjunctum. Sequuntur septem alphabeti litterę graves, ideoque majoribus litteris insignitę hoc modo A, B, C, D, E, F, G. Post has heędem VII litterę acutę repetuntur, sed minoribus litteris describuntur. In quibus tamen inter a et ♮ aliam b ponimus, quam rotundam facimus, alteram vero quadravimus ita, a, b, ♮, c, d, e, f, g. Addimus his eisdem litteris sed variis figuris tetracordum speracutarum in quo similiter duplicavimus ita, aa, bb, cc, dd. Heę á multis superfluę dicuntur. Nos autem maluimus habundare quam deficere. Fiunt itaque omnes simul xxi, hoc modo, Γ, A, B, C, D, E, F, G, a, b, ♮, c, d, e, f, g. aa, bb, ♮♮, cc, dd. Quarum dispositio ab auctoribus aut tacita aut nimia obscuritate perplexa adest etiam pueris breviter ac planissime explicata (Page 2 du mss. de S.-Evroult) ».

Ibidem, note 3.

« Diapason autem est, in qua diatessaron et diapente junguntur. Cum enim ab A in D sit diatessaron, et ab eadem D in a sit diapente, ab A in alteram a diapason existit. Cujus est eandem litteram in utroque habere latere; ut á B in ♮, á C in c, á D in d, et reliqua. Sicut enim utraque vox eadem littera notatur ita per omnia ejusdem qualitatis perfectissimęque similitudinis utraque habetur et creditur (Pages 3 et 4 du mss. de S.-Evroult). »

Ibidem, note 1.

« Quędam quamvis sint affines non perfecte consonant (Page 16 du mss. de S.-Evroult). »

« Unaquęque vero vocum habet aliquid proprium, dum eorum affinitas non ex toto acumine vel gravitate concordant, et aliqua semper similitudine cum extraneis admiscentur, id est cum eis qui alterius modi sunt, ut pote D et A quę affines sunt, id est unius modi, non sunt per totum similes, sed singillatim proprias retinent qualitates, id est dum D deponitur tono, semitonio, et iterum elevatur tono, semitonio, tritono, et scmeditono, usque ad d acutum. Itemque A ditono deponitur et semitonio, elevatur autem per tonum, semitonium et ditonum, et alium semitonium, et ditonum usque ad altum a acutum, *etc.* (Page 28 du mss. de S.-Evroult). »

Page 107, note 2.

« A finali itaque voce ad quintam in quolibet cantu justa est depositio, et usque ad octavas elevatio : licet contra hanc regulam sępe fiat, cum ad nonam, decimamve progrediamur. Unde et finales voces statuerunt D, E, F, G, quod his primum prędictam elevationem vel depositionem monocordi positio commodaverit, habent enim deorsum unum tetracordum gravium, sursum vero duo acutarum (Page 7 du mss. de S.-Evroult). »

Page 109, note 2.

« Troporum quintus, tritus agricole dictus,
Insequitur splendens croceo rubroque colore.

Et infra :

Claviger ac fortis reserat sic hostia (*ostia*) vocis
(Page 37 du mss. de S.-Evroult). »

« Prefatus ergo tritus qui vocum aliorumque modorum
Est quasi formator et ostensor, coloribus tinguitur (lisez *tingitur*) croceis et rubeis,
Ut eo modo cęteros circa se signet signatus quos (il faut lire *quibus*) ipse cernitur coloribus
(Page 37 du mss. de S.-Evroult).

Page 110, note 1.

« Deinde nota quod inter secundam et tertiam (*litteram*), et inter quintam et sextam, parvissima spatia veniant, quæ semitonia vocantur. A tono, B semitonio, C tono, D tono, E semitonio, F tono, G. Inter alias vero voces majora intervalia sunt, et dicuntur toni (Page 24 du mss. de S.-Evroult). »

CHAPITRE XII.

		b mol.	nature	♭ carre
	ee		MI	LA
	dd	LA	RE	SOL
	cc	SOL	UT	FA
	bb	FA		♭MI
	aa	MI	LA	RE
g		RE	SOL	UT
	f	UT	FA	
	e		MI	LA
	d	LA	RE	SOL
	c	SOL	UT	FA
	b	FA		♮MI
	a	MI	LA	RE
	G	RE	SOL	UT
	F	UT	FA	
	E		MI	LA
	D	LA	RE	SOL
	C	SOL	UT	FA
	B	FA		♮MI
	A	MI	LA	RE
	G	RE	SOL	UT

FIGURE ABBREGÉE DE LA GAMME CI-CONTRE.

		b mol.	nature	♭ carre
	c	SOL	UT	FA
	b	FA		♮MI
	a	MI	LA	RE
	G	RE	SOL	UT
	F	UT	FA	
	E		MI	LA
	D	LA	RE	SOL
	C	SOL	UT	FA

I. Cette gamme est appellée commune, tant parce qu'elle est propre à servir à l'étenduë de la voix humaine, et à celle des instrumens de musique, qu'à cause qu'elle a esté plus communement mise en usage depuis deux siecles. Elle est en substance la mesme que les deux precedentes ; quoy que les figures des trois soient un peu diverses ; car elle a les mesmes sept lettres, les mesmes clefs ; les mesmes six syllabes, et les mesmes muances de ces syllabes, qu'ont les deux autres figures : C'est pourquoy ce qui a esté dit pour l'explication des deux precedentes figures pouvant estre pareillement appliqué à celle cy, et en donner l'intelligence, je me contenterai de remarquer ce en quoy la commune semble differer des deux autres, et les avantages que cette difference peut donner à celle cy ou aux autres.

---

(1) On lit dans la préface de la *Méthode élémentaire de plain-chant* de M. Fétis : — « C'est la méthode des *muances* qu'on trouve « dans le *Directoire du Chant grégorien*, de Jean Millet, dans la « *Science et la Pratique du Plain-Chant*, de Jumilhac (*sic*), et « dans la *Méthode facile pour apprendre le Plain-Chant*, par un « ecclésiastique de Rouen. D'autres ouvrages justement estimés, « comme le *Traité théorique et pratique du Plain-Chant appelé* « *grégorien*, par l'abbé Poisson, curé de Marchangis, enseignent « concurremment les deux méthodes des muances et de la gamme « moderne (p. VII et VIII). » — M. Fétis se trompe gravement dans ce passage, car l'ouvrage de Poisson contient à peine quelques lignes sur le système des muances, tandis que Dom Jumilhac explique très au long, dans ce chapitre et le suivant, la gamme moderne, après avoir initié ses lecteurs aux difficultés théoriques et pratiques des muances. La gamme moderne est d'ailleurs le point de départ général de l'enseignement du savant bénédictin dont nous reproduisons l'ouvrage.

(*Note des éditeurs.*)

II. La premiere difference qui se rencontre entre ces deux gammes, consiste au nombre des voix ou syllabes, qui dans les deux premieres est fixé ou terminé à vingt; et dans la commune est fixé au nombre de sept, qui peut estre multiplié sans aucunes bornes ni limites.

La seconde est, que les trois ordres de ♮ *carre*, de *b mol*, et de *nature* semblent estre interrompus apres le troisiéme hexachorde dans les deux premieres figures, et que dans la gamme commune ils sont si bien distinguez, que l'ordre de *nature* se rencontre toûjours au milieu entre les ordres de *b mol* et de ♮ *carre*.

La troisiéme consiste en la varieté des lettres majuscules, minuscules, et doubles, qui se voyent aux deux premieres, bien qu'en la commune l'on n'ait pas accoûtumé d'y en employer d'autres que les majuscules; parce que l'on n'en marque ordinairement qu'une octave.

La quatriéme difference est à l'égard des cinq tetrachordes, des graves, des finales, des affinales, des aiguës et des suraiguës, qui ne sont point distinguez dans la gamme commune, comme ils le sont dans les deux autres; et ainsi que la conjonction ou la disjonction des tetrachordes n'est pas si apparente en celle cy, comme elle l'est en celles là.

III. Mais ces differences, qui semblent rendre defectueuse la gamme commune, donnent occasion de reconnoistre plusieurs avantages qu'elle peut avoir sur les deux autres : dont le premier se prend de la plus grande étenduë de ses voix ou syllabes, puis qu'elle est proportionnée à la multitude des sons, qui peuvent generalement se rencontrer dans l'harmonie tant de la voix que des instrumens. Car il y a des basses dont le creux est si bas, et des dessus au contraire dont le fausset est si haut, que joignant l'harmonie de l'un avec celle de l'autre, ils peuvent atteindre jusques à trois ou quatre octaves.

Il y a pareillement des instrumens, comme les clavecins, les épinettes, et les orgues, qui montent chacun jusques à quatre ou cinq octaves (1), et qui peuvent en avoir davantage; et partant il ne semble pas que l'on doive borner au nombre de vingt voix ce qui en a vingt-neuf ou trente-cinq, et qui en peut avoir davantage; car les principes et les preceptes d'un art et d'une science doivent regler tout ce qui est dans l'étenduë de son objet.

Comme donc non seulement les voix ou les sons, et leurs intervales, mais aussi leur nombre et leur multitude ne font pas moins partie de l'objet de la science et de l'art du chant, que les nombres et leur quantité de celuy de l'arithmetique; aussi les voix et les sons doivent naturellement participer à la proprieté des nombres (2) : dont les hommes ont en quelque façon reduit l'infinité au nombre de dix (3) chiffres ou figures, quoy que par la repetition de ce mesme nombre de dix ils se puissent multiplier jusques à l'infini. De mesme l'infinité des sons et des voix differentes est naturellement fixée au nombre de sept; mais ils peuvent estre multipliez par la repetition de ce mesme nombre jusques à l'infini, selon que l'étenduë des voix, ou du son des instrumens le peut demander. L'alphabet, dont l'usage ne pourroit point passer au delà de quinze ou vingt volumes, seroit avec raison estimé defectueux; car pour estre parfait il doit estre si universel, qu'il n'y ait aucun nombre ni aucune sorte soit de discours, soit de livres, soit de volumes, que l'on ne puisse composer, lire ou reciter par son moyen. Il en est de mesme de la gamme qui est comme l'alphabet du chant : car pour estre accomplie, elle doit generalement comprendre et embrasser toute sorte de voix, et de chants. C'est pourquoy les autheurs mesme qui ont

---

(1) Cum tamen usque ad quatuor octavas hac ætate voces; et ad septem vel octo instrumenta musica protendantur. *Mersen. lib.* 7. *harmonicorum proposit.* 16.

* *Franch. l.* 2. *mus. instrument. c.* 39.

(2) Quoniam de numerosis motibus agimus; abs te quæro utrum ipsos debeamus consulere numeros, ut quas eis leges certas fixasque monstraverimus; eas in illis motibus animadvertendas, observandasque judicemus. D. Placet vero; non enim quicquam ordinatius fieri posse arbitror. *August. lib.* 1. *mus. cap.* 11.

(3) Quænam est ratio; ut quamvis per infinitum, ut dictum est, numerus progrediatur, articulos quosdam homines in numerando fecerint, in quibus ad unum rursus redeant, quod est principium numerorum; in numerando enim progredimur ad decem, atque inde ad unum revertimur. *Et infra.* Nam ut decem decies habent unum, ita centum decies habent decem, et mille decies habent centum : et ita deinceps, quousque libitum est, progrediuntur in hujusmodi quasi articulis, quod in denario numero præfinitum est. *August. lib.* 1. *mus. cap.* 11. *et* 12.

traitté ou qui se sont davantage servis des deux premieres figures de la gamme ont reconnu que l'on pouvoit ajoûter d'autres lettres avec leurs syllabes (1), tant sous le Γ qui est la plus basse, que sur le double *ee* qui est la plus haute des lettres des mesmes gammes.

IV. Le second avantage de la gamme commune sur les deux premieres est pareillement tiré de leur seconde difference; car la distinction des trois ordres de *b mol*, de *nature* et de ♮ *carre*, qui est continuée dans la gamme commune, semble preferable à l'interruption et à l'entrelassement qui s'en fait aux deux premieres; d'autant que la maniere avec laquelle les muances se doivent faire d'un ordre à l'autre semble demander naturellement, et la distinction, et la situation immobile de ces trois ordres, selon qu'ils sont commencez dans les trois premiers hexachordes des deux premieres gammes, et qu'ils sont commencez et continuez dans la gamme commune. Car puis que les muances ne se font jamais immediatement ni de *b mol* en ♮ *carre*; ni de ♮ *carre* en *b mol*; mais seulement de *b mol*, ou de ♮ *carre* en *nature*; et reciproquement de *nature* en *b mol*, ou en ♮ *carre*; il s'ensuit que les ordres de *b mol* et de ♮ *carre* ne doivent point estre contigus, ni se suivre l'un l'autre immediatement; mais qu'ils doivent toûjours avoir l'ordre de *nature* entre deux. C'est pourquoy aussi les syllabes de ces trois ordres, qui sont sous chaque lettre y doivent pareillement tenir le mesme rang, et celle de *nature* y doit toûjours estre placée entre celles de *b mol* et de ♮ *carre* conformement à la disposition qui s'en voit dans la gamme commune; ou sous la lettre *C*, par exemple, l'*ut* de *nature* se trouve placé au milieu entre le *sol* de *b mol* et le *fa* de ♮ *carre*, en cette maniere *C, sol, ut, fa*. Et ainsi de toutes les autres syllabes qui sont sous les autres lettres; au lieu que dans les deux premieres gammes sous une mesme lettre, l'*ut* de *nature* est à l'une des extremitez, et le *sol* de *b mol*, et le *fa* de ♮ *carre* y sont contigus : *C, sol, fa, ut*. Ce qui par proportion se rencontre pareillement sous toutes les autres lettres.

V. Quant à la troisiéme difference elle est telle, que si elle donne quelque avantage aux deux premieres figures de la gamme, on peut aisément en conserver un semblable à celle de la commune en doublant ou triplant son octave; et appliquant à la plus basse les lettres majuscules; à la seconde des minuscules; et à la 3ᵉ les doubles minuscules; donnant au plus bas tetrachorde le nom ou la qualité des voix graves; au second celui de finales; au 3ᵉ celuy d'affinales; au 4ᵉ celuy d'aiguës, et au 5ᵉ celuy de suraiguës; suivant la disposition qui s'en voit au premier exemple (*planche* 3ᵉ); et selon qu'il peut estre plus convenable, ou plus commode pour la bonne conduite de la voix humaine, soit dans la musique à parties, soit au plain-chant. Mais comme il y a d'autres moyens autant ou plus propres pour fixer tant les voix graves, que les finales, ou leurs affinales, et les voix aiguës, desquels il est fait mention cy dessous en la quatriéme partie; et que d'ailleurs ces divisions d'octaves, et de tetrachordes ne peuvent pas également s'approprier aux voix et aux instrumens qui surpassent de deux ou trois octaves les cinq tetrachordes des deux premieres figures, il semble que c'est encore un avantage à la gamme commune de ne la point assujettir aux noms des octaves et des tetrachordes des deux premieres; parce que ces octaves excedantes, et leurs tetrachordes demeureroient alors sans noms; ou plûtost devroient prendre les noms des octaves de ces deux premieres gammes, et de leurs tetrachordes : puis qu'ils seroient ou plus graves ou plus aigus que ceux de ces premieres gammes.

<hr>

(1) Si notula aliqua casu, ut sæpe fit, infra Γ ut, ponatur : rogas quid ibi canendum ? Aïo respiciendam esse ab ea octavam clavem. Ut enim infra G, sol, re, ut, est f, fa ut. Ita infra Γ ut, erit f fa, ut. Ita consimili modo, si extra ee, la, obveniet notula, ea quoque venit ad rationem octavæ clavis judicanda. Humana vero vox hos limites non egreditur : tametsi quatuor vocum cantilenæ, et instrumenta ipsa musica sæpius hanc dispositionem excedant. Neque vero has voces recte fictas quis vocet, quæ in octavis reperiuntur : sed eas potius fictas dixeris, quas neque eæ claves, ubi licentia usurpantur, neque octavæ earum continent; ut mi, in f, fu, ut; sol in E, la, mi; fa in A, la, mi, re. *etc. Glareanus lib. 1. dodecach. cap. 3.*

* Si ergo extra limites scalæ vel in imo, vel in supremo loco aliquæ voces expatiantur, oportet illas ad octavam referre. Quælibet enim octavarum habet sibi similem in octava. *Georgius Rhau in enchiridio musicæ pract. cap. 1. de clavibus.*

* Si vero volueris Γ ut descendere, tunc oportet b molle servare etiam in gravibus, ea ratione qua b molle in acutioribus ponitur, et bb in excellentibus. Hoc enim pacto ex abscissione semitonii majoris mitescit tritonus, siquidem natura numerorum, et ratio sonorum semper diapason gignit ex diapason, ut dictum est. *Kirch. lib. 3. musurg. univers. c. 9. proposit. 7.*

Quant à la conjonction ou disjonction des tetrachordes, elles ne se rencontrent pas moins dans les muances qui se font en cette gamme, qu'en celles qui se font aux autres deux; puis qu'elles s'y font toûjours apres le *fa* mediatement ou immediatement, comme aux deux autres; et que la muance immediate apres le *fa*, est le signe de la conjonction des tetrachordes, comme la muance mediate est la marque de leur disjonction, suivant ce qui a esté dit au chapitre precedent. n. 15.

VI. Une autre prerogative de la gamme commune est, qu'elle paroist plus simple, plus courte, et plus aisée à concevoir, à retenir, et à pratiquer, que les deux autres : Ce qui est fort considerable dans les élemens ou les premiers principes d'une science ou d'un art, tels que le sont les gammes à l'égard du chant. Il semble donc que la gamme commune ait encore cet avantage au dessus des autres deux, puis que la plus part des musiciens et des chantres modernes la trouvent bien plus facile (1), et s'en servent plus volontiers que des deux premieres.

(1) Recentiorum practicorum methodum sequemur, quam præferunt antiquæ Guidonicæ, quod omnes notæ cujuslibet exachordi, quæ pertinent ad aliquam ex tribus clavibus, se invicem immediate consequantur uno tenore; cum tamen in antiqua methodo interturbentur. *Mersen. lib. 6. harmonicorum propositione* 15*.

CHAPITRE XIII.

EXPLICATION DU SYSTEME OU DE LA GAMME SANS MUANCES.

I. Il n'y a aucun principe que Guy Aretin ait établi avec plus de soin, et qu'il ait si souvent reïteré que celuy qui ne reconnoist que sept voix differentes (1), parce que la 8ᵉ est toûjours la mesme que la premiere; c'est pour ce sujet qu'il ne met que sept lettres dans son monochorde ou systeme, et qu'il ne distingue jamais les intervalles de leurs sons par les syllabes; mais toûjours par la distance que ces sept lettres ont de l'une à l'autre. C'est pourquoy bien que pour s'accommoder au systeme des Grecs, il ait dans son micrologue posé au bas de sa gamme leur *gamma* pour servir comme de terme ou de borne à la plus basse voix, ou à son plus bas degré,

(1) Diapason est camdem litteram habere in utroque latere, ut à *B* in ♭, à *C* in *c*, à *D* in *d*, et reliqua. Sicut enim utraque vox eadem littera notatur, ita per omnia ejusdem qualitatis perfectissimæque similitudinis utraque habetur et creditur. Nam sicut finitis septem diebus, eosdem repetimus, ut semper primum et octavum diem eumdem dicamus; ita octavas semper voces esse easdem figuramus et dicimus, quia naturali eas concordia consonare sentimus. Unde verissime poëta dixit esse septem discrimina vocum, quia etsi plures fiant, non est adjectio, sed earumdem renovatio, et repetitio. Hac nos de causa omnes sonos secundum Boetium et antiquos musicos septem litteris figuravimus; cum moderni quidam nimis incaute quatuor tantum signa posuerint, primum et quintum videlicet sonum eodem ubique charactere figurantes; cum indubitanter verum sit, quod quidam soni a suis quintis omnino discordent, nullusque sonus cum suo quinto perfecte concordet. *Guido Aret. c. 5. microl. quod habet pro titulo.* De Diapason et cur septem tantum sint notæ.

* Cum septem sint voces, quia aliæ ut diximus sunt eædem, septenas sufficit explanare, quæ diversorum modorum et diversarum sunt qualitatum. *Guido. c. 7. micrologi.*

* Septem sunt litteræ monochordi, (il appelle ainsi sa gamme) sicut plenius postea demonstrabo. *Et infra.* Sicut in omni scriptura xx. et iii. litteras, ita in omni cantu septem tantum habemus voces : nam sicut septem sunt dies in hebdomada, ita septem sunt voces in musica. Aliæ vero, quæ super vii. adjunguntur eædem sunt, et per omnia cantus similiter in nullo dissimiles, nisi quod altius dupliciter sonant : Ideoque septem dicimus graves, septem vero vocamus acutas; septem autem litteris dupliciter sed dissimiliter designantur hoc modo.

A	B	C	D	E	F	G
I.	II.	III.	IIII.	V.	VI.	VII.
a	♭	c	d	e	f	g
I.	II.	III.	IIII.	V.	VI.	VII.

Remarquez en passant, qu'Aretin ne fait aucune mention du Gamma en ce passage; et que s'il le marque au passage suivant il ne le timbre point.

Et infra. Diapason in tantum concordes facit voces, ut non eas dicamus similes, sed easdem. *Guido cap. 5. prol pros. antiphonarij.*

* Igitur sicut ex ipsa monstratur natura, et per beatum Gregorium divina protestatur auctoritas, septem sunt voces sicut et septem dies. Unde et sapientissimus poëtarum septem cecinit discrimina vocum; quam sententiam et ipsi philosophi pari concordia firmaverunt. *Guido c. 8 prol. antiphon.*

* Notis ergo illis spretis, quibus vulgus utitur, qui sine ductore nusquam ut cæcus progreditur : septem istas disce NOTAS SEPTEM CARACTERIBUS.

Γ	A	B	C	D	E	F	G
	I.	II.	III.	IIII.	V.	VI.	VII.
	a	♭	c	d	e	f	g
	I.	II.	III.	IIII.	V.	VI.	VII.

Namque aliæ septenæ, quæ sequuntur postea, non sunt aliæ, sed una replicantur regula, quia vocum ut dierum æque fit hebdomada. *Et paulo infra.* Tunc à prima sic octava locum sumit proprium. Imo prima fit à prima, neque mutat numerum. Sic secunda dat secundam, tertiaque tertiam, quarta quartam, quinta quintam, quæque suam alteram : gravium acutum signat per eamdem litteram; vocis primæ ad octavam vel eamdem litteram. Hanc concordiam sonorum diapason nominant. Cujus nomen est de cunctis translatum ad litteram : omnes quia habet voces, vel quod tota linea, per duos partitur passus in eamdem litteram; eaque bis geminata monochordum terminet. Quinque habet ipsa tonos, duo semitonia. Habet in se diapente, atque diatessaron. Maxima symphoniarum, et vocum est unitas. Miror quatuor fecisse quosdam signa vocibus; Quasi quatuor sint eædem, quarum quædam dissonant. Quædam quamvis sint affines, non perfecte consonant. *Et infra.* Semitonia et toni, quia dissimiliter septem tonis coaptantur, septem sunt discrimina, ut nullius vocis sonus idem sit in altera. Vocibus tamen in septem quædam est concordia, sæpe enim, si non semper, eadem antiphona divisis cantatur sonis, nec mutat harmoniam. *Guido Aret. in prol. rhythmico antiphonarij.*

* Cum diapason in se diatessaron et diapente habeat, et easdem litteras latere utroque contineat, semper in medio ejus spatio aliqua est littera, quæ ad utrumque diapason latus ita convenit, ut cui litteræ à gravibus diatessaron redditur, eidem in acutis per diapente conveniat : Et cui à gravibus diapente contulit, eidem à superioribus diatessaron dabit, ut *A*, *E*, *a*. *Guido Aret. cap. 8. microl. Item c. 7. et alibi passim.*

et qu'il y ait commencé sa gamme, ou pour parler selon ses termes, son monochorde par la lettre *A*, qui est la premiere dans l'ordre de l'alphabet; neantmoins il témoigne assez en d'autres endroits de ses œuvres qu'il ne l'a fait ainsi, que par une espece de condescendance à l'ancien usage du systeme des Grecs, qui estoit lors le seul qui fust dans la pratique universelle de tous les chantres; et pour ne pas choquer les personnes peu intelligentes, ni accroistre la jalousie que plusieurs avoient déja conçuë contre sa nouvelle methode, dont il fait souvent des plaintes apres avoir éprouvé en cette rencontre ce que dit le Sage, que l'industrie et la capacité des hommes est ordinairement exposée (1) aux insultes de l'envie. Cet autheur traitant donc des formulles du premier mode authentique qu'il distingue en deux parties à cause des deux finales qui le terminent, l'une dans la lettre *D*, l'autre dans son affinale la lettre *a*; il donne le nom de premiere partie aux formules de ce mode qui se terminent en *D*, et apres en avoir marqué en particulier quasi toutes les pieces qui se finissent sous cette lettre dans les offices ecclesiastiques, il traite de la seconde partie du mesme mode, sous laquelle il fait semblablement mention de plusieurs pieces des mesmes offices qui finissent par la lettre *a* affinale du *D*. Rendant en suite raison pourquoy il a mis les formules de la lettre *D*, dans la premiere partie de ce mode, quoy que le *D* ne soit que la quatriéme selon l'ordre de l'alphabet; et qu'il n'a mis les formules de la lettre *A* que dans la seconde partie du mesme mode, bien que cette lettre soit la premiere du mesme alphabet; il declare qu'il le fait ainsi, parce que la lettre *C* (qui n'est que la troisiéme suivant l'ordre de l'alphabet) doit estre la premiere selon l'ordre du systeme (2) et du monochorde; et partant que le *D* est la seconde, et que l'*A* n'est que la sixiéme et le *B* la septiéme, ainsi qu'il le dit encore dans la formule du second mode, ou plagal du premier (3).

II. De sorte que joignant ensemble tous ces principes, la gamme sans muances se trouve bien plus nettement exprimée dans les ecrits d'Aretin, que les autres trois gammes avec muances : vû qu'elle ne contient autre chose que sept voix differentes, distinguées les unes des autres par les sept premieres lettres de l'alphabet, en sorte toutefois que le *C* y tient le premier rang; le *D*, le second; l'*E*, le troisiéme; l'*F*, le quatriéme; le *G*, le cinquiéme; l'*A*, le sixiéme; et le *B*, le septiéme. Auquel *B* Aretin donne deux diverses figures, l'une ronde *b*, l'autre carrée ♮, afin de marquer par la diversité de ces figures les deux differens sons que cette septiéme voix peut avoir. Enfin il ne reconnoist aucune autre muance, ni dans son monochorde ou systeme, ni dans le reste de ses écrits.

III. Quant aux syllabes, Aretin ne les employe dans aucun endroit de ses ouvrages pour denoter la difference des sons, mais seulement pour accompagner les sept lettres (4) qui en sont les marques, et faire voir par maniere d'exemple la façon d'appliquer les syllabes ou les notes du chant selon la difference des mesmes lettres : Neantmois les six notes *ut*, *re*, *mi*, *fa*, *sol*, *la*, que

(1) Rursus contemplatus sum omnes labores hominum; et industrias animadverti patere invidiæ proximi. *Ecclesiastæ* 4. 4.

* Hactenus latentes musas in luce produximus, et benevolis præstantes invidos offendimus. Quia tempore à multo desuevit musica, dum invidia et torpor cuncta tollunt studia. *Guido in prologo rythmico antiphonarij et in epist. dedicatoria micrologi ad Theodaldum Episcopum.*

(2) Explicit prima pars primi modi.

Secunda pars ejusdem incipit.

Superscriptus autem protus in voce quarta apud quosdam agitur cum omnibus formulis sibi adsignatis. Quoniam autem C littera, quæ apud veteres tertia habebatur, pro certo comperimus ex numerorum ratione fore primam. Idcirco hunc protum in *D*, id est secunda littera, cum omnibus formulis adsignatis disposuimus. Noluimus autem vocum modum in litteris mutare, ne error minus capacibus fieret permaximus. Hoc tantum studuimus, ut ea vox, quæ secundum numerorum rationem prima erat, loco primo po-neremus; et in monochordo prima affigeretur; servata sibi antiquitatis forma, et specie. Quoniam vero protum in secunda et sexta diximus esse voce differentem, tamen libet antiphonas cum proprijs formulis iterum in autentum protum intexere, eas solummodo, quæ penitus motuum positione recedunt à proto jam superius relato. Nec videatur absurdum, si parum permutari videatur à priori; quem qui cupit, accipiat; qui autem noluerit, minus compellitur : invidia solummodo ne agat : Utatur vero, quem libens exceperit. *Guido in formulis modorum c. 2. in formula 2. partis primi modi.*

(3) Finalis ergo vox hujus symphoniæ deponatur tono, et mox apparebit certissime eam esse quarti modi septimæ vocis (*i*, ♮) qui quarto loco à finali voce omnes distinctiones mittit. *Guido in formula secundi modi plagis proti.*

(4) *Guido Aret. cap. 5. micrologi.*

* *Guido cap. 3. et 4. prologi prasaici antiphonarij. Ces deux passages sont citez au nomb. 1. du chap. 4. de la sixième partie.*

luy mesme a choisies pour servir d'exemple à ceux ausquels il enseignoit sa nouvelle façon de pratiquer le chant, et qui depuis ce temps-là ont esté dans l'usage commun de tous les chantres et musiciens, sont si propres non seulement pour accompagner les sept lettres, mais aussi pour signifier la difference de leurs voix, qu'elles seules peuvent servir à les marquer au lieu des lettres, ainsi qu'il le dit luy mesme (1); et qu'en effet elles y sont ordinairement employées dans la pratique pour signifier les voix des six premieres lettres, *C, D, E, F, G, A,* et mesme le *B,* qui est la septiéme; parce que quand immediatement apres le *la* qui est la siziéme syllabe il n'y a qu'un demy-ton, l'on y redouble le *fa* qui entre ces six syllabes sert à marquer le demy-ton au dessous de soy, et le ton au dessus; ou bien lors qu'apres le *la* le ton y est entier, l'on y repete le *mi,* qui represente le ton au dessous de soy, et le demy-ton au dessus; et pour marquer plus distinctement la differente situation de ce ton et de ce demy-ton, l'on joint le *b rond au fa,* et le ♮ *carre* au *mi,* en cette sorte, *b fa,* ♮ *mi.*

IV. Que si pour éviter toutes les occasions d'équivoque qui pourroient arriver par la repetition de ces deux syllabes, l'on aime mieux en substituer en leur place deux autres, ou bien une seule qui ait deux differentes terminaisons dans sa voyelle, comme seroit *fa,* et *si,* afin que les syllabes qui accompagnent les sept lettres soient aussi immuables que le sont les mesmes lettres et les sept sons qu'elles signifient, dans lesquels consiste toute l'essence du chant, Guy Aretin (qui n'a proposé ces syllabes que par maniere d'exemple) non seulement ne s'y oppose pas, mais il donne luy mesme une liberté encore bien plus grande au dernier passage du nombre precedent lors qu'il dit, que quand il y a sept syllabes differentes et soigneusement distinguées par les lignes et les clefs, elles peuvent elles seules representer les lettres, et en tenir la place. De laquelle liberté plusieurs musiciens modernes se sont servis en ce dernier siecle prenans au lieu des lettres et des anciennes syllabes, les uns *BO, CE, DI, GA, LO, MA, NI, BO;* les autres *ta, ra, ma, fa, sa, la, za, ta,* ou autres semblables (2). Neantmoins il semble bien plus à propos de continuer l'usage des syllabes anciennes, pour lesquelles tous les autheurs, musiciens et chantres ont eu tant de consideration depuis six à sept cens ans qu'ils n'ont pas voulu en employer d'autres : ce qui les rend maintenant plus necessaires, soit pour entendre plus aisément les mesmes autheurs et musiciens qui expliquent le chant par les termes de ces syllabes; soit pour se faire plus facilement entendre en usant des termes qui sont universellement receus dans l'usage de tous les chantres; soit parce qu'elles sont plus propres à entretenir la correspondance qui est entre les anciennes gammes, leurs clefs, et leurs voix, ou leurs syllabes; soit à cause que les deux sons, lesquels la septiéme voix peut avoir, y sont beaucoup mieux distinguez par le double *B* de *b mol,* et de ♮ *carre,* et par la double syllabe de *sa* et de *si :* qui selon Aretin doivent toûjours correspondre à la double figure du *b mol* et du ♮ *carre :* Ce qui toutefois n'estant point distingué par les syllabes des modernes, laisse le double son de leur septiéme syllabe exposé non seulement à l'équivoque, mais aussi à la confusion; ce que neantmoins Aretin recommande fort d'éviter (3).

V. Les raisons pour lesquelles Guy Aretin, et apres luy plusieurs autres musiciens de ce siecle, entr'autres Ericius Puteanus disciple de Lipse, son successeur en l'université de Louvain, et homme docte, ont reduit les lettres et les syllabes de cette gamme au nombre de sept, sont en premier lieu, que l'harmonie des sons et des voix, qui sont l'objet de la musique demandant necessairement le rapport des uns aux (4) autres, il se rencontre que le premier, le plus naturel,

---

(1) Solis litteris notare optimum probavimus quibus ad discendum cantum nihil facilius si assidue utantur saltem tribus mensibus. Causa vero breviandi neumæ solent fieri : quæ si curiose fiant habentur pro litteris; hoc si modo disponantur litteræ cum lineis. *Guido in prol. rythmico antiphonarij.*

(2) Nous renverrons ici nos lecteurs à l'esquisse historique de la gamme heptacorde, que nous avons tracée, pages 63-64 de cet ouvrage. (*Note des éditeurs.*)

(3) Utramque autem *b* et ♮ in eadem neuma non jungas. *Guido cap. 8. micrologi.*

(4) Discretæ vero quantitatis alia sunt per se, ut tres, quatuor, vel cæteri numeri. Alia vero ad aliud ut duplum, triplum, aliaque quæ ex comparatione nascuntur. Per se vero discretæ quantitatis arithmetica auctor est; ad aliquid vero relatæ quantitatis musica probatur habere notitiam. *Boët. lib. 2. mus. cap. 3.*

et le plus parfait rapport qu'elles peuvent avoir ensemble, est celuy de la multiple, qui ne se rencontre precisément qu'à la huitiéme voix qui fait l'octave, où il y est si accompli, qu'elle rend un son équisone (1). et entierement semblable au son de la premiere; la neufviéme un son semblable à celuy de la seconde; la dixiéme un pareil son à la troisiéme; la onziéme le mesme son que la quatriéme; la douziéme comme le son de la cinquiéme; la treiziéme comme la sixiéme; la quatorziéme comme la septiéme; et derechef la quinziéme comme la huitiéme, dont elle fait l'octave : et ainsi de toutes les suivantes, en quelque nombre qu'elles puissent estre (2).

VI. De l'identité de cette huictiéme voix avec celles dont elle fait l'octave, s'ensuit une autre propriété de la mesme octave qui est fort considerable à nostre sujet. C'est que l'octave est la voix qui est la plus aisée à discerner, et qui se fait connoistre la premiere (3). C'est pourquoy la reïteration ou la repetition des syllabes n'a pû estre faite dans une conjoncture ni plus naturelle, ni plus propre, qu'apres cette septiéme voix, qui termine tellement les sons, que la huitiéme ne fait autre chose que redoubler et recommencer les mesmes sons avec toute la consonance possible, et avec une si bonne suitte qu'elle ne se rencontre pas seulement dans la premiere, seconde, ou troisiéme octave; mais aussi dans toutes les suivantes jusques à l'infini, si les voix et les instrumens s'y pouvoient estendre (4).

VII. Puis donc que la nature a elle mesme borné les voix differentes au nombre de sept (5) et que la huitiéme et les suivantes jusques à l'infini ne sont jamais differentes des sept premieres, mais sont toûjours équisones ou de mesme son, et qu'elles demandent aussi naturellement d'estre redoublées ou recommencées dans le chant, comme le nombre de dix est artificiellement reïteré en l'arithmetique, ou que les sept jours de la semaine sont recommencez dans la supputation du temps : il faut par consequent conclurre qu'il n'y a aucune harmonie ni melodie, qui ne puisse naturellement estre nombrée ou chantée par la repetition des sept voix; de mesme qu'il n'y a point de nombre quel qu'il soit, qui ne puisse estre compté en reïterant le nombre de dix; ni de temps qui ne puisse estre mesuré en recommençant les sept jours de la semaine : mais c'est avec cet avantage, que ce qui ne se rencontre ou ne se pratique qu'artificiellement dans l'arithmetique et dans le cours du temps, se fait naturellement dans la musique. C'est donc avec grand sujet que les anciens philosophes et musiciens n'ont reconnu que sept voix (6) et sept chordes, et qu'ils ont donné le nom de diapason à l'octave (7) qui les contenoit; que Aristote l'a appellée la mesure de

---

(1) Æquisonæ vero voces sunt, quæ simul pulsæ unum è duobus, atque simplicem quodammodo efficiunt sonum; ut est diapason; eaque duplicata quæ est bis diapason. *Boëtius lib. 5. musicæ cap.* 10.

(2) Notandum eamdem esse primam et octavam speciem diapason auctore Ptolemæo; quippe qui cum modum hypermyxolydium nominarit, quem à mese ad neten hyperboleon constituit; eumdem quidem natura cum hypodorio sive æolio. Eandem igitur et secundam cum nona existimare oportet, et tertiam cum decima, siquidem octavas repetere licet. *Glareanus lib. 2. dodecachordi cap.* 28.

(3) Quale est unumquodque per semetipsum, tale et deprehenditur sensu : si igitur cunctis est notior ea consonantia, quæ in duplicitate consistit; non est dubium primam esse omnium diapason consonantiam meritoque excellere, quoniam cognitione præcedat. *Boëtius lib. 2. mus. cap.* 17.

(4) Posses in infinitum ita progredi sursum vel deorsum, nisi artis præceptum sua te auctoritate compesceret. *Guido Aretinus microl. cap.* 3.

(5) *Ptolemæus lib.* 2.

* Septem tantum essentiales chordas septenis litteris à Gregorio descriptas 6. Æneides hoc carmine Maronis auctoritas celebravit.

Nec non thraycius longa cum veste sacerdos
Obloquitur numeris septem discrimina vocum.

Inde et introductorium ipsum Guido septem commixtis perfecit

exachordis. *Franch. lib. 1. mus. pract. c. 2. et fusius lib. 1. theor. cap.* 1.

(6) Antiquitus autem cythara septem chordis erat : Unde Virgilius, septem discrimina vocum. Discrimina autem ideo quod nulla chorda vicinæ chordæ similem reddat vocem, sed ideo septem chordæ vel quia totam vocem implent, vel quia septem motibus sonat cælum. *Isidorus lib. 3. orig. cap.* 21.

* Est mihi disparibus septem compacta cicutis, fistula. *Virgil. in Alexi.*

* Tuque testudo resonare septem callida nervis. *Horatius lib. 3. carmin. ode* XI.

(7) Diapason autem interpretatur de omnibus, sive quia omnes habet, sive quia antiquitus cytharæ octo per eam fiebant chordis. *Guido cap. sexto micrologi.*

* Dicta enim diapason per omne, quasi omnibus discretis sonis melopeiam seu modulationis effectionem sustinens. Omnes enim discretos sonos septem tantum esse constat, octavum vero diapason suscipit, primo quidem ipso sono iteratione persimilem : quare æquisonam vocant. Sane inquam à Ptolemæo dictum diapason consonantiam talem vocis efficere conjunctionem, ut una eademque vox videatur simul esse prolata : Quot enim sunt diapason species, tot Bacchæus asserit consonantiarum formas, quibus totius extat modulationis plenitudo. *Franchin. lib. 1. mus. pract. cap.* 7.

la melodie (1), et que Guy Aretin mesme la compare aux sept jours de la semaine (2), en ce que comme le huitiéme jour est toûjours semblable, et de mesme nom que le premier, ou que celuy duquel il fait l'octave, par exemple : le dimanche du dimanche; le lundi du lundi; et ainsi des autres. De mesme la huictiesme voix a toûjours le mesme son, et porte le mesme nom, que celle de qui elle fait l'octave; le C du *c*, le *D* du *d*, l'*E* de l'*e*, le *F* de *f*, le *G* du *g*, l'*A* de l'*a*. Ou bien : l'*ut* de l'*ut*, le *re* du *re*, le *mi* du *mi*, le *fa* du *fa*, le *sol* du *sol*, le *la* du *la*, et le *si* du *si*, ou le *sa* du *sa*. Exemples :

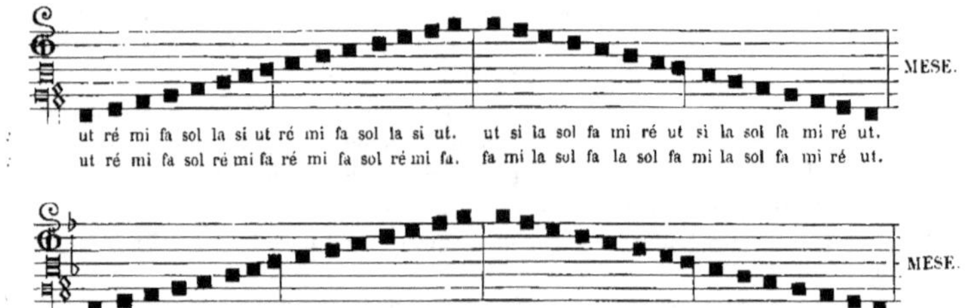

VIII. Or cette repetition n'est pas seulement naturelle, et fort propre à multiplier les voix avec une parfaite harmonie; mais elle est même tellement necessaire, que leur multiplication ne se peut pas faire avec melodie d'une autre maniere; parce que suivant les principes de l'arithmetique il n'y a que la seule raison multiple double, ou triple, etc. qui soit propre à faire une multiplication parfaite, (c'est à dire en laquelle les proportions croissent à mesure que les nombres augmentent) veu que les raisons surparticulieres diminuent toûjours les proportions (3), selon que leurs nombres s'accroissent; et que les surpartientes sont encore moins propres à l'accord et à la melodie que les surparticulieres, et ne conservent rien d'entier (4), d'où vient que la multiplication qui se fait par les surpartientes et les surparticulieres n'est ni simple, ni entiere, ni accomplie; mais au contraire defectueuse en tous ses points. Comme donc, selon d'autres principes receus dans la musique, tous les intervalles qui se rencontrent parmi les sept premieres voix, sont en la raison surparticuliere, ou en la surpartiente (ainsi qu'on l'a pù voir cy dessus au chapitre VIII) et que le premier son qui se trouve estre en raison multiple est l'octave, qui est en raison double, il n'y a point de doute qu'aucune des sept premieres voix ou intervalles ne pouvant faire cette multiplication, c'est la seule octave qui la doit necessairement commencer, et la continuer avec la mesme proportion dans les octaves suivantes.

IX. Ce qui est encore confirmé par un principe d'arithmetique semblable au precedent, par lequel dans la naturelle disposition des nombres la multiple est comparée et correspond à l'unité (5), qui est son premier principe; mais la surparticuliere ne se fait que par la disposition

---

* Sane diapason dicta est, quod omnes essentiales, ut vocant, chordas comprehendat; quicquid enim ultra septem claves est, in priora recidit, ut haud temere dictum sit, de octavis idem esto judicium. *Glarean. lib. 1. dodecachordi cap 8.*

(1) Aristote appelle l'octave μίτρον τῆς μελωδίας, la mesure de la melodie, à cause que sa raison estant la premiere des multiples, et consequemment la mesure de toutes les autres raisons multiples; suivant la maxime generale que la moindre chose est la mesure des plus grandes, qui sont de mesme nature qu'elle. *Mersenne tome 1. liv. 1. des consonances, propos. 12. n. 1.*

(2) *Guido Aret. cap. 5. microl. et alijs locis. Citatur supra.*

(3) In multiplicibus quippe quanto major est numerus, tanto major fit proportio. In superparticularibus vero, crescente numero decrescunt proportiones. *Beda in mus. theor.*

(4) *Boetius liv. 1. mus. cap. 6.*

(5) Naturalis enim numeri dispositio in multiplicibus, unitati quæ prima est comparatur. Superparticularis vero non unitatis comparatione perficitur, sed ipsorum qui post unitatem dispositi sunt numerorum; ut ternarij ad binarium; quaternarij ad ternarium : et in cæteris ad hunc modum. Superpartientium vero longe retro formatio est, quæ nec continuis numeris comparatur, sed intermissis; nec semper æquali intermissione, sed nunc quidem una nunc

des autres nombres qui sont ajoûtez à l'unité, comme de trois à deux, de quatre à trois, etc., et la surpartiente ne se forme que par une pluralité de nombres, non pas contigus, comme ils sont en la surparticuliere, mais interrompus avec tant de varieté, qu'ils sont encore beaucoup plus éloignez de l'unité et de la simplicité, qui est convenable à la multiplication. Comme donc il n'y a que la huitiéme voix, qui soit la premiere en raison multiple ; et que toutes les autres sept voix ne sont que dans les raisons surparticulieres ou surpartientes ; aussi n'y a-t-il que la seule octave, qui corresponde à l'unité, et qui l'imitant en sa qualité de premier principe, puisse faire cette multiplication suivant la disposition naturelle des nombres.

X. De sorte que l'octave est en quelque façon, *l'alpha* et *l'omega*, le commencement et la fin de toute la melodie ; car en la terminant elle la recommence, et en la recommençant elle la termine par la seconde, la troisiéme, et les autres octaves suivantes, qui estans ajoûtées les unes aux autres peuvent estre multipliées sans fin. D'où vient qu'elle est non seulement le commencement et la fin, mais encore le milieu ; parce que c'est elle seule qui fait la liaison parfaite (1) entre les extremes ; tous lesquels avantages ont fait que les Saints l'ont prise pour le symbole de l'éternité bienheureuse (2).

XI. Une autre raison prise des principes de la musique mesme est que les sons ou les voix ne peuvent, ni ne doivent estre multipliez par aucun intervalle, qui par sa multiplication produise ou quelque dissonance, ou quelque mauvaise suite, qui ne soit pas propre à la melodie : mais doivent seulement estre multipliez par des intervalles, qui rendent quelque consonance, ou qui ayent toûjours une bonne suite. Or selon d'autres principes de la mesme science, il n'y a aucune des autres consonances qui doublée, triplée, ou autrement multipliée ne produise du discord ou de la dissonance (3) ; il n'y a non plus aucun autre intervalle moindre que les consonances, qui estant multiplié, se trouve toûjours avoir la suite bonne ou propre à la melodie ; et l'octave est la premiere et la seule consonance ou intervalle, qui estant doublé, triplé, ou autrement multiplié jusques à l'infini, rend toûjours non seulement des consonances, ou des intervalles tres melodieux ; mais aussi des equisonances (4), et les mesmes sons (5). Elle est pareillement la seule consonance qui estant jointe à une autre consonance, quelle qu'elle soit, ne produit jamais aucun discord ni dissonance (6). Et partant il n'y a que la seule octave qui puisse et commencer et continuer la multiplication des sons et de leurs intervalles ou consonances, en doublant, triplant, ou reïterant les sept voix differentes autant de fois qu'il en peut estre besoin, soit pour l'étenduë des voix, soit pour celle des instrumens, et de toute sorte de pieces de chant.

---

vero duabus, nunc tribus, nunc quatuor, atque ita in infinita succrescit. Amplius multiplicitas ab unitate incipit, superparticularitas ab binario : superpartiens proportio à ternario initium capit. *Boët. lib.* 2. *mus. cap.* 5.

(1) Quælibet rerum copulatio, atque connexio tunc maxime unum quiddam efficit ; cum et media extremis ; et medijs extrema consentiunt. *Aug. l.* 1. *mus. cap.* 12.

(2) *August. in psalm.* 11. *et ps.* 6.

  * *Ambros. l.* 5. *in Luc. cap.* 6.

  * *Bernardus serm.* 2 *in circoncisione Domini.*

(3) Nullæ præter octavam consonantiæ duplicatæ consonantiam, sed omnes dissonantiam efficiunt. Quia duæ quintæ faciunt nonam, quæ est dissonantia : duæ quartæ faciunt septimam : duæ tertiæ majores faciunt quatuor tonos sexta minori minores, atque ideo dissonos : duæ tertiæ minores faciunt dissonantiam quinta minorem, quarta vero majorem, *etc*. De duabus sextis par esto judicium, ac de duabus tertijs ; quod non solum de duplicatis, sed etiam de triplicatis, quadruplicatis, et sic infinitum consonantijs intelligendum est. *Et infra.* Simile quidpiam contingit minoribus musicæ intervallis, qualia sunt semitonia et toni, hisque minora, quæ duplicata nullum faciunt intervallum melo aptum, ut libro de dissonantijs ostendetur, v. g. duo semitonia majora, qualia sunt inter *fa* et *mi*, faciunt gradum inconcinnum tono sesquioctavo majorem minori commate : Duo toni majores faciunt ditonum Pythagoricum ingratum, quia commate majore vero ditono majorem : Duo vero toni minores ditonum efficiunt commate, quam par est, minorem : et ita de reliquis. *Mers. lib.* 4. *harmonic. proposit.* 15. *et quæst.* 56. *in Genes. art.* 2.

  * Nullus sonus cum suo quinto perfecte concordat ; nullaque vox cum altera, præter octavam, perfectam efficit consonantiam. *Franch. l.* 3. *musicæ practicæ cap.* 1.

  * *Franchinus lib.* 2. *mus. instrument. cap.* 33.

  * *Aristot. sect.* 19. *problem.* 42.

  * *Guido Aret. citatus supra page* 119.

(4) Diapason non consonantia, sed æquisonantia est. *Item.* Multiplex non tam consonantias, quam æquisonantias efficit. *Beda in musica theor.*

(5) Ptolemæus sonos diapason vel bis diapason reddentes μοφάνοις appellat ; eos vero ex quibus aliæ consonantiæ fiunt συμφώνοις. *Ptolem. lib.* 1. *harmonicorum cap.* 7.

(6) Junctæ vero consonantiæ cum æquisonis alias efficiunt consonantias, ut diapente ac diapason in triplo, diatessaron ac diapente in ea proportione, quæ est octo ad tres. *Boëtius lib.* 5. *mus. cap.* 10. *et fusius cap.* 9 *cité cydessus page* 75.

XII. Il y a encore d'autres raisons, qui estant jointes aux precedentes, font mieux reconnoistre l'utilité et la commodité de cette gamme : sçavoir les difficultez qu'il y a, soit à concevoir, soit à retenir, soit à pratiquer les autres gammes, tant à cause de la longueur des deux premieres, qu'à raison de (1) l'ennuy, de la (2) gesne, et de la (3) mort des muances : Ce sont les termes dont quelques autheurs les qualifient, et ce à quoy les mesmes gammes et toutes les autres sont sujettes ; comme aussi à plusieurs equivoques ausquels les muances donnent occasion ; tant en ce que des syllabes qui sont diverses ou de noms differens y ont le mesme son sous une mesme lettre : que parce que une mesme syllabe qui sous diverses lettres a des sons differens, ne laisse pas d'y retenir le mesme nom : ainsi qu'il est aisé à voir dans les octaves, les quintes et les quartes, où l'équivoque s'y rencontre également en montant, et en descendant. Par exemple en l'octave du 1. mode d'un *D* à l'autre *d*, montant d'un plain saut du plus bas au plus haut, l'on dira selon les gammes des muances, *re, sol ;* et descendant du plus haut au plus bas, *sol, re :* Or l'un et l'autre sont fort équivoques, puis qu'il se peut beaucoup plus naturellement entendre de la quarte contenuë dans l'hexachorde des six syllabes, que non pas de l'octave. Semblablement si l'on divise la mesme octave en quinte et en quarte, il faudra dire en montant *re, re, sol,* et en descendant *sol, la, re,* où il ne se rencontre pas moins d'équivoque, car en montant d'un *re* à un autre *re* il n'y a quelquefois qu'une quarte, et non pas une quinte, comme on voit en la quarte du 2. mode depuis le *re* de l'*A* au *re* du *D* : et en descendant du *sol* au *la* il ne s'y rencontre d'autres fois qu'une tierce, et non une quarte ; car au 2. mode et au 9. il n'y a qu'une tierce depuis le *sol* du G jusques au *la* de l'*E*. L'on peut encore remarquer aux autres modes et en leurs octaves des équivoques semblables ou plus grandes : Par exemple aux trois *fa, fa, fa,* du 5. mode, dont les deux peuvent aussi bien signifier la quinte, ou la quarte ; comme l'octave, et ainsi des autres.

XIII. Il reste maintenant à voir si la figure de la gamme que voici :

	b mol	♮ carré
ee	SI	MI
dd	LA	RE
cc	SOL	UT
bb	FA	SI
aa	MI	LA
g	RE	SOL
f	UT	FA
e	SI	MI
d	LA	RE
c	SOL	UT
b	FA	SI
a	MI	LA
G	RE	SOL
F	UT	FA
E	SI	MI
D	LA	RE
C	SOL	UT
B	FA	SI
A	MI	LA
G	RE	SOL

FIGURE ABBREGÉE DE LA GAMME CI-CONTRE.

	b mol	♮ carré
c	SOL	UT
b	FA	SI
a	MI	LA
G	RE	SOL
F	UT	FA
E	SI	MI
D	LA	RE
C	SOL	UT

(1) Multi jam scala breviore utuntur, ut mutationum difficultatem, atque molestiam eludant. *Mersennus lib. 1. harmonicorum proposit.* 15.

   * L'avantage que l'on reçoit de cette maniere, est que l'entendement s'en trouve soulagé, la memoire et la veuë n'y ont pas beaucoup d'employ, et n'y a quasi que l'oüye et la voix du disciple qui travaillent : d'où vient que l'esprit ne se rebutte pas. *etc. Mersenne tome 2. de l'harmonie universelle, livre 6. de l'art de bien chanter, propos.* 1.

(2) *Alstedius tomo 2. encyclopædiæ lib. de musica cap.* 5.

(3) Quæ enim mors mutationum, confusio clavium, substitutio vocum? *Ericius Puteanus in musathena cap.* 9.

et qui a deux colomnes et deux ordres, l'un de *b mol*, l'autre de ♮ *carre*, est celle qui est icy décrite, et si elle merite le nom de gamme sans muances. Quelques musiciens ou chantres modernes semblent vouloir le luy attribuer; mais avec peu de fondement et de raison; d'autant que contenant deux ordres, et par consequent chaque lettre y gouvernant deux syllabes qui ont des noms differens quoy qu'elles n'ayent qu'un mesme son, elle n'est point exempte de muances lors qu'une partie de la piece de chant est par *b mol*, et l'autre par ♮ *carre;* puis qu'il est alors necessaire de changer une syllabe en une autre de mesme son, quoy que le nom en soit different : et mesme de passer immediatement de l'un de ces deux ordres à l'autre contre la maxime receuë de tous les musiciens.

XIV. C'est pourquoy tout ce qui est dit en ce chapitre de la gamme sans muances ne doit estre entendu que de cette figure :

Boîte 1 :

Lettres	b mol synemenon	nature	♮ diezeugmenon
ee		MI	
dd		RE	
cc		UT	
bb	SA		♮ SI
aa		LA	
g		SOL	
f		FA	
e		MI	
d		RE	
c		UT	
b	SA		♮ SI
a		LA	
G		SOL	
F		FA	
E		MI	
D		RE	
C		UT	
B	SA		♮ SI
A		LA	
G		SOL	

Boîte 2 — ABBREGÉ DE LA FIGURE CI-CONTRE.

Lettres	b mol	nature	♮ carre
c		UT	
b	SA		♮ SI
a		LA	
G		SOL	
F		FA	
E		MI	
D		RE	
C		UT	

Boîte 3 — AUTRE ABBREGÉ AVEC LES SEULES LETTRES.

b mol	nature	♮ carre
	c	
b		
	a	
	G	
	F	
	E	
	D	
	C	

Boîte 4 — AUTRE ABBREGÉ AVEC LES SEULES SYLLABES.

b mol	nature	♮ carre
	UT	
SA		SI
	LA	
	SOL	
	FA	
	MI	
	RE	
	UT	

où toutes les syllabes qui n'ont qu'une mesme lettre n'y ont aussi qu'un mesme nom, de mesme qu'elles n'y ont qu'un mesme son : afin que comme les sons et leurs lettres n'y varient point, aussi les syllabes qui les accompagnent ou qui les signifient, soient pareillement invariables; à l'exception toutefois de la lettre *B,* à laquelle comme Aretin a donné deux differentes figures, l'une ronde, l'autre carrée, à cause des deux differens sons qu'elle peut avoir; il permet pareillement de les accompagner de deux diverses terminaisons, comme sont *sa,* et *si;* afin de marquer la varieté de ses deux sons, non seulement par la diversité des figures de la lettre, mais aussi par la diversité des syllabes qui l'accompagnent. De sorte que la syllabe *sa,* que le *b rond* ou *b mol* y gouverne, signifie que le tetrachorde y est conjoint, et qu'il n'y a qu'un demy-ton de *la* à *sa;* et qu'il y a un ton de *sa,* à *ut* : et la figure du ♮ *carre* à l'opposite, qui a sous soy la syllabe *si,* donne à connoistre que le tetrachorde y est disjoint, qu'il y a un ton du *la* au *si,* et qu'il n'y a qu'un demy ton du *si* à l'*ut.* C'est pourquoy la diversité des deux sons de cette septiéme lettre et syllabe ne consiste que dans l'ordre que le ton et le demy-ton tien-

nent dans la tierce mineure, qui est du *la* à l'*ut*, ou de l'*ut* au *la*. Car bien que les deux extremes soient toûjours les mesmes sans aucune variation; il y en peut neantmoins avoir dans les deux intervalles du ton et du demy-ton qui sont entre ces extremes; parce que tant le ton que le demy-ton peut y estre, ou le premier ou le second en ordre; et par ce moyen faire que cette tierce mineure soit ou de l'une ou de l'autre de ses deux especes. Afin donc d'en faire mieux le discernement dans le plain-chant l'on se sert du *b mol* et de la syllabe *sa*, quand le demy-ton est contigu, ou joint immediatement au *la* : mais l'on employe le ♮ *carre* avec la syllabe *si*, lors que au contraire le ton est contigu ou joint immediatement au *la*, et le demy-ton immediatement à l'*ut*. Et bien que ce changement de la situation du ton et du demy-ton semble causer quelque muance; neantmoins elle ne s'y fait pas ni aux termes, ni à la façon que les muances se font aux autres gammes, car elles ne se font en celles là qu'en des lieux où il n'y a aucun changement, ni aucune difference de son; mais seulement du nom de la syllabe; et ne se font jamais sous le *B*, où il y a difference de son, aussi bien que du nom de la syllabe. C'est pourquoy comme la muance de cette gamme ne se fait que sous le *B*, et les syllabes qu'il y gouverne, le changement qui s'y fait ne doit non plus estre appellé muance que celuy qui s'y fait dans les gammes precedentes. Et comme d'autre part il y est necessaire, et qu'il demande regulierement d'y estre fait, à cause du double son que cette septieme lettre peut avoir, afin de conjoindre ou de disjoindre les tetrachordes, à l'imitation de ceux de *synemenon*, ou *diezeugmenon* des Grecs; ou bien du *b fa* ♮ *mi* des autres gammes et qu'elle en tient icy la place et produit les mesmes effets, ce changement ne doit aucunement empescher que ce systeme ne porte à bon droit le titre de gamme sans muances.

XV. De plus la figure de cette gamme donne une grande facilité à discerner d'abord les voix de *nature* d'avec celles de *b mol* et de ♮ *carre;* car les six premieres, *ut, re, mi, fa sol, la*, lesquelles ne souffrent aucun changement ni en leur son, ni en leur nom, sont aussi toûjours dans l'ordre de *nature*, qui est pareillement immuable; en sorte qu'il n'y a que la seule septiéme placée au milieu, entre le *la* et l'*ut*, qui soit sujette à varier, et à estre tantost de l'ordre de *b mol*, tantost de celuy de ♮ *carre;* et par conséquent qui soit sujette à changement (1) selon la diverse situation que le demy ton et le ton tiennent dans la mesme tierce.

XVI. Cette mesme figure donne encore un moyen fort aisé pour rendre raison du nom que l'on a donné à l'ordre de *nature*, laquelle le pere Mersenne (2) avoüé n'avoir encore pû découvrir. Et cette raison se trouve d'autant mieux fondée, qu'elle est appuyée sur la definition qu'ont accoûtumé d'en donner ceux là mesme qui ne se servent point d'autre gamme que de celle d'Aretin. On appelle chant naturel, dit Oronce Finée (3), celuy qui ne monte ni ne descend au *b mol*, ni au ♮ *carre*. L'on reconnoist encore dans cette gamme comme quoy le changement mesme qui s'y fait est toûjours de *nature* en *b mol* ou en ♮ *carre;* ou bien de *b mol* ou de ♮ *carre* en *nature;* et jamais de *b mol* en ♮ *carre*, ni de ♮ *carre* en *b mol*. L'on y peut encore remarquer comme quoy les trois clefs de *C ut, F fa*, et de *G sol*, sont toutes trois en l'ordre de *nature;* et que celles de *b mol*, et de ♮ *carre* y sont reduites à la seule septiéme lettre où elles ne font que l'office de simples signes; comme en effet Guy Aretin en son antiphonaire ne les employe jamais comme clefs, mais toûjours en qualité de signes; c'est pourquoy ils en doivent plustost porter le nom que celuy de clefs, vû mesme que plusieurs de ceux qui se servent des gammes à muances, ne les mettent pas au nombre des clefs (4). Enfin il est tres aisé de voir en cette gamme la difference qui est entre la plus basse octave et les superieures, puis que cette difference ne consiste qu'en l'ap-

---

(1) Afin d'expliquer l'autre partie de la proposition, qui consiste à chanter sans autre muance, que celle qui arrive en *b fa*, ♮ *mi*, etc. *Mersenne tome 1. de l'harmonie universelle, l. 3. des genres, proposition* 19.

(2) Je n'ay sceu reconnoistre encore la raison sur laquelle est fondé le troisiéme nom de *nature*, qu'on a donné au chant, chaque espece de chant me paroissant naturelle. *Mersenne tome 2. de l'harmonie univers. l. 3. de l'art de bien chanter, propos.* 1.

(3) Cantus naturalis, is est, qui mollitie aut duritie non excedit, sed naturali progreditur sonoritate. *Orontius Finæus in margar. philosoph. lib. 3. tract. 2. mus. practicæ cap.* 4.

(4) *Nicolaus Listenius c. 3. mus.*

plication des sept lettres majuscules à la plus basse octave et des minuscules à la superieure, selon qu'Aretin mesme en a usé, ainsi qu'on le peut voir au passage de son prologue rythmique cité au commencement de ce chapitre; où il faut aussi remarquer comme son *gamma* n'y sert que comme de terme de la plus basse voix seulement; et n'entre aucunement dans le nombre, ou la liste des deux octaves; chacune desquelles il ne commence que par la lettre *A*, et par le chiffre 1. au dessous. L'on peut pareillement voir en cette gamme la distinction des cinq tetrachordes, des graves, des finales, des affinales, des aiguës, et des suraiguës; et des tetrachordes conjoints et disjoints; en la mesme maniere qu'elle se fait, ou se peut faire dans les autres gammes; c'est à dire, soit par la suite naturelle de leurs voix, soit par la suite des voix feintes.

XVII. Tout ce qui a esté dit cy dessus touchant la disposition de cette gamme, n'est pas moins confirmé par la disposition des instrumens harmoniques, que par la raison; car leurs cordes, ou leurs tuyaux ont d'ancienneté esté composez du (1) nombre de sept, en chaque octave; et plusieurs de ces instrumens sont encore à present disposez de mesme : en sorte que suivant le nombre des octaves qu'ils contiennent, le nombre de ces sept voix, et de leurs cordes ou de leurs tuyaux se multiplie; ainsi qu'on le peut voir dans l'orgue, le clavecin, la harpe, et dans quelques instrumens à chorde, où la premiere voix de leurs octaves commence par le **C**, et leurs six premieres voix, à l'imitation des six premieres lettres et syllabes de cette gamme, n'ont pareillement chacune qu'une corde ou un tuyau, de mesme qu'elles n'ont chacune qu'un son; mais leur septiéme voix, qui conformement à la septiéme lettre et syllabe de cette gamme peut avoir deux divers sons, a pareillement deux cordes ou deux tuyaux differens pour marquer la diversité des sons du ♮ *carre* et du *b mol*.

XVIII. Que si maintenant l'on veut comparer ce systeme ou cette derniere gamme avec les autres, il ne sera pas malaisé de voir qu'elle seule comprend les avantages et les perfections de tous les autres, et ne contient aucun de leurs defauts ou manquemens. Car elle a d'une part toutes les bonnes qualitez du systeme parfait des Grecs, et d'autre part elle est exempte de la multitude, diversité, et longueur des noms de ses voix; comme aussi des limites auxquelles ils sembloient borner l'étenduë des sons. Elle a semblablement la commodité des lettres, et des syllabes des gammes precedentes. Mais elle n'est aucunement sujette ni aux bornes trop courtes qu'elles donnent à l'étenduë de leurs sons; ni à l'embarras des muances de leurs syllabes, ni à l'occasion d'équivoque qui se rencontre dans ces muances : vû que cette gamme depuis chacune de ces syllabes jusques à sa semblable, par exemple du *re* inferieur, au *re* superieur; ou du *re* superieur au *re* inferieur, il y a toûjours une octave; laquelle si l'on veut diviser harmoniquement, c'est à dire mettant la quarte en haut, l'on trouve toûjours sa quinte en montant du *re* au *la*, et sa quarte du mesme *la* au *re* superieur : et reciproquement l'on y rencontre en descendant sa quarte depuis le *re* superieur jusques au *la*, et sa quinte depuis le mesme *la* jusques au *re* inferieur : et ainsi par proportion du reste de ses octaves. Mais si outre ces choses l'on veut considerer en ces gammes ou systemes leur qualité d'élemens, ou de premiers principes de la science, et de l'art du chant, l'on verra que cette mesme gamme en a toutes les proprietez et toutes les qualitez beaucoup plus excellemment, que n'ont pas les autres gammes. Car elle a sa certitude establie sur des principes plus infaillibles soit de la mesme science, soit des autres parties de mathematiques; et sur l'authorité des plus sçavans philosophes et musiciens. Elle est si universelle, qu'elle comprend generalement tout ce qui peut appartenir à l'harmonie, et à la melodie des sons, tant des voix que des instrumens.

---

(1) Antiquitus cythara septem chordis erat. *Isid. l. 3. orig. cap. 21.*

* Est mihi disparibus septem compacta sicutis fistula. *Virgil. supracitatus in Alexi.*

* Nec non Treicius longa cum veste sacerdos
Obloquitur numeris septem discrimina vocum :

Jamque eadem digitis, jam pectine pulsat eburno.
Virgil. Æneid. 6.

Ε'πτὰ δὲ συμφώνους ὅ ι αν ἐτανύσατο χορδάς

Id est, septem autem concinnas ovium extendit pelles.
Homer. hymno in Mercurium.

Elle contient une disposition qui n'est pas moins évidente et claire, qu'elle est certaine. Enfin elle est naturelle, et sans grand artifice, brieve, courte, facile à concevoir; et encore plus facile à mettre en pratique (1). Toutes lesquelles conditions ne se rencontrant point jointes ensemble dans aucune des autres gammes ou systemes auec la perfection où elles se retrouvent en celle cy; il semble estre hors de doute, qu'elle les surpasse toutes, qu'elle merite de leur estre preferée, et qu'il seroit inutile d'employer avec difficulté plusieurs (2) choses où une seule peut facilement suffire; ou de diviser ce qui peut demeurer uni (3).

(1) Monebo solum quempiam longe facilius posse canere, si novam methodum sequatur, de qua jam fuse proposit. 15. lib. de generibus; quam si notis Guidonicis varias mutationes implicantibus innitatur. *Mersennus lib. 8. harmonic. de compositione mus. proposit. 2.*

* Nec ullus error in eo deprœhenditur. *Mersen. ibid. proposit. 7.*

(2) Frustra fit per plura, quod per pauciora fieri potest. *Aristot.*

(3) De similitudine vocum pauca perstrinximus, quia quantum in diversis rebus similitudo conqueritur, tantum ipsa diversitas, per quam mens confusa diutius poterat laborare, minuitur. Semper enim adunata, divisis facilius capiuntur. *Guido Aret. microl. cap. 8.*

REPRODUCTION EXACTE DES PASSAGES DE GUY D'AREZZO

QUI SE TROUVENT CITÉS DANS LE CHAPITRE XIII DE JUMILHAC, COLLATIONNÉS DE NOUVEAU SUR LE MANUSCRIT DE SAINT-EVROULT.

Page 119, note 1.

« Diapason est eandem litteram in utroque habere latere, ut à B in ♮, à C in c, à D in d, et reliqua. Sicut enim utraque vox eadem littera notatur, ita per omnia ejusdem qualitatis perfectissimeque similitudinis utraque habetur et creditur. Nam sicut finitis septem diebus eosdem repetimus, ut semper primum et octavum diem eundem dicamus, ita octavas semper voces esse easdem figuramus et dicimus, quia naturali eas concordia consonare sentimus, ut B et b, utraque enim tono et semitonio et duobus tonis remittitur, et tono et semitonio et duobus tonis intenditur... Unde verissime poeta dixit esse septem discrimina vocum, quia etsi plures fiant, non est adjectio sed earumdem renovatio, et repetitio. Hac nos de causa omnes sonos secundum Boetium et antiquos musicos septem litteris figuravimus, cum moderni quidam nimis incaute quatuor tantum signa posuerint, quintum (lisez *primum*) et quintum videlicet sonum eodem ubique caractere figurantes, cum indubitanter verum sit, quod quidam soni a suis quintis omnino discordent, nullusque sonus cum suo quinto perfecte concordet (p. 3 et 4 du mss. de S.-Evroult). »

« Cum sint (manque le mot *septem*) voces, quia aliæ ut diximus sunt heœdem, septenas sufficit explicare, quœ diversorum modorum et diversarum sunt qualitatum (p. 4 du mss. de S.-Evroult). »

« Septem sunt litterœ monocordi, sicut plenius postea demonstrabo. *Et infra.* Sicut in omni scriptura xx. et iii. litteras, ita in omni cantu septem tantum habemus voces. Nam sicut septem sunt dies in ebdomada, ita septem sunt voces in musica. Aliœ vero quœ super vii. adjunguntur, heœdem sunt, et per omnia cantus similiter canuntur, in nullo dissimiles, nisi quod altius duppliciter sonant. Ideoque septem dicimus graves, septem vero vocamus acutas, septem autem litteris duppliciter sed dissimiliter designantur hoc modo.

A	B	C	D	E	F	G
I.	II.	III.	IIII.	V.	VI.	VII.
a	♭	c	d	e	f	g
I.	II.	III.	IIII.	V.	VI.	VII.

(P. 23 du mss. de S.-Evroult). »

« Hœc diapason in tantum concordes facit voces, ut non eas dicamus similes, sed easdem (p. 24 du mss. de S.-Evroult). »

« Igitur sicut ex ipsa monstratur natura, et per beatum Gregorium divina protestatur auctoritas, septem sunt voces sicut et septem dies. Unde et sapientissimus poetarum septem cecinit discrimina vocum; quam sententiam et ipsi phylosophi pari concordia firmaverunt (p. 26 du mss. de S.-Evroult). »

« Notis ergo illis spretis quibus vulgus utitur,
Qui sine ductore nusquam ut cœcus progreditur,
Septem istas disce NOTAS SEPTEM CARACTERIBUS.

A	B	C	D	E	F	G
I.	II.	III.	IIII.	V.	VI.	VII.
a	♭	c	d	e	f	g
I.	II.	III.	IIII.	V.	VI.	VII.

Namque alię septenę, quę sequuntur postea,
Non sunt alię sed una replicantur regula,
Quia vocum ut dierum ęque fit ebdomada.

                    (P. 15 du mss. de S.-Evroult).

Tunc á prima sic octava locum sumit proprium.
Imo prima fit á prima neque mutat numerum.
Sic secunda dat secundam, tertiaque tertiam,
Quarta quartam, quinta quintam, quęque suam alteram,
Gravium acutum signat per eandem litteram,
Vocis primę ad octavam vel eandem litteram.
Hanc concordiam sonorum diapason nominant.
Cujus nomen est de cunctis translatum ad litteram,
Omnes quia habet voces, vel quod tota linea,
Per duos partitur passus in eandem litteram.
Ea bisque geminata monocordum terminat.
Quinque habet ipsa tonos, duo semitonia.
Habet in se diapente atque diatessaron.
Maxima symphoniarum et vocum est unitas.
Miror quatuor fecisse quosdam signa vocibus,
Quasi quintę sint hęędem, quarum quędam dissonant.
Quędam quamvis sint affiues non perfecte consonant.

Et infra.

Semitonia et toni quia dissimiliter septem tonis coaptantur,
Septem sunt discrimina, ut nullius vocis sonus idem sit in altera.
Vocibus tamen in septem quędam est concordia,
Sępe enim si non semper eadem antiphona
Divisis cantatur sonis nec mutat harmoniam.

         (P. 15, 16 et 17 du mss. de S.-Evroult). »

« Nam cum diapason in se diatessaron et diapente habeat, et easdem litteras latere utroque contineat, semper in medio ejus spatio aliqua est littera, quę ad utrumque diapason latus ita convenit, ut cui litterę á gravibus diatessaron redditur, eidem in acutis per diapente conveniat, ut in superiori figura notatur, et cui á gravibus diapente contulit, eidem á superioribus diatessaron dabit, ut *A, E,* a (p. 5 du mss. de S.-Evroult). »

Page 120, note 1.

« Hactenus latentes musas in luce produximus,
Et benevolis pręstantes invidos offendimus.
Quia tempore á multo desuevit musica,
Dum invidia et torpor cuncta tollunt studia.

         (P. 17 et 18 du mss. de S.-Evroult). »

Page 120, note 2.

(1) Explicit prima pars primi modi.
Secunda pars ejusdem incipit.
« Superscriptus autem protus in voce quarta apud quosdam agitur cum omnibus formulis sibi adsignatis. Quoniam autem C littera quę apud veteres tertia habebatur, pro certo comperimus ex numerorum ratione fore primam. Idcirco hunc protum in *D*, id est secunda littera, cum formulis adsignatis disposuimus. Noluimus autem vocum modum in litteris mutare, ne error minus capacibus fieret permaximus. Hoc tantum studuimus ut ea vox quę secundum numerorum rationem prima erat loco primo poneremus, et in monocordo prima afligeretur, servata sibi antiquitatis forma et specie. Quoniam vero protum in secunda et sexta diximus esse voce differentem, tamen libet antiphonas cum propriis formulis iterum in autentum protum intexere, eas solummodo, quę penitus motuum positione recedunt á proto jam superius relato. Nec videtur absurdum, si parum permutari videatur á priori, quem qui cupit accipiat, qui autem noluerit minus compellitur; invidia solummodo ne agat. Utatur vero quem libens exceperit (p. 31 du mss. de S.-Evroult). »

Page 120, note 3.

« Finalis ergo vox hujus simphonię deponatur tono, et mox apparebit certissime eam esse quarti modi septimę vocis. (p. 33 du mss. de S.-Evroult). »

Page 121, note 1.

« Solis litteris notare optimum probavimus
Quibus ad discendum cantum nichil facilius,
Si assidue utantur saltem tribus mensibus.....
Causa vero breviandi neumę solent fieri,
Quę si curiose fiant habentur pro litteris.
Hoc si modo disponantur litterę cum lineis, etc.

         (p. 17 et 18 du mss. de S.-Evroult). »

Page 121, note 3.

« Utramque autem b ♮ in eadem neuma non jungas (p. 5 du mss. de S.-Evroult). »

Page 122, note 7.

« Diapason autem interpretatur de omnibus sive quia omnes habeat voces, sive quia antiquitus cytharę octo per eam flebant cordis (p. 4 du mss. de S.-Evroult). »

Page 129, note 3.

« De similitudine vocum pauca perstrinximus, quia quantum in diversis rebus similitudo conquiritur, tantum ipsa diversitas per quam mens confusa diutius poterat laborare minuitur. Semper enim adunata divisis facilius capiuntur (p. 5 du mss. de S.-Evroult). »

CHAPITRE XIV.

I. Tout ainsi que les lettres ont esté inventées pour signifier et le nombre et la difference des sons (1) et des voix ; de mesme les notes ont esté établies pour donner à connoistre les mesmes lettres, et consequemment les sons, les voix ou les syllabes dont elles sont les signes. C'est pourquoy les notes ne sont autre chose, que les signes des lettres, ou des syllabes que l'on employe au lieu des voix ; de mesme que les lettres et les syllabes ne sont aussi que les signes des voix.

II. Le sujet pour lequel l'on s'est servi aux livres de chant de notes ou de figures au lieu de lettres ou de syllabes, a esté afin d'exempter la lettre ou le texte de leur meslange, de distinguer plus nettement l'un d'avec l'autre, et par ce moyen éviter toute occasion de confondre les lettres du texte avec les lettres qui servent de notes.

III. La façon avec laquelle ces notes sont placées n'augmente pas peu cette distinction, et rend leur usage aussi facile que commode. Car au plain-chant elles sont appliquées ou bien sur les quatre lignes paralleles des livres de chant, ou bien dans les interlignes des mesmes lignes, ou bien dans l'espace qui est immediatement au dessus ou au dessous les deux lignes extremes; tous lesquels espaces joints ensemble font le nombre de neuf, qui peuvent recevoir un pareil nombre de notes ou de voix, auquel chaque mode de chant a accoûtumé d'estre borné. Ces quatre lignes paralleles sur lesquelles les notes sont posées, sont en autres termes appellées pattée, à cause qu'avant l'impression l'on avoit coûtume de les tracer à la main avec une plume à quatre pieds faite en forme de patte (2). L'exemple suivant fait voir tant ces lignes, que le nombre de leurs espaces, et de leurs notes.

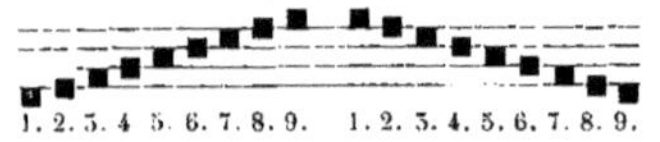

1. 2. 3. 4 5. 6. 7. 8. 9.   1. 2. 3. 4. 5. 6. 7. 8. 9.

IV. La figure de ces notes est ordinairement quarrée ou rhomboïde, et la quarrée est ou avec queuë ou sans queuë, ce qui sera cy-dessous expliqué plus au long au chap. iv. de la iii. partie : il faut seulement remarquer icy qu'à l'occasion de ces diverses formes, Bede le venerable et quelques autres leur ont aussi donné le nom de figures (3).

V. Les clefs de ces lignes et de ces notes ont pareillement leurs figures differentes, qui les distinguent les unes des autres. La place de ces clefs est ordinairement sur l'une des quatre lignes paralleles, à la reserve toutefois de *b mol*, qui se met indifferemment ou sur la ligne ou dans l'interligne, selon que le *b fa* se trouve situé en l'un ou en l'autre; bien que le plus souvent elle soit placée dans l'interligne au-dessous de la clef de *C, sol, ut, fa*; avec laquelle lors qu'il y est continué il ne fait qu'une seule clef, que selon le stile des gammes à muances l'on

---

(1) *Franchinus lib.* 1. *musicæ instrument. cap.* 5. *et lib.* 2. *c.* 59.

(2) Cette expression de *pattée* est passée de mode. On appelle aujourd'hui *portée* les quatre ou cinq lignes parallèles qui *portent* l'écriture musicale ordinaire.　　(*Note des éditeurs.*)

(3) *Beda in musica practica.*

nomme de *b mol*; mais suivant la gamme sans muances elle n'est qu'un simple signe, ainsi qu'il a déja esté remarqué au precedent chapitre. Que s'il n'y a aucun *b mol* marqué ni au commencement des lignes, ni des interlignes de la pattée, le chant y est toujours ou par *nature*, ou par ♮ *carre* selon les gammes à muances, quoy que le ♮ *carre* n'y soit aucunement marqué. Semblablement lors que le *b mol* n'est pas continué au commencement de chaque pattée de la piece, mais seulement appliqué en quelque endroit particulier de la ligne, ou de l'interligne de la lettre *B* on ne luy attribuë point alors dans les gammes (mesme à muances) la qualité de clef, mais seulement celle d'un simple signe, qui donne à connoistre que quelque note qui le suit doit estre chantée par *b mol* et non par ♮ *carre*. Il en est de mesme de ♮ *carre* lors qu'il est ajoûté en quelque endroit particulier des lignes ou des interlignes; car il n'est lors qu'un signe, qui à l'opposite du *b mol* donne à connoistre que quelqu'une des notes qui le suivent, se doit chanter par ♮ *carre*, et non pas par le *b mol*.

VI. Outre l'assiette naturelle que ces deux signes de *b mol* et de ♮ *carre* ont droit d'avoir sous la lettre *B*; il arrive encore quelquefois qu'on les place sous d'autres lettres, par exemple, que le *b mol* est posé sur la ligne de (1) *E, mi, la*; ou de *A, mi, la, re*, pour denoter qu'il y faut mettre un *fa* au lieu du *mi*, ou bien que le ♮ *carre* est appliqué sur la ligne ou l'interligne de *f, ut, fa*, ou de *C, sol, ut, fa*; pour designer qu'il y faut chanter *mi* au lieu de *fa* : et lors les notes qui se trouvent ainsi placées sous ces deux signes, et sous d'autres lettres que celles de *B*, sont communément appellées notes feintes; parce que l'on feint qu'elles sont, ou que l'on les doit appliquer en un endroit auquel elles ne devroient pas estre suivant la disposition ordinaire de la gamme. Ce qui ne se pratique pas toutesfois (ainsi qu'il a esté dit cy dessus) si ce n'est qu'il soit besoin d'éviter au plain-chant le triton ou la fausse quinte, ou quelqu'autre mauvaise suite; ou bien d'empescher en la musique le discord et la dissonance entre les differentes parties; auquel cas l'on marque dans la musique au lieu du ♮ *carre* quatre lignes croisées à la façon d'un double ♯ qui vulgairement, quoy qu'improprement sont appellées du nom de *Diese*.

VII. Il arrive aussi que ces deux mesmes signes de *b mol* et de ♮ *carre* sont quelquefois sous entendus, bien qu'ils ne soient pas exprimez; ce qui se rencontre plus frequemment sous leur lettre naturelle *B*, et beaucoup plus rarement sous les autres lettres, où quelquefois il est necessaire de les feindre pour éviter la mauvaise suite ou la dissonance des notes. Nous avons donné la figure des clefs, page 109; voici celle du bémol et du bécarre avec leur situation reguliere et feinte :

VIII. Quand les notes excedent le nombre de neuf, (ainsi qu'il a coûtume d'arriver aux mo-

---

(1) Secunda conjuncta (*i, ficta*) reperitur inter *D, sol, re*, et *E, la, mi*, et signatur in *E, la, mi*, per b *molle*, quia ibi loco *mi* cantatur *fa*. Unde in descensu in *f, fa, ut* : *ut* in *sol* mutamus. Exempla sunt in ℟ Gaude Maria in verbo *interemisti*. Quod si ℟ in *E, la, mi*, sive *A, la, mi, re*, incæperis, conjunctas evitabis. 3ª accipitur inter *G, sol, re, ut*, et *A la, mi, re*; et signatur in *A, la, mi, re*, per b *molle*, quia ibi cantatur *fa* pro *mi*, mutando *re* in *fa* per ascensum. Exempla sunt in communione *Fidelis servus* ubi canitur *in tempore*, et in ℟ *Formavit igitur*, ubi canitur, *Et factus est homo*. 4ª conjuncta est inter *G, sol, re, ut*, et *f, fa, ut*, et signatur in *f, fa, ut*, per ♮ *durum*, quia ibi pro *fa* canitur *mi* in descensu, mutando *re* in *sol*, in *A, la, mi, re*, contra naturam quia ibi *sol* non est, sed in *la* mutari deberet. Exempla sunt in communione *Beatus servus*, cum cantatur *invenerit vigilan-*

tem, et ℟. *Quæ est ista* in verbo *per desertum* : vitabis tamen conjunctas incipiendo *Beatus servus* in *A, la, mi, re*. Quinta accipitur inter *C, sol, fa, ut*, et *D, la, sol, re*; signaturque per ♮ *durum* in *C, sol, fa, ut*, eo quod ibi pro *fa* cantatur *mi*, accipiendo in mutatione in *E, la, mi*; *sol*, loco *mi*. Exempla sunt in *Alleluia* de Assumptione B. M. si incipitur in *A, la, mi, re*, quia incipiendo in *f, fa, ut*, evitatur conjuncta. *Et infra.* Si quis in omnibus dictis conjunctas evitare voluerit, aut saltem pro majore parte à finalibus cantuum ad affinales suas confugiat, altius incohando, et signando quam prima compositio habet. *Orontius Finæus l.* 5 *margaritæ philosophicæ tractatu* 5. *cap.* 6.

(2) Dom Jumilhac donne une autre manière de représenter ces signes, qui consiste à remplir d'encre le corps du bémol et du bécarre. Cette forme n'est plus employée.   (*Note des éditeurs.*)

des mixtes) l'on change ou transpose la clef sur une autre ligne ou plus haute ou plus basse, suivant que le chant demande à monter ou à descendre; et en mesme temps l'on ajoûte un renvoy, ou guidon immediatement apres la derniere note, qui precede le transport de la clef. Quand toutefois cette transposition se peut remettre au commencement de la pattée elle est bien plus commode que lors qu'on est contraint de la mettre au milieu. On en verra des exemples à la suite du n° VII du premier chapitre de la IV° partie.

IX. Outre les notes, les clefs et les signes qui sont appliquez sur les pattées ou les quatre lignes paralleles, il y a des marques, qui donnent à connoistre la suite des nottes d'une pattée à l'autre, afin de discerner plus facilement l'intervalle qui se rencontre entre la derniere note d'une pattée, et la premiere de la pattée suivante ; ces marques sont une espece de renvoy, que communément l'on appelle guidon, et que l'on a appliqué apres la derniere notte de chaque pattée d'une mesme piece de chant; sa forme ordinaire au plain-chant est en façon d'une demy-note avec une queuë à droite, ✔ et dans la musique en cette sorte ‐S‐ (1).

X. Les cadences ont pareillement leurs signes dans les mesmes pattées, afin d'y denoter leur distinction, leur diversité, et les endroits où les pauses se doivent faire, et où il faut garder les silences. Ces signes ne sont autre chose que des lignes ou des barres de diverse grandeur, qui traversent ou toutes les lignes de la pattée, ou seulement quelques unes. Et quoy que en la pluspart des livres de chant qui sont imprimez en ce siecle, l'on ait appliqué ces lignes apres chaque mot, et que les imprimeurs ou ceux qui se sont meslez de les conduire en ayent vraisemblablement ainsi usé, afin d'empescher que les enfans, les villageois ou les autres personnes, (qui ignorans le latin ne laissent pas d'estre employez au chant dans plusieurs eglises) ne confondissent pas ensemble les differents mots du texte, neantmoins ce n'a esté que par une espece d'entreprise dont en pareille occasion Guy Aretin a autrefois fait des plaintes (2), parce qu'il est certain que ce n'a jamais esté l'ancien usage du chant; et que ces lignes ne doivent point estre appliquées aux pattées du plain-chant, si ce n'est aux endroits seulement où il y a des cadences ou des silences à observer. Car elles ne sont que pour distinguer les divers membres du chant, dont les cadences font (3) la division, et pour designer les endroits où les pauses se doivent faire (4); et nullement pour faire la distinction, ni des dictions, ni des membres, ni des periodes du texte; parce qu'il y a pour cet effet d'autres marques, qui sont propres et particulieres à la lettre et à la grammaire qui sont entierement separées de celles du chant; sçavoir le point pour monstrer le terme ou la fin de la periode; les deux points pour faire voir les divisions de ses membres, les virgules pour en distinguer les diverses sections, une certaine distance entre chaque diction pour en reconnoistre la distinction; et parce que la multitude des notes, dont quelques syllabes sont chargées, oblige assez souvent de laisser une distance autant ou plus grande entre les syllabes d'un mesme mot, comme elle se rencontre entre deux differentes dictions, l'on a pourvû dans la lettre mesme à la reünion des syllabes qui appartiennent à une mesme diction, par l'addition qui s'y fait d'une

---

(1) Il est à remarquer, malgré ce que vient de dire Dom Jumilhac, que cet auteur emploie constamment le guidon musical dans ses exemples ; nous avons fait disparaître cette anomalie qui existe, disons-le en passant , dans les éditions françaises des ouvrages de plain-chant des xvII° et xvIII° siècles.   (*Note des éditeurs.*)

(2) Qua in re cum pro sua ipsi voluntate multa commutent, aut parum aut nihil mihi indignari debent, si à communi usu vix in paucis abscedo, ut ad communem artis regulam uniformiter omnis cantilena recurrat. Quoniam vero hæc omnia mala et multa alia eorum culpa eveniunt, qui antiphonaria faciunt, valde moneo et contestor, ne aliquis amplius præsumat antiphonarium neumare (i, *notare*) nisi qui secundum subjectas regulas bene potest, et sapit ipsam artem perficere. Alioquin certissime erit magister erroris quicumque prius non fuerit discipulus veritatis. *Guido Aretinus in prologo sui Antiphonarij. cap.* 1.

* Taliter enim Domino auxiliante hoc antiphonarium notare disposui, ut per eum leviter aliquis sensatus et studiosus cantum discat, si cum quanto studio neumæ disponuntur curet agnoscere. De quo si quis me mentiri putet, veniat, experiatur et videat. *etc. Guido in prologo prosaïco antiphonarij c.* 1.

(3) Illud vero late patet quod fiat de vocibus, velut syllabæ et partes, cola atque commata ; concinuntque sæpe versus arte sicut metrica. *Guido Aretinus in prologo rhythmico antiphonarij.*

(4) Est enim figura pausæ linea, seu virgula quædam per spatium, seu spatia, seu spatij partem protracta, nulli notulæ addita, sed à notulis penitus disjuncta. *Franchinus lib. 2. mus. pract. c.* 6.

petite ligne tirée apres chacune des syllabes qui doivent estre reünies, à la façon à peu pres des petites lignes avec lesquelles l'on a accoûtumé de lier ensemble la moitié d'un mot qui se trouve à la
fin d'une ligne avec l'autre moitié qui commence la ligne suivante. Revenant maintenant aux
barres qui sont destinées à la division ou distinction des membres et des periodes du plain-chant,
elles sont de deux sortes ; les unes petites qui ne traversent que deux des quatre lignes paralleles de
la pattée, les autres grandes qui les traversent toutes quatre ensemble : celles cy marquent les
cadences qui finissent les diverses periodes des pieces de chant ; celles là denotent les medianes,
ou les autres moindres, qui n'en distinguent que les membres.

XI. Outre ces barres qui servent à distinguer les silences ou les pauses du chant ; l'on peut encore en ajoûter deux autres grandes en chaque piece de chant ; l'une vers le commencement
pour designer l'endroit où ceux qui commencent le chant doivent s'arrester, lors que d'autres
doivent continuer ce qu'ils ont commencé ; ainsi qu'on le peut voir aux exemples qui se trouvent
à la fin du n° VII du premier chapitre de la IV° partie ; l'autre vers la fin de la mesme piece, pour
marquer le lieu où ceux qui l'ont chantée separément des autres doivent s'arrester, afin que les
autres s'unissent avec eux pour l'achever. Ainsi qu'on peut voir en l'exemple cité au n° VI du
chapitre IV de la VI° partie, aux mots, *bono*, *tuum*, et *Christus*. Or ces barres sont pour suppléer au defaut des neumes, dont l'on avoit anciennement accoûtumé d'user, et dont l'on use encore à present dans les eglises cathedrales et dans les dioceses qui ont conservé leur ancien chant,
afin de signifier par ce neume, que les chantres qui entonnent les pieces ne doivent passer au delà
du mot qui en est chargé ; mais y attendre que le chœur poursuive.

XII. Les cadences des chants rythmiques ont semblablement leurs marques, qui sont differentes de celles du plain-chant. Car le psalmodique a eu d'ancienneté deux points pour signe de la
mediation de ses versets ; et un point pour celuy de sa fin ou terminaison ; et lors que le verset a
esté trop long depuis le commencement jusques à la mediation, ou depuis la mediation jusques à
la fin, l'on y a ajoûté ou une virgule, ou un point avec une virgule ; afin de designer le lieu où
ceux qui chantent ensemble pûssent conjointement respirer, pour achever soit la mediation, soit
la fin du verset, avec plus de facilité, et un accord plus accomply. Ces mesmes marques du point
et des deux points sont encore employées aux cadences des autres chants rythmiques, comme des
Epistres, des Evangiles, des chapiteaux des leçons, des oraisons et autres choses semblables, afin
de designer les endroits où les inflexions des voix, les respirations, et les pauses se doivent faire.
C'est pourquoy il est necessaire que le point, les deux points, et mesme les virgules soient appliquez
comme il faut à la lettre ; et que les accens (particulierement les deux derniers) qui precedent soit
le point, soit les deux points, y soient convenablement assis sur les syllabes, qui les demandent ;
parce qu'ils servent comme de fondement sur lequel l'on prend ses mesures pour faire à propos les
inflexions de ces sortes de chant, qui se doivent faire soit aux mediations, soit aux terminaisons.

XIII. Les diverses especes de chant, et les differens modes ne demandent pas moins d'estre
marquez que les autres choses dont il a esté fait mention cy dessus ; car d'une part l'on ne peut
chanter aucune piece de chant selon son air et sa mesure, ni la commencer au ton qu'il faut, si
l'on ignore à quelle espece de mesure, et à quel ton ou mode elle appartient ; et d'autre part il
n'y a point de chant plus defectueux que celuy qui se fait sans ton ni mesure. Afin donc de ne
donner aucune occasion à un pareil desordre, l'on doit encore ajoûter deux marques soit au commencement, soit à la fin de chaque piece de chant ; l'une pour indiquer l'espece du chant metrique, l'autre pour denoter le ton ou le mode. Car bien que la figure et la disposition des notes du
chant metrique appliquées suivant ce qui en sera dit en la partie suivante puissent suffisamment
servir à faire le discernement de ses especes ; neantmoins comme à present il n'y a quasi point de
livres corrects où cette façon de notes soit gardée ; et que quand elle le seroit, un chacun n'a pas
le discernement également prompt ; il sera toûjours utile d'y mettre quelque marque, comme
pourroit estre la lettre *D* lors que le chant est dactylique, le *T* lors qu'il est trochaïque, et l'*I*

quand il est jambique : car pour ce qui est de l'espece du plain-chant, elle sera assez connuë lors que la piece de chant n'aura aucune de ces marques metriques, sans qu'il soit besoin d'y mettre le *P*, ou quelqu'autre lettre semblable. Quant à l'autre marque pour denoter le ton ou le mode, les musiciens l'estimoient d'une telle consequence, qu'ils avoient des notes diverses pour y employer selon la difference des modes, afin d'en faire mieux connoistre la distinction (1) : mais à present l'on n'use que des chiffres des huit premiers nombres, l'un desquels l'on a accoûtumé de mettre à la fin de chaque piece de chant, et en suite d'y ajoûter *e, u, o, u, a, e*, lors qu'elle est accompagnée du chant de quelque pseaume ou de quelque cantique, afin d'en faire voir la terminaison sur les syllabes des mots *sæculorum Amen* qui sont alors signifiées par leurs voyelles.

(1) Sed quoniam per singulos modos à veteribus musicis unaquæque vox diversis notulis insignita est, descriptio prius notularum videtur esse ponenda, ut his primum per se cognitis, in modorum descriptione facilis possit esse dispectio. *Boëtius lib.* 4. *musicæ capite* 14.

REPRODUCTION EXACTE DES PASSAGES DE GUY D'AREZZO

QUI SE TROUVENT CITÉS DANS LE CHAPITRE XIV DE JUMILHAC, COLLATIONNÉS DE NOUVEAU SUR LE MANUSCRIT DE SAINT−ÉVROULT.

Page 133, *note* 2.

Voyez, page 14, la vérification de la première partie de cette note.

« Taliter etenim Domino auxiliante hoc antiphonarium notare disposui ut per eum leviter aliquis sensatus et studiosus cantum discat. De quo si quis me mentiri putat, veniat, experiatur et videat quia talia apud nos pueruli faciunt (p. 20 du mss. de S.−Evroult). »

Page 133, *note* 3.

« Illud vero late patet quod fiat de vocibus, Velut syllabę et partes, cola atque commata. Concinuntque sępe versus arte sicut metrica.
(P. 17 du mss. de S.−Evroult). »

PARTIE TROISIEME.

DE LA DURÉE OU MESURE DES SONS.

CHAPITRE I.

EN QUOY CONSISTE LA MESURE DES SONS OU DES NOTES, ET COMBIEN CETTE MESURE EST NECESSAIRE DANS LE CHANT.

LA seconde chose à quoy il faut avoir un égard particulier dans l'exercice du chant, est la durée des sons ou des voix qui le composent, ou en autres termes, le temps (1) qui doit estre employé à prononcer chacune de ses syllabes ou de ses notes (2) : Car le son ne se forme que par le mouvement. Or le mouvement est un changement qui se fait avec succession, et par consequent dans le temps (3) : D'où vient que reciproquement le temps est defini la mesure (4) du mouvement. Par où il est clair que le son dependant du mouvement, depend aussi du temps, et a une certaine étenduë successive qui est mesurée par le temps. C'est pourquoy la melodie et l'agréement du chant ne consiste pas seulement à observer les proportions qui sont deuës aux intervalles ou à la distance qui est entre les voix ou entre les sons qui sont hauts et bas : mais aussi à garder les pro-

---

(1) Nihil est aliud musica quam scientia amatoriarum seu concordantium rationum, quæ in harmonia, et in rythmo versantur. *Et paulo supra.* Rythmus ex veloci et tardo antea inter se discrepantibus ; tandem vero in unum consensum compositis constituitur. *Plato in convivio longe ante medium.*

* In musica et figuræ et concentus insunt; quum musica in rythmo et harmonia versetur; ut quidem boni rythmi et commodæ harmoniæ figuram liceat dicere. *Plato 2. de legibus.*

* Officium musicæ est bene modulandi solertia; quæ rythmicis et melicis astructionibus continetur. *Martianus Capella lib. 9.*

* Harmonica consistit in numeris dupliciter, et mensuris; una localis secundum proportionem sonorum, vocumque; alia temporalis secundum proportionem longarum, breviumque figurarum. *Beda in musica pract.*

* Melodia ex vocibus constat et intervallis atque temporibus. *Franchinus lib. 3. musicæ practicæ cap. 1. post Bacchium seniorem in introductione ad musicam, et Aristidem Quintilianum lib. 1. de musica.*

(2) Aliud est operari numeros vel productius, vel correptius, quod est in ipso opere pronuntiantis. *Aug. l. 6. musicæ cap. 4.*

* Incipiamus syllabas sibimet comparare, et videre quos numeros ad sese habeant, sicut de motibus jam inter nos tam longa superius ratione tractatum est. Motus est enim etiam omne quod sonat, et syllabæ utique sonant. Cum ergo syllabæ inter se conferuntur, motus quidam inter se conferuntur, in quibus possint numeri quidam temporis mensura diuturnitatis inquiri. *August. lib. 2. mus. cap. 3.*

(3) *Aristoteles 5. Physicorum.*

(4) *Aristoteles 4. Physicorum.*

portions que demandent la durée et le temps des mesmes voix et des mesmes sons. C'est donc ce temps et cette durée de chaque son, de chaque voix, ou de chacune de leurs notes, qui dans le chant est appellé mesure, lors qu'il y est reglé suivant les proportions qui luy sont deuës et convenables : Et cela est si different de la distance ou de l'intervalle des sons, qu'il est souvent necessaire de peser davantage ou de faire une mesure bien plus longue sur une note qui n'est éloignée d'une autre que d'un ton, ou d'un demy-ton, que sur d'autres qni seront éloignées d'une tierce, ou d'une quarte, ou d'une quinte, ou d'une octave. De sorte que la mesure non seulement ne suit pas les proportions des intervalles, mais mesme leur est souvent opposée, et moindre ou plus courte aux endroits où leur distance est plus grande; et au contraire plus longue aux endroits où leur distance est plus petite.

II. La necessité de cette mesure des sons ou des notes du chant est si grande, qu'elle y peut estre égalée à celle des intervalles : car tout ainsi qu'il n'y peut avoir ni harmonie, ni melodie, quand les sons ne se suivent pas bien, et que leurs intervalles ne sont pas bien ordonnez, ni proportionnez comme il le faut : de mesme le chant ne peut avoir d'agréement dans son harmonie lors que les mesmes sons ou leurs notes n'ont ni le temps qui leur doit estre proportionné, ni la juste mesure qui leur est deuë (1). C'est pourquoy S. Augustin a fait tant d'estat de ce temps et de cette mesure, que dans les six livres qu'il a composez de la musique, c'est à dire, de la science du chant, il ne traitte que des proportions, du temps, et de la mesure qui doit estre gardée, tant dans les sons, que dans leurs silences : car quoy qu'il les écrivist à l'occasion du chant des hymnes et des pseaumes que S. Ambroise avoit peu de temps auparavant établi dans l'Eglise de Milan (2), et qu'il eust dessein de traiter de leurs intervalles par apres (3) : ce n'est pas toutefois un petit témoignage de l'estime qu'il a fait de l'importance et de la necessité de la mesure, d'avoir voulu commencer le traité de cette science plùtost par celuy de la mesure, que par celuy de ses intervalles. Que si Boëce, qui a tres soigneusement écrit du chant, en a usé autrement, et s'il n'a rien obmis de ce qui appartient à la science du chant que la mesure; ce n'est pas qu'il n'en ait parfaitement sceu l'importance, ou qu'il ait manqué d'en faire l'estat qu'elle merite : Mais plùtost il semble que par cette sorte de conduite il ait voulu marquer qu'il ne faisoit que continuer le dessein que S. Augustin avoit eu d'écrire un semblable traité : et ainsi supposant celuy que S. Augus-

(1) In sono versuum dimensio quædam numerorum delectat, quo perturbato, delectatio exhiberi auribus non potest; imo nec sine offensione audiri. *etc.* Quod fit in syllabis pronuntiandis diu et non diu. *Augustinus lib.* 2. *musicæ c.* 3.

* Videamus ille ipse sensus, cur alias delectetur in sonis vel productis, vel correptis; alias offendatur : id est enim quod ad diu et non diu pertinet. *Augustinus lib.* 2. *mus. cap.* 1. *et lib.* 1. *cap. ultimo.*

* Si homo faciendi carminis artifex novit quas quibus moras vocibus tribuat, ut illud quod canitur, decedentibus ac succedentibus sonis pulcherrime currat, ac transeat; Quanto magis. *etc. August. epist.* 28.

* In versu quidem theatra tota reclamant, si fuerit una syllaba, aut brevior, aut longior. Nec vero multitudo pedes novit, nec ullos numeros tenet : nec illud, quod offendit, aut cur, aut in quo offendat, intelligit : et tamen omnium longitudinum, et brevitatum in sonis, sicut acutarum, graviumque vocum, judicium ipsa natura in auribus nostris collocavit. *Cicero in oratore.*

(2) De musica sex volumina, quantum ad eam partem attinet, quæ rythmus vocatur; sed eosdem sex libros jam baptisatus, jamque ex Italia regressus in Africam scripsi. Incohaveram quippe tantummodo istam apud Mediolanum disciplinam. *Augustinus lib.* 1. *retract. cap.* 6.

* Non longe cæperat Mediolanensis Ecclesia genus hoc consolationis, et exhortationis celebrare magno studio fratrum concinentium vocibus, et cordibus. Nimirum annus erat, aut non multo amplius, cum Justina Valentiniani pueri mater, hominem tuum Ambrosium persequeretur hæresis suæ causa, qua fuerat seducta ab Arrianis. Excubabat pia plebs in Ecclesia, mori parata cum episcopo suo, servo tuo. Ibi mater mea ancilla tua, sollicitudinis et vigiliarum primas partes tenens, orationibus vivebat. Nos adhuc frigidi à calore spiritus tui excitabamur tamen civitate attonita atque turbata. Tunc hymni et psalmi ut canerentur secundum morem orientalium partium, ne mœroris tædio contabesceret, institutum est; et ex illo in hodiernum retentum, multis jam ac pene omnibus gregibus tuis, et per cætera orbis imitantibus. *Augustinus lib.* 9. *confession. cap.* 7.

(3) Verum quia in omnibus rerum motibus, quid numeri valeant, facilius consideratur in vocibus, eaque consideratio quibusdam quasi gradatis itineribus nititur ad superna intima veritatis, in quibus vijs ostendit se sapientia hilariter, et in omni providentia occurrit amantibus. Initio nostri otij, cum à curis majoribus, magisque necessariis vacabat animus, volui per ista quæ à nobis desiderasti, scripta proludere, quando conscripsi de solo rythmo sex libros, et de melo scribere alios forsitan sex disponebam, cum mihi otium futurum sperabam. Sed posteaquam mihi curarum ecclesiasticarum sarcina composita est, OMNES ILLÆ DELICIÆ FUGERE de manibus; ita ut vix nunc ipsum codicem inveniam, quoniam tuam voluntatem, nec petitionem, sed jussionem contenere nequeo. *Aug. epist.* 131.

tin avoit laissé de la mesure quelques années auparavant, et dont les ouvrages estoient alors entre les mains de tous les gens doctes (1), et n'ayant rien à ajoûter à ce qu'un si grand Docteur en avoit écrit, il s'est contenté de poursuivre le reste qui concerne le chant, ce qu'il a fait avec tant de soin et d'exactitude, qu'il y a recueilli tout ce que les anciens philosophes et musiciens avoient laissé par écrit sur ce sujet (2) ; afin que les latins peussent trouver tout ce qui concerne la science du chant dans les cinq livres qu'il en a composez, et dans les six que saint Augustin avait faits auparavant.

III. Mais afin de mieux reconnoistre la necessité de cette mesure du chant, il faut remarquer qu'il se rencontre trois sortes de quantité dans la prononciation d'une syllabe ou d'une diction (3), dont l'une consiste dans l'élevation ou l'abbaissement de la voix ; l'autre dans le temps plus long ou plus court auquel elle est proferée : et la troisiéme dans la maniere de l'accent, qui prolonge plus ou moins dans l'air non la syllabe, mais les especes de la mesme syllabe accentuée. Comme donc ces trois sortes de quantité se rencontrent à leur façon dans les mots et syllabes du chant, aussi bien qu'en celles de grammaire ; et qu'outre le haut ou le bas, le continu ou le discontinu, elles ont encore leurs longues et leurs breves, leur accent euphonique et leurs cadences, l'on doit pareillement s'estudier d'assortir les syllabes ou les notes du chant de ces trois sortes de quantité selon qu'elle leur est proportionnée ou convenable, afin que leur chant et leur prononciation soit renduë parfaite et accomplie.

---

(1) Scripsit etiam et Pater Augustinus de musica sex libros, in quibus humanam vocem rythmicos sonos, et harmoniam modulabilem in longis syllabis atque brevibus naturaliter habere monstravit. *Cassiod. de septem disciplin. ubi de mus.*

* Duos libros retractationum S. Augustini studiosa lectione percurrat. *etc. Et paulo infra.* Longum est illius viri singula quæque memorare, dum de ejus opusculis indicandis codex non parvus existat (*Possidij scilicet*) ; qui quamlibet dicta ipsius breviter commemoret, tamen in numerosas progressus est paginas. *Cassiodorus de divinis lectionibus cap. 16. et à capite 1. ad idem cap. 16.*

(2) Græca musicorum veterum monimenta pene omnia, quæ extant, si rite contuleris, (quemadmodum ego summo studio non semel unum cum altero comparando contuli) nihil adeo diversum reperies in uno, quod non in alijs omnibus inveniatur. Nam præter musicam analogam cælestem, humanam, divinam, primo omnes sunt in tetrachordorum et systematum diapason multiplici compositione, divisione, commixtione ; deinde in tonorum sive modorum differentium determinationem singuli summo studio incumbunt. Tertio in triplici diatonico, chromatico, enharmonico genere componendo, determinando, et in minutissima intervalla subdividendo, tota ipsorum versatur industria : Quorum exactissima et ingeniosissima descriptione omnibus merito palmam eripuisse videtur Boetius : nam singula veterum musicorum præcepta tam subtiliter volvit ; obscura tam clare elucidat ; defectuosa supplet tam dextere ; ita se perfecte in doctissimo opere gerit ; ut nihil cum veteris musicæ latuisse demonstret, priorum inventa innumeris à se inventis cumulando, veterum musicam non descripsisse tantum, sed et instaurasse videatur : ut proinde quicquid in alijs sparsum, in BOETIO COLLECTUM, auctum, atque exquisitissimo studio digestum spectetur. *Kircherus to. 1. musurg. univers. l. 7. parte 1. Erotemate 5. §. 1. et parte 2. cap. 1.*

* Latinorum opera omnia, exceptis sex D. Augustini libris, admiratione Boëtiani operis, quo harmonia copiosissime pertractata est, interierunt. *Meibomius præfatione in Gaudentij harmonicam introductionem.*

* Boëtius cujus ingenium neminem post eum legimus attigisse. *etc. Franch. lib. 1. mus. theor. c. 1.*

* *Glareanus lib. 1. dodecach. c. 18 et lib. 2. cap. 7.*

(3) Triplex quantitas in syllabæ pronuntiatione considerari potest. Prima est temporis, quo syllabæ concentu immoramur, antequam ab ejus prolatione cessemus ; et hæc est illa, quæ ab authoribus intelligitur, cum syllabam brevem esse, aut longam dicunt : Ad brevem enim proferendam uno tempore ; ad longam duobus temporibus utebantur ; ut in notis musicis hic positis patet. $\sqcup$. $\Diamond$. Hinc antiqui, ut Quintilianus lib. 1. cap. 7. docet, syllabas longas gemina vocali pronuntiabant, ut maater, pro mâter ; deemit, pro dêmit ; poonit, pro pônit ; puunit pro pûnit. Secunda quantitas est intensiva tenoris, qua altius elevatur, aut remissius deponitur tonus vocis ; et hæc cernitur in scalæ musicæ gradibus. Tertia quantitas orta ex accentu, est mora qua non tam syllaba eadem, quam ejus imago per aërem propagata perdurat in aëre, et in spatio, quod cum aëre occursat. Nam syllaba acuta, aut circumflexa longius intervallum penetrat, et plures sui similes syllabas propagat in aëre ; ideo et diutius vivit ejus imago audibilis, et à distantibus melius percipitur, et majori intervallo repetitur ab echo, quam syllaba gravis aut syllabico accentu remisse prolata : non secus ac fit in chorda intensiùs ducta, quam in ea, quæ remissiùs : et hinc nimirum est, ut syllaba acuta videatur semper longior, quam gravis ; spectata scilicet mora, non qua ipsi insistitur, dum est in ore proferentis ; sed qua ejus species in aëre vivit. *Kircherus tomo 2. musurgiæ universalis lib. 8. parte 2. cap. 2.*

* Pronuntiatio est triplex, scilicet melica, metrica, prosaïca. Melica est, quæ attenditur in cantu, et illi adjacet neuma. Metrica, quæ attenditur in scansione metrorum, et illi adjacet tempus. Prosaïca, quæ attenditur in communi sermone, et illi adjacet accentus. Accentus vero est triplex acutus, gravis, et circumflexus. Acutus est, qui fit per elevationem vocis : ut in prima hujus nominis *Dominus.* Gravis, qui fit per inclinationem vocis, et depressionem, ut in media et ultima dictionis *Dominus.* Cicumflexus, qui fit partim per elevationem, partim per inclinationem vocis, ut penultima illius infinitivi *amare* ; qui tamen non est in usu nostro : sed pro eo utimur acuto. *Orontius Finæus in marg. Philosophica lib. 1. tract. 3. cap. 13. de accentibus.*

CHAPITRE II.

DES ESPECES DU CHANT, EÜ ÉGARD AU TEMPS OU A LA MESURE DES SONS ET DES NOTES (1).

1. Les especes de chant, dont l'usage est le plus commun dans les offices Ecclesiastiques, sont celles du plain-chant surnommé Gregorien, et du chant poëtique, qui autrement est appellé Ambroisien : Celuy cy est sous divisé en chant rythmique ou psalmodique, et en chant metrique (2) : et le metrique est derechef divisé en chant dactylique, en chant trochaïque, et en chant jambique; qui sont ainsi nommez à cause des pieds dont ils sont composez, ou qui ont accoûtumé d'y dominer, quoy qu'ils soient assez souvent entremeslez d'autres sortes de pieds qui ont la mesme valeur (3) : par exemple, le dactylique de spondées, d'anapestes, ou de proceleumatiques; le trochaïque et le jambique de tribraques : mais alors le chant approche plus du rythmique que du metrique (4). L'on eust pù pareillement former plusieurs autres especes de chants metriques

(1) Tout ce chapitre est d'une grande importance; nous engageons les savants à le méditer profondément, car il contient des choses dont les didacticiens modernes n'ont pas assez tenu compte. M. Fétis, dans ses articles sur les *Origines du plain-chant* (*Voir l'excellente Revue de M. Danjou, année 1846*), en a largement profité, bien qu'il n'y cite point dom Jumilhac qui, sans le moindre doute, lui a inspiré des théories neuves en apparence, mais en réalité connues des anciens érudits. (*Note des éditeurs.*)

(2) Tres sunt partes musicæ, videlicet harmonica, quæ discernit in sonis acutum et gravem : rythmica, quæ requirit incursionem verborum, utrum bene sonus vel male cohæreat : metrica, quæ mensuram diversorum metrorum v. g. heroïcum iambicum, probabili ratione cognoscit. *Isidorus lib. 3. originum c. 17. post Cassiodorum lib. de septem disciplinis, ubi de musica.*

* Sunt vero quasi prosaïci cantus, in quibus non est curæ, si aliæ majores, aliæ minores partes, et distinctiones per loca sine discretione inveniantur more prosarum. Metrici autem sunt et cantus; quia ita sæpe canimus, ut quasi versus pedibus scandere videamur; sicut fit cum ipsa metra canimus. In quibus cavendum est, ne superflue continuentur neu mæ dissyllabæ sine admixtione trissyllabarum, ac tetrasyllabarum. Sicut enim lyrici poëtæ nunc hos, nunc alios junxere pedes; ita et qui cantum faciunt, rationabiliter discretas ac diversas neumas componant. Rationabilis vero discretio est, si ita sit, neumarum et distinctionum moderata varietas, ut tamen neumæ neumis, et distinctiones distinctionibus quadam semper similitudine sibi consonanter respondeant; id est, sit similitudo dissimilis more prædulcis Ambrosij. Non autem parva est similitudo in metris et cantibus, cum et neumæ loco sint pedum, et distinctiones loco sint versuum : utpote ista neuma DACTILICO, ILLA VERO SPONDAÏCO, ALIA IAMBICO MORE DECURRIT; et distinctionem nunc tetrametram, nunc pentametram, alias quasi hexametram cernas : Et multa alia ad hunc modum. *Guido Aretinus cap. 13. micrologi.*

Et en.suite du passage du mesme Aretin qui est cité à la note 3 suivante, il continue à donner divers avis touchant la disposition des vers metriques en ces termes. Item ut more versuum distinctiones æquales sint, et aliquotiens cædem repetitæ, aut aliqua vel parva mutatione variatæ. Et cum perpulchre fuerint duplicatæ,

habentes partes non nimis diversas, et quæ aliquotiens cædem transformentur per modos, aut similes intense et remisse inveniantur. Item ut reciprocata neuma eadem via qua venerat redeat ac per eadem vestigia. Item ut qualem ambitum vel lineam unam fac t saliendo ab acutis, talem altera inclinata è regione opponat respondendo à gravibus; sicut fit cum in puteo nos cum imagine nostra contra expectamus. Item aliquando una syllaba unam vel plures habeat neumas, aliquando una neuma plures dividatur in syllabas. Variabuntur autem eæ vel omnes neumæ, cum alias ab eadem voce incipient, alias à dissimili, secundum laxationis et acuminis varias qualitates. Item ut ad principalem vocem, id est, finalem, vel si quam affinem ejus pro ipsa elegerint, pene omnes distinctiones currant; et eadem sicut et vox neumas omnes, aut perplures distinctiones finiat aliquando et incipiat : qualia apud Ambrosium, si curiosus sis, invenire licebit. *Guido Aret. cap. 13. micrologi.*

* Illud vero quis nesciat quod de vocibus quasi syllabæ, et partes, et distinctiones, vel versus fiunt; quæ omnia inter se invicem suavitate concordant; tantum sæpe concordiores, quantum similiores. *Guido Aret. in prologo pros. antiphonarij cap. 9.*

(3) Proponat sibi musicus quibus ex his divisionibus incedentem faciat cantum, sicut metricus quibus pedibus faciat versum : nisi quod MUSICUS NON SE TANTA LEGIS NECESSITATE CONSTRINGAT. Quia in omnibus se hæc ars in vocum dispositione rationabili varietate permutat. Quam rationabilitatem etsi sæpe non comprehendimus; rationabile tamen creditur id, in quo mens, in qua est ratio, delectatur. Sed hæc, et hujusmodi MELIUS COLLOQUENDO, QUAM VIX SCRIBENDO MONSTRANTUR. *Guido Aretinus cap. 13. micrologi.*

(4) Omnis structura, ac dimensio, et copulatio vocum constat aut numeris (numeros rythmos accipi volo) aut metro, id est, dimensione quadam; quod etiam constat utrumque pedibus; habet tamen non simplicem differentiam : Nam rythmi, id est numeri spatio temporum constant, metra etiam ordine : ideoque alterum esse quantitatis videtur, alterum qualitatis. Rhythmus aut par est, ut dactylus, unam enim syllabam parem brevibus habet. Est quidem vis eadem alijs pedibus, sed nomen illud tenet. Longam esse duorum temporum, brevem unius, etiam pueri sciunt. Aut sescuplex ut pæon : cujus vis est ex longa et tribus brevibus : quique ei contrarius, ex tribus brevibus et longa, vel alio quoquo

selon la diversité des autres sortes de pieds, comme des bacchiques, des peoniques, et autres semblables; mais la difficulté d'user de leurs mesures a fait que l'on ne s'est pas accoûtumé d'employer au chant de l'Eglise d'autres especes que ces trois, la dactylique, la trochaïque, et la jambique.

II. Or afin de mieux comprendre la nature de toutes ces especes, il faut se ressouvenir de ce qui a esté dit cy dessus au chapitre viii. de la ii. partie touchant les differentes proportions des intervalles : car comme ces proportions prennent leur origine de celles que les nombres ont estans comparez les uns aux autres : de mesme la division et la difference de ces especes de mesure procede semblablement des diverses proportions de la durëe du temps, que leurs sons peuvent avoir estans comparez selon cette mesme durée les uns aux autres. Car ce temps est ou égal, ou inégal; et quand il est inégal, ou son inegalité se peut mesurer par un temps precis et certain ; ou bien elle ne peut estre mesurée par aucun temps si juste, qu'il n'y ait quelque difference entre les parties mesurées.

III. Quand donc la durée est égale, comme elle est fondée sur la raison ou proportion d'égalité, qui estant indivise et toûjours la mesme ne peut avoir aucune autre espece sous soy, elle n'établit aussi que l'unique espece du plaint-chant, surnommé Gregorien (1), parce que ce grand Pape le rétablit dans sa pureté, et en ordonna l'usage dans l'Eglise : et l'essence de ce chant ne consiste que dans l'égalité du temps et de la mesure (2) de ses sons ou de ses notes; à laquelle l'on a un particulier égard dans cette espece, sans s'arrester ni aux accens, ni à la quantité des dictions, ou des syllabes. D'où vient que l'on y voit souvent des syllabes breves de la lettre, qui sont chargées d'un plus grand nombre de notes que ne sont pas les syllabes longues; et plusieurs tant longues que breves, qui ont une plus grande multitude de notes que n'ont pas d'autres syl-

<hr>

modo tempora tria ad duo relata sescuplum faciunt. Aut duplex ut iambus : nam est ex brevi et longa, quique est ei contrarius. Sunt et hi metrici pedes; sed hoc interest, quod rythmo indifferens est, dactylus ne illas priores habeat breves, an sequentes : tempus enim solum metitur, ut à sublatione ad positionem ijsdem sit spatijs pedum. In versu pro dactylo poni non poterit 'anapæstus aut spondæus : nec pæon eadem ratione à brevibus incipiet ac desinet. Neque solum alium pro alio pedem metrorum ratio non recipit, sed ne dactylum quidem, aut forte spondæum alterum pro altero. Itaque si quinque continuos dactylos ut sunt in illo : Panditur interea domus omnipotentis Olympi, confundas, solveris versum.

Sunt et illa discrimina, quod rythmis libera spatia, metris finita sunt : et his certæ clausulæ; illi quo modo cæperunt currunt usque ad metabolin, id est transitum in aliud genus rythmi : et quod metrum in verbis modo, rythmus etiam in corporis motu est. Inania quoque tempora rythmi facilius accipient, quamquam hæc et in metris accidunt. Major tamen illic licentia est, ubi tempora etiam animo metiuntur, et pedum et digitorum ictu intervalla signant quibusdam notis, atque æstimant quot breves illud spatium habeat, inde τετράσημον, πεντάσημον. Quintil. lib. 9. institut. orat. cap. 4.

* Rythmus igitur prout tempus et motum spectat, tam poëtis et oratoribus, quam musicis communis est, cum tam hi quam illi voces, vocumque periodos certis temporibus distinguant. Et paulo infra. Proinde rythmus late sumptus nihil aliud est, quam sonus quidam proportionatus ex tardis et velocioribus motibus. Strictius vero sumptus nihil aliud est, quam conformatio quædam, et veluti caracter qualitatis vocis, quo vox hoc, vel illo modo conformata rhythmum perficit. Aristoteles quoque in rhythmis motionem in sonorum gravium et acutorum ordine imitationem habere, omnesque rhythmos cantico et symphonijs gaudere asserit ; adeo

ut omnes motus ordinati et certa lege astricti rhythmi dici possint. *Kircherus tomo secundo musurg. univers. lib. 8. parte 2. cap. 3.*

* Rhythmus secundum Dydimum est certæ cujusdam vocis figura. Vox itaque certo quodam modo figurata rhythmum efficit, atque ita fieri amat, aut in verbis, aut in cantu, aut etiam in corporis motu. *Bacchius senior in introduct. ad musicam.*

(1) Ad majorem itaque ecclesiastico cantui decorem conciliandum Gregorius magnus primus adhibitis rei musicæ peritissimis viris, cujus et ipse peritissimus erat, serio in hoc incubuit, ut cantum ecclesiasticum certis notis insigniret, missas, hymnos, psalmosque juxta tonorum artificium per cantus regulas ita disponeret, ut psallentes perfecta vocum mensura intentum pietatis affectum auditoribus ingenerarent. Quod et tandem summo totius Christianæ Reipublicæ bono peregit. *Kircherus to. 1. musurg. univers. l. 7. c. 3.*

* Atque hic est choralis ille cantus, sive monasticus, quem et Gregorianum omnes, quidam planum, eo quod harmonicis diversarum vocum intervallis careat : firmum etiam nonnulli vocant. *Kircherus tomo 1. musurgiæ universalis lib. 3. cap. 8.*

(2) Cantus planus, quoad notulas attinet, simplex ac uniformis est. *Glarean. lib. 3. dodecach. in proemio.*

* Musica Gregoriana vetus et plana in suis notulis æqualem servat mensuram. *Alstedius tomo 2. Encyclopediæ lib. 20. de musica cap. 10.*

* *Lystenius musicæ cap. 1.*

* *Georgius Rhau. de divisione musicæ.*

* Cæterum S. Gregorius magnus cantum planum instituit, qui de plano procedens singulas notas brevis temporis æquali mensura dimetitur. *Cardinalis Bona de divina psalmodia cap. 17. §. 4.*

* Cantus plani notulas æqua temporis mensura musici disposuerunt. *Franchinus libro secundo musicæ practicæ cap. 5.*

labes qui leur sont semblables. L'on y voit pareillement des syllabes qui y sont élevées à l'aigu quoy qu'elles n'ayent point l'accent aigu, ni ne le puissent avoir.

IV. Mais si la durée des sons est inégale, en sorte toutefois qu'elle ne se puisse pas exactement determiner par un nombre certain, ni avoir une mesure precise de son inégalité, elle produit une autre espece de chant que l'on appelle rythmique ou psalmodique ; dont la nature est établie sur cette inégalité incommensurable ou irrationnelle de ses notes ou syllabes (1), aux accens desquels et à la rythme ou rencontre de leurs sons elle a plus d'égard que non pas à leur quantité. D'où vient que les endroits où les principaux accens des membres et des periodes de la lettre sont assis, servent à cette espece de chant comme de fondement ou de base pour appuyer les accens euphoniques (2) et rythmiques de ses cesures ou mediations, et de ses terminaisons.

V. Que si la durée inégale des sons est telle, qu'elle puisse avoir une mesure de son inégalité qui soit certaine ; elle produit une differente espece de chant que l'on nomme metrique ou Ambroisien (3), à cause que S. Ambroise en rendit l'usage commun, ordonnant le chant des Hymnes dans l'Eglise comme le plus doux (4) et le plus agreable : et c'est cette espece de chant qui a pour fondement l'inégalité commensurable ou rationnelle, et pour son objet particulier la quantité des sons ou des notes ; à laquelle, et à la cadence de leurs cesures elle a un égard particulier, sans s'arrester ni à la quantité (5), ni aux accens de la lettre.

(1) Quarta differentia pedum rhythmi est rationalium, quorum rationem dicere possumus elationis ad positionem ; et irrationalium, quorum rationem inter se partium temporalium eodem modo dicere nequimus. *Aristid. Quintil. l. 1. de musica circa medium.*

* Rhythmus connexus est tribus temporibus, longo, brevi et irrationali. Breve est minimum, quod nullas divisiones recipit ; longum, hujus duplum. Irrationale, quod brevi quidem est longius, at longo minus : quoniam vero, quanto sit minus, aut majus, evidenti ratione tradi nequit, hoc ipso accidenti irrationale est appellatum. *Bacchius in introductione ad musicam.*

* Eorum temporum, quæ ad numeros copulantur ; alia sunt quæ enrhithmetica tempora nominantur ; alia quæ arhythmata : tertia quæ rhythmoides perhibentur. Et enrhythmetica quidem sunt, quæ ratione certa ordinem servant ; ut in duplici, vel hemiolio, vel in alijs quæ alia ratione junguntur. Arhithmata sunt, quæ sibi nulla omnino lege conjuncta sunt. Rhythmoides vero in alijs numerum servant, in alijsque despiciunt. *Martianus Capella l. 9. versus finem.*

* Irrationalis autem proportio est duarum quantitatum incommensurabilium invicem relatio, ut diameter quadrati ad costam ejusdem, quorum nulla repetitur mensura communis ambas ipsas quantitas præcise mensurans, ideoque Euclides eas surdas vocat. *Franch. l. 4. mus. pract. cap. 1.*

(2) Accentus vocantur ab accinendo, eo quod cantum sive recitationem numerosam moderentur. *Kirch. to. 2. musurg. univers. l. 8. parte 2. cap. 2.*

(3) Ambrosiana vero musica, cujus notæ inæquales mensuram variant, vocatur mensuralis et nova, Ambrosiana vero ab authore *Alstedius tomo 2. encyclopediæ. lib. 20. de musica cap. 10.*

(4) Ambrosius (ut inquit Guido) cum ecclesiastica describeret cantica ; in sola dulcedine mirabiliter laboravit. *Franchinus lib. 3. musicæ pract. cap. 14.*

(5) Musicæ ratio, ad quam dimensio ipsa vocum rationabilis, et numerositas pertinet ; non curat nisi ut corripiatur, vel producatur syllaba, quæ illo, vel illo loco est, secundum rationem mensurarum suarum. Nam si eo loco, ubi duas longas syllabas poni decet, hoc verbum cano posueris, et primam, quæ brevis est, pronuntiatione longam feceris, nihil musica omnino succenset, tempora enim vocum ea pervenere ad aures, quæ illi numero debita fuerunt. *Aug. l. 2. musicæ cap. 1.*

* Halicarnasse 32. et 33. de collocatione verborum, assujetit la lettre à la musique, en sorte qu'il soit permis aux compositeurs de musique de faire les syllabes breves, longues, et les longues, breves, et de mettre deux accens graves ou aigus, dans une mesme diction. *Mersenne tome 2. de l'harmonie universelle de l'embellissement des chants, proposition 26. et 23. Et au mesme tome 2. livre 8. de l'utilité de l'harmonie, proposition 2. page 8.*

REPRODUCTION EXACTE DES PASSAGES DE GUY D'AREZZO

QUI SE TROUVENT CITÉS DANS LE CHAPITRE II DE JUMILHAC, COLLATIONNÉS DE NOUVEAU SUR LE MANUSCRIT DE SAINT-EVROULT.

Page 140, note 2.

« Sunt vero quasi prosaïci cantus, qui hęc minus observant, in quibus non est curę si alię majores, alię minores partes et distinctiones per loca sine discretione inveniantur, more prosarum. Metricos autem cantus dico, quiá ita sępe canimus, ut quasi versus pedibus scandere videamur, sicut cum ipsa metra canimus. In quibus cavendum est, ne superflue continuentur neumę dissillabę sine admixtione trissillabarum ac tetrasillabarum. Sicut enim lirici poëtę nunc hos, nunc alios junxere pedes, ita et qui cantum faciunt, rationabiliter discretas ac diversas neumas componant. Rationabilis vero discretio est, si ita sit, neumarum et distinctionum moderata varietas, ut tamen neumę neumis, et distinctiones distinctionibus quadam semper similitudine sibi consonanter respondeant, id est, idem sit similitudo dissimilis more perdulcis Ambrosii. Non autem parva est similitudo metris et cantibus, cum et neumę loco sint pedum, et distinctiones loco sint versuum, upote ista neuma dactilico, illa vero spondaïco, alia iambico more decurrit, et distinctionem nunc tetrametram, nunc pentametram, alias quasi exametram cernas. Et multa alia ad hunc modum (p. 9 et 10 du mss. de S.-Evroult). »

« Item ut more versuum distinctiones ęquales sint, et aliquotiens heędem repetitę, aut aliqua vel parva mutatione variatę. Et cum perpulchre fuerint duplicatę, habentes partes non nimis diversas, et quę aliquotiens heędem transformentur per modos, aut similes intense et remisse inveniantur. Item ut reciprocata neuma eadem via qua venerat redent ac per eadem vestigia. Item ut qualem ambitum vel lineam unam facit saliendo ab acutis, talem altera inclinata é regione opponat, respondendo á gravibus; sicut fit cum in puteo nos cum imagine nostra contra expectamus. Item aliquando una sillaba unam vel plures habeat neumas, aliquando una neuma plures dividatur in sillabas. Variabuntur autem heę vel omnes neumę, cum alias ab eadem voce incipient, alias á dissimili, secundum laxationis et acuminis varias qualitates. Item ut ad principalem vocem, id est finalem, vel si quam affinem ejus pro ipsa elegerint, pene omnes distinctiones currant, et eadem sicut et vox neumas omnes, aut perplures distinctiones finiat aliquando et incipiat, qualia apud Ambrosium, si curiosus sis, invenire licebit (p. 9 du mss. de S.-Evroult). »

« Illud autem quis non intelligat, quod de vocibus quasi sillabę et partes, et distinctiones vel versus fiunt, quę omnia inter se invicem mira suavitate concordant, tantum sępe concordiores quantum similiores (p. 27 du mss. de S.-Evroult). »

Page 140, note 3.

« Proponat sibi musicus quibus ex his divisionibus incedentem faciat cantum sicut metricus quibus pedibus faciat versum, nisi quod MUSICUS NON SE TANTA LEGIS NECESSITATE CONSTRINGAT, quia in omnibus se hęc ars in vocum dispositione rationabili varietate permutat. Quam rationabilitatem etsi sępe non comprehendimus; rationale tamen creditur id in quo mens in qua est ratio delectatur. Sed hęc et hujusmodi melius colloquendo quam vix scribendo monstrantur (p. 9 du mss. de S.-Evroult). »

CHAPITRE III.

I. Ces mesures sont differentes selon la diversité des especes de chant dont il a esté fait mention au precedent chapitre. Elles se battent ou se mesurent toutes avec ἄρσι καὶ θέσι, c'est à dire, avec (1) l'élevation et la position de la main ou du doigt, dont l'elevation marque un temps, et la position un autre temps égal; lesquels temps joints ensemble font la (2) mesure entiere qui contient un lever et un fraper égaux entr'eux. Mais parce que l'un et l'autre peut estre ou plus viste ou plus lent, les anciens philosophes et musiciens ont estimé que leur durée pouvoit estre convenablement reglée par le mouvement naturel du cœur, ou bien par le battement naturel du poux, ou de la systole et de la diastole qui en proviennent et en sont des effets plus sensibles (3). D'où S. Isidore a pris occasion d'en faire deriver le nom des (4) chordes du chant.

II. Le plain-chant donc qui est fondé sur l'égalité de ses sons ou de ses notes, a toûjours une mesure égale dans chacune de ses notes, laquelle est communément appellée *plana* ou mesure plaine.

III. Le chant rythmique ou psalmodique a pareillement une espece de mesure égale pour ses notes ou syllabes qui sont longues; d'autant qu'elle doit estre une fois ou environ plus longue, et quasi double à l'égard de la mesure des autres notes ou syllabes qui sont breves ou passent pour telles. Mais comme cette mesure n'est point determinée par aucun nombre certain, aussi participe-t-elle quasi autant de la recitation ou prononciation (5) que du chant. C'est pourquoy en cette espece de chant il n'y a que les syllabes qui ont l'accent aigu ou circonflexe qui soient censées longues; et toutes les autres qui n'ont aucun accent, ou qui n'ont que le grave, y sont considerées comme si elles estoient breves.

IV. Le chant metrique semblablement a des mesures qui sont proportionnées à ses especes differentes : car le dactylique a la mesure entiere de deux temps pour marque de ses notes longues, et n'a qu'un temps ou demy mesure pour marque de ses notes breves. C'est pour cette consideration, et aussi parce que ses deux notes breves mesurent toutes les pieces de cette espece de chant, qu'il y a des musiciens qui vulgairement, bien que improprement, surnomment sa mesure double ou binaire, et la marquent d'un 2 de chiffre. Quant à l'iambique et au trochaïque, ils ont trois temps pour leur mesure entiere, deux desquels servent à la mesure de leurs notes longues, et le troisiéme à la mesure de leurs notes breves; avec cette difference toutefois, que quand le chant est trochaïque, la mesure commence par la longue et par le frapper; mais lors qu'il est jambique elle commence par la breve et par le lever, suppleant auparavant le premier baisser ou position par un silence de deux temps : afin que conformement à la nature des notes, la breve qui est plus

---

(1) Arsis est vocis elevatio, id est initium; thesis, vocis positio, hoc est finis. *Isid. l. 3. orig. c.* 19.

(2) Morulam, vel minimum spatij, quod brevis obtinet syllaba, unum tempus veteres vocaverunt, à brevi enim ad longam progredimur. Quoniam ut in numeris ab uno ad duo est prima progressio, ita in syllabis à brevi ad longam progredimur : ita ut longa duplum temporis habere debeat, ac per hoc duo tempora. *Augustinus lib.* 2. *musicæ cap.* 3.

(3) Systole est cordis thoracisque contractio inter expirandum. Diastole, dilatatio seu elevatio thoracis, quæ fit cum spiritum attrahimus. *Franch. lib.* 2. *mus. pract. cap.* 1.

(4) Chordas autem dictas à corde, quia sicut pulsus est cordis in pectore; ita pulsus chordæ in cythara. *Isid. l.* 3. *orig. cap.* 21.

(5) De Alexandrino episcopo Athanasio sæpe mihi dictum commemini, quod tam modico flexu faciebat sonare lectorem psalmi, ut pronuntianti vicinior esset, quam canenti. *Aug. lib.* 10. *confess. cap.* 33.

legere que la longue se rencontre toûjours au lever. Or d'autant que ces deux especes se mesurent à trois temps égaux, sçavoir deux au fraper qui contiennent le baisser et le toucher ou le
repos, et un au lever ; et que les trois breves de ces deux especes en mesurent toutes les pieces,
quelques musiciens donnent à la mesure de ces deux especes le nom de *tripla*, ou de mesure ternaire, et les marquent d'un 3 de chiffre quoy que ce nom de mesure ternaire leur convienne
aussi (1) improprement, que la binaire aux chants dactyliques : car ces termes n'appartiennent
proprement qu'à la musique figurée, ou au concours de plusieurs voix ou parties, dont les unes,
par exemple, proferent deux notes, pendant que les autres n'en prononcent qu'une (2), si c'est en
la mesure binaire; ou bien trois contre une, si c'est en la mesure ternaire. Mais on ne peut les
appliquer qu'improprement aux voix qui conjointement et en mesme temps chantent à l'unisson,
ou des notes longues, ou des notes breves; parce que alors les jambiques et les trochaïques
forment plûtost une mesure double semblable à l'octave, qu'une mesure ternaire; puis que deux
bat contre un (3). De mesme le dactylique, l'anapestique et le spondaïque forment plûtost une
mesure égale, que binaire; d'autant qu'elle est de deux contre deux, et qu'elle a du rapport à
l'unisson. C'est pourquoy Glarean a traitté des mesures de ces chants metriques, non pas au troisiéme livre de son dodecachorde, où il explique le triplat et les autres chants figurez de la musique à (4) parties; mais bien au second livre, où il parle du plain-chant, et des autres chants à
l'unisson.

V. Or toutes ces differentes mesures peuvent se faire en deux façons, l'une plus lente et l'autre plus viste : par exemple, l'on peut ne donner à la longue qu'un des deux temps, et à la breve
la moitié d'un temps ; ou bien abreger un peu chaque temps ou battement de la longue, et celuy
de la breve avec une pareille proportion. Quand donc l'on abrege ainsi les temps qui conviennent naturellement à la longue et à la breve, cette sorte de mesure est qualifiée du nom d'air
et de battement en air.

VI. Secondement toutes ces sortes de mesures se peuvent faire, ou en les battant actuellement avec élevation et position ou autre semblable mouvement de la main ou du doigt, ou
bien en les battant seulement mentalement (5) par le moyen de la memoire; car l'on
peut aussi bien se ressouvenir et conserver l'idée de la durée qui est convenable aux sons : comme
l'on se ressouvient et que l'on conserve l'idée de la distance que les mesmes sons doivent avoir (6).
Ceux donc qui commencent à s'exercer au chant ne doivent pas se contenter du battement men-
tal seulement, mais ils doivent aussi employer l'actuel jusques à ce qu'ils en ayent acquis l'idée

---

(1) Cæterum triplam, hemioliam , ac trochaïcam formam multi
distinguere, imo discernere nequeunt, cum tripla ad hemioliam in
celeritatis ratione sit dupla. At trochaïcæ et alia mensura, et alia
canendi formula, longe à tripla, atque hemiolia distincta. *Glarean.
lib.* 3. *dodecachordi cap.* 11.

* Ut manifestius fieret, quantum erroris admittant, qui triplam uno ternarij caractere, aut duplam binario indicari falso
putant; cum nulla proportio paucioribus, duobus numeris notari
debeat. *Glareanus lib.* 3. *dodecachordi cap.* 12. *post exemplum
sescuplæ sive sesquialteræ proportionis.*

(2) Ut in numeris ac sonorum collatione id negotij fieri habet,
ita in notulis diversarum vocum, quoad valorem attinet, accidit, atque hic fit comparatio. *Glareanus lib.* 3. *dodecachordi
cap.* 12.

* Dupla est musicè quando major notularum numerus minori
æquipollet, hoc est quando duæ notæ contra unam sibi similem
ponuntur. *Lystenius parte* 2. *musicæ cap.* 12.

(3) *Mersenne tome* 1. *de l'harmonie universelle livre* 6. *de
l'art de bien chanter, proposition* 24. 25.

* *Kircherus to.* 1. *musurg. universalis, lib.* 7. *cap.* 10.

(4) Absoluto nunc hoc libro de cantu, ut vulgo appellant,
plano, egrediar bonis avibus, ad hujus ætatis inventum, nempe ad
cantum mensuralem, ut vocant. *Glarean. lib.* 2. *dodecach. cap.
ult. in fine.*

(5) Agimus numeros vel in sola cogitatione , vel etiam in mem-
brorum motu, quos egimus aliquando. *August. lib.* 6 *musicæ cap.* 8.

* Aliud est operari numeros vel productius vel correptius, quod
est in ipso usu pronunciantis; aliud ista meminisse. Nam et taciti
apud nosmetipsos possumus aliquos numeros peragere ea mora
temporis, qua etiam voce peragerentur. *Augustinus lib.* 6. *mus.
cap.* 3. *et* 4.

* *Mersenne tome* 2. *de l'harmonie univers. liv.* 5. *proposition* 11.

(6) Sonus quia sensibilis res est, præterfluit in præteritum
tempus, imprimiturque memoriæ. Inde à poëtis Jovis et Minervæ
filias esse musas confictum est. Nisi enim memoria ab homine te-
neantur soni pereunt, quia scribi non possunt. *Isidorus lib.* 3.
orig. cap. 14.

* Solum sub nocte canentem audieram : Numeros nemini, si
verba tenerem. *Virgilius Egloga* 9.

et l'habitude par l'usage : de mesme que lors qu'ils commencent à solfier les notes ou à apprendre les intervalles du chant ils s'accoûtument premierement à les chanter effectivement, et par
cet exercice ils se forment l'idée de leurs sons, et se rendent capables de les bien exprimer, et
de les associer à la lettre.

CHAPITRE IV.

I. Tout ainsi qu'il y a des notes qui donnent à connoistre les sons graves et les sons aigus ; et qui font discerner les intervalles des uns aux autres ; de mesme il y a eu anciennement une seconde sorte de notes que l'on appliquoit aupres (1) des autres pour servir de marque du temps et de la mesure qu'elles devoient avoir. Mais d'autant que cette multiplicité de notes appliquées sur un mesme texte estoit moins commode dans l'usage, et pouvoit donner occasion de confondre celles des intervalles avec celles de la mesure, et tant les unes que les autres avec la lettre, l'on inventa depuis un moyen beaucoup plus aisé pour designer la mesure des notes sans qu'il fust besoin de les multiplier; ce qui fut fait en donnant quelque sorte de diversité aux figures rondes ou carrées dont on se servoit pour marquer les intervalles du chant; et pour ce sujet on les plaça tantost sur leur base ou quarré, tantost sur leur angle; tantost on leur donna des queuës à leur costé droit, tantost à leur costé gauche; et ces mesmes queuës quelquefois relevées en haut, d'autres fois panchées en bas. L'on appliqua pareillement des queuës aux notes qui sont assises sur leur angle, tantost à celuy d'en bas, tantost à celuy d'en haut; quelquefois droites, quelquefois crocheuës : et le vuide de leur carré fut ou laissé blanc et de la couleur du papier, ou rempli de noir, ainsi qu'on le peut voir dans les figures des notes des livres de musique.

II. L'invention de cette varieté de figures et de leurs valeurs est communément attribuée à Jean des Murs Docteur de Paris, qui vivoit vers l'an 1330. ainsi qu'il se void par un manuscrit de sa theorie de la musique qui est dans la bibliotheque de S. Victor de Paris, et par ce que Gassendus en a écrit (2). Neantmoins il est beaucoup plus vraysemblable qu'il n'en a pas tant esté l'autheur que le collecteur et le compilateur, qui le premier a le plus amplement et le plus methodiquement laissé par écrit ce qui se pratiquoit de son temps dans la musique touchant la valeur des notes, et la perfection ou l'imperfection de leurs temps; ainsi qu'il paroist par les termes desquels il use en expliquant ces choses dans la theorie de sa musique dont l'on en marque plusieurs dans les notes de ce (3) chapitre, pour lesquels mieux entendre il est à propos de sçavoir que dans la

---

(1) *Cum antiqui suis cantilenis duos quosdam ordines caracterum superscriberent, unum eorum quibus chordæ syllabis quibusque efferendis destinatæ designarentur; alterum eorum quibus tempora, in eisdem singulis efferendis insumenda essent, fuit deinceps artificium eidem muneri præstando longe facilius excogitatum, per Joannem scilicet Murium. etc. Gassendus in manuductione ad theoriam musicæ cap.* 5.

(2) *Gassendus tomo* 5. *in manuductione ad theoriam musicæ cap.* 5.

Titulus totius operis.

(5) Incipit præfatum (*id est præfatio*) magistri Joannis de Muris in musicæ theoriam per eundem copulatam et compilatam. *etc.* Explicit præfatio.

Quoniam musica est de sono relata ad numeros, vel è contra : ideo necessarium est utrumque numerum scilicet et sonum considerare. *etc. cap.* 1.

Cum ergo sit ostensum musicam constare ex sonis, qui proportionales sunt ad invicem quodammodo secundum numeros motuum in eis repertos, non est inutile percurrere proportiones generaliter numerorum. Omnis autem numerus ad alterum comparatus, aut est ei æqualis aut inæqualis. *etc. cap.* 2.

Titulus secundæ partis sic habet.

Quod prius est operis scriptum, pars prima vocetur. Circa symphonias postquam secunda sequetur. (*id est consonantias, et earum monochordum*) etc.

Titulus tertiæ partis.

Incipit musica super modos et prolationes cujuscumque temporis continens omnia principia METHODORUM.

Partes prolationis quot sunt? quinque. Quæ? maxima, longa, brevis, semibrevis, minima. Maxima quæ est? bispartita est. Quomodo? aut enim longissima, aut longior APPELLATUR. Longissima quæ est? quæ sub uno accentu quatuor longis temporibus mensuratur. Longior quæ est? quæ sub uno accentu tribus longis temporibus profertur. Quid est tempus in generali? mensura vocis prolatæ sub uno motu continuo. Quid est tempus longum? *etc. Et infra.* Quæ est longa perfecta? quæ sub uno

theorie de sa musique il ne traite que des proportions qu'ont les sons estans comparez les uns aux autres : et que pour cet effet il la divise en trois parties. Dans la premiere il parle des pro-

accentu tria tempora comprehendit. Longa imperfecta quæ est ? quæ sub uno accentu duo tempora brevia comprehendit. Quid est tempus breve ? *etc.* Minima quæ est ? impartita est. Quare ? quia non est minimo dare minus. Quid est minimum absolute ? quod est metrum et mensura omnium quæ in eodem genere continentur. Quid est mensura ? quæ toliens repetita , quotiens mensurato fuerit finaliter adæquata. Quid vult dicere mensuram adæquari ? id est plures cantus sub multitudine vocum in bona proportione musicam consonari. Quid est musica ? ars et Domina scientiarum , continens omnia principia methodorum in primo gradu certitudinis confirmata , in natura rerum omnimodo mirabili proportionaliter intimata ; delectabilis in intellectu ; amabilis in auditu ; tristes lætificans ; avaros amplificans ; confundens invidos ; confortans languidos ; insopiens vigilantem ; evigilans dormientem ; nutriens amorem ; honorans possessorem ; in fine debitum assecuta ad laudem Dei naturaliter instituta. Aliter musica est scientia recte modulandi secundum Augustinum. *etc.* Adhuc sic potest definiri : Musica est scientia docens artem canendi per notulas debite figuratas. Quid est notula ? figura quadrilatera soni numerati tempore mensurati ut plurimum significativa. Quid est figura quadrilatera ? quæ quatuor angulis continetur. Quid est angulus ? triplex est : rectus, obtusus, et acutus. Quid est rectus ? qui causatur ex casu lineæ perpendicularis super rectam. Quid est obtusus ? qui major est recto. Quid est acutus ? qui minor est recto. Figuræ quot accidunt ? unum. Quid ? significatio tantum. Significationes figurarum quot sunt ? quinque. Quæ ? maximæ, longæ, brevis, semibrevis, et minimæ. Da de maximis. 81. Da de longis. 27. Da de brevibus. 9. Da de semibrevibus. 3. Da de minimis. 1. Da ulterius. 0. Quot modis notulæ variantur ? tot modis et figuræ. Figuræ quot sunt ? figurarum alia est æquilatera, rectangula, vel obtusiangula : caudata, vel incaudata ; sursum vel deorsum ; punctuata vel non ; ante vel retro ; dextrorsum vel sinistrorsum sæpius ordinata. Maxima qualiter figuratur ? quadrilatera, inæquilatera, rectangula , caudata dextrorsum , sursum vel deorsum. Figura maxima nominatur ut hic ▰▰▰ .

Longa qualiter figuratur ? ut hic ▰ ▰ . Brevis qualiter figuratur ? ut longa , nisi quod scribitur incaudata, ut hic ▰ ▰. Semibrevis qualiter figuratur ? quadrilatera , obtusiangula , æquilatera , non caudata, ut hic ◆ ◆. Minima qualiter figuratur ? ut semibrevis, nisi quod sursum est caudata , ut hic ◆ ◆ . Perfectum figuratur sicut imperfectum. Ubi possunt hæc discerni ? in situ vel ordine quæ ponuntur in figuris. Quot modis cognoscitur perfectum ? quinque modis. Quibus ? quando figuratur simili sibi et ipsi aut duabus, vel tribus sui partibus, vel puncto, vel pausæ sui valoris præponitur. Unde valor in hac figura patet in quatuor gradibus manifeste.

Maxima. Primus gradus :

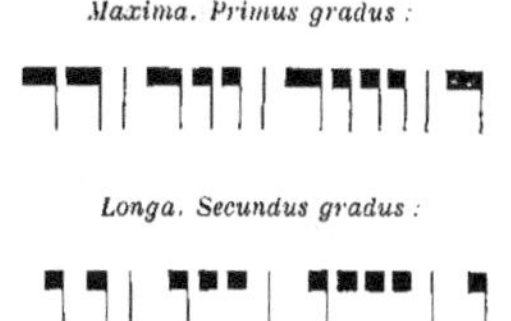

Longa. Secundus gradus :

Brevis. Tertius gradus :

■ ■ | ■ ♦ ♦ | ■ ♦ ♦ ♦ | ■

Semibrevis. Quartus gradus :

♦ ♦ | ♦ ♦ ♦ | ♦ ♦ ♦ ♦ | ♦

Supradictæ notulæ cujus figuræ ? simplicis. Quare ? quia ab invicem sunt distinctæ, et nullo modo componuntur. Da horum composita ? ligaturæ. Ligaturæ quot sunt ? duæ : recta et obliqua. *etc.*

Quot modis fit cantus in generali ? duobus : regulariter et irregulariter. Quid est cantus regularis ? quando cantus fit de tempore perfecto contra perfectum : vel de imperfecto contra imperfectum ; et imperfectiones similiter incipiunt, et similiter terminantur. Et per oppositum fit cantus irregularis. Qualiter ? quando fit cantus de perfecto contra imperfectum ; vel è contra : perfectioque unius in medio alterius est incæpta, ut in moteto *Thoma tibi obsequia* , etsi qua sunt similia. Cum de signis temporis variationem demonstrantibus explicite superius facta fuerit mentio ; NE SUPER ALIQUIBUS ADDITIO FIERI POSSET : QUIA IN MODERNIS CANTIBUS, TAM IN MODO QUAM IN TEMPORE FIAT VARIATIO, sunt alij cantus perfecti de modo et tempore ; alij imperfecti ; alij perfecti de modo, et non de tempore ; alij è contra ; alij partim perfecti, partim imperfecti, tam de modo, quam de tempore. Et ut notitiam tam modi quam temporis variatione perfectam habeamus, significativa certa tempus perfectum et tempus imperfectum denotantia dare affectamus. Sed primo de diversa cantuum variatione videamus. Modus perfectus dicitur quando tria tempora sive perfecta sive imperfecta pro perfectione qualibet capiuntur : modus vero imperfectus, quando duo. In modo perfecto longa ante longam semper valet tria tempora ; in modo imperfecto simplex longa valet duo ; nunquam valet tria , nisi punctus divisionis apponatur, *etc.*

Quoties vero duæ pluresve reperiuntur pausæ mediatæ quarum una valeat duo tempora, modus est imperfectus, ut in moteto *Adesto sancta Trinitas, etc.*

Tempus partim perfectum et partim imperfectum , et modus continetur in moteto *Guarison selon nature.* Et ista sufficiant de divisione temporis et modi. Qua de causa RUBEÆ NOTULÆ PONANTUR IN MOTETIS ? NE ID SOLUM VIDEAMUR IGNORASSE, quia principaliter duabus de causis ponuntur, vel quia rubeæ de alia prolatione mensurantur vel canuntur, ut in *Thoma tibi obsequia* , apparet, quia in tenore illius moteti nigræ ex tempore imperfecto et modo perfecto cantantur, rubeæ vero è contra ; vel rubeæ ponuntur, quia reducuntur sub alio modo ; ut in moteto *In arboris epyro.* Nam in tenore illius moteti NIGRÆ NOTULÆ SUNT IMPERFECTÆ DE TEMPORE IMPERFECTO, ET RUBEÆ PERFECTÆ DE TEMPORE PERFECTO. VEL RUBEÆ ALIQUANDO ponuntur in eligijs et rondellis huc et illuc, ut ad invicem possint cum alijs perfectionibus computari. Secundo modo rubeæ ponuntur, ut pronuntiantur in diapason, ut in moteto *Lampadis os manuum.* In hujus moteti tenoribus omnes notulæ rubeæ dicuntur in diapason. Aliquoties vero ponuntur, ut longa ante longam non valeat tria tempora ; vel ut secunda duarum brevium inter longas posita non alteretur ut in tenore *In nova fert animus.*

Cum de figuratione temporum perfecti scilicet et imperfecti

portions des nombres en general; dans la seconde des proportions des consonances et des intervalles du chant, et de leur monochorde; dans la troisiéme des proportions de la durée ou du temps des mesmes sons, et des signes ou notes avec lesquels l'on avoit lors accoùtumé de les marquer, dont voici les figures :

3	81		Longissima	1us. Gradus.
2	54		Longior	
1	27		Longa	Id est.
3	27		Perfecta	2us. Gradus.
2	18		Imperfecta	
1	9		Brevis	Id est.
3	9		Brevis	3us. Gradus.
2	6		Brevior	
1	3		Brevissima	Id est.
3	3		Parva	4us. Gradus.
2	2		Minor	
1	1		Minima	

superius particulariter SIT OSTENSUM, ET CUM CAUSA VETUSTATIS ALIQUA SINT DIMISSA, super figuratione seu prolatione duplicis perfecti, et temporis imperfecti tam in genere quam specie videamus. Et primo quod in musica mensurabile tempus est duplex perfectum scilicet et imperfectum; sed subdividendo sciendum est, quod figuratio temporis perfecti est triplex, videlicet major, minor et minima. Major autem figuratio sive prolatio temporis perfecti est illa quæ in tres æquales semibreves dividitur, quarum quælibet earum in tres minimas dividi potest, tunc novem minimæ pro isto tempore terminantur, ut in moteto *Qui dolereux.* Minor vero est prima, quæ in tres æquales semibreves dividitur, et quælibet semibrevis in duas minimas. Sic sex minimæ pro præsenti tempore figurantur, ut in moteto *Imperatrix Anglica.* Minima autem illa est, quæ in tres æquales semibreves dividitur, quarum ulla earum nunquam dividi potest; ut in moteto *O Maria affectu.* Prolatio seu significatio temporis imperfecti duplex est, major scilicet et minor. Major autem est prima, quæ in æquales duas semibreves dividitur, et quælibet semibrevis in tres minimas : Tunc sex minimæ pro tempore enodantur : ut in moteto *Gratissima virginis species :* et tunc posset aliquis dicere, quia minor prolatio temporis perfecti, et major imperfecti essent eadem. Responsio : verum est in valore, nam valoris est proportio ut in proportione hemiolia, et proportione sesquisecunda, non autem sunt eadem in divisione et prolatione. Minor vero prolatio temporis imperfecti est prima, quæ in duas semibreves æquales dividitur, et quælibet earum semibrevium in duas minimas : et sic quatuor semiminimæ pro tempore terminantur, ut in moteto *Qui aux promesses de fortune se fie.* SOLENT etiam quædam signa ad temporis et modi temporalis designationem talia figurari : circulus in se continens tres tractulos, qui tractuli designant modum perfectum, forma vero rotunda tempus perfectum : semicirculus tempus imperfectum, ut in moteto *Guarison selon nature.*

Ad modi imperfecti, et temporis imperfecti designationem figuratur ℂ; talis semicirculus continens duos tractulos, qui tractuli designant modum imperfectum; semicirculus tempus imperfectum, ut in moteto *Nazareaque decora.* Semicirculus autem pro modo perfecto et imperfecto indifferenter ponitur; ut in prædictis duobus motetis reperitur.

Quæritur utrum punctus per sui additionem possit causare brevem alterari. *etc.*

Quæritur utrum punctus positus inter duas semibreves positas inter duas breves faciat modi divisionem. *etc.*

Quæritur utrum longa possit imperfici per brevem imperfectam per semibrevem imperfectam ex minima. *etc.*

Quæritur utrum longa possit imperfici per unam semibrevem. *etc.*

Quæritur utrum brevis possit imperfici per semibrevem. *etc.*

Cum sine cognitione figurarum non possit haberi mensurabilis musicæ perfecta cognitio, ideo quid sit figura et de speciebus ejus videamus. Figura est repræsentatio vocis in aliquo modorum ordinatæ; et per hoc patet, quod signare figuræ debent modos, et non è contra; licet quidam posuerint, quod figura est representatio vocis secundum suum modum. Modus est cognitio soni longis, brevibus, mensurati. Unde quinque sunt modi ut prædiximus : scilicet primus, qui procedit ex omnibus longis, vel ex longa et brevi. Secundus è contra scilicet ex brevi et longa. Tertius ex longa perfecta, et duabus brevibus et longa. Quartus ex duabus brevibus et longa. Quintus ex omnibus brevibus et semibrevibus. Figurarum aliæ simplices, aliæ figuratæ. Simplicium tres sunt species, longa, brevis, semibrevis. Longa autem in tres dividitur; in longam perfectam, et imperfectam, et duplicem longam. Longa perfecta quæ est? cujus figuratio est quadrangularis, proprietatem habens in parte dextera descendentem vel ascendentem per quam longitudinem repræsentat, ut hic ▮ ▮ et dicitur perfecta eo quod sub uno accentu

ausquelles figures depuis ce temps-là il a esté fait quelques additions et petits changemens. De sorte qu'avant le siecle de Jean des Murs il y avoit varieté non seulement dans le temps et dans la mesure des sons, mais aussi dans les signes, ou les notes qui en marquoient la valeur : et quoy qu'il en soit des notes de musique, il est certain que Guy Aretin entendoit trop bien la theorie et la pratique du chant pour omettre un point si important à la metrique, et qu'il sçavoit avoir esté si soigneusement cultivé par S. Ambroise et par S. Augustin. C'est pourquoy non seulement il fait mention expresse de ces chants metriques, mais encore après avoir traitté des lignes, des notes, et des clefs avec lesquelles les intervalles doivent être marquez, il témoigne qu'il n'a pas eu moins de soin de distinguer dans les figures de ses notes (1) leurs temps et le temps de leurs cadences, que leurs intervalles (2).

tribus temporibus mensuratur. Longa vero imperfecta sub figuratione perfectæ duo tempora tantum significat, et dicitur imperfecta eo quod sine adjutorio brevis præcedentis vel subsequentis nullatenus invenitur in tempore tamen perfecto, ut hic ■ ■ ■ ■. Duplex longa sic formatur ■■ duas perfectas significans, quæ idcirco in uno corpore duplicatur, ne series plani cantus sumpti in tenoribus dirumpatur. Brevis autem in rectam et alteram dividitur, et est quadrangularis figuræ pro utraque sine aliquo tractu, ut hic ■ ■ . Semibrevium alia major, alia minor, sed quælibet sic formatur ◆. Aut enim longa sequitur longam, aut brevis, aut semibrevis; Si autem longam sequatur longa, tunc longa præcedens perfecta est. Si vero longam sequatur brevis, hoc est dupliciter, aut sola, aut plures; si sola, tunc ipsa longa imperfecta est : nisi inter longam et brevem quidam ponatur tractulus, qui est signum perfectionis, et alio nomine divisio modi appellatur. *etc. Ioannes de Muris huc usque.*

(1) Quomodo autem liquescant voces, et an adhærentes, vel discretæ sonent; quæve sint Morosæ, vel tremulæ, vel subitaneæ; vel quomodo cantilena distinctionibus dividatur : et an vox sequens ad præcedentem gravior, vel acutior; vel æquissona sit, facili colloquio IN IPSA NEUMARUM FIGURA MONSTRATUR, SI SICUT DEBENT EX INDUSTRIA COMPONANTUR. *Guido Aretinus in prologo antiphonarij. cap.* 2.

* Sicque opus est, ut qua metricis pedibus cantilena plaudatur, et aliæ voces ab alijs morulam duplo longiorem, vel duplo breviorem, aut tremulam habeant, id est varium tenorem, quem longum aliquotiens apposita litteræ VIRGULA PLANA significat. Ac summopere caveatur talis neumarum distributio, ut cum neumæ tum ejusdem soni repercussione, tum duorum aut plurium connexione fiant, semper tamen aut in numero vocum, aut in ratione tonorum neumæ alterutrum conferantur, atque respondeant. Nunc æquæ æquis; tunc duplæ vel triplæ simplicibus; atque alias collatione sesquialtera vel sesquitertia. Proponat sibi musicus, quibus ex his divisionibus incedentem faciat cantum, sicut metricus quibus pedibus faciat versum; nisi quod musicus non se tanta legis necessitate constringat. *Et le reste qui se voit au chap.* II. *de cette partie, note 3 de la page 140. Guido Aretinus cap.* 15. *micrologi.*

(2) Ce paragraphe contient quelques erreurs historiques qu'il faut absolument relever.

Citons d'abord un passage remarquable sur Jean des Murs ou de Muris, emprunté au *Dictionnaire biographique* de M. Fétis (t. VI, p. 522-523).

« A l'époque où l'histoire de la musique était peu connue, dit cet auteur, on a considéré Jean de Muris comme l'inventeur des signes de la musique mesurée. Le premier qui paraît avoir répandu cette erreur est Nicolas Vincentino, qui, dans son *Antica musica ridotta alla moderna prattica* (p. 9), dit expressément que les huit figures de notes en usage de son temps (1555) ont été inventées par *le très-grand philosophe Jean de Muris*. Il a été suivi par Zarlino, Berardi, par Gassendi (*Manuductio ad theoriam musicæ*, cap. 3), par Jumilhac (*la science et la pratique du plain-chant*, IIIe partie, chap. IV), par Brossard et beaucoup d'autres. Mersenne fut le premier qui émit un doute sur ce fait, dans une lettre à Doni, longtemps inconnue, et que j'ai publiée dans le douzième volume de la *Revue musicale* (page 249 et suiv.). « Quant à Jean de Muris (dit-« il), que nous avons dans la Bibliothèque du roy, *in magno folio*, « je faict grand doubte s'il a inventé les notes, attendu qu'il n'en « dit rien dans tout son libvre; et on ne doit pas manquer à avertir « le lecteur quand on invente quelque chose de nouveau. » J.-J. Rousseau dit aussi (art. *Musique*), en parlant de l'opinion qui attribue l'invention des figures de la musique figurée à Jean de Muris : « Ce sentiment, bien que très-commun, me paraît mal « fondé, à en juger par son traité de musique intitulé : *Speculum* « *musicæ*, que j'ai eu le courage de lire presque entier, pour y « constater l'invention que l'on attribue à cet auteur. » Il est bien singulier que ces deux écrivains, ayant eu sous les yeux le grand traité de musique de Jean de Muris, n'aient eu que des doutes à ce sujet, et n'y aient pas remarqué qu'il dit d'une manière expresse que Gui d'Arezzo inventa de nouvelles notes et figures pour le plain-chant, ajoutant que beaucoup d'autres auteurs, parmi lesquels il en cite un maintenant inconnu, et Francon *le Teutonique*, ont traité amplement de la musique figurée. Il y a deux passages fort clairs sur ce sujet dans le *Speculum musicæ*, l'un au chapitre sixième du premier livre, l'autre dans le prologue du septième. Voici le premier : *In musica autem practica plana floruit Guido monachus qui novas adinvenit notas et figuras et monocordo et tonis multis multo scripsit. De mensurabili autem musica multi tractaverunt, inter quos florere videtur quidam qui Aristoteles in titulo libri sui nominatur* (1) *et Francho Teutonicus* (Cap. 6, *De musices inventoribus*, fol. 4 verso). »

(1) M. Fétis ne donne aucun renseignement sur cet auteur du nom d'Aristote. Plus heureux que lui, M. Bottée de Toulmon a découvert sur ce personnage des renseignements excessivement curieux et d'une haute importance pour l'histoire de l'art.

Voici les propres paroles de M. Bottée de Toulmon : — « On fit longtemps honneur à « Bède du traité *De musica quadrata seu mensurata*; mais comme il était impossible « de ne pas s'apercevoir que l'art y était beaucoup plus avancé qu'il ne devait l'être à l'époque « où vivait l'auteur auquel on faisait cette attribution (672-725), on avait pris le parti « de reconnaître cette irrégularité en distinguant ce traité par la désignation de *Pseudo* « *Beda*. Je crois maintenant être en règle pour pouvoir faire cesser l'emploi de ce titre « vague et le remplacer par le nom du véritable auteur. Le traité de Pseudo Beda est « du musicien Aristote dont parle Jean de Muris. En effet, J. de Muris dit au chapitre II « du livre VII : *Alius doctor, qui Aristotiles nominatur, dicit sic : Tempus ut hic* « *sumitur est proportio justa in qua recta brevis*, etc. (Bibl. roy., mss n° 7207, « fonds latin, folio 279 recto.) Cette définition est précisément celle que donne Pseudo « Beda, et même le passage de ce dernier traité est fort-important, car il sert à recti- « fier le manuscrit de Jean de Muris, évidemment tronqué en cet endroit. Plus loin « on voit encore, chapitre XVIII, livre VII : *Ideo vult Aristotiles quod modus consistit* « *in modulatione et citerctione vocum; est non? Et ait, modus seu maneries, ut hic* « *sumitur quicquid per debitem mensuram temporalium longarum breviumque fot-*

III. Maintenant donc l'on employe communement au plain-chant la note quarrée, comme celle qui semble la plus propre tant à marquer l'égalité de la mesure de ses notes, qu'à faire la

Dans ce morceau, rempli d'ailleurs d'une grande érudition, M. Fétis se trompe du tout au tout en plaçant Dom Jumilhac au nombre des écrivains qui ont attribué l'invention des figures de la musique figurée à Jean de Muris. Dom Jumilhac, ainsi que nos lecteurs peuvent s'en convaincre, dit, au contraire, qu'*il est beaucoup plus vraisemblable que Jean Des Murs n'a pas tant esté l'autheur que le collecteur et le compilateur*, etc. ; et il ajoute qu'avant ce didacticien du moyen âge, *il y avoit varieté nonseulement dans le temps et dans la mesure des sons, mais aussi dans les signes ou les notes qui en marquoient la valeur.*

Sans doute Dom Jumilhac n'est point dans le vrai, même en s'exprimant comme il le fait ici ; mais son erreur n'est pas celle que signale M. Fétis.

Pour apprécier à leur juste valeur les assertions du docte Bénédictin, il est nécessaire d'esquisser d'une manière rapide les traits principaux de l'histoire de la notation de la musique mesurée pendant la période du moyen âge. C'est ce que nous allons faire.

Et d'abord, on nomme *notation* tout système d'écriture musicale par des caractères spéciaux.

Au moyen âge, on représentait les sons, dans la musique mesurée, par des notes carrées ou losanges, soit blanches, soit noires, soit isolées, soit unies par des ligatures. Des règles spéciales et très-compliquées désignaient la valeur respective de chaque note, sans qu'il fût pour cela nécessaire de séparer chaque mesure par des barres, comme on a coutume d'en user aujourd'hui.

Cette écriture musicale avait différents noms. Elle était appelée *mensurable*, *mesurée*, *carrée*, *proportionnelle*, *figurée*, etc. Toutes ces épithètes avaient pour raisons déterminantes le point de vue sous lequel on considérait la musique mesurée. Avait-on plus spécialement l'intention de rappeler les inextricables *proportions* sur lesquelles les différentes mesures musicales étaient alors fondées? on disait *notation* ou *musique proportionnelle*. — Faisait-on allusion à la mesure elle-même? c'était alors *la musique* ou *la notation mesurée*, *mensurable*, etc. — S'agissait-il d'exprimer la figure même des notes de cette espèce de musique? on employait dans ce cas les expressions de *carrée* et de *figurée* (1).

L'histoire de la notation de cette musique embrasse deux intéressantes périodes : celle de la *notation noire* et celle de la *notation blanche*.

La notation noire est la première en date ; elle remonte à l'origine même de la musique mesurée en Europe. L'époque précise de cette origine n'est point connue d'une manière chronologique. Tout ce que l'on sait à cet égard, c'est qu'il y avait, dès la fin du iv⁰ siècle, un chant mesuré, rhythmé, essentiellement différent du chant connu plus tard sous le nom de *grégorien*. Dom Jumilhac dit, en parlant de ce chant : « Il est certain que Guy Aretin entendoit trop « bien la theorie et la pratique du chant pour omettre un point si « important à la metrique, et qu'il sçavoit avoir esté si soigneu- « sement cultivé par S. Ambroise et par S. Augustin. C'est pour-

« quoy non seulement il fait mention expresse de ces chants me- « triques, mais encore après avoir traitté des lignes, des notes, et « des clefs avec lesquelles les intervalles doivent estre marquez, il » témoigne qu'il n'a pas eu moins de soin de distinguer dans les « figures de ses notes leurs temps et le temps de leurs cadences, « que leurs intervalles. »

Tout concourt donc à démontrer que saint Ambroise et son disciple saint Augustin ont introduit dans l'église le chant métrique, puisque saint Augustin lui-même le dit dans son ouvrage sur la musique ; le saint docteur ajoute que l'illustre pontife de Milan suivit en ce point la coutume des peuples orientaux [*secundum morem orientalium partium* (lib. 9 Confess., cap. 7)].

La constatation de ce fait historique, corroboré par le témoignage de saint Augustin à la fin du iv⁰ siècle, et par les enseignements pratiques de Guy d'Arezzo, qui vivait six cents ans plus tard, nous conduit à des résultats d'une grande importance ; c'est :

1° Que saint Ambroise a importé dans l'Europe le chant mesuré ;

2° Que cet illustre docteur a imité, en ce point, la musique des peuples orientaux ;

3° Que M. Fétis n'a pas assez tenu compte de ce fait historique, lequel, indubitablement, prouve que *le plus ancien monument authentique de la musique mesurée et de la poésie chantée du moyen âge* n'est pas, comme l'assure le savant directeur du Conservatoire de Bruxelles, la chanson latine, composée par Angelbert sur la bataille de Fontenai en 842 (*Biographie univ. des musiciens*, t. 1ᵉʳ, p. CLXXIV), mais bien les hymnes : *Æterne rerum conditor,* — *Deus creator omnium,* — *Veni Redemptor omnium,* — *Splendor paternæ gloriæ,* — *Confors paterni luminis,* — *O lux, beata Trinitas*, etc., dont les chants ont été composés par saint Ambroise vers *la fin du quatrième siècle*, et qui sont encore en usage dans les églises de Milan selon leur forme primitive, si l'on en croit la tradition.

4° Qu'il n'est pas vrai, comme l'avance encore M. Fétis (ibid., p. CLXXIII), que depuis la réforme musicale de saint Grégoire le Grand jusqu'à la fin du treizième siècle, le chant prosodié ait été banni du culte liturgique, et *qu'il n'apparaît pas un signe de durée dans tout chant noté des antiphonaires et des graduels* (de cette époque) *qui sont parvenus jusqu'à nous*; puisque Guy d'Arezzo, pour nous servir des expressions de Jumilhac, « non seule- « ment fait mention expresse des chants metriques, mais encore « après avoir traitté des lignes, des notes, et des clefs avec lesquelles « les intervalles doivent estre marquez, témoigne qu'il n'a pas eu « moins de soin de distinguer dans les figures de ses notes leurs « temps et le temps de leurs cadences, que leurs intervalles. » Les textes de Guy d'Arezzo, rapportés ici par Jumilhac, sont trop clairs, trop formels, trop précis, trop incontestables enfin, pour que l'on puisse y opposer rien de sérieux. D'ailleurs, M. Fétis avoue lui-même que, *de tout temps*, les chantres de la Chapelle Pontificale ont conservé quelque chose des règles prosodiques dans l'exécution des hymnes (*Revue* de M. Danjou, année 1846, page 225). Or, c'est précisément la mélodie de ces hymnes qui forme le fond essentiel du chant ambrosien ; et comme ce chant a toujours été en vigueur, on peut et on doit dire, pour être dans l'exacte vérité, qu'il a donné naissance à la musique mesurable des temps modernes, et que, sous ce rapport, il n'était point distinct de l'art mondain, avant le xiii⁰ siècle, malgré l'assertion de M. Fétis (*Biogr.* t. 1, p. CLXXVIII), qui, du reste, se contredit en convenant ailleurs, qu'au moyen âge, *l'exécution du plain-chant n'était pas diffé-*

« *rarum ac semibrevium decantatur*. A l'exception de quelques mots changés par les
« copistes, ce passage est identiquement semblable à la définition du mode que l'on
« trouve dans le *Pseudo Beda*. Il est maintenant évident que le traité connu sous cette
« désignation est d'un Aristote contemporain de Francon de Cologne ; c'est donc sous le
« nom de son auteur qu'il faut dorénavant le désigner. (Rapport sur une publication de
« musique ancienne, fait au Comité historique des arts et monuments). »

　　　　　　　　　　　　　　　　　　　　　　　　(*Note des éditeurs.*)

(1) L'expression de *carrée* ne se trouve que dans l'ouvrage d'Aristote, attribué si longtemps au vénérable Bède. Nous renvoyons ceux qui voudraient consulter cet intéressant traité aux *OEuvres de Bède*, édition de Cologne, in-folio, 1612, tome 1ᵉʳ, pages 251 et suivantes.

liaison des unes avec les autres (1). Car lors qu'en descendant il y a deux notes sur une mesme syllabe, l'on a accoûtumé de les lier avec une queuë à gauche de la premiere en cette façon ,

rente de celle des chants vulgaires (Revue de M. Danjou, année 1846, p. 232).

Peu à peu , on sentit la nécessité de représenter par des signes arbitraires la durée des sons. On commença, ainsi que nous l'avons dit plus haut, par la notation noire, écriture musicale d'une grande ressemblance avec celle dont nous nous servons encore dans le plainchant. Il y eut d'abord des divergences assez considérables, car chaque école eut son système de notation. Ce fut dans le xiie siècle seulement, que les règles de l'écriture musicale prirent un caractère à peu près général d'uniformité, grâce aux travaux de Francon de Cologne, célèbre écolâtre de Liége.

« Cet auteur écrivait, dit M. Fétis, avant le mois de février « 1055, car il a dédié un livre de mathématiques à Hérimann, ar-« chevêque de Cologne, qui est mort dans le même mois, et il vi-« vait encore en 1083, puisqu'il consentit à enseigner à Liége dans « cette dernière année (*Biogr. univ. des Mus.*, tome iv, p. 170). » On peut donc placer l'activité littéraire de Francon dans la seconde moitié du xie siècle.

Le livre qu'il composa sur la musique figurée a pour titre : *Ars cantus mensurabilis mensurata per modos juris et cum allegationibus ad hoc sufficienter inclusis.* C'est du moins l'intitulé que porte un bon manuscrit de la Bibliothèque royale de Paris (coté 7360, ancien fonds).

Que ce Francon soit ou ne soit pas l'écrivain que cite Jean de Muris sous le nom de *Francho Teutonicus*, il n'en est pas moins incontestable que c'est le plus ancien auteur d'un ouvrage ayant pour but la notation de la musique figurée. Il le dit lui-même en termes formels. Voici ses paroles : « Cum multi antiqui moderni-« que cantores potitores artium, *nec aliquis illorum suam proba-« verit artem*, indignum videtur et inhonestum quod ego presumam « excitare *quod alii neglixerint*, cum sim inter cantores minimus. « Sed considerato quod inter cętera opera caritatis non minimum « est errantes ab erroris semita revocare, etc. (Folio 10 du mss. « 7360 de la Bibliothèque royale). »

Dans un autre passage, Francon confirme la *priorité* de son enseignement *écrit*, en faisant allusion à l'enseignement *oral* de ses devanciers : « Proponimus ergo ipsam mensurabilem musicam sub « compendio declarare ; *bene dicta aliorum* non recusabimus inter-« ponere, errores quoque destruere et fugare ; et si quod á nobis « inventum fuerit, bonis rationibus sustinere et probare (*ibid.*). »

Ainsi s'écroule l'assertion de Dom Jumilhac, qui dit, en parlant de Jean de Muris : « Il est plus vraysemblable qu'il n'a pas tant « esté l'autheur (*de la notation mesurée*) que le collecteur et le « compilateur, qui le *premier*, etc. » Cet honneur, ne revint-il pas à Francon de Cologne, ne serait point pour cela dû à Jean de Muris, qui a été précédé, dans ce genre de travail, par plusieurs autres musiciens dont on possède les ouvrages.

Ces théoriciens de la musique figurée sont :

1° Walter Odington, moine d'Evesham, au comté de Worcester, en Angleterre, auteur d'un traité de musique composé au commencement du règne de Henri III, c'est-à-dire vers 1217. Le seul manuscrit connu de cet ouvrage se trouve dans la bibliothèque du collége de l'église du Christ, à Cambridge.

2° Jérôme de Moravie, dominicain qui vécut dans un couvent situé rue Saint-Jacques, à Paris, au xiiie siècle. Il a laissé en manuscrit un précieux traité de musique composé vers 1260 et dont on ne connaît qu'un seul exemplaire que possède la Bibliothèque royale

de Paris (n° 1817 du supplément, fonds de Sorbonne, ancien n° 1244).

3° Marchetto de Padoue, auteur d'un écrit qui a pour titre : *Pomerium musicæ mensuratæ*, et dont la date peut être fixée entre les années 1283 et 1310. Gerbert a inséré le *Pomerium* dans le 3e volume de ses *Scriptores ecclesiastici de musica*.

4° Philippe de Vitry, à qui l'on doit l'ouvrage *Ars cujusvis compositionis de motetis*, qui est à la Bibliothèque royale de Paris, sous le n° 7378 A, in-4°, département des Mss. L'*Ars compositionis* a été rédigé au plus tard dans les premières années du xive siècle. Le manuscrit de la Bibliothèque royale est de cette époque.

C'est seulement après Philippe de Vitry que vient Jean de Muris; celui-ci acheva son *Speculum musicæ* en 1321, comme le prouve très-bien M. Fétis (Art *Jean de Muris*).

Or, si de Muris a été précédé par Philippe de Vitry, Marchetto de Padoue, Jérôme de Moravie, Walther Odington et Francon de Cologne, il s'ensuit chronologiquement qu'il ne doit pas être qualifié de *premier compilateur des règles de la musique figurée.* Nous avons démontré que cet honneur revient à Francon qui le dit lui-même, et qui est le premier en date. Ajoutons que cette priorité est reconnue par les auteurs qui viennent d'être mentionnés. Ainsi Walther Odington cite Francon, en 1217, dans son ouvrage *De Speculatione musicæ.* Vers 1260 environ, Jérôme de Moravie nomme également Francon de Cologne, et transcrit en entier tout le traité de cet auteur. De 1283 à 1310, Marchetto ne fait que *commenter* les doctrines de ce même Francon. Enfin, de Muris parle de cet auteur comme d'un écrivain fort célèbre.

Quelques années après la composition du *Speculum musicæ* de Muris, c'est-à-dire en 1326, Robert de Handlo, musicien anglais, commentait à son tour le livre de Francon. Son travail, resté manuscrit, fut consumé par l'incendie qui détruisit le local où était la bibliothèque cottonienne, dans Westminster; mais heureusement une copie moderne en avait été faite pour le docteur Pepusch : elle se trouve actuellement dans le Muséum britannique. L'ouvrage de Robert de Handlo a pour titre : *Regulæ cum maximis magistri Franconis, cum additionibus aliorum musicorum.*

En 1351, Simon Tunsted, moine franciscain anglais, achevait un traité de musique, intitulé : *De musica continua et discreta cum diagrammatibus.* Le manuscrit de cet ouvrage se conserve à la Bibliothèque Bodléienne, à Oxford, n° 515. On y trouve un chapitre (*De Figuris inventis à Francone*), où les figures de la musique figurée sont attribuées à Francon (1).

Notre impartialité nous fait un devoir de ne point quitter la période de la notation noire, sans signaler une objection grave qui a été faite par des savants distingués contre la date de l'enseignement écrit de Francon de Cologne, et contre la réalité de cet enseignement lui-même.

Ces savants s'appuient d'abord sur ce qu'il n'est point probable que la notation de la musique figurée ait pris naissance vers la fin du xie siècle , époque si rapprochée de celle de Guy d'Arezzo qui n'en fait aucune mention.

Il nous semble que cette objection n'en est pas une. Guy d'Arezzo ne s'était point proposé la tâche d'écrire sur la musique mesurable;

(1) *Voyez cette note page 154.*

(1) M. Fétis (*Biogr. univ. des Music.*, art. Jean de Tewkesbury) dit que ce traité est attribué à Jean de Tewkesbury, à Jean Torksey, à Jean Hamboys et à Simon Tunsted. Il renvoie à ces différents noms; mais on est étonné d'y voir omis l'article qui devait être consacré à Jean Torksey. Il dit que « Burney penche pour Jean de Tewkes-« bury (*A General History of Music.*, tome II, page 395); mais que toutefois il ne ré-« sout pas la question. » M. Fétis ne la résout pas davantage...

et quand il y en a trois et que la derniere remonte, l'on joint les deux premieres sous une mesme figure oblique qui a pareillement une queuë à costé gauche ; ce qui se pratique non seulement à

son but unique était de ramener l'enseignement du chant religieux à sa plus grande simplicité, et certes il y est parvenu, surtout si l'on tient compte de l'époque où vécut ce grand homme. Chercher autre chose dans les précieux ouvrages de Guy d'Arezzo, ce serait donc vouloir y trouver ce qu'il n'a pas voulu y mettre ; et c'est précisément le tort de nos adversaires.

Mais voici qui est plus sérieux et plus grave.

M. Bottée de Toulmon, dans son Rapport au *comité historique*, cité plus haut, produit un passage de Jérôme de Moravie, duquel il résulterait, selon lui, que Francon de Cologne n'est pas l'auteur du traité qui lui est attribué, — que cet honneur revient à un musicien du nom de *Jean de Bourgogne*, — et qu'enfin ce Jean de Bourgogne est contemporain de Jérôme de Moravie : ce qui placerait l'apparition du premier ouvrage de musique figurée au commencement du xiiie siècle, et non à la fin du xie, comme nous l'avons soutenu.

Citons le texte de Jérôme de Moravie : — « *Hanc declarans*, dit « cet auteur, *subsequitur positio tertia Johannis videlicet de Bur-* « *gundia, ut ex ore ipsius audivimus, vel, secundum vulgarem* « *opinionem, Franconis de Colonia, quæ talis est.* [Suit *tout le* « *traité* attribué à Francon de Cologne] (fol. 151 verso, et suiv.). »

De prime abord, cette citation paraît sans réplique ; mais en y réfléchissant un peu, on voit que, si Jérôme de Moravie accorde à Jean de Bourgogne la composition de l'ouvrage que *l'opinion générale* attribuait alors à Francon de Cologne, c'est sur *le seul témoignage* de Jean de Bourgogne lui-même, *ut ex ore ipsius audivimus*. Or, le Bourguignon peut très-bien s'être vanté en cette circonstance, au détriment de l'auteur véritable. Plusieurs motifs nous autorisent à le penser.

Le premier, c'est que Jérôme de Moravie n'était pas entièrement fixé sur la propriété littéraire de Jean de Bourgogne, puisqu'il ajoute aussitôt, et sans correctif, que *l'opinion générale* regardait Francon de Cologne comme l'auteur de l'*ars cantus mensurabilis*. — Mais, dira-t-on, le correctif se trouve dans la phrase de Jérôme de Moravie, dans cette parenthèse concluante : *Ut ex ore ipsius audivimus*. — Nous ne le croyons pas. Une simple affirmation donnée à Jérôme de Moravie ne suffisait point pour détruire, dans son esprit, un sentiment reçu partout ; il fallait des preuves, et certes, si Jérôme avait eu connaissance de ces preuves, il n'eût pas manqué de les consigner dans son livre, ou du moins il aurait qualifié de *fausse* l'opinion vulgaire ; c'est ce qu'il ne fait pas.

En second lieu, la citation de Jérôme de Moravie établit clairement que Jean de Bourgogne vivait environ l'an 1260. Or, si à cette date, où toutes les communications littéraires étaient encore excessivement difficiles et lentes, *l'opinion* s'était déjà répandue généralement que l'ouvrage dont il s'agit était dû à la plume de Francon de Cologne, on arrivera à cette conclusion, que, *du vivant même de Jean, son livre était universellement attribué à un écrivain qui existait plusieurs siècles auparavant :* conclusion étrange, incroyable, inadmissible enfin, surtout quand on songe que Jean de Bourgogne, en le supposant auteur du premier traité de musique figurée, devait avoir une école célèbre, des élèves nombreux et une grande influence, éléments qui lui permettaient de détruire radicalement et sans peine l'erreur générale si contraire à ses droits et à sa réputation d'artiste.

En troisième lieu, nous avons parlé plus haut de Walther Odington qui florissait en 1217 environ. Son Traité de musique a été écrit vers cette époque. Dans le quatrième chapitre du sixième livre, on lit cette phrase remarquable : *Diversæ sunt in modis doctrinæ; dici-*

tur à Francone quinque modos esse, etc. Il résulte clairement de ce passage que, vers le commencement du xiiie siècle, il y avait déjà *diversité de doctrines* au sujet de la notation mesurée. Or, comme l'a très-bien remarqué M. Fétis, cette diversité de doctrines présuppose nécessairement de l'ancienneté à une science qui partage les esprits : il faut d'abord que cette science se crée, puis qu'elle se propage ; et cela se faisait très-lentement au moyen âge, avant la découverte de l'imprimerie. Quelle que soit donc l'année où l'on place l'activité littéraire de Jean de Bourgogne, *contemporain de Jérôme de Moravie*, on ne parviendra jamais à la reculer assez pour qu'elle coïncide avec l'ancienneté de la notation proportionnelle, que suppose le passage de Walther Odington ; tandis qu'en restituant à Francon de Cologne l'ouvrage qu'on veut lui ravir, les faits s'enchaînent et les difficultés s'expliquent.

Continuons maintenant notre esquisse historique.

L'époque où nous sommes arrivés pourrait se nommer *période de transition entre la notation noire et la notation blanche.* En effet, ce dernier élément apparaît déjà dans l'ouvrage de Jean de Muris. Voici, pensons-nous, quelles furent les causes de l'abandon total de la notation noire.

Depuis longtemps, *quelques* musiciens se servaient d'encre rouge pour écrire certaines notes dont ils voulaient modifier la valeur. Marchetto est le plus ancien auteur connu qui fasse mention de cette particularité ; Thomas Morley, écrivain anglais de la fin du xvie siècle, en donne des exemples dans son livre intitulé : *A plaine and easie introduction on to practical musicke*, etc.; Jean de Muris en parle aussi, mais il dit que cette manière de noter n'était en usage que dans les élégies et les rondeaux : « *Notulæ rubeæ aliquando ponuntur in elegiis et rondellis huc et illuc, ut ad invicem possint cum aliis perfectionibus computari.* »

On conçoit sans peine que l'obligation où l'on était d'employer deux sortes d'encre devait être incommode au compositeur et au copiste ; c'est ce qui engagea, sans doute, quelques musiciens, pour n'employer qu'une seule encre, à remplacer les notes noires par des notes *vides* ou blanches, et les notes rouges par des notes noires ou pleines, auxquelles on continua de donner le nom de *Notæ coloratæ.* Ajoutons que les figures des notes se multipliant pour satisfaire aux progrès de la musique mesurable, il fallut bien écrire en notation blanche les signes musicaux qui, jusque-là, avaient été représentés en notation noire, afin que l'on pût distinguer les nouvelles combinaisons de notes d'un mouvement plus vif, qui furent représentées par des figures noires.

Les auteurs qui ouvrent, à proprement parler, la période de la notation blanche, sont Guillaume Dufay, né à Chimay, dans le Hainaut ; Jean Dunstaple, natif d'Écosse, et Egide Binchois, que l'on croit avoir vu le jour dans la Picardie.

Dufay, Dunstaple et Binchois vivaient dans la première moitié du xve siècle. Leur influence sur les perfectionnements de la notation musicale ne saurait être mise en doute, car elle est attestée par Tinctoris, Adam de Fulde, Spataro et Gaffori, écrivains qui vivaient à peu près à la même époque.

La période de la notation blanche commence donc dans la première moitié du xve siècle ; elle se modifia dans les dernières années du xvie et produisit bientôt la notation qui est actuellement en usage.

Ceux qui voudraient connaître la pratique de la notation blanche avec ses modifications successives pourront consulter avec fruit les quelques ouvrages suivants, que nous rangeons à dessein par ordre chronologique.

1. — Johannes Tinctoris. Ses traités *des Notes et des pauses*,

l'égard des intervalles conjoints ; mais aussi à l'égard des disjoints, dont on a pareillement coûtume de ne marquer que les deux extremes notes : ♩ ♩. Que si apres les deux pre-

— de la *Valeur régulière des notes,* — *de l'Imperfection des notes,* — *des Altérations,* — et *des Points musicaux ;* son *Proportionale musices,* et enfin, son *Definitorium terminorum musices.* La bibliothèque du Conservatoire de musique de Paris possède, n° 6145, une bonne copie in-fol. de ces ouvrages, faite par Perne et corrigée par Choron. A l'exception du *Definitorium,* les œuvres de Tinctoris n'ont jamais été imprimées.

II. — Franchino Gafforio. *Practica musicæ,* in-fol., Milan, 1496. Cet ouvrage a eu plusieurs autres éditions. — *Theoricum opus musicæ disciplinæ,* éditions in-4° de 1480 et 1482.

III. — *Enchiridion musices Nicolai Wollici Barroducensis de gregoriana et figurativa atque contrapuncto simplici percommode tractans, omnibus cantu oblectantibus perutile et necessarium ;* Paris, chez Jean Parvi et François Regnault, in-4°, 1512. Une autre édition bien réelle et qui porte le même titre, parut en 1521 chez les mêmes imprimeurs. M. Fétis s'est trompé en disant que l'édition de 1512 a été imprimée à Paris, chez Michel Tholuze. La première édition de l'*Enchiridion* de Wollick fut publiée en 1501, sous ce titre : *Opus aureum musices castigatissimum, de gregoriana et figurativa,* etc.

IV. — Jean Wendelstein. La deuxième partie de son livre intitulé : *Musica. Decastichon in musicam exhortatorium,* in-4° gothique de 56 feuillets, Cologne, 1507. M. Fétis cite très-mal cet ouvrage ; il ne l'a probablement jamais vu.

V. — *Opusculum musices perquam brevissimum de Gregoriana et Figurativa atque contrapuncto simplici percommode tractans : omnibus cantu oblectantibus utile ac necessarium,* per Simonem Brabantinum de Quercu, etc. ; Vienne, in-4°, 1509. M. Fétis dénature le titre de cet ouvrage en substituant les mots : *cantu observantibus,* qui n'ont pas de sens, à l'expression : *cantu oblectantibus.* Il commet une erreur plus grave encore, en disant que la deuxième édition du livre ici en question parut en 1518 sous le titre abrégé de *Libellus de musica gregoriana et figurativa ac contrapuncto simplici, cum exemplis.* Le véritable titre de cette seconde édition est : *Opusculum musices perquam brevissimum de gregoriana et figurativa atque contrapuncto simplici, una cum exemplis idoneis, percommode tractans,* etc.

VI. — Ornithoparcus. *Musicæ activæ micrologus,* etc. Éditions de 1517 et 1519, in-4°, Leipsick.

VII. — *Musurgia seu praxis musicæ,* etc., ab Ottomaro Luscinio. Argentorati, apud Joannem Scottum, in-4° oblong, 102 pages de texte et 9 de pièces liminaires ; 1536.

VIII. — George Rhaw. *Enchiridion musices,* etc., in-8°, Leipsick, 1518 ; bonne compilation qui a eu un grand nombre d'éditions.

IX. — Pietro Aaron. *Toscanello de la musica* (sic), Vineggia, 1re édition, 1523. La cinquième édition porte la date de 1562. — Le *Lucidario in musica di alcune opinioni antiche e moderne* du même auteur, Venise, 1545, in-4°, contient des discussions extrêmement instructives et curieuses sur la notation proportionnelle.

X. — *Tractato di musica di Giovanni Spataro musico Bolognese,* etc. Petit in-fol., Vineggia, M. D. XXXI.

XI. *Scintille di musica di Giovan Maria Lanfranco da Terentio Parmegiano,* etc. Petit in-4° oblong, Brescia, M. D. XXXIII.

XII. — Nicolas Listenius. *Rudimenta musicæ,* etc., in-8°, Wittenberg, 1533. Ce titre n'est pas le même dans les dix-sept éditions qu'a eues cet ouvrage.

XIII. — *Recanetum de musica aurea à magistro Stephano Vanneo,* etc. Rome, in-fol., 1533. Livre rare et d'une érudition profonde.

XIV. — Sébald Heyden. *Musicæ, id est artis canendi libri duo,* Norimbergæ, in-4°, 1537. Une 2e édition intitulée : *De arte canendi,* parut en 1540 dans le même format. Ouvrage précieux.

XV. — *Glareani Dodecachordon,* Basileæ, in-fol., 1547.

XVI. — *Compendium musices descriptum ab Adriano Petit Coclico, discipulo Josquini de Pres. In quo præter cætera tractantur hæc : de modo ornate canendi. De Regula Contrapuncti. De Compositione.* Impressum Norimbergæ in officina Joannis Montani, et Ulrici Neuberi. M. D. LII, in-4° de 60 feuilles non paginées. M. Fétis se trompe en nommant *Coclius* l'auteur de cet important ouvrage ; il n'en a pas, non plus, connu le vrai titre.

XVII. — Maximilien Guillaud. *Rudimens de musique,* etc., Paris, 1554, in-4° oblong. Ouvrage qui contient des choses fort claires sur la notation.

XVIII. — Claude Martin. *Institution musicale non moins brève que facile,* etc. Paris, in-4° oblong, 1556.

XIX. — *Practica musica Hermanni Finckii,* etc. Vitebergæ, M. D. LVI.

XX. — Lucas Lossius. *Erotemata musicæ practicæ,* etc., Nuremberg, petit in-8°, 1563. Ouvrage rare dont on a publié cependant beaucoup d'éditions.

XXI. — La première partie de la *Prattica di musica,* de Lodovico Zacconi ; in-fol., Venise, 1592 et 1596.

XXII. — Thomas Morley. *A plaine and easie introduction on to practical musicke,* etc. ; Londres, in-fol., 1597 et 1608.

XXIII. — *L'Arte del contraponto,* de Jean-Marie Artusi de Bologne ; Venise, petit in-fol., 1598.

XXIV. — Dominique Cerone. *El Mélopeo y Maestro, tractado de musica theorica y pratica,* etc. En Napoles. M. DC. XIII, in-fol. de 1160 pages. Cet ouvrage espagnol est l'un des plus considérables et des plus importants que l'on ait publiés sur la musique. On en trouve plusieurs exemplaires dans les bibliothèques publiques de Paris.

XXV. — Le troisième volume du fameux ouvrage de Michel Prætorius, intitulé : *Syntagma musicum ;* in-4°, 1619.

XXVI. — Silverio Picerli. *Specchio primo di musica,* etc. ; Naples, in-4°, 1630.

XXVII. — Le P. Antoine Parran. *Traité de la musique théorique et pratique,* etc. ; Paris, in-4°, 1636. L'édition de 1646 est purement fictive.

XXVIII. — Jean du Cousu. *La musique universelle, contenant toute la pratique et toute la théorie.* 1 vol. in-fol. incomplet de 208 pages, vers le milieu du xviie siècle.

XXIX. — Jean-André Herbst. *Musica practica…* ; Nuremberg, in-4°, 1642. La 3e édition est de 1658.

XXX. — Lorenzo Penna. *Li primi albori musicali…* ; Bologne, in-4°, 1656. 2e édition, 1672.

XXXI. — La Voye Mignot. *Traité de musique,* etc. ; Paris, in-4°, 1666.

XXXII. — Jean Quirsfeld. *Breviarium musicum ;* in-8°, Pirna, 1675. La 3e édition de cet ouvrage est de 1688.

XXXIII. — Étienne Loulié. *Éléments ou principes de musique ;* Paris, in-8°, 1696.

XXXIV. — Michel Montéclair. *Méthode pour apprendre la musique.* La 1re édition de ce livre fut imprimée en 1700, Paris, in-4°.   (*Note des éditeurs.*)

(1) Ligatura est conjunctio figurarum simplicium per tractus debitos ordinata. Alia ascendens, alia descendens, etc. *Ioannes de Mu-*

mieres notes il y en a davantage qui en descendant s'entresuivent par degrez conjoints, l'on met une queuë à la droite de la premiere , et l'on donne aux suivantes une figure biaise ou rhomboïde :  . Que si la liaison se fait en montant, on lie quarrément toutes les notes qui sont sur une syllabe par degrez conjoints ajoûtant seulement une queuë à la droite de la derniere :  . Mais quand il y a des degrez disjoints entre les notes, on les lie à la façon moderne en cette sorte : 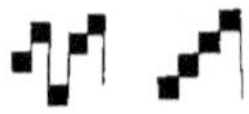 . Or comme les queuës que l'on met en descendant dans cette espece de chant ne sont que pour servir d'ornement à la liaison de ses notes , et ne varient aucunement l'égalité de leur mesure ; aussi ne s'y assujettit-on pas en telle sorte, qu'on ne les omette si l'on veut, tant en descendant, qu'en montant; ainsi qu'il se peut voir en plusieurs livres modernes, où le plain-chant se trouve imprimé sans avoir aucunes queuës, mesme en descendant.

Quant à la figure rhomboïde, l'on s'en sert toûjours en descendant, soit qu'il y ait des queuës, soit qu'il n'y en ait pas; à cause qu'elle est plus commode ou plus propre à faire la liaison des notes les unes sous les autres. Du reste elle n'apporte alteration quelconque à l'égalité de la mesure des notes de ce chant (1), non plus que les queuës lors qu'on y en met : joint que la figure rhomboïde dans la rigueur geometrique se trouve égale à la quarrée, parce que l'une et l'autre sont assises sur des bases égales, et entre les mesmes parallèles : (2).

IV. Les chants rythmiques ou psalmodiques, et leurs ligatures sont pareillement notez avec la

---

ris in musica super modos et prolationes cujuscumque temporis. cap. 9.

(1) Omnes igitur musicæ hujusmodi progressionis notulæ , et si diversis figurationibus describuntur, æquali temporis mensura debent pronuntiari. *Franchinus lib. 1. mus. pract. cap. 2.*

(2) Il y a plusieurs remarques essentielles à faire sur les figures de notes que donne ici Dom Jumilhac. En premier lieu , les notes carrées ayant queue (ou propriété, comme on disait au moyen âge) ont disparu des livres imprimés en France et dans les Pays-Bas, depuis la seconde moitié du xviie siècle jusqu'à la fin du xviiie. En Italie, elles sont encore employées devant la semi-brève, et valent une brève et demie, c'est-à-dire une note carrée pointée. Il est bien entendu que, pour avoir cette valeur, tout à fait contraire au vrai chant grégorien, la note qui précède la semi-brève doit avoir sa queue ou sa propriété tournée vers le bas ; il est indifférent qu'elle soit à gauche ou à droite ; mais si cette queue est tournée vers le haut, elle donne à la note une durée que Jumilhac explique très-bien au § VI de ce chapitre.

La figure oblique n'est plus en usage.

Il y avait encore autrefois une forme de note dont Jumilhac ne parle point ; cette note, appelée *quilisma*, avait deux queues pendantes, l'une à gauche et l'autre à droite : elle valait, en ce cas , deux notes carrées.

Quant aux suites descendantes de notes rhomboïdes ou losanges, leur valeur et la raison de leur configuration sont controversées.

1° Dom Jumilhac pense que cette forme a été adoptée par les chantres, dans les suites descendantes, *à cause qu'elle est plus commode et plus propre à faire la liaison des notes les unes avec les autres.* Beaucoup d'autres anciens auteurs, au nombre desquels nous citerons le P. Giulio Cesare Marinelli (*Via retta della voce corale*, Bologne, in-4°, 1671), disent que les notes rhomboïdes sont employées , dans les traits descendants de mélodie, *ad majorem pulchritudinem libri, et decorem scripturæ, et ut minorem spatium loci occupent.*

2° Jumilhac déclare que la forme de ces notes *n'apporte altération quelconque à l'égalité.* M. Fétis, au contraire , soutient que ces notes remplacent les simples points détachés des notations saxonne et lombarde, — et qu'elles doivent être exécutées avec la légèreté des fioritures musicales (*Revue* de M. Danjou, année 1846, p. 232).

Cette assertion étrange de M. Fétis nous suggère quelques réflexions que nous soumettons , sans les décider, à nos lecteurs.

Et d'abord, s'il est bien vrai que les notes rhomboïdes ont remplacé, dans les traits mélodiques, les points des notations saxonne et lombarde, pourquoi le docte directeur du Conservatoire de Bruxelles a-t-il, dans le même article, traduit en notes carrées les points qui se trouvent sur la dernière syllabe du mot *Expectamus*, d'un répons manuscrit du xe siècle, dont il donne un *fac-simile?* Pourquoi fait-il la même faute *dix-sept fois* dans la traduction du même répons qui n'a que *cinq lignes?* Cela est d'autant plus blâmable , que M. Fétis a soutenu ailleurs qu'il n'y avait point de signes propres pour marquer l'inégalité des sons, *depuis le huitième siècle jusqu'à la fin du treizième* (*Biog. univ. des mus.*, tom. 1er, p. CLXXII).

En second lieu , si l'on admet avec M. Fétis que les notes losangées sont des fioritures, il s'ensuit que la définition du plain-chant donnée au xie siècle par saint Bernard et plus tard par une foule d'autres didacticiens, est entièrement fausse. Voici cette définition traditionnelle : *Musica plana est notularum sub una et æquali mensura simplex et uniformis pronunciatio, sine incremento et decremento prolationis.* Il s'ensuit encore , chose grave, qu'il y a des notes de passage dans le plain-chant , — et que ces notes, cessant d'être réelles, on peut les considérer comme telles dans l'harmonisation qu'on en veut faire : doctrine qui découle naturellement des principes de M. Fétis, et qui est en contradiction avec toutes les règles reçues.....

(*Note des éditeurs.*)

40

mesme note quarrée, soit parce qu'il n'est pas aisé de leur assigner d'autres notes, qui marquent bien leur inégalité incommensurable; soit parce que l'on ne note ordinairement que fort peu de pieces de cette espece de chants, sçavoir les intonations et les notes fondamentales des mediations et des terminaisons des versets, ou autres choses semblables; dont l'inégalité n'est pas malaisée à regler, non plus que la teneur qui se rencontre dans leur milieu, lors que l'on sçait bien l'endroit où les accens doivent estre assis, particulierement ceux des deux ou trois dictions qui entrent dans les cadences des mediations, et dans celles des terminaisons, ou bien qu'ils y sont marquez comme il faut.

V. Dans les chants metriques on employe encore la note carrée pour la valeur de la mesure entiere des deux temps; mais pour marquer la demy-mesure ou un seul temps l'on se sert d'une autre note quarrée assise sur l'un de ses angles, et contenuë dans le quarré de l'autre dont elle ne fait aussi geometriquement que la moitié : ◆. C'est pourquoy la quarrée de deux temps se peut appeller longue, et celle d'un seul temps breve, selon Franchin (1) et selon S. Augustin cité cy-dessus. Car quoy que dans l'usage moderne de la musique à plusieurs parties l'on nomme à present breve, celle qui a la valeur des deux temps ou d'une mesure, et semi-breve, celle qui ne vaut qu'un temps ou demy-mesure; et que l'on doive user en musique des termes qui y sont universellement receus; et mesme qu'on puisse s'en servir à l'égard des chants metriques qui se rencontrent parmi les pieces du plain-chant : Neantmoins comme les termes de longue et de breve sont plus simples, et ont la signification plus naturelle et plus facile à concevoir, ils semblent aussi estre plus commodes pour l'usage de ceux qui n'ont connoissance que du plain-chant, des chants metriques, et de leurs notes. Outre ces deux notes la longue et la breve l'on en employe une troisiéme, qui dans les chants trochaïques vaut la mesure entiere des trois temps de cette espece qui sont designez par un point qui est mis immediatement apres la carrée, laquelle pour ce sujet l'on peut appeller ponctuée (■). L'on peut semblablement ajoûter aux chants metriques une quatriéme espece de note qui n'ait la valeur que d'un demy-temps ou quart de mesure; afin de servir aux elisions des notes breves, que l'on est quelquefois obligé de faire dans quelques chants metriques. Car comme leur temps est lors divisé en deux et diminué de moitié, l'on peut aussi le designer par la division de leur breve en deux moitiez ◀ ▶, sans qu'il soit besoin d'emprunter pour ce sujet la figure qui en musique est appellée minime, et qui ne vaut que le quart d'une mesure. Que si outre ces sortes de notes il se rencontre parmy quelques chants metriques quelque note carrée avec une queuë pendante en bas à costé droit : ◥, ainsi que l'on en voit dans

quelques chants du *Credo* sur les mots *et homo factus est* ou *adoratur*, ce sera lors un signe que la mesure y doit estre double de la longue ou plus lente; et partant on luy pourra lors donner le mesme nom de double, ou celuy de grande. Ceux qui voudront voir la figure que Guy Aretin donnoit à cette sorte de notes longues la trouveront à la planche II, sur le mot *crucis*.

VI. Or d'autant que la façon de lier toutes ces notes des chants metriques varie souvent leur valeur; il est encore necessaire de sçavoir, que quand on lie deux breves ensemble, l'on a accoûtumé d'emprunter la figure carrée de la longue, comme estant plus propre à la liaison que celle de la breve; et de leur ajoûter aussi quelques queuës. C'est pourquoy quand on veut lier deux breves, soit en montant, soit en descendant, l'on ajoûte à costé gauche de la premiere une queuë relevée

en haut : ▙■ ▙. Que si apres ces deux breves l'on y ajoûte une troisiéme, elle sera longue et aura

---

(1) Brevis autem notula, quæ primum solo tempore; et longa, quæ duobus temporibus constet, in ipso soni mensurabilis tempore proprijssima dicuntur elementa : quarum magnitudines concinnis toni distantijs sunt æquales. Tonus enim, vt Aristides et Anselmus posuere, in quatuor concinnas dieses enharmonias dividitur, atque ita longa notula in quatuor semibreves: et brevis in quatuor minimas resolvuntur. *et cæt. Franchinus. lib. 2. mus. practicæ cap. 3. Item chap. 1.*

la mesure de deux temps : ▮▮ ; Si une quatriéme ou un autre plus grand nombre , celles

qui suivent apres les deux premieres seront toutes longues : ▮▮

Que si on lie ensemble les longues, si c'est en descendant la premiere aura toùjours une queuë à gauche pendante en bas, et la seconde qui luy est jointe immediatement sera toujours longue; comme aussi la troisiéme, la quatriéme, ou davantage, s'il y en a, à la reserve toutefois de la derniere, qui en musique est toujours double des autres : ▮▮

Que si la liaison se fait en montant, les mesmes notes longues seront jointes les unes aux autres en tel nombre qu'on voudra, sans aucune queuë, ni alteration quelconque de leur valeur :

EXEMPLES DANS LESQUELS SONT RÉSUMÉES LES NOTES DONT ON SE SERT ET DANS LE PLAIN-CHANT
ET DANS LES CHANTS METRIQUES.

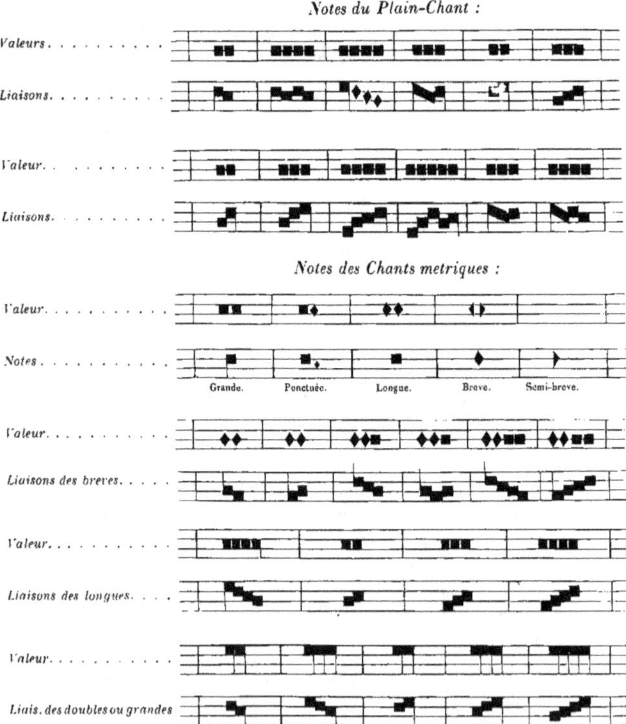

REPRODUCTION EXACTE DES PASSAGES DE GUY D'AREZZO

QUI SE TROUVENT CITÉS DANS LE CHAPITRE IV DE JUMILHAC, COLLATIONNÉS DE NOUVEAU SUR LE MANUSCRIT DE SAINT–ÉVROULT.

Page 150, note 1.

« Quomodo autem liquescant voces, et an adhęrentes, vel discretę sonent, quęve sint morosę vel tremulę vel subitaneę, vel quomodo cantilena distinctionibus dividatur, et an vox sequens pręcedentem gravior vel acutior vel ęquisona sit, facili colloquio in ipsa neumarum figura monstratur, si sicut debeat ex industria componantur (p. 21 et 22 du mss. de S.-Evroult). »

« Sicque opus est, ut qua metricis pedibus cantilena plaudatur, et alię voces ab aliis morulam duplo longiorem, vel duplo breviorem, aut tremulam habeant, id est varium tenorem, quem longum aliquotiens apposita litterę virgula plana significat. Ac summopere caveatur talis neumarum distributio, at cum neumę tum ejusdem soni repercussione, tum duorum aut plurium connexione fiant, semper tamen aut in numero vocum, aut in ratione tonorum neumę alterutrum conferantur, atque respondeant, nunc ęquę ęquis, tunc duplę vel triplę simplicibus, atque alias collatione sesquialtera vel sesquitertia. Proponat sibi musicus, quibus ex his divisionibus incedentem faciat cantum sicut metricus quibus pedibus faciat versum, nisi quod musicus non se tanta legis necessitate constringat (p. 9 du mss. de S.-Evroult). »

CHAPITRE V.

I. Après avoir parlé de la figure, du nom, de la valeur, et de la liaison des notes des chants metriques, il reste à voir en quel nombre, et de quelle façon elles ont accoùtumé d'estre appliquées pour former les pieds de chacune de leurs especes. Le dactylique donc demande que ses notes breves soient meslées ou avec les longues ou avec les breves liées (qui ont la mesme valeur que les longues) en nombre pair, c'est à dire deux à deux, ou bien (ce qui est équivalent) quatre à quatre.

Quant aux autres deux especes, sçavoir le trochaïque et l'iambique, les breves y doivent estre meslées avec les longues ou bien avec les breves liées (qui valent autant que les longues) en nombre impair; sçavoir une à une, ou trois à trois : avec cette difference toutefois, que la trochaïque commence toûjours par une longue; et au contraire l'iambique commence toûjours par une breve.

II. Or cette disposition des notes breves et des notes longues doit estre ainsi observée en tous ces chants metriques, encore que les dictions ou syllabes de grammaire ou de poësie, sur lesquelles les notes du chant sont appliquées, se trouvent avoir d'autres pieds et une quantité differente de celle des notes du chant; parce que le chant a les temps, les pieds et la quantité, qui sont propres à sa melodie et à sa mesure, independamment de ceux de la grammaire et de la poësie. De sorte que quoy que l'on doive avoir un soin particulier d'accommoder l'harmonie au sens de la lettre, soit dans la composition, soit dans la modulation des pieces du chant; il n'est toutefois pas necessaire d'y suivre tellement la quantité des longues et des breves de la mesme lettre, que l'on ajuste et conforme toûjours à leur quantité les notes longues et les breves du chant. Et mesme l'on ne peut souvent en user de la sorte, sans rendre le chant defectueux et la prononciation ridicule (1). C'est pourquoy bien que les compositeurs doivent prendre garde de ne pas faire longues quelques-unes des syllabes breves, et à ne pas faire breves quelques-unes des longues, lorsque cette rencontre ne se trouve pas estre dans la bienseance [ce qui arrive rarement selon Aretin (2)] et qu'il soit fort à propos qu'ils accommodent autant qu'ils peuvent l'accent eufonique du chant avec celuy de la grammaire ou de la poësie lors qu'ils mettent des vers en chant metrique; et que mesme ils puissent si bien disposer la poësie des vers avec leurs chants metriques, que non seulement l'accent eufonique avec le poëtique; mais aussi la mesure du chant s'accorde parfaitement avec la quantité de la poësie (ainsi que Pyndare et quelques autres excellens poëtes et musiciens l'ont quelquefois pratiqué) et que ce merveilleux assemblage soit un chef d'œuvre qui comprend ensemble la perfection de ces deux (3) arts ou sciences; neanmoins

---

(1) Qui putant pedes metricos ita modulis harmonicis aptandos esse ut syllabæ breves respondeant notis minoris temporis, longæ, majoris; ingentes in syllabica harmonia errores, et ridiculas omnino pronuntiationes. *Et infra.* Infinitos solæcismos in pronuntiatione pariunt. *Kircherus tomo.* 2. *Musurgiæ universalis lib.* 8. *parte* 2. *cap.* 4. §. 1.

(2) In unum terminentur partes et distinctiones neumarum atque verborum; Nec tenor longus in quibusdam brevibus syllabis, aut brevis in longis, quia obscenitatem paret : quod tamen raro opus erit curare. *Guido cap.* 15. *micrologi.*

(3) Persæpe videmus tam consonos et sibi alterutrum respondentes versus in metris, ut quamdam quasi symphoniam grammatice admireris; cui si musica simili responsione jungatur, duplici modulatione dupliciter delecteris. *Guido Aret. cap.* 17. *microl.*

41

comme cela n'est point absolument necessaire (1), aussi ne se trouve-t-il quasi aucune piece de chants metriques dans les livres ecclesiastiques, et peu parmi les airs des chansons, soit spirituelles, soit prophanes, ou l'un soit si precisement ajusté avec l'autre, qu'il n'y ait toûjours quelque difference entre les pieds et la mesure du chant, et les pieds ou la mesure de la poësie ; ainsi qu'on le peut voir à la fin de ce chapitre, dans l'exemple qui contient quelques uns de ces chants metriques appliquez sur la poësie de la lettre, où l'on pourra remarquer qu'il arrive souvent que le chant dactylique, au lieu d'avoir des vers heroïques, elegiaques, ou d'autres equivalens, sera appliqué sur des vers saphiques, jambiques, ou d'une autre sorte ; ou que le chant trochaïque, ou l'iambique, au lieu d'avoir un texte de purs trochées, ou d'iambes, ou de tribraques qui ont la mesme valeur, auront des vers ou des metres d'une autre sorte : ce qui a déja esté remarqué cy dessus en pareille rencontre, lors qu'au nombre 3. du chapitre 2. l'on a parlé de la mesure du plain-chant ; où l'on voit souvent plusieurs dictions ou syllabes de la lettre qui bien que breves sont chargées de beaucoup plus grand nombre de notes que plusieurs autres qui sont longues ; et parmi les longues on en voit pareillement qui sont beaucoup plus chargées les unes que les autres. L'on voit encore qu'il y a plusieurs syllabes sur lesquelles il n'y a ni ne doit avoir aucun accent (comme les dernieres syllabes des dictions, ou autres semblables) qui ne laissent pas d'y estre élevées par le moyen des notes, quoy que d'autres qui ont l'accent aigu, y soient abbaissées par la note ; ce qui toutefois ne devroit pas estre de la sorte si la mesure des syllabes ou des notes estoit assujettie à la mesure ou à la quantité de poësie, ou aux accens de la grammaire.

III. C'est pourquoy il est necessaire de mettre de la difference entre ce qui appartient à la grammaire et à ses accens, ou à la poësie et à sa quantité, et ce qui est dû à l'harmonie et à la mesure du chant ; parce que chaque art demande que ses regles y soient gardées : par exemple, lors qu'on prononce quelque harangue, ou que l'on recite des vers, l'on doit ponctuellement observer la phrase, les accens, et la quantité suivant les regles de la grammaire ou de la poësie ; de mesme lors que l'on applique des notes et du chant sur leur texte, elles doivent demeurer entierement soumises tant à la phrase du mode, qu'à la mesure (2) et à l'accent ou cadence que demandent les regles du chant, soit plain, soit metrique, soit rythmique : ainsi qu'il a déja esté remarqué cy-dessus à la fin du chapitre II, à la note 5 (p. 142), qui est de S. Augustin dont l'authorité doit avoir d'autant plus de poids, qu'outre son grand esprit et la profondeur de sa science, il n'estoit pas moins habile ni moins consommé dans la grammaire et dans la poësie que dans l'art de chanter, puis qu'il avoit publiquement enseigné et fait leçon de grammaire et de rethorique avant que de composer les livres qu'il a escrits de la musique.

IV. L'on peut joindre la raison à l'authorité, vû que la musique est une des quatre mathematiques, qui sont les premieres et les plus universelles des sciences ; et partant les autres sciences qui participent de ces premieres leur sont posterieures, et leur doivent estre sujettes. D'où vient que Quintilien reconnoist la musique comme la maistresse (3) de la grammaire : et quand bien elle ne le seroit pas, elle l'est au moins de la poësie qui depend tellement du chant et de la musique (4), que mesme elle en emprunte ses temps et sa mesure, sa quantité, ses pieds, ses metres,

---

(1) Proponat sibi musicus, quibus ex his divisionibus incedentem faciat cantum, sicut metricus quibus pedibus faciat versum, nisi quod musicus non se tanta legis necessitate constringat, quia in omnibus se hæc ars in vocum dispositione rationabili varietate permutat. Quam rationabilitatem et si sæpe non comprehendamus, rationale tamen creditur id quod mens, in qua est ratio, delectatur. Sed hæc et hujus modo melius colloquendo, quam vix scribendo monstrantur. *Guido Aret. cap. 15. micrologi.*

(2) Sed neque inficiabor hanc ipsam musicam actionem grammaticæ plurimum esse discordem : quum in hac dum brevi vel producta syllaba sit utendum ; omnino eorum, qui ante nos iverunt, authoritate id facimus : musicum vero rationabili vocum dimensioni inservire necesse est, nec illam vel illam syllabam ante pronuntiare, quam sibi per vocis ac temporis mensuram licere sciat. *Franchinus lib. 1. mus. pract. cap. 1. et 4. et lib. 2. cap. 1.*

(3) Transeamus id quoque quod grammatice quondam ac musice junctæ fuerunt ; si quidem Architas atque Aristoxenus etiam subjectam grammaticen musicæ putaverunt ; et eosdem utriusque rei præceptores fuisse. *Et infra.* Num igitur poetę sine musice ? At si quis tam cœcus animi est, ut de alijs dubitet, illos certe, qui carmina ad lyram composuerunt. *etc. Quintilianus lib. 2. institut. orator. cap. 10.*

(4) Ubi velim observes musicam veluti poëtices dominam habendam esse, cum eam regat, et pro libito huic aut illi rei accom-

ses rythmes et ses cesures (1) : Car toutes ces choses appartiennent premierement et principalement à la science du chant, et des autres mathematiques. D'où vient que les nombres et leur rapport (qui sont le naturel objet du chant) ont une telle liaison avec le rythme, qu'ils en portent mesme le nom, car ῥύθμὸς en grec signifie nombre ; et ces nombres sont tellement disposez, qu'ils doivent toûjours estre accompagnez de rapport. La mesure semblablement (qui est une proprieté si naturelle au chant) en a esté traduite et tirée pour estre appliquée ou appropriée à la poësie, en sorte qu'elle a mesme donné le nom à ses metres ; car μέτρον en grec ne signifie autre chose que mesure ; et par consequent les temps et les pieds dont les mesmes metres sont composez sont pareillement de sa dependance. Les cadences sont encore une proprieté inseparable du chant, et du rapport qui doit estre entre ses nombres et ses mesures ; or elles ne se rencontrent ni dans les cesures, ni dans la fin des vers, que par l'imitation de celles qui sont naturellement au chant. Enfin la poësie ne tire cette vertu secrette et divine qu'elle a sur les esprits et sur les cœurs, que des mouvements harmoniques qui conviennent premierement et principalement au chant (2), toutes lesquelles choses se voyent verifiées dans le vers heroïque qui est le plus noble (3) et le plus auguste de toute la poësie ; vû que sa noblesse et sa perfection ne provient que de ce qu'il a une plus grande ressemblance avec l'octave, qui est la plus parfaite de toutes les consonances, et l'harmonie la plus accomplie de tout le chant. Il est donc composé de cinq pieds et de deux demy-pieds ; de mesme que l'octave l'est de cinq tons et de deux demy-tons. Il est divisé en quinte et en quarte dans quelques-uns de ses vers, par exemple en ceux cy,

Imperium sine fine tuum 5ᵉ, *laudésque manebunt* 4ᵉ.
Infandum regina jubes 5ᵉ, *renovare dolorem* 4ᵉ.

Et en d'autres il est divisé en quarte et quinte, comme aux suivans,

Arma virùmque cano 4ᵉ, *Troïæ qui primus ab oris* 5ᵉ.
Nulla salus bello 4ᵉ, *pacem te poscimus omnes* 5ᵉ.

modet : hinc fit, ut syllabam alicujus pedis, quæ tantummodo brevis est, breviorem et brevissimam faciat, quando judicat id esse necessarium ut melius, ad hunc, aut illum affectum animum hominis flectat. *Mersennus quæstionibus in genesin articulo* 6.

  * Tria sunt genera quæ circa artem musicam versantur ; unum quod instrumentis agitur ; aliud fingit carmina : tertium, quod instrumentorum opus, carmenque dijudicat. *Boëtius. lib.* 1. *musicæ. cap. ultimo.*

(1) Ejusdem musicæ perfectione etiam metra constant, in arsi et thesi, id est, elevatione, et positione. *Isidor. lib.* 3. *orig. cap.* 22.

  * Et primo ab auribus cæpit, *etc.* Et intellexit nihil aliud ad aurium judicium pertinere quam sonum. *Et paulo infra.* Videbat autem hanc materiam esse vilissimam, nisi certa dimensione temporum, et acuminis gravitatisque moderata varietate soni figurarentur. Recognovit hinc esse illa semina, quæ in grammatica, cum syllabas diligenti consideratione versaret, pedes et accentus vocaverat. Et quia in ipsis verbis brevitates et longitudines syllabarum prope æquali multitudine sparsas in oratione attendere facile fuit, tentavit pedes illos in ordine certos disponere, atque conjungere : et in eo primo sensum ipsum secuta, moderatos impressit articulos, quæ et cæsa et membra nominavit. Et ne longius pedum cursus provolueretur quam ejus judicium posset sustinere, modum statuit unde reverteretur, et ab eo ipso versum vocavit. Quod autem non esset certo fine moderatum, sed tamen rationabiliter ordinatis pedibus curreret, rhythmi nomine notavit, qui latine nihil aliud quam numerus dici potuit. Sic ab ea poëtæ geniti sunt : in quibus cum videret non solum sonorum, sed etiam verborum rerumque magna momenta plurimum eos honoravit, eisque tribuit quorum vellent rationabilium

mendaciorum potestatem. *Augustinus lib.* 2. *de ordine cap.* 14.

  * Poëma nemo dubitaverit perito quodam initio fusum ; et aurium mensura, et similiter decurrentium spaciorum observatione esse generatum : mox in eo repertos pedes. *Quintilianus. lib.* 9. *Institutionum. cap. ult.*

(2) Certe divinam hanc et impenetrabilem vim (ut cum Platone loquar) originem suam non habere, nisi à motu harmonico, alibi fusius declaravimus : præsertim si is internis animi affectibus commensuratus respondeat. *Et infra.* Et quamvis hæc sicut in metrica seu rhythmica arte vim mirificam possidet : certe multo majorem in musica poesi sive rhythmica energiam habere compertum est : illa enim huic conjuncta veluti omnibus numeris completa, prodigiosos prorsus effectus in animis hominum obtinere infinita prope historicorum monimenta testantur. Est enim ut paulo ante quoque dixi, nescio quid inter motus harmonicos et rhythmicos sympaticum, ut simul ac auribus metrica harmonia sistitur, mens varijs agitata affectibus, nunc gaudij, modo amoris, compassionis, iræ, gemitus aliaque pathematum indicia præbeat. Quæ tantum subinde incrementum habet, vt mens internis animi claustris contineri nescia, externa quoque membra ad actus pathemati respondentes excitet. *Et paulo infra.* Comprehendimus autem sub hac metrica nostra arte non tantum poësim, sed et rhetoricam, id est, solutæ orationis concinnas periodos efficere, atque apta syllabarum prolatione musicis modulis applicare. *Kircherus tomo* 2. *musurgiæ universalis lib.* 8. *parte* 2. *cap.* 1.

(3) Heroïcum enim firmissimum et tumidissimum est metrorum. Jambicum vero et tetrametrum mobilia sunt. *Aristotel. lib. de poëtica cap.* 24.

C'est à dire que dans quelques uns de ses vers les trois pieds et demy y precedent quelque-fois les deux pieds et demy; et qu'au contraire en d'autres vers les deux pieds et demy y precedent les trois pieds et demy : de mesme que dans la division harmonique de l'octave, la quinte qui est de trois tons et demy est au dessous, et la quarte qui n'est que de deux tons et demy est au dessus : ou bien, qu'en la division arythmetique de la mesme octave, la quarte est au dessous, et la quinte au dessus. De plus le mesme vers hexametre est formé de l'assemblage de ses deux (1) metres inegaux; comme l'octave de ses deux consonances ou intervalles inegaux la quinte, et la quarte. Il est rendu agreable par la cesure du milieu et par celle qui le termine; de mesme que l'octave par sa cadence mediane, et par sa cadence finale. Il contient tous les pieds, tous les rythmes, et tous les metres (2); de mesme que l'octave tous les intervalles, et toutes les consonances du chant. Enfin il est terminé avec autant d'agréement que de repos (3); ainsi que l'octave donne l'accomplissement et l'entier agréement à l'harmonie : avec cette difference toutefois que l'harmonie de l'octave est d'autant plus parfaite qu'elle luy est naturellement acquise, et qu'elle est inseparable de son essence; au lieu que celle de la poësie n'est employée dans ses metres ni dans ses vers, si ce n'est par le hazard [selon l'opinion de Mersenne (4)] ou ce qui est plus vray-semblable, par la tradition, et (5) par l'authorité de ceux qui avec l'art ont voulu imiter ce qu'ils voyoient naturellement se rencontrer dans les nombres, l'harmonie, et les proportions du chant, et de la musique. De sorte qu'outre que les sciences des mathematiques (ausquelles ces trois choses appartiennent) sont les premieres de toutes, et independantes des autres, elles conservent encore à meilleur titre ce droit à l'égard des autres arts ou sciences (6) qui en sont composées, ou n'en font que partie, dont la poësie est une des principales. C'est pourquoy l'antiquité n'a point reconnu de poëtes qui ne fussent aussi musiciens, et elle a confondu le nom des uns avec celuy des autres; et mesmes le nom de la poësie avec celuy de la musique, ainsi que Kircher l'a remarqué (7) après Quintilien.

(1) Scias oportet à veteribus doctis, in quibus magna est authoritas, *et cæt.* hunc definitum et vocatum esse versum qui duobus quasi membris, sed inæqualibus constaret, certa mensura et ratione conjunctis. *August. lib.* 3. *mus. cap.* 3. *et* 9.

* *Item. Lib.* 6. *musicæ. cap.* 10.

(2) Omnis versus est rhythmus, et metrum. *August. lib.* 3. *musicæ cap.* 2.

(3) Non enim tam suavi sonaret æqualitate, aut motu tam concinno clauderetur; si non inesset illa numerositas, quæ profecto esse, nisi in hac parte musicæ non potest. *August. lib.* 3. *mus. cap.* 7.

(4) *Mersenne. tome* 2. *lib.* 6. *de la Rhythmique proposition* 31.

(5) Videntur autem genuisse in universum poëticam causæ duæ, atque ipsæ naturales, nam imitari insitum à pueris est et hac re differunt ipsi ab alijs animalibus, quod homo est animal maxime accommodatum ad imitationem; et perceptiones faciunt primas per imitationem. Et gaudent omnes rebus imitatione expressis. Signum autem hujus rei. *etc.* Verum cum secundum naturam sit in nobis ipsum imitari, et harmonia et numerus (nam metra particulas esse numerorum manifestum est) à principio qui natura apti erant, ad hæc ipsa maxime, paulatim promoventes et generunt poësin ex ijs quæ subito dicebantur. *Aristoteles lib. de poëtica cap.* 4.

* Non enim ut in producenda corripiendave syllaba non nisi auctoritatem veterum hominum quærimus, ut quemadmodum sint usi verbis quibus nos quoque loquimur, ita et nos utamur : quia et in hujusmodi re nullam observationem sequi desidiæ est; et novam instituere, licentiæ : ita in metiendo versu inveterata voluntas hominum, ac non æterna rerum ratio cogitanda est, cum et moderatam ejus longitudinem prius naturaliter aure sentiamus, deinde approbemus rationabili consideratione numerorum, et cum insigni fine claudendum esse judicet quisquis judicat certius. *August. lib.* 3. *musicæ cap.* 5.

* Scias velim totam illam scientiam quæ grammatica græcè, latinè autem litteraria nominatur, historiæ custodiam profiteri, VEL SOLAM UT SUBTILIOR DOCET RATIO : VEL MAXIME, UT ETIAM PINGUIA CORDA CONCEDUNT. Itaque verbi gratia cum dixeris, cano, vel in versu forte posueris, ita ut vel tu pronuntians producas hujus verbi syllabam primam, vel in versu eo loco ponas, ubi esse productam oportebat, reprehendet grammaticus, custos ille videlicet historiæ; nihil aliud asserens, cur hanc corripi oporteat, nisi quod hi, qui ante nos fuerunt, et quorum libri extant, tractanturque à grammaticis, ea correpta, non producta usi fuerint. Quare hic quicquid valeat, AUCTORITAS VALET. At vero musicæ ratio, ad quam dimensio ipsa vocum rationabilis, et numerositas pertinet, non curat, nisi ut corripiatur, vel producatur syllaba, quæ illo vel illo loco est SECUNDUM RATIONEM MENSURARUM SUARUM. *etc. August. lib.* 2. *musicæ cap.* 1.

* Jam vero numeri disciplina cuilibet tardissimo clarum est, quod non sit ab hominibus instituta, sed potius indagata atque inventa. Non enim sicut primam syllabam Italiæ, quam brevem pronunciaverunt veteres, voluit Virgilius, et longa facta est : ita potest quisquam efficere cum voluerit, ut ter terna aut non sint novem, aut non possint efficere quadratam figuram, aut non ad ternarium numerum tripla sint, ad senarium sescupla, ad nullum dupla, quia intelligibiles numeri semissem non habent. Sive ergo in se ipsis confiderentur, sive ad figurarum, aut sonorum, aliarumve motionum leges numeri adhibeantur, incommutabiles regulas habent, neque ullo modo ab hominibus institutas, sed ingeniosorum sagacitate compertas. *August. lib.* 2. *de doctr. christ. cap.* 38 *et* 13.

(6) Poëtica musicæ pars. *Aristoxenus lib.* 1. *harmonicorum elementor. circa initium.*

(7) *Kircherus musurgiæ universalis to.* 1. *lib.* 2. *cap.* 6. §. 2 *et lib.* 7. *parte* 1. *Eromate* 1. §. 2.

* *Quintilianus lib.* 1. *Institut. cap.* 10.

EXEMPLES DES CHANTS METRIQUES.

Chants trochaïques :

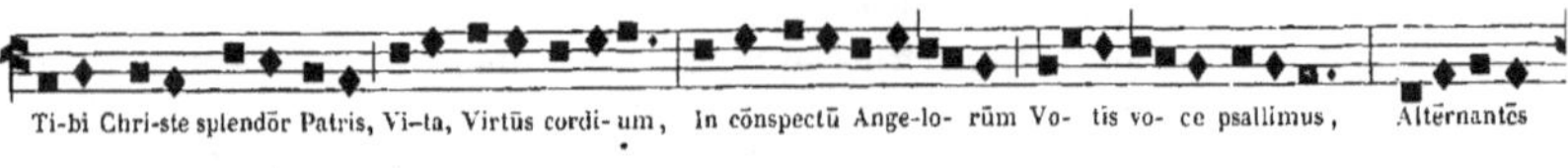

(*La prose* Veni sancte Spiritus, *comme au ch. I de la Partie cinquiéme.*)

Chants Iambiques :

Chants dactyliques :

(Ut queant laxis. *comme au ch. I de la Partie cinquiéme.*)

Chant Dactylique meslé de l'Iambique au troisiéme vers.

(1) Voir l'explication du chiffre et de la lettre qui se trouvent à la fin de ce morceau et des suivants, 2e partie, chap. xiv, paragraphe xiii, pag. 134-135.   (*Note des éditeurs*).

CHAPITRE VI.

I. La multitude et la difference des pieces de chant qui se trouvent dans les eglises de diverses nations, Dioceses ou communautez ne permettant pas de les marquer toutes, l'on ne fera seulement que toucher icy succintement quelques pieces des livres Romains dont l'usage semble le plus universel, pour y servir comme d'exemple, et de modele sur lequel ceux qui ont des chants particuliers se puissent instruire, pour en marquer les pieces sur leurs livres, conformement à ce qui a esté dit cy dessus au dernier chapitre de la seconde partie.

II. Toutes les antiennes et tous les repons des antiphonaires et psautiers Romains, et toutes les messes de ses graduels se chantent en plain-chant et à notes égales, à la reserve de la teneur des versets des introïts, et de leurs *Gloria Patri*, du *Credo*, du *Gloria in excelsis* des festes simples, et de la prose *Veni sancte spiritus*, qui se chantent selon qu'il est marqué cy dessous.

III. Tous les versets des pseaumes et des cantiques, ceux mesme qui suivent apres les introïts, ou apres les antiennes *Asperges*, et *Vidi aquam*, apres la communion de la messe des defunts, apres le *mandatum* du Jeudi saint, les versets apres les hymnes, ou apres les capitules se doivent chanter en chant rythmique ou psalmodique, à l'exception toutefois des ligatures qui se rencontrent aux intonations et aux mediations solemnelles des mesmes versets, et des neumes qui se trouvent sur leurs dernieres syllabes; lesquelles ligatures, et neumes se doivent chanter en plain-chant.

IV. Il y a encore plusieurs autres choses qui se chantent en chant rythmique, comme les Epistres, les Evangiles, les prefaces, le *Pater noster*, le *Gloria in excelsis* des simples, le *Te Deum*, les *Kyrie*, les *Sanctus*, et les *Agnus* des feries de caresme, les leçons, les propheties, les lamentations, les passions, les absolutions, les benedictions, les répons brefs, les capitules, et autres choses semblables, qui sur les derniers mots qui precedent le point et les deux points, ont accoûtumé de recevoir et les accens et certain nombre de notes tellement disposées qu'elles y font une espèce de rythme, et de cadence de chant.

V. La psalmodie mesmes qui se fait tout droit ou à l'unisson, et le reste des offices qui en plusieurs communautez religieuses se font pareillement tout droit, ne laissent pas d'appartenir aucunement à la mesme espece de chant rythmique, ou psalmodique; car les voix n'y estant point continuës comme elles le sont dans un simple recit (1) et dans le discours, et n'y estant non plus discrettes comme elles le sont dans le chant, elles participent quelque chose de l'un et de l'autre, et ont quelque ressemblance avec la prononciation des vers, ou des rythmes, comme en effet les versets des pseaumes en ont esté composez (2), de sorte que cette maniere de chanter

---

(1) Quum vox ita movetur, ut nullo modo stare videatur, continua vocatur; discreta vero vox in omnibus huic contraria est, nam et stare videtur. Idque genus vocis non loqui, sed cantare potius dicendum est. *Franch. l. 1. harmon. instrumental. c. 2.*

(2) Quibus numeris consistant versus Davidici non scripsi, quia nescio. *Et infra.* Certis tamen eos constare numeris credo, illis qui jam linguam probe callent. Amavit enim vir ille sanctus musicam piam, et in ea studia nos magis ipse, quam ullus alius auctor accendit. *August. epist.* 131.

* Omnes hi mire efferunt carmina Davidis, causasque, quæ ipsum ad condenda carmina pepulerunt tractant. *Augustinus eadem epist. et lib.* 17. *de civitate Dei cap.* 14.

* *Hieronimus in prologo Bibliorum ad Paulinum, et in præfatione super libros Regum.*

* *Ambrosius præfat. in psalmos.*

* *Cassiod. prologo in psalterium cap.* 15.

* *Eusebius lib.* 11. *de præparat. evangelica cap.* 3.

* *Iosephus lib.* 7. *cap.* 10.

* Sacerdotes stabant in officijs suis et levitæ in organis carminum Domini, quæ fecit David Rex, hymnos David canentes per

imite (1) celle de la prononciation des vers, ou des rythmes, et tient comme le milieu entre les sons continus et les sons discrets; n'estant proprement ni un vray chant ni un simple recit.

VI. Quant aux pieces qui dans les mesmes livres de l'usage Romain appartiennent aux chants metriques, le *Credo* y est dactylique, à la reserve des mots *Et homo factus est*, qui sont en plain-chant. Le chant de l'hymne *Vt queant laxis*, et des autres hymnes qui ont un pareil chant sont aussi dactyliques.

La prose *Veni sancte spiritus* est en chant trochaïque. Les hymnes des vespres des feries de l'année, ceux des petites heures des feries de l'avent et du carême, et l'hymne *Conditor alme syderum* du temps de l'avent sont en chant jambique, etc.

---

manus suas. 2. *Paralip.* 7. — *Item :* Hæc sunt verba novissima, quæ dixit David filius Isaï, egregius Psaltes in Israël. 2. *Reg.* 23.

* Stare fecit cantores contra altare, et in sono corum dulces fecit modos. *Eccli.* 47.

(1) *Boëtius cité cy dessus aux notes du chap. II. de la partie II.*

* *Mersenne tome I. de l'harmonie universelle livre 2. des chants proposition 2.*

PARTIE QVATRIEME.

DES TONS OU MODES DU CHANT.

CHAPITRE PREMIER.

DU NOM DES TONS OU MODES, LEUR DEFINITION ET LEURS DIVERSES DIVISIONS.

I. Le mot de ton en matiere de chant peut signifier quatre (1) choses, premierement un simple son, duquel il a esté cy dessus parlé au chapitre vii. de la ii. partie. 2° L'intervalle d'un son à un autre son prochain et immediat, dont il a esté traité au chapitre iv de la mesme partie. 3° Le mode du chant qui est le sujet de cette iv. partie (2). 4° Le son de la voix haut ou bas ou moderé, avec lequel la piece du chant doit estre commencée et continuée, dont il sera parlé cy apres au chapitre vi.

II. Les tons donc en leur troisiéme signification ont anciennement esté ainsi nommez, parce que le ton et le degré de voix auquel on les commençoit, en faisoit lors quelque espece de difference (3). Ils ont aussi esté appelez τρόποι en grec, qui en français signifie mœurs, à cause de leur pouvoir et des differens effets qu'ils ont accoûtumé de produire dans les cœurs. On leur a en suite donné le nom de modes (4), tant pour le mesme sujet, que parce qu'ils contiennent diverses façons (5) ou qualitez ou especes de melodie. Ces modes donc ou ces tons sont certaines façons de melodie et de chant, qui sont regulierement contenuës dans l'étenduë

---

(1) *Euclides in musica.*

  * Tonus dicitur quatuor modis; ut phtongus, et ut intervallum, et ut vocis locus, et ut tenor. Ut phtongus, Eptatonum, quadrisonum; ut intervallum, cum dicimus a mese ad paramesen tonum esse. Ut vocis locus, scilicet in systemate, ut cum dicimus Dorium, vel Phrygium, vel Lydium. etc. Ut tenor autem, quatenus dicimus quempiam acutitonum, aut medio vocis tono uti. *Cleonides in introductorio musicæ cap. de tono.*

(2) Ex diapason igitur consonantiæ speciebus existunt, qui appellantur modi, quos eosdem tropos, vel tonos nominant. *Boetius lib. 4. musicæ cap. 14.*

  * Philosophi has septem diapason species modos à modulando vel moderando dixerunt : cum eos omnem modulaminis progressum certis intensionum remissionumque terminis moderari perciperent. *Franch. l. 5. musicæ theoricæ c. 8.*

  * Veteres Græci eosdem et tropos, et systemata, et harmonias; latini modos et constitutiones vocabant. *Glarean. lib. 2. dodecachordi cap. 2.*

(3) Definiendum vero denuo, quod earum quæ secundum totas constitutiones fiunt mutationum, quas vocamus proprie tonos, eo quod tensione acquirant differentias, potentia quidem infinita est multitudo, sicut etiam sonorum : una enim hac re differt à sonitu is qui sic appellatur tonus, quod compositus sit cum illo collatus qui simplex est : ut linea collata ad punctum : nihilque hic impedit quominus sive punctum totum sive totam lineam transferamus in continua loca : actu vero qui ad sensum finita, cum et sonorum numerus finitus sit. *Et infra.* Idem cantus aliquando quidem ab acutioribus locis incæptus, aliquando vero à gravioribus conversionem quamdam efficit moris. *Ptolem. lib. harmonic. cap. 7.*

(4) *Guido Aret. cap. 12 et 13. micrologi et alibi passim.*

(5) Musicus motus continet qualitatem et quantitatem. Quod si desierit qualitatem quantitatemve motus habere, jam non musicus motus erit. Qualitas autem motus est utrum sit protus, vel deuterus, aut quilibet alius motus. Quantitas autem, utrumnam sit duplus, vel sesquialter, aut sesquitertius. Igitur qualitas in modorum speciebus; quantitas in magnitudine præscribitur motuum. *Guido cap. 7. epilogi in modorum formulis et cantuum qualitatibus.*

et entre les extremitez de l'une des sept especes de l'octave (1) ou diapason, et qui sont propres à exprimer les mouvemens enfermez dans le sens et dans les rythmes de la lettre, et à produire les affections qui y répondent dans ceux qui les chantent et dans ceux qui les écoutent. Le mot regulierement est ajoûté à cette definition des modes, parce qu'il y a plusieurs pieces de chant qui n'ont pas l'étenduë entiere de l'octave, ou bien qui la surpassent d'une quarte ou d'une quinte ; et Boëce mesme semble la leur accorder jusques à la double (2) octave (3).

III. La premiere division des modes est en authentiques, autrement appellez principaux ou impairs, et en plagaux, autrement nommez collateraux ou pairs. Les authentiques ou impairs sont ceux qui divisent harmoniquement l'octave dans l'étenduë de laquelle ils sont contenus, c'est à dire qui ont la quinte au dessous et la quarte au dessus (4). Mais les plagaux ou pairs sont ceux

---

(1) Modi musici nihil aliud sunt, quam ipsius diapason consonantiæ species, quæ et ipsæ ex varijs diapentes et diatessaron speciebus conflantur. *Glarean. lib.* 1. *dodecachordi cap.* 11.

* Est enim hujusmodi tonus apud Guidonem regula per ascensum et descensum omnes descriptas, ac etiam pernotabiles modulationes in fine dijudicans. *Franch. lib.* 1. *musicæ pract. cap.* 7.

(2) Sunt autem tropi seu toni constitutiones, in totis vocum ordinibus vel gravitate vel acumine differentes. Constitutio vero est plenum veluti modulationis corpus ex consonantiarum conjunctione consistens ; quale est, vel diapason et diapente, et diatessaron ; vel bis diapason. Est enim diapason constitutio à proslambanomenos in meson, cæteris quæ sunt mediæ vocibus annumeratis : vel à mese rursus in netem hyperboleon cum vocibus interjectis. *etc. Boët. lib.* 4. *mus, cap.* 14.

* Modum hic vocamus remissionem aut intensionem omnium tetrachordorum gradatim in aliquo genere melorum sui generis progressionem servans. *Faber Stapulensis l.* 4. *musicalium element.*

(3) *Y a t-il une différence entre les tons et les modes du plainchant ?* Telle est la question que nous nous adressons ici, en essayant d'y répondre. Pierre Maillart l'a examinée *ex professo*, en 1610, dans un livre assez considérable et très-curieux qui a pour titre : *Les tons ou discours sur les modes de musique et les tons de l'Église, et la distinction entre iceux,* etc., Tournay, in-4" de plus de 580 pages. Cet auteur prouve qu'il y a une différence essentielle entre les tons du plain-chant et les modes de la musique, et s'élève avec force contre ceux qui confondent ces deux choses : « De leur erreur, dit-il, « sont procédées les absurdités et tout le désordre qu'on voit encore « aujourd'huy. »

Si Pierre Maillart s'était borné à prouver la différence qui sépare les douze ou quatorze modes admis par quelques-uns dans la musique proprement dite du moyen âge, et les huit tons ou modes grégoriens, il aurait eu complétement raison ; mais il va plus loin, et, sortant de la thèse qu'il avait cependant indiquée par le titre de son livre, il soutient qu'il y a huit tons et huit modes ecclésiastiques, et qu'il faut établir entre eux une distinction fondamentale.

Voici la substance de son raisonnement : « Le chant des psaumes s'appelle proprement *ton ;* les autres mélodies liturgiques doivent se nommer *modes.* Or, le chant des psaumes se reconnaît par l'intonation, la médiation et la terminaison, tandis que celui des antiennes, des répons, etc., ne se découvre que par la dominante et la finale. Donc, il y a une différence entre eux ; donc les modes ne sont pas des tons (2e partie, ch. II, III et VIII, *passim*). »

La majeure de cette argumentation n'est prouvée nulle part dans l'ouvrage de Maillart, et la mineure repose sur une subtilité puérile : en sorte que tout cela ne mérite guère la peine qu'on s'y arrête.

Il y a cependant une remarque de cet auteur, qui ne doit pas être passée sous silence, parce qu'elle révèle à la critique le peu de fondement qu'avait la doctrine de Maillart, même dans l'esprit de

son auteur. En effet, celui-ci avoue que si chaque ton de psaume était toujours accompagné d'un mode correspondant, il cesserait de faire une distinction entre ces deux choses. « Je me tairoy, dit-« il, d'autant que par concomitance, ou suitte necessaire, les deux « noms sygnifieroient touiours une mesme chose, encor que ce fut « pour diuers respects et autres raisons. Mais il n'en est pas ainsi, « continue-t-il, car il est certain, que comme ce sont choses reale-« ment differentes, aussi peuuent-elles estres separées, et trouuées « à l'une sans l'autre. En voulez-vous des exemples ? » Et il en donne une dizaine qui ne confirment aucunement sa thèse, puisqu'il choisit en général des répons ou des antiennes dont l'échelle tonale est irrégulièrement franchie, ou dont la dominante est vague et difficile à reconnaître. D'ailleurs, ces exemples, fussent-ils vrais, ne seraient tout au plus que des exceptions, ou, si l'on veut, des chants composés en dehors de la vraie tonalité grégorienne ; et la parfaite concordance qui existe entre les antiennes et les psaumes qui les accompagnent, n'en serait pas moins un fait général, comme le dit très-bien Dom Jumilhac, à la fin de ce chapitre.

Soyons justes toutefois. Sans partir des subtilités de Pierre Maillart, Guy d'Arezzo a soutenu que c'est à tort que l'on nommait *modes* les *huit tons* du plaint-chant. Mais dans cette question qui n'a, du reste, aucune importance, nous nous contenterons de dire avec le célèbre Jean Cotton : « Nos autem si rem diligentius intueamur, « non omnino abusivum videbitur..... Latini quippè inopia eloquii « plerumque propriis carent indiciis, cum demonstrationibus in-« terdum necessitate compulsi aliena sibi vocabula usurpando ad-« discunt, quod Græci καταχρησιν vocant. Cum ergo Latini antiqui « consonantiam quandam in musica tantummodo tonum vocarent, « grammatici et accentus orationis, vel distinctiones tonos usurpato « nomine cœperunt. Rursus Latini cantores non parvam esse simi-« litudinem inter cantus et accentus prosaicæ locutionis modos « psallendi considerantes, nomen hoc commune utrisque esse sanxe-« runt. Sicut enim toni vel accentus in tres dividuntur species, « scilicet gravem, circunflexum, acutum, ita in cantu tres distin-« guntur varietates. Nam cantus nunc in gravibus vagatur..... ; « nunc circa finales quasi quadam circumflexione versatur..... ; « nunc in acutis quasi saltando movetur..... Vel certi toni dicuntur « ad similitudinem tonorum, quos Donatus distinctiones vocat......, « qua in re animadverti potest, quod modi non omnino abusivè « toni vocantur, nec incongrue distinctionum seu accentuum sor-« tiuntur, quorum varietates imitantur..... (apud Gerbert, *Scriptores*, tom. 2, p. 241-242). »   (*Note des éditeurs.*)

(4) Quatuor autenti plagas geminantur adepti. Entimema sonos claudit, signatque remotos. Concordant flexu diatessaron addita nexum. Comparat intentos diapente relatio gressus : jus tenet ambarum spatium diapason harum : refert alterius cum suscipit altera vires. Unde duo signum variant loca cujus ad ipsum. *Guido in fine prologi rhythmici antiphonarij.*

* Componitur autem diapason ex diapente et diatessaron dupla

qui divisent arithmetiquement leur octave, c'est à dire qui ont la quarte au dessous et la quinte au dessus. De sorte que la quinte demeurant immobile, et sa note la plus basse estant toûjours finale, le ton peut estre ou authentique, ou plagal ; authentique lorsque la quarte est au dessus, et que toute l'estenduë de son octave est au dessus de la finale ; plagal quand la quarte est au dessous la finale de sa quinte. Or les authentiques ou principaux ont esté ainsi nommez, parce qu'ils ont esté inventez les premiers, et qu'ils ont esté en usage avant les plagaux. Ils sont encore appellez impairs, à cause des nombres impairs 1. 3. 5. 7 dont l'on a accoûtumé de les marquer. Les plagaux au contraire ou collateraux ont esté ainsi qualifiez, d'autant qu'ils ont esté ajoûtez ou associez aux principaux par la transposition de leur quarte au dessous de la finale (1) ; et on leur a donné le nom de pairs, à cause des nombres pairs 2. 4. 6. 8. qui ordinairement leur sont appliquez pour les distinguer des impairs.

IV. La seconde division ou plûtost sous division des modes authentiques est en Dorien, Phrygien, Lydien, et Myxolydien (2) : Et des plagaux en sous-Dorien, sous-Phrygien, sous-Lydien, et sous-Myxolydien : qui sont les noms des nations chez lesquelles ils estoient davantage en usage (3). A tous lesquels Glarean et plusieurs autres musiciens ajoûtent encore les quatre suivans (4) ; sçavoir deux authentiques l'Eolien et le Jonien (auquel Aristoxene a donné le nom de Jastien) et deux plagaux le sous-Eolien, et le sous-Jonien appellé par d'autres sous-Jastien : de tous lesquels il sera parlé plus au long dans le chapitre qui suit.

V. La troisiéme division des modes est en naturels et transposez que quelques uns en autres termes appellent modes de ♮ carre et de b mol ; et que Guy Aretin nomme transformez (5). Mais cette division ne semble estre qu'accidentelle, parce qu'elle n'empesche pas qu'ils ne soient entierement semblables les uns aux autres, tant dans leurs octaves et dans les quintes et quartes qui les composent, que dans la situation de leurs deux demy-tons et de leurs tons : et qu'ils n'ayent une pareille correspondance entre leurs finales et leurs affinales, vû que les finales des naturels servent d'affinales aux transposez : de mesme que les finales des transposez sont affinales des naturels.

---

semper dimensione producta : quam duæ primæ ac majores superparticulares naturaliter dispositæ sesquialtera et sesquitertia harmonicæ medietati subjiciunt, hinc mediatam hujusmodi diapason harmoniam dicunt. Verum cum chordæ intervallum, quo diapason solvitur per sesquitertiam in grave, et sesquialteram in acutum fuerit mediatum, diapason hujusmodi modulata non poterit harmonia vocari propter dissonam mediæ et communis chordæ sonoritatem. Erunt quippe æquę ambę diapasonici intervalli partes ; quum gravior fuerit diatessaron, acutior diapente : quo fit ut diapason hujusmodi mediata, arithmeticæ mediocritati noscatur esse subjecta. *Et infra.* Ordinem namque confundit, qui secundam speciem primæ præposuerit. Quo circa ad subvertendam modorum modulationem, consonarum hujusmodi conversionem musici instituêre. *Franchin. lib. 2. mus. instrum. cap. 32.*

* *Glarean. lib. 2. dodecach. cap. 3. et sequentibus.*

* Hanc arithmeticam, illam harmonicam appellavere dispositionem, nam termini proportionum, qui dant formam quintæ et quartæ cujusmodi sunt 6. 4. 3 positi sunt in proportionalitate harmonica ; medius enim terminus dividit extremos modo conveniente chordis ejus ordine prorsus naturali dispositis : Altera vero dispositio cum terminos suos 4. 3. 2. in arithmetica proportione ordinatos habeat, cordasque suas non tam naturali ordine, quam accidentali dispositas habeat, certe multo priori ignaviorem causabit consonantiam. *Kircherus tomo 1. musurg. univers. lib. 3. cap. 17.*

* *Pontus Thiart au Solitaire 2.*

(1) Collaterales dicti, quoniam consimilibus ducuntur lateribus, scilicet diatessaron et diapentes speciebus : vel ex conversione unius lateris, scilicet diatessaron superioris deorsum ducta. *Franchinus lib. 1. musicæ practicæ capite 7.*

* Apparet item in hoc negotio ingens naturæ miraculum ; quod bini modi positu ac diapason specie diversi unius tamen propre sint corporis. Quippe diapente eadem est, diatessaron positu dumtaxat non natura alia : atque inde porro nata est principum modorum, ac plagiorum appellatio. Omnes autem principes à plagijs in quarta constitunt diapason specie duabus interjectis. Ita Hypodorius cum de prima sit specie, Dorius de quarta est. Hypophrygius autem, cum de secunda sit specie, Phrygius de quinta est. Rursus cum Hypolydius de tertia, Lidius de sexta. Denique Hypomyxolydius cum de quarta sit, Mixolydius de septima erit. *etc. Glareanus lib. 2. dodecachordi cap. 28.*

(2) *Boëtius lib. 4. mus. cap. 15.*

* *Franch. lib. 1. musicæ pract. cap. 7.*

(3) Quo enim quasi unaquæque gens gaudet, eodem ipse modus vocabulo nuncupatur. Gaudet enim gens modis morum similitudine : neque enim fieri potest, ut mollia duris, dura mollioribus annectantur, aut gaudeant : Sed amorem, delectationemque, ut dictum est, similitudo conciliat. *Boëtius. lib. 1. mus. cap. 1.*

(4) *Glarean. l. 2. dodec. c. 6. 7. et 15.*

(5) In eo vero cantu maxime b. molli utimur, in quo f. f. amplius continuatur, gravis vel acuta ; ubi quandam confusionem et transformationem videtur facere, ut G. sonet protum, A deuterum, cum ipsa b. sonet tritum. Unde ejus a multis nec mentio facta est. *Guido Aret. cap. 8. microl. G. sonet protum etc. c'est a dire aux termes dont Aretin a coutume de se servir, que le G. sert de finale aa 1. et 2. mode ; l'A aa 3. et quatriéme ; le b mol au cinquiéme et sixiéme. etc.*

TABLE DES DOUZE MODES TRANSPOSEZ.

		I MODE qui est en la 7e octave	II MODE qui est en la 4e octave	III MODE qui est en la 1e octave	IV MODE qui est en la 5e octave	V MODE qui est en la 2e octave	VI MODE qui est en la 6e octave	VII MODE qui est en la 3e octave	VIII MODE qui est en la 7e octave	IX MODE ou 1 affinal qui est en la 4e octave	X MODE ou 2 affinal qui est en la 1e octave	XI MODE ou 5 affinal qui est en la 6e octave	XII MODE ou 6 affinal qui est en la 3e octave
	F											FA FA	
	E											MI MI	
	D									LA RE		RE RE	
	C							SOL UT		SOL UT		SOL UT	SOL UT
	B♭					FA SA		FA SA		FA SA		FA SA	FA SA
Nete hyperboleon	A			LA LA		MI LA		MI LA		MI LA	MI LA	MI LA	MI LA
Paranete hyperboleon	G	SOL SOL		SOL SOL		RE SOL		RE SOL	SOL SOL	RE SOL	RE SOL	RE SOL	RE SOL
Trite hyperboleon	F	FA FA		FA FA		FA FA	FA FA	FA FA	FA FA	FA FA	FA FA	UT FA	FA FA
Nete diezeugmenon	E	MI MI		MI MI	MI MI	MI MI	MI MI	MI MI	MI MI	MI MI	MI MI		MI MI
Nete synemenon	D	RE RE	LA RE	RE RE	RE RE	RE RE	RE RE	RE RE	RE RE	RE RE	RE RE		RE RE
Paranete synemenon	C	SOL UT	SOL UT	SOL UT	SOL UT	SOL UT	SOL UT	SOL UT	SOL UT		SOL UT		UT UT
Trite synemenon	B♭	FA SA	FA SA	FA SA	FA SA	FA SA	FA SA		FA SA		FA SA		
Mese	A	MI LA	MI LA	MI LA	LA LA		MI LA		MI LA		MI LA		
Lichanos meson	G	RE SOL	RE SOL		SOL SOL		RE SOL		RE SOL				
Parhypate meson	F		FA FA		FA FA		UT FA						
Hypate meson	E		MI MI		MI MI								
Lichanos hypaton, etc.	D		RE RE										

TABLE DES DOUZE MODES NATURELS.

		I MODE ou Dorien qui est en la 4e octave	II MODE ou Sous-Dorien qui est en la 1e octave	III MODE ou Phrygien qui est en la 5e octave	IV MODE ou Sous-Phrygien, qui est en la 2e oct.	V MODE ou Lydien qui est en la 6e octave	VI MODE ou Sous-Lydien qui est en la 3e octave	VII MODE ou Myxolidien qui est en la 7e octave	VIII MODE ou Sous-Myxolidien qui est en la 4e oct.	IX MODE ou Eolien, ou 1 afinal qui est en la 1e oct.	X MODE ou Sous-Eolien ou 2 afinal qui est en la 5e oct.	XI MODE ou Ionien 5 afinal qui est en la 3e cot.	XII MODE ou Sous-Ionien 6 afinal qui est en la 7e oct.
	C											FA UT	
	B♮											MI SI	
Nete hyperboleon	A									LA LA		RE LA	
Paranete hyperboleon	G							SOL SOL		SOL SOL		SOL SOL	SOL SOL
Trite hyperboleon	F					FA FA		FA FA		FA FA		FA FA	FA FA
Nete diezeugmenon	E			LA MI		MI MI		MI MI		MI MI	LA MI	MI MI	MI MI
Paranete diezeugmen.	D	SOL RE		SOL RE		RE RE		RE RE	SOL RE	RE RE	SOL RE	RE RE	RE RE
Trite diezeugmenon	C♯	FA UT		FA UT		FA UT	FA UT	FA UT	FA UT	FA UT	FA UT	UT UT	FA UT
Paramese	B♮	MI SI		MI SI	MI SI	MI SI	MI SI	MI SI	MI SI	MI SI	MI SI		MI SI
Mese	A	RE LA	LA LA	RE LA	RE LA	RE LA	RE LA	RE LA	RE LA	RE LA	RE LA		RE LA
Lichanos meson	G	SOL SOL	SOL SOL	SOL SOL	SOL SOL	SOL SOL	SOL SOL	SOL SOL	SOL SOL		SOL SOL		UT SOL
Parhypate meson	F♯	FA FA	FA FA	FA FA	FA FA	FA FA	FA FA		FA FA		FA FA		
Hypate meson	E	MI MI	MI MI	MI MI	MI MI		MI MI		MI MI		MI MI		
Lichanos hypaton	D	RE RE	RE RE		RE RE		RE RE		RE RE				
Parhypate hypaton	C		FA UT		FA UT		UT UT						
Hypate hypaton	B♮		MI SI		MI SI								
Proslambanomenos	A		RE LA										

D'où vient qu'il est facile de transposer ceux de ♮ *carre* en *b mol* ; et reciproquement de remettre en ♮ *carre* ceux de *b mol*. Car pour transposer les naturels ou ceux de ♮ *carre* en *b mol* il ne faut que descendre une quinte plus bas, ou monter une quarte plus haut, transferant par exemple, la finale de la lettre *D* à la finale du *G* inférieur d'une quinte, ou supérieur d'une quarte, disant *fa* ou *sa* sous la lettre *b* : et faire par proportion le semblable aux finales des autres modes quand on a pareillement dessein de les transposer. Que si au contraire l'on veut reduire les transposez aux naturels ; il n'y a qu'à rehausser avec une semblable proportion leur finale d'une quinte , ou bien la rabbaisser d'une quarte : élevant par exemple, la finale du *G* à la finale du *D* plus haut d'une quinte, ou l'abbaissant au *D* plus bas d'une quarte, et prenant la syllabe *mi*, ou la syllabe *si* sous la lettre ♮. Et faire une semblable reduction des autres modes transposez lorsqu'on veut les rendre naturels.

VI. Guy Aretin fait encore mention d'une autre espece de transposition des modes , qui se fait en transposant les modes des lettres finales aux modes des lettres affinales (1) , laquelle peut donner occasion à une autre division des modes en finaux et affinaux ; les finaux sont ceux qui finissent par une des lettres du tetrachorde des finales ; les affinaux ceux qui se terminent par les lettres du tetrachorde des affinales ; Franchin et quelques autres musiciens appellent en autres termes les modes finaux , reguliers ; et les affinaux , irreguliers : mais pour éviter l'occasion d'équivoque que ces termes pourroient donner , il faut remarquer que les affinaux peuvent estre considerez en deux façons, l'une comme estant tout a fait distinguez des 8. premiers et de leurs quatre finales ; l'autre comme faisans partie des huit premiers à cause de l'affinité qu'ils ont avec leurs finales et avec leurs quintes, ou avec leurs quartes. Estans donc considerez comme separez des huit finaux, ils constituent le neuviéme , le dixiéme, l'onziéme, et le douziéme modes, qui ne sont pas moins reguliers dans leurs quintes, leurs quartes, et leurs finales, que les huit finaux le sont dans les leurs : Mais si l'on a égard à l'attribution ou reduction , et à l'union que l'on en fait aux huit finaux à cause de leur affinité ou ressemblance, ils peuvent passer pour irreguliers en comparaison des finaux, vû qu'ils n'ont pas la mesme espece d'octave, et qu'ils different toûjours des finaux en la quarte ou en la quinte ; ainsi qu'il sera plus particulierement remarqué au chapitre suivant.

VII. La quatriéme division des modes est en modes simples, en modes mixtes, et en modes excedans ou superflus. Les simples sont ceux qui sont renfermez dans l'étenduë de leur octave , et qui la remplissent effectivement, ou au moins qui la peuvent remplir (2).

EXEMPLE

du nombre des notes dont chaque mode peut, par licence, excéder son Octave, tant au dessus qu'au dessous.

(Les notes longues marquent cet excès.)

LES AUTHENTIQUES :   LES PLAGAUX :

(1) Quod si ipsam b mollem vis omnino non habere, neumas in quibus ipsa est, ita tempera, ut pro F, G, a, et ipsa b, habeas G, a, ♮, c : aut si talis est neuma, quæ post D, E, F, in elevatione vult duos tonos et semitonium, (quod ipsa b facit) aut post D, E, F, in depositione vult duos tonos ; pro D, E, F, assume A, ♮, c, quæ ejusdem sunt modi et easdem depositiones et elevationes regulariter habent. Hujusmodi enim elevationes et depositiones inter D, E, F, et a, ♮, c. Si clare discernis confusionem maxime contrariam tollis. *Guido Aret. cap. 8. micrologi.*

(2) Ascensus ille et descensus potentia magis, quam actu consistit : inveniuntur enim cantilenæ in quibus nec autentus nec plagalis suum numerum complet. *Lystenius in sua musica cap. 10. de tonis.*

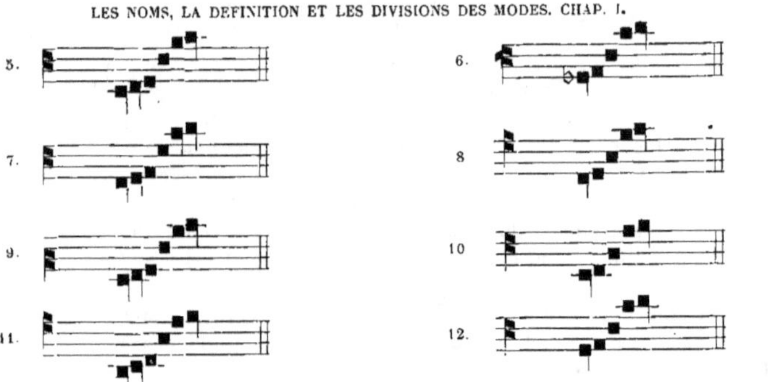

C'est pourquoy ils sont derechef sous-diuisez en ceux qui ont leur octave entiere, que pour ce sujet l'on peut nommer complets ou parfaits, et en ceux qui n'en contiennent qu'une partie (1), qui à cette occasion sont appellez incomplets ou imparfaits (2).

EXEMPLES :

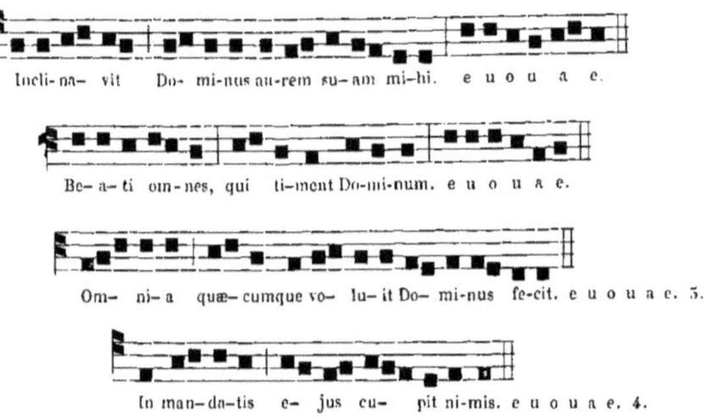

(1) Præmissi ergo modi cum subsequentibus ex diapason consonantiæ existunt speciebus, quos tropos vel tonos nominamus. Est autem constitutio in totis vocum ordinibus gravitate differens, aut acumine. Constitutio vero plenum veluti modulationis corpus consistens ex consonantiarum conjunctione, quale est diapason, vel diapente, vel diatessaron aut diapason et diapente, vel bis diapason. Unde et quasdam in autentis ac plagis symphonias reperimus quæ ex sola diatessaron, aut ex sola efficiuntur diapente, vel diapason. Sonorum perfectissima diapason est, quæ ex toto autenticum, aut ex toto plagalem efficit cantum. Ex diatessaron vero, vel diapente medius efficitur modus, qui nec autenticam, nec gravem proprie reddit partem cantilenæ. Unde cujus modi fuerit discerni non valet, utrum autento aut plagæ conferri valeat, nisi ex distinctionibus. Ex diapason ergo et diapente efficitur modus, qui et autenticam et plagalem unisone resonat quantitatem. *Guido in formulis modorum cap. 9. ubi de formula tetrardi.*

(2) Modus quispiam dicitur perfectus, cum inter canendum usque ad diapason seu octavam extenditur : imperfectus seu diminutus, cum non attingit : excedens vero cum ultra excurrit. *Gassendus tomo 3. in manuductione ad theoriam musicæ. cap. 4.*

* Principio cantilenæ adeo simplices fuere apud primores Ecclesiæ, ut vix diapente ascensu ac descensu implerent. Cui consuetudini proxime accessisse dicuntur Ambrosiani. Deinde paulatim ad diapason deventum verum omnium modorum systema. Porro deinde, ut in alijs rebus fieri solet, ne his quidem permansere limitibus ; sed superne inferneque illam excessere, ut id passim videre licet. Quare non inepte modi ipsi intra diapason limites incedentes similimum quiddam cum flumine intra alvei ripas labente obtinere videntur ; Ut enim flumen vel calore, vel alia de causa imminutum non semper implet alveum ; non numquam vel imbre, vel nivibus auctum etiam egreditur ; Ita modi ipsi, quoties forte phonascis placuit, diapason non semper implent, non nunquam pro cantus qualitate etiam superant, atque egrediuntur. Ad diapason autem Ecclesiastici cantus modis imparibus frequenter adjiciunt inferne tonum, ut patet in primo ac septimo. Tertio nonnumquam ditonum. Quinto vero semitonium minus. Contra vero paribus superne tonum, ut sexto et octavo : at in secundo semitonium, sed rarius : in quarto autem idem frequentissimè. Non nunquam connectuntur duorum modorum systemata ut primi et secundi in cantico Victimæ paschali laudes. *Glareanus libro primo dodecachordi capite 14.*

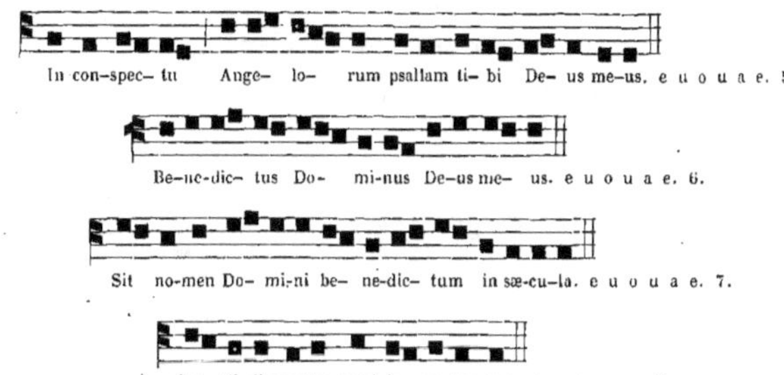

Les modes mixtes sont ceux qui surpassent l'étenduë de leur octave, et qui ont une quarte ou au moins une tierce sous leur quinte s'ils sont authentiques, ou une quarte sur leur quinte s'ils sont plagaux : Ce qui pouvant se faire en deux façons, l'une en laquelle la quarte de l'authentique qui est sur sa quinte soit encore placée au dessous de la mesme quinte, ainsi qu'elle l'est en son collateral; l'autre en laquelle la quinte ait deux quartes differentes, l'une au dessus, l'autre au dessous; Ces modes mixtes sont aussi sous-divisez en ceux qui ne sont composez que de l'authentique et de son plagal, que l'on peut appeller mêlez (1);

EXEMPLES DES MODES MÊLEZ :

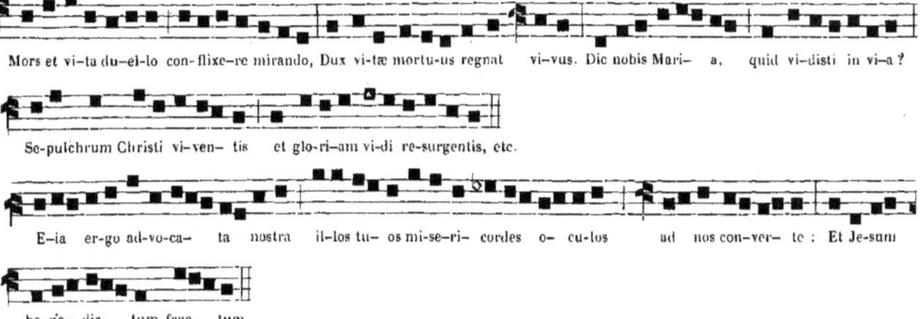

(1) Commixtus tonus dicitur si autenticus est cum in eo species alterius quam sui collateralis disponuntur. Sin autem fuerit plagalis, dicetur commixtus, cum alterius quam sui ducis et imparis consonantes continet formas. Mixtus tonus dicitur, si autenticus est, cum vel totum gravius sui plagalis attigerit tetrachordum, vel duas saltem ejus chordas. Imperfectus tonus, sive autenticus sive plagalis est qui non implet proprie diapason figuram deficiens vel ex parte diapentes, vel ex parte diatessaron, vel ex parte utriusque, hunc proprie diminutum dicunt. Plusquam-perfectum, vel superfluum putant tonum, cum, si autenticus fuerit, ultra diapason notulam unam, aut duas diatonice tenuerit in acutum; cum autem plagalis fuerit, tunc in grave. *Franchinus lib.* 1. *musicæ pract. cap.* 8.

* Itaque καθολικῶς modi fere inferiore proxima incedere possunt, ut tamen et phrasis observetur, et clavis finalis infima diapente chorda non negligatur. *Glareanus lib.* 2. *dodecachordi cap.* 56.

* A finali itaque voce ad quintam in quolibet cantu justa est depositio, et usque ad octavas elevatio : licet contra hanc regulam sæpe fiat, cum ad nonam decimamve progrediamur. *Guido Aret. cap.* 11. *microl.*

* Memineris præterea quod sicut usu altum cantuum attestatione perhibetur. Autenti vix à suo fine plus una voce descendunt, ex quibus tritus rarissime id facere propter subjectam semitonij imperfectionem videtur. Plagæ autem ad quintas remittuntur, et intenduntur : Sed intensioni et sexta autoritate tribuitur; sicut in autentis nona et decima. Plagæ vero proti, deuteri, et triti; aliquando in a, ♮, c, acutas necessario finiuntur. Supradictæ autem regulæ permaxime caventur in antiphonis et responsoriis, quorum cantus ut psalmis et versibus coaptentur, oportet communibus regulis fulciantur. Alioquin plures cantus invenies, in quibus adeo confunditur gravitas et acumen, ut non possit adverti, cui magis, id est autento, an plagæ conferantur. Præterea et ignotorum cantuum inquisitione, prædictarum neumarum et subjectione et appositione plurimum adjuvamur; cum talium aptitudine soni cujusque proprietatem per vim tropicam intuemur. *Guido Aret. cap.* 13. *micrologi.*

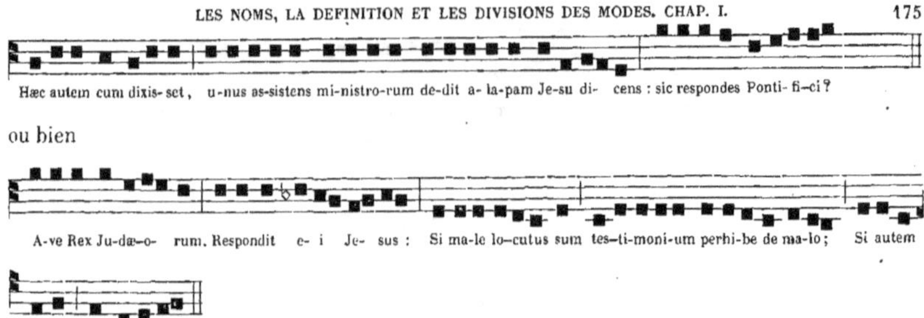

ou bien

et en ceux qui ont l'octave d'un mode, et l'une des quartes d'un autre mode, que l'on peut qualifier entremeslez; duquel nom l'on peut pareillement appeller les modes, qui bien qu'ils n'outrepassent pas l'octave, paraissent neantmoins en leur commencement estre d'un mode, en leur milieu d'un autre, et en leur fin d'un troisiéme, ainsi qu'on le peut remarquer dans l'introït de la messe du S. Esprit, *spiritus Domini*, qui en ces deux mots semble estre du premier mode, aux trois suivans du cinquiéme, et aux derniers du huitiéme : ou bien dans quelques répons et graduels qui changent de mode dans leurs versets.

EXEMPLES :

Quant aux modes superflus, ce sont ceux qui excedent leur octave d'un ton ou d'une tierce en haut lors que le mode est authentique, ou bien d'un ton ou d'une tierce en bas quand le mode est plagal.

EXEMPLE

des modes qui sont superflus, ou qui surpassent leurs octaves :

VIII. Il faut encore icy remarquer qu'il y a des musiciens qui font quelque difficulté de donner le nom de modes à ceux qui sont incomplets ou imparfaits à cause qu'ils n'ont pas l'étenduë entiere de leur octave, ou que la terminaison des pseaumes qui se chantent apres les antiennes (soit completes soit incomplettes) ne se fait pas souvent à la finale. De sorte que pour mettre une plus grande distinction entre ces modes incomplets et les complets, ou entre les chants psalmodiques et les autres chants, ils donnent le nom de modes à ceux seulement qui sont complets, et celuy de tons aux autres qui sont incomplets ou psalmodiques (1). Il semble toutefois plus à propos de se tenir à l'usage commun qui est plus ancien, auquel ces deux noms ont toûjours signifié la mesme chose, et ont esté employez indifferemment l'un pour l'autre, soit dans les pieces completes ou incompletes, soit dans la psalmodie. Car les plus anciens autheurs du chant, Euclide, Cleonide, et Ptolemée, dont les passages sont citez au commencement de ce chapitre et du suivant, ont qualifié du nom de ton les pieces les plus completes des modes; et les incompletes ne laissent pas d'appartenir ou de se réduire à quelques uns des modes, à cause de leur notes modales la finale et la dominante. Enfin la psalmodie mesme a un tel rapport et liaison avec ses antiennes, qu'elle est estimée ne faire qu'un mesme mode de chant conjointement avec elles (2).

(1) Voir l'examen de cette question, page 168, à la fin du 2ᵉ paragraphe de ce chapitre.   (*Note des éditeurs.*)

(2) *Mersennus harmonicorum lib.* 6. *de generibus et modis proposit.* 26. *corollario* 3.

REPRODUCTION EXACTE DES PASSAGES DE GUY D'AREZZO

QUI SE TROUVENT CITÉS DANS LE CHAPITRE I DE JUMILHAC, COLLATIONNÉS DE NOUVEAU SUR LE MANUSCRIT DE SAINT-EVROULT.

Page 167, note 5.

« Musicus motus continet qualitatem et quantitatem. Quod si desierit qualitatem quantitatemve motus habere, jam non musicus motus erit. Qualitas autem motus est utrum sit protus, vel deuterus, aut quilibet alius motus. Quantitas autem, utrumnam sit dupplus, sesquialter, aut sesquitertius. Igitur qualitas in modorum speciebus, quantitas in magnitudine prescribitur motuum (p. 29 du mss. de St-Evroult). »

Page 168, note 4.

« Quatuor autenti plagas geminantur adepti.
Enthimema sonos claudit, signatque remotos.
Concordant flexu diatessaron addita nexum.
Comparat intentos diapente relatio gressus.
Jus tenet ambarum spatium diapason harum.
Refert alterius cum suscipit altera vires.
Unde duo signum variant loca cujus ad ipsum. »
(P. 19 du mss. de St-Evroult).

Page 169, note 5.

« In eo vero cantu maxime b. molli utimur, in quo F. f. amplius continuatur, gravis vel acuta, ubi quandam confusionem et transformationem videtur facere, ut G. sonet protum, A deuterum, cum ipsa b. sonet tritum. Unde ejus a multis nec mentio facta est (p. 5 du mss. de St-Evroult). »

Page 172, note 1.

« Quod si ipsam b mollem vis omnino non habere, neumas in quibus ipsa est ita tempera, ut pro F, G, A, et ipsa b, habeas G, a, ♮, c, aut si talis est neuma, quę post D, E, F, in elevatione vult duos tonos et semitonium, quod ipsa b facit aut post D, E, F, in depositione vel duos tonos, pro D, E, F, assume A, ♮, c, quę ejusdem sunt modi, et easdem depositiones et elevationes regulariter habent. Hujusmodi enim elevationes et prędictas depositiones inter D, E, F, et a, ♮, c, si clare discernis, confusionem maxime contrariam tollis (p. 5 du mss. de St-Evroult). »

Page 173, note 1.

« Pręmissi ergo modi cum subsequentibus ex diapason consonantię existunt speciebus, quos tropos vel tonos nominamus. Est autem constitutio in totis vocum ordinibus gravitate differens aut acumine. Constitutio vero est plenum veluti modulationis corpus consistens ex consonantiarum conjunctione, quale est diapason, vel diapente, vel diatessaron aut diapason et diapente, vel bis diapason. Unde et quasdam in autentis ac plagis symphonias repperimus quę ex sola diatessaron aut ex sola efficiuntur diapente vel diapason. Sonorum perfectissima diapason est quę ex toto autenticum, aut ex toto plagalem efficit cantum. Ex diatessaron vero, vel diapente medius efficitur modus, qui nec autenticam nec gravem proprie reddit partem cantilenę. Unde cujus modi fuerit discerni non valet, utrum autento aut plagę conferri valeat, nisi ex distinctionibus. Ex diapason ergo et diapente efficitur modus, qui et autenticam et plagalem unisone resonat quantitatem (p. 38 du mss. de St.-Evroult). »

Page 174, note 1.

« A finali itaque voce ad quintam in quolibet cantu justa est depositio, et usque ad octavas elevatio, licet contra hanc regulam sępe fiat, cum ad nonam decimamve progrediamur (p. 7 du mss. de St-Evroult). »

« Memineris pręterea quod sicut usu altum cantuum attestatione perhibetur. Autenti vix á suo fine plus una voce descendunt. Ex quibus tritus rarissime id facere propter subjectam semitonii imperfectionem videtur. Ascendunt autem autenti ad octavam et nonam, vel etiam decimam. Plagę vero ad quintas remittuntur, et intenduntur. Sed intensioni et sexta autoritate tribuitur, sicut in autentis nona et decima. Plagę vero proti, deuteri, et triti, aliquando in a, ♮, c, acutas necessario finiuntur. Supradictę autem regulę permaxime caventur in antiphonis et responsoriis, quorum cantus ut psalmis et versibus cooptentur, oportet communibus regulis fulciantur. Alioquin plures cantus invenies, in quibus adeo confunditur gravitas et acumen, ut non possit adverti, cui magis, id est autento, an plagę conferantur. Pręterea et ignotorum cantuum inquisitione, prędictarum neumarum, et subjectione et appositione plurimum adjuvamur, cum talium aptitudine soni cujusque proprietatem per vim tropicam intuemur (p. 8 du mss. de St-Evroult). »

CHAPITRE II.

I. Les opinions des philosophes, et musiciens semblent avoir esté fort partagées touchant le nombre des modes, Aristote (1), Athenée, et Porphyrion (2) n'ont fait mention que de trois, Lucien de quatre, Apulée de cinq, Boëce avec le commun des philosophes de sept (3); Ptolemée en a reconnu huit (4), Aristoxene douze (5) ou treize, d'autres quatorze, Alipius, Cassiodore, S. Isidore, et autres quinze (6). Et il se trouve des modernes qui au rapport de Mersenne font monter leur nombre à vingt-deux (7); d'autres à soixante douze; et quelques uns jusques à deux cent dix. Il y en a d'autres au contraire qui n'en veulent que deux, sçavoir de ♮ *carre* et de *b mol.* Mais cette varieté d'opinions semble estre provenuë plûtost de la diverse maniere de les expliquer, ou d'en faire le compte, que de la chose mesme laquelle en soy paroist assez claire, et n'est pas moins certaine parmi les bons autheurs (8) : ainsi qu'on le peut voir par l'explication de leurs opinions, dont les plus suivies se peuvent reduire à trois principales.

II. La premiere est celle qui n'en reconnoist que (9) sept, à cause qu'il n'y a que sept octaves qui soient de differentes especes; et qu'il n'y a aucune sorte de chant qui ne se puisse reduire à l'un des sept modes qui sont formez de ces sept especes d'octave.

III. La seconde est celle de Ptolemée qui en ajoûte un huitiéme (10) à ces sept, afin que la quinziéme chorde de l'ancien et parfait systeme des grecs ou disdiapason, sçavoir *nete hyperboleon* n'ait pas moins son octave et son mode, que toutes les autres cordes du mesme systeme; et que la mese (qui acheve la plus basse des deux octaves du disdiapason) serve de base à la plus aiguë qui est terminée au mesme *nete*, et qu'ainsi l'ordre de toutes ses quinze cordes soit entierement rempli, ou bien afin que (suivant l'usage que l'on fait ordinairement de ce huitiéme mode) le quatriéme

---

(1) Aristoteles tres tantum modos Dorium, Phrygium, et Lydium, qui fuere antiquissimi; ex quibus Dorius ad graviores vocis actiones æstimatus est : Lydius ad acutiores; Phrygius ad medias, Lucius Apuleius 1° Floridorum quinque describit; Hiastiumque, et Æolium tribus præcedentibus adjicit. *Franchinus lib. 4. harmoniæ instrument. cap.* 1.

(2) *Glareanus lib.* 2. *dodecachordi capite* 10.

(3) *Boëtius lib.* 4. *musicæ cap.* 14.

(4) *Boëtius lib.* 4. *musicæ cap.* 16.

(5) Sunt enim tredecim toni ut vult Aristoxenus. *Euclides in musica.*

* *Glareanus libro* 2. *dodecachordi capite* 10.

(6) *Alipius in introduct. musica.*

* *Cassiodorus de septem disciplinis.*

* *Isidorus lib.* 3. *orig. cap.* 19.

(7) *Mersennus lib.* 6. *harmonicorum propositione* 24. *et au tome* 1. *de l'harmonie universelle liv.* 2. *des genres et des modes. proposition* 15. 16. 17. 18. *et* 19.

(8) Constat itaque hanc difficultatem totam in nominibus esse non in rebus. *Clarean. lib.* 1. *dodecachordi cap.* 21.

* Nec fieri potest ullo pacto, ut plures revera sint modi, quam diapason species; quocumque enim instituatur harmonia, necessario in has septem incidet diapason species. Hic cardo est, hæc summa totius negotij, ideoque nomina non turbent nos; manet certe, manet, inquam, rerum immutabilis ordo, in infinitum multiplicatis nominibus. *Glareanus ibid. lib.* 1. *cap.* 21.

(9) Induxit ergo nos sermo ad numerum tonorum, de quo pulchre res se habebit, si totidem quot sunt species diapason eos fecerimus. *Ptolemæus lib.* 2. *harmonicorum cap.* 9.

* Has igitur constitutiones, si quis totas faciat acutiores, vel in gravius remittat, secundum supradictas diapason consonantiæ species, efficiet modos septem : quorum nomina sunt hæc; Hypodorius, Hypophrygius, Hypolydius, Dorius, Phrygius, Lydius, Mixolydius. *Boët. lib.* 4. *musicæ cap.* 14.

* Tonus sive modus nihil aliud est, quam forma quæpiam modulationis, quæ in unaquaque specie diapason seu octavæ est varia, quatenus initium illius, ac intra ipsam semitonia ad varias chordas pertinent. Unde quia veteres fixere septem diapason species, septem quoque modos. etc. *Gassendus in manuductione ad theoriam musicæ tomo* 5.

(10) Septem quidem prædiximus esse modos : sed nihil videatur incongruum, quod octavus seperannexus est : hujus enim connexionis rationem paulo posterius eloquemur. *Et infra.* Cur autem octavus modus, qui est hypermyxolydius adjectus est, hinc patet : sit bis diapason, *etc. Boëtius lib.* 4. *musicæ cap.* 16.

* Relinquitur ergo extra H, P, (*id est extra septem species octavæ* 8ª *et* 15ª *chorda*) quæ, ut totus ordo impleatur adjecta est. Atque hic est octavus modus, quem Ptolemæus super-annexuit. *Boëtius lib.* 4. *musicæ cap.* 17.

authentique n'ait pas moins son (1) plagal que les autres trois authentiques ; ce qui s'accomplit parfaitement en renversant la quarte de ce huitiéme mode sous sa quinte : au moyen de quoy il se rencontre un rapport et une convenance entre les sept modes et le huitiéme quasi semblable à celle qui est entre les sept premiers sons et le huitiéme qui en fait l'octave. Guy Aretin reduit pareillement les modes au nombre de huit : car encore qu'il dise quelquefois qu'il y a quatre modes à cause des quatre authentiques ou principaux ; neantmoins il divise toûjours chacun de ses (2) quatre modes en deux membres (ainsi que Boëce l'a fait dans la table du xv. chapitre du iv. livre de sa musique) et il en appelle l'un authentique, et l'autre plagal, qui font le nombre de huit. Il reduit pareillement la finale du ♮ à celle de l'*E*, et la finale du *C* à celle de *f* ; en sorte que dans la pratique il ne met que quatre finales, non à cause de l'identité, mais de l'affinité (3), ou de la ressemblance qui se rencontre entre celles là et celles cy, suivant ce qui sera expliqué plus au long au chapitre iv. de cette partie.

IV. La troisiéme de ces opinions est d'Aristoxene, laquelle Glarean (4) a appuyée de si bonnes raisons qu'elle est communément suivie de la pluspart des autheurs (5) et des musiciens modernes. Elle établit le nombre de douze modes, ajoûtant aux huit precedens les quatre suivans, dont deux sont authentiques, sçavoir l'Eolien et le Jastien qui est plus communément nommé Jonien, et deux sont plagaux, sçavoir le sous-Eolien et le sous-Jastien ou sous-Jonien. Les principales raisons de cette opinion sont, 1° que le nombre des modes se doit prendre, non seulement des sept especes d'octave, mais aussi de l'une et l'autre de leurs deux divisions, l'harmonique et l'arithmetique ; d'autant que la melodie des modes qui provient de la division harmonique est bien differente de celle qui est produite par les modes qui sont formez de la division arithmetique (6), à cause de la differente chûte de l'un et de l'autre chant, de la diversité de leurs in-

---

(1)   Quatuor autenti plagas geminantur adepti ,
        Ni quartus simplex septem discrimina firmet.
        Unde poëta canit septem discrimina vocum.
        Octavus primo similis quapropter adhæsit.

Guido in prologo rithmico antiphonarij prope finem. Qui per quartum (autenticum scilicet) septimum intelligit.

* Tetradus Mixolydij, et collega (*Hypermixolydius scilicet*) quem reflexo sub diapenten tretrachordo, reliquorum similitudine, Hypomixolydium possumus nominare. *Franch. lib. 1. musicæ practicæ. cap. 7.*

(2) Interea cum cantus unius modi utpote proti ad comparationem finis tum sint graves et plani, tum acuti et alti ; versus et psalmi et si quid, ut diximus, fini aptandum erat ; uno eodemque modo, prolatum diversis aptari non poterat : quod enim subjungebatur, si erat grave, cum acutis non conveniebat ; si erat acutum à gravibus discordabat. Consilium itaque fuit, ut quisquis modus partiretur in duos, id est acutum et gravem : distributisque regulis, acuta acutis, et gravia convenirent gravibus : et acutus quisque modus diceretur autentus, ı, auctoralis, et princeps ; gravis autem plaga vocaretur, ı, lateralis et minor. Qui enim dicitur stare ad latus meum, minor me est : Cæterum si esset major, ego aptius dicerer stare ad latus ejus. Cum ergo dicatur autentus protus et plaga proti, et similiter de reliquis ; qui naturaliter in vocibus (*finalibus scilicet*) erant quatuor, in cantibus facti sunt octo. Abusio autem tradidit Latinis dicere pro autento proto et plaga proti, Primus, et secundus. Pro autento deutoro, et plaga deuteri, tertius, et quartus : pro autento trito et plaga triti, quintus et sextus : pro autento tetrardo, et plaga tetrardi, septimus et octavus. Igitur octo sunt modi, ut octo partes orationis, et octo formæ beatitudinis, per quos omnis cantilena discurens octo dissimilibus qualitatibus variatur. Ad quos in cantibus discernendos etiam quædam neumæ inventæ sunt, ex quarum aptitudine ita modum cantionis agnoscimus, sicut sæpe ex aptitudine corporis, quę cujus sit tunica reperimus : ut PRIMUM QUÆRITE REGNUM DEI. Mox enim ut cum fine alicujus anti-

phonæ hanc neumam bene viderimus convenire ; quod autenti proti sit, non opus est dubitare : sic et de reliquis. *Guido Aret. cap.* 12. *et* 13. *micrologi et alibi passim in formulis modorum.*

Item. cap. 1. *prologi prosaici antiphonarij. Le passage duquel est cité au ch.* ıx *de la II. partie.*

* Ideoque habes in formulis modorum duas formulas in unoquoque modo. Prima namque et secunda formula, primi est modi. Tertia et quarta secundi ; quinta et sexta tertij. Septima et octava quarti. Ideo enim octo dicuntur toni, quin octo habent formulas. Prima autem et tertia, quinta et septima formula quatuor modorum altos continent cantus. Secunda et quarta, sexta et octava eorumdem modorum gravia, vel minus alta obtinent cantica. Unde Græci multo melius pro primo et secundo dicunt autentum protum et plagam proti. Vel pro tertio et quarto, autentum deuterum, et plagam deuteri. Pro quinto et sexto, autentum tritum et plagam triti. Pro septimo et octavo, autentum tetrardum et plagam tetrardi. *Guido in prologo antiphonarij cap.* 7.

(3) Quædam quamvis sint affines, non perfecte consonant. *Guido in prologo rhythmico antiphonarij. Item cap.* 7. *micrologi.*

(4) Nos sex principes harmonicos divisos, quemadmodum priore libro diximus, Dorium, Phrygium, Lydium, Mixolydium, Æolium, ac Jonicum constituemus, cum sex plagijs Hypodorio, Hypophrygio, Hypolydio, Hypomixolydio, Hypoæolio, ac Hypoïonico. Eamque nomenclaturam toto deinde, quantum poterimus, servabimus librorum contextu : atque adeo in ipsorum exemplorum ordine. *Glarean. lib.* 2. *dodecachordi cap.* 7.

(5) Eos tantum modos explico, quibus nostrates practici, et alij musici ubique terrarum utuntur. Sunt autem numero duodecim, sex nempe primarij, atque præcipui, quos authenticos, et Dominos, atque reges ; et sex secundarij, quos Plagales, Ministros, Subjugalesque vocant. Nihilque aliud sunt ; quam prædictæ species octavæ, quarum varia divisio producit modum authenticum, ejusque plagalem. *etc. Mersen. lib.* 1. *harmonic. proposit.* 23.

(6) Verum systemata ipsa cum per diapente, ac diatessaron con-

tervalles, et de leurs cadences, et de la variété de leur phrase. 2° Que les autheurs qui ajoûtent un 8ᵉ mode à ceux qui sont pris des sept especes d'octave ne le peuvent autrement distinguer d'avec le 1ʳ autentique, que par la division harmonique que l'on fait de leur octave dans le premier, et par la division arithmetique que l'on fait de la mesme octave dans le 8ᵉ; ou bien en autres termes par (1) l'inversion de la quarte de l'octave qui est commune à ces 2. modes sous la quinte de la mesme octave; afin que suivant la forme des autres collateraux, il ait au dessous la quarte que le premier authentique a au dessus. D'où il s'ensuit, que comme entre les sept especes d'octave il n'y en a que cinq qui soient capables de recevoir l'une et l'autre division (2), l'harmonique et l'arithmetique, sçavoir l'octave de l'*A* à un autre *A*, du *C* à un autre *C*, du *D* à un autre *D*, de l'*E* à un autre *E*, et du *G* à un autre *G*, et les deux autres especes d'octave ne pouvant souffrir que l'une de ces deux divisions, sçavoir l'octave de *f* à un autre *f*, la division harmonique, et l'octave du ♮ carre à un autre ♮ *carre* l'arithmetique. d'autant que (3) si l'octave de *f* estoit divisée arithmetiquement, elle auroit le Triton en bas et la fausse quinte en haut, et si l'octave du ♮ estoit divisée harmoniquement, elle rencontreroit la fausse quinte en bas et le Triton en haut. Il faut conclure que le veritable nombre des modes est celuy de douze, dont dix sont formez de l'une et l'autre division des cinq octaves, qui en rendent cinq authentiques et cinq plagaux, et les deux autres de l'unique division de chacune des deux autres octaves, de l'une desquelles il en revient un authentique, et de l'autre un plagal ou collateral, afin que ce nombre de douze soit accompli, et que les six authentiques et les six plagaux s'y rencontrent.

V. Ce mesme nombre peut encore estre confirmé par les differentes combinaisons que les quatre especes de quinte ont avec les trois especes de quarte : car bien qu'on en puisse faire (4)

---

sonantias medientur omnia, varias ex ipsis accipiunt formas, et velut novas subinde ascensu, et descensu species. Quod in ipsa statim prima diapason formula, quæ ex *A* est ad *a*, videre licebit. Nam si arithmetice mediata fuerit inferiore cantilenæ parte primam diatessaron speciem sol, re, frequenter audies, superne vero la, re, primam diapente speciem divisam per fa in medio, ut in Hypodorio fieri solet. Sin harmonice divisa fuerit; superne secundam diatessaron speciem la mi audies frequenter, inferne autem la re, ut in Æolio fieri consuetum est, quod latius prosequi non est necesse, copiose enim ea luculentis item exemplis ostendimus. Sed id ea causa hic referimus, quod cantus ex lapsu qui fit secundum arsin ac thesin plurimum notitiæ nobis præbet. *Et infra.* Ut lector ex his consideret, quantum discriminis cujusque modi phrasis in cantu habeat. Nec temere ficta esse, quæ priore libro retulimus. Primum *re, la;* secundum *re, fa;* tertium *mi fa. etc. Glarean. lib.* 2. *dodecachordi cap.* 36.

(1) Octavus ponitur sic sub superhicque vocatur. *Guido in formula plagis tetrardi cap.* 10.

* Quare si octavus modus vulgo alius est modus ab septem illis veris atque indubitatis, idque ob unicam systematis inversionem; necesse est quatuor reliquos modos, nonum, decimum, undecimum, ac duodecimum quos nos ita nominamus, etiam in modorum numerum admittere. *Glarean. lib.* 2. *dodecachordi cap.* 6.

* At mixolydius plagium habere non potuit ab alijs disjunctum. Si enim diatessaron quam supra diapente habet, ei inferne annectas, recidet in systema Dorij, ut sæpe jam dictum est. Eaque causa fuisse videtur primis Ecclesiasticis, cur hunc modum, octavum nominarint, eumque septem alijs adjecerint modis, ne Mixolydius solus inter quatuor apud eos principes plagio careret. Cum vero eumdem octavum à primo natura separare non possent, necessitate coacti ad systematis conversionem confugerunt. Quod cum feliciter cessisse viderent, de alijs item modis vertendis arithmeticos, harmonicosque cogitarunt : Sic ad hos octo modos quatuor præterea invenerunt, sed systemata eadem manserunt, videlicet ut in octavo

dorij, ita in nono Hypodorij systema, in decimo Phrygij, in undecimo Hypolydij, in duodecimo Mixolydij mansit. Hypophrygius autem, ac Lydius sic verti non poterant : ut antea ostensum est, manet tamen in eis etiam si improprie vertantur, eadem Diapason species. Cæterum hi quatuor ultimi cum non minus essent veri modi ex systematis inversione nati, atque est octavus modus, minus tamen curæ fuere vulgò, neglectique videntur, vel quod non omnibus noti; vel quia priores octo satis videbantur ad omnes cantilenas constituendas. Nos autem novos hos, ut quibusdam visum est, cum nihil minus sint, modos ita ordinavimus, ut impari numero appellaremus nonum undecimumque qui harmonicos dividuntur, pari vero numero qui arithmeticos decimum duodecimumque. *Glareanus lib.* 2. *dodecach. cap.* 7.

(2) Habent itaque ex septem diapason speciebus quinque binos modos. Videlicet prima Hypodorium, atque Aeolium. Tertia Hypolydium, ac Jonicum. Quarta Dorium, ac Hypomixolydium. Quinta Phrygium ac Hypoæolium. Septima mixolydium, ac Hypoïonicum; Duæ vero reliquæ species singulos; nempe secunda Hypophrygium; sexta Lydium, duo enim rejecti sunt, de quibus nunc sæpissime. *Glareanus lib.* 2. *dodecach. cap.* 15. *et in tabellis cap.* 7 *et* 28. *ejusdem libri* 2.

(3) Dissonantia quoque per falsitatem ita in canendo subripit; cum aut de bene dimensis vocibus parum quid demunt gravantes, vel adjiciunt intendentes. *Guido cap.* 10. *micrologi.*

(4) Viginti quatuor connexionibus, quæ superne ac inferne fieri possunt; inter tres diatessaron species, et quatuor diapente, duodecim dumtaxat diatonicum genus accipit, totidemque abjicit, sex videlicet superne, et totidem inferne quatuor de causis, vel quod quatuor habeant tonos continuos, vel quinque; vel quod dumtaxat unum tonum inter duo hemitonia minora habeant; vel duo hemitonia minora continua. Itaque relinquuntur duodecim connexiones; reliquæ 12. rejiciuntur; ac inter priores duodecim sex arithmeticé, sex item harmonice dividuntur. *Glareanus lib.* 2 *dodecach. cap.* 3. *ubi connexionum typum mox subjicit.*

vingt quatre; neantmoins les intervalles du genre diatonique ne permettent pas d'en retenir que douze; sçavoir, premierement les deux de la premiere espece de quinte des lettres *D* et *a*, *re la*, avec la premiere espece de quarte des lettres *A* et *D*, *re sol*, ou selon la gamme sans muances, *la re*, l'une qui a la quarte sur la quinte, d'où procede le premier authentique; l'autre qui a la quarte sous la quinte, d'où provient le second et le plagal du premier. En second lieu les deux combinaisons de la seconde espece de quinte des lettres *E* et ♮, *mi mi*, ou *mi, si*, avec la seconde espece de quarte des lettres ♮ et *E*, *mi la* ou *si mi*, l'une la quarte dessus pour l'authentique et troisiéme mode; l'autre la mesme quarte dessous pour le quatriéme son plagal. En troisiéme lieu les deux combinaisons de la troisiéme espece de quinte des lettres *F*, et *c*, *fa fa*, ou *fa ut*, avec la troisiéme espece de quarte des lettres *C*, et *F*, *ut fa*, la quarte dessus pour l'autentique et le cinquiéme, ou la mesme quarte dessous pour le 6e son plagal. En 4e lieu les deux combinaisons de la 4e espece de quinte des lettres *G* et *d*, *ut sol* ou *sol re*, avec la premiere espece de quarte des lettres *d* et *g*, *re sol*, la quarte au dessus pour l'autentique et le 7e, ou bien au dessous, pour le huitiéme son plagal. En cinquiéme lieu, les deux combinaisons de la premiere espece de quinte des lettres *a* et *e*, *re la*, ou *la mi*, avec la seconde espece de quarte de lettres *e* et *a mi la*, la quarte au dessus pour le 9e et l'authentique, ou bien au dessous pour le dixiéme son plagal. En sixiéme lieu, les 2 combinaisons de la 4e espece de quinte des lettres *c* et *g*, *ut sol*, avec la troisiéme espece de quarte des lettres *g*, et *c*, *ut fa*, ou *sol ut*, la quarte au dessus pour l'authentique et l'onziéme; ou bien au dessous pour son plagal et le douziéme. Or comme ces douze façons de combiner les quintes et les quartes ne sont pas moins differentes les unes des autres que les octaves le sont entre elles mesmes : aussi produisent-elles un pareil nombre d'especes de modes. Car bien que les modes neuviéme et le dixiéme se trouvent avoir la premiere espece de quinte (1) de l'*a* à l'*e* de mesme que le premier et le second mode ont la leur du *D* à l'*a*; et que les modes onziéme et douziéme ayent la quatriéme espece de quinte du *c* au *g*, comme le septiéme est le huitiéme l'ont du *G* au *D* : toutefois parce que leur quarte est differente, et que celle du premier et du second mode est de la premiere espece de l'*A* au *D*, au lieu que celle du neuviéme et du dixiéme est de la seconde espece de l'*e* à l'*a* : Et que la quarte du septiéme et du 8e mode est de la premiere espece du *d* au *g*, au lieu que la quarte de l'onziéme et du douziéme est de la troisiéme du *G* au *D*. Cette diversité de quartes ne doit pas avoir moins de pouvoir pour distinguer et rendre les modes differens les uns des autres; qu'elle en a pour former les especes differentes d'octave, et pour en faire la distinction. Comme donc il est certain, qu'encore que la premiere espece d'octave d'un *A* à l'autre *a*, et la quatriéme espece d'un *D* à l'autre *d* ayent la mesme espece de quinte, et que la 3e espece d'octaue d'un *C* à l'autre *c*, et la septiéme espece d'un *G* à l'autre *g* ayent aussi une semblable espece de quinte, toutefois la diversité d'espece de la seule quarte fait sans contredit la distinction entre les deux especes de la premiere et de la quatriéme octave; et entre les deux autres de la troisiéme et de la septiéme octave. Aussi, bien que les quintes ou les quartes de quelques modes se rencontrent estre semblables, toutefois la diversité qu'ils ont dans l'espece de leurs quartes ou de leurs quintes met entre eux une suffisante distinction et difference; et ainsi le neuviéme et le dixiéme mode seront d'une autre espece que le premier et le second : pareillement le onziéme et le douzième seront d'une autre espece que le septiéme et le huitiéme, ou que le cinquiéme et le sixiéme.

VI. La chose donc estant ainsi deduite paroist si évidente, qu'il n'y a philosophe ni musicien

---

(1) Hoc quoque consideratione dignum, primam diapente *re, la*, quatuor modis esse communem Aeolio, Hypoæolio, Dorio, Hypodorio. Secundam vero *mi, mi* duobus dumtaxat Phrygio, ac Hypophrygio; Tertiam *fa, fa* rursus duobus Lydio, ac Hypolydio. At quartam *ut, sol* itidem quatuor, ut primam, Jonico, Hypoïonico, Myxolydio, ac Hypomyxolydio. Annexiones autem diatessaron non esse ad eum modum variatas, sed tres ejus species quaternûm esse modorum. Et primam quidem *re, sol* his quatuor communem Dorio, Hypodorio, Myxolydio ac Hypomyxolydio; Secundam autem speciem *mi, la*, his quatuor Aeolio, Hypoæolio, Phrygio, ac Hypophrygio. Tertiam denique *ut, fa* hisce, Lydio, Hypolydio, Jonico, ac Hypoïonico. *Glareanus lib.* 2. *dodecach. cap.* 28.

qui n'en doive demeurer d'accord. C'est pourquoy les autheurs de l'ancien chant de l'eglise, qui mesme n'ont fait mention que du nombre de huit modes, n'ont pas ignoré celuy de douze, puis qu'ils ont meslé parmi ces huit quelques pieces des neuviéme, dixiéme, onziéme, et douziéme modes (1), ainsi qu'on le peut voir à la fin du chapitre III de cette partie. Ils ont toutefois plûtost voulu en fixer le nombre à huit qu'à 12. soit pour se conformer à l'authorité de Ptolemée qui est le prince des musiciens parmi les Grecs; soit à celle de Boëce qui en cette matiere n'a pas moins de credit (2) parmi les Latins, soit à celle de Guy Aretin le plus versé dans la pratique, qui nonobstant la connoissance qu'il a euë de (3) la diversité des octaves des modes et de leurs divisions, aussi bien que ces grands personnages, n'a pas laissé de les reduire au nombre de huit : soit parce que le nombre de huit ou de l'octave est mysterieux (4) dans le chant de l'eglise, soit enfin que si l'on a egard à la façon d'entonner tous ces modes, ils peuvent commodement estre reduits à ce nombre; ainsi que Glarean le plus grand deffenseur des douze modes est contraint luy mesme de l'avoüer, lors qu'il reconnoist l'identité des systemes du neuviéme mode avec le second, du dixiéme avec le troisiéme, de l'onziéme avec le sixiéme, du douziéme avec le septiéme; et qu'à cause de cette identité il permet d'appeller le neuviéme mode le second sous–Dorien (5), le dixiéme le second sous–Phrygien, l'onziéme le second sous-Lydien, et le douziéme le second myxolydien, c'est à dire, le second septiéme. Toutefois la maniere de reduction de Guy Aretin de laquelle il a esté fait mention cy-dessus, et dont l'Eglise se sert communement dans la pratique du chant, se fait selon la ressemblance que les quatre derniers modes ont avec les huit premiers en leurs quintes ou en leurs quartes, en leurs finales, en leurs dominantes, en leurs intonations et en leurs terminaisons. Au moyen dequoy le neuviéme et le dixiéme mode sont reduits au premier et au second, l'onziéme et le douziéme au cinquiéme et au sixiéme, les authentiques aux authentiques, et les plagaux aux plagaux; car le neuviéme et le dixiéme ont non seulement une semblable finale que le premier et le second, mais aussi une mesme espece de quinte; les dominantes pareilles, et la mesme façon d'intonation. L'onziéme et le douziéme pareillement sont une quinte au dessus la finale F, et le c qui est leur finale est l'affinale du cinquiéme et du sixiéme mode; et quoyque leurs quintes ne soient pas de mesme espece, il suffit que leurs quartes le soient, et que leurs dominantes, leurs finales, leurs intonations et leurs terminaisons soient semblables : d'où vient que Glarean mesme appelle l'onziéme (6) le cinquiéme nouveau, et le douziéme le sixiéme nouveau, suivant quoy il devoit à meilleur titre nommer le neuviéme le premier nouveau, et le

---

(1) Inter quatuordecim modos, qui ex septem diapason speciebus nascuntur, nostra ætas octo dumtaxat novit; etiamsi tredecim, alijs perpetuo, alijs rarius utatur. *Glarean. l. 1. dodecach. c. 11.*

(2) Quum nulli plus, quam huic judiciosissimo authori adhærendum sit. *Kircherus musurgiæ universalis to. 1. lib. 7. parte. 2. cap. 1.*

* Non paruæ authoritatis est solida hujus viri clarissimi doctrina adamantinis fundata substructionibus, ad quam hæc nostra, qualiacumque lectoribus videbuntur, ordinamus. *Glarean. lib. 1. dodec. cap. 18.*

Item. Hujus disciplinæ præcipuum decus. *lib. 2. cap. 7.*

(3) In D. Vero et A, quæ unius sunt modi sæpissime possumus eumdem cantum incipere, vel finire. Sæpissime autem dixi, et non semper, quia similitudo nisi in diapason perfecta non est; ubi enim est diversa tonorum, semitoniorumque positio, fiat necesse est et neumarum. Iu prædictis namque vocibus, et quæ unius modi dicuntur, dissimiles inveniuntur. D enim deponitur tono; A vero ditono : sic et in reliquis. *Guido Aret. cap. 9. microl.*

Item. cap. 8. prologi prosaici antiphonarij.

Item. In formulis modorum.

(4) Descriptis etiam tropis tam autenticis, quam plagalibus, ultimi restat plagalis pars, quam præ omnibus alijs partibus optamus, et diligimus. Dulcior etenim cunctis fertur modis; et ut figurare loquamur, cum à primo usque ad sextum labores hujus vitæ significentur; cum ad septimum venitur, in quamdam transitur theoricam et contemplativam vitam, sed quæ adhuc carne gravatur. Octava autem pars in omnibus perfecta est, et transcendit labores et erumnas; nec jam dedita est lamentis, nisi his qui amore superno fiunt. Unde et difficile et ineptum est ex eodem modo fieri lamentabile carmen. *Guido Aretinus in formulis modorum cap. 10. in formula plagis tetrardi.* Où pour *le premier exemple de ce mode il propose le chant sur ces mots, octo sunt beatitudines, que nous reproduirons plus bas en la formule mystique du* VIII. *ton.*

(5) Quanquam pro nono modo dicere possumus secundus Hypodorius aut Aeolius : pro 11° secundus Hypolydius, aut Jonicus : pro 10° secundus Phrygius, vel Hypoæolius; Denique pro duodecimo secundus myxolydius, vel Hypoïonicus. *Glareanus lib. 2. dodecach. cap. 6.*

(6) Jastium autem (quem Porphyrio in horatium, et Lucianus in harmonide Jonicum nominant) nos undecimum, sive quintum novum putamus, Hypojastium autem, sive Hypoïonicum, duodecimum sive sextum novum. *Glarean. lib. 2. dodecachordi cap. 7.*

dixiéme le second nouveau, vû qu'outre l'affinité de leurs finales ils sont plus étroitement unis dans leurs quintes, que ne le sont pas le onziéme et le douziéme avec le cinquiéme et le sixiéme. C'est pourquoy Aretin dit simplement qu'ils sont du mesme mode que le premier et le second (1); et que pour ce sujet leurs notes finales sont nommées affinales, à cause de l'affinité qu'ils ont entre eux; ainsi qu'il a esté dit cy dessus au n. vi. du chapitre xi. de la ii. partie, et en d'autres endroits il les met au rang de ceux qui sont doubles, et divise chacun de ses modes en deux parties, et leur donne deux faces à cause des deux differentes lettres ausquelles ils peuvent finir; et place dans leur premiere partie ceux qui se terminent par leurs lettres finales, et dans la seconde ceux qui se terminent par les lettres affinales; ainsi qu'on le peut voir aux formules du mesme Aretin, lors qu'il traitte (2) du premier et de son plagal, du cinquiéme (3) et de son plagal. Suivant laquelle division l'on peut appeller le neuviéme, non le premier nouveau, comme a fait Glarean; mais le premier affinal ou l'affinal du premier; le dixiéme, second affinal ou l'affinal du second; le onziéme, cinquiéme affinal ou l'affinal du cinquiéme; le douziéme, le sixiéme affinal ou l'affinal du sixiéme.

VII. Quant aux autres opinions, elles sont encore moins contraires au nombre des huit modes que celle qui en met douze. Car celles qui ne font mention que de (4) trois ou de cinq modes ne parlent que des plus celebres ou des principaux; ou bien de ceux dont l'usage estoit lors le plus frequent. Semblablement celle des quatre modes ne comprend que les authentiques; et ce qu'on peut alléguer en sa faveur, qu'il n'y a que quatre finales et que quatre octaves qui ayent leurs demy-tons dans des situations entierement differentes, n'est aucunement considerable : car pour ce qui est des octaves, il n'y en a, et n'y en peut avoir que trois de cette qualité, à cause que n'y ayant que trois especes de quarte, il faut necessairement que la quatriéme espece de quinte ait la mesme espece de quarte que la 1ʳᵉ pour former la 4ᵉ espece d'octave, et par consequent l'un de ses demy-tons en mesme lieu que la 1ʳᵉ espece d'octave. Quant à l'instance des quatre finales, elle ne conclud pas mieux, parce qu'elles ne servent pas moins aux quatre modes plagaux qu'aux quatre authentiques; de plus il n'y a pas seulement quatre finales, mais il y a aussi des

---

(1) Pro D. E, F, assume a, ♮, c, quæ sunt ejusdem modi. *Guido cap.* 8. *microl. et cap.* 7.

* In D vero et a, quæ unius sunt modi, sæpissime possumus eumdem cantum incipere vel finire : sæpissime autem dixi, et non semper, quia similitudo, nisi in diapason, perfecta non est. Ubi enim est diversa tonorum, semitoniorumque positio, fiat necesse est et neumarum : in prædictis namque, et quæ unius modi dicuntur, dissimiles inveniuntur. D enim deponitur tono; a vero ditono, sic et in reliquis. *Guido cap.* 9. *microl.*

(2) Incipit prima pars primi modi (*id est quæ habet pro finali D.*) Explicit prima pars primi modi; secunda pars ejusdem incipit (*id est quæ habet pro finali a.*) *Guido cap.* 1. *et* 2. *in formulis modorum.*

* Igitur quemadmodum in proto autentico DUAS DISCRETAS FACIES depinximus, et secundum quod in ipso deffinivimus, in cæteris autentis convenire diximus; sic et IN PLAGIS DIVERSAS ET ANNUMERATAS DISTINXIMUS PARTES. Habebit autem plagis proti duas DISIMILES FINES, ID EST VOCES, ex quibus prima descripta est, nunc posterior subscribitur. *Guido in formulis modorum. cap.* 4.

(3) Post proti, deuterique digestas ordine formas, tam plagales quam autenticas, triti ac tetrardi utriusque indagines debentur. Ex quibus primus DUPLEX, et ulterior simplex habetur. Ex supradigestis autem tropis vel tonis, qui similiter DUPLICES habentur, is modorum in omnibus dignitatem sortiebatur nominis, qui in elevatione plurioribus pollebat tonis. *etc. Guido in formulis modorum cap.* 7. *in formula triti autentici.*

* Plagis autem tritus interea propria in voce finitur, quæ duobus elevatur tonis, interdum in affini, quæ prædictam elevationem habet : In eo tamen differunt, quod ille semitonio deponitur; iste autem tono. *Guido ibidem in formula plagis triti cap.* 8.

(4) Athenæus tres dumtaxat modos asserit Dorium, Æolium, ac Jonicum, quod Græci ipsi in tria divisi sint genera, Dores, Æoles, et Jones. Idem, sed aliquanto diversius tradit Porphyrio doctus homo commentario in odem ultimam lib. 4. carminum Horatij. Verum respondemus Athenæum quidem tres nominasse modos, sed principes, sed maxime celebres, apud Græcos, quippe qui Lydij ac Phrygij mentionem quidem facit, sed barbaros esse existimet. Alios item vel obscuros, vel priorum subditos ac species. Porphyrio quoque de vulgari loquitur usu; quemadmodum hoc quoque tempore Tibicines, Fidicinesque in usu habent. Sex enim modos Jonicum, Hypoïonicum, Lydium, Hypolydium, Myxolydium, Hypomixolydium, qui et hyperjastius in *ut* modulantur. Quatuor vero Dorium, Hypodorium, Æolium, Hypoeolium, et si licet addere, Hypermyxolydium in *re*. Denique in *mi* Phrygium, aut Hypophrygium, ut numerus duodecim, aut tredecim, si Hypermyxolydium seu Hyperastium non excludamus, expleatur. Lucianus autem in harmonide quatuor numerat, ac cujusque harmoniæ proprietatem ; Phrygiæ impetum, Lidiæ furorem, Doriæ severitatem, Jonicæ jucunditatem ; Sed non videtur hoc egisse Lucianus, ut omnes nominaret modos, verum præcipuos dumtaxat. Sic et Apulæius Floridorum lib. 1. quinque numerat Æolio adjecto. Sed Apuleius simplices, quoad appellationem attinet, nominat videlicet à gentibus nomina habentes, et Jastium vocat, quem Lucianus Jonicum. *Glarean. lib.* 2. *dodecach. cap.* 10.

affinales ou (1) confinales qui diversifient la melodie, et terminent l'octave des plagaux et leur quarte lors qu'elle est rabbaissée au dessous de leur quinte (2), de mesme que la finale termine l'octave et la quinte des authentiques.

VIII. Pour ce qui est des modes treiziéme et quatorziéme, qui sont appellez en autres termes, hypereolien ou Surcolien et hyperphrygien du surphrygien, ils sont rejettez generalement de tous les musiciens à cause que l'octave d'un ♮ carre à l'autre ♮ carre ne peut souffrir la division harmonique pour faire le treiziéme, ni celle d'un f à l'autre f ne peut souffrir la division arithmetique pour former le quatorziéme, ainsi qu'il a déja esté remarqué cy dessus. Que si dans quelques livres du chant Ecclesiastique il se rencontre quelque exemple de sur-Phrygien, tel qu'est l'offertoire de la ferie quatriéme apres le troisiéme dimanche de caresme, *Domine fac mecum*, ou le *Gloria in excelsis* du temps paschal, et peu d'autres semblables. Comme ces sortes de chants sont rares et irreguliers, il les faut necessairement reduire à celuy des modes reguliers avec la finale duquel ils ont plus de conformité, et partant l'on chantera ou entonnera les deux exemples cy dessus, qui se finissent au *si* ou *mi* de ♮ carre, au lieu de se terminer au *mi* de l'*E*, comme s'ils estoient du quatriéme mode. C'est ainsi qu'Aretin cy dessus cité au n. 6. a toûjours accoûtumé de les reduire.

IX. Les autheurs des quinze modes n'ont pas tous le mesme fondement de leurs opinions : car S. Isidore apres Plutarque, Cassiodore, et quelques autres, semble l'establir suivant les quinze degrez qui se rencontrent dans le systeme de la double octave (3) ou disdiapason depuis sa plus basse corde jusques à la plus haute, quoyque les octaves basses d'une des sept lettres ne soient point d'une autre espece (4) ou nature que les octaves hautes de la mesme lettre. Mais les modernes establissent leurs quinze octaves d'une differente maniere par le moyen des ♮ *carres* des *b mols*, et des *Diezes*, dont ils les entrelassent : Toutefois ni l'une ni l'autre façon d'expliquer ce nombre ne conclut rien contre l'opinion receuë : autrement il s'ensuivroit, selon S. Isidore, qu'il y auroit non seulement quinze modes, mais mesme un aussi grand nombre qu'il y peut avoir de degrez aux sons de la 3ᵉ, 4ᵉ, cinquiéme, ou plus grand nombre d'octaves. C'est pourquoy il faut remarquer que bien que les sept octaves qui correspondent aux sept degrez de la plus basse octave se trouvent estre differentes en leurs especes ; neantmoins leur difference specifique ne provient point precisément de ce que l'une est d'un degré ou plus haute ou plus basse que l'autre ; mais seulement de ce qu'elles sont composées de diverses especes de quintes ou de quartes ; ou bien en autres termes, parce que la situation des demy-tons de l'une est diverse de la situation des demy-tons de l'autre ; de sorte que les octaves hautes qui ont les demy-tons en mesme lieu que les octaves basses ne sont point differentes en espece ni en nature des octaves basses ; mais seulement dans le ton ou son de voix plus haut ou plus bas : ce qui n'est qu'une chose accidentelle a l'essence des octaves. L'autre façon des modernes pour distinguer leurs quinze octaves et autant de modes par le moyen des ♮, des *b*, et des Diezes n'est pas

---

(1) Sunt enim quatuor confinales chordæ, secundum videlicet octo tonorum combinationem. Est enim chorda confinalis in quacumque manerie vox illa in qua diapentes formula terminatur in acutum : Hinc distat confinalis cujuscumque toni à sua finali integro diapentes intervallo. Namque primus et secundus tonus regulariter terminantur in *D, sol, re*, irregulariter vero in *A, la, mi, re*. Tertius et quartus regulariter in *E, la, mi*, gravem. Irregulariter in ♮ *mi* acutam. Quintus et sextus regulariter in *F, fa, ut*, gravem. Irregulariter in *C, sol, fa, ut*, acutam. *Franchinus lib.* 1. *musicæ practicæ cap*. 8.

(2) Finalis clavis alia atque alia fit propter systematis inversionem. *Glarean. lib. 2. dodecachordi cap*. 6.

(3) Tonus est acuta enuntiatio vocis ; est enim harmoniæ differentia et quantitas, quæ in vocis accentu vel tenore consistit : Cujus genera quindecim partibus musici distinxerunt ; ex quibus Hyper-lydius novissimus, et acutissimus est ; Hypodorius omnium gravissimus est. *Isidorus libro tertio originum capite* 19.

  * *Plutarchus comment. in musicam.*

  * *Cassiodorus de septem disciplinis.*

(4) Quod non oporteat multitudine terminorum ipsius diapason metiri ejus facultates, sed numero componentium ipsam ratiónum, impromptu est exemplum appositissimum à speciebus, quæ sub ipsa continentur ; quippe quas septem dumtaxat omnes semel simpliciterque supposuimus, cum qui eas efficiunt soni octo sint. Neque ullus sane dixerit cum, qui à gravissimo v, g, in graviorem partem accipitur, speciem efficere aliam à prima, et in eamdem partem ab acutissima, propterea quod et in universum ab utroque extremo diapason, ad eumdem modum accepto initio, ad eamdem devenitur facultatem. *Ptolem. lib. 2. harmonicorum cap*. 8. *et cap*. 7.

meilleure que celle de S. Isidore ; puis qu'elle n'a pas de lieu au genre Diatonique, ni au plain-chant dont on traite icy. Il en est de mesme des autres opinions qui augmentent le nombre des modes au delà de quinze : car celle qui en met vingt-deux avec autant d'octaves, le fait en plaçant leurs demy-tons en tous les lieux où ils se peuvent rencontrer par le meslange du genre chromatique et de l'enharmonique avec le Diatonique. Et l'opinion qui en compte vingt quatre, double les quintes et les quartes pour cet effet, en combinant diversement les tons et les demy-tons tant majeurs que mineurs, afin d'en former pareil nombre d'octaves. Celle qui en marque soixante douze se sert aussi pour le mesme sujet des six differens lieux ausquels les tons majeur et mineur se peuvent rencontrer en chacun des douze modes, de sorte que les pouvant varier de situation six fois en chaque mode, ce nombre de six fois douze rend celuy de soixante-douze modes. Enfin celle qui les augmente jusques à deux cens dix, diversifie chacune des quinze octaves dont il a esté fait mention cy dessus en quatorze façons differentes, qui font ensemble le mesme nombre de 210. Mais comme ces sortes de multiplications ne se font que par le meslange, tant des genres que des tons et demy-tons majeurs et mineurs, elles n'ont point de lieu au plain-chant diatonique. Quant à ceux qui à l'opposite veulent restraindre les modes au nombre de deux, sçavoir de ♮ carre et de *b mol*, leur distinction d'une part est trop generique, et de l'autre illusoire ; parce que les modes de ♮ carre et de *b mol* ne different effectivement point les uns des autres, ni en leurs octaves, ni en la division de leurs quintes et de leurs quartes, ni en la situation de leurs tons, ni en celle de leurs demy-tons ; comme on le peut voir en les confrontant les uns aux autres, c'est à dire, le premier de ♮ carre ou naturel, avec le premier de *b mol* ou transposé, le second de l'un avec le second de l'autre ; et ainsi des autres suivans jusques au douziéme, ou sixiéme affinal. Ce qui ne se verifie pas moins dans la pratique que dans la theorie : vû qu'il arrive souvent que dans le chant alternatif des voix et des instrumens (par exemple de l'orgue) l'instrument sera touché en un ton transposé, et que la voix y répondra par le ton naturel, ou que les voix chanteront au ton transposé, et que les instrumens seront toùchez au ton naturel, sans que pour ce sujet il s'y rencontre aucun discord.

REPRODUCTION EXACTE DES PASSAGES DE GUY D'AREZZO

QUI SE TROUVENT CITÉS DANS LE CHAPITRE II DE JUMILHAC, COLLATIONNÉS DE NOUVEAU SUR LE MANUSCRIT DE SAINT-ÉVROULT.

Page 178, *note* 1.

« Quatuor autenti plagas geminantur adepti.
Ni quartus simplex septem discrimina firmet.
Unde poeta canit septem discrimina vocum.
Septimus octavo similis quapropter adhęsit.
                      (P. 19 du mss. de St-Evroult). »

Page 178, *note* 2.

« Interea cum cantus unius modi utpote proti ad comparationem finis tum sint graves et plani, tum acuti et alti, versus et psalmi et si quid ut diximus fini aptandum erat, uno eodemque modo prolatum diversis aptari non poterat. Quod enim subjungebatur si erat grave, cum acutis non conveniebat, si erat acutum á gravibus discordabat. Consilium itaque fuit, ut quisquis modus partiretur in duos, id est acutum et gravem, distributisque regulis, acuta acutis, et gravia convenirent gravibus, et acutus quisque modus diceretur autentus, id est auctoralis et princeps, gravis autem plaga vocaretur, id est lateralis et minor. Qui enim dicitur stare ad latus meus, minor me est. Ceterum si esset major, ego aptius dicerer stare ad latus ejus. Cum ergo dicatur autentus protus et plaga proti, et similiter de reliquis, qui naturaliter in vocibus erant quatuor, in cantibus facti sunt octo. Abusio autem tradidit La-

~nis dicere pro autento proto et plaga proti, primus et secundus. Pro autento deutero, et plaga deuteri, tertius et quartus. Pro autenti trito et plaga triti, quintus et sextus. Pro autento tetrardo, et plaga tetrardi, septimus et octavus. Igitur octo sunt modi, ut octo partes orationis, et octo formę beatitudinis, per quos omnis cantilena discurrens octo dissimilibus qualitatibus variatur. Ad quos in cantibus discernendos etiam quędam neumę inventę sunt, ex quarum aptitudine ita modum cantionis agnoscimus, sicut sępe ex aptitudine corporis quę cujus sit tunica repperimus : ut PRIMUM QUĘRITE REGNUM DEI (1). Mox enim ut cum fine alicujus antiphonę hanc neumam bene viderimus convenire, quod autenti proti sit non opus est dubitare : sic et de reliquis (p. 7 du mss. de St-Evroult). »

« Ideoque habes in formulis modorum duas formulas in uno quoque modo. Prima namque et secunda formula, prima est modi. Tertia et quarta secundi. Quinta et sexta tertii. Septima et octava quarti. Ideo enim octo dicuntur toni, quia octo habent formulas. Prima autem et tertia, quinta et septima formula, quatuor modorum altos continent cantus. Secunda vero et quarta et sexta et octava, eorumdem modorum gravia vel minus alta optinent cantica. Unde Gręci multo melius pro primo et secundo, dicunt autentum protum et plagam proti. Vel pro tertio et quarto, autentum deuterum, et plagam deuteri. Pro quinto et sexto, autentum tritum et plagam triti. Pro septimo et octavo, autentum tetrardum et plagam tetrardi (p. 23 du mss. de St-Evroult). »

Page 179, note 1.

« Octavus ponitur sic sub superhicque vocatur.
(Page 41 du mss. de St-Evroult). »

Page 179, note 3.

« Dissonantia quoque per falsitatem ita in canendo subripit, cum aut de bene dimensis vocibus parum quid demunt gravantes vel adjiciunt intendentes (p. 6 du mss. de St-Evroult). »

Page 181, note 3.

« In *D* vero et *A*, quę unius sunt modi sępissime possumus eundem cantum incipere, vel finire. Sępissime autem dixi et non semper, quia similitudo nisi in diapason perfecta non est. Ubi enim diversa est tonorum, semitoniorumque positio, fiat necesse est et neumarum. In prędictis namque vocibus, et quę unius modi di-

(1) Dans le manuscrit de Saint-Evroult, ces paroles : *Primum quęrite regnum Dei*, portent une notation en lettres; on peut voir la reproduction de ce texte noté à la planche deuxième de cette nouvelle édition de l'ouvrage de Dom Jumilhac.
(*Note des éditeurs.*)

cuntur, dissimiles inveniuntur. D enim deponitur tono, *A* vero ditono. Sic et in reliquis (p. 5 du mss. de St-Evroult). »

Page 181, note 4.

« Descriptis etiam tropis tam autenticis quam plagalibus, ultimi restat plagalis pars, quam prę omnibus aliis partibus optamus, et diligimus. Dulcior etenim cunctis fertur modis et ut figurare loquamur, cum á primo usque ad sextum labores hujus vitę significentur, cum jam ad septimum venitur, in quandam transitur theoricam et contemplativam vitam, sed quę adhuc carne gravatur. Octava autem pars in omnibus perfecta est, et transcendit labores et erumpnas, nec jam dedita est lamentis, nisi his qui amore superno fiunt. Unde et difficile et ineptum est ex eodem modo fieri lamentabile carmen (p. 40 du mss. de St-Evroult). »

Page 182, note 1.

« Pro D. E, F, assume a, ♮, c, quę sunt ejusdem modi (p. 5 du mss. de St-Evroult). »

« In D vero et A, quę unius sunt modi, sępissime possumus eundem cantum incipere, vel finire. Sępissime autem dixi et non semper, quia similitudo nisi in diapason perfecta non est. Ubi enim diversa est tonorum, semitoniorumque positio, fiat necesse est et neumarum. In prędictis namque vocibus, et quę unius modi dicuntur, dissimiles inveniuntur. D enim deponitur tono, A vero ditono. Sic et in reliquis (p. 5 du mss. de St-Evroult). »

Page 182, note 2.

« Igitur quemadmodum in proto autentico duas discretas facies depinximus, et secundum quod in ipso deffinivimus, in ceteris autentis convenire diximus, sic et in plagis diversas et annumeratas distinximus partes. Habebit autem et plagis proti duas dissimiles fines, voces ex quibus prima descripta est, nunc posterior subscribatur (p. 33 et 34 du mss. de St-Evroult). »

Page 182, note 3

« Post proti deuterique digestas ordine formas, tam plagales quamque autenticas, triti ac tetrardi utriusque indagines debentur. Ex quibus primus dupplex, et ulterior simplex habetur. Ex supradigestis autem tropis, vel tonis qui similiter dupplices habentur. Is modorum in omnibus dignitatem sorciebatur nominis, qui in elevatione plurioribus pollebat tonis (p. 37 du mss. de St-Evroult). »

« Plagis autem tritus interea propria in voce finitur, quę duobus elevatur tonis interdum in affini quę prędictam elevationem habet. In eo tamen differunt, quod ille semitonio deponitur, iste autem tono (p. 38 du mss. de St-Evroult). »

CHAPITRE III.

I. Les notes modales sont celles qui sont les plus propres tant à l'établissement d'un mode, qu'à sa distinction d'avec les autres; telles sont les deux extremes de leur octave, leurs finales, et leurs dominantes. Ces mesmes notes sont encore appellées principales (1), parce qu'elles ont accoûtumé d'estre chantées plus souvent que les autres dans les pieces de leur mode, ou bien Cardinales à cause qu'elles se rencontrent aux cadences sur lesquelles les chants de chaque mode retombent ou retournent plus frequemment.

II. Quand les modes ont l'étenduë entiere de leur octave, les principales de ces notes sont quatre ou cinq en nombre, sçavoir les deux extremes de la quinte de chaque mode avec la mediane qui la divise en deux tierces, et les deux extremes de chaque quarte des mesmes modes : mais d'autant qu'un des extremes de la quinte est toûjours conjoint avec l'un des extremes de la quarte, d'autant qu'aux modes authentiques le dessus ou la dominante de la quinte est la mesme note que le dessous de la quarte; et qu'aux modes plagaux, à l'opposite, la finale ou le dessous de la quinte est la mesme note que le dessus de la quarte; il s'ensuit que leur nombre n'est effectivement que de quatre, quoy qu'à cause des differents rapports elles puissent avoir cinq noms. Mais lors que les modes n'ont pas l'étenduë de leur octave, leurs principales notes modales ne sont que trois, sçavoir, la finale, la dominante, et la mediane, qui en autres termes est nommée discretive.

III. La finale est la derniere note de la cadence finale qui termine la piece de chant ou le mode (2) et sert à le reconnoistre.

EXEMPLES.

Finales des douze modes naturels :

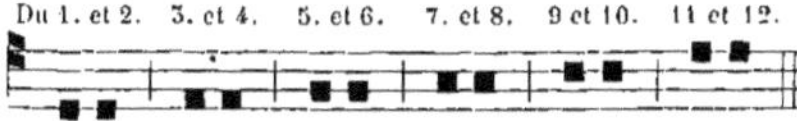

Finales des douze modes transposez :

---

(1) *Mersennus lib. 6. harmonic. de generibus et modis. propositione 26.*

(2) Cum quilibet cantus omnibus vocibus et modis fiat, vox tamen quæ cantum terminat obtinet principatum, ea enim et morosius sonat; et præmissæ voces, quod tantum exercitatis patet, ita ad eam aptantur, ut mirum in modum quamdam ab ea coloris faciem ducere videantur : per supradictas nempe sex consonantias voci, quæ neumam terminat, reliquæ voces concordari debent; voci vero quæ cantum terminat principium ejus cunctarumque distinctionum fines, vel etiam principia oportet adhærere. Præterea cum aliquem cantare audimus, primam ejus vocem cujusmodi sit ignoramus; quia quemadmodum toni, semitonia, reliquæve species sequuntur, alinescimus : finito vero cantu, ultimæ vocis modum ex præteritis aperte cognoscimus. Incepto enim cantu, quid sequatur ignoras; finito vero quid præcesserit vides. Itaque finalis vox est, quam melius intuemur. Deinde si eidem cantui versum aut psalmum, aut aliquid velis subjungere, ad finalem vocem permaxime opus est coaptare; non ad primæ vel aliarum ideo inspectionem redire. Additur quoque et illud quod accurati cantus in finalem vocem maxime distinctiones mittant. Nec mirum regulas musicæ à finali voce sumere, cum et in grammaticæ partibus pene ubique vim sensus in ultimis litteris vel syllabis per casus, numeros, personas, tempora, discernimus. *Guido Aretinus cap.* 11. *micrologi.*

* Ut ad principalem vocem, id est finalem, vel si quam affinem ejus pro ipsa elegerit, pene omnes distinctiones currant. Et eadem, sicut et vox neumas omnes, aut perplures distinctiones finiat aliquando et incipiat : qualia apud Ambrosium, si curiosus sis, invenire licebit. *Guido cap.* 15. *micrologi.*

La dominante est comme la maistresse ou la Reyne des autres notes, et celle sur qui le chant a davantage son cours, son retour (1), et son soustien, et qui jointe avec la finale donne ensemble la principale forme et la distinction à chaque mode.

EXEMPLES.

Dominantes des douze modes naturels :

Du 1. 4. et 6.   Du 2.   Du 3. 5. 8. et 10.   Du 7.   Du 9. et 12.   De l'11.

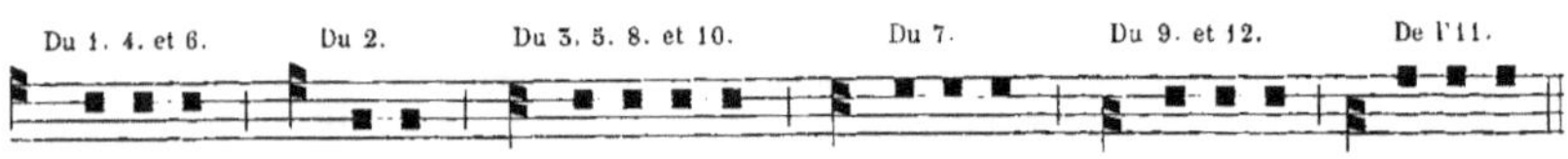

Dominantes des douze modes transp sez :

Du 1. 4. et 6.   2.   3. 5. 8. et 10.   7.   9. et 12.   11

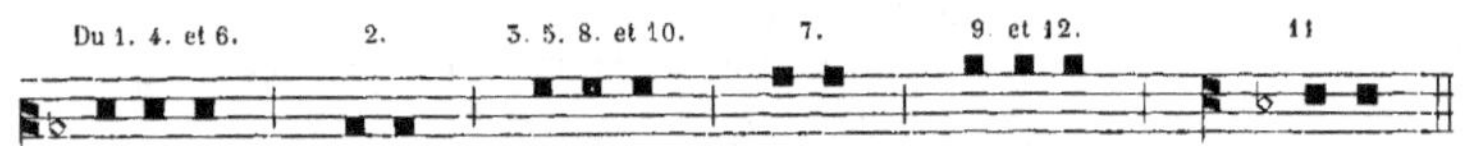

La discretive ou mediane est celle qui se rencontre à la tierce (soit majeure soit mineure) au dessus de la finale; de sorte que quand la dominante est aux mesmes tierces (comme il arrive au second et au sixiéme modes) elle n'est aussi alors point distincte de la dominante. On la nomme mediane, à raison de sa situation, qui fait le milieu des deux tierces qui composent la quinte de chaque mode ; et discretive, parce qu'elle facilite la distinction ou le discernement des modes, et la reduction qu'il est besoin d'en faire, ou à l'authentique, ou au plagal, lors qu'ils n'ont pas l'étenduë entiere de leur octave. Aretin toutefois remarque (2) que la discretive du sixiéme (qui est le plagal du troisiéme authentique) est plùtost à la finale ou au dessous qu'à la tierce au dessus. Et que le huitiéme ou le plagal du quatriéme authentique, a la sienne un ton au dessus, ou un ton au dessous de sa finale.

EXEMPLES :

Discretives des douze modes naturels :

Du 1. et 2.   3. et 4.   5. et 6.   7. et 8.   9. et 10.   11. et 12.

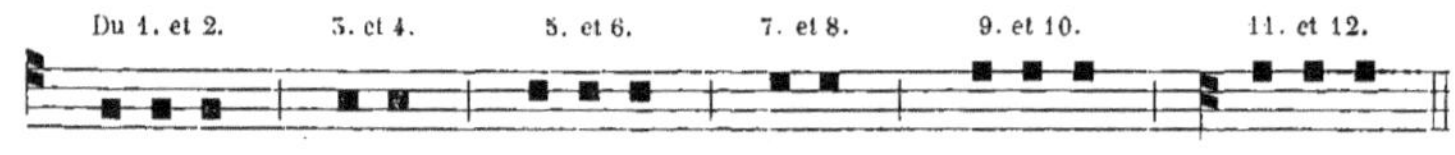

Discretives des douze modes transposez :

Du 1. 4. et 6.   2.   3. 5. 8. et 10.   7.   9. et 12.   11.

(1) *Omnia egregia modulandi genera medio nervo sæpe utuntur, omnesque probi fidicines crebro ad medium veniunt, et si discesserint, mox redeunt eodem, nec ullum alium toties repetunt. Aristot. sect. 19. problem. 20.*

(2) *At plagis triti finali voce fere omnes distinctiones mittit; rariusque in tertia super se : sub se autem tanto frequentius, quanto et liberius; tono vero nunquam super se distinctiones habehit. Plagis autem tetrardi distinctiones facit supra et subtus suam finalem vocem tono; quo alij penitus carent. Guido in formulis modorum cap. 10. in formula plagis tetrardi, id est 8. modi.*

EXEMPLES DES DOUZE MODES NATURELS ET DE LEURS NOTES MODALES :

(La Note longue marque le milieu entre la quinte et la quarte.)

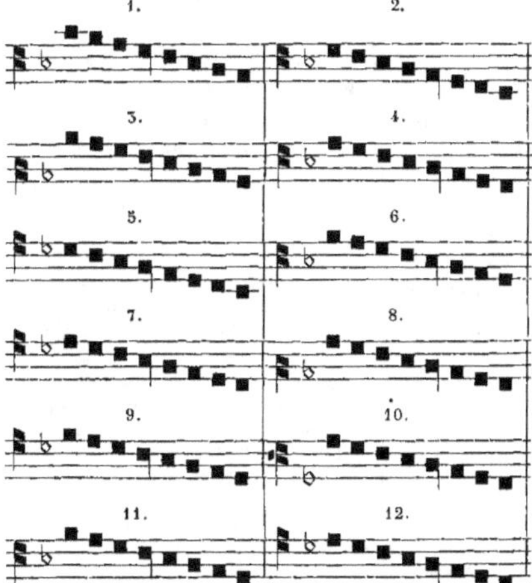

EXEMPLES DES DOUZE MODES TRANSPOSEZ, ET DE LEURS NOTES MODALES :

IV. Pour ce qui est des notes qui commencent les modes , elles ne sont point mises au rang des modales : Il faut toutefois prendre garde que ces sortes de notes ne soient jamais éloignées de la finale plus d'une quinte quand le mode est authentique (1) , ni plus d'une quarte lors qu'il est plagal.

Du reste le I. mode naturel peut estre commencé (2), non seulement par les lettres *D* , *F* , *a* ; mais aussi par le *C* ou le *G* , et mesme par *E*, qui ne sont point modales. — Le II. par les lettres *A*, *C*, *D*, *E*, *F*. — Le III. par *E*, *F*, *G*, *c*. — Le IV. par *C*, *D*, *E*, *F*, *G*, *a*. — Le V. par *F*, *G*, *a*, *c*. — Le VI. par *C*, *D*, *F*, *a*. — Le VII. par *E*, *F*, *G*, *a*, ♮, *c*, *d*. — Le VIII. par *D*, *F*, *G*, *a*, *c*. — Le IX. ou I. affinal par *G*, *a*, *c*, *d*, *e*. — Le X. ou II. affinal par *E*, *G*, *a*, *c*. — Le XI. ou V. affinal par *c*, *d*, *e*, *g*. — Le XII. ou VI. affinal par *G*, *a*, *c*, *e*.

V. Quant aux modes transposez ils peuvent estre commencez suivant la mesme proportion par leurs lettres qui correspondent à celles qui commencent les naturels; de sorte que le premier peut avoir pour commencement *F*, *G*, *b*, *c*, *d* : et ainsi des autres.

EXEMPLES DES FORMULES DES INTONATIONS, DES MEDIATIONS, DES TENEURS, ET DES TERMINAISONS
DE TOUTE SORTE DE CHANTS PSALMODIQUES.

Il y a trois choses à remarquer aux intonations, aux teneurs, et aux mediations de chaque ton, ou mode de la psalmodie. 1. La façon avec laquelle elles doivent estre faites lors qu'elles sont simples. 2. Comment elles se font quand elles sont doubles et solemnelles. 3. La maniere d'appliquer les notes, soit fondamentales, soit survenantes, sur les diverses dictions de la lettre qui se rencontrent aux mesmes intonations et mediations.

Il y a pareillement deux choses à observer aux terminaisons. 1. Le rapport ou la correspondance qui doit estre entre les differens commencemens des Antiennes et les diverses terminaisons de chaque ton ou mode. 2. La façon d'appliquer les notes, tant fondamentales que survenantes des differentes terminaisons, sur les diverses dictions du texte. Ces cinq choses seront cy-dessous marquées en chacun des douze tons ou modes, suivant leur ordre et selon l'usage Romain, qui est conforme aux formules des modes de Guy Aretin, qui a esté si soigneux de les descrire, et de marquer le rapport qui doit estre entre les diverses terminaisons d'un mode (qu'il appelle ses differences) et les commencemens du mesme mode, qu'il fait quasi mention de toutes ses pieces en particulier. L'on se contentera toutefois de marquer icy leurs divers commencemens qui ont du rapport avec chaque differente terminaison ; parce que tous ceux qui y sont semblables doivent avoir pareillement la mesme terminaison, outre qu'on les peut tous voir en détail dans l'Antiphonier Romain. Quant à la distinction des notes fondamentales et des survenantes, elle se fera par le moyen des notes breves qui seront mises aux endroits des survenantes (3).

---

(1) Fini quoque debet esse consonum principium, unde quintum à finali non excedat calculum. Plagæ vero super quartas non tendant principium. *Guido in prologo rhythmico antiphonarij et cap.* 10. *prologi prosaici.*

(2) Principia quoque cantuum in omnibus illis vocibus esse possunt quæ secundum prædictas sex consonantias cum finali voce conveniunt. Si quicquam aliter inveneris, ex ipsa raritate cognosces, quod auctoritate præsumpta , non autem sunt regulæ firmitate districta. *Guido cap.* 9. *prologi prosaïci antiphonarij, et passim in formulis modorum.*

* *Franchinus lib.* 1. *musicæ pract. cap.* 8. *et Seqq.*

* *Finæus lib.* 5. *Margaritæ philosophicæ. tractatu* 2. *cap.* 10.

(3) On sera certainement frappé de quelques contradictions qui se trouvent çà et là dans les formules psalmodiques citées ici comme types modèles par D. Jumilhac. Sans aucun doute, le savant Bénédictin aura suivi pour règle l'usage , qui fait toujours loi tant qu'il est maintenu en vigueur. Depuis longtemps, et de nos jours surtout, l'usage ratifierait-il l'emploi de semblables tournures où l'accentuation syllabique n'est pas toujours convenablement observée? Il eût été facile d'indiquer les moyens de faire disparaître de pareilles anomalies; mais il nous suffit de les signaler à l'attention du lecteur. Nous ferons seulement remarquer ici que, pour rectifier les erreurs commises par Jumilhac, il y a plusieurs systèmes contradictoires. Or, nous ne voulons pas soutenir de systèmes : nous ne voulons qu'offrir un monument à la science.

(Note des éditeurs.)

FORMULES DE LA PSALMODIE.

DU I. TON.

Intonations et mediations des Festes simples, et des feries.

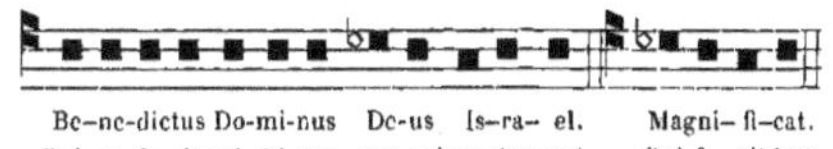

Intonations et mediations des Festes solemnelles, doubles, et semy-doubles.

Avec leurs notes fondamentales.

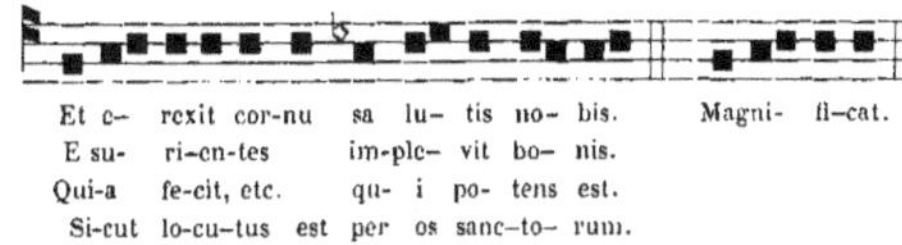

Avec leurs notes survenantes.

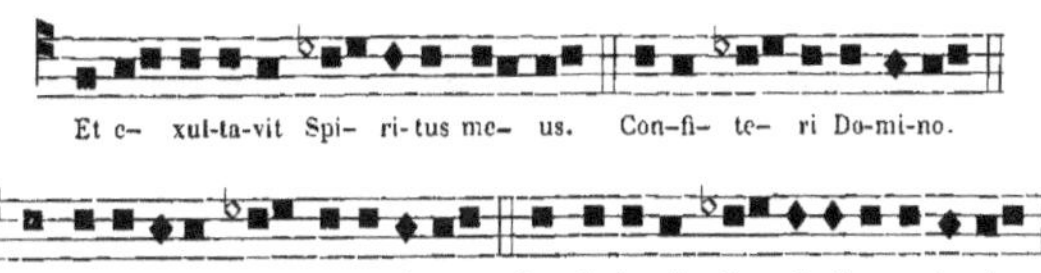

I. *Difference ou terminaison du I. ton.*

Avec ses notes fondamentales.

Avec ses notes survenantes.

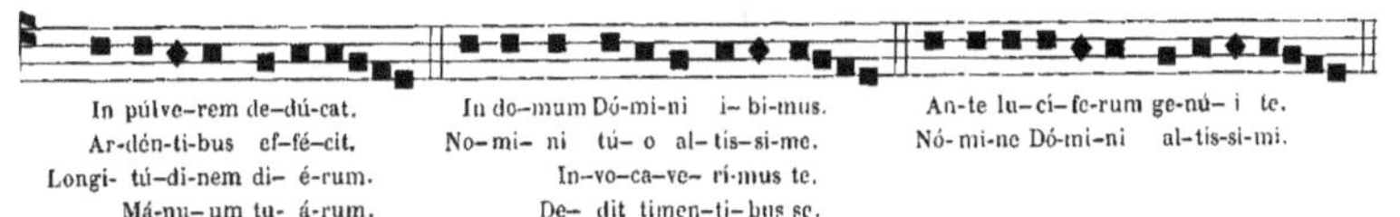

Divers commencemens des Antiennes du I. mode qui ont du rapport avec sa I. difference ou terminaison.

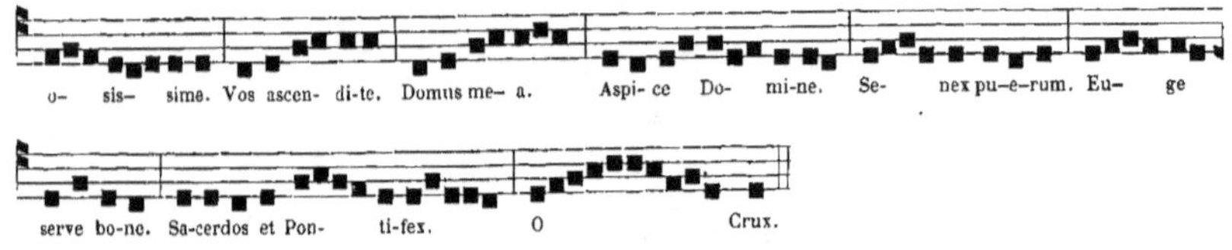

II. *Difference ou terminaison du I. ton.*

Avec ses notes fondamentales.

Avec ses notes survenantes.

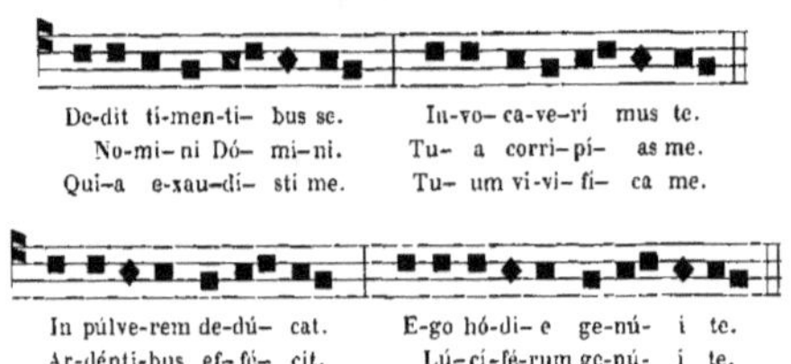

Divers commencemens du I. mode qui ont du rapport avec sa II. terminaison.

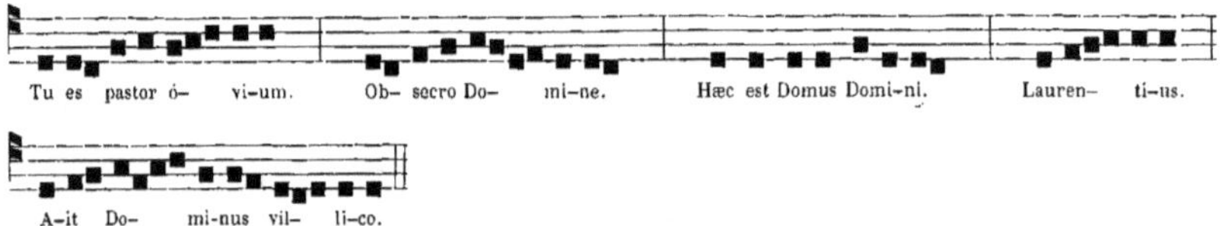

III. *Terminaison du I. ton, dont les notes fondamentales et survenantes reviennent à celles de la II.*

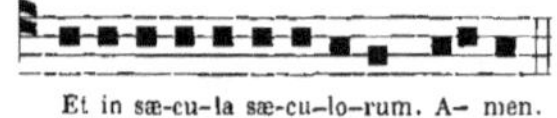

Divers commencemens du I. mode qui ont du rapport avec sa III. terminaison.

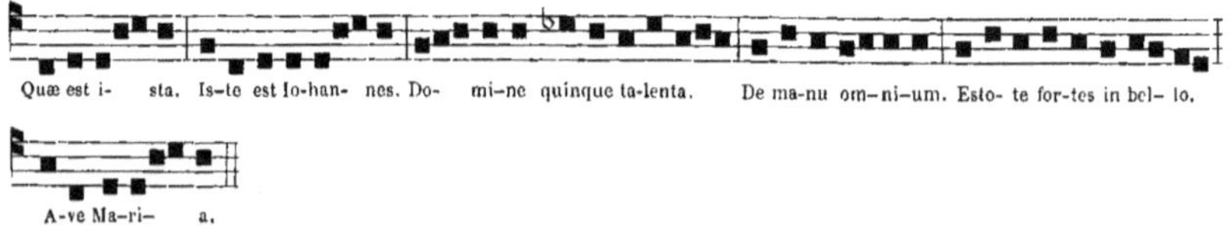

IV. *Terminaison du I. ton.*

Avec ses notes fondamentales.

Avec ses notes survenantes.

Divers commencemens du I. mode qui ont du rapport avec sa IV. terminaison.

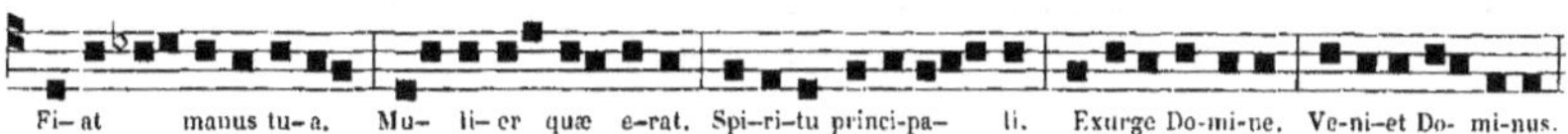

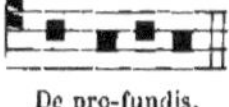

V. *Terminaison du I. ton.*

Avec ses notes fondamentales.

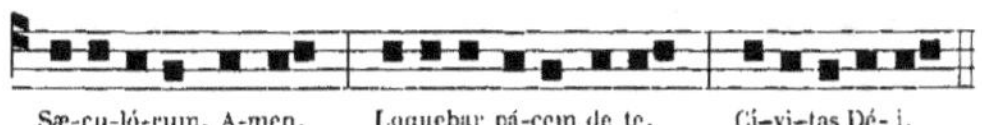

Avec ses notes survenantes.

Divers commencemens du I. mode qui ont du rapport avec sa V. terminaison.

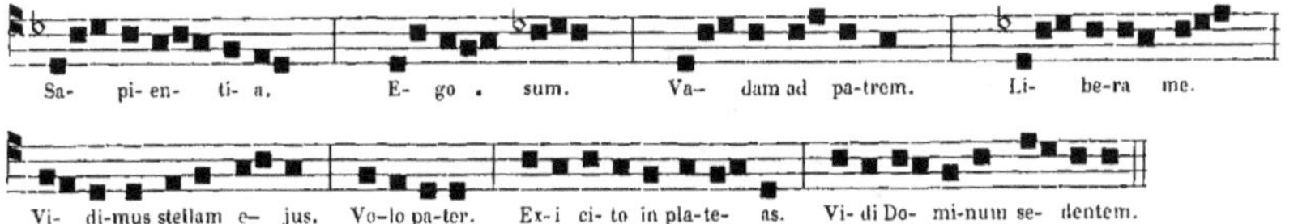

VI. *Terminaison du I. ton.*

Avec ses notes fondamentales.

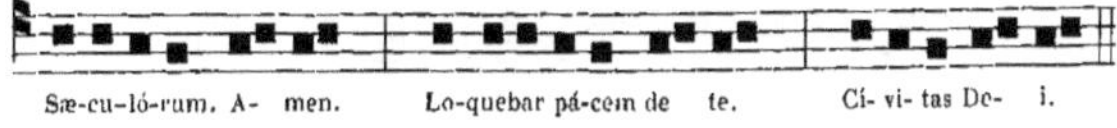

Commencement du I. mode qui a du rapport avec sa VI. terminaison.

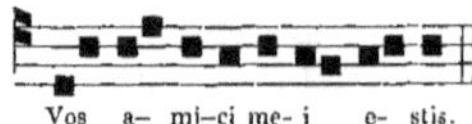

Le livre intitulé *Directorium chori Romani*, et Guy-Aretin dans ses Formules du I. mode, ajoûtent la terminaison suivante, à laquelle le mesme Guy assigne plusieurs commencemens des modes dont il a esté fait mention dans la I. terminaison.

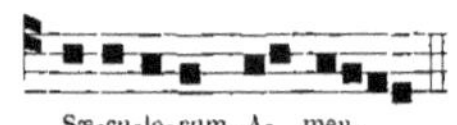

Guy Aretin fait encore mention d'une autre terminaison du I. ton, et luy affecte les commencemens des Antiennes *Speciosus*, et *Ipsi soli*, qui suivent.

FORMULES DE LA PSALMODIE.

DU II. TON.

Intonations et mediations des Festes simples et des Feries.

Avec leurs notes fondamentales.

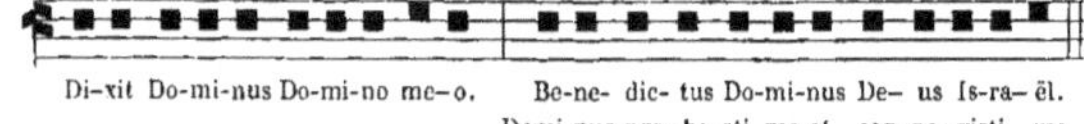

Avec leurs notes survenantes.

Intonations et mediations des Festes solemnelles, doubles, et demy-doubles.

Avec leurs notes fondamentales.

Avec leurs notes survenantes.

Unique terminaison du II. ton.

Avec ses notes fondamentales.

Avec les notes survenantes.

Divers commencemens du II. mode qui ont rapport avec sa terminaison.

Guy Aretin ajoûte une II. terminaison du II. mode, comme il suit, et luy attribuë les commencemens des Antiennes. *Beata Mater. Innocentes. In spiritu.*

FORMULES DE LA PSALMODIE.

DU III. TON.

Intonations et mediations des Festes simples et des Feries.

Avec leurs notes fondamentales.

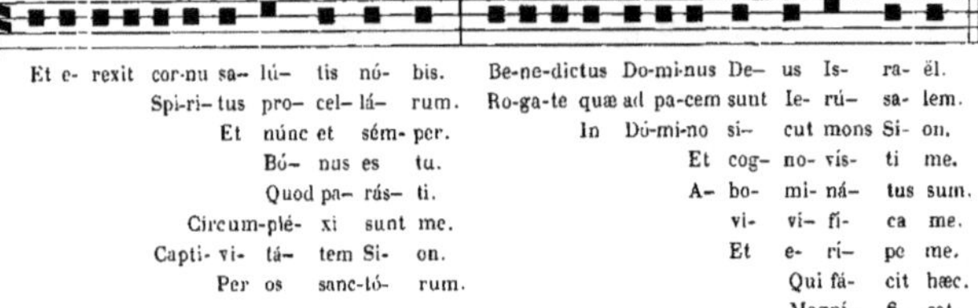

Avec leurs notes survenantes.

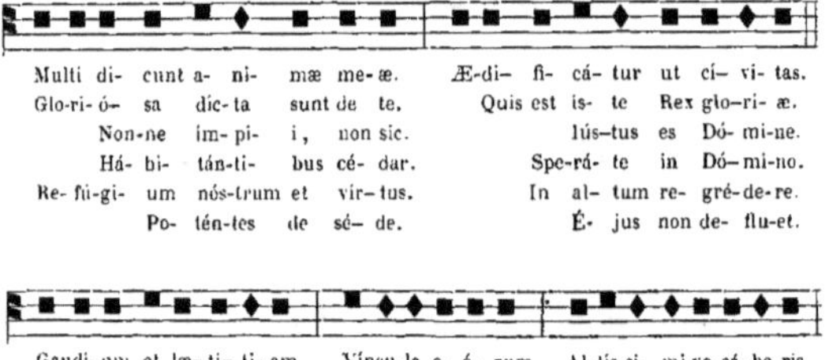

Intonations et mediations des Festes solemnelles, doubles et demy-doubles.

Avec leurs notes fondamentales.

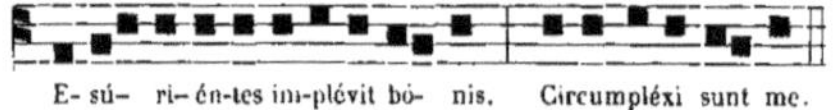

Avec leurs notes survenantes.

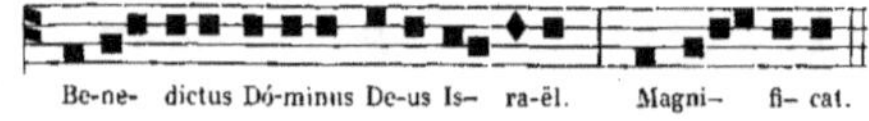

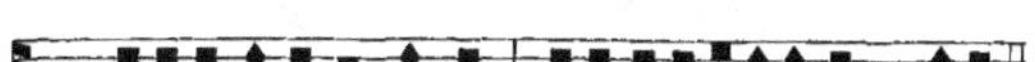

I. *Difference ou terminaison du III. ton.*

Avec ses notes fondamentales.

Avec ses notes survenantes.

Commencemens des Antiennes du III. Mode qui ont du rapport avec sa I. terminaison.

II. *Terminaison du III. ton.*

Avec ses notes fondamentales.

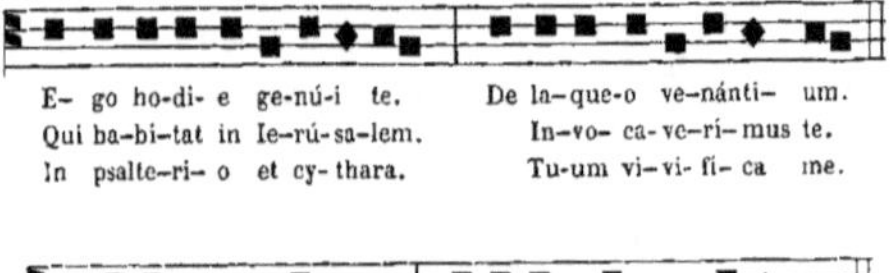

Commencemens du III. mode qui ont du rapport avec sa II. terminaison.

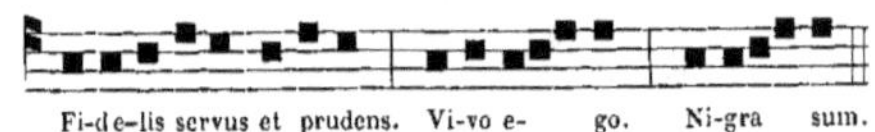

III. *Terminaison du III. ton.*

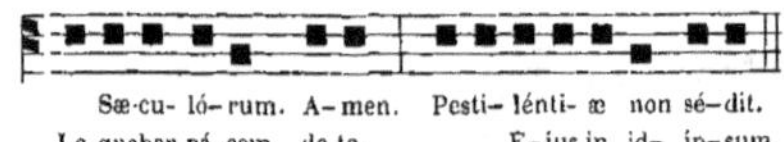

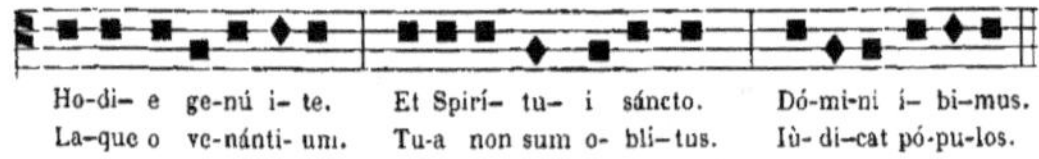

Commencemens du III. mode qui ont du rapport avec sa III. terminaison.

Le Directoire du Chœur Romain, et Guy Aretin font mention des deux ou trois terminaisons suivantes, à la premiere desquelles Guy Aretin attribuë les Antiennes *Herodes enim tenuit. Elizabeth Zacchariæ. Fidelis servus.* et quelques autres semblables : Et à la troisiéme les Antiennes *Domine probasti me. Omnia quæcumque. Quoniam in æternum.*

FORMULES DE LA PSALMODIE.

DU IV. TON.

Intonations et mediations des Festes simples et des Feries.

Avec leurs notes fondamentales.

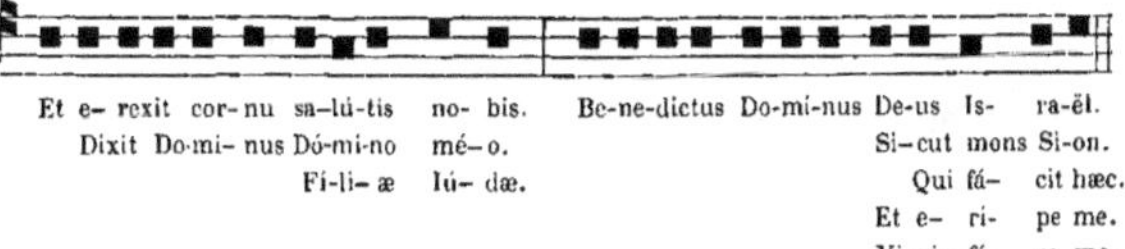

Et e- rexit cor-nu sa-lú-tis no- bis.	Be-ne-dictus Do-mi-nus De-us Is- ra-ël.
Dixit Do-mi- nus Dó-mi-no mé-o.	Si-cut mons Si-on.
Fí-li- æ lú- dæ.	Qui fá- cit hæc.
	Et e- rí- pe me.
	Vi-vi- fí- ca me.

Avec leurs notes survenantes.

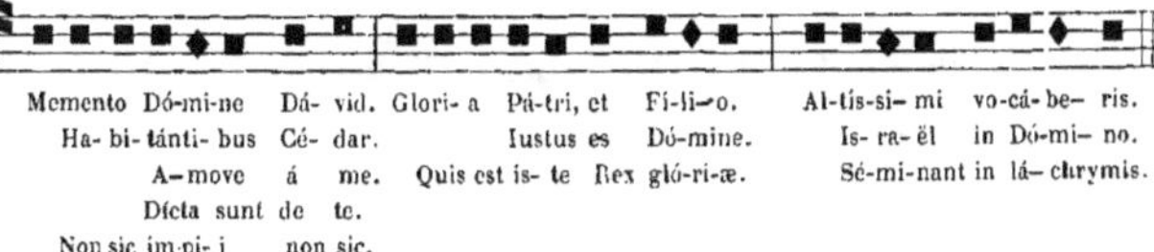

Memento Dó-mi-ne Dá- vid.	Glori- a Pá-tri, et Fi-li-o.	Al-tís-si- mi vo-cá- be- ris.
Ha- bi- tánti- bus Cé- dar.	Iustus es Dó-mine.	Is- ra- ël in Dó-mi- no.
A-move á me.	Quis est is- te Rex gló-ri-æ.	Sé-mi-nant in lá- chrymis.
Dícta sunt de te.		
Non sic im-pi- j non sic.		

Intonations et mediations des Festes solemnelles, doubles, et demy-doubles.

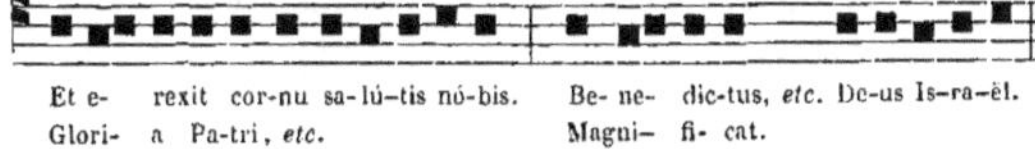

Et e- rexit cor-nu sa-lú-tis nó-bis.	Be- ne- dic-tus, *etc.* De-us Is-ra-ël.
Glori- a Pa-tri, *etc.*	Magni- fi- cat.

I. *Terminaison du IV. ton*

Avec ses notes fondamentales.

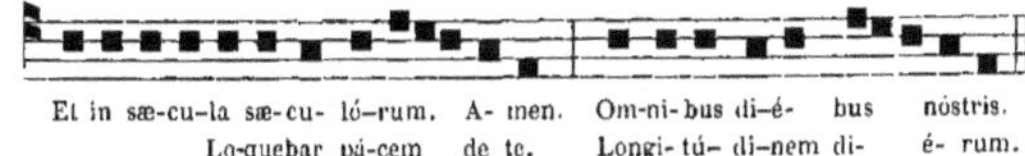

Et in sæ-cu-la sæ-cu- ló-rum. A- men.	Om-ni-bus di-é- bus nóstris.
Lo-quebar pá-cem de te.	Longi- tú- di-nem di- é- rum.

Avec ses notes survenantes.

Et se- mi-ni é- jus in sæ-cu-la.	E- go hó-di- e ge- nú-i te.
In do-mum Do-mi-ni i- bi-mus.	Qua in vo- ca- ve- rí- mus te.
De lá- queo ve- nánti- um.	tu-um vi- vi- fí- ca me.
Tu-um vi- vi- fí- cá- vit me.	I- ní- quo e- ri- pe me.

Testi- mó-ni-a ó- ris tu-i.	Servi-te Dó-mino in læ- ti- ti- a.
Quæ fá- ci- unt verbum é- jus.	De manu óm-ni-um qui o- dé-runt nos.
	Laudá-bi-le nó- men Dó-mi- ni.

Commencemens du IV. mode, qui ont du rapport avec sa I. terminaison.

II. *Terminaison du IV. ton.*

Avec ses notes fondamentales.

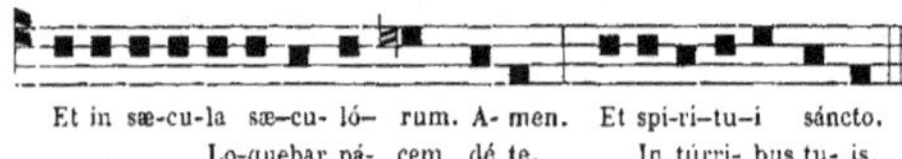

Avec leurs notes survenantes.

Commencemens du IV. mode qui ont du rapport avec sa II. terminaison.

III. *Terminaison du IV. ton.*

Avec ses notes fondamentales.   Avec ses notes survenantes.

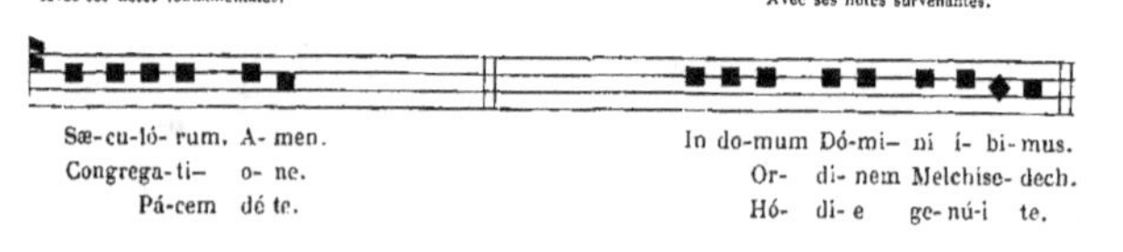

Commencemens du IV. mode qui ont du rapport avec sa III. terminaison.

Trois autres terminaisons dont le Directoire du Chœur Romain marque la premiere, et Guy Aretin les deux suivantes, attribuant à la premiere de ces deux les Antiennes *Vigilate animo. Credo videre. Turba multa. Sancta Maria;* et à la seconde, *Sion noli tardare. O mors ero. Factus sum.*

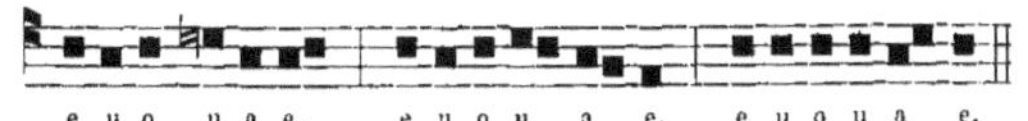

FORMULES DE LA PSALMODIE.

DU V. TON.

Les intonations et mediations des Feries et des Festes simples sont semblables à celles du II. ton, tant dans leurs notes fondamentales que survenantes, et ne sont differentes que dans la clef.

Intonations et mediations des Festes solemnelles, doubles, et semy-doubles.

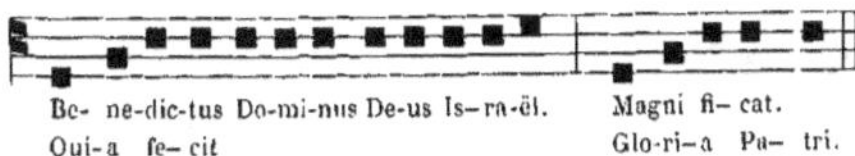

Il n'y a en ce V. ton que la seule intonation qui varie ; car la mediation des Festes, quoy que solemnelles, ne differe en rien de celle des festes simples.

Unique terminaison du V. ton.

Avec ses notes fondamentales.

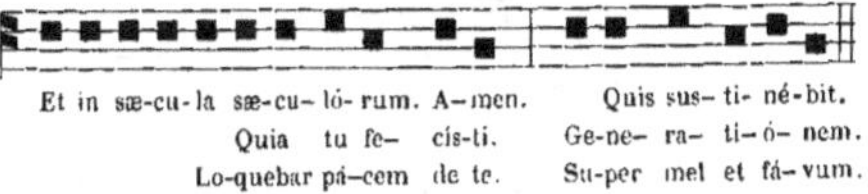

Avec ses notes survenantes.

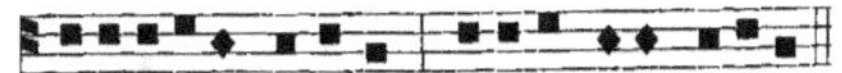

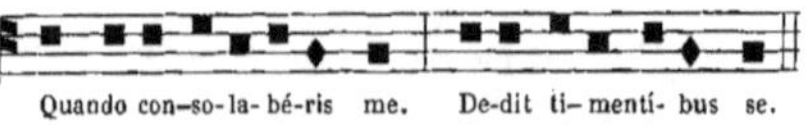

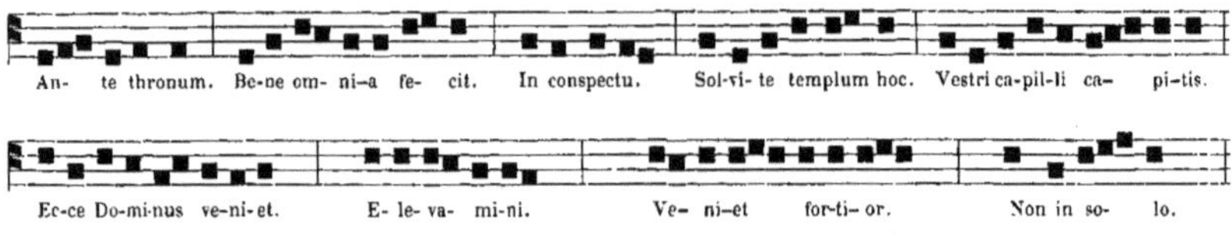

Commencemens du V. mode qui ont du rapport avec sa terminaison.

Guy Aretin ajoûte à la precedente terminaison les deux suivantes, et attribuë à la premiere le commencement de l'Antienne *Ecce veniet Dominus.* et à la seconde, les commencemens des Antiennes *Non in solo pane. Elevamini, etc.*

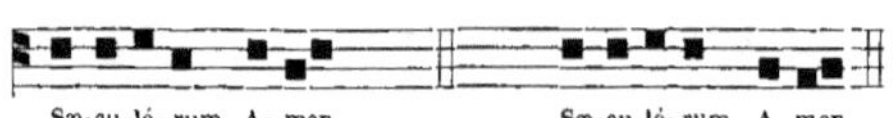

FORMULES DE LA PSALMODIE.

DU VI. TON.

Intonations et mediations des feries, et des Festes simples.

Intonations et mediations des Festes solemnelles, doubles, et semy-doubles.

Avec leurs notes fondamentales.

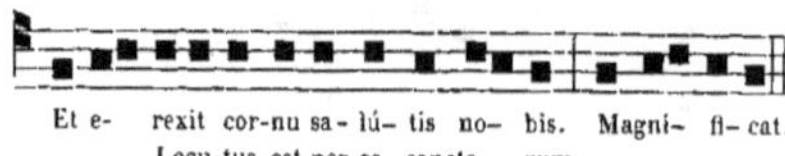

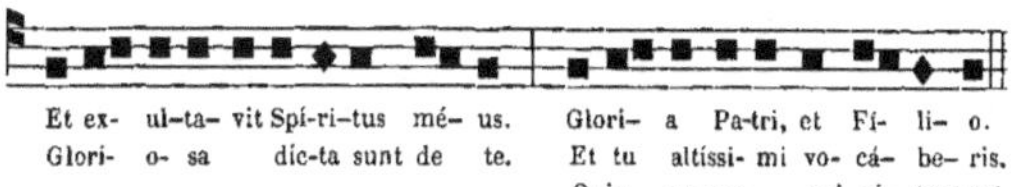

Unique terminaison du VI. ton.

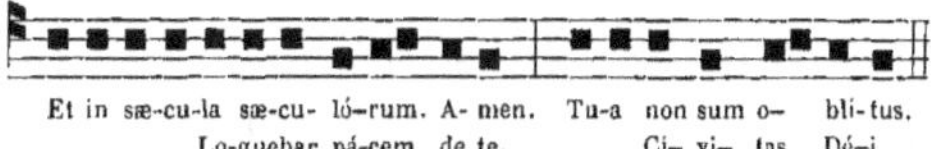

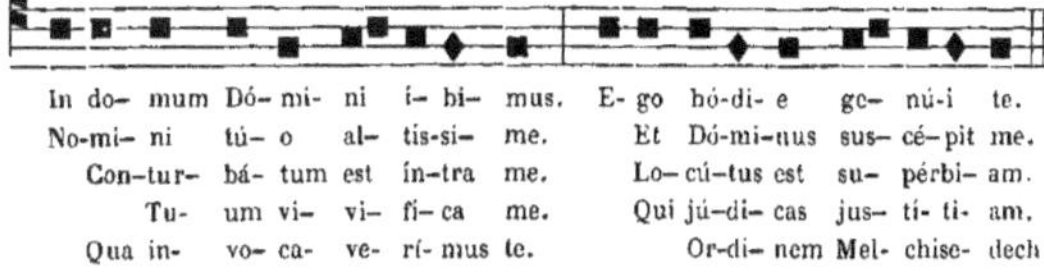

Commencemens du VI. mode qui ont du rapport avec sa terminaison.

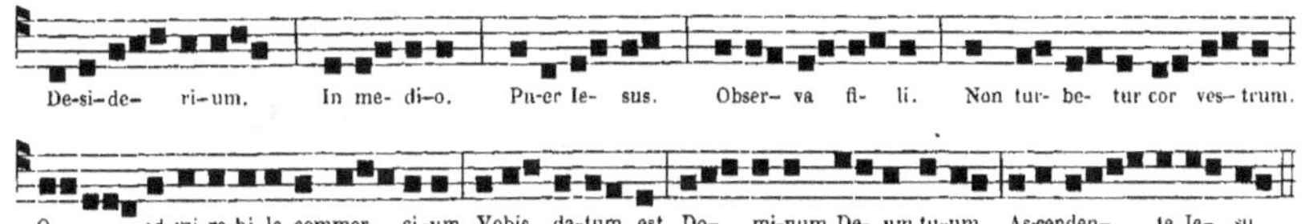

FORMULES DE LA PSALMODIE.

DU VII. TON.

Intonations et mediations des Festes simples et des Feries.

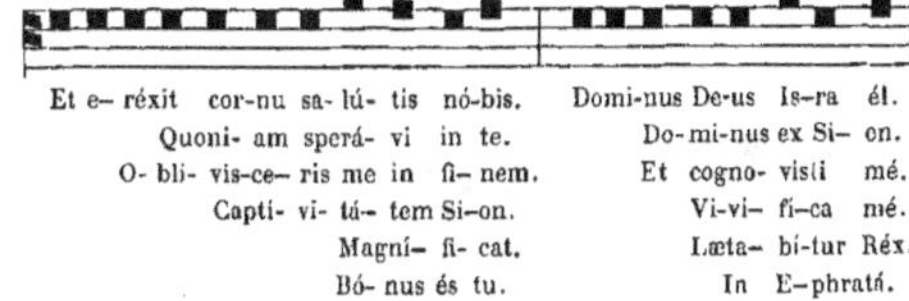

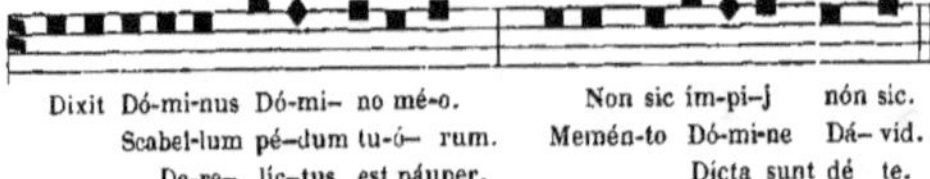

Intonations et mediations des Festes solemnelles, doubles et demy-doubles.

Avec leurs notes fondamentales.

Avec leurs notes survenantes.

1. *Terminaison du VII. ton.*

Avec ses notes fondamentales.

Avec ses notes survenantes.

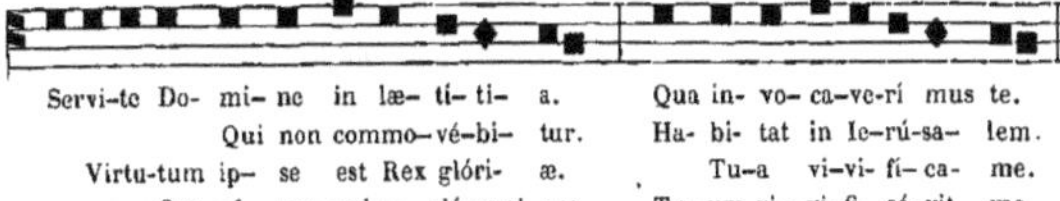

*Commencemens du **VII**. mode qui ont du rapport avec sa **I**. terminaison.*

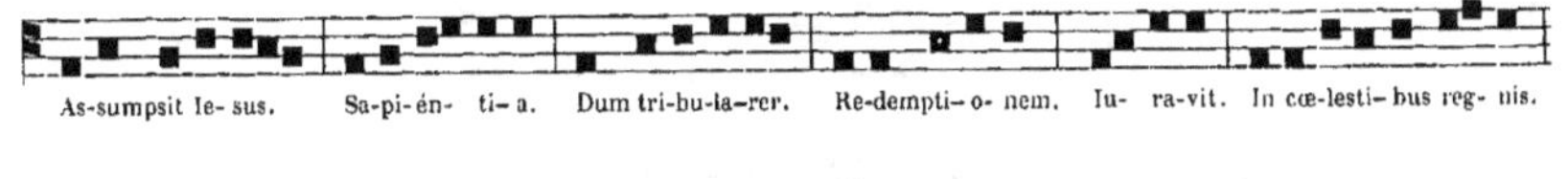

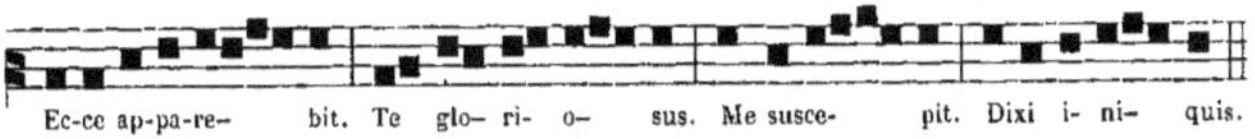

II. *Terminaison du VII. ton.*

Dont les notes tant fondamentales que survenantes reviennent à la I.

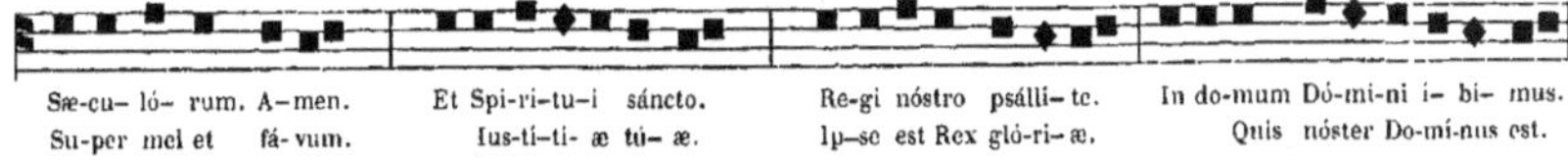

*Commencemens du **VII**. mode qui ont du rapport avec sa **II**. terminaison.*

III. *Terminaison du VII. ton.*

Qui a pareillement les mesmes notes fondamentales et survenantes que la I.

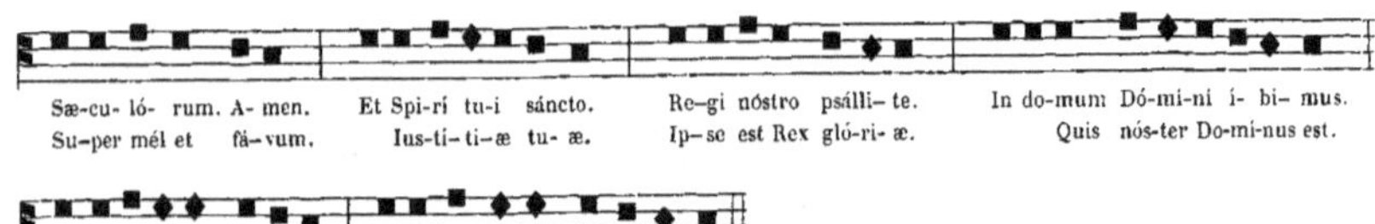

Commencemens du VII. mode qui ont du rapport avec sa III. terminaison.

IV. *Terminaison du VII. ton.*

Avec ses notes fondamentales et survenantes qui sont semblables à celles de sa I. terminaison.

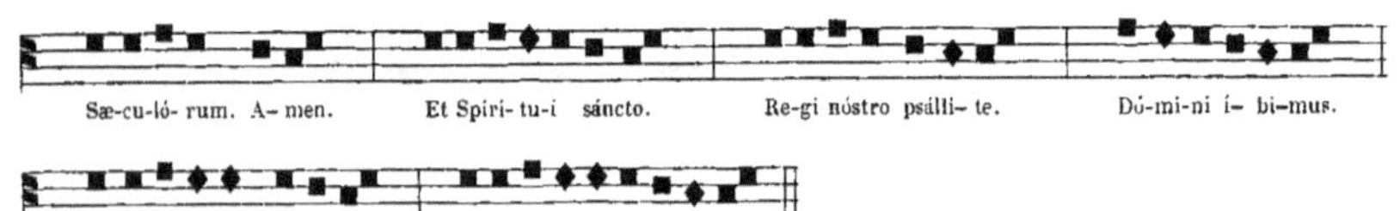

Commencemens du VII. mode, qui ont du rapport avec sa IV. terminaison.

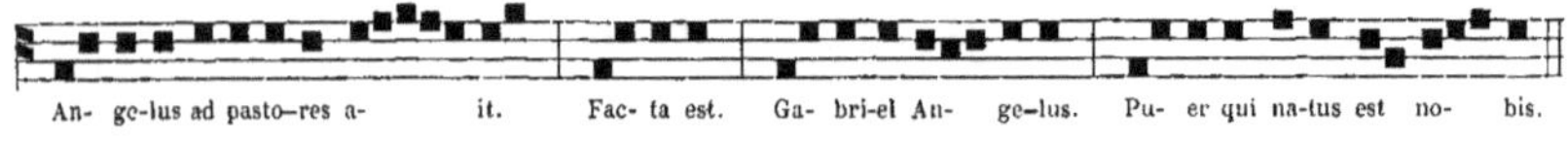

V. *Terminaison du VII. ton.*

Avec ses notes fondamentales et survenantes qui sont semb'ables à celles de sa I. terminaison.

Commencemens du VII. mode qui ont du rapport avec sa V. terminaison.

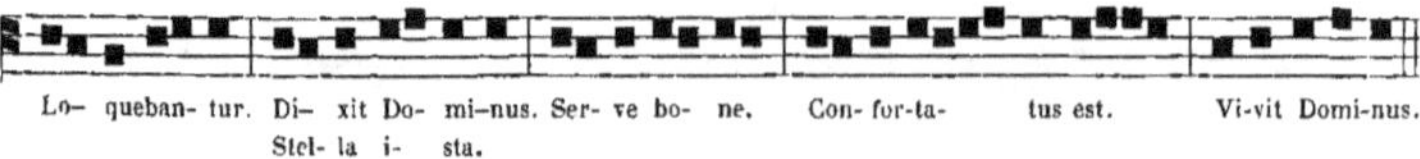

Guy Aretin fait encore mention des trois terminaisons suivantes, et attribuë à la premiere entr'autres l'Antienne *Angelus ad pastores*. A la seconde, *Exortum est.* Et à la troisiéme, *Domine ostende nobis.*

FORMULES DE LA PSALMODIE.

DU VIII. TON.

Intonations et mediations des Festes simples et des Feries.

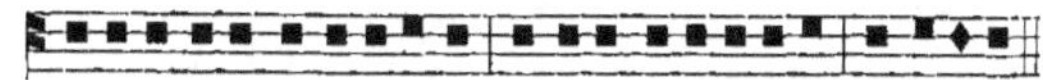

Intonations et mediations des Festes solemnelles, doubles, et demy-doubles.

Quand aux notes fondamentales et survenantes de ces deux sortes d'intonations et mediations, elles sont semblables à celles du II. ton.

I. *Terminaison du VIII. ton.*

Avec ses notes fondamentales.

Avec ses notes survenantes.

Commencemens du VIII. mode qui ont du rapport avec sa I. terminaison.

II. *Terminaison du VIII. ton.*

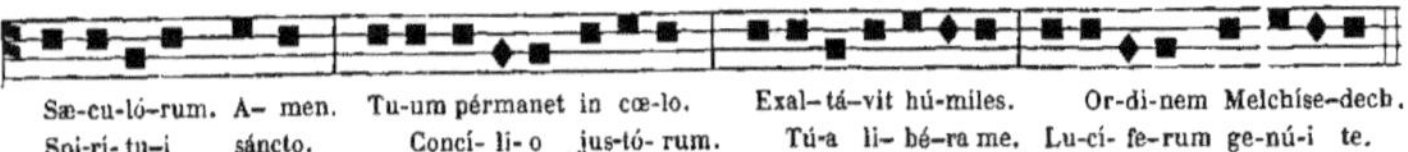

Commencemens du VIII. mode qui ont rapport avec sa II. terminaison.

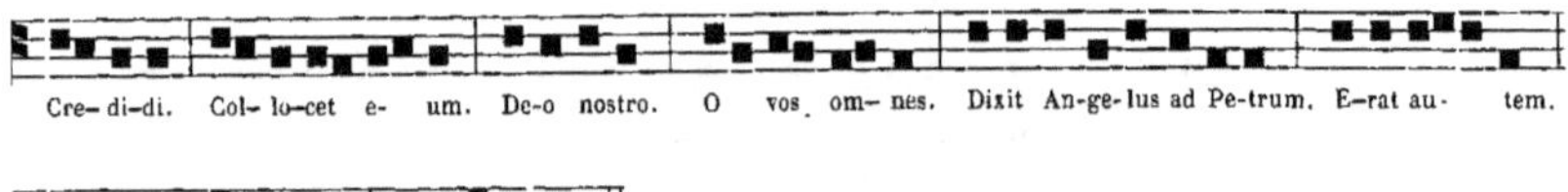

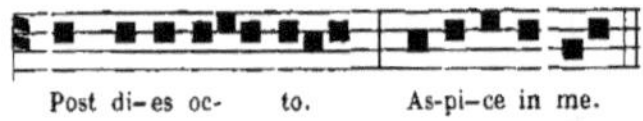

Guy Aretin fait aussi mention des deux terminaisons suivantes, et attribuë à la premiere les Antiennes *Spiritus sanctus. Soror mea.* et à la seconde, *Qui sunt hi sermones. Hodie Maria.* et autres semblables.

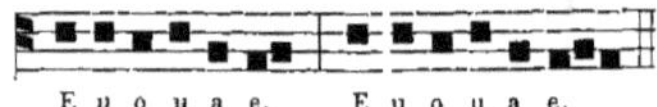

FORMULES DE LA PSALMODIE.

DU VIII. TON IRREGULIER.

Intonations et mediations.

Avec leurs notes fondamentales.

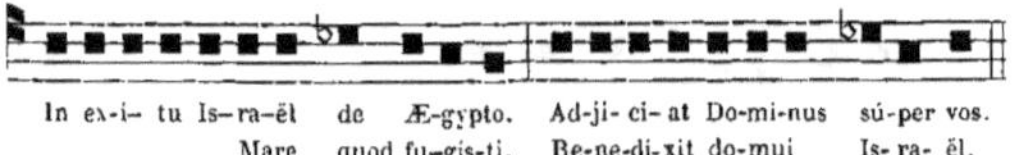

Avec ses notes survenantes.

Teneur qui suit la mediation jointe à la terminaison du mesme ton irregulier.

Antiennes qui ont du rapport avec ce VIII. ton irregulier.

Ce ton semble contenir en soy tous les autres tons ou manieres de melodie : car au commencement de son Antienne il a quelque ressemblance avec le I. le II. et le VII. mode, et dans sa fin avec le VIII. Son intonation a du rapport avec le IV. sa mediation avec le VI. la teneur suivante avec le VII. et sa terminaison avec le III. et le V. et par consequent il semble en quelque façon comprendre en soy la vertu et l'energie de tous les autres modes. C'est pourquoy la sainte Eglise, par un transport de l'amour divin qui ne peut estre limité par aucun mode ny maniere, employe le chant de ce ton pour témoigner à Dieu cét amour et toutes les autres saintes affections qui l'accompagnent, de loüange, d'adoration, d'action de graces, de joye, et tous les autres sentimens de dévotion qu'elle est obligée d'avoir pour la Resurrection de nostre Seigneur, et pour le bienfait inestimable de nostre Redemption. C'est encore avec le mesme esprit, et par un semblable transport, qu'au jour de la Pentecoste elle entrelasse dans l'Introite de la Messe quelques parcelles de trois differens tons, qui y sont remarquez à la page 175 de cét ouvrage.

FORMULES DE LA PSALMODIE.

DU IX. TON, OU I. AFFINAL, QUE GUY ARETIN APPELLE LA SECONDE PARTIE DU I. TON.

Intonations et mediations simples.

Intonations et mediations solemnelles, doubles et demy-doubles.

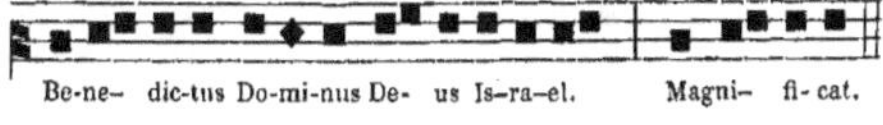

I. *Terminaison laquelle Guy Aretin donne à ce IX. mode en suite de l'Antienne* Cum inducerent *à laquelle il dit que cette terminaison a du rapport.*

II. *Terminaison laquelle le mesme Aretin donne à ce IX. mode, après l'Antienne* Hodie Christus. *qu'il luy attribuë.*

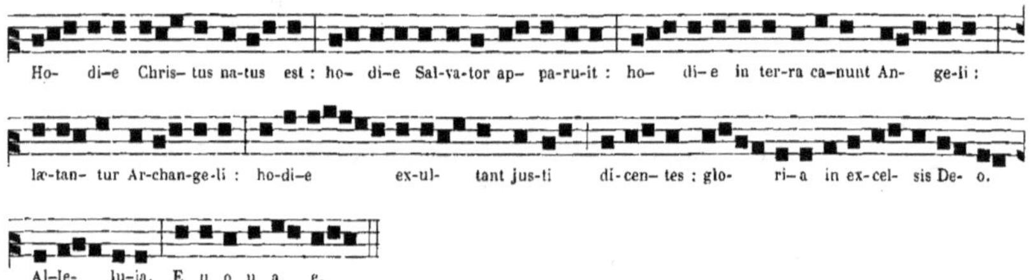

III. *Terminaison du IX. mode, à laquelle Guy Aretin attribuë l'Antienne* Inter natos. *dont toutefois le chant a depuis esté changé et mis du III. mode.*

Les notes fondamentales et les survenantes des intonations, des mediations et des terminaisons de ce ton sont quasi semblables à celles du I. ton.

En suite de ces trois terminaisons Aretin ajoûte, que si l'on ne veut pas user de ces trois differentes terminaisons, on peut se servir de celles qui ont esté assignées au premier mode. Voicy ses termes : *Quod si tres istas differentias nolueris sic concinere, exemplo retrolatorum dicere potes, nihilque nocet. (Guido in formulis modorum cap. 2. in altera parte proti.)* Laquelle authorité d'Aretin a depuis donné sujet d'étendre mesme aux Antiennes la licence qu'il y donne pour les terminaisons; vû que les Antiennes *Hodie Christus. Cum inducerent.* ont depuis esté notées sous les lettres du I. mode.

FORMULES DE LA PSALMODIE.

DU X. TON, OU II. AFFINAL.

Intonations et mediations simples.

Intonations et mediations solemnelles, doubles, et semy-doubles.

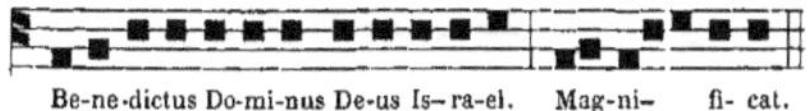

Unique terminaison du X. ton.

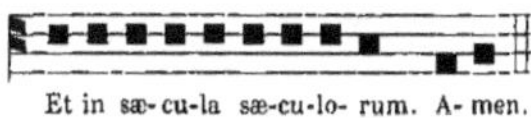

Les notes fondamentales et survenantes s'appliquent à ce ton, de la mesme façon qu'au II. Les Antiennes que Guy Aretin luy attribuë sont entr'autres, *Magnum hœreditatis.* et le Respons *Si bona suscepimus.* notez avec la clef de C, l'Antienne, ou Graduel de Pasques, et les autres Graduels semblables, sont encore de ce mesme mode, comme aussi les Hymnes *Sanctorum meritis. O Gloriosa Domina.*

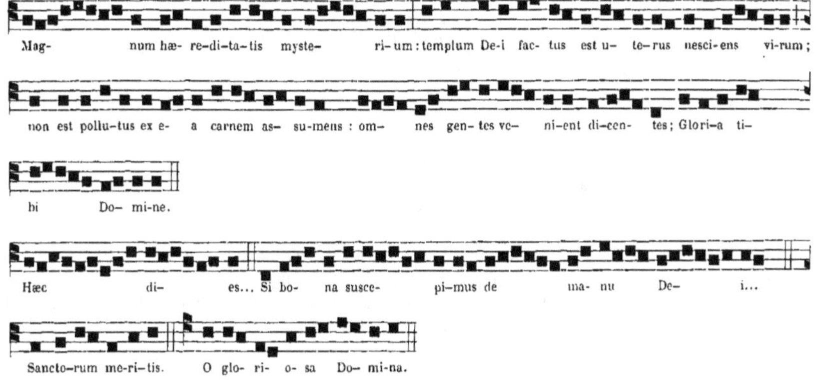

FORMULES DE LA PSALMODIE.

DE L'XI. TON, OU V. AFFINAL.

La clef de C, de la plus basse ligne marque le XI. naturel, et celle de la troisieme ligne avec un b mol marque le XI. transposé.

Intonations et mediations simples.

Intonations et mediations solemnelles, doubles, et semy-doubles.

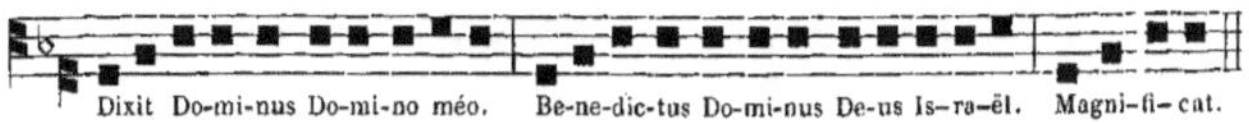

Unique terminaison de l'XI. ton.

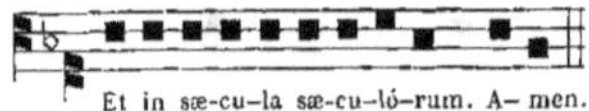

Les notes fondamentales et les survenantes de ce ton sont les mesmes que celuy du V.

Aretin toutefois donne aux Antiennes de ce ton la terminaison suivante, quoy qu'elle soit peu differente de celle du VII. d'autant, dit-il, qu'encore que la finale C soit attribuée au V. neantmoins la ressemblance de sa quinte avec celle du VII. le fait paroistre du VII.

Les Antiennes *Alma Redemptoris. O sacrum convivium. Qui pacem.* le ℟. *Regnum mundi.* et autres semblables, sont de l'XI. transposé, et peuvent estre remises dans l'XI. naturel en les notant comme il suit.

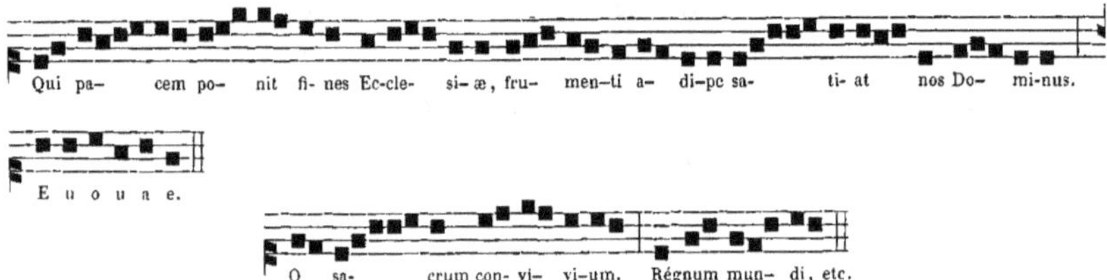

Les Versets des *Alleluya. Assumpta est. Te gloriosus. Te Martyrum candidatus. Bene fundata est.* sont aussi de ce XI. ton, et leur dominante est le sol de la lettre G, soit que la clef de C, se mette à la plus basse ligne comme elle est icy, soit qu'on la marque à la plus haute, ainsi qu'elle se voit au Graduel Romain, soit qu'on y employe la clef de F dont Aretin se sert au precedent *Sicut erat, etc.*

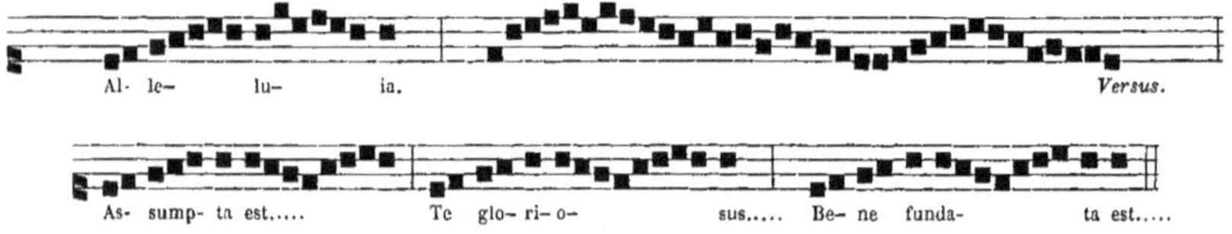

FORMULES DE LA PSALMODIE.

DU XII. TON, OU VI. AFFINAL.

Intonations et mediations simples.

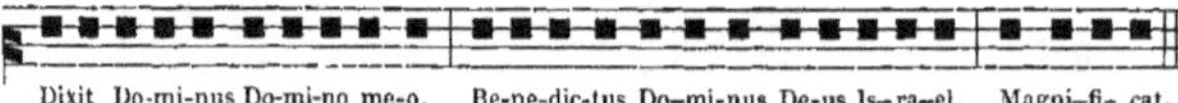

Intonations et mediations solemnelles, doubles, et semy-doubles.

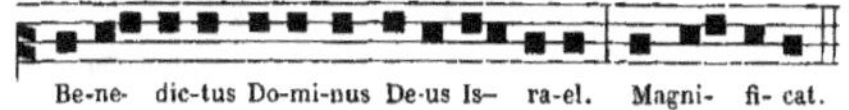

Unique terminaison du XII. ton.

Les notes fondamentales et les survenantes de ce ton sont entierement semblables à celles du VI.

Guy Aretin attribuë à ce mode les Respons *Honor virtus. Gaude Maria.* et plusieurs autres, dont toutesfois un bon nombre ont depuis esté transposez au XII. par *b* mol, ainsi qu'on le peut voir au ℞. *Homo quidam, etc.* Le mesme Guy attribuë encore à ce mode la pluspart des Introits et des Communions, que nous voyons maintenant estre du VI. comme les Introits *Hodie scietis. Esto mihi. Dicit Dominus. Requiem æternam, etc.* et les Communions *Diffusa est. Honora Dominum. Circuibo, etc.*

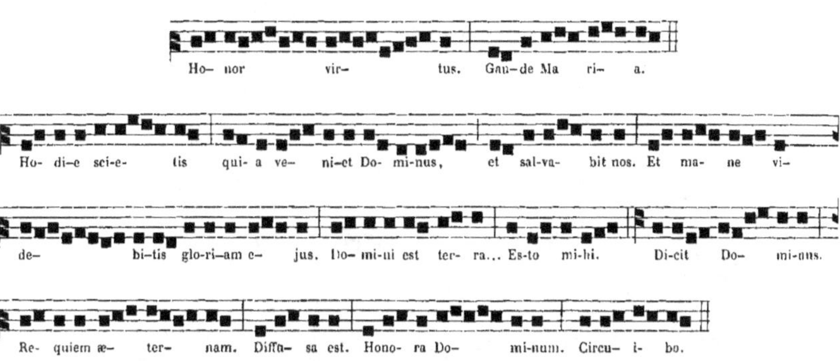

Or il faut icy remarquer deux choses: premierement que les mediations de Festes simples qui se terminent par des noms Hebreux, ou par des monosyllabes, ont esté notées dans les formules du I. II. III. IV. V. VI. VII. VIII. IX. X et XI ton selon que l'on a coustume de les chanter dans l'Eglise, comme si les noms Hebreux avoient l'accent sur la derniere, et les monosyllabes y retenoient aussi leur accent; ainsi qu'on le peut voir aux mediations simples du VII. ton sur les mots Hebreux *Israel, Sion, Ephrata,* et sur les monosyllabes *me, Rex*; mais il faut aussi observer que cela n'empesche pas que les mesmes mots Hebreux et monosyllabes ne soient notez en d'autres endroits comme s'ils avoient l'accent sur la penultiéme, ou sur l'antepenultiéme, conformement à la regle de Grammaire, qui rejette l'accent d'un monosyllabe latin qui est final, sur la penultiéme ou l'antepenultiéme du mot precedent: ce qui se peut voir dans toutes les terminaisons de ces tons, et mesme dans quelques mediations du VII. par exemple, dans celles de sa premiere colomne sur les mots *Sion, David, in te, es tu, non sic.* De laquelle forme et regle il semble que l'on auroit pareillement pû user dans toutes les mediations simples des autres tons qui finissent par des mots Hebreux ou des monosyllabes, si l'usage n'en faisoit pas exception. Par exemple, l'on auroit aussi bien pû chanter dans la mediation du V et du VIII ton:

Comme l'on chante dans la terminaison des mesmes tons.

Ou bien.

Secondement, que bien que suivant les precedens exemples, le nombre des tons soit de douze, neantmoins Guy Aretin avec l'Eglise les a reduits au nombre de huit, d'autant que le I. et le IX. le II. et le X. le V. et le XI. le VI. et le XII. se ressemblent dans leurs intonations, leurs mediations, et leurs terminaisons : et à l'occasion de ce nombre de huit, il a appliqué mystiquement le chant des huit tons sur le texte des huit Antiennes suivantes.

Guy Aretin n'a pas obmis les intonations, les mediations, et les terminaisons des Versets des Introits de tous ces modes; ny d'indiquer les commencemens des mesmes Introits qui avoient du rapport avec leurs diverses terminaisons. Neantmoins parce que le Graduel Romain les a toutes reduites à l'unité, à la reserve du I. ton auquel il en a laissé deux; l'on ne marquera icy que celles du mesme Graduel.

Formules des Versets Gloria Patri. *et* Sicut erat. *des Introits de la Messe du I. ton.*

Où il faut remarquer que les notes peuvent pareillement servir à marquer le IX ton, ou I. affinal, en substituant au lieu de la clef F, celle de C, pour faire voir la facilité de cette substitution ou transposition de clefs.

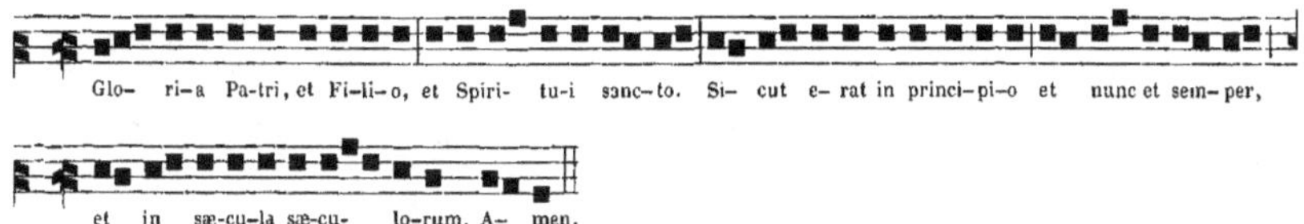

II. *Terminaison de ce I. mode, qui convient à l'Introit* Sapientiam Sanctorum.

Formules des Versets Gloria Patri, *et* Sicut erat. *des Introits du II. ton; dont les notes peuvent aussi marquer le X. ton, ou II. affinal, en substituant la clef de C en la place de la clef de F.*

Formules des Versets Gloria Patri, *et* Sicut erat. *du III. ton.*

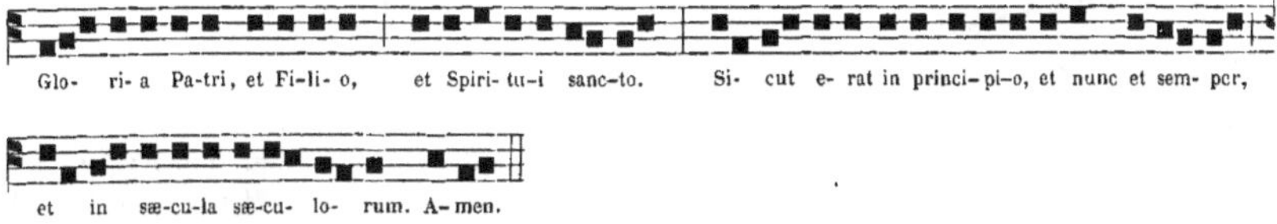

Formules des Versets Gloria Patri, *et* Sicut erat. *du IV. ton.*

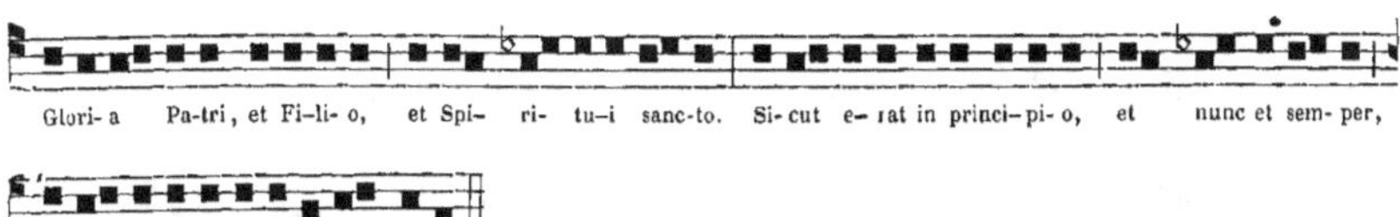

Formules des Versets Gloria Patri, *et* Sicut erat. *des Introïts du V. ton, dont les notes peuvent aussi servir à marquer l'XI. ton, ou V. affinal, en transferant la clef de* C, *de la seconde ligne d'enhaut à la plus basse ligne, où la clef* F, *est sous-entenduë.*

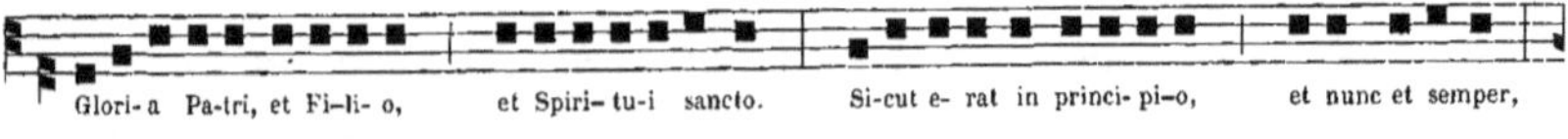

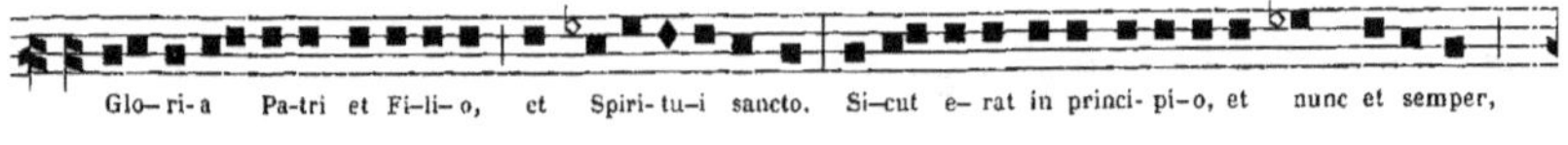

Formules des Versets Gloria Patri, *et* Sicut erat. *des Introïts du VI. ton; dont les notes peuvent pareillement servir à marquer le XII. ton, ou VI affinal, en substituant la clef de* C, *sur la ligne où est celle de* F.

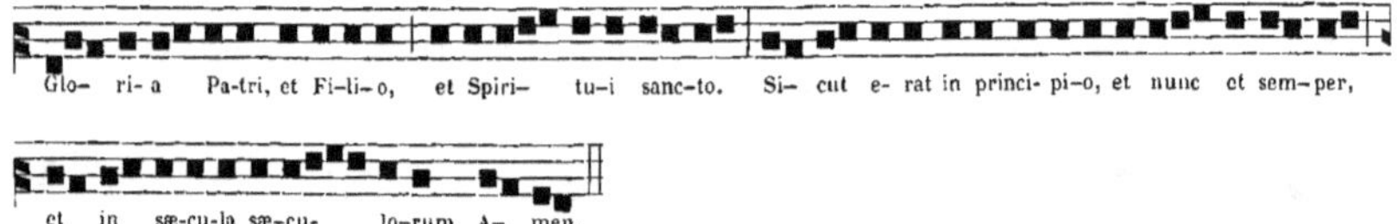

Formules des Versets Gloria Patri, *et* Sicut erat. *du VII. ton*

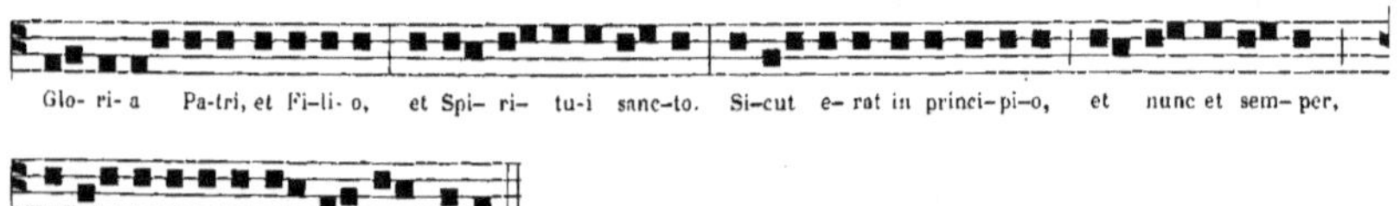

Formules des Versets Gloria Patri, *et* Sicut erat. *du VIII. ton.*

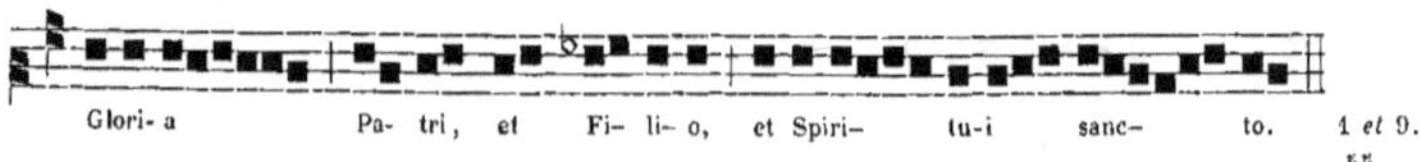

En suite des Formules precedentes de chaque ton, Guy Aretin a pareillement marqué les Formules du Verset *Gloria Patri.* que l'on chante à la fin des Respons de chaque mode ; Ce qui a donné occasion de les ajouster icy à son imitation, quoy qu'ils n'appartiennent pas au chant psalmodique, mais au Plain-chant. Ces Formules d'Aretin sont semblables à celles de l'Antiphonaire Romain.

Formule du chant du Gloria Patri. *des Respons du I. ton, dont les notes peuvent également servir à marquer celuy du I. affinal, ou IX. ton; en transferant la clef de* C *de la plus haute ligne à la troisième au dessous, celle de* F, *est sous-entenduë.*

Formule du Gloria. *des Respons du II. ton, dont les notes peuvent pareillement servir au II. affinal, ou X. en substituant la clef de* C*, marquée à la marge, au droit de celle de* F.

Formule du Gloria. *des Respons du III. ton.*

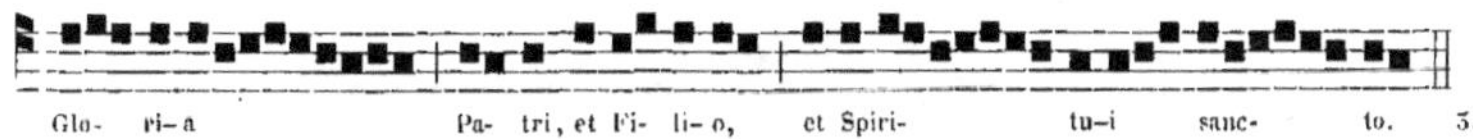

Formule du Gloria. *des Respons du IV. ton.*

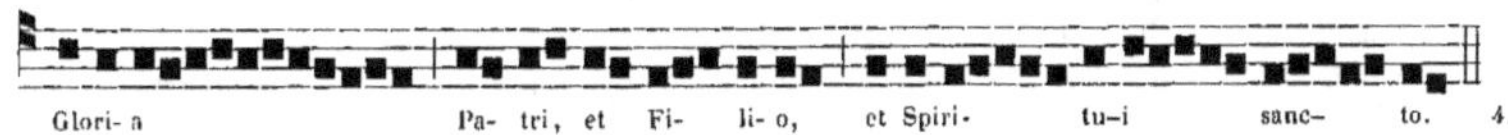

Formule du Gloria. *des Respons du V. ton; dont les notes peuvent marquer le V. affinal ou l'*XI. *en transferant la clef de* C, *de la seconde ligne, à la plus basse où l'*F, *est sous-entenduë.*

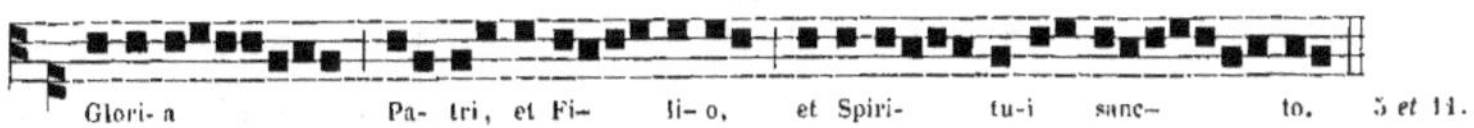

Formule du Gloria. *des Respons du VI. ton; dont les notes peuvent servir au VI. affinal, ou au XII. ton, en transferant la clef de* C, *de la plus haute ligne à la troisieme d'en bas où l'*F, *est sous-entenduë. Aretin n'a marqué ces Respons que de la clef de* C, *vray-semblablement pour éviter le* ♭ *mol.*

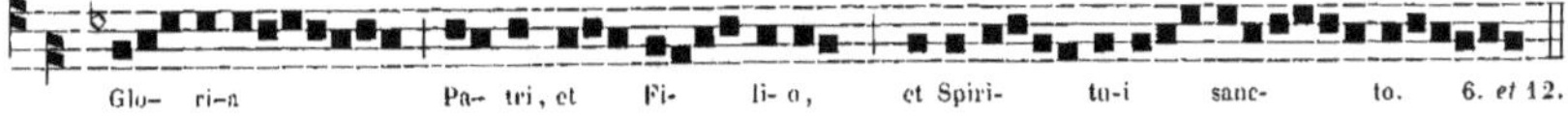

Formule du Gloria. *des Respons du VII. ton.*

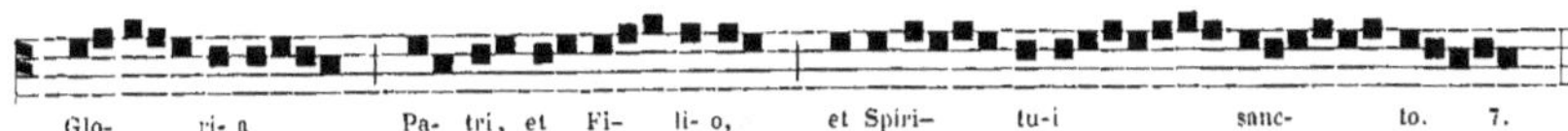

Formule du Gloria. *des Respons du VIII. ton.*

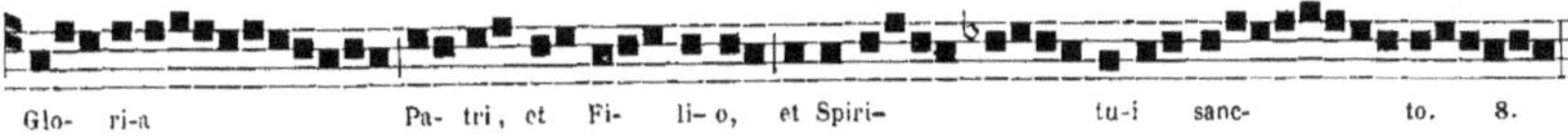

REPRODUCTION EXACTE DES PASSAGES DE GUY D'AREZZO

QUI SE TROUVENT CITÉS DANS LE CHAPITRE III DE JUMILHAC, COLLATIONNÉS DE NOUVEAU
SUR LE MANUSCRIT DE SAINT-ÉVROULT.

Page 186, note 2.

« Cum autem quilibet cantus omnibus vocibus et modis fiat, vox tamen quę cantum terminat optinet principatum. Ea enim et diutius et morosius sonat, et premissę voces quod tantum exercitatis patet, ita ad eam aptantur, ut mirum in domum quandam ab ea coloris faciem ducere videantur. Per supradictas nempe sex consonantias voci quę neumam terminat, reliquę voces concordari debent. Voci vero quę cantum terminat, principium ejus cunctarumque distinctionum fines, vel etiam principia oportet adhęrere.

..... « Preterea cum aliquem cantare audimus, primam ejus vocem cujusmodi sit ignoramus quia quemadmodum toni, semitonia, reliquęve species sequuntur, nescimus. Finito vero cantu, ultimę vocis modum ex preteritis aperte cognoscimus. Incepto enim cantu. quid sequatur ignoras. Finito vero quid precesserit vides. Itaque finalis vox est, quam melius intuemur. Deinde si eidem cantui versum aut psalmum, aut aliquid velis subjungere, ad finalem vocem per maxime opus est coaptare; non ad primę vel aliarum ideo inspectionem redire. Additur quoque et illud quod accurati cantus in finalem vocem maxime distinctiones mittant. Nec mirum regulas musicę á finali voce sumere, cum et in grammaticę partibus pene ubique vim sensus in ultimis litteris vel syllabis per casus, numeros, personas, tempora discernium (p. 6 et 7 du mss. de S.-Evroult.) »

« Item ad principalem vocem, id est finalem, vel si quam affinem ejus pro ipsa elegerint, pene omnes distinctiones currant, et eadem sicut et vox neumas omnes, aut perplures distinctiones finiat aliquando et incipiat, qualia apud ambrosium si curiosus sis invenire licebit (p. 18 du mss. de S.-Evroult.) »

Page 187, note 2.

« At plagis triti finali voce fere omnes distinctiones mittit, rariusque in tertia super se. Sub se autem tanto frequentius, quanto et liberius, tono vero nunquam super se distinctiones habebit. Plagis autem tetrardi distinctiones facit supra et super (*sic*) suam finalem vocem tono, quo alii penitus carent (p. 41 du mss. de S.-Evroult.) »

Page 189, note 1.

« Fini quoque debet esse consonum principium.
Unde quintum á finali non excedat calculum.
Plagę vero super quartas non tendant principium.

    (P. 17 du mss. de S.-Evroult.) »

Page 189, note 2.

« Principia quoque cantuum in omnibus illis vocibus esse possunt, quę secundum predictas sex consonantias cum finali voce conveniunt. Si quicquam aliter inveneris, ex ipsa raritate cognosces, quod auctoritate præsumpta, non autem sunt regulę firmitate districta (p. 27 du mss. de S.-Evroult.) »

CHAPITRE IV.

I. Il n'est pas moins necessaire de connoistre quel est le mode de chaque piece de chant, qu'il est necessaire de commencer chaque piece en bon ton ; parce qu'il n'est pas possible de s'acquitter de l'un sans sçavoir l'autre (1). Afin donc de pouvoir discerner les modes les uns d'avec les autres, il faut premierement prendre garde aux finales de chaque piece de chant (2) qui sont au nombre de six, sçavoir quatre sous les lettres *D*, *E*, *F*, *G*, du tetrachorde des finales, et deux sous l'*a* et le *c* du tetrachorde des affinales ; ou bien en autres termes, les six syllabes *re, mi, fa, sol, la, ut*, qui sont sous ces six mesmes lettres. Secondement il faut avoir égard aux dominantes qui correspondent à ces finales : car ce sont proprement ces deux voix la finale et la dominante qui donnent la forme aux modes (3) et qui en font la distinction ou la difference. Quand donc quelque piece

(1) Ad modos in cantibus discernendos etiam quædam neumæ inventæ sunt, ex quarum aptitudine ita modum cantionis agnoscimus, ut sæpe ex aptitudine corporis quæ, cujus sit tunica reperimus : ut in antiphona. *Primum quærite regnum Dei.* Mox enim ut cum fine alicujus antiphonæ hanc neumam bene viderimus convenire, quia autenti proti sit, non opus est dubitare : et sic de reliquis. Ad hoc etiam plurimum valent et versus nocturnalium responsoriorum, et psalmi officiorum, et omnia quæ in modorum formulis præscribuntur. Quas qui non novit mirum est si quam partem eorum quæ dicuntur intelligit. Ibi enim prævidetur quibus in vocibus singulorum modorum cantus rarius, sæpiusve incipiant ; et in quibus minime id fiat, ut plagis quidem minime licet vel principia vel fines distinctionum ad quintas intendere, cum ad quartas perraro soleat evenire. In autentis vero præter deuterum (*autentum scilicet qui est tertius in ordine*) eadem principia et fines distinctionum minime licet ad sextas intendere. Plagæ autem proti vel triti ad tertias intenduntur. Et plagæ siquidem deuteri, vel tetrardi (*autenti scilicet qui est septimus*) ad quartas intenduntur. *Guido Aret. cap. 13. micrologi.*

* Aure tamen curiosa valde erit utile, si avertas et cognoscas harmonia qualiter quatuor cantus modis transformata facie quatuor ex quibus modos octo dehinc facimus ; quia gravia et alta cantica discernimus, cum autentos atque plagas more Græco dicimus, *etc. Guido in prologo rhythmico antiphonarij.*

* Omnis qui melos incohat, præ cunctis systema debet advertere. *Martian. Capella lib. 9. cap. de modulatione.*

* Primum igitur cupiens quicquam decantare, præ omnibus tonum ac repercussionem ejus diligenter animadvertat. *Claudius Sebastianus in bello musicali.*

* Si cantum quempiam volueris solfizare, consideres oportet in primis ejus tonum ; quoniam qui cantum sine agnitione toni canit, idem facit quod is, qui syllogismum extra modum ac figuram componit. *Georgius Rhau. in enchyridio musicæ practicæ cap. 4.*

* Nullum cantum vel moderari, vel modulari possumus, nisi prius cognoscamus ipsius tonum. *Alstedius to. 2. encyclopediæ lib. 20. de musica cap. 9.*

(2) Quamvis omnes voces cantus, atque modos habeat, ejus tamen erit modi quam finalem resonat, nam ab ipso sumit normam qualiter se habeat. *Guido in prologo rhythmico antiphonarij.*

(3) Protus, tritus, et tetrardus quinto tenent formulas :
Quibus possunt sua satisfacere principia.
Sexto autem tenet loco deuterus differentias
Plagæ, proti, atque triti loco insunt tertio.
At tetrardi, deuterique quarto pollent solio :
Quorum cantus his arctantur semper sub terminibus *etc.*
  Guido in epilogo rhythmico post formulas modorum.

* Quique cantus ad octavas salit regulariter,
Et ad quintam à finali poterit descendere,
Quando plagæ et autentis non sunt differentiæ.
Quod si plagas ab autentis convenit discernere ;
Plagæ saliunt ad quintas, nec vadunt ulterius,
Et ad quintas declinando sibi satisfaciunt.
At autenti ad octavas competenter saliunt ;
A finali uno tono neque cadunt amplius.
Trito tonus cum non subsit, finis est gravissimus.
Fini quoque debet esse consonum principium ;
Unde quintum à finali non excedat calculum.
Plagæ vero super quartas non tendant principium.
Inter alias secunda vox tacet innobilis ; (*i*, *B*)
Contra tertia et sexta frequentatur sæpius,
Cujus rei mihi testis sanctus est Gregorius :
Principalem quoque esse quia ipsam voluit,
Deuterus autentus sumpsit loco ejus tertiam ;
Cujus fini quamvis sexta, sæpe ipsum incohat.
  Guido in prologo rhythmico antiphonarij.

* Cum autentos atque plagas more Græco dicimus,
Alti cantus sunt autenti, graves plagas nominant,
Dumque quatuor in tonis hoc utrumque supputant,
Octo formulas tonorum vel modorum indicant.
Protus est autentus primus, plagis proti secundus.
Autentus tertius extat, tertium quem dicimus.
Quartus erit plagis ejus ordinem qui sequitur.
Quintus est autentus tritus, sextus est plagis ipsius.
Hinc autentus est tetrardus, quem vocamus septimum.
Plagis tetrardi octavus, septimum qui sequitur.
Quorum duo unam vocem tenent, ut prædiximus.
  Guido in prologo rhythmico antiphonarij.

se termine en l'une des deux lettres *D* ou *a*, ou (ce qui est la mesme chose) en la syllabe *re*, ou en la syllabe *la* qui les accompagne, elle est toûjours du premier ou du second mode (1), ou se reduit à l'un des deux : au premier, lors que la quinte est sous la quarte (2) et que l'une des deux lettres *a* ou *e* ou l'une de leurs syllabes, soit qu'on la nomme *la* soit qu'on l'appelle *mi* selon la gamme sans muances, est la dominante. Au second, quand la quarte est sous la quinte et que l'une des deux lettres *F* ou *c*, ou l'une de leurs syllabes est la dominante.

Que si la finale de la pièce est un *mi* ou un *si* des deux lettres *E* ou ♮, le mode sera du troisiéme ou du quatriéme : ou bien se reduira à l'un ou à l'autre des deux : Au troisiéme si sa quarte est sur la quinte et que sa dominante soit au *fa*, ou selon la gamme sans muances à l'*ut* de la lettre *c* (d'autant que le chant Gregorien ou Romain éleve cette dominante à la sexte (3) mineure) ou bien qu'à la façon du chant de l'Eglise de Milan, surnommé Ambroisien, sa dominante soit au *mi* ou au *si* de ♮ *carre*. Au quatriéme, si sa quarte est sous la quinte, et que sa dominante soit le *la* ou le *mi* des lettres *a* ou *e*.

Mais si la finale est un *fa* ou un *ut* des lettres *F* ou *c*, il sera du cinquiéme ou du sixiéme mode, ou s'y reduira. Du cinquiéme, quand la quarte sera sur la quinte, et que le *fa* ou le *sol*, ou aux termes de la gamme sans muances l'*ut* ou le *sol* des lettres *c* ou *g* en sera la dominante. Du sixiéme, lors que la quarte sera sous la quinte et que le *la* ou le *mi* des lettres *a* ou *e* sera la dominante.

Enfin si la finale est un *sol* de la lettre *G* le mode sera du septiéme ou du huitiéme : du septiéme, quand la quarte sera sur la quinte, et que la dominante sera un *sol* ou un *re* de la lettre *d*. Du huitiéme, lors que la quarte sera sous la quinte, et que le *fa* ou l'*ut* de la lettre *c* sera la dominante.

II. De sorte que suivant cette disposition le neuviéme et le dixiéme modes qui ont pour finale le *re*, ou bien (selon les termes de la gamme sans muances) le *la* de la lettre *a*, et qui ont pour dominantes, le neuviéme le *la* ou sans muances le *mi* de la lettre *e*, et le dixiéme le *fa* ou sans muances l'*ut* de la lettre *c* sont attribuez au premier et au second modes; Car bien que le neuviéme ait la mesme octave que le second; et que le dixiéme ait la sienne semblable à celle du troisiéme; Neantmoins parce que la division des mesmes octaves est differente, et que la division de l'octave du neuviéme est harmonique, et celle du second n'est qu'arithmetique : Et qu'au contraire la division du dixiéme n'est qu'arithmetique, et celle du troisiéme est harmonique, ils appartiennent plûtost au premier et au second, qu'à aucun autre mode. C'est pourquoy Guy Aretin (4) les a aussi

(1) Quoniam vero protus duas diversas in una terminatione habere videtur formulas; libet intueri uberius quibus distinctionibus utræque discerni valeant; cum una ex eis sit autentica, altera plagalis : ut secundum quod in proto definitum fuerit, teneatur et in reliquis. Formulas itaque autenti proti quinto loco à finali voce disponimus, quod et in reliquis autentis similiter facimus. Formulas autem ejusdem plagæ tertio à finali voce constituimus. Hinc itaque constituendum, ut in plagis distinctionum fines vel principia nullo modo super formulas sibi attributas ponantur. Quod si evenerit mox in autenti transit potestatem; quia solis autentis licet intendere fines principiave distinctionum ad quintam. Et quemadmodum illicitum est plagis super proprias formulas distinctionum summam intendere; ita et autentis non est opportunum, si in imam eorumdem plagarum vim transferantur. Sicque singuli propriam amittunt vim, dum alterius nituntur assumere gradum. *Guido cap. 1. in modorum formulis.*

(2) Notatoque, quod tres sint vocum ordines, id est graves, mediæ et acutæ : ex quibus mediæ semper annectuntur utrisque : Acutæ autem connectuntur autentis, et graves plagibus : et sic semper tres ex ambabus partibus utrorumque sunt propriæ. *Guido cap. 7. epilogi* (vel forte prologi) *in modorum formulis et cantuum qualitatibus.*

(3) Iste autem modus non adeo aliorum autentorum servat regulam : cum enim alij quinto habeant formulas, iste insuper sexto : unde et fines, vel etiam principia distinctionum in sexto à se gradu constituuntur. Quod non authoritate, sed ex necessitate habet : erat enim difficile tres continuos tonos sine semitonio exprimere; idcirco postposita regulari vocum connexione, necessitas est secuta. *Guido in formulis modorum cap. 5. in formula autenti deuteri.*

* Hic notandum est quod tertius modus maluit contra omnem usum et regulam incipere suam differentiam in superiori sexta à suo fine, quam in quinta, quia vox secunda, quæ super ejus finem est quinta, quamvis ipsi fini possit convenire, discordabat tamen à sexta : Consulto igitur agens modus tertius abjecit sorurculam ♮; ne vicinam amitteret c. *Guido ibidem.*

* E, u, o, u, a, e, autem tertij toni incipitur in *C, sol, fa, ut*, scilicet in sextam supra finalem antiphonæ secundum Gregorianos, ubi tetrachordum in principio psalmodiæ sumptum terminatur. Ambrosiani autem suavius procedentes principium hujus tertij toni in quintam supra finalem antiphonæ chordam, in qua scilicet sua diapentes figura terminatur, tamquam harmonica medietate suaviorem, sicuti in reliquis autenticis disposuere. *Franch. lib. 1. musicæ practicæ cap. 10.*

(4) In *D* vero et *a*, quæ sunt unius modi, sæpissime possumus eumdem cantum incipere, vel finire. *Guido cap. 9. microl.*

attribuez à ces deux modes, encore qu'il connust parfaitement et l'identité d'octaves qu'ils ont d'une part, et la diversité d'octaves qu'ils ont de l'autre.

Semblablement les modes onzième et douziéme qui ont pour finale l'*ut* de la lettre *c* et pour dominantes l'un le *sol* du *g*, l'autre le *la*, ou selon la gamme sans muances le *mi* de l'*e* se reduisent ou (selon les termes d'Aretin) sont attribuez (1) au cinquiéme et au sixiéme modes; quoy que suivant l'identité de leurs octaves l'onziéme dùst estre du sixiéme, et le douziéme dust estre du septiéme; mais la differente division des mesmes octaves qui change les cadences de leur melodie empesche pareillement l'effet de leur entiere identité.

Il ne faut toutefois pas oublier que ces sortes d'attributions se font plùtost eu égard à l'intonation ou à la façon de prendre en ton, qui sont les mesmes aux uns et aux autres de ces modes, que non pas au regard de la nature de l'harmonie dont il ne faut pas douter que l'essence ne soit differente à cause de la variation qui se rencontre dans un de leurs demy-tons; en sorte que s'ils ont la mesme quinte, leur quarte est dissemblable; et lors que leur quarte est semblable, ils ne s'accordent pas dans la quinte; ainsi qu'Aretin l'a expressement remarqué (2), et qu'il est aisé de le reconnoistre à l'oreille, lors que l'on compare ces chants les uns aux autres; Par exemple, le chant des antiennes du neuviéme *Cum induceruut*, ou *Hodie Christus natus est*, avec l'antienne *Domine quinque* qui est du 1. ou bien *Magnum hereditatis mysterium*, qui est du 10ᵉ avec *O doctor optime*, qui est du 2. quoy qu'à present elles soient toutes notées sous les mesmes clefs.

III. Or tout ce qui est dit touchant la maniere de discerner les modes naturels, doit aussi par proportion s'entendre des modes transposez; car les six lettres *G*, *a*, *b*, *c*, *d*, *f* ou les six syllabes qu'elles gouvernent, *re*, *mi*, *fa*, *sol*, *la*, *ut*, ou selon les termes de la gamme sans muances, *sol*, *la*, *sa*, *ut*, *re*, *fa*, sont les finales des transposez; de sorte que quand le *re* ou autre semblable syllabe des lettres *G* ou *d*, termine la piece de chant elle est du premier ou du second mode transposé : du premier si la dominante est au *d* ou à l'*a* : du deuxiéme si elle est au *b* ou à *f*. Que si la finale est un *mi*, ou bien, aux termes de la gamme sans muances, un *la* de la lettre *a*, le mode sera du troisiéme ou du quatriéme : du troisiéme si la dominante est en la lettre *f* selon l'usage Romain, ou bien en la lettre *e* suivant l'usage Ambroisien : du quatriéme si la dominante est en la lettre *d*. Mais si la finale est un *fa*, ou selon la gamme sans muances un *sa* sous la lettre *b*, le mode sera du cinquiéme ou du sixiéme; du cinquiéme si la dominante est en *f* ou en *c* : du sixiéme si la dominante est en *d*, ou en *a*. Enfin si la finale est au *sol* ou aux termes de la gamme sans muances à l'*ut* du *c*, le mode sera du septiéme ou du huitiéme; du septiéme si la dominante est en la lettre *g*; du huitième si la dominante est en *f*. Les tables des modes tant naturels que transposez qui se voyent page 188 font voir à l'œil ce qui en a esté dit icy.

IV. Mais parce que cette maniere de discerner les modes ne suffit pas pour en faire la distinc-

---

(1) Adnotandum etiam quod aliquando suprascriptus autentus tetrardus in VOCE TERTIA (*id est c*) finitur, quæ trito ascribitur. *Guido cap. 9. in formulis modorum, in formula tetrardi autenti. Où il faut remarquer que le quatrième autentique est celuy que nous appellons le septiéme, et que le troisiéme plagal est celuy que nous comptons le sixiéme.*

(2) Has itaque octo modorum formulas præcipue debet scire quisquis canendi peritiam vult habere; ut qualiter in singulorum modorum cantibus quælibet vox neumalis sonet, possit advertere. Præterea quamvis primam, secundam, et tertiam vocem (*id est A, B. C,*) cum quarta, quinta, et sexta, *id est D, E, F*, concordare dixerim, in eo tamen differunt, neque omnes neumas similiter faciunt : Quoniam A, B, C, habent post se in depositione tres tonos, ante se vero in elevatione duos tonos : At vero D, E, F, unum tantum tonum in depositione habent, tres vero tonos in elevatione. IDEOQUE MULTI CANTUS EIUSDEM SUNT MODI, SED NON EIUSDEM SONI. Quidam vero minus prævidentes istam differentiam, adjungunt unam vocem in acutis inter primam et secundam, ut sint duo toni et unum semitonium post D, E, F, sicut post A, ♮, c, in elevatione; et rursus d, e, f, acutæ possint deponi duobus tonis, sicut a, ♮. c, quatenus nulla sit differentia inter D, E, F. et A, ♮, c. Quando id cantatur in A, ♮, c, et in D, E, F, possit cantari. Ut autem SINGULIS VOCIBUS SUA PROPRIETAS MANEAT, MELIUS EST UT CANTUUM INSPICIATUR NATURA. Et cum hos tres tonos videtur admittere, fiat hoc modo, F. G. A. ♮. Cum vero post duos non nisi semitonium sumit, fiat hoc modo c, d, e, f, *etc. Guido in prologo antiphonarij cap. 8.*

* Notandumque est, quia eæ unius esse dicantur modi habentes similes elevationes et depositiones : NULLATENUS TAMEN ALIQUA EX HIS CUM ALIQUA SIBI DEPOSITIONE CONCORDANTI, ELEVATIONE CONCORDAT; AUT CONVENIENTI IN ELEVATIONE, DEPOSITIONE CONCORDAT. *Guido Aretinus cap. 5. epilogi in formulis modorum et cantuum qualitatibus.*

tion (1) lors que les pieces de chant n'ont pas l'étenduë entiere de leur octave, ou qu'elles ne se soustiennent pas assez sur leur dominante, ou bien quand elles excedent l'octave et qu'elles ont tout ensemble la quarte au dessus et au dessous de la quinte, ainsi qu'on le voit aux proses, *Victimæ paschali laudes*, *Lauda Sion Salvatorem*, et en d'autres pieces semblables, il faut lors avoir égard à celle des dominantes qui est la plus frequente, et sur laquelle le chant a le plus souvent son retour, ou bien en autres termes, qu'elle est la phrase qui domine au mode (2), et au cas qu'il y ait égalité de part et d'autre, il faut en second lieu avoir recours aux notes discretives qui sont une tierce au dessus de la finale (3) : parce que quand les notes se trouvent estre plus frequentes au dessus qu'au dessous de cette tierce (particulierement dans les pieces de chant qui sont un peu longues) alors la dominante et le mode sont ordinairement authentiques ou impairs. Mais lors que les notes sont plus frequentes au dessous qu'au dessus de la mesme tierce, la dominante et le mode ont accoûtumé d'appartenir aux plagaux ou pairs.

V. Comme neantmoins cette regle des notes discretives ne se verifie pas également dans les pieces courtes et de peu de notes, ainsi que dans celles qui sont plus longues, il faut en troisiéme lieu remarquer, que la maniere ou la qualité des intervalles qui donnent commencement aux pieces de chant, leur donnent aussi quelquefois un autre mode que celuy qu'elles devroient regulierement avoir. C'est pourquoy lors qu'elles commencent par la quinte, elles appartiennent ordinairement à l'authentique plûtost qu'au plagal ; et quand elles commencent par la quarte, elles ont accoûtumé d'estre du plagal plûtost que de l'authentique (4) ; ainsi qu'on le peut voir dans l'antienne *Iuravit Dominus*, et en d'autres semblables. De sorte qu'à cause de toutes ces difficultez, le plus court et le meilleur moyen est de marquer dans les livres de chant le ton de chaque piece, suivant ce qui a esté dit cy dessus au chapitre xiv de la ii. partie, et qu'Aretin l'a remarqué au chapitre ix. de son epilogue de la formule des modes et qu'il l'a luy mesme pratiqué. mettant sous la formule de chaque mode quasi toutes les pieces du chant Ecclesiastique qui luy peuvent appartenir.

---

(1) Unde et quasdam in autentis et plagis reperimus symphonias, quæ ex sola diatéssaron, aut ex sola efficiuntur diapente, vel diapason. Sonorum perfectissimus diapason est, quæ ex toto autenticum, aut ex toto plagalem efficit cantum. Ex diatessaron vero, vel ex diapente medius efficitur modus, qui nec autenticam, nec gravem proprie reddit partem cantilenæ : unde cujus modi fuerit, discerni non valet, utrum autento an plagæ conferri valeat, nisi ex distinctionibus. Ex diapason ergo et diapente efficitur modus, qui et autenticam et plagalem unisone resonet quantitatem. *Guido Aret. in formulis modorum cap.* 9. *in formula tetrardi.*

(2) Ut lector ex his consideret, quantum discriminis cujusque modi phrasis in cantu habeat; nec temere ficta esse, quæ priore libro retulimus, primum *re, la,* secundum *re, fa,* tertium *mi, fa, etc.* et *paulo infra.* Ut non facile perspiciatur cujusmodi phrasis dominetur. *Glarean. lib.* 2. *dodecachordi cap.* 36.

(3) Sunt insuper nonnullæ modulationes paucioribus notulis descriptæ; Has si suum E, u, o, u, a, e, non consequitur, difficile an authentico, an plagali tono adscribendæ sint, poterit quis judicare. Quocirca certis judicialibus chordis nonnulli discretionem hujus modi concessere. Primæ namque maneriei, qua primus et secundus tonus concluduntur; *f. Fa, ut,* gravem adscribunt. Secundæ, quæ tertium et quartum regit tonum, *G. re, sol, ut,* gravem. Tertiæ cui quintus et sextus tonus insunt, *a, la, mi, re,* acutum. Quartæ vero quæ septimum tonum continet, et octavum, ♮ *mi* acutum. Ita scilicet ut unaquæque judicialis chorda à finali propriæ maneriei distet in acutam per tertiam inclusive vocem

diatonica dispositione. Atque idcirco judicialis chordæ primæ et secundæ maneriei à finalibus suis semiditoni intervallo recedunt in acutum. Tertiæ vero et quartæ maneriei judiciales chordæ ditoni distantia à propriis finalibus in acutum sejunctæ sunt : id enim expetit naturalis, et diatonica chordularum dispositio. Quare cum in cujusvis maneriei modulatione plures fuerint numero notulæ supra judicialem ipsam chordam, scilicet in acutum dispositæ, quam quæ in grave subductæ sunt, authenticæ adscribitur ipsa modulatio considerationi : secus autem, si inferiores majorem impleverint numerum ; tunc enim plagalem existimant hujusmodi modulationem : verum notulas judicialibus ipsis chordis inscriptas neutris connumerandas instituerunt. Plerumque tamen, et si in prolixioribus modulatibus, qui scilicet pluribus notulis descripti sunt, veritas ipsa hujusmodi judicio sæpius perlucescit ; in his quos paucitas notularum exprimit, ut in antiphona *Vbi charitas et amor,* hujusmodi judicium commentitium est. *Franch. l.* 1. *mus. pract. cap.* 15.

(4) Complurimorum vero consensu repetita pluries à finali in acutum sua diapentes figura, unico potissimum intervallo, authenticam declarabit modulationem. Verum quartæ tantum chordæ ab ejus finali in acutum hujusmodi iteratione canticum, plagalem putant. *Franch. lib.* 1. *musicæ pract. cap.* 15.

* Igitur curiose intendendum est de omni melo, secundum cujus modi proprietatem sonet, sive in principio sive in fine, quamvis de sola fine dicere soleamus. *Guido cap.* 8. *prologi Antiphonarij.*

REPRODUCTION EXACTE DES PASSAGES DE GUY D'AREZZO

QUI SE TROUVENT CITÉS DANS LE CHAPITRE IV DE JUMILHAC, COLLATIONNÉS DE NOUVEAU
SUR LE MANUSCRIT DE SAINT–ÉVROULT.

Page 218, note 1.

« Ad quos (*modos scilicet*) in cantibus discernendos, etiam quędam
neumę inventę sunt, ex quarum aptitudine ita modum cantionis agnoscimus, sicut sępe ex aptitudine corporis quę cujus sit tunica repperimus, ut *Primum quęrite regnum Dei* (1). Mox enim ut cum fine
alicujus antiphonę hanc neumam bene viderimus convenire, quia
autenti proti sit non opus est dubitare, sic de reliquis. Ad hoc
etiam plurimum valent et versus nocturnalium responsoriorum, et
psalmi officiorum, et omnia quę in modorum formulis pręscribun-
tur. Quas qui non novit, mirum est si quam partem eorum quę
dicuntur intelligit. Ibi enim pręvidetur quibus in vocibus singulorum
modorum cantus rarius sępiusve incipiant, et in quibus minime id
fiat, ut in plagis quidem minime licet vel principia vel fines distinctionum ad quintas intendere, cum ad quartas perraro soleat
evenire. In autentis vero pręest (*il faut certainement lire* pręter)
deuterum eadem principia et fines distinctionum, minime licet ad
sextas intendere. Plagę autem proti vel triti ad tertias intenduntur,
et plagę siquidem deuteri vel tetrardi ad quartas intenduntur (p. 7
et 8 du mss. de S.-Evroult). »

 « Aure tamen curiosa valde erit utile,
 Si avertas et cognoscas armonia qualiter
 Quatuor cantus modis transformata facie,
 Quatuor ex quibus modos octo dehinc facimus.
 Quia gravia et alta cantica discernimus
 Cum autentos atque plagas more gręco dicimus. »
     (P. 17 du mss. de S.-Evroult.)

Page 218, note 2.

 « Quamvis omnes voces cantus atque modos habeat,
 Ejus tamen erit modi quam finalem resonat.
 Nam ab ipso sumit normam qualiter se habeat. »
     (P. 17 du mss. de St-Evroult.)

Page 218, note 5.

 « Protus, tritus et tetrardus quinto tenent formulas
 Quibus possunt sua satisfacere principia.
 Sexto autem tenet loco deuter differentias
 Plagę, proti, atque triti loco insunt tertio.
 At tetrardi deuterique quarto pollent solio
 Quorum cantus his arctantur semper sub terminibus. »
     (P. 44 du mss. de S.-Evroult.)

 « Quique cantus ad octavas salit regulariter,
 Et ad quintam á finali poterit descendere,
 Quando plagę et autentis non sunt differentię.
 Quod si plagas ab autentis convenit discernere,
 Plagę saliunt ad quintas nec vadunt ulterius,
 Et ad quintas declinando sibi satisfaciunt.
 At autenti ad octavas competenter saliunt.

A finali uno tono neque cadunt amplius.
Trito tonus cum non subsit, finis est gravissimus.
Fini quoque debet esse consonum principium.
Unde quintum á finali non excedat calculum.
Plagę vero super quartas non tendant principium.
Inter (1) alias secunda vox tacet innobilis,
Contra tertia et sexta frequentatur sępius,
Cujus rei mihi testis sanctus est Gregorius :
Principalem quoque esse quia ipsam voluit (2).
Deuterus autentus sumpsit loco ejus tertiam,
Cujus fini quamvis sexta sępe ipsum incohat. »
     (P. 17 du mss. de S.-Evroult.)

« Cum autentos atque plagas more gręco dicimus,
Alti cantus sunt autenti, graves plagas nominant,
Dumque quatuor in tonis hoc utrumque supputant,
Octo formulas tonorum vel modorum indicant.
Protus est autentus primus, plagis proti secundus.
Deuterus autentus extat tertium quem dicimus.
Quartus erit plagis ejus ordinem qui sequitur.
Quintus est autentus tritus, sextus est plagis ipsius.
Hinc autentus est tetrardus quem vocamus septimum.
Plagis tetrardi octavus septimum qui sequitur.
Autentus protus primus, plagis proti secundus,
Autentus deuterus tertius, plagis deuteri quartus,
Autentus tritus quintus, plagis triti sextus,
Autentus tetrardus septimus, plagis tetrardi octavus,
Quorum duo unam vocem tenent ut prędiximus. »
     (P. 17 du mss. de S.-Evroult.)

Page 219, note 1.

 « Quoniam vero protus duas diversas in una terminatione habere
videtur formulas, libet intueri uberius quibus distinctionibus utrę-
que discerni valeant, cum una ex eis sit autentica, altera plagalis, ut
secundum quod in proto definitum fuerit, teneatur et in reliquis. Formulas igitur autenti proti quinto loco á finali voce disponimus, quod
et in reliquis autentis similiter facimus. Formulas autem ejusdem
plagę tertio á finali voce constituimus. Hinc itaque constituendum
ut in plagis distinctionum fines vel principia nullo modo super formulas sibi attributas ponantur. Quod si evenerit, mox in autenti
transit potestatem ; quia solis autentis licet intendere, fines principiave distinctionum ad quintam. Et quemadmodum illicitum est
plagis super proprias formulas distinctionum summan intendere ;
ita et autentis non est opportunum, si in imam eorumdem plagarum
vim transferantur. Sicque singuli proprium amittunt vim, dum alterius nituntur assumere gradum (p. 30 du mss. de S.-Evroult). »

Page 219, note 2.

 « Notatoque quod sint tres vocum ordines, id est graves, medię
et acutę, ex quibus medię semper annectuntur utriusque, acutę

---

(1) On peut voir, page 98 de cette édition, le chant de cette antienne, tel qu'il se
trouve dans le mss. de S.-Evroult.   (*Note des éditeurs.*)

(1) Inter (*inest*. Voir p. 62 de cette édition.)
(2) C'est par erreur que nous avons écrit *noluit* p. 62. (*Note des éditeurs.*)

autem connectuntur autentis, et graves plagibus, et sic semper tres ex ambabus partibus utrorumque sunt proprię (p. 29 du mss. de S.-Evroult). »

Page 219, note 3.

« Iste autem modus non adeo aliorum autentorum servat regulam. Cum enim alij quinto habeant formulas, iste insuper sexto unde et fines, vel etiam principia distinctionum in sexto á se gradu constituuntur, quod non auctoritate sed ex necessitate habet. Erat enim difficile tres continuos tonos sine semitonio exprimere. Idcirco postposita regulari vocum connexione, necessitas est secuta (p. 54 du mss. de S.-Evroult). »

« Hic notandum est quod tertius modus maluit contra omnem usum et regulam incipere suam differentiam in superiori sexta (1) suo fine, quam in quinta, quia vox secunda quę super ejus in finem est quinta, quamvis ipsi fini possit convenire, discordabat tamen á sexta...... Consulte igitur agens modus tertius abjecit sorurculam ♮ ne vicinam amitteret (p. 55 du mss. de S.-Evroult). »

Page 219, note 4.

« In *D* vero et *a*, quę sunt unius modi sępissime possumus eundem cantum incipere, vel finire (p. 6 du mss. de S.-Evroult). »

Page 220, note 1.

« Adnotandum etiam quod aliquando suprascriptus tetrardus in voce tertia finitur, quę trito ascribitur (p. 39 du mss. de S.-Evroult). »

Page 220, note 2.

« Has itaque octo modorum formulas pręcipue debet scire quisquis canendi peritiam vult habere, ut qualiter in singulorum modorum cantibus quęlibet neumalis vox sonet possit advertere. Pręterea quamvis primam, secundam et tertiam vocem cum quarta et quinta et sexta et concordare dixerim, in eo tamen differunt, neque omnes neumas similiter faciunt, quoniam A, B, C, habent

(1) La particule *á* ne se trouve point dans le mss. de S.-Evroult; Dom Jumilhac l'a mise avec raison dans le texte pour donner un sens au passage de Guy d'Arezzo.

(*Note des éditeurs.*)

post se in depositione tres tonos, ante se vero in elevatione duos tonos. At vero D, E, F, unum tantum tonum in depositione habent, tres vero tonos in elevatione. Ideoque multi cantus ejusdem sunt modi, sed non ejusdem soni. Quidam vero minus plene pręvidentes istam differentiam, adjungunt unam vocem in acutis inter primam et secundam, ut sint duo toni et unum semitonium post D, E, F, sicut post A, ♮, c, in elevatione et rursus d, e, f, acutę possint deponi duobus tonis, sicut a, ♮, c, quatenus nulla sit differentia inter D, E, F, et A, ♮, c, quando id cantatur in A, ♮, c, et in D, E, F, possit cantari. Ut autem singulis vocibus sua proprietas maneat, melius est ut cantuum inspiciatur natura, et cum hos tres tonos videtur admittere, fiat hoc modo, F, G, A, ♮. Cum vero post duos non nisi semitonium sumit, fiat hoc modo c, d, e, f (p. 26 du mss. de S.-Evroult). »

« Notandumque est quia hęc unius esse dicantur modi, habentes similes elevationes et dispositiones, nullatenus tamen aliqua ex his cum aliqua sibi depositione concordanti, elevatione concordat, aut convenienti in elevatione depositione concordat (p. 28 du mss. de S.-Evroult). »

Page 221, note 1.

« Unde et quasdam in autentis ac plagis simphonias repperimus, quę ex sola diatessaron aut ex sola efficiuntur diapente vel diapason. Sonorum perfectissimus diapason est quę ex toto autenticum, aut ex toto plagalem efficit cantum. Ex diatessaron vero, ex diapente medius efficitur modus, qui nec autenticam nec gravem proprie reddit partem cantilenę. Unde cujus modi fuerit discerni non valet, utrum autento aut plagę conferri valeat, nisi ex distinctionibus. Ex diapason ergo et diapente efficitur modus, qui et autenticam et plagalem unisone resonet quantitatem (p. 38 du mss. de S.-Evroult). »

Page 221, note 4.

« Igitur curiose est intendendum de omni melo secundum cujus modi proprietatem sonet, sive in principio sive in fine, quamvis de sola fine dicere soleamus (*Chapitre 7 et non ch. 8, comme le dit à tort D. Jumilhac. — P. 25 du mss. de S.-Evroult*). »

CHAPITRE V.

DES DIVERSES AFFECTIONS QUE LES MODES ONT ACCOÛTUMÉ DE PRODUIRE DANS LES COEURS.

I. Le principal usage de la voix humaine est de faire connoistre les pensées de l'esprit, et la disposition du cœur, et elle est un signe si efficace de ces choses, que non seulement elle les découvre et les manifeste à celuy qui écoute; mais mesme elle touche sa volonté, et y imprime les mesmes affections dont est prevenu celuy qui parle. Elle n'opere pas seulement ces effets lors qu'elle est prononcée distinctement, et soustenuĕ des gestes du corps, ainsi qu'en usent les orateurs, elle les produit encore bien plus efficacement quand on joint le chant (1) à la prononciation

(1) Ipsis sanctis dictis religiosius et ardentius sentio moveri animos nostros in flammam pietatis cum ita cantantur, quam si non ita cantarentur et omnes affectus spiritus nostri pro sui diversitate habere proprios modos in voce atque cantu, quorum nescio qua occulta familiaritate excitentur. *Augustin. lib.* 10. *Confes. c.* 33.

* Aristoteles sect. 19. problem. 27. et 29. quærens cur inter omnia sensibilia musica sola mores spectare videatur, et cur musici moduli sese moribus ita similes exhibeant, ut illud neque saporibus, neque coloribus, vel odoribus congruat; hanc rationem affert, quia musici moduli motibus sicut et ipsæ actiones constant; Unde affirmat ipsam modulationem sine sermone mores præ se ferre. *Mersennus quæstione in genesin art.* 1.

* Tametsi rhetorica multum in animis hominum in quamcumque partem inflenctendis concitandisque possit, musicam tamen majorem in ijs permovendis impressionem obtinere is solus ignorat, qui veterum scriptorum monimenta non legit. *Et infra.* Major ergo vis sub musica latet, major energia, et in mentibus mortalium varie afficiendis efficacia, quam in rethorica. *Kircherus tomo* 2. *musurgiæ univers. lib.* 8. *parte* 3. *de musurgia mirifica cap.* 8. *de musurgia rethorica in proëmio : et lib.* 9 *parte* 1. *cap.* 1 *et* 2.

* At nos certo quodam modo moratos per musicam fieri, cum ex alijs multis intelligere liceat, tum maxime ex Olympi carminibus modulatis. Hæc enim sine controversia animos afflatu quodam divino permovent et concitant. At animi concitatio ex afflatu divino nata, morum et affectionum animi perturbatio est; Præterea vero omnes homines cum imitationes audiunt, animis permoventur ex consensione et contagione naturæ, etiam sine numeris et modis ipsis. Quoniam porro evenit, ut musica sit è numero rerum jucundarum, virtus autem in eo versatur, ut quis recte lætetur, et amet, et oderit; oportet nihil ita discere nullique rei sic assuefieri, quam his, nempe recte judicare, et probis moribus, honestisque actionibus delectari. At in numeris et modis præter veras naturas insunt maxime iræ, et levitatis, et vero etiam fortitudinis, et temperantiæ et omnium his contrariorum habituum, aliarumque rerum moralium simulacra quædam expressa. Atque hoc facta ipsa declarant : Cum enim talia audimus, animorum fit in nobis mutatio, et perturbatio *etc.* Evenit autem ut in alijs quidem rebus sub sensum cadentibus nullum insit morum simulacrum; v. g. in ijs quæ tactum et gustatum movent : verum tamen in aspectabilibus inest aliquantulum; (tales enim sunt figuræ;) Sed parum ad modum. *etc.* At in modis ipsis et cantibus insunt imitationes, assimilationesque morum, atque hoc in promptu est. Tantum enim differunt, ac distant inter se harmoniarum naturæ, ut qui audiunt, aliter atque

aliter afficiantur, neque eodem modo ad unamquamque earum moveantur. Sed ad has quidam aliquanto mœstius, et contractius, ut ad eam qua myxolydia, seu mixtolydia appellatur : ad illas mentibus remolescant, ut ad remissas et molles : ad aliam moderati fiant maximeque sedati : cujusmodi quiddam efficere videtur sola ex harmonijs Doria. Phrygia autem ad mentem instinctu divino concitandam valet. Hæc enim probe dicunt, qui in ea disciplina studiose versati sunt. Namque ex factis ipsi sumunt eorum quæ dicunt testimonia *etc.* Ex his igitur perspicuum est musicam mores animi cujusdammodi efficere, et conformare. *Aristot.* 8. *politic. cap.* 5. *Item. cap.* 7.

* Est autem tropus species cantionis, qui et modus dictus est; et adhuc de eo dicendum est. Horum quidam troporum exercitati, ita proprietates et discretas, ut ita dicam, facies extemplo ut audierint, recognoscunt. Sicut peritus gentium coram positis multis habitus eorum intueri potest, et dicere, hic Græcus est, ille Hispanus, hic Latinus, ille Theutonicus, iste vero Gallus. Atque ita diversitas troporum diversitati mentium coaptatur : ut unus autenti deuteri fractis saltibus delectetur : Alius plagæ triti eligat voluptatem, uni autenti tetrardi garrulitas magis placet : alter ejusdem plagæ suavitatem probat. Sic et de reliquis. Nec mirum si varietate sonorum delectatur auditus, cum varietate colorum gratuletur visus; varietate odorum foveatur olfactus; mutatisque saporibus lingua congaudeat. Sic enim per fenestras corporis habilium rerum suavitas intrat mirabiliter penetralia cordis. Inde est quod sicut quibusdam saporibus, et odoribus, vel etiam oculorum intuitu salus tam cordis, quam corporis vel minuitur, vel augescit; ita quondam legitur quidam freneticus canente Asclepiade medico ab insania revocatus. Et item alius quidam sonitu cytharæ in tantam libidinem incitatus, ut cubiculum puellæ quæreret effringere dementatus; moxque cytharedo mutante modum voluptatis pœnitentia ductus, dicitur recessisse confusus. Item et David Saul demonium cythara mitigabat, et demoniacam feritatem hujus artis potenti vi ac suavitate frangebat. Quæ tamen vis divinæ sapientiæ ad plenum patet, nos vero quasi in ænigmate abinde percepimus. *Guido Aret. cap.* 14 *micrologi.*

* Pro diversitate gentium ac mentium quod huic displicet, ab illo amplectitur; et hunc oblectant nunc consona; ille magis probat diversa. Iste continuationem et mollitiem secundum suæ mentis lasciviam quærit, ille ut pote gravis sobrijs cantibus demulcetur : Alius vero ut amens incompositis et anfractis vexationibus pascitur. Et unusquisque eum cantum sonorius multo pronuntiat, quem secundum suæ mentis insitam qualitatem probat. *Guido cap.* 17 *microl.*

de la lettre : ou bien mesme lors qu'on employe les sons harmonieux des instrumens sans les accompagner de la voix. Car encore que ces sons proviennent de choses inanimées, ils ne laissent pas de participer aux proprietez de la voix. Ils ont une sympathie et une correspondance secrette avec les esprits animaux, ils y impriment avec facilité leurs mouvemens, et ces esprits qui sont comme une corde unie à l'âme, l'émeuvent en suite en luy communiquant l'impression qu'ils ont receuë des sons par l'entremise de l'oüye. D'où vient que les poëtes ont fort ingenieusement écrit qu'Orphée et Amphion apprivoisoient par le son de leurs luths les bestes sauvages et farouches ; et que mesme ils emouvoient et transportoient les choses inanimées et depourvcuës de sentiment, comme sont les pierres, les rochers, et les arbres ; pour faire entendre par ces fictions combien grande est la force et la vertu de l'harmonie des sons, mesme sans aucun discours, et combien elle est capable de moderer les passions les plus vehementes ; et de toucher les cœurs les plus durs et les plus insensibles. En effet l'experience fait voir quelle est la force de la trompete et des autres instrumens de guerre pour bannir la timidité naturelle, et inspirer du courage et de la fermeté dans les plus grands perils ; et que non seulement les hommes, mais aussi les chevaux, les clephants, et les autres bestes dont on se sert à la guerre, ressentent cet effet. La sainte escriture nous enseigne aussi que les sons harmonieux sont utiles et efficaces, soit pour chasser (1) le mauvais esprit, soit pour se disposer à recevoir les impressions de l'esprit divin (2).

II. Le chant donc et la seule harmonie des sons sans aucun discours ne laisse pas d'estre un signe dont la vertu et le pouvoir se fait connoistre d'une certaine façon qui luy est propre, de mesme que le discours et la lettre a aussi sa maniere de toucher le cœur et de faire impression dans l'ame. C'est pourquoy il n'est pas moins besoin d'avoir connoissance de celle là pour bien chanter, que de celle cy pour pouvoir bien parler, reciter, ou declamer ; joint que le chant et le texte ayant ordinairement et devant aussi avoir ensemble du rapport et de la convenance, et la melodie de l'un n'estant que pour animer (3) le sens de l'autre, il est necessaire de s'appliquer et d'avoir conjointement de l'attention non seulement au sens du texte, mais aussi à la façon de la melodie ; afin de conserver au chant aussi bien qu'à la lettre son energie et sa perfection. C'est donc pour ce sujet que l'on marque icy succintement quelques unes des proprietez de la differente harmonie des modes, selon qu'elles leur sont plus communement attribuées par les autheurs, car ils ne conviennent pas tous precisement des (4) mesmes ; parce que aussi tous ceux qui les chantent ou qui les entendent, n'estant pas disposez également, n'en sont aussi pas également touchez. Ceux qui en voudront sçavoir davantage pourront voir (5) Franchin, Glarean, Kircher, le Cardinal Bona, et les autres qui ont écrit sur ce sujet, et trouveront dans les notes ce que Guy Aretin en a laissé par écrit (6).

(1) Quandocumque spiritus domini malus arripiebat Saul, David tollebat cytharam, et percutiebat manu sua, et refocillabatur Saul et levius habebat, recedebat enim ab eo spiritus malus. 1. *Regum.* 16. 23.

(2) Cumque caneret Psaltes, facta est super eum manus Domini. 4. *Reg.* 3. 15.

(3) Rerum eventus sic cantionis imitetur effectus, ut in tristibus graves sint neumæ, in tranquillis jocundæ, et in prosperis exultantes. Et reliquæ. *Guido cap.* 15 *micrologi.*

* Præterea et modorum diversæ species non minima præpollent quantitate seu qualitate, dum unus in modum historiæ recto et tranquillo feratur cursu. Alter vero aufractis saltibus concinatur. Alius videatur garrulus et sævus in sublime extollens audientium animos. Alter vero placidus, lætitiamque indicans morum. Quod cuique prudenti satis patebit, curare si studuerit. *Guido cap.* 8. *epilogi in modorum formulis et cantuum qualitatibus.*

(4) Atque hi sunt affectus, quos duodecim tonis attribuunt veteres ; in quibus tamen minime sibi constant ; estque tanta in hujusmodi determinandis confusio, ut cui suscribas, nescias. Quem enim alij jucundum, alij severum : quem castum, alij lascivum ; quem dein hilarem, alij lachrymosum appellant. Quæ diversitas et apud neotericos mirum in modum discrepat : cujus quidem rei ratio alia non est, nisi complexionum diversitas, qua fit ut tonus qui uni jucundus, alteri diversi temperamenti luctuosus videatur ; et sic de cæteris. *Kircherus tomo* 1. *musurgiæ universalis lib.* 7. *parte* 1. *erotemate* 8. *corollario* 2.

* *Guido supra citatus numero* 1. *in fine.*

(5) *Franchinus lib.* 4. *harmoniæ instrumentalis à capite secundo usque ad decimum.*

* *Glareanus lib.* 2. *dodecach. cap.* 10. *et seqq.*

* *Kircherus ubi supra, et ibidem parte* 3. *cap.* 2.

* *Cardinalis Bona de divina psalmodia cap.* 17. § 4.

* *Gassendus to.* 5. *manuductionis ad musicam cap.* 4.

* *Aristoteles* 8. *politic. cap.* 7.

* *Plutarchus in commentar. de musica.*

* *Cassiodorus lib.* 2. *variarum epistolarum.* 40.

(6) Sed libet in finem operis intexere, quæ vis unicuique accidat parti ; per protum etenim melius ostendimus, qualitates vel histo-

III. Le premier mode, ou en autres termes le Dorien, est estimé propre à marquer la noblesse, la grandeur, et l'importance d'une chose; à témoigner une joye modeste et grave, à porter à la pieté et à la vertu, à la haine de soy mesme, au mépris des choses de la terre, et à l'amour de celles du ciel. Il s'accommode fort bien avec les vers heroïques, et avec leur chant dactylique.

Le second (autrement le sous-Dorien) est propre à exprimer l'aversion que l'on a du mal; à exciter à la douleur et à la penitence des pechez, à deplorer les miseres de cette vie; et à moderer ou appaiser la colere.

Le troisiéme ou le Phrygien est severe, et propre à exciter le cœur aux actions genereuses et difficiles. D'où vient que les Lacedemoniens s'en servoient (1) pour s'animer au combat; et qu'Alexandre à la melodie de ce mode couroit aux armes (2).

Le quatriéme ou le sous-Phrygien au contraire est flatteur, charmant, propre aux larmes, aux douces plaintes, et aux tendresses d'amour.

Le cinquiéme ou le Lydien est semblable au son d'une trompete non pas qui appelle au combat, mais qui chante la victoire; de sorte qu'il est rempli d'allegresse, convenable aux triomphes, propre à recueillir l'esprit et à le retirer des soins et des embarras de la terre (3). Guy Aretin dit qu'il s'accommode mieux que les autres au chant du fauxbourdon, qu'il appelle en autres termes (4) diaphonie, et qu'il semble que S. Gregoire pour ce sujet l'ait plus cheri que les autres.

Le sixiéme ou sous-Lydien est religieux, devot, et propre à porter à la pieté, à la penitence, et aux larmes.

Le septiéme ou le Myxolydien est ardent, et propre tant à exprimer, qu'à émouvoir les passions d'amour et de colere.

Le huitiéme ou le sous-Myxolydien est remply de pudeur, de modeste gayeté, de tranquillité, de douceur; et il est tout celeste et mystique; ainsi que Guy Aretin le remarque aux passages qui ont esté cy dessus indiquez au chapitre ii. nombre 6. et au nombre 2. de ce chapitre. Ce que le 8ᵉ irregulier a de particulier est marqué dans la formule du mesme ton.

Le 9ᵉ ou l'Eolien, et le premier affinal est poli et ajusté, il émeut à la clemence et à la benignité, à la devotion et à l'amour divin, à donner courage pour surmonter les difficultez et souffrir les miseres de la vie presente. Il s'accommode fort bien avec les vers lyriques. Les antiennes *Hodie Christus natus est*, et *Cùm inducerent* sont de ce mode suivant lequel elles sont notées dans les formules du 9ᵉ mode.

Le 10ᵉ ou sous-Eolien, et le second affinal participe aux proprietez du second, et convient à l'amour et à la devotion, ainsi que le neuviéme. Les chants des hymnes, *Quem terra, pontus, æthera*, et de *Sanctorum meritis* sont de celuy cy; comme aussi l'antienne de Pasques, *Hæc dies*, et de la circoncision, *Magnum hæreditatis mysterium*.

Le 11ᵉ ou l'Ionien, qui est le cinquiéme affinal, est gay, agreable et fervent; il porte à l'espe-

---

rias alicujus rei. Per plagin proti orare vel petere aliquid possumus. Per deuterum vero dignitates vel qualitates animorum indicare possumus. Per plagin ejusdem deuteri magnifice aliquid extollere possumus. Per tritum autem actio uniuscujusque exprimitur. Per plagam vero ejusdem triti repietatio, ac lamenta oportet fieri. Per tetrardum autem beatitudo exprimitur; sed quæ adhuc carne gravatur. Per ejus vero subjugatam æterna quies, et beatitudo exprimitur. *Guido in formulis modorum cap. 10. in formula plagis ausicæ* (sic) *tetrardi. 5.*

(1) Hujus Phrygij modulatione (quam anapesto pede declarant) ad arma Lacedemonios et Cretenses facile esse incitatos conscriptum est. *Franch. lib. 4. musicæ instrumentalis cap. 5.*

(2) Timotheo tanta fuit artis excellentia, ut si quando auxteriorem acrioremque harmoniam emisisset, animum ad iracundiam excitaret. Rursus si dulciorem ac mitiorem, eumdem emolliret ac mansuefaceret. Hac item arte quandoque ad Alexandrum, cum Phrygios modos tibijs ederet; illum in medio convivio ad arma concitasse dicitur; et rursus eumdem sono mutato, quietum ac sedatum convivis ac mensæ restituisse. *Basilius homil. de legendis libris gentilium.*

(3) Cum ergo tritus (*id est tertius autentus, qui quintus habetur in ordine et ejus plagalis sextus*) adeo diaphonia obtineat principatum, ut aptissimum supra cæteros obtineat locum, videtur à Gregorio non immerito plus cæteris vocibus adamatum; etenim plurima melorum principia, et plurimas repercussiones dedit, ut sæpe si de ejus cantu triti *f* et *c* subtrahas, prope medietatem tulisse videaris. *Guido cap. 18 microl.*

(4) Diaphonia vocum disiunctionem sonat, quam nos organum vocamus: cum distinctæ ab invicem voces et concorditer dissonant, et dissonanter concordant; qua quidam ita utuntur, ut canenti semper quarta chorda succedat, ut A. ad D. etc. *Guido cap. 18 microl.*

rance, et s'accommode bien avec les vers jambiques et trochaïques. Le chant des *Alleluia, Assumpta est*, *Te gloriosus Apostolorum chorus*, *Te Martyrum*, et autres semblables sont de ce ton : et celuy des antiennes *Alma Redemptoris*, et *O sacrum convivium* sont aussi du même ton, mais transposé en *b mol*.

Le 12ᵉ ou le sous-Jonien, et le sixiéme affinal participe aux qualitez du sixiéme, avec lequel il a plus de ressemblance. Les chants de l'introït *Hodie scietis*, *Dicit Dominus*, *Requiem æternam*, le Répons *Gaude Maria*, et la prose *Inviolata* appartiennent à celuy cy : et les chants des antiennes *Ave Regina cœlorum*, *Regina cœli lætare*, et *O quàm suavis est Domine*, sont semblablement de ce mesme ton, mais transposé.

IV. Outre les proprietez que les modes ont accoûtumé d'avoir à cause de la suite de leurs sons et de leurs cadences, ils ont encore d'autres proprietez selon la qualité de leurs rithmes, ou du metre et de la mesure dont leurs chants sont accompagnez : ainsi que Quintilien Aristide ancien autheur Grec et philosophe payen l'a plus amplement remarqué (1), et que Boëce et Aristote l'ont succinctement touché (2).

V. A toutes lesquelles proprietez l'on peut pareillement ajoûter celles que par l'addresse de l'art et de la composition l'on peut donner aux diverses pieces de chant de quel mode qu'elles puissent estre ; et qui effectivement leur ont esté donnez dans le chant Gregorien (3), où les répons y ont esté composez d'une maniere qui est propre à exciter les paresseux et les endormis. Les antiennes y ont une douce et coulante melodie : les introïts invitent à l'attention et à la devotion convenable aux divins offices : les *Alleluia* et leurs versets à se réjoüir en Dieu : les graduels et les traits au recueillement, à la gravité et à l'humilité ; et les offertoires et les communions à produire les saintes affections qui doivent accompagner ces deux actions sacrées. Les Pneumes qui ne sont autre chose qu'une repetition de plusieurs notes sur un mesme mot ou sur quelqu'une de ses syllabes, comme sur l'*a* final d'*Alleluia*, ou sur la derniere syllabe des graduels, des traits, ou autres syllabes semblables, sont pour signifier le redoublement des affections, l'embrasement du

(1) Ex rhytmis, qui in æquali ratione sunt positi, ob æqualitatem sunt gratiores. Sed qui in superparticulari ob causam contrariam, commotiores. Medij sunt, qui in dupla, anomaliæ ob inæqualitatem participes : et æqualitatis ob rhythmorum integritatem. Porro in ratione æquali existentium illi qui per breves colos fiunt, celerrimi sunt ac calidissimi ; qui permisté communes et epicœni. Quod si per longissima tempora pedes fieri contigerit, major mentis tranquillitas apparebit. Idcirco brevia in armatis saltationibus accommoda videmus : permista in medijs, longissima in sacris hymnis, quibus quam maxime extensis utebantur ; tum unicum circa hæc sacra studium, ac retinendi diligentiam ostendentes : tum mentem suam æqualitate, ac longitudine temporum ad moderationem, quæ animæ est sanitas, adducentes, *etc. Aristides Quintilianus lib. 2. de musica longe post medium.*

(2) Cum ergo per aures rhytmi modique ad animum usque descenderint dubitari non potest quin æquo modo mentem atque ipsa sunt efficiant atque conforment. *Et infra.* Cum vinolenti adolescentes tibiarum etiam cantu (ut fit) instincti mulieris pudicæ fores frangerent, admonuisse tibicinam, ut spondeum caneret, Pythagoras dicitur. Quòd cum illa fecisset, tarditate modorum et gravitate canentis, illorum furentem petulantiam consedasse. *Boëtius lib. 1. mus. cap. 1.*

* Afficit namque tristitia, quod inæquale est, accommodaturque magnitudini calamitatis, aut mœroris : contra quod æquale atque continens est, minus id flebile auribus accidit. *Arist. Sect.* 19. *Problem.* 6.

* Eorum quæ ad numeros spectant, qui à Græcis rhytmi dicuntur, eadem ratio est. Alij enim mores habent sedatiores ; alij ad movendum valent : atque horum alij motus habent ineptiores atque illiberaliores,

alij politiores ac liberaliores. *Aristoteles* 8. *politicorum. cap.* 5

* Si itaque musurgus rhytmo Poëtico harmonicos rhythmos, id est numeros advexerit, is certe auditores non poterit non in admirationem rapere. Quid enim non potest numerosa melodia ? Et quo rhythmus elegantior aptiorque fuerit, eo facilius auditores movebit, per quorum animos arsi et thesi, veluti pedibus, decurret. motibusque concinnis errabit : Ita pedibus longis spondæis, molossis, epitritis affectus graves ; brevibus verò, ut pyrrichiis, choreis, tribrachiis, pæonibus hilares exprimentur. *Kircherus Musurgiæ universalis to. 2. lib. 8. parte 2. cap.* 5.

(3) Est item mirabile (ut Guidonis ipsius non abutar sententia) quod summus ille Pontifex sanctissimus Gregorius in nocturnis responsoriis somnolentorum more graviter, et vehementer et dissolute ad vigilandum nos videtur exhortari. Et in Antiphonis plane atque suaviter sonat. In introitibus vero quasi voce præconis ad divinum clamat et evocat officium. In alleluia et versibus, quos Ambrosiani melodiæ adscribebant, suaviter videtur divino jubilo gaudere. Sed in tractibus, et gradualibus plane et protense, atque humili voce incedere pernoscitur. In offerendis autem, et communionibus, quantum in hujuscemodi modulationis affectionibus prævaluerit, patefecit. Est enim in eis omnimoda hujus institutionis elevatio, depositio, extensio, duplicatio, suavis delectatio cognoscentibus, laboris refrigerium discentibus : mira et ab aliorum modulantium institutis longe distans dispositio : nec modo hæc ipsa arte musica introduxit ; sed et musicæ disciplinæ auctoritatem, et argumenta noscitur contulisse. Divum vero Ambrosium solam modulationis dulcedinem mirabiliter exquisisse Guidonis ipsius verba testantur. *Franchinus lib. 1. mus. practicæ cap.* 8. * *Guido supra citatus*, p. 225, not. 5 et 6.

cœur, et l'excez de la joye et de l'allegresse interieure qui ne peut estre exprimée par les (1) paroles. Or les effets de toutes ces pieces et autres semblables ne proviennent pas seulement de la diversité des modes qui peuvent estre les mesmes en ces differentes especes ; mais aussi de l'addresse et de l'artifice avec lequel elles sont composées. Car un compositeur adroit et habile peut souvent disposer les modes pour d'autres mouvemens, et d'autres affections que celles qu'ils ont accoûtumé de produire, et qui leur conviennent naturellement (2).

(1) Illi enim qui cantant, cum cœperint verbis canticorum exultare lætitia, veluti impleti tanta lætitia, ut eam verbis explicare non possint, avertunt se à syllabis verborum, et eunt in sonum jubilationis. Jubilus sonus quidam est significans cor parturire, quod dicere non potest. Et quem decet ista jubilatio, nisi ineffabilem Deum? Ineffabilis enim quem fari non potes : et si eum fari non potes, et tacere non debes, quid restat, nisi ut jubiles? Ut gaudeat cor sine verbis, et immensa latitudo gaudiorum metas non habeat syllabarum. *August. in Psalmum* 32. *conc.* 1.

(2) Verum enimvero negari non potest antiquitatem hos variasse : sed neque dubium esse modorum naturam alio torqueri posse ; ut qui videatur levis modus, eum ad gravia adhiberi perdifficile non esse ; modo accedat fœlix ingenium : et contra, gravem ad levia quoque. Quod in carmine elegiaco apud Ovidium contra generis hujus naturam factum grammatici contendunt. *Glareanus lib.* 2 *dodec. cap.* 25 *et* 11.

REPRODUCTION EXACTE DES PASSAGES DE GUY D'AREZZO

QUI SE TROUVENT CITÉS DANS LE CHAPITRE V DE JUMILHAC, COLLATIONNÉS DE NOUVEAU SUR LE MANUSCRIT DE SAINT–ÉVROULT.

Page 224, note 1.

« Est autem tropus species cantionis, qui et modus dictus est, et adhuc de eo dicendum est. Horum quidam troporum exercitati, ita proprietates et discretas ut ita dicam facies extemplo ut audierint recognoscunt. Sicut peritus gentium coram positis multis habitus eorum intueri potest et dicere, hic grecus est, ille hispanus, hic latinus, ille tewtonicus, iste vero gallus. Atque ita diversitas troporum diversitati mentium coaptatur, ut unus autenti autenti (*sic*) deuteri fractis saltibus delectetur. Alius plage triti eligat voluptatem, uni autenti tetrardi garrulitas magis placet, alter ejusdem plage suavitatem probat. Sic et de reliquis. Nec mirum si varietate sonorum delectatur auditus, cum varietate colorum gratuletur visus, varietate odorum foveatur olfactus, mutatisque saporibus lingua congaudeat. Sic enim per fenestras corporis abilium (*sic*) rerum suavitas intrat, mirabiliter penetralia cordis. Inde est quod sicut quibusdam saporibus et odoribus vel etiam oculorum intuitu salus tam cordis quam corporis vel minuitur, vel augescit. Ita quondam legitur quidam freneticus canente Asclepiade medico ab insania revocatus. Et item alius quidam sonitu cythare in tantam libidinem incitatus, ut cubiculum puelle quereret effringere dementatus. Moxque cytharedo mutante modum voluptatis, penitentia ductus, dicitur recessisse confusus. Item et david saul demonium cythara mitigabat, et demoniacam feritatem hujus artis potenti vi ac suavitate frangebat. Quæ tamen vis solum divine sapientie ad plenum patet, nos vero quasi in enigmate abinde percepimus (p. 5 du mss. de S.-Evroult). »

« Pro diversitate gentium ac mentium, quod huic displicet, ab illo amplectitur, et hunc oblectant nunc consona, ille magis probat diversa. Iste continuationem et molliciem secundum sue mentis lasciviam querit, ille ut pote gravis sobriis cantibus demulcetur. Alius vero ut amens incompositis et anfractis vexationibus pascitur, et unusquisque eum cantum sonorius multo pronuntiat, quem secundum sue mentis insitam qualitatem probat (p. 12 du mss. de S.-Evroult). »

Page 225, note 3.

«... Rerum eventus sic cantionis imitetur effectus, ut in tristibus rebus graves sint neume, in tranquillis jocunde, et in prosperis exultantes, et relique (p. 10 du mss. de S.-Evroult). »

« Preterea et modorum diverse species non minima prepollent quantitate seu qualitate, dum unus in modum historie recto et tranquillo feratur cursu. Alter vero anfractis saltibus concinatur. Alius videatur garrulus et sevus in sublime extollens audientium animos. Alter vero placidus, letitiamque indicans morum, quod cuique prudenti satis patebit, curare si studuerit (p. 29 du mss. de S.-Evroult). »

Page 225, note 6.

« Sed libet in finem operis intexere, que vis unicuique accidat parti. Per protum etenim melius ostendimus qualitates vel historias alicujus rei. Per plagin proti orare vel petere aliquid possumus. Per deuterum vero dignitates vel qualitates animorum indicare possumus. Per plagin ejusdem deuteri, magnifice aliquid extollere possumus. Per tritum autem actio uniuscujusque exprimitur. Per plagam vero ejusdem triti, repietatio ac lamenta oportet fieri. Per tetrardum autem beatitudo exprimitur, sed que adhuc carne gravatur. Per ejus vero subjugalem eterna quies et beatitudo exprimitur (p. 40 et 41 du mss. de S.-Evroult). »

Page 226, note 3.

« Cum ergo tritus adeo diaphonie optineat principatum, ut aptissimum supra ceteros optineat locum, videtur á Gregorio non immerito plus ceteris vocibus adamatum. Etenim multa melorum principia, et plurimas repercussiones dedit, ut sepe si de ejus cantu triti *f* et *c* subtrahas, prope medietatem tulisse videaris (p. 14 du mss. de S.-Evroult). »

Page 226, note 4.

« Diaphonia vocum disjunctionem sonat, quam nos organum vocamus, cum distincte ab invicem voces, et concorditer dissonant, et dissonanter concordant, qua quidam ita utuntur, ut canenti semper quarta corda (*sic*) succedat, ut A. ad D. (p. 12 du mss. de S.-Evroult). »

CHAPITRE VI.

DE L'UTILITÉ ET DE LA NÉCESSITÉ QU'IL Y A DE COMMENCER CHAQUE MODE EN BON TON.

I. Le mot de ton est icy pris en sa quatriéme signification, c'est à dire, pour un son de voix qui ne soit ni trop bas ni trop haut, mais moderé et proportionné tant à l'étenduë de la piece de chant qu'à la portée de la voix. La necessité de commencer en ce ton provient premierement de la nature de la voix humaine (1) qui demande de n'estre ni forcée (2) ni violentée ; mais d'estre exercée selon la portée de sa force et de sa vigueur naturelle. En second lieu de l'union qui doit estre entre les differens modes ou pieces de chant qui composent un mesme office, afin d'en faire une agreable liaison et d'en entretenir l'accord (3) par une mutuelle correspondance de leurs sons. Troisiemement de la part de ceux qui chantent, afin qu'ils le puissent faire avec grace sans se contraindre, sans violenter l'organe et sans incommoder ni la teste, ni l'estomach (4). Quatriémement du costé de ceux qui entendent chanter, crainte qu'un ton exhorbitant ou discordant ne blesse leurs oreilles au lieu de les satisfaire, et (5) n'empesche en suite que le chant ne produise l'effet qu'il doit dans l'esprit et le cœur des assistans.

II. Cette moderation de ton dans les pieces de chant a esté de tout temps en une singuliere recommandation, ainsi qu'il paroist par deux des plus anciennes et des plus celebres solemnitez de l'antiquité. dont l'une se fit apres que le peuple de Dieu eut passé à pied sec la mer rouge, et l'autre quand le Roy David transfera l'arche dans sa ville capitale ; car en la premiere ce fut Moyse mesme (6) qui fut le conducteur du ton et de la mesure du chant ; et en la seconde ce fut David, qui estant fort intelligent dans l'art de chanter donna la conduite du chant de la psalmodie à Choneïas, non pas tant en veuë de sa belle voix, qu'à cause de (7) sa grande sagesse ; afin de

---

(1) Rursus diastematicæ voci natura hominum fecit terminum, quæ acutam eorum vocem, gravemque determinat. Tantum enim quisque vel acumen valet extollere, vel deprimere gravitatem, quantum vocis ejus naturaliter patitur motus. *Boët. lib.* 1. *music. cap.* 13.

(2) Quid aliud in luce et coloribus nisi quod oculis nostris congruit appetimus ? Etenim à nimio fulgore aversamur, et nimis obscura nolumus cernere sicut à nimirum insonis et sonantibus abhorremus, et quasi susurrantia non amamus : quod non in temporum intervallis est, sed in ipso sono, qui quasi lux est talium numerorum ; cui sic est contrarium silentium, ut coloribus tenebræ. Et consequenter.

(3) In his ergo cum appetimus convenientia pro naturæ nostræ modo, et inconvenientia respuimus, nonne in his etiam quodam æqualitatis jure lætamur ? Cum occultioribus modis paria paribus tributa esse cognoscimus. Hoc in odoribus, hoc in saporibus, et in tangendi sensu animadvertere licet : Nihil enim est horum sensibilium, quod nobis non æqualitate, aut similitudine placeat. *August. lib.* 6. *musicæ cap.* 12.

* In gravibus chordis is vocis modus est, ut non ad taciturnitatem gravitas usque descendat ; et in acutis ille custoditur acuminis modus, ne nervi nimium tensi vocis tenuitate rumpantur : sed totum sibi sit consentaneum atque conveniens. *Boëtius lib.* 1. *mus. cap.* 2.

* Omnia, quæ recipiunt aliquam divisionem pulchriora sunt, si eorum partes aliqua parilitate concordent ; quam si discordes et dissonæ sint. *August. lib.* 2. *musicæ cap.* 2.

(4) Ipse enim sensus æque maximis minimisque corrumpitur ; nam neque minima sentire propter ipsorum sensibilium parvitatem potest ; et majoribus sæpe confunditur. Ut in vocibus, quæ si minimæ sint, difficilius captat auditus ; si sint maximæ, ipsius sonitus intensione surdescit. *Boëtius lib.* 1. *mus. cap.* 2.

* Cur maxime in cantando paripaten vox rumpi non minus soleat, quam in nete supremisque, quamvis cum intervallo amphori ? An quod ejus cantus et perdifficilis est, et cantandi primordium obtinet ? Difficilis autem propter intensionem pressuramque vocis est, quibus in rebus nimirum urget. Corrumpi autem quæque maxime solent, quoties labore acrius opprimuntur. *Arist. sect.* 19. *problemate* 3.

(5) Nihil intrare potest in affectum, quod in aure velut vestibulo quodam offendit. *Quintilian lib.* 9. *institut. cap. ultimo.*

* Ita quisque, ut audit, movetur. *Quintilianus lib.* 11. *instit. cap.* 3.

* Temperatum quoque omne suavius, quam intemperatum est ; præsertim si cum sensibile sit, pariter vim habeat utriusque extremi, quemadmodum consonantia ex proportionibus temperatur. *Aristot. sectione* 19. *problemate* 38.

(6) *Exodi* 15. 20.

* *Philo Iudeus lib.* 1 *et* 3. *de vita Moysis. Le passage en est cité aux notes du chap.* 2. *de la* 1. *partie.*

(7) Choneïas autem princeps Levitarum prophetiæ præerat ad præcinendam melodiam ; erat quippe valde sapiens. 1 *Paralip.* 15. 22.

nous apprendre par là que la prudence est beaucoup plus necessaire pour donner convenablement le ton en commençant le chant, que n'est pas la belle voix. C'est aussi pour ce mesme sujet et sur ce modelle que les premiers Chretiens (1), et les plus illustres Eglises de l'orient et de l'occident ont établi un chantre d'office et lui ont mis un baston en main pour marquer qu'elles ne l'ont pas estimé moins necessaire à la conduite du chant, qu'est le Doyen ou l'Abbé au gouvernement du chapitre ou du monastere. D'où vient qu'en plusieurs de ces eglises il n'entonne pas seulement ce qui est particulier à son office ou dignité; mais il recommence mesme les autres choses qui ont accoûtumé d'estre chantées par ses sous-chantres ou par d'autres personnes du chœur, comme sont les graduels et les *Alleluia* de la messe; afin que par la repetition qu'il fait de ce qu'ils ont commencé, il confirme le ton qu'ils ont donné lors qu'il est convenable; ou bien qu'il en remette un meilleur au lieu quand ils manquent à prendre celuy qu'il faut.

III. L'importance de ce ton moderé n'a pas esté moins reconnuë des grammairiens (2) et des orateurs, que des musiciens; et il est si commode aux uns et aux autres, que dans sa suite ou continuation il peut estre comparé à un batteau qui poussé par le courant d'une eau tranquile fait beaucoup de chemin, sans fatiguer ni incommoder ceux qui sont dedans; ou bien à un chemin uni, droit, et agreable, où l'on marche sans peine et sans crainte de chopper ou de se destourner. Au contraire le ton dereglé qui excede tantost en haut, tantost en bas, ressemble à une nacelle que des flots agitez élevent maintenant en haut, et peu apres l'abbaissent dans les abysmes. Ou bien à un chemin rude et égaré entre les montagnes et les vallées sans aucune suite ni agréement, et qui cause une fatigue insuportable à ceux qui le suivent. C'est pourquoy le chant qui est conduit de cette sorte ne manque jamais d'estre ou violent par l'excez du ton, ou languide et contraint par defaut du mesme ton, et par le meslange qui se fait de ce defaut avec cet excez de paroistre aussi desagreable et aussi choquant que pourroit estre un entretien de sourds. D'où il arrive qu'au lieu de recueillir l'esprit et d'émouvoir le cœur à la devotion, il ne fait que causer de la (3) confusion, du degoût, de la distraction, et de l'ennuy.

---

(1) Tum Præses assurgens hymnum in laudem Dei primus canit, aut recens à se compositum, aut desumptum ab aliquo vatum veterum. *Et paulo infra.* Cænam vero sequitur sacrum pervigilium his ritibus. Ubi omnes consurrexere, duo chori fiunt in medio cænaculo, alter virorum, alter fœminarum, cuique suus incentor præficitur, honore præstans et canendi peritia. Deinde cantant hymnos in laudem Dei compositos, variis metrorum carminumque generibus, nunc ore uno, nunc alternis, non sine decoris et religiosis gestibus, atque accentibus, modo stantes modo prorsum retrorsumque gradum moventes, utcumque res postulat. Deinde postquam uterque chorus seorsum explevit se his delicijs, velut amore ebrij unum chorum faciunt promiscuum ad imitationem olim illius instituti in rubri sinus littore post mirandum prodigium. *etc. Philo de vita contemplativa sub finem.*

* Deinde uni ex ipsis hoc muneris dato, ut quod cantandum est, prior ordiatur, reliqui succinunt : atque in psalmodiæ varietate, precibusque subinde interjectis noctem superant, *etc. Basilius Epist.* 63.

* Cantor autem vocatur, qui vocem modulatur in cantu. Hujus duo genera dicuntur in arte musica, sicut docti homines dicere potuerunt, præcentor, et succentor. Præcentor qui vocem præmittit in cantu, succentor autem, qui subsequenter canendo respondet, concentor autem dicitur qui consonat. Qui autem non consonat, nec cantor nec succentor erit. *Isidorus lib.* 7. *originum cap.* 12.

* *Codinus lib. de officialibus aulæ Constantinopolitanæ. quinario* 7.

(2) Neque gravissimus in musica sonus, nec acutissimus oratoribus convenit. Nam et hic parum clarus, nimiumque plenus nullum afferre animis motum potest. Et ille prætenuis et immodicæ claritatis, cum est ultra verum, tum neque pronuntiatione flecti, nec diutius ferre intensionem potest. Nam vox, ut nervi, quo remissior, hoc gravior et plenior : quo tensior, hoc tenuis et acuta magis est : Sic ima vim non habet; summa rumpi periclitatur. Mediis igitur utendum sonis. *Quintilian. lib.* 11. *Institut. cap.* 3. *longe ante medium.*

* Vox autem ultra vires urgenda non est, nam et suffocata sæpe, et majore nisu minus clara est; Et interim elisa in illum sonum erumpit, cui Græci κλωσμὸν nomen ab immaturo gallorum cantu dederunt. *Quintilianus ibidem.*

(3) Cum talis clamor immoderatus stomachum turbet, venas exhauriat, vires enervet, aures offendat, provocet risum, confusionem excitet, impediat devotionem. *Cardinalis Bona, de divina psalmodia cap.* 17. § 5.

* Non solum ne dicamus omnia clamose, quod insanum est; aut intra loquendi modum, quod motu caret : aut summisso murmure, quo debilitatur omnis intentio. *Quintil. lib.* 11 *cap.* 3. *longe ante medium.*

CHAPITRE VII.

DE LA MANIERE DE COMMENCER EN BON TON LES PIECES DE CHANT EN TOUTE SORTE DE MODES.

I. Le principal et le plus asseuré moyen pour commencer toute sorte de pieces de chant en ton convenable, et pour les bien entonner, est de tellement moderer et compasser la voix en tout ce que l'on commence, que les dominantes de chaque mode se rencontrent toutes en pleine voix, nonobstant que leurs clefs ou leurs notes soient differentes. Car quoy que la diverse situation des clefs ou des lettres et des notes qui sont sur leurs cordes ait esté la marque des tons dont diverses nations avoient accoûtumé d'user anciennement en la melodie de leurs modes, et que la mese ou la dominante du premier mode dont les Doriens usoient, par exemple, fust plus basse d'un ton (1) que n'estoit celle du troisiéme mode dont les peuples de Phrygie se servoient : La mese des Phrygiens pareillement, d'un demy-ton plus basse que la mese du cinquiéme qui estoit en vogue dans la province de Lydie : La mese des Lydiens plus basse d'un ton que celle du septiéme ou Myxolydien; celle du Myxolydien plus basse d'un ton que celle du neuviéme et de l'Aeolien; et celle de l'Aeolien plus basse d'une tierce mineure que celle de l'onziéme et de l'Ionien qui estoit la plus gaye et la plus haute de leur systeme : et que l'on pourroit encore maintenant avoir un semblable égard à la diversité de ces dominantes, si l'on ne se servoit que d'un seul mode de l'une de ces nations : Neantmoins quand tous ces differens modes s'entresuivent, ou sont entremeslez les uns parmy les autres, comme ils le sont dans les offices ecclesiastiques, il n'est pas possible de conserver ni l'accord ni la bienseance qu'il faut entre leurs differens tons en suivant cette sorte de pratique; tant à cause de la difficulté qu'il y a de bien ajuster leur inegalité et de proportionner leur meslange, que parce que les voix qui sont propres aux tons bas ne peuvent ordinairement (2) s'accommoder aux tons hauts; et que les voix hautes ne descendent que difficilement aux tons bas. Semblablement quoyque dans la musique à plusieurs parties la differente situation des clefs soit tres propre pour marquer le ton que chacune y doit garder, et que la taille ou la voix qui fait le milieu des parties (3) corresponde à peu pres au ton de la pleine voix et de la dominante du plain-chant; neantmoins la diverse situation de ces clefs dans le plain-chant ne doit servir à autre chose qu'à solfier et à conduire le chant du bas en haut ou du haut en bas; et non pas à luy donner le ton, dont les dominantes prises en pleine voix sont la regle la plus facile et la plus certaine, ainsi qu'il a esté dit cy-dessus.

---

(1) Quæcumque mediæ aliorum modorum proslambanomenos accedunt, hæ graviores modos operantur. Quæ netis ille acutiores. *Boëtius lib.* 4. *mus.*, *cap*. 16.

(2) Si la difference des tons depend du seul aigu ou grave, cest à dire du different lieu du systeme, il semble qu'un mesme homme ne peut pas se servir de tous les tons; au lieu que toutes sortes de voix graves et aigues peuvent user de tous les tons ou modes ordinaires de nos praticiens, qui n'obligent pas à commencer par un degré determiné du grave et d'aigu. *Mersenne tome* 2. *de l'harmonie universelle livre* 5. *proposition* 12.

(3) Tenorem vero qui cantum sustinet et à baritonante sustinetur, fundamentum relationis dicunt : namque ab acuto cantu, et graviore baritonante circumscriptus est, medium obtinens locum; quare ipsum concorditer conspiciunt, observant, et venerantur. Trahit enim amborum concordiam ad seipsum ac sui ipsius ad alios confert, neque decet ipsum garrulis fractionibus diminui; quippe qui ad reliquos singulis notulis concordantias tenet. *Franchinus lib.* 3. *mus. pract. cap.* 15. Baritonante autem intelligitur pars gravior in compositione cantilenæ, qui contra-tenor gravis dicitur, à vari, quod est grave. v, mutata in b, quasi graviorem cantans cantilenæ partem. *Ibidem cap.* 11.

* Tenor autem veluti thematis filium, et primum vocum inventum quem fere aliæ respiciant voces, et ad quem omnia ordinentur, dictus videtur. *Glareanus lib.* 3. *Dodecachordi cap.* 13.

EXEMPLE DE TOUTES LES DOMINANTES EN MESME TON DE PLEINE VOIX.

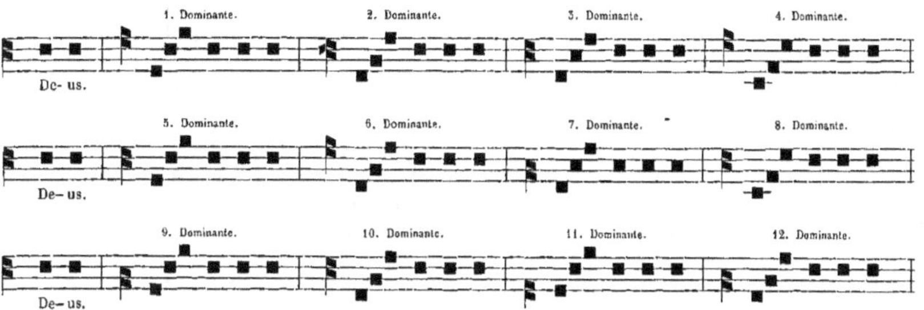

II. Or cette pleine voix n'est autre chose qu'un son qui remplit entierement l'organe, et fait le milieu de sa portée naturelle entre les deux extremitez où elle peut atteindre, sçavoir entre le son le plus bas où elle peut descendre et le son le plus haut où elle peut monter. Tout ainsi qu'on appelle la lune pleine lors que sa rondeur est entierement remplie de lumiere et qu'elle est également distante du commencement de son croissant, et de la fin de son decours. De sorte que la pleine voix correspond et revient à peu pres à la taille de la musique (1), et à la mese du systeme des Grecs, qui est la chorde qui fait le milieu du disdiapason (2) ou de la double octave, et la liaison de la plus basse octave avec la plus haute, estant la fin de celle là et le commencement de celle cy. C'est cette chorde qui dans les instrumens a accoûtumé d'estre touchée plus souvent, comme la plus agreable et la maistresse ou la dominante des autres, puis que les autres ne sont touchées que par rapport (3) à elle et pour la faire trouver plus excellente. Toutes lesquelles qualitez se rencontrent pareillement au son de la pleine voix ou de la dominante des modes; car c'est le son qui est le plus naturel et auquel la voix s'arreste (4) plus volontiers et plus commodement qu'à aucun autre; c'est ce ton qui est le plus agreable (5), et le maistre ou le guide de tout le chant (6), qui en fait la liaison, et entretient la mutuelle (7) correspondance qui est entre les differentes pieces d'un mesme office, estant en quelque façon à leur égard, ce que le medium a accoûtumé d'estre au regard des parties du syllogisme (8).

III. Ce qui estant ainsi supposé, il ne reste qu'à marquer icy la meilleure ou la plus aisée

<hr>

(1) *Franchinus paulo supra citatus.*

  * Tenor est vocum rector, et guida tonorum Bassus alit voces, ingrassat, fundat et auget. *etc. Merlinus poeta Mantuanus.*

(2) Quemadmodum proslambanomene primum ac gravissimum vocis locum, quem modulari possumus, dicitur obtinere; rursusque nete hyperbolcon ultimum et acutissimum : ita mese medium habet vocis locum, gravioris quidem diapason accutissima; acutioris gravissima. *Franch. lib. 1. mus. instrum. cap. 4.*

  * Sitque mese omnium perfectissimi et consonantis harmonici systematis chordarum præstantissima : quaquidem existente, extremæ atque mediæ ambarum diapason harmoniæ disponuntur; verum ablata, harmonicam amittunt consistentiam. *Franchinus. ibid. cap. 4.*

  * *Aristot. Sectione 19. problem. 36.*

(3) *Mersenne tome 2. de l'harm. universelle livre. 6. de l'art de bien chanter, et embellissement des chants, proposit. 7.*

  * Omnia egregia modulandi genera medio nervo sæpe utuntur, omnesque probi fidicines crebro ad medium veniunt : et si discesserint, mox redeunt eodem, nec ullum alium toties repetunt. *Et*

infra. Sic etiam medius veluti conjunctio est sonorum, maximeque elegantiorum : quoniam ejus sonus assumi sæpissime soleat. *Aristot. Sect. 19. Problem. 20.*

(4) Vox lubenter conversatur, moraturque circa medios maxime concentus, raro ad extrema exiliens propter laboriosam et violentam, cum immoderata fuerit, relaxationem aut contentionem. *Ptolem. lib. 2. harm. cap. 11.*

(5) *Mersenne tome 1. de l'harm. universelle liv. 1. de la nature et proprieté du son. proposition 31.*

  * Media vox seu tenor censetur suavissima. *Baco Cancellarius Angliæ. Historiæ naturalis centuria 2. num. 173.*

(6) Nervus enim qui medius, et dux est. *Aristot. Sect. 19. Problemate 33. et 45.*

(7) Ipsius quodammodo vinculo tam gravis modulatio, quam acuta connectitur. *Martianus Capella. lib. 9. cap. de septem partibus harmoniæ.*

(8) Ex hac media cognoscuntur reliquorum phthongorum vires; quomodo enim unusquisque phthongus ad mediam se habeat, statim clarum fit. *Euclides in musica.*

maniere de fixer l'organe à cette pleine voix (1), puis qu'elle est le siege et la regle de toutes les dominantes. Ce qui se pouvant faire en deux manieres, l'une en descendant du son le plus haut de la voix jusques à l'octave au dessous; l'autre en montant depuis le son le plus bas (2) de la mesme voix jusques à l'octave au dessus; le meilleur est de se servir de celle-cy qui semble plus naturelle et plus commode. C'est pourquoy apres avoir vû de quel ton ou mode est la piece qu'on veut commencer, quelle en est la finale, quelle en est la dominante, quelle est la note par où elle commence (3), et combien il y a de degrez ou d'intervalles depuis la dominante jusques à la mesme note; il faut en suite solfiant en son particulier commencer par le son le plus grave ou le plus bas auquel la voix puisse descendre avec harmonie, et appliquant l'*ut*, par exemple, sur ce plus grave son, monter par degrez jusques à cette note par laquelle le chant de la piece ou du mode se doit commencer, sur laquelle arrestant le degré de la voix qui y est arrivé, et en conservant le son dans l'idée, ouvrir le chant par ce mesme son, qui estant ainsi mesuré ou compassé, la dominante ne manquera point de se rencontrer à peu pres en pleine voix, et au son naturel de la mese. Quand donc il arrive que la note par où la piece commence est une tierce au dessous de la dominante, il faudra monter en son particulier depuis l'*ut* le plus grave jusques au *la*, c'est à dire une sexte, et commencer la piece par le son de ce *la*. Que si la mesme note qui commence est une quarte plus bas que la dominante, l'on ne montera depuis l'*ut* plus grave, que jusques au *sol*, c'est à dire une quinte, et l'on commencera la piece par le son de ce *sol*. Mais si cette mesme premiere note se trouve une quinte au dessous de la dominante, il ne faudra lors monter qu'au *fa* ou à la quarte, si une sexte, l'on ne montera que jusques au *mi* ou à la tierce; et ainsi du reste des intervalles par où la piece peut commencer, dans lesquels l'on gardera une semblable proportion à l'égard de leurs dominantes.

IV. Il y a encore deux autres façons qui peuvent estre propres à bien entonner et à commencer en bon ton. L'une est d'avoir ou de se former une idée familiere de la pleine voix et de la taille, dont on descende en son particulier jusques à la note par où la piece ou le mode du chant commence; et conservant l'idée du son qui est eschû sur cette note commencer la piece par ce mesme son. Mais il n'est pas aisé d'acquerir, ni de se former une semblable idée de la dominante ou de la taille qui soit certaine, si ce n'est que dans les commencemens l'on s'habituë à la mesurer par le son le plus bas ou le plus haut de la voix, dont il a esté fait mention dans la maniere precedente de commencer. L'autre façon est de conserver l'idée du son de la dominante de la piece qui a esté chantée immediatement auparavant, et l'appliquant à la dominante de la piece qui suit, ou que l'on veut commencer, descendre de ce son jusques à la note par où la piece commence, et la commencer par le son qui s'y sera ainsi rencontré. Ou bien sans appliquer le son d'une dominante à l'autre dominante, il n'y a qu'à remarquer la qualité de l'intervalle qui se trouve tant entre la finale et la dominante de la piece de chant qui a precedé, qu'entre la dominante de la piece suivante et la note qui la commence, afin que par la comparaison de ces deux sortes d'intervalles l'on voye si la note qui commence la piece suivante doit estre tenuë en mesme ton que la finale de la precedente, ou bien si elle doit estre haussée ou rabbaissée, et de combien de degrez. Car si la finale de la precedente piece, par exemple, a esté d'une quinte sous sa dominante, et que la piece suivante commence par une tierce mineure au dessous de sa propre dominante, sa premiere note doit estre commencée une tierce majeure au dessus la finale de la piece qui a immediatement precedé; et la mesme methode se doit observer avec une pareille proportion

---

(1) Cantoris itaque peritia esse debet, quo loco vel modo quamlibet neumam incipiat; ut ei si motione opus est, affines voces inquirat. *Guido Aretinus. Micrologi. cap.* 10.

(2) *Boëtius lib.* 4. *mus. cap.* 16.

(3) Igitur curiose est intendendum de omni melo secundum cujusmodi proprietatem sonet; sive in principio sive in fine, quamvis de solo fine dicere soleamus : *et paulo infra.* Cujus enim modi symphoniis quælibet symphonia aptatur, ejusmodi esse cognoscitur. Sicque intelligis an bene aliquam neumam promunties, cum ea ejusmodi symphoniis in quo modo nota fuerit competenter aptari, conspexeris. *Guido in prologo Antiphonarij cap.* 7.

dans tous les autres differens intervalles, qui peuvent estre entre la finale du mode precedent et la note qui donne le commencement au mode suivant par comparaison à leurs dominantes. Mais cette maniere de commencer et de lier ainsi les pieces suivantes avec les precedentes doit supposer que les precedentes ayent esté commencées et poursuivies en bon ton; car si elles ne l'avoient pas esté, ou qu'elles eussent fini en mauvais ton, au lieu de le continuer, ou d'y avoir égard dans la suite, il faut au plûtost remettre adroitement la dominante des pieces suivantes au ton naturel de la pleine voix selon ce qui a esté dit auparavant.

V. Il y en a qui proposent encore d'autres moyens pour prendre en bon ton, et se maintenir en cette pleine voix; Mersenne entr'autres veut que l'on marque à costé ou au bas de la piece de chant (1) un chiffre qui exprime le nombre des battemens d'air que ce son doit produire. D'autres veulent le son d'une clochette ou d'un tuyau d'orgue, qui y corresponde, ou bien d'un monochorde qui soit dressé à cet effet. Ciceron et Quintilien rapportent (2) mesme de l'orateur Gracchus que lors qu'il harangoit, il avoit derriere soy un musicien qui avec le son d'une flûte luy suggeroit le ton auquel il devoit élever ou abbaisser la voix selon la diversité du sujet et des mouvemens. Mais parce que ces instrumens ne sont pas si commodes, ni ne peuvent pas estre toûjours à main lors qu'il est besoin de commencer le chant, et qu'un chacun n'est pas capable d'en bien user, et beaucoup moins de discerner le nombre des battements d'air que peut avoir un son; joint que celuy d'une clochette, d'un tuyau, d'une flûte ou d'une chorde à chaque commencement de piece se rendroit bientost ennuyeux aux assistans, et blesseroit leurs oreilles; il est beaucoup plus à propos de se servir des autres moyens dont il a esté fait mention auparavant.

(1) *Mersenne tome 2. de l'harm. universelle livre 3. des instrumens. Proposition 18. corollaire 2.*

(2) *Cicero de oratore.*
* *Quintilian. lib. 1. instit. cap. 10.*

REPRODUCTION EXACTE DES PASSAGES DE GUY D'AREZZO

QUI SE TROUVENT CITÉS DANS LE CHAPITRE VII DE JUMILHAC, COLLATIONNÉS DE NOUVEAU SUR LE MANUSCRIT DE SAINT-ÉVROULT.

Page 233, note 1.

« Cantoris itaque peritia esse debet, quo loco vel modo quamlibet neumam incipiat, ut ei si motione opus est, affines voces inquirat (pag. 6 du mss. de S.-Evroult). »

Page 233, note 3.

« Igitur curiose est intendendum de omni melo secundum cujus modi proprietatem sonet, sive in principio sive in fine, quamvis de solo fine dicere soleamus (p. 25 du mss. de S.-Evroult). »

Et paulo infra.

« Cujus enim modi simphoniis quælibet simphonia aptatur, ejus modi esse cognoscitur. Sicque intelligis an bene aliquam neumam pronunties, cum ea ejusmodi simphoniis in quo modo nota fuerit, competenter aptari conspexeris (*Ibid.*). »

CHAPITRE VIII.

I. Les moyens qui ont esté donnez au precedent chapitre sont si propres à faire cet accord, qu'il n'y a aucune sorte de voix quoy que differentes, qui n'y rencontrent le ton veritable et naturel de chaque piece de chant. Car si ce sont les basses qui chantent ensemble et composent le chœur, elles y trouveront leur dominante proportionnée à leur pleine voix, au milieu de leur étenduë. Que si au contraire le chœur est seulement composé de voix hautes (comme sont celles des enfans, ou des filles), elles y trouveront pareillement le milieu de leurs octaves, ou de l'étenduë de leurs voix. Les tailles semblablement ne manqueront pas d'y rencontrer celuy qui leur est convenable, et qui naturellement fait le milieu entre les voix basses et les voix aiguës.

II. Mais parce qu'il y peut avoir plus de difficulté à accorder des voix de diverse qualité lors qu'elles chantent ensemble ou dans un mesme chœur; il faut alors prendre garde à deux choses, afin que cette diversité ne soit point occasion de trouble et ne fasse perdre le véritable ton des pieces de chant; premierement il faut avoir égard à la qualité des voix qui composent le chœur, et qui en gouvernent le ton : secondement à la qualité de celles qui leur sont entremeslées ou ajoùtées. Car celles-cy doivent ceder aux autres, et s'accommoder à leurs dominantes en tout ce qu'elles sont obligées d'y commencer, ainsi qu'il s'en suit.

III. Si donc dans un chœur composé d'un bon nombre de voix de taille par exemple, il s'y rencontre quelques voix de hautes-contres ou quelques voix d'enfant, afin d'accorder ce que celles cy pourront commencer avec le ton naturel des autres, qui estans en plus grand nombre, doivent avoir la conduite du chœur et de son ton, il n'y aura qu'à faire mesurer aux voix muées ou d'enfant ce qu'elles commencent par une dominante plus basse que celle qui est naturelle à leurs voix hautes, et la leur faire rabaisser soit d'une tierce, soit d'une quarte, soit d'une quinte, soit d'une sixième, soit d'une octave, selon la qualité ou la difference de ces voix, et la proportion qu'elles doivent avoir estans comparées avec les autres voix de taille, afin de les en faire approcher de plus pres, et de les mieux ajuster au ton de la dominante des mesmes tailles.

IV. Que si au contraire il se trouve quelques basses parmi un chœur de tailles, il faudra que pour commencer les pieces de chant au ton et à la dominante des tailles, elles rehaussent la dominante de leur pleine voix naturelle, ou d'une tierce, ou d'une quarte, ou d'une quinte, ou d'une sexte, ou d'une octave, selon la proportion que l'inégalité des unes aux autres peut demander pour revenir au ton et à la dominante de ces tailles.

V. De mesme s'il se trouve quelques voix de taille parmi un chœur de basses, les tailles pour se conformer à la dominante des basses rabaisseront leur dominante naturelle d'autant de degrez ou d'intervalles qu'il en sera besoin pour l'accorder avec celle des basses. Que si au contraire quelques tailles se rencontrent meslées avec un chœur de voix muées, ou d'enfant, alors les tailles pour s'ajuster à la dominante des mesmes voix ou muées ou d'enfant, rehausseront la dominante qui leur est naturelle d'autant de degrez qu'il sera necessaire pour atteindre à la dominante des mesmes voix muées ou d'enfant.

VI. Mais quand les basses sont obligées de chanter avec les voix muées ou d'enfant, et celles cy avec les basses, Ces sortes de voix n'ont pas accoûtumé de se répondre les unes aux autres, si ce n'est à l'octave ou à la double octave ; ainsi qu'on peut voir aux versets que chantent les enfans de chœur : parce que des extremes si éloignez que sont ceux de leurs voix, ne peuvent aisément se reünir dans l'accord, si ce n'est par l'équissonne de l'octave, ou des octaves.

CHAPITRE IX.

I. APRES avoir vû la façon de maintenir en bon ton les pieces de chant nonobstant la diversité des voix ; il reste à voir la maniere avec laquelle l'on doit entretenir en bon ton les instrumens avec les voix, et les voix avec les instrumens lors qu'on les touche alternativement parmi le chant des voix. Il faut donc dans cette rencontre poser pour fondement, premierement que les voix doivent s'accommoder et s'assujetir au ton et à la dominante des instrumens ; d'autant que les cordes et les tuyaux de ceux-cy estans invariables dans leur son, et immobiles dans leur situation, ils ne peuvent pas estre ni maniez ni fléchis de mesme que les voix qui sont flexibles et variables ; et partant ce sont les voix qui doivent estre ajustées au ton des instruments.

II. En second lieu ceux qui touchent les instrumens doivent avoir l'addresse d'approcher le plus pres qu'ils pourront du ton naturel de la dominante des voix ; ce qu'ils peuvent faire facilement s'ils ont l'égard qu'ils doivent avoir à la qualité des instrumens et à celle des voix qui leur répondent.

III. Si donc c'est un orgue, avec lequel un chœur de tailles, par exemple, ait à chanter alternativement, il se trouvera qu'entre les quatre octaves dont il est ordinairement composé, sa mese, qui échoit sous la lettre *c* fournira un ton assez commode aux trois dominantes des modes qui se rencontrent sous la mesme lettre de *c*, parce que ce ton de la mese de l'orgue ne surpasse la pleine voix des tailles, qu'environ d'un ton, ou au plus d'une tierce mineure. Quand toutefois les voix sont obligées de chanter quelques pieces de chant du troisiéme ou du cinquiéme mode alternativement avec l'orgue ; et que ces pieces ne sont pas seulement des pseaumes, ou des cantiques, mais des répons, ou des graduels, ou des offertoires, ou autres choses semblables ; Alors la finale du troisiéme pourra estre au *sol* ou *re* du *G* par *b mol*, et sa dominante au *fa*, ou au *sa* du *b*. Et la finale du cinquiéme sera au *c*, qui est la finale du cinquiéme affinal ou de l'onziéme, et sa dominante au *g*.

IV. De plus la lettre *a* inferieure d'une tierce au mesme *c* ou mese de l'orgue, donnera pareillement les trois autres dominantes du *la* qu'elle y gouverne, et qui sont si approchantes du ton de la pleine voix, que la difference n'en sera pas considerable.

V. Et partant il ne restera que deux dominantes qui ayent besoin d'estre transposées, sçavoir la dominante du second mode, qui estant située dans la lettre *F* de l'orgue se trouve plus basse que la pleine voix d'une tierce majeure ou environ, et la dominante du septiéme mode qui estant placée au *d* au dessus de la mese de l'orgue se rencontre estre plus haute que la pleine voix d'une tierce majeure ou environ. Afin donc de transposer convenablement ces deux modes, il n'y a qu'à monter le second d'une quarte, c'est à dire sa finale de la lettre *D* à celle de *G*, et sa dominante de la lettre *F* à la lettre de *b fa* ou *sa* : et rabbaisser le septiéme d'une quinte, c'est à dire sa finale de la lettre *G*, à la lettre *C*, et sa dominante de la lettre *d* à la lettre *G*. Car par le moyen de ces deux transpositions l'un et l'autre de ces modes se trouvera à un ton ou à un demy-ton pres du ton de la pleine voix des tailles, laquelle se rencontre ordinairement en ces sortes d'instrumens sur la touche de la lettre *a* qui est la plus proche des deux susdites dominantes du *b* et du *G*.

VI. Quant aux dominantes des modes neuviéme, dixiéme, onziéme, et douzième, lors qu'il se rencontre des pieces de chant de ces modes l'organiste n'aura qu'à transposer le neuviéme au 9ᵉ par *b mol*, qui a sa finale au *D* et sa dominante à l'*a*. Laisser le dixiéme en son lieu qui a sa finale en *a* et sa dominante au *c*. Laisser pareillement le onzième naturel dans l'assiette de sa finale et de sa dominante : et rabbaisser l'onzième transposé d'une quarte, afin que sa finale et sa dominante se trouvent en celles du naturel, qui a le *C* pour finale et le *G* pour dominante. Enfin transposer le douziéme naturel au 12ᵉ par *b mol*, dont la finale est en *F* et sa dominante en *a*.

VII. Que si le chœur avec lequel l'orgue est alternativement touché est de voix basses ou de voix hautes, il sera de la prudence et de l'addresse de l'organiste de retenir les tons des dominantes qui approchent de plus pres du ton naturel de la pleine voix qui est propre aux basses, ou qui convient aux voix hautes; et de transposer les autres dont les dominantes sont trop éloignées de ces sortes de pleine voix ; afin de les faire joindre ensemble, autant que la disposition des cordes, et des tuyaux des instrumens le pourra permettre. Les organistes qui n'ont pas encore toute l'expérience pourront se servir de la table suivante, qu'un organiste de Paris a depuis peu de temps donnée au public dans ses pieces d'orgue pour les hymnes et le *Magnificat* (1).

LES HUIT TONS ORDINAIRES DE L'ORGUE POUR LES VOIX BASSES.	LES TONS ORDINAIRES POUR LES VOIX HAUTES.
Le 1. en *D. la, re, sol.*	Le 1. en *G. re, sol, ut* par ♭.
Le 2. et le 3. en *G. re, sol, ut,* par ♭.	Le 2. et 3. en *A. mi, la, re.*
Le 4. en *E. mi, la.*	Le 4. en *C. sol, ut, fa,* par ♭. à la dominante.
Le 5. en *C. sol, ut, fa.*	Le 5. en *F. ut, fa.*
Le 6. en *F. ut, fa.*	Le 6. en *G. re, sol, ut,* par ♮.
Le 7. en *D. la, re, sol.* diezé.	Le 7. en *F. ut, fa.*
Le 8. en *F. ut, fa.*	Le 8. en *G. re, sol, ut.*
LES TONS EXTRAORDINAIRES POUR LES VOIX BASSES.	**LES TONS EXTRAORDINAIRES POUR LES VOIX HAUTES.**
Du 1. en *C. sol, ut, fa.*	Du 1. en *D. la, re, sol.*
Du 1. ou du 2. en *E. mi, la.*	Du 1. en *E. mi, la.*
Du 3. en *A. mi, la, re.*	Du 2. en *G. re, sol, ut.*
Du 5. en *D. la, re, sol.*	Du 4. en *E. mi, la.*
Du 6. en *G. re, sol, ut.*	Du 5. en *C. sol. ut, fa.*
Du 6. en *A. mi, la, re.*	Du 5. en *D. la, re, sol.*
Du 8. en *G. re, sol, ut.*	Du 6. en *A. mi, la, re.*

(1) Dom Jumilhac fait ici allusion au célèbre Jean Titelouze. Sa qualité d'*organiste de Paris* n'est point mentionnée par M. Fétis. Les pièces d'orgue de cet auteur, que cite le savant bénédictin d'une manière vague et générale, sont intitulées : — *Hymnes de l'église, avec fugues et recherches sur le plain-chant.* Paris, sans date, 1 vol. in-4° oblong ; — *Magnificat de tous les tons avec les versets pour l'orgue,* ibid., 1 vol. in-4° oblong. — Ces deux ouvrages se trouvent à la bibliothèque royale de Paris, Vm. nᵒˢ 2041, — 2042, — 2042.   1   (*Note des éditeurs.*)

CHAPITRE X.

I. Tout ce qui a esté dit cy-dessus pour faire voir la maniere de commencer les modes en bon ton, donne pareillement le moyen de le continuer et de s'y maintenir : puis que selon les philosophes les choses ont accoûtumé d'estre conservées par les mesmes principes qui les ont produites. C'est donc par le moyen de la pleine voix que l'on pourra se maintenir en bon ton ; et ce en deux façons : dont la premiere est qu'aussi-tost que la dominante a esté prise en pleine voix, tous ceux qui doivent ensemble continuer le chant, en conservent pareillement l'idée avec celle des autres cadences du mesme mode, particulierement de la finale, et se rendent attentifs tant à terminer nettement et au vray ton les dernieres notes de la finale, qu'à recommencer celles de la dominante ; car ce sont les deux bases de chaque mode, lesquelles estant posées et affermies comme il faut, sont l'appuy et le soustien de tout le chant ; et ne manquent jamais de le maintenir en mesme estat et au mesme ton auquel il a esté commencé sans l'abbaisser ni le hausser. Et c'est pour ce sujet que quand les voix chantent alternativement avec l'orgue ou avec quelqu'autre instrument, elles n'abbaissent jamais : d'autant que les cordes et les tuyaux des instrumens estans fermes et immobiles dans le son de leurs finales et de leurs dominantes, ils obligent insensiblement les voix d'y correspondre, et sans leur causer aucune peine ni travail ils les empeschent de mollir. Il en arrivera donc de mesme aux voix, si dans la psalmodie et autres semblables chants alternatifs elles recommencent au son de la dominante, et se terminent précisement à celuy de la finale, sans le varier ni en l'une ni en l'autre ; car pour lors la finale leur servira à remonter plus facilement à la dominante ; et reciproquement la dominante les fera plus aisément retomber sur la finale à cause de la consonance et du mutuel accord qui se rencontre toûjours entre ces deux cadences.

II. Mais si par un évenement contraire les premieres voix qui recommencent le chant, se relàchent et s'écartent du veritable ton à la reprise, elles entraisnent insensiblement les autres voix apres elles ; parce que l'oreille qui abhorre naturellement le discord, et la science qui enseigne que le discord se rencontre toûjours entre les voix dont les unes sont ou plus hautes ou plus basses que les autres d'un ton ou d'un demy-ton, se joignans secrettement ensemble, obligent imperceptiblement les autres voix à se laisser plûtost aller à suivre le faux ton de celuy qui a le premier, quoy que mal, commencé, que de s'efforcer à reprendre avec travail et avec discord le veritable ton. De sorte que ceux qui recommencent les premiers apres les cadences du chant et apres les versets ou leurs mediations, et qui les finissent les derniers, semblent faire à l'égard du chant le mesme office, que fait le patron dans la conduite du navire : car comme celuy-ci fait aller droit cette grande machine, ou la fait tourner à gauche ou à droite suivant le mouvement qu'il donne au manche d'un petit gouvernail ; de mesme ceux qui commencent ou finissent le chant, le maintiennent droit et en bon estat, ou le font hausser ou baisser selon le mouvement qu'ils donnent au commencement et à la fin de leurs voix. C'est pourquoy ils n'ont pas besoin de moins d'addresse et d'experience, de soin et de vigilance pour maintenir en bon estat le chant, que le patron du vaisseau en doit apporter à la conduite du gouvernail pour maintenir en bon estat son vaisseau et le faire arriver à bon port.

III. La seconde façon avec laquelle les dominantes prises en pleine voix aident beaucoup à entretenir le chant en mesme ton, consiste en ce qu'estans tout à fait conformes à la portée naturelle de la voix, elles empeschent qu'elle ne soit jamais violentée, ni par des sons trop hauts, ni par des sons trop bas, et ainsi la delivrent de la violence, qui est le plus grand obstacle que l'on puisse mettre à la durée et à la continuation d'une chose; car tout ce qui est violent ne peut estre de longue durée ni se maintenir long-temps en mesme estat. C'est pourquoy quand les dominantes du chant sont trop hautes, ou trop basses, l'on voit par experience que comme l'on ne peut chanter à des tons ainsi dereglez qu'avec effort et avec peine, l'on ne peut pas aussi s'y maintenir; et qu'au contraire lors que leur ton est moderé et bien reglé, l'on peut aisément continuer le chant aussi long-temps qu'on veut, sans en varier le ton et sans se fatiguer; ainsi qu'on le peut voir dans le chant des grandes solemnitez, et des longues processions des eglises cathedrales ou autres semblables; où il a accoûtumé d'estre continué les demy-journées sans aucune variation du ton ni alteration des voix.

IV. Une autre chose qui n'aide pas peu à maintenir le ton en estat, est, d'y observer soigneusement la mesure et les cadences qui sont deuës à chaque espece de chant et à chaque mode, en sorte qu'on ne chante jamais en plain-chant une piece qui appartient au chant metrique ou au chant psalmodique; ni en chant metrique ou psalmodique ce qui doit estre chanté en plain-chant; parce que l'alteration de la mesure et des cadences qui sont propres à ces diverses sortes de chants, s'étend insensiblement jusques au ton de la dominante mesme, et ne cause pas moins de corruption dans le chant, que feroient dans la poësie les vers que l'on reciteroit comme si c'estoit de la prose; ou dans la rethorique la prose qui seroit prononcée en façon de vers. C'est pourquoy avant que de commencer chaque piece de chant, il est fort important de prendre d'abord l'air non seulement de son mode, de ses principaux intervalles, et du ton de sa dominante; mais aussi de sa mesure et de ses cadences, afin d'en conserver l'idée durant le chant, et de ne jamais les rompre ni les diviser, soit par une espece de pause ou de silence entre les syllabes ou les notes d'une mesme cadence, soit par une plus longue ou plus courte mesure que ne demandent les especes de chaque chant.

V. Voicy encore un mot d'avis pour ceux qui chantans seuls quelque chose qui est de durée, comme les leçons, les prefaces, ou autres choses semblables ont accoûtumé d'en abbaisser ou d'en hausser le ton. Afin donc de corriger l'un et l'autre de ces manquemens, ils n'ont en chantant qu'à s'écouter eux mesmes, et cependant faire reflexion sur la note de ce qu'ils chantent jusques à tant qu'ils se soient défaits de cette sorte d'habitudes.

CHAPITRE XI.

DE LA MANIERE DE COMMENCER, ET DE CONTINUER EN BON TON CE QUI NE SE CHANTE PAS

EN NOTES, ET CE QUI SE RECITE TANT SEULEMENT.

I. Si le ton de la pleine voix est propre à regler celuy du chant en notes, il ne l'est pas moins pour moderer celuy du chant tout droit et celuy mesme des autres choses que l'on ne fait que reciter, ou lire, ou declamer en public.

II. Quand donc le chant est tout droit ou à l'unisson, le ton de sa teneur et de sa dominante doit estre rabaissé d'une tierce au dessous de la pleine voix et de la dominante du chant en notes; c'est à dire, qu'au lieu d'élever la voix depuis son plus bas son jusques à l'octave, il ne faut la monter que jusques à la sexte : la raison est, que la voix estant lors obligée de tenir ferme sur l'unisson du ton, et ainsi estant privée du soulagement que la vicissitude de l'abbaissement et du rehaussement ont accoûtumé de luy causer, elle a besoin d'estre tenuë un peu plus basse, afin de pouvoir estre commodement continuée dans cette sorte de teneur; joint que cette façon de chant estant plus continu que n'est pas le chant en notes, et ayant plus de ressemblance avec le recit qu'avec le chant, il doit aussi davantage participer au ton de celuy-là, que de celuy-cy; et par la difference de ce ton marquer la distinction qui doit estre entre l'un et l'autre chant.

III. Il faut encore observer une pareille proportion entre ce qui se chante tout droit, et ce qui ne doit estre que simplement recité; car afin que ce recit se puisse faire commodement et decemment, il est besoin que la dominante ou teneur de cette sorte de recit soit d'une tierce plus basse que la teneur du chant droit; c'est à dire, une quinte au dessous de la pleine voix ou à la quarte la plus basse.

IV. Quant aux lectures, recits, ou discours qui se font en public à une multitude de personnes, ou en des lieux vastes et spacieux, leur dominante ou teneur doit ressembler à celle du chant droit; et estre plus basse que la pleine voix d'une tierce ou environ; mais dans les predications ou autres semblables discours la voix y peut estre (1) en quelques endroits rehaussée au dessus et rabaissée au dessous d'une tierce, ou d'une quarte, ou mesme d'une quinte, selon que la diversité des mouvemens qui s'y rencontrent le peut demander, et que le lieu de l'auditoire et l'éloignement des auditeurs (2) ou la qualité de la voix le peut permettre.

V. Or en cette diversité de tons il faut remarquer que bien que celuy de la pleine voix consideré physiquement soit indivisible, il ne laisse pas toutefois d'avoir moralement de l'étenduë jusques à un ton au dessus et un ton au dessous de la mesme pleine voix : et partant que tous les autres qui doivent se mesurer par celuy de la pleine voix peuvent avoir par proportion une pareille étenduë, dont on se peut convenablement servir dans la pratique, soit pour mettre quelque difference entre les offices de l'Eglise selon qu'ils sont ou plus ou moins solemnels tenant ceux-cy d'un ton un peu plus bas, et ceux là d'un ton un peu plus gay et plus élevé : soit pour

---

(1) Mediis igitur utendum sonis, ijque, cum augenda intentio est, excitandi; cum submittenda, sunt temperandi. etc. *Et infra.* Vox in expositione ac sermonibus recta; et inter acutum ac gravem sonum media. Attollitur autem concitatis affectibus; compositis descendit; pro utriusque rei modo altius, vel inferius. *Et infra.* In iisdem partibus, iisdemque affectibus sint tamen quædam non ita magnæ declinationes, prout aut verborum dignitas, aut sententia— rum natura, aut depositio, aut incœptio, aut transitus postulabit : ut qui singulis pinxerunt coloribus, alia tamen eminentiora, alia reductiora fecerunt, sine quo ne membris quidem suis lineas dedissent etc. *Quintilian. lib.* 11. *instit. cap.* 3. *longe ante medium.*

(2) Tanta et tam clara erit vox lectorum, ut quamvis longe positorum aures adimpleant. *Isidor. lib.* 7. *originum cap.* 12.

mieux s'accommoder à la qualité ou à la pluralité des voix avec lesquelles l'on est obligé de chanter : soit pour mieux moderer le ton des pieces qui ont une grande étenduë, et qui dans cette étenduë ont quelque consistance dans leur quarte superieure ou inferieure. Car en ce cas là la dominante des impairs peut estre prise un peu plus basse lors que la quarte superieure de leur octave a une multitude de notes : et au contraire la dominante des impairs doit estre tenuë un peu plus haute quand il y a plusieurs notes dans leur quarte inferieure.

VI. Enfin il est necessaire de remarquer que quand l'étenduë des voix est moindre que celle de la double octave et qu'elle ne peut atteindre qu'à une douziéme ou treiziéme, alors la pleine voix ou la mese de ces sortes de voix ne sera par proportion qu'à leur sixiéme, ou à leur septiéme et non à leur octave.

FORMULES.

DES INTONATIONS, MEDIATIONS, TENEURS, ET TERMINAISONS DE TOUTES LES AUTRES CHOSES QUI DANS LES HEURES CANONIALES
SE CHANTENT EN CHANT PSALMODIQUE, QUOY QUE ORDINAIREMENT LA NOTE NE SOIT PAS MISE SUR LE TEXTE.

Formule des Versets qui commencent les Heures Canoniales.

Le Verset *Domine labia mea aperies.* se chante en ton de pleine voix toûjours droit et à l'unisson.

Le Verset *Deus in adjutorium.* se chante avec l'inflexion suivante toutes fois et quantes que l'heure qui le suit se chante en notes; mais lors qu'elle doit seulement estre chantée à l'unisson ou tout droit, on le chante pareillement à l'unisson, et sans aucune inflexion.

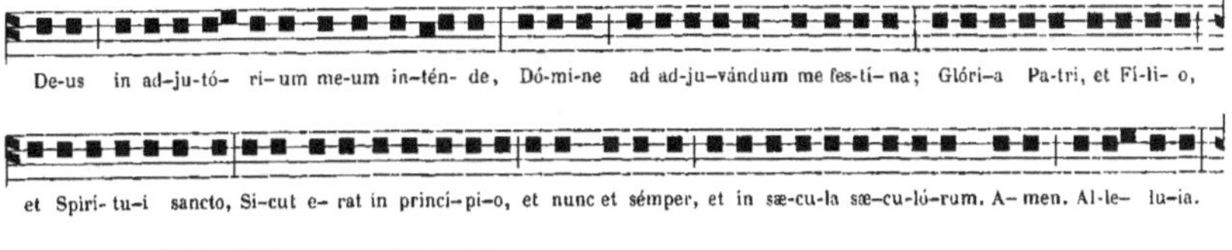

Le Verset *Converte nos Deus.* se chante avec inflexion, et son Respons tout droit.

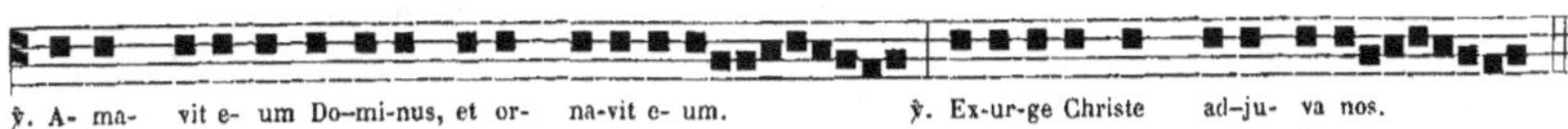

Formules des Versets qui se chantent aprés la Psalmodie des Nocturnes, aprés les Hymnes de Laudes et de Vespres, et aprés les capitules de Prime, Tierce, Sexte, None, et Complies, lorsqu'il est Feste double ou semy-double.

Formules des mesmes Versets et de leurs Respons pour les Feries et les Festes simples.

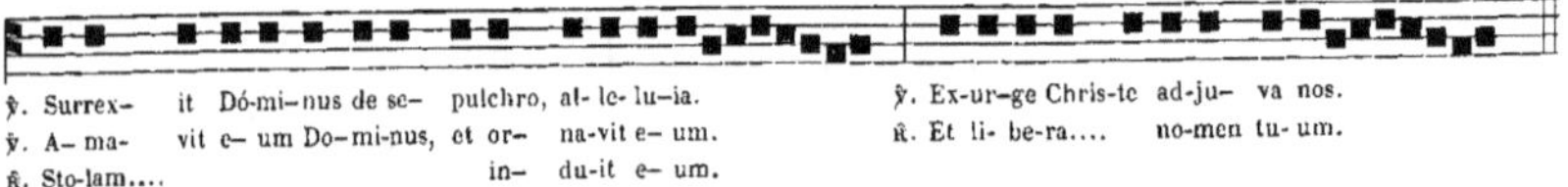

Formules des Versets qui se chantent aprés les Antiennes des Commemorations, aprés les Antiennes de la sainte Vierge à la fin de l'Office, et aux prieres ou preces de tout l'Office.

Avec les notes fondamentales.   Avec les notes survenantes.

Avec Alleluia.

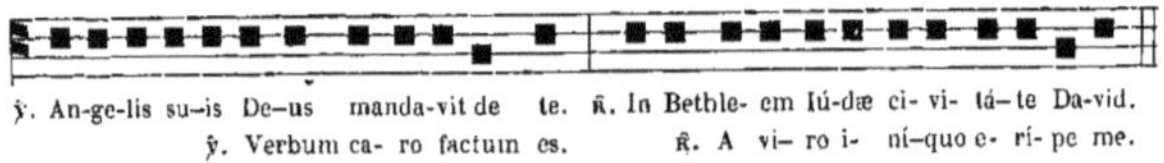

Avec des mots Hebreux indeclinables, ou des monosyllabes.

Les Versets Kyrie *et* Christe. *se chantent toûjours à l'unisson.*

Le *Confiteor*, et les Versets *Misereatur*, et *Indulgentiam.* se chantent à l'unisson et tout droit; mais d'un ton plus bas d'une quarte ou d'une quinte que la pleine voix ou dominante des Versets qui ont immediatement precedé.

Le Verset Dominus *Dominus vobiscum.* avant les Oraisons de toutes les Heures Canoniales, se chante toûjours à l'unisson et tout droit. Il se chante encore toûjours droit aprés les Oraisons des Vespres et des Laudes. Le Verset *Oremus.* se chante aussi toûjours droit.

Mais aprés les Oraisons des petites Heures Prime, Tierce, Sexte, None et Complie, le mesme Verset *Dominus vobiscum.* et le ℣. *Benedicamus.* avec leurs Respons, se chantent toûjours avec l'inflexion suivante.

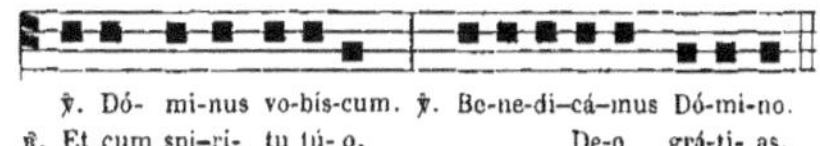

Les Versets *Fidelium animæ. Dominus det nobis.* et *Divinum auxilium.* se chantent toûjours à l'unisson, quoy que d'un ton plus bas d'une quinte, que la dominante des Versets, ou des Oraisons qui les ont immediatement precedez.

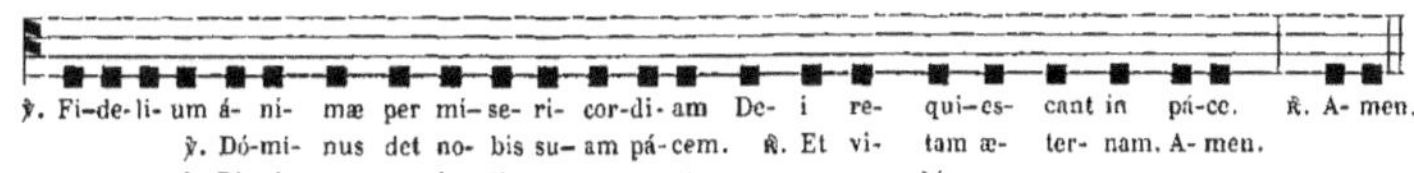

Les formules du Verset *Pretiosa,* aprés le martyrologe, et des autres Versets qui suivent, sont les mesmes que celles des Versets precedens, à la reserve du 3° *Deus in adjutorium,* et de son Respons, qui se chantent à l'unisson, et des Versets *Gloria Patri. Sicut erat. Kyrie,* et *Christe eleison.* qui se chantent aussi à l'unisson.

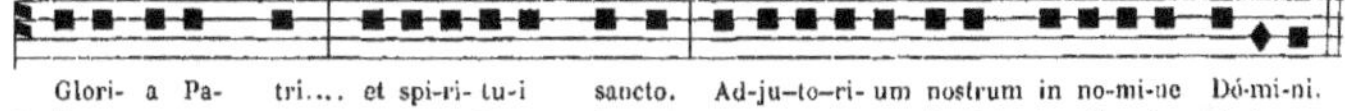

Les Versets suivans *Benedicite.* et *Dominus nos benedicat.* se chantent à l'unisson; mais ce dernier se chante plus bas d'une quinte que les precedens, à cause qu'il est joint au Verset *Fidelium animæ.* et que, selon l'usage du Breviaire Romain, il termine l'office de Prime.

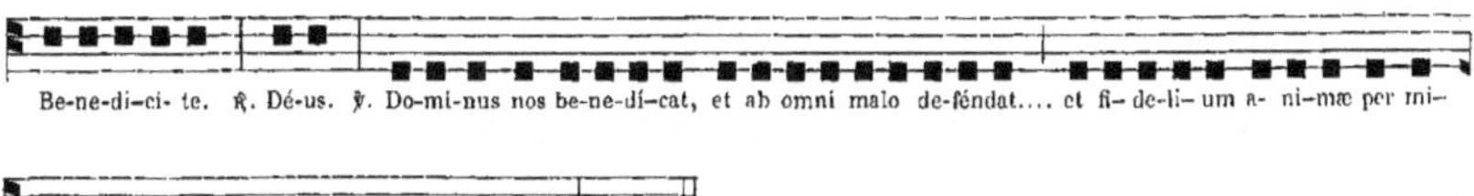

Le Verset de la Benediction de Complie se chante avec inflexion, mais d'une tierce plus bas que les Versets precedens.

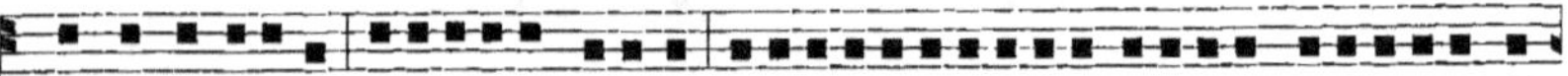

Formules des Versets des Tenebres et des Vigiles des Morts.

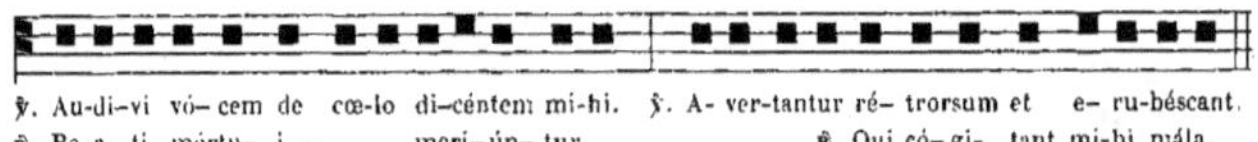

Les Formules de tous les Versets qui se chantent, ou aprés l'aspersion de l'Eau-benite, ou aprés les Litanies, soit des Saints, soit de la sainte Vierge, ou à l'exposition ou closture du S. Sacrement, ou aux Saluts, ou aux Oraisons des 40 heures, ou à la fin de toute sorte de Processions, ou d'autres Prieres extraordinaires, ou à l'Office des Morts, ou à leur sepulture, ou à leurs absolutions, sont semblables aux precedentes formules des Versets des commemorations; à l'exception des Versets *Kyrie. Christe.* des Litanies et des Absolutions qui sont chantez en notes, et du Verset *Requiem æternam.* lors qu'il termine l'Office des Morts qui se dit alors tout droit.

Formules du chant des Absolutions et des Benedictions.

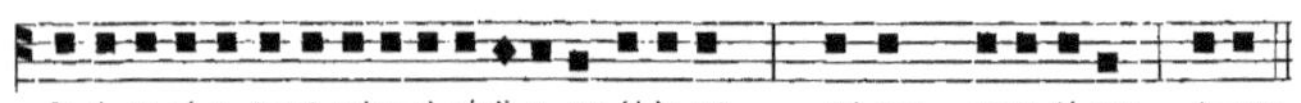

Formules du chant des Leçons.

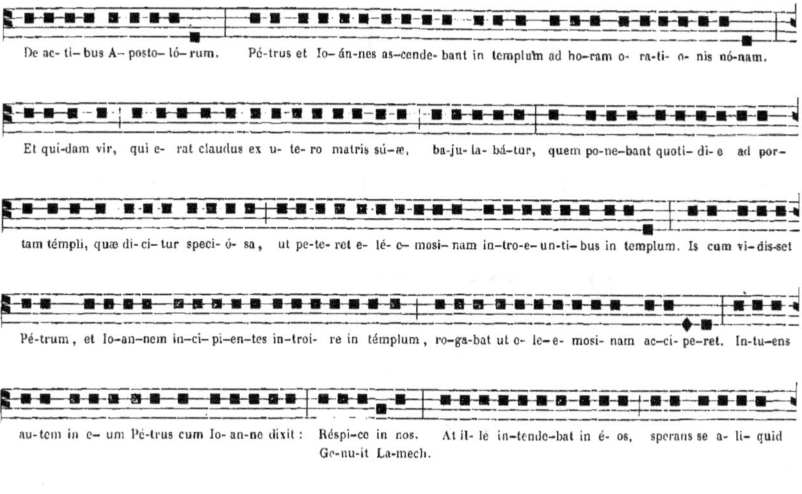

Lors qu'il se rencontre à l'endroit des points quelques autres monosyllabes, ou quelques noms Hebreux indeclinables, l'inflexion s'y fait comme au monosyllabe qui est cy-dessus noté aux mots *Respice in nos*, sous lesquels l'on voit cèux-cy *Genuit Lamech*.

Quant aux points interrogans, ils se font en la maniere qui suit.

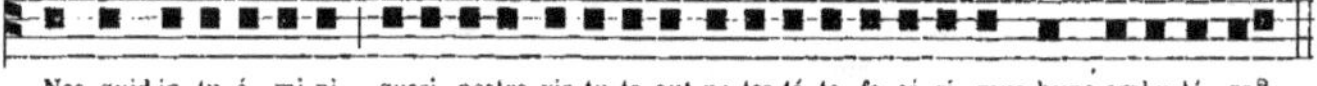

Les formules des Leçons de Tenebres, et de l'Office des Morts, sont semblables aux formules des autres Leçons dans les inflexions de leurs points, mesme interrogans, à l'exception de leur point final qui se termine tout droit.

Les formules des breves Leçons de Prime et de Complie sont semblables à celles des autres Leçons ; mais leurs benedictions sont differentes en la mediation, et leur Respons *Deo gratias*. en la terminaison.

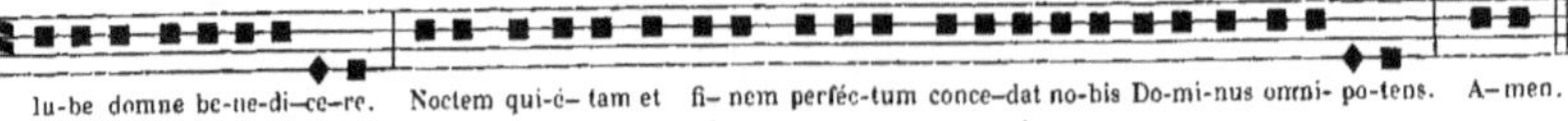

La Formule ordinaire du Martyrologe est semblable à celle des Leçons.

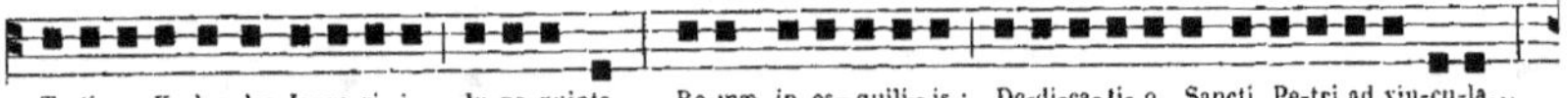

Formules des Capitules.

*Formules des terminaisons des Capitules lors qu'ils finissent, ou par un monosyllabe, ou par un mot Hebreu
indeclinable, ou par le S. Nom de JESUS, qui a coûtume d'estre chanté à la façon des indeclinables.*

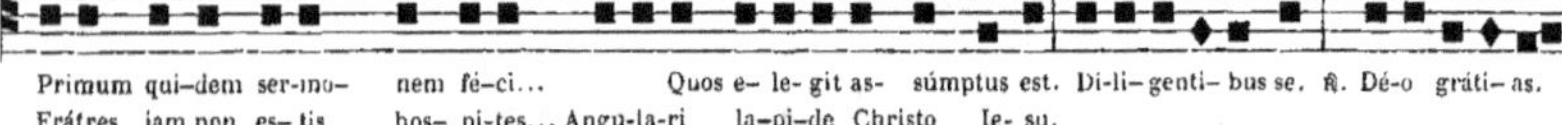

*Formule des Oraisons des Festes solemnelles, doubles, semy-doubles, et des Dimanches, à Vespres, à Laudes,
et à la grande Messe.*

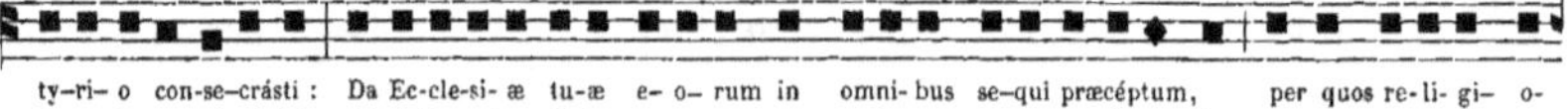

Formule des Oraisons des Festes simples, et des Feries, à Vespres, à Laudes, et à la grande Messe.

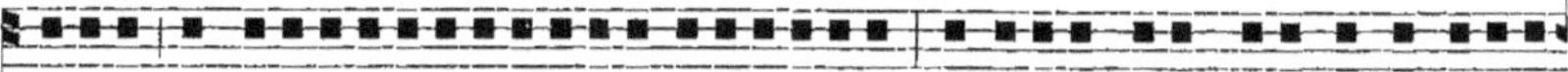

Formule des Oraisons qui se chantent aux petites heures de l'Office, Prime, Tierce, Sexte, None, et Complie, ou aprés les Antiennes de la Sainte Vierge qui terminent l'Office; comme aussi aprés l'aspersion de l'Eau-benite; aprés les Litanies tant des Saints que de la Sainte Vierge; à l'exposition et à la clóture du S. Sacrement; aux Oraisons de quarante heures; aux Saluts; à la fin de toute sorte de Processions, et d'autres prieres extraordinaires; à l'Office des Morts, à leur sepulture, et à leurs absolutions.

FORMULES.

Des intonations, mediations, teneurs, et terminaisons de tout ce qui se chante à la Messe en façon de chant Psalmodique, et qui n'est pas noté dans les Missels.

La Formule des Versets *Dominus vobiscum. Oremus.* et des Oraisons des Festes solemnelles, doubles, semy-doubles, et des Dimanches, est semblable à la premiere formule des Oraisons qui se chantent aux Laudes et aux Vespres des mesmes Festes et Dimanches.

La formule des mesmes Versets et des Oraisons des Festes simples, des Feries, et des Messes des Morts, est semblable à la seconde formule des Oraisons pour les Laudes et les Vespres des mesmes Festes simples et des Feries.

La troisiéme formule du Verset *Oremus.* et de l'Oraison suivante *Concede.* s'observe aux benedictions des Cierges, des Cendres, et des Rameaux, à l'exception de l'Oraison *Deus quem diligere.* qui se chante avant l'Epistre, et de l'Oraison *Auge fidem.* qui se chante aprés l'Evangile des Rameaux, lesquelles se disent au ton ferial de la seconde formule.

Les Oraisons du Vendredy Saint *Deus à quo Iudas.* et les Oraisons qui se disent aprés chaque monition ; comme aussi l'Oraison *Libera nos.* aprés le *Pater noster.* se chantent selon la mesme seconde formule des Feries.

Les Oraisons qui se disent avant la Messe du Samedy Saint, et à la benediction des Fons, se chantent pareillement selon la seconde formule des Feries.

La formule des Propheties est en tout semblable à celle des Leçons, à la reserve du point final, qui est terminé tout droit et sans inflexion.

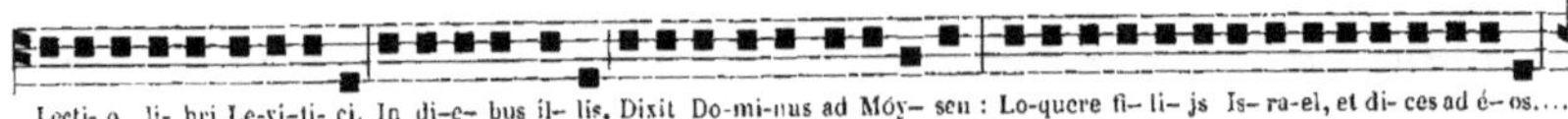

Formules des Versets Oremus. *et* Flectamus genua. *aprés les Propheties.*

Formule des mesmes Versets aprés les monitions du Vendredy Saint.

Cette formule se trouve dans les Missels : mais d'autant qu'elle y est diversement notée, on l'ajoûte icy selon qu'elle est marquée dans les anciens Missels de Plantin, qui sont des plus corrects : Aussi semble-t-elle la meilleure, parce que le ℟. *Levate.* s'y joint mieux à la dominante des Oraisons.

La Formule de l'Epistre est toute droite, et à l'unisson.

Formule du chant de l'Evangile.

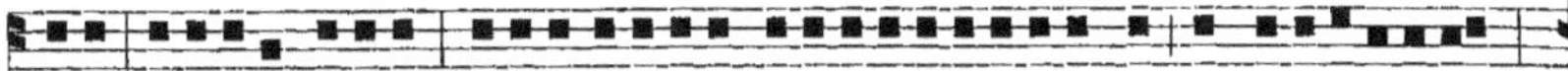

Formule du Verset Humiliate capita.

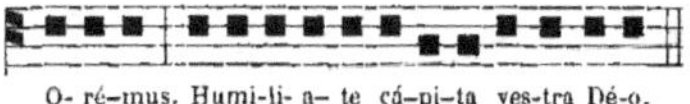

Formule de l'élevation des trois differens tons qui varient le chant de la Leçon du Martyrologe de la veille de Noël.

Le premier et le plus bas doit estre commencé une quarte au dessus du plus bas son de celuy qui chante; Le second une quinte au dessus de cette quarte; et le troisiéme une quarte au dessus de la quinte ; en cette sorte :

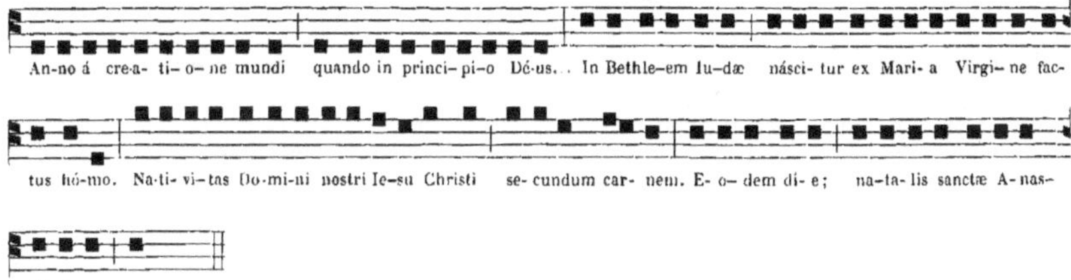

Formule de l'élevation de voix qui se doit faire aux repetitions du Verset Ecce lignum crucis.

La premiere doit commencer au ton le plus bas de la voix, et l'on doit élever les deux autres chacune d'une tierce; laquelle élevation est icy désignée par le rehaussement de la mesme clef aux lignes qui sont plus hautes d'une tierce ; en la maniere qui suit :

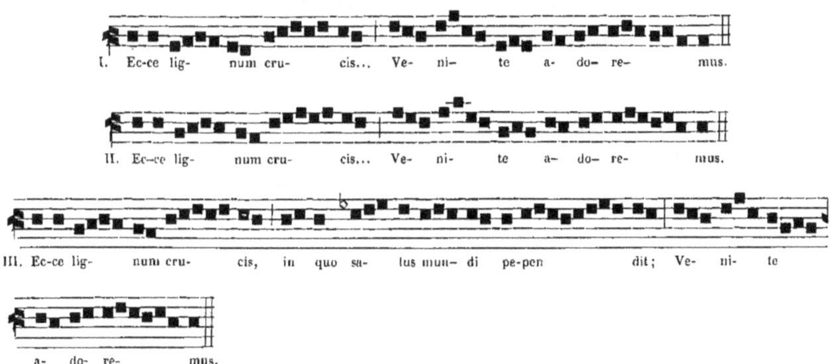

Formule de l'élevation de voix qui se fait aux repetitions de l'Alleluia. du Samedy Saint; dont la premiere doit estre commencée au ton le plus bas de la voix, et les deux suivantes rehaussées, chacune d'une tierce selon le rehaussement de la clef comme il suit :

Formule des trois élevations du Verset Lumen Christi.

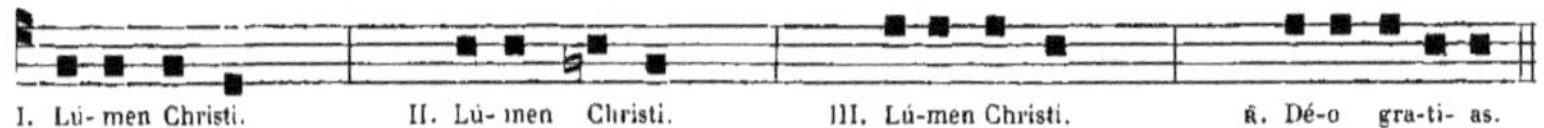

Bien que la façon de toutes ces élevations de voix ne soit pas specifiée dans les rubriques des Missels, ny des Graduels Romains, et que l'on pût litteralement y satisfaire par de moindres élevations que d'une tierce, neantmoins il est à propos d'observer la formule qui en est donnée cydessus, afin qu'elles se fassent d'une maniere harmonieuse, et qui soit convenable aux Mystères qu'elles signifient.

Les Mystères, par exemple, de l'Incarnation, de la Passion, et de la Resurrection, de N. Seigneur I. C. dont la publication est representée par ces abbaissemens et rehaussemens de voix, ont esté connus de peu de personnes dans leurs commencemens ; on ne les disoit alors qu'à l'oreille, à peu de personnes d'une famille, ou à un petit nombre de Disciples. Par aprés ils ont esté preschez dans la Province de Iudée, et à la Nation des Juifs tant seulement, avec un succès mediocre : Mais en suite ils ont esté publiez à toutes les Nations de la terre, avec l'entiere conversion du monde.

Ces mesmes abbaissemens et rehaussemens de voix donnent pareillement à connoistre d'une part, les humiliations de Nostre Seigneur Jesus-Christ dans sa Naissance, dans sa Passion, dans sa Mort, dans sa Sepulture, et dans sa descente aux plus bas lieux de la terre, qui n'ont pû estre plus profondes : Et d'autre part la gloire de sa Resurrection, de son Ascension, de sa Seance à la droite de Dieu son Pere, et de l'exaltation de son saint Nom dans la terre et dans les Cieux, qui n'a pû estre plus haut élevée. Or le son le plus bas où la voix puisse descendre marque mieux ses aneantissemens : Et la voix la plus haute où l'on puisse monter avec harmonie, est un signe plus sensible de son exaltation et de sa Gloire. Et ainsi toute l'étenduë de la voix se trouve employée à la veneration de ces grands Mysteres conjointement avec l'étenduë de tout le cœur, à la gloire et loüange de ce Seigneur qui a daigné les operer pour nostre amour.

PARTIE CINQVIÉME.

DES CADENCES DU CHANT, ET DE LA MESURE DES PAUSES OU SILENCES.

CHAPITRE PREMIER.

QUELLE EST LA NATURE, LE NOMBRE, ET LE LIEU DES CADENCES.

Les cadences ne sont autre chose que certains sons ou notes qui sont propres à diviser chaque mode ou piece de chant en divers membres, et à en faire (1) la distinction et le terme, à cause que la voix y tombe plus doucement et y repose plus naturellement qu'elle ne fait pas sur les autres sons ou notes du mesme mode.

II. Le nombre des principales cadences de chaque mode est ordinairement de trois ; dont la premiere et la plus considerée est appellée finale, parce que c'est celle qui l'acheve et le termine ; la seconde est la dominante, que les autres notes par leurs frequens retours vers elle reconnoissent comme pour leur maistresse. La troisiéme est la mediane ou mediante qui se rencontre au milieu de la quinte de chaque mode, et à la tierce au dessus de la finale. Outre ces trois principales cadences il y en a d'autres qui sont moindres, lesquelles l'on a aussi accoûtumé d'employer, lors que les pieces de chant sont un peu longues ; sçavoir les notes qui sont à la seconde dans les tons impairs ; et aux tons pairs les notes qui sont à la quarte au dessous la finale : ou selon Franchin (2) toutes les notes par lesquelles le mode peut estre decemment et regulierement commencé ; desquelles il a esté fait mention cy-dessus au chapitre III. de la IV. partie.

---

(1) Est etiam consideranda distinctio in tonorum modulationibus quam Guido voluit intelligi ; quantum in quolibet cantu continuatim quoadusque vox quieverit pronuntiantur. Hæc enim per neumas sane declaratur : neuma enim est vocum seu notularum unica respiratione congrue pronuntiandarum aggregatio. Neuma græce, latine nutus solet interpretari. Describunt enim notatores in antiphonis, et nocturnis responsoriis et gradualibus ipsam certa linea in modum pausæ cantilenas terminantis omnia linearum intervalla complectente, dividentem distinctiones ; qua quidem innuunt vocis ipsius respirationem. *Franchinus lib.* 1. *mus. practicæ cap.* 8.

* Quemadmodum in metris sunt litteræ et syllabæ, partes et pedes, ac versus : ita et in harmonia sunt phtongi, id est soni, quorum duo vel tres aptantur in syllabas, ipsæque solæ, vel duplicatæ neumam, id est partem, constituunt cantilenæ, et pars una, vel plures distinctionem faciunt, id est congruum respirationis locum *etc. Guido Aretinus cap.* 15. *micrologi.*

* Illud autem quis non intelligat, quod de vocibus quasi syllabæ, et partes, et distinctiones, vel versus fiunt, quæ omnia inter se mira suavitate concordant, tantum sæpe concordiores quantum similiores. *Guido in prologo Antiphonarij cap.* 9. *seu ultimo.*

(2) Debent insuper distinctiones ipsæ secundum Guidonem fieri, et terminari, ubi sæpe et condecentius tonus ille, in quo fuerint, poterit regulariter sortiri primordia. *Franchinus lib.* 1. *musicæ pract. cap.* 8.

III. Les cadences du plain-chant sont ordinairement placées aux endroits de la lettre où sont les points, les deux points, ou les virgules, c'est à dire, sur les dernieres notes qui precedent les points et les virgules; afin de mieux accorder ensemble les incisions, les membres, et les periodes du chant avec ceux de la lettre, et la signification de ceux-là avec le sens de ceux-cy. Ce qui toutefois n'empesche pas qu'il ne s'en rencontre assez souvent en d'autres endroits de la lettre, lors que ses articles ou ses membres sont un peu longs, et que les virgules où les points sont trop éloignez les uns des autres.

IV. Quant aux cadences des chants metriques, et aux cadences des hymnes, et des proses qui sont en plain-chant, elles sont placées à la fin ou à la clôture de chaque vers, et à leurs cesures quand ils en ont, soit qu'il y ait du sens, soit qu'il n'y en ait pas, soit que la cesure se trouve à la fin de la diction, soit qu'elle se rencontre au milieu; sur quoy l'on peut voir les exemples de la page 163, et ceux qui se trouvent à la planche quatriéme.

V. Les cadences pareillement des chants rythmiques dans la psalmodie sont à la mediation ou cesure, et à la fin ou terminaison de chacun de ses versets. Celles des mesmes chants dans les leçons, capitules, epistres, evangiles, ou autres choses semblables sont pareillement aux mediations, et aux terminaisons de leurs versets, ou periodes; c'est à dire sur les derniers accens et syllabes, qui precedent immediatement les points, ou les deux points.

VI. Et quoy que toutes ces sortes de cadences puissent estre facilement discernées par ceux qui sont un peu versez dans la pratique du chant, neantmoins il ne sera pas inutile d'y mettre des marques soit au plain-chant, soit au chant metrique, suivant ce qui en a esté remarqué cy dessus au nombre 10. du chapitre xiv. de la ii. partie, afin que ceux qui n'ont pas le discernement si prompt ou qui l'ignorent, puissent d'abord et sans hesiter les reconnoistre, et y faire les pauses ou silences convenables avec une plus grande uniformité.

<hr>

REPRODUCTION EXACTE DES PASSAGES DE GUY D'AREZZO

QUI SE TROUVENT CITÉS DANS LE CHAPITRE I DE JUMILHAC, COLLATIONNÉS DE NOUVEAU SUR LE MANUSCRIT DE SAINT-EVROULT.

Page 253, note 1.

« Quemadmodum in metris sunt litteræ et sillabæ, partes et pedes, ac versus, ita et in armonia sunt ptongi, id est soni, quorum duo, vel tres, aptantur in sillabas, ipsæque solæ vel dupplicatæ, neumam, id est partem constituunt cantilenæ, et pars una vel plures distinctionem faciunt, id est, congruum respirationis locum (p. 8 et 9 du mss. de S.-Evroult). »

Page 253, note 1.

« Illud autem quis non intelligat, quod de vocibus quasi sillabæ et partes et dictiones vel versus fiunt, quæ omnia inter se invicem mira suavitate concordant, tantum sepe concordiores quantum similiores (p. 27 du mss. de S.-Evroult). »

DES VERS QUI N'ONT QUE LA SEULE CADENCE FINALE.

Jambiques dimetres.

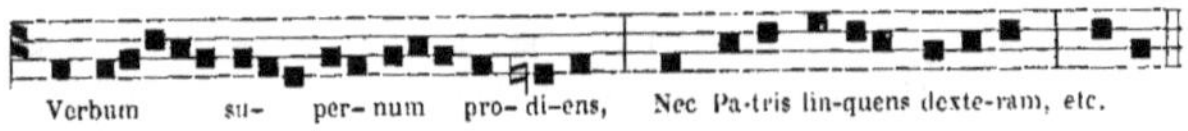

Trochaiques dimetres.

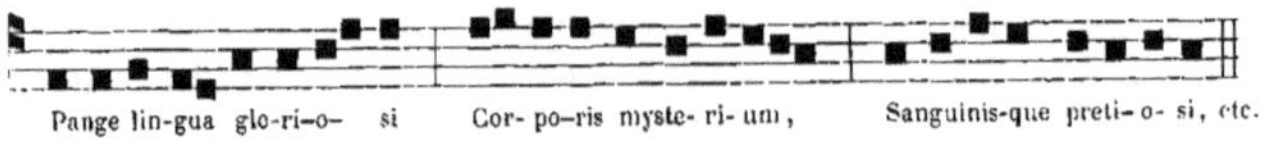

Trochaiques dimetres, une syllabe moins.

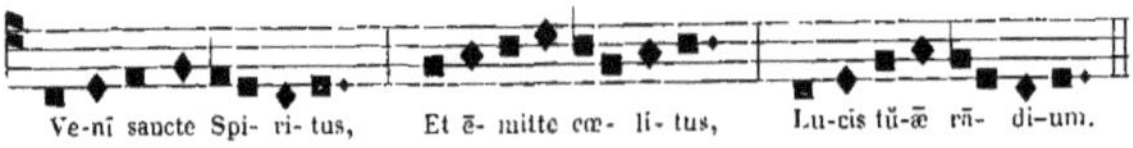

Rithmiques en façon de Trochaiques dimetres.

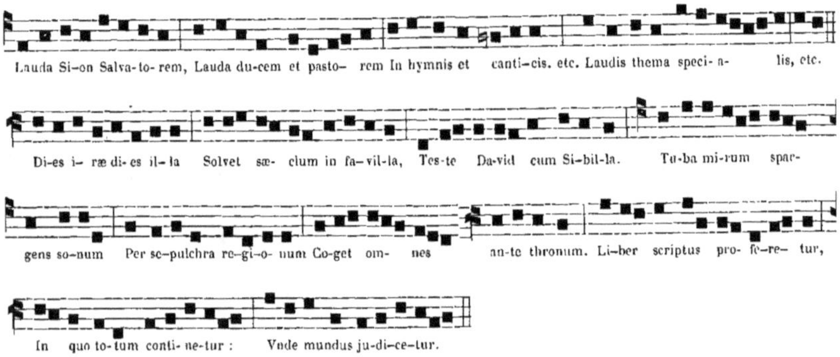

Trochaiques de trois pieds, ou Ityphalliques, ou Jambiques Euripedées.

Gliconiques.   *Adoniques.*

Asclepiades.

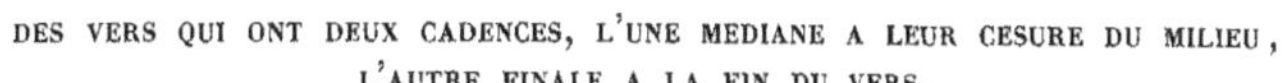

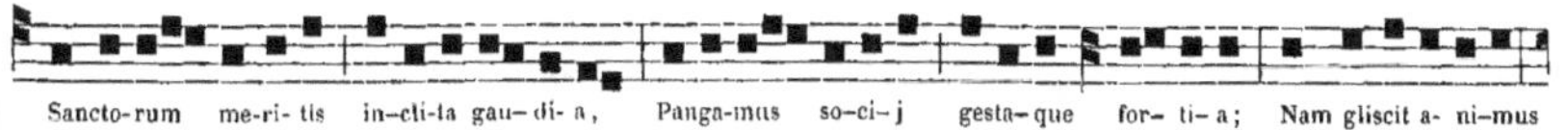

Jambiques trimetres, ou senaires.

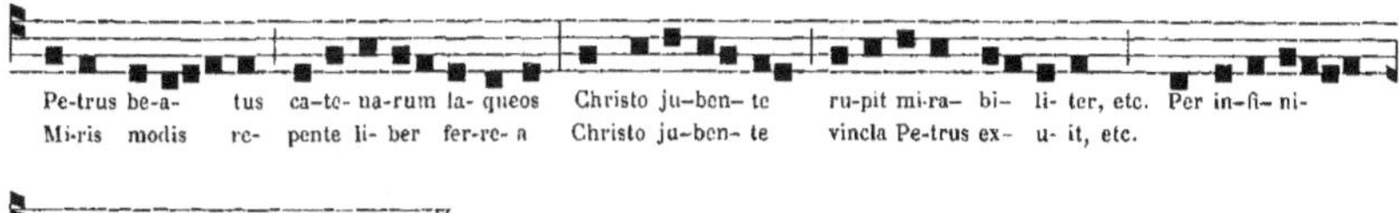

Saphiques.

Extraits du chap. 3. du Prologue de l'*Antiphonaire* de Guy Aretin.

Psalmodiques.

CHAPITRE II.

I. Les pauses ne sont autre chose qu'une artificieuse et agreable omission de voix (1), ou un silence qui est fait à propos. Elles sont necessaires dans le cours du chant pour plusieurs raisons 1. à cause de la nature de la voix humaine qui n'est pas moins bornée dans la continuité de son discours et de son chant (2), qu'elle l'est dans l'élevation ou l'abbaissement de ses sons : car comme elle a une certaine étenduë au delà de laquelle elle ne peut ni s'élever ni s'abbaisser : elle a pareillement un certain terme de son haleine, qu'elle ne peut outrepasser ni en discourant ni en chantant, si de nouveau elle ne la reprend par quelque respiration, ou silence, ou repos.

II. Une autre raison pourquoy les pauses sont necessaires est la distinction (3), la beauté, et l'agréement des pieces de chant, qui ne sont renduës ni accomplies ni propres à causer de l'agréement aux auditeurs, si ce n'est par les repos et par les silences qui se font à propos apres leurs membres ou leurs cadences : de mesme que la suite d'une piece de rethorique ou de poësie ne peut estre ni parfaite ni agreable, si elle n'est prononcée avec la distinction de ses membres ou de ses cesures. De sorte que comme les peintures sont renduës beaucoup plus éclatantes, plus gayes et plus vives par les ombres que l'on y ajoûte; aussi le chant est rendu plus doux et plus agreable par l'assortissement des silences, qui sont à l'égard des sons ce que les ombres sont au regard des couleurs.

III. Troisiémement les pauses et les silences font une partie fort considerable de la mesure totale et accomplie du chant (4); car comme cette mesure consiste en la durée et au temps, et que le temps n'est pas seulement la mesure du mouvement, mais encore du repos (5), aussi la durée de ces pauses, de ces repos, et de ces silences ne doit pas estre moins reglée, que le temps et le mouvement des sons (6).

---

(1) Pausa est artificiosa vocis omissio. Ea autem inventa est, tum ad cantantium quietem respirationemque, tum ad cantus suavitatem, scilicet ne perpetuus unius vocis tenor obtunderet auditorem; sed et reficeretur auditus, sensus alioqui petulantissimus; quare non mediocrem jucunditatem affert cantui, si suo inseratur loco. *Glarean. lib. 3. Dodec. cap. 5.*

* *Franch. l. 2. mus. pract. c. 6.*

* Pausa est silentium vocis, vel aspirationis mensura per tantum intervallum aut spatium temporis, quantum figura pro qua ponitur contineri potest. *Orontius Finæus in appendice ad lib. 5. margaritæ philosophicæ.*

(2) Quæ continua vox est, et ea rursus qua decurrimus cantilenam naturaliter quidem infinitæ sunt. Consideratione enim accepta nullus modus vel evolvendis sermonibus fit, vel acuminibus attollendis, gravitatibusque laxandis; sed utrisque natura humana fecit proprium finem. Continuæ enim voci terminum humanus spiritus fecit, ultra quem nulla ratione valet excedere. Rursus diastematicæ voci natura hominum fecit terminum, quæ acutam eorum vocem, gravemque determinat; tantum enim unusquisque vel acumen valet extollere, vel deprimere gravitatem, quantum vocis ejus naturaliter patitur modus. *Boet. lib. 1. mus. cap. 13.*

(3) Distinctio sensum auget, ignavis dant intervalla vigorem. *Ausonius.*

* Etenim ut in sermonis ductu necesse est quasdam fieri silentij distinctiones, tum ut auditor intelligat clausularum diversitatem; tum etiam ut is qui loquitur, captato spiritu, majori acrimonia pronuntiet; idem quoque faciamus oportet in cantu, ut per quædam signa confusionem illam distinguamus. *Georgius Rhau. cap. 7. mus. practicæ.*

(4) Ubi et vacua tempora assumunt; est autem tempus vacuum, quod absque sono existit ad complendum rythmum. *Aristides Quintil. lib. 1. de musica post medium.*

* Annumeratur sono certum, atque dimensum intervalli silentium. *August. lib. 3. mus. cap. 8.*

(5) Tempus est numerus, *seu mensura*, motus et quietis. *Aristot. 4. Phisic.*

(6) In iis autem numeris qui non verbis finiuntur, sed aliquo flatu, vel ipsa etiam lingua; nullum in hac re discrimen est, postquam voce percussioneve sileatur, modo ut legitimum secundum supradictas rationes intercedat silentium. *August. lib. 4. musicæ cap. 14.*

* Cur in silentiorum intervallis nulla fraude sensus offenditur, nisi quia eidem juri æqualitatis, etiam si non sono, spatio tamen temporis, quod debetur, exolvitur? Cur sequente silentio etiam brevis syllaba pro longa accipitur, non instituto, sed ipso naturali examine, quod auribus præsidet, nisi quia in spatio temporis lon—

IV. En quatriéme lieu, l'accord et le concert, qui est la piece la plus necessaire au chant et à l'harmonie, ne peut se conserver et s'entretenir avec plusieurs qui chantent ensemble (1) si ces repos et ces silences ne sont aussi ponctuellement et uniformément observez, que les intervalles et la durée des sons le doivent estre. Il y a encore quelques autres raisons que les musiciens apportent pour faire voir la necessité des pauses, mais parce qu'elles appartiennent plûtost à la musique qu'au plain-chant, il suffit de les ajoûter aux notes de ce chapitre (2).

giorem sonum coarctare in angustias eadem illa æquabilitatis lege prohibemur? *August. lib.* 6. *musicæ. cap.* 10.

(1) Ut in poëmatis non parum lucis affert decora carminis cæ-sura : multum etiam ornatus luculenta arsis ac thesis; ita in cantu si defuerit concinna vocum mensura, et in cantantium cœtu æqua omnium acceleratio, mira fit confusio. *Glarean. lib.* 3. *dodeca-chordi cap.* 7.

(2) Secundo sunt inventæ pausæ propter notulæ difficilem posi-tionem, et formandarum fugarum gratia. *etc.* 3. Propter evitare tritonum, semidiapenten, et alia musicæ prohibita intervalla. Item ad duarum concordantiarum perfectam distinctionem, quæ mutuo sese neutiquam possunt sequi, nisi vel pausa vel nota interveniat. 4. Propter varias cantilenæ partes, ne concentus suavitas strepere magis, quam consonare videatur; tanto enim omnis cantilena au-ditu suavior æstimatur, quanto pausarum idonea interceptione va-riabilior efficitur. *Georgius Rhau. in enchiridio musicæ mensu-ralis. cap.* 1.

* *Ioannes Galliculus de compositione cantus cap.* 11.

CHAPITRE III.

I. La durée des silences qui se doivent garder apres les cadences tant du plain-chant, que des chants metriques, ne doit estre que pendant le temps d'une de leurs breves.

II. Celle des pauses de la psalmodie soit aux mediations, soit à la fin des versets, doit estre reglée suivant l'usage de chaque eglise ou communauté, en sorte toutefois que la pause de la mediation, et celle qui se fait à la fin de chaque verset ait au moins un silence de la valeur d'une breve (1).

III. Les pauses des autres chants rythmiques comme sont ceux des leçons, des epistres, des evangiles, des capitules, et autres choses semblables demandent le silence de deux de ses breves aux cadences medianes des deux points; et le silence de trois breves ou environ aux cadences des points, d'autant que les pauses de ces chants non plus que leurs sons n'ont pas une regle si precise de leur mesure, que les especes des autres chants la peuvent avoir; et que la continuité de ces sortes de chants demande un plus grand repos.

IV. Quant à la façon de marquer les pauses, elle n'est point differente de celle des cadences : c'est pourquoy il n'y a qu'à voir ce qui a esté dit cy-dessus touchant la marque des cadences, au n. 10. du chapitre xiv. de la ii. partie.

(1) Ut autem minus quam duo tempora occupet syllaba ; dum prestat satium taciturnitatis, quædam fraus æqualitatis est, quia mi- nus quam in duobus esse æqualitas non potest. *August. lib.* 6. *musicæ cap.* 10.

PARTIE SIXIÉME.

DE LA PRATIQUE DU CHANT.

CHAPITRE PREMIER.

QU'IL EST NECESSAIRE DE JOINDRE LA PRATIQUE A LA THEORIE, ET DE L'ESTABLIR TOUJOURS SUR LES PRINCIPES DE LA SCIENCE ET LES REGLES D'UNE BONNE METHODE, D'Y RENDRE L'OREILLE FORT ATTENTIVE, ET D'Y AVOIR POUR GUIDE UN BON MAISTRE.

I. Après avoir traitté des principaux points de la theorie du chant, et donné les principes et les preceptes de sa veritable pratique, il est à propos de voir l'ordre et la maniere qu'il faut garder pour s'y exercer utilement : car ce n'est pas assez d'avoir la connoissance de ces choses, il faut encore s'étudier à les bien (1) executer, et par leur frequent exercice se former une habitude qui nous les fasse accomplir avec facilité et avec justesse.

II. Pour cet effet il faut en premier lieu que la pratique soit toûjours accompagnée de la memoire des principes et des regles de l'art et d'une bonne methode.

III. Il est necessaire en second lieu de joindre au souvenir de ces regles et de ces principes une attention continuelle du sens de l'oüye à tout ce qui concerne les sons, les intervalles, les mesures, les modes, le ton de voix, les cadences, et autres choses semblables. La necessité de l'un et l'autre de ces deux points s'ensuit évidemment de ce qui a esté remarqué au chapitre 5 de la I. partie, sçavoir que la raison formée par la science, et l'oüye conduite par la raison, sont comme les deux instrumens de l'art du chant (2) : et par consequent que pour produire un chant qui en merite le nom on les y doit employer conjointement tous deux, de mesme qu'un artisan

---

(1) Oportet has omnes consonantias, rite esse animo atque auribus notas : frustra enim hæc ratione et scientia colliguntur, nisi fuerint usu et exercitatione notissima. *Boëtius lib. 3. mus. cap. 10.*

* Principio itaque tenendum est omnem disciplinam musicam assuefactionem esse, quæ discenti nondum simul ostendat, cujus finis gratia unumquodque præceptum discatur. *Plutarchus in commentario de musica.*

* Igitur qui disciplinam nostram petit, aliquantos cantus notis nostris descriptos addiscat, in monochordi usu manum exerceat, hasque regulas sæpe meditetur; donec vi et natura vocum cognita, ignotos, ut et notos cantus suaviter cantet. *Guido Aretinus in micrologo cap. 1.*

(2) Sensus enim et ratio quasi quædam facultatis harmonicæ instrumenta sunt. *etc. Boëtius lib. 5. mus cap. 1.*

* Necesse quoque est circa modulatam seriem assuefieri et intellectum et sensum ad bene judicandum et illud quod manet, et illud quod movetur. *Aristoxenus : lib. 2. harmonicorum elementorum non longe ab initio.*

66

pour rendre accompli son ouvrage se doit servir de ses instrumens. De sorte que la raison, quoy que plus noble, ne suffit pas seule; et mesme elle demeure comme liée, et n'a aucun pouvoir d'agir, si elle n'est accompagnée de l'attention de l'oüye; car c'est celle-cy qui fournit à l'entendement les premieres especes des sons, afin qu'avec la raison il en puisse juger, et en conduire a melodie. Enfin l'attention de ce sens est si importante et si necessaire en cet art, que le commun proverbe qui porte qu'il vaut mieux chanter de l'oreille que de la bouche luy donne plus de part dans la conduite du chant, qu'à la voix mesme : c'est pourquoy l'on compare avec grand sujet la necessité de ce sens en fait de chant, à celle que l'on a de la (1) veuë ou pour contempler les mouvements des astres, ou pour faire quelque belle peinture. Car comme c'est la veuë qui discerne les couleurs de la peinture, qui en conduit le meslange et l'application, qui prend garde à la proportion des membres, à la situation des figures, à leurs distances, à leurs postures, à leurs jours, et à leurs ombres, qui en fait le rapport à la raison, qui veille à l'execution de ce qu'ils ont arresté ensemble, en un mot qui conduit entierement et la main, et le pinceau. De mesme c'est l'oüye qui connoist et discerne tous les sons, et tous leurs intervalles, leur bonne ou mauvaise suite, leurs consonances ou dissonances, leurs temps et leurs mesures, leurs cadences et leurs silences, leur ton moderé ou excessif, l'accord ou discord des diverses voix; et universellement toutes les autres choses qui concernent les sons et les (2) voix qui sont l'objet de cette science. Elle en fait le rapport à l'esprit et conjointement avec la raison elle approuve ce qui est convenable ou rejette ce qui ne l'est pas (3), et conduit l'organe de la voix dans l'execution de ce qui a esté ordonné. De sorte qu'il est aussi peu possible à un sourd, ou à celuy qui n'a pas l'oreille attentive pour s'écouter soy mesme, et tout ensemble ceux avec lesquels il chante d'entretenir l'accord ou l'harmonie, et de bien chanter; qu'il est possible à un aveugle ou à celuy qui divertit sa veuë ailleurs pendant qu'il mesle les couleurs et qu'il les applique avec le pinceau, de faire un tableau qui soit de tous points accomply.

IV. Comme donc cette attention de l'oüye est si necessaire à ceux qui chantent actuellement, elle leur peut aussi estre fort utile lors qu'ils ne font seulement qu'écouter le chant des autres, si en mesme temps ils veulent faire reflexion sur la maniere avec laquelle l'un conduit sa voix dans les differens intervalles; l'autre dans les diverses mesures des sons et des silences; celuy-cy dans la prise ou reprise du ton; celuy-là dans la continuation et dans l'accord avec les autres : d'autant que par le moyen de semblables observations ils peuvent mieux juger tant de ce qui est bon et qui merite d'estre imité, que de ce qui est defectueux et que l'on est obligé d'éviter dans l'exercice du chant.

V. En troisiéme lieu il est besoin d'un Maistre prudent (4) et bien versé dans cet art, qui puisse par son sçavoir et son addresse donner l'intelligence et enseigner la pratique de tout ce qui est contenu dans ce livre à ses disciples selon la disposition de leur voix, et la capacité de leur esprit. Car comme les bonnes impressions que l'on reçoit dans les commencemens peuvent

---

(1) Quemadmodum ad astronomiam oculi, ita et ad harmonicum motum videntur aures fabricatæ. Quocirca et has sibi invicem esse germanas, atque similes scientias, et Pytagoræi aiunt, et nos assentimur. *Plato lib.* 7. *de Republica.*

(2) At musico sensus subtilitas ferme principij loco habetur. Plane enim fieri nequit, ut qui male quid sensu percipiat, de hisce quæ nullo modo sentit, bene sententiam proferat. *Aristoxenus lib.* 2. *harmonicorum elementorum non longe ab initio.*

* A sensu aurium hujusce artis sumitur omne principium : Nam si nullus foret auditus, nulla omnino de vocibus disputatio extitisset. Sed principium quodammodo et quasi admonitionis vicem tenet auditus, postrema ergo perfectio, agnitionisque vis in ratione consistit. *Boët. lib.* 1. *musicæ cap.* 9.

(3) Auris enim verba probat, et guttur escas gustu dijudicat. *Job.* 34. 3.

(4) Difficile quippe intelliguntur in eo opusculo quinque libri (*suæ videlicet musicæ*) si non adsit, qui non solum disputantium possit separare personas; verum etiam pronuntiando ita sonare mosulas syllabarum, ut eis exprimantur, sensumque aurium feriant genera numerorum : maxime quia in quibusdam etiam silentiorum dimensa intervalla miscentur, quæ omnino sentiri nequeunt, nisi auditorem pronuntiator informet. *August. epistola.* 131.

* Habebis ergo argumentum ad inveniendum inauditum cantum facilimum et probatissimum, si sit qui non modo scripto, sed potius familiari collocutione secundum nostrum morem noverit aliquem edocere. Namque postquam hoc argumentum cœpi pueris tradere, ante triduum quidam eorum potuerunt ignotos cantus leviter canere; quod in aliis argumentis nec multis hebdomadibus poterat evenire. *Guido Aret. cap.* 3. *prologi prosaici Antiphonarij.*

* Quæ omnia cum vix litteris utcumque significemus, facili tantum colloquio denudamus. *Guido. ibid. cap.* 4. *et cap.* 15. *micrologi.*

facilement se conserver, et donnent un grand avantage pour se perfectionner dedans cet art; de mesme celles qui sont mauvaises ne s'effacent que difficilement; et estans fortifiées par la mauvaise habitude qu'on s'en est formé, rendent cet exercice beaucoup plus difficile.

VI. Et quoy qu'il se puisse trouver des personnes qui ayent assez d'esprit et de capacité pour se former et se dresser d'eux mesmes dans la pratique du chant à la faveur d'une bonne methode dont ils ont déjà l'intelligence et la theorie; neantmoins s'ils peuvent joindre à cette connoissance l'aide d'un maistre bien versé dans la pratique, ils prendront un chemin bien plus court, plus facile, et plus asseuré pour en acquérir la perfection. Quant à ceux qui n'ont ni l'âge, ni l'esprit, ni la capacité pour entendre ces choses, ils ne peuvent les apprendre que par l'instruction d'un bon Maistre, qui suivant la portée de chacun doit leur enseigner ce qui sera necessaire de la theorie, et leur montrer la pratique.

REPRODUCTION EXACTE DES PASSAGES DE GUY D'AREZZO

QUI SE TROUVENT CITÉS DANS LE CHAPITRE I DE JUMILHAC, COLLATIONNÉS DE NOUVEAU SUR LE MANUSCRIT DE SAINT-ÉVROULT.

Page 259, note 1.

« Igitur qui disciplinam nostram petit, aliquantos cantus notis nostris descriptos addiscat, in monocordi usu manum exerceat, hasque regulas sępe meditetur, donec vi et natura vocum cognita, ignotos ut et notos cantus suaviter cantet (p. 2 du mss. de S.-Evroult). »

Page 260, *note* 4.

« Habebis igitur argumentum ad inveniendum inauditum cantum, facillimum et probatissimum, si sit qui non modo scriptum sed potius familiari collocutione secundum nostrum morem noverit aliquem edocere. Namque postquam hoc argumentum cępi pueris tradere, ante triduum quidam eorum potuerunt ignotos cantus leviter canere, quod in aliis argumentis nec multis ebdomadis poterat evenire (p. 22 du mss. de S.-Evroult). »

Page 260, *note* 4.

« Quę omnia cum vix litteris utcumque significemus, facili tantum colloquio denudamus (p. 23 du mss. de S.-Evroult, ch. 4 du *Prologue prosaïque*). »

Dom Jumilhac fait ici allusion au chap. 15 du *Micrologue ;* voici le passage de ce chapitre qu'il avait en vue : — « Sed hęc et hujusmodi melius colloquendo quam vix scribendo monstrantur (p. 9 du mss. de S.-Evroult). »

CHAPITRE II.

I. Avant que de commencer à s'exercer en la note l'on doit apprendre et avoir connaissance de l'une des gammes à laquelle l'on trouvera plus d'ouverture et de facilité; de mesme que l'on a coûtume d'apprendre l'alphabet et d'en connoistre les lettres avant que de les assembler et de commencer à lire.

II. Apres cette connoissance de la gamme, de ses lettres, et de ses clefs, de ses syllabes et de ses intervalles, l'on s'exercera premierement à tenir la voix ferme sur un mesme son, tantost plus bas, tantost plus haut et à le repeter ainsi plusieurs fois à l'unisson; afin qu'ensuite de ce fondement d'égalité, qui est le principe de toutes les proportions (1), l'on puisse faire suivre par ordre l'inégalité de tous les differents intervalles, et en faire un discernement plus parfait. Car si l'on ne peut pas marcher dans un chemin qui est plain, droit, et bien uni, l'on aura bien de la peine à courir dans celuy qui est haut et bas, et beaucoup plus difficile à tenir.

III. Quand donc l'on se sera ainsi bien affermi dans l'unisson, l'on commencera à hausser la voix au dessus par le degré d'un ton different auquel on élevera ou la mesme syllable dont l'on s'est servi à l'unisson, ou bien la suivante; puis on abbaissera la mesme syllabe un ton au-dessous le mesme unisson, remarquant la difference sensible qui est entre le son égal ou uniforme de l'unisson, et le son inégal du ton, soit qu'il s'éleve en haut, soit qu'il descende en bas.

IV. De l'exercice du ton, il faudra passer à celuy du demy-ton, tant en montant qu'en descendant, y addoucissant toûjours la seconde des notes qui entre dans sa composition ou dans sa prononciation, et remarquant pareillement avec l'oüye la difference sensible qu'il y a entre deux sons, qui ont la distance d'un ton de l'un à l'autre (2), et deux autres sons qui ne sont éloignez l'un de l'autre que d'un demy-ton.

V. Lors que l'on aura appris à bien former ces deux intervalles, dont tous les autres sont composez, l'on s'exercera à solfier par degrez conjoints premierement en montant, puis en descendant les syllabes *ut, re, mi, fa, sol, la, si, ut;* afin qu'avec l'idée de ces syllabes l'on ait en suite plus de facilité à prononcer en montant et en descendant, par degrez conjoints et par degrez disjoints tous les autres intervalles de l'octave; c'est à dire la tierce majeure et la mineure, la quarte et la quinte, l'une et l'autre sexte; et enfin l'octave mesme. Ce que l'on doit faire avec d'autant plus de soin, que lors qu'on sçaura ce peu d'intervalles (3) dont tout le chant et toutes ses pieces sont composées, il ne se rencontrera plus aucune chose que l'on ne puisse facilement chanter : particulierement lors qu'apres s'estre accoûtumé à chanter tous ces intervalles au ton de la voix le plus naturel, l'on s'exerce pour la rendre encore plus souple dans la note des 7. especes

(1) Est autem, quemadmodum unitas pluralitatis numerique principium, ita æqualitas proportionum. *Boëtius lib. 2. mus. cap.* 2.

* Incipiemus ab unisono, quod est consonantiarum fundamentum, quemadmodum æqualitas aliarum rationum, et unitas numerorum. *Mersennus lib. 4. harmonicorum. proposit.* 18.

(2) Ex duobus enim hisce musicæ intellectus constat, sensu scilicet et memoria : quandoquidem sentire oportet quod fit, memoria vero retinere quod est factum. Aliomodo ea quæ in musicis sunt consequi non licet. *Aristoxenus. lib. 2. harmonic. elementorum.*

(3) In nullo enim cantu aliis modis vox voci conjungitur vel intendendo, vel remittendo : cumque tam paucis clausulis tota harmonia formetur, utillimum est alte eas memoriæ commendare; et donec plene in canendo sentiantur et cognoscantur, ab exercitio numquam cessare; ut his veluti clavibus habitis canendi possis peritiam sagaciter, ideoque faciliter possidere. *Guido Aret. cap.* 4. *microl.*

d'octave, et qu'on les solfie par degrez conjoints l'une apres l'autre, commençant par la plus basse (1) où la voix puisse descendre, et les continuant par ordre jusques à la plus haute où elle puisse atteindre : c'est à dire commençant par exemple, par l'*ut* du *C* le plus grave jusques à l'octave des mesmes *ut*, et *c*, puis continuant par le *re* du *D* suivant jusques à l'octave des mesmes *re* et *d*, et du *mi* de l'*E* jusques à l'octave des mesmes *mi* et *e*, du *fa* de *f*, jusques à l'octave des mesmes *fa* et *f*, du *sol* du *G* jusques à l'octave des mesmes *sol* et *g*, du *la* de l'*a* jusques à l'octave des mesmes *la* et *a*, et du *mi* de ♮ *carre* ou du *si* jusques à l'octave des mesmes *mi* de ♮ *carre* ou du *si*. Apres donc s'estre exercé à monter du son le plus bas de chacune de ses octaves jusques au son qui en est le plus haut : l'on les solfiera incontinant en descendant du mesme son plus haut jusques au plus bas, afin de se façonner à les entonner ainsi de suite par tous les degrez de la voix hauts et bas, tant en montant qu'en descendant. Après quoy l'on solfiera le disdiapason entier ou les deux octaves tout d'une suite, premierement en montant puis en descendant ; où cependant l'on remarquera l'étenduë de la voix depuis l'extreme du son le plus bas jusques à l'autre extreme du son le plus haut, et passant sur la mese ou la note qui fait le milieu des deux octaves, l'on y arrestera quelque temps la voix ferme et à l'unisson pour en mieux remarquer le son et s'en former une idée plus familiere.

VI. Il faudra encore exercer la voix dans toutes les especes de chacun des autres intervalles de l'octave, premierement par degrez conjoints et incontinant apres par degrez disjoints, allant d'un extreme de l'intervalle à l'autre sans toucher aux notes du milieu, l'un et l'autre tant en montant qu'en descendant ; commençant par les moindres intervalles des tierces mineure et majeure, apres lesquels l'on fera suivre ceux de la quarte, de la quinte, des sextes mineure et majeure, et de l'octave. Ayant donc ainsi parcouru tous ces intervalles en l'une des sept octaves, par exemple, en la plus basse on les poursuivra avec un pareil ordre en chacune des autres octaves superieures jusques à la plus haute, afin de s'accoûtumer à franchir toutes ces sortes d'intervalles soit en bas soit en haut avec une assurance parfaite, et avec une voix (2) distincte, ferme, et vigoureuse, qui n'ait rien de confus, de feint, ni de flatté. En suite de quoy Aretin estime qu'il sera fort utile d'entremesler les differens intervalles de l'octave les uns avec les autres, premierement en montant, puis en descendant, comme aussi de commencer les mesmes intervalles d'une piece de chant par differentes lettres et differens sons. Les exemples de tous ces intervalles se peuvent voir pages 60-61 et 67-71, où l'on en voit quelques uns dont Aretin mesme se servoit.

VII. Si celuy qui a la conduite de cet exercice y remarque quelques defauts dans la prononciation, ou quelque voix aigre ou rude ; ou trop roide (3) et dure, ou molle et effeminée, ou vaine et affectée (4), ou triste, ou criarde, ou sourde, ou tremblante, ou pesante et lasche, ainsi qu'est la voix d'une personne, ou qui s'endort, ou qui est lasse et hors d'haleine, ou venant moitié du gosier, ou moitié du nez, ou seulement d'une des levres, ou d'un organe qui est contraint (5),

---

(1) Qui voci exercendæ student, à gravissimis sonis incipiunt canere ; et finem facturi in eosdem desinunt. *Ptolemæus lib. 3. harmon. cap. 9.*

  * parum durabilis, nec in receptu difficilis. *Quint. lib. 11. instit. c. 5. multo post initium.*

(2) In modulando vocem sistere quam maxime quærimus ; quanto enim magis vocum quamlibet, unam et stabilem atque eamdem faciemus, eo magis accuratior sensui apparet. *Aristoxenus lib. 1. harmonic. elementorum.*

  * Totus ergo motus cantus fit per unam voculam quæ diversæ, dum incisa, qualitatis fuerit, sunt diversa multum ei cunctis locis spatia. Vocem ergo nosce cantor omnibus flexibilem ; cui autem nimis dura, manet vel mollissima, certa loca terminorum nequit fari congrue. Nec sat dura, neque mollis debet esse vocula : sed directa, quæ æquari possit cum terminibus. Ista tonos dulce ciet, certa tenens spatia. *Guido in epilogo rhythmico post formulas modorum.*

(3) In primis vitia si quæ sunt oris, emendet, ut expressa sint verba, ut suis qæquue litteræ sonis enuntientur. Quarumdam enim vel exilitate vel pinguedine nimia laboramus : quasdam velut acriores parum efficimus, et aliis non dissimilibus, sed quasi hebetioribus permutamus. *Quintilian. lib. 1. institut. cap. 11.*

  * Itaque sit ipsa vox primum (ut sic dicam) sana, id est, nullum eorum de quibus nunc dixi patiatur incommodum ; Deinde non subsurda, rudis, immanis, dura, rigida, vana, præpinguis, aut tenuis, acerba, pusilla, mollis, effœminata : spiritus, nec brevis, nec

(4) Nihil odiosius est affectatione. *Quintil. lib. 1. instit. cap. 6.*

  * Si qua in his ars est, ea prima est ne ars esse videatur. *Quintil. lib. 1. instit. cap. 11.*

(5) Labra et porriguntur male, et scinduntur, et adstringuntur, et diducuntur, et dentes nudant, et in latus ac penè ad aurem trahuntur, et velut quodam fastidio replicantur, et pendent, et vocem

soit en baissant trop la teste et le menton, ce qui empesche de bien articuler les syllabes et de prononcer nettement les mots; soit en tenant la teste et le col trop roides et trop élevez, ce qui rend la voix plus seche et plus rude, et l'oreille plus dure à cause de la trop grande tension des nerfs et des arteres; soit en tordant le col ou la bouche; il aura soin de donner prudemment l'addresse et les moyens qu'il jugera estre les plus propres pour corriger ces defauts et autres semblables (1), afin de rendre la voix d'un chacun la plus nette, la plus claire (2), la plus distincte, et la plus (3) juste qu'il sera possible; et par mesme moyen contenir aussi toutes les autres parties ou mouvemens du corps dans la modestie et dans la bienseance convenable.

VIII. Il faudra pareillement prendre garde durant cet exercice de ne pas enfler ou grossir la voix au delà de son ton naturel, parce que si l'effort en est grand il rendra la voix dure (4) et desagreable, et dans la continuation sera capable de l'alterer et de la corrompre. Il faut aussi éviter de l'attenuer avec affectation, d'autant que cela l'énerve et luy oste tout ce qu'elle peut avoir de masle et de vigoureux. Qui en voudra sçavoir davantage touchant les defauts de la voix pourra voir Quintilien au 3. chapitre de son livre onziéme.

IX. Il est encore necessaire de s'abstenir de toute sorte de mauvaise prononciation en proferant les notes, comme seroit de les marteler, ou croquer, ou hoqueter, au lieu de les faire couler doucement les unes apres les autres; ou bien d'y ajoûter ou entremesler des fredons, des roullades, des tremblemens, des accens estrangers, ou autres choses qui tiennent de l'affectation, ou quelque autre sorte de mauvaise prononciation, ou de routine. L'on aura semblablement soin de ne point ajoûter de notes ni de demy-notes entre les extremes des intervalles qui se font par degrez disjoints, qui est un defaut auquel les chantres donnent vulgairement le nom de pont aux asnes.

---

tantum altera parte dimittunt. Lambere quoque ea et mordere deforme est : cum etiam in efficiendis verbis modicus eorum esse debeat motus : Ore enim magis, quam labris loquendum est. Cervicem erectam oportet esse, non rigidam, aut supinam. Collum diversa quidem, sed pari deformitate contrahitur, et tenditur : sed tenso subest et labor; tenuaturque vox ac fatigatur. Affixum pectori mentum minus claram, et quasi latiorem presso gutture facit. Humerorum raro decens elevatio, atque contractio est, breviatur enim cervix etc. *Quintilianus lib.* 11. *institutionum orator. cap.* 3.

* Curabit etiam ut quoties clamandum erit, laterum conatus sit ille, non capitis : Observandum erit etiam, ut recta sit facies dicentis : ne labra distorqueantur; ne immodicus hiatus rictum distendat : ne supinus vultus, ne inclinata utrolibet cervix. Ne supercilia ad singulos vocis conatus alleventur, ne contricta, ne dissidentia. *Quintilian. lib.* 1. *cap.* 11.

* *Cicero* 2. *de legibus.*

* Est alius concursus oris, et cum verbis suis colluctatio. Jam tussire, et expuere crebro, et ab imo pulmone pituitam trochleis adducere, et oris humore proximos spargere, et majorem partem spiritus per nares effundere, quæ etiamsi non utique vocis sunt vitia : quia tamen propter vocem accidunt, potissimum huic loco subjiciuntur. *Quintil. lib.* 11. *institut. cap.* 3. *longe ante medium.*

(1) Musicus naturam ipsam in vocis modulatione atque emendatione, studio, diligentia, atque industria superare potest, quemadmodum Demosthenem fecisse legimus. *Franchin. lib.* 1. *musicæ cap.* 1.

* Utendi voce multiplex ratio : Nam præter illam differentiam, quæ est tripartita, acutæ, gravis, flexæ, tum intentis, tum remissis, tum elatis, tum inferioribus modis opus est. Spatiis quoque lentioribus aut citatioribus; sed iis ipsis media interiacent multa : et ut facies, quamquam ex paucissimis constet, infinita : ita vox et si paucas, quæ nominari possent, continet species, propria cuique

est; et non hæc minus auribus, quam oculis illa dignoscitur. Augentur autem sicut omnia, ITA VOCES QUOQUE BONA CURA, ET NEGLIGENTIA VEL INSCITIA MINUUNTUR. Sed et cura non eadem Oratoribus, quæ phonascis convenit : tamen multa sunt utrisque communia, firmitas corporis, ne ad spadonum et mulierum et ægrorum exilitatem vox nostra tenuetur : quod ambulatio, veneris abstinentia, facilis ciborum digestio, id est frugalitas, præstat. Præterea ut sint fauces integræ, id est molles ac lenes, quarum vitio et frangitur et obscuratur, et exasperatur, et scinditur vox. Nam ut tibiæ eodem spiritu accepto, alium clausis, alium apertis foraminibus, alium non satis purgatæ, alium quassæ sonum reddunt : ita fauces tumentes strangulant vocem, obtusæ obscurant, rasæ exasperant, convulsæ fractis sunt organis similes. Finditur etiam spiritus objectu aliquo, sicut lapillo tenues aquæ, quarum fluxus etiam si ultra paulum coït, aliquid tamen cavi relinquit post id ipsum quod offenderat. Humor quoque vocem ut nimius impedit, ita consumptus destituit. Nam et fatigatio corpora non ad præsens modò tempus, sed etiam in futurum afficit. Sed et communiter phonascis et oratoribus necessaria est exercitatio, qua omnia convalescunt. *Et paulo infra.* Exercitatio vocis talis sit, qualis usus : Nec silentio subsidat, sed firmetur consuetudine, qua difficultas omnis levatur. *Quintilianus lib.* 11. *institutionum oratoriar. cap.* 3. *non longe ab initio.*

(2) Porro claræ potissimum voces eduntur ob elaboratos exacte sonos, si quidem fieri non potest, nisi hi perfecte dearticulentur, ut liquidæ voces fiant : quemadmodum et annulorum sigilla nisi exacte imprimantur. *Aristot. de objecto auditus, sive de audibilibus.*

(3) Methodus canendi in eo sita est, seu potius ad hoc tendit, ut vox sit suavis et justa, sive per gradus, sive per saltus incedat. *Mersennus lib.* 8. *harmonicorum proposit.* 16.

(4) Duræ voces constituuntur, quoties vehementer in auditum ingruunt, quocirca etiam molestiam exhibent maximè. *Aristot. de objecto auditus.*

REPRODUCTION EXACTE DES PASSAGES DE GUY D'AREZZO

QUI SE TROUVENT CITÉS DANS LE CHAPITRE II DE JUMILHAC, COLLATIONNÉS DE NOUVEAU
SUR LE MANUSCRIT DE SAINT-EVROULT.

Page 262, note 3.

« In nullo enim cantu aliis modis vox voci conjungitur, vel intendendo, vel remittendo. Cumque tam paucis causulis (*lisez:* clausulis) tota armonia formetur, utillimum est alte eas memorię commendare, et donec plene in canendo sentiantur et cognoscantur, ab exercitio nunquam cessare, ut his velut clavibus habitis, canendi possis peritiam sagaciter, ideoque facilius possidere (p. 3 du mss. de S.-Evroult). »

Page 263, note 3.

« Totus ergo motus cantus fit per unam voculam

Quę diversę dum incisa qualitatis fuerit
Sunt diversa multum et locis cunctis spatia.
Vocem ergo nosce cantor omnibus flexibilem
Cum autem nimis dura manet vel mollissima,
Certa loca terminorum nequit fari congrue.
Nec sat dura neque mollis debet esse vocula,
Sed directa quę equari possit cum terminibus.
Ista tonos dulce ciet certa tenens spatia. »

(P. 43 du mss. de S.-Evroult.)

CHAPITRE III.

I. Apres estre suffisamment instruit et affermi en tout ce qui concerne la distance des notes et de leurs intervalles, il faudra pareillement s'exercer à garder ponctuellement leurs temps et leur durée; à cet effet l'on commencera par leur mesure égale qui est le principe et le fondement de toutes les autres mesures inégales; de mesme que l'unisson ou le son égal est le principe de tous les sons inégaux; et qu'universellement la proportion d'égalité est le fondement de toutes les proportions d'inégalité.

II. En suite de l'exercice de la mesure égale des notes l'on passera à celuy de leurs mesures inégales aux chants trochaïques, jambiques, et dactyliques; observant cependant la difference sensible, qu'il y a tant entre deux temps égaux en leur lever et leur poser ou frapper qui font la mesure entiere, et la durée d'un seul des deux temps qui ne contient que la demy-mesure, qu'entre les airs de ces trois sortes de chants.

III. Afin donc de mieux reconnoistre cette difference, la pratiquer plus exactement, et en contracter plus facilement une bonne habitude, il sera besoin dans les commencemens de cet exercice de la battre en particulier actuellement, jusques à ce que s'y estant ainsi accoûtumé l'on s'en soit rendu l'idée si familiere, qu'en la rappellant à la memoire l'on puisse la garder aussi ponctuellement en chantant comme si on la battoit effectivement (1) : car sa seule memoire ne donne pas moins de facilité à l'observer, que le souvenir de la difference ou de la distance des sons en peut causer pour bien solfier et rendre justes tous les intervalles du chant.

IV. Le mesme ordre et la mesme maniere que l'on garde en la mesure des sons se doit par proportion observer dans la mesure des silences et des pauses qui se font apres les cadences; car les commencemens s'en peuvent regler en particulier par le battement actuel; mais apres que l'on en a contracté l'habitude, la seule idée de l'actuel ou la mesure mentale jointe à l'oreille (2) en peut rendre le temps ou la durée aussi juste comme pourroit faire le battement s'il estoit actuel.

V. Un autre moyen fort aisé pour garder cette mesure, et mesme necessaire lors que l'on chante plusieurs ensemble, est qu'apres les silences on laisse toûjours recommencer ceux qui ont la conduite du chant, et que jamais on ne les devance; ce qui n'est pas moins important pour entretenir l'accord des voix, que la mesure des pauses, ainsi qu'il sera plus amplement deduit cy dessous.

VI. Que si quelqu'un a besoin de respirer ou de reprendre haleine hors le lieu et le temps des silences et des pauses : non seulement il le peut en son particulier; mais mesme il le doit faire, d'autant qu'il n'y a rien de plus necessaire pour pouvoir commodement chanter et continuer le chant sans travail (3), que de ménager tellement son haleine, qu'on ait toûjours la liberté et le

---

(1) Ceux qui ont l'oreille delicate et juste, et l'imagination bien reglée, gardent fort bien la mesure, quoy qu'ils ne la marquent point. *Et un peu plus bas.* Or apres que l'on s'est accoûtumé à garder la mesure tres-exactement, et que l'on a la voix juste; l'on peut s'assurer d'avoir deux des meilleures qualitez necessaires aux bons chantres. *Mersenne tome 2. de l'harmonie universelle livre 5. de la composition proposit. 11.*

(2) Legitimumque sonum digito callemus et aure. *Horatius.*

(3) Quod caret alterna requie, durabile non est : hæc reparat vires, fessaque membra levat. *Ovidius.*

* *Quintilianus. dont le passage est cité au chap. 5. de cette sixiéme partie.*

pouvoir de manier la voix comme l'on veut, et de la flechir sans aucune contrainte à toute sorte d'intervalles, de mesures, et de cadences, qui ont accoûtumé de se trouver dans la suite du chant. C'est pourquoy si le repos des silences ou des pauses communes n'est pas suffisant pour soulager la foiblesse de la poitrine de quelques particuliers, il leur est aisé d'y pourvoir sans troubler ni l'accord du chant ni la suite de la lettre, en observant ce qui en est remarqué au chapitre suivant.

VII. Quant à l'ordre et à la maniere de commencer et de continuer le chant en bon ton, il en a esté parlé fort au long dans les derniers chapitres de la quatriéme partie, où l'on trouvera comment on peut facilement s'y exercer, et s'en rendre la pratique aussi familiere que celle des intervalles, et des mesures. Il reste seulement à ajoûter icy deux petits avis sur ce sujet, le premier pour ceux qui doivent commencer les pieces de chant soit en notes soit tout droit, est qu'ils ne se contentent pas de leur donner seulement le ton, mais aussi qu'ils ayent soin d'y observer conjointement la mesure et le temps avec lequel elles doivent estre continuées par tous ceux qui les chantent ensemble; et qu'ainsi ces commencemens ne leur servent pas moins de regle pour la mesure, que pour le ton. C'est pourquoy ils doivent éviter avec autant de soin l'excez qui se peut commettre aux deux extremitez de la mesure ou trop lente ou trop precipitée, que celuy des deux extremitez du ton trop bas ou trop haut : parce que non seulement la mesure trop precipitée, mais aussi la trop (1) lente peut également blesser l'oreille, et alterer ou corrompre tant l'harmonie du chant, que la prononciation et le sens de la lettre.

L'autre avis est pour ceux qui dans la continuation du chant recommencent les premiers soit immediatement apres que les chantres ont entonné, soit apres les silences ou les pauses, afin qu'ils le fassent avec la modestie et la bienseance convenable (2), en sorte que tous ceux qui doivent chanter ensemble avec eux puissent aussi-tost et quasi imperceptiblement unir leurs voix avec la leur, de mesme que s'ils avoient recommencé tous ensemble et en mesme temps.

---

(1) Si ederem unam syllabam quanta mora peraguntur, ne multum dicam, tres passus incedentis, et aliam duplo; atque ita deinceps tam longos iambos ordinarem, simpli et dupli lex illa nihilominus servaretur; nec tamen naturale illud judicium his dimensionibus approbandis adhibere possemus. Tenentur ergo et illi judiciales numeri nonnullis finibus temporialium spatiorum, quos in judicando excedere nequeunt. *Augustin. lib.* 6 *mus. cap.* 6.

  * Nec volubilitate nimia confundenda quæ dicimus, qua et distinctio perit et affectus, et nonnunquam etiam verba aliqua sui parte fraudantur. Cui contrarium est vitium nimiæ tarditatis. *Quintilianus lib.* 11. *cap.* 3. *ante medium.*

(2) Denique in ipso canendi genere prima disciplina verecundia est, imo etiam in omni usu loquendi, ut sensim quis aut psallere, aut canere, aut postremo loqui incipiat; ut verecunda principia commendent processum. Speculum enim mentis plerumque in verbis refulget. *Ambrosius lib.* 1. *de officiis. cap.* 18.

CHAPITRE IV.

I. Quand celuy qui apprend à chanter sera assez affermi dans l'exercice de la note, il passera à celuy de la note jointe au texte, et s'il se sert des gammes à muances, il commencera par les pieces où il n'y a point de muances : puis par celles qui montent jusques à l'octave : apres par celles qui sont meslées de *b mol* et de ♮ *carre*, et en suite par celles où il se rencontre des notes feintes. La maniere donc d'appliquer la note sur la lettre, par exemple *fa, sol, la*, sur la syllabe *Do*, du mot *Domine*, sera d'élever les sons differens de ces trois mesmes notes sur la seule syllabe *Do*, et semblablement en prononçant les autres syllabes tant du mesme mot que des autres du texte, de se ressouvenir en mesme temps de la qualité des notes, et des intervalles qui leur répondent ; car par le moyen de cette reflexion, et de l'application mentale des notes sur les syllabes de toute sorte de dictions l'on apprendra en peu de temps à chanter le texte avec autant de facilité que la note. Or cet avis est de telle importance, que Guy Aretin estime que ce ne sont pas seulement les commençans, ou bien ceux qui par une longue routine ont contracté de mauvaises habitudes dans le chant qui doivent s'assujettir à cette pratique ; mais mesme les plus avancez, et qui sçavent déja le chant par cœur : d'autant, dit-il, qu'ils ne peuvent jamais ni sçavoir, ni estre assurez de ce qu'ils chantent, et beaucoup moins acquerir la perfection du chant, s'ils ne s'accoûtument d'accompagner continuellement la lettre de la note ; et ne se ressouviennent (1) toûjours des proportions que chaque note doit avoir soit en l'intervalle, soit en la mesure, soit au ton, soit en la cadence, soit en son silence. Parce que comme la perfection et l'agréement du chant consiste dans l'assemblage de toutes ces proportions, l'attention que l'on doit avoir à les observer n'est pas moins necessaire au chant que la regle l'est à la geometrie pour tirer les lignes droites, ou le compas pour former les circulaires, et le chiffre ou les jettons à l'arithmetique pour tenir compte de ses nombres. L'on peut encore faciliter dans les commencemens l'application de la note au texte en chantant la lettre pendant que le maistre ou quelque autre bon chantre chante les notes dont elle est chargée. On les pourroit aussi toucher sur un instrument ou monochorde, mais Aretin ne veut pas qu'on s'arreste ni qu'on fasse fond sur cette sorte de pratique, qui n'a que le sens pour guide (2), si elle n'est en mesme temps conduite par la science et par la raison des proportions.

---

(1) Quamvis autem quisque cantum personet memoriter, si non cunctos ejus motus, vel sonos memoriter qui et quales sint persentit, nil dicat se sapere. *Guido in prologo rhythmico Antiphonarij.*

* Illud tandem cognosce, quia si vis in his notis proficere ; ut aliquantos ejus cantus ita memoriter discas, ut et PER SINGULAS NEUMAS, MODOS, VEL SONOS OMNES, QUI VEL QUALES SINT, MEMORITER SENTIAS. QUONIAM QUIDEM ALIUD EST MEMORITER SAPERE, QUAM MEMORITER CANERE : CUM ILLUD SOLI HABEANT SAPIENTES ; HOC VERO SÆPE FACIUNT IMPRUDENTES. *Guido in prologo prosaico antiphon.* cap. 2.

* In nullo enim cantu. *Et le reste qui suit dans les notes du chap. 2. de cette partie.*

(2) Ad inveniendum igitur ignotum cantum, beatissime frater, prima et vulgaris regula hæc est, si litteras quas quælibet neuma habuerit, in monochordo sonaveris ; atque ab ipso audiens, tamquam ab homine magistro discere poteris : Sed puerilis est ista regula, et bona quidem incipientibus, pessima autem perseverantibus. Vidi enim multos acutissimos philosophos, qui pro studio artis non solum Italos ; sed etiam Gallos, atque Germanos, ipsosque etiam Græcos quæsivere magistros ; sed quia in hac sola regula confiderunt, non dico musici ; sed neque cantores unquam fieri, vel nostros psalmistas puerulos imitari potuerunt. Non ergo debemus semper pro ignoto cantu, vocem hominis, vel alicujus instrumenti quærere, UT QUASI CÆCI VIDEAMUR NUSQUAM SINE DUCTORE PROCEDERE : SED SINGULORUM SONORUM, OMNIUMQUE DEPOSITIONUM ET ELEVATIONUM DIVERSITATES, PROPRIETATESQUE ALTE MEMORIÆ COMMENDABE. Habebis ergo argumentum ad inveniendum inauditum cantum facillimum, et probatissimum ; si sit qui non modo scripto, sed potius familiari collocutione secundum nostrum morem noverit aliquem edocere. Namque postquam cœpi hoc argumentum pueris

II. Or parce que le chant est principalement institué pour animer la lettre et luy donner plus de grace et (1) de vigueur, il faut bien prendre garde qu'au lieu de la relever et de l'embellir, il n'y cause de l'alteration, et n'en détruise la force. Ce desordre arrive lors que le ton, ou les intervalles, ou la mesure, ou les cadences et les silences ne sont pas convenablement appliquez à la lettre, ou que l'une de ces (2) choses luy manque, ou qu'à l'occasion du chant l'on ne prononce pas bien distinctement les mots, ou les syllabes du texte, ou que l'on y confond les membres et les periodes, ou qu'on y entremesle des inflexions estrangeres qui empeschent d'en entendre la suitte, ou la distinction des mots, et d'en comprendre le sens. Tous lesquels defauts l'on est obligé d'éviter avec autant de soin lors que l'on (3) chante, que quand on lit.

tradere, ante triduum quidam eorum potuerunt ignotos cantus leviter canere ; quod in aliis argumentis, nec multis hebdomadibus poterat evenire. Si quam ergo vocem, vel neumam vis ita memoriæ commendare, ut ubicumque velis, in quocumque cantu quem scias vel nescias, tibi mox possit occurrere, quatenus mox illum et indubitanter possis enuntiare, debes ipsam neumam vel vocem in capite alicujus notissimæ symphoniæ notare, et pro unaquaque voce memoriæ retinenda hujusmodi symphoniam impromptu habere, quæ ab eadem voce incipiat. Ut pote sit hæc symphonia qua ego docendis pueris in primis, atque etiam in ultimis utor.

Ut queant laxis   Resonare fibris
Mira gestorum   Famuli tuorum,
Solve polluti   Labij reatum
Sancte Joannes.

Vides itaque ut hæc symphonia senis particulis suis, à sex diversis incipiat vocibus : si quis itaque unius particulæ caput ita exercitatus noverit, ut confestim quamcumque particulam voluerit, indubitanter incipiat, easdem sex voces ubicumque viderit, secundum suas proprietates facile pronuntiare poterit. Audiens quoque aliquam neumam sine descriptione, perpende quæ harum particularum ejus fini melius aptetur; ita ut finalis vox neumæ, et principalis particulæ æquisonæ sint : certusque esto, quia in eam vocem neuma finita est, in qua conveniens sibi particula incipit. Si vero descriptam aliquam symphoniam incognitam cantare cæperis, multum cavendum est, ut ita proprie unamquamque finias neumam, ut eodem modo finis neumæ bene jungatur cum principio ejus particulæ, quæ ab eadem incipit voce in qua neuma finita est. Ergo ut inauditos cantus mox ut descriptos videris competenter enunties, aut indescriptos audiens cito describendos bene possis discernere, optime te juvabit hæc regula. Deinde per singulos sonos brevissimas supposui symphonias, quarum particulas cum diligenter inspexeris, uniuscujusque vocis omnes depositiones et elevationes per ordinem in principiis ipsarum particularum te invenire gaudebis. Si autem et hoc attentare potueris, ut unius et alterius symphoniæ quaslibet volueris particulas copulando moduleris, omnium neumarum difficiles valde atque multiplices varietates brevissima et facili regula didicisti. Quæ omnia cum vix litteris utcumque significemus, facili tantum colloquio denudamus, etc. *Guido Aret. cap. 3. et 4. prologi prosaici Antiphonarij. Vbi consequenter ponit exempla antiph.* Alme rector. Salus nostra. Stabunt justi. Tibi totus. *Quæ videri possunt pag.* 61.

(1) Quoniam quidem Spiritus Sanctus videns obluctantem ac resistentem ad virtutis viam humani generis animum, et ad delectationes vitæ hujus magis inclinari, quam ad virtutis rectum iter erigi, delectabilibus modis cantilenæ vim suæ doctrinæ permiscuit : ut dum suavitate carminis mulcetur auditus, divini sermonis pariter utilitas inseratur. Secundum sapientes medicos, qui, si quando usus poposcerit, austeriora medicamenta ægris offerunt mortalibus, ne æger utilitatem præ austeritate refugiat, ora ac summitates

poculi quo remedium porrigunt, melle circumliniunt. *Et infra.* O vere admirandi magistri sapiens institutum! ut simul cantare videamur, et quod ad utilitatem animæ pertinet, doceamur. Per quod magis necessaria doctrina mentibus nostris formatur : pro eo quod si qua per vim et difficultatem aliquam fuerint inserta, continuo dilabuntur. Ea vero, quæ cum gratia et dilectione suscipimus, nescio quo pacto magis residere in mentibus, ac memoriæ videntur inhærere. *Augustinus prologo in librum psalmorum. Post Basilium homilia* 1. *in psalmos.*

* Vox autem cantoris non aspera, non rauca, vel dissona ; sed canora erit, suavis, liquida, atque acuta, habens sonum atque melodiam sanctæ religioni congruentem ; non quæ traducem exclamat artem, sed quæ Christianam simplicitatem ipsa modulatione demonstrat ; nec quæ musica vel theatrali arte redoleat; sed quæ compunctionem magis audientibus faciat. Antiqui enim pridie quam cantandum erat, cibis abstinebant : psallentes tamen legumine in causa vocis assidue utebantur. Unde et cantores apud gentiles fabarij dicti sunt. *Isidorus lib.* 2. *de Eccles. officiis cap.* 12. *et lib.* 1. *cap.* 5.

* Cantus ipse plenus sit gravitate ; nec lasciviam resonet, nec rusticitatem. Sic suavis, ut non sit levis : sic mulceat aures, ut moveat corda, tristitiam levet, iram mitiget, sensum litteræ non evacuet, sed fœcundet. *Bernardus epist.* 312. *ad Guidonem Abbatem.*

* Dulcis omnino sonus in ore psallentium resonat, cum Deum corda suscipiunt dum loquentur verbis : in ipsum quoque cantibus devotionem accendunt. Inde etenim in Ecclesiis Dei psalmodia cantanda præcipitur, ut fidelium devotio excitetur. In hoc nocturnum, diurnumque officium, et missarum celebritates assidue clero et populo sub maturo tenore, distinctaque gradatione cantantur, ut eadem distinctione collibeant, et maturitate delectent. *Ioannes* 22. *in extravag. com. de vita et honestate Clericorum.*

(2) Semper enim necesse est tria hæc in auditum incidere; sonum, tempus, et litteram, seu syllabam : fiet autem ut è sono ejusque ingressu harmoniam ; è tempore rythmum, è littera aut syllaba id quod dicitur, intelligat : Quæ cum simul procedant, simul etiam sensus ea excipere debet. etc. *Plutarchus in commentar. de musica.*

* Oportet enim et melodiam contemplari, et rhytmum, et dictionem, ut perfectus cantus efficiatur. *Aristides Quintilian. lib.* 1. *non longe ab initio.*

* Melodiam ex tribus constare λόγω, id est oratione; ἁρμονία, id est concentu; ῥυθμῷ, id est modulo. *Plato. lib.* 3. *de republica.*

(3) Quia cantando vitandum est, tanquam legendo. *Beda in musica practica.*

* Cuncta enim corrumpit, ac propemodum perdit indecora vel voce, vel gestu, pronuntiatio. *Quintilian. lib.* 3. *instit. cap.* 3.

* Qui in ecclesia legere, cantare, et psallere docte nequeunt, erudiantur prius à magistris; et instructi hæc adimplere studeant,

III. C'est pourquoy il faut bien prendre garde en chantant la note de ne jamais desunir les syllabes d'un mesme mot, ni les mots d'un mesme (1) membre, ni les syllabes ou les notes qui composent une mesme cadence, soit par des pauses ou des respirations faites mal à propos, soit par une mesure dereglée, soit autrement; parce que en usant de la sorte il arriveroit que d'un seul mot l'on en feroit plusieurs. Si donc l'on a besoin de respirer ou de reprendre haleine au milieu de quelque mot qui soit chargé de plusieurs notes, on le doit faire en sorte que la respiration ne se fasse jamais immediatement apres la derniere note d'une syllabe qui est au milieu du mesme mot, c'est à dire entre deux de ses syllabes; mais qu'elle se fasse toûjours sur quelque autre note du milieu des mesmes syllabes, ou au moins sur leur note antepenultiéme (2) ou penultiéme; afin que la derniere note de chacune des syllabes qui sont d'un mesme mot se trouve toûjours estre jointe avec les premieres notes de la syllabe immediatement suivante sous une mesme haleinée; et qu'ainsi l'on voye l'union qu'elles ont pour ne faire ensemble qu'un seul mot. Car autrement elles paroistroient tellement divisées, que d'un seul mot il s'en feroit plusieurs. Par exemple, si en ce mot *suspiramus*, l'on chante d'abord toutes les notes qui sont sur sa premiere syllabe *sus*, sans en reserver aucune, et qu'immediatement apres sa derniere note l'on respire; quand apres cette respiration l'on viendra à chanter celles qui sont sur sa seconde et sa troisiéme syllabe de la mesme façon que l'on a fait sur la premiere; il semblera aux auditeurs que l'on aura prononcé ces trois differentes dictions, *sus*, *pyra*, *mus;* et la mesme chose arrivera aux autres mots qui peuvent estre divisez par de semblables respirations, lesquelles à cause de leur incongruïté sont vulgairement appellées le point de savetier.

IV. Il est encore besoin pour le mesme sujet de ne jamais repeter la consone d'aucune syllabe, soit qu'elle commence soit qu'elle termine les syllabes des dictions de la lettre, quelque nombre de notes qu'il y puisse avoir sur la syllabe que la consone commence ou finit; et quelque silence que l'on soit obligé d'y faire pour respirer; mais il faut n'y prononcer la consone qu'une seule fois, avec cette difference neantmoins, que quand la consone precede la voyelle avec laquelle elle compose la syllabe, on la prononce sur la premiere des notes qui sont sur la mesme syllabe; mais lors que la consone suit la voyelle et termine la syllabe, l'on ne la prononce que sur la derniere note de la mesme syllabe; de sorte qu'en toutes les autres notes qui peuvent estre sur une syllabe l'on ne repete ni l'on ne fasse entendre autre chose que la seule voyelle. Autrement par la repetition des consones l'on multiplieroit le nombre des syllabes, dont ensuite se formeroient de nouveaux mots, qui non seulement ne seroient pas du texte, mais se trouveroient bien souvent estre barbares ou ridicules. Par exemple, en la seule diction *summus* l'on rencontreroit *sum*, *sum*, *sum*, *um*, *um*, *um*, *mus*, *mus*, *mus*, *us*, *us*, *us*, et plus ou moins de ces monosyllabes suivant le nombre des notes dont les syllabes de la mesme diction seroient chargées : et ainsi des autres dictions.

V. Comme donc il y a de l'inconvenient à faire plusieurs mots d'un seul, soit par la repetition de ses consones, soit par la division de ses syllabes; il y en a pareillement à ne faire de deux mots qu'un seul en joignant les syllabes de l'un avec celles de l'autre; c'est pourquoy pour éviter ce defaut, il est besoin de ne jamais unir aucune note d'une diction ou de sa derniere syllabe avec les notes de la diction suivante ou de sa premiere syllabe; mais prononcer toûjours chaque mot avec toutes les notes qui sont sur ses syllabes separément des notes qui sont sur le mot suivant et sur toutes ses syllabes; sans toutefois que pour ce sujet il soit besoin de faire aucune

---

ut audientes ædificent. *Et infra.* Psalmi namque in Ecclesia non cursim, et excelsis atque inordinatis seu intemperatis vocibus, sed plane ac dilucide, et cum compunctione cordis recitentur, ut et recitantium mens illorum dulcedine pascatur, et audientium aures illorum pronuntiatione demulceatur. *Concil. Aquis-granense sub Ludovico Pio lib.* 1, *cap.* 133. *et* 137.

(1) In unum terminentur partes, et distinctiones neumarum atque verborum. *Guido cap.* 15. *microl.*

(2) Neque respirandum est ante ultimam cujusvis dictionis syllabam, nisi complures fuerint notulæ soli syllabæ superpositæ; tunc enim necessitate urgente poterit cantor post non ultimam dictionis syllabam respirare. *Franchinus lib.* 1. *musicæ practicæ cap.* 8.

DE LA SINALEPHE, DE LA SYNCOPE, ET DE LA SYNERESE DES NOTES DANS LE CHANT DES VERS.

Espece de sinalephe, ou d'élision des mots des vers dans le Plain-chant.

Espece de sinalephe, ou d'élision des mots des vers, en chants metriques

Espece de syncope en chants metriques.

Espece de sinerese au plain-chant des vers.   *Espece de synerese aux chants metriques.*

DES CADENCES.

Cadences à la quinte.   *à la quarte.*   *à la tierce.*   *à l'unisson.*

Cadences du 1. et du 2. mode.

Cadences du 7. et 8. mode.

Cadences du 9. et 10. mode.

Notes survenantes aux trois fondamentales des cadences.

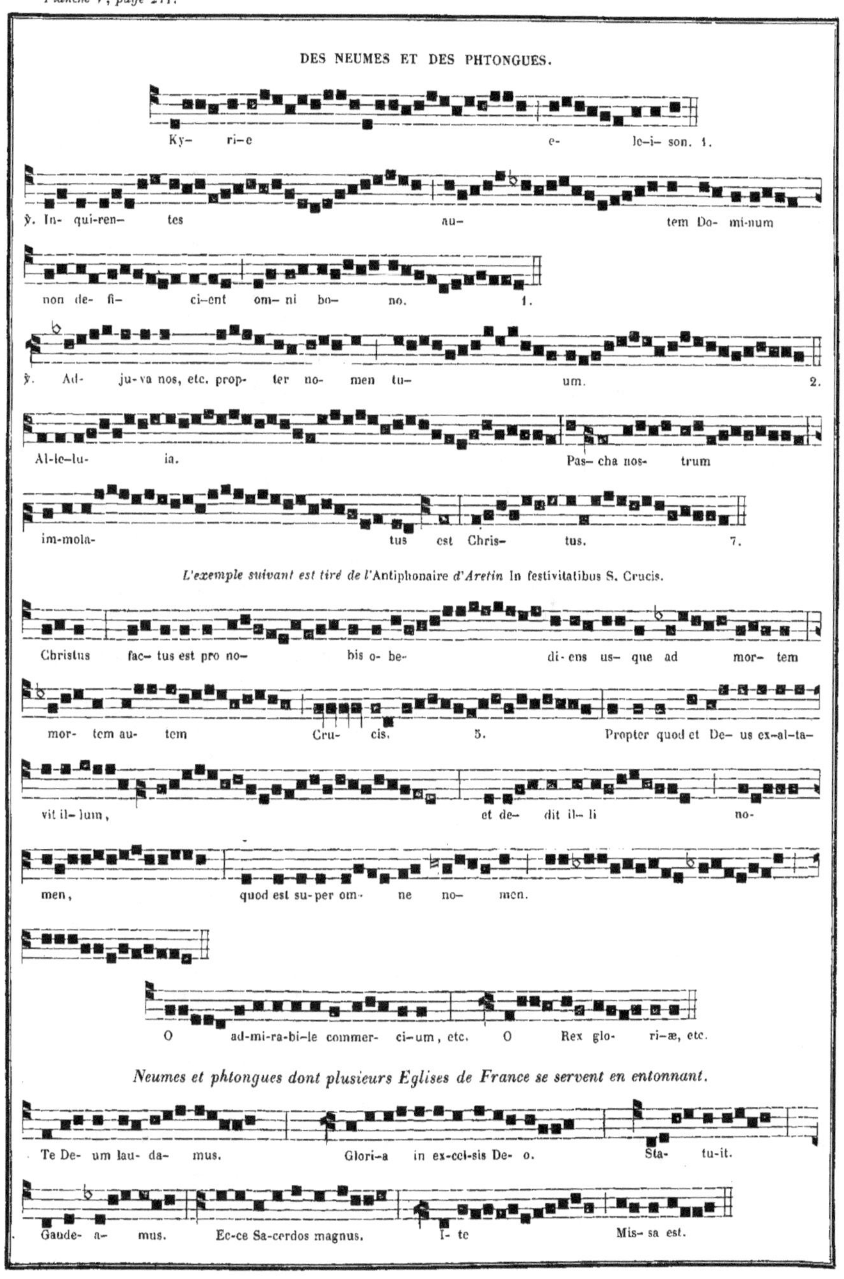

L'exemple suivant est tiré de l'Antiphonaire d'Aretin In festivitatibus S. Crucis.

Neumes et phtongues dont plusieurs Eglises de France se servent en entonnant.

pause ni respiration entre chaque mot, lors que les cadences du chant ne le demandent pas et qu'elles n'y sont pas marquées.

VI. Quand sur une mesme syllabe il se rencontre des neumes, c'est à dire une multitude de notes, ou qu'il s'y trouve des phtongues, c'est à dire des notes à l'unisson, comme ces sortes de notes n'y sont mises que pour témoigner par ces redoublemens de sons ce que l'on ne peut exprimer par (1) paroles, l'on ne doit pas moins chanter ces notes separément les unes des autres que l'on fait toutes les autres notes qui montent, ou qui descendent, ni d'une autre façon ou mesure, comme serait en allongeant ou donnant une double, triple ou quadruple durée à la voyelle de la syllabe qui en est chargée; mais il faut les repeter autant de fois, et avec autant de mesures, qu'il y a de ces notes ou phtongues en nombre, sans que pour cela il soit besoin de pauser, ou de respirer entre deux, si ce n'est que la necessité de reprendre l'haleine y oblige, ou bien qu'il y ait quelque (2) pause qui y soit marquée. Leur exemple est à la planche V.

VII. Lors que le chant est poëtique ou metrique, l'on y doit observer toutes les cadences ou cesures avec les silences que demande l'espece du chant, et y assujettir les syllabes de la lettre sur lesquelles les cadences tombent, de mesme qu'alors l'on y accommode les autres syllabes de la lettre : car si l'on faisoit autrement l'on ne commettroit pas une moindre incongruïté, que si en recitant ou declamant une piece de poësie, l'on n'y gardoit pas les cesures, et les silences aux endroits où ils doivent estre observez dans les vers.

VIII. Que si dans la lettre il se trouve quelque synalephe, c'est à dire quelque elision à faire (3) entre deux mots, ainsi qu'il arrive assez souvent au chant des vers, il faut voir à quelle note répond l'elision des deux syllabes, puis separer cette mesme note en deux, et en mettre une moitié sur l'une des syllabes sujette à l'elision et l'autre moitié sur l'autre syllabe pareillement sujette à l'elision. Par exemple, chantant le vers *monstra te esse matrem* sur le chant du vers *Ave maris stella* et voyant que l'elision se fait entre le monosyllabe *te* et la premiere syllabe du mot *esse*, l'on separera en deux la note qui répond au monosyllabe *te*, sur lequel commence l'elision, et luy laissant la moitié de la mesure qu'elle doit avoir suivant l'espece de ce chant, l'on donnera l'autre moitié de la mesme note et de sa mesure à la premiere syllabe du mot *esse*. La mesme forme qui se garde aux elisions des vers qui sont en plain-chant s'observe avec une pareille proportion aux elisions de ceux qui sont en chant metrique ; de sorte que l'elision arrivant sur quelque syllabe qui n'a qu'une note breve ou d'une demy-mesure, il faut partager en deux cette note et sa mesure, et ainsi chaque syllabe de l'élision n'aura qu'une note d'un quart de mesure ou d'un demy-temps. Les exemples s'en voyent à la planche V.

IX. Mais quand on est obligé de joindre ensemble deux notes breves de deux syllabes d'un mesme mot pour suppléer à la valeur d'une longue, on le fait par le moyen d'une espece de (4) syncope lors que les vers, par exemple, estans iambiques ont en leur second pied deux breves pour une longue ; car alors comme dans la lettre l'on n'a point d'égard à la seconde, que comme faisant une seule syllabe avec la premiere, et qu'en recitant, par exemple, ces vers *speculator adstat desuper*, ou bien *oculive peccent lubrici* l'on prononce comme s'il n'y avoit que *speclator* ou bien *oclive* : de mesme en les chantant l'on joint en quelque façon la seconde et la troisiéme note qui sont breves pour n'en faire que la valeur d'une longue. L'on joint pareillement les deux notes breves d'un mesme mot comme en une longue par une espece de synerese (5), lors qu'au

---

(1) Iubilum namque dicitur, quando ineffabile gaudium mente concipitur, quod nec abscondi possit, nec sermonibus aperiri; et tamen quibusdam motibus proditur, quamvis nullis proprietatibus exprimatur. *Gregor.* 24. *moral. cap.* 6.

(2) Aliquando una syllaba unam vel plures habet neumas : variantur autem eæ vel omnes neumæ, cum alias ab eadem voce incipiunt, alias à dissimili ; secundum laxationis et acuminis varias qualitates. *Guido cap.* 15. *micrologi.*

(3) Synalephe est absumptio vocalis dictionem finientis à vocal sequentem incipiente.

(4) Syncope seu concisio est figura, qua littera, vel syllaba è medio dictionis abscinditur ; ut compostus, pro compositus.

(5) Sinæresis seu contractio est figura qua duæ syllabæ contrahuntur in unam nullo sublato elemento, ut æri pro aeri.

lieu de deux voyelles de deux syllabes, par exemple, *teneátque David regiam*, ou *pretium pependit sæculi*, l'on dit *teneat*, *pretium*, joignant en quelque façon les deux notes breves des deux dernieres syllabes ensemble pour n'en faire que la valeur d'une longue, suivant l'exemple de la planche V.

X. Quant à la pratique des cadences il y a cela de particulier à observer dans celles des modes 1. et 2. 7. et 8. 9. et 10. que quand leur note antepenultiéme est sur la mesme chorde et la mesme ligne que leur finale, ou bien une chorde au dessus, l'on a coûtume en descendant de l'antepenultiéme à la penultiéme, et remontant de celle-cy à la finale de n'y faire qu'un demy-ton lors que l'antepenultiéme et la finale sont sur la mesme corde; ou bien de n'y faire qu'une tierce mineure quand l'antepenultiéme est une corde au dessus la finale, et la penultiéme une corde au dessous la mesme finale, quoy que selon l'ordre des sons de la gamme il y dûst avoir ou un ton ou une tierce majeure. Ce que quelques musiciens disent se faire si naturellement dans ces sortes de cadences que ceux mesme qui n'y font aucune reflexion le pratiquent ainsi, non seulement aux cadences finales; mais mesme lors qu'elles se rencontrent en d'autres endroits, comme à la fin d'une periode ou d'un membre, et quelque fois mesme (1) au commencement, par exemple, aux notes de ces deux mots *Salve Regina*, ou de l'introït *Ad te levavi;* dont Guy Aretin fait mention à l'occasion de cette pratique, qu'il dit mesme estre plus agreable : A quoy toutefois il ajoûte, qu'il n'y a aucun inconvenient de prononcer les notes dans leur (2) son naturel sans user de cette sorte d'adoucissement. Les muciciens font encore une semblable remarque, lors que la note antepenultiéme de la cadence est plus basse que la finale et que la penultiéme, dont la pratique est neantmoins opposée à la precedente; parceque montant par degrez conjoints de l'antepenultiéme à la penultiéme ils disent qu'on a coûtume d'y faire un ton entier, bien qu'il n'y dûst avoir qu'un demy-ton selon les degrez de la gamme; ou si l'on y monte par degrez disjoints, que l'on y fait une tierce majeure, quoy qu'elle ne dûst estre que mineure. Les exemples s'en voyent à la planche V.

(1) *Franchinus. lib.* 3 *mus. pract. cap.* 13.

  * Si cantionem vulgatam *Salve Regina*, per *la, sol, la* modulari instituas, *sol* ipsum a *la* distabit semitonio, etiam si tu ibi *sol* dixeris; ut in diatonico genere Guidonis omnino locus aperiatur chromatico, id

quod semitoniis gaudet impensius. *Luscinius. cap.* 1. *commentarij* 1.

  (2) Si eam plenius vis proferre non liquefaciens, nihil nocet. Sæpe autem magis placet liquescere. Porro liquescenti voci punctum, quasi maculando supponimus. *Guido cap.* 15. *micrologi.*

<hr>

REPRODUCTION EXACTE DES PASSAGES DE GUY D'AREZZO

QUI SE TROUVENT CITÉS DANS LE CHAPITRE IV DE JUMILHAC, COLLATIONNÉS DE NOUVEAU SUR LE MANUSCRIT DE SAINT—EVROULT.

Page 268, *note* 1.

« Illud tandem cognosce, quia si vis in his notis proficere, ut aliquantos cantus ita memoriter discas, et ut per singulas neumas, modos vel sonos omnes qui vel quales sint memoriter sentias. Quoniam quidem longe aliud est memoriter sapere quam memoriter canere; cum illud soli habeant sapientes, hoc vero sepe faciunt imprudentes (p. 21 du mss. de S.-Evroult). »

« In nullo enim cantu. » *Et le reste qui suit dans les notes du chap. 2 de cette partie.*

Page 268, *note* 2.

« Ad inveniendum igitur ignotum cantum, beatissime frater, prima et vulgaris regula hęc est, si litteras quas quęlibet neuma habuerit in monocordo sonaveris, atque ab ipso audiens tamquam ab homine magistro discere poteris. Sed puerilis est ista regula, et bona quidem incipientibus, pessima autem perseverantibus. Vidi enim multos acutissimos phylosophos, qui pro studio artis non solum Italos, sed etiam Gallos, atque Germanos, ipsosque etiam Gręcos quęsivere magistros. Sed quia in hac sola regula confiderunt, non dico musici, sed neque cantores umquam fieri, vel nostros psalmistas pueralos imitari potuerunt. Non ergo debemus semper pro ignoto cantu vocem hominis vel alicujus instrumenti quęrere, ut quasi cęci videamur nusquam sine ductore procedere, sed singulorum sonorum omniumque depositionum et elevationum diversitates proprietatesque alte memorię commendare. Habebis ergo argumentum ad inveniendum inauditum cantum, facillimum et probatissimum, si sit qui non modo scripto sed potius familiari collocutione secundum nostrum morem noverit aliquem edocere. Namque postquam hoc argumentum cępi pueris tradere, ante triduum quidam eorum potuerunt ignotos cantus leviter canere, quod in aliis argumentis nec multis ebdomadibus poterat evenire. Si quam ergo vocem, vel neumam vis ita memorię commendare, ut ubicumque velis in quocumque cantu quem scias vel nescias, tibi mox possit occurrere, quatenus mox illum et indubitanter possis enuntiare, debes ipsam neumam vel vocem in capite alicujus notissimę simphonię notare, et pro unaquaque voce memorię retinenda hujusmodi simphoniam impromptu habere, quę ab eadem voce incipiat, ut pote sit hęc simphonia qua ego docendis pueris in primis atque etiam in ultimis utor :

> Ut queant laxis
> Resonare fibris
> Mira gestorum
> Famuli tuorum,
> Solve polluti
> Labii reatum,
> Sancte Johannes.

Vides itaque ut hęc simphonia senis particulis suis á sex diversis incipiat vocibus. Si quis itaque uniuscujusque particulę caput ita exercitat us noverit, ut confestim quamcumque particulam voluerit indubitanter incipiat, easdem sex voces ubicumque viderit secundum s uas proprietates facile pronuntiare poterit. Audiens quoque aliquam neumam sine descriptione, perpende quę harum particularum ejus fini melius aptetur, ita ut finalis vox neuma et principalis particulę ęquisonę sint, certusque esto quia in eam vocem neuma finita est in qua conveniens sibi particula incipit. Si vero descrip-

tam aliquam simphoniam incognitam cantare cęperis, multum cavendum est ut ita proprie unamquamque finias neumam, ut eodem modo finis neumę bene jungatur cum principio ejus particulę quę ab eadem incipit voce, in qua neuma finita est. Ergo ut inauditos cantus mox ut descriptos videris competenter enunties, aut indescriptos audiens cito describendos bene possis discernere, optime te juvabit hęc regula. Deinde per singulos sonos brevissimas subposui simphonias, quarum particulas cum diligenter inspexeris, uniuscujusque vocis omnes depositiones et elevationes per ordinem in principiis ipsarum particularum te invenire gaudebis. Si autem et hoc adtentare potueris, ut unius et alterius simphonię quaslibet volueris particulas copulando moduleris, omnium neumarum difficiles valde atque multiplices varietates brevissima et facili regula didicisti, quę omnia cum vix litteris utcumque significemus, facili tantum colloquio denudamus, etc. (p. 22 et 23 du mss. de S.-Evroult). »

Page 270, note 1.

« Item in unum terminentur partes et distinctiones neumarum, atque verborum (p. 10 du mss. de S.-Evroult). »

Page 271, note 2.

« Item aliquando una sillaba unam vel plures habeat neumas, aliquando una neuma plures dividatur in sillabas. Variabuntur autem hęc vel omnes neumę, cum alias ab eadem voce incipient, alias á dissimili, secundum laxationis et acuminis varias qualitates (p. 9 du mss. de S.-Evroult). »

Page 272, note 2.

« Liquescunt vero in multis voces more litterarum, ita ut inceptus modus unius ad alteram liquide transiens, nec finiri videatur. Porro liquescenti voce punctum quasi maculando subponimus, hoc

G, F GA A G

modo : Ad te levavi. Si eam plenius vis proferre non liquefaciens, nichil nocet. Sępe autem magis placet liquescere... (p. 10 du mss. de S.-Evroult). »

CHAPITRE V.

I. L'on a coûtume de distinguer quatre choses en cette sorte de chants. Premierement l'intonation qui donne le commencement à ses versets ou à ses periodes. 2. La teneur qui continuë les mesmes versets, ou les membres des periodes jusques à leur mediation; et depuis la mediation jusques à leur terminaison. 3. La mediation qui fait la cesure ou la division, soit de ses versets, soit des periodes. 4. La terminaison ou la cadence finale qui acheve les mesmes versets, ou les periodes. L'on met en outre de la distinction entre les notes qui composent les cadences tant des terminaisons que des mediations, parce que les unes y sont fondamentales et comme essentielles; les autres n'y sont qu'accidentelles, ou survenantes aux fondamentales.

II. Afin donc de pouvoir convenablement appliquer les notes de ces quatre choses à la lettre, il est necessaire de sçavoir, premierement quelles sont les formes des intonations, des mediations, des terminaisons, et des teneurs dont l'on doit user. Secondement avoir connaissance des accens, et de l'endroit où ils doivent estre posez ou marquez selon la difference des dictions, et de leurs syllabes. La raison est que dans cette sorte de chant les accens servent comme de regle et de fondement pour placer les notes qui font les cadences des mediations et des terminaisons, comme il a esté remarqué cy dessus, et ainsi l'on ne peut point appliquer convenablement les notes aux derniers mots qui sont sujets à ces sortes de cadences, si l'on n'est bien instruit tant des formules des cadences des mediations, et des terminaisons, que de la situation des accens. Ce qui est d'autant plus necessaire, que de la diversité des dictions qui se rencontrent aux mediations et terminaisons, fait que les accens y doivent aussi estre ou avancez ou reculez; et qu'ensuite les notes fondamentales des cadences le doivent estre avec une pareille proportion, et le nombre de leurs notes survenantes ou augmenté, ou diminué, selon que la diverse situation des mesmes accens le peut demander.

III. Ce n'est pas toutefois que l'on ait icy dessein de marquer les formes des intonations, des mediations, et des terminaisons de toutes les eglises particulieres, vû que la diversité en est quasi aussi grande qu'il (†) y a de provinces, de dioceses, de communautez, et mesme d'eglises differentes, ce qui en rendroit le recueil non moins difficile qu'ennuyeux, et du reste n'apporteroit pas grande utilité. Il suffit donc que chaque Église ou communauté, ou diocese, ait des livres ou des cahiers dans lesquels les formes de toutes ces choses soient notées suivant l'usage qui y a esté legitimement introduit, et conservé par une succession et une possession immemoriale. Au defaut de quoy c'est le plus seür et le plus aisé d'avoir recours à l'usage du chant Romain; dont les livres sont les plus communs, et les plus universels. C'est pourquoy l'on en a mis l'extrait aux pages 189 et suivantes de cet ouvrage. Auquel l'on a ajoûté les commencemens des antiennes qui ont du rapport aux diverses terminaisons de chaque mode, pour faire voir la convenance (2) qui doit

---

(1) Omnium ecclesiarum formas prosequi neque possumus; neque aut necesse, aut utile visum est. *Glareanus lib.* 2. *Dodech. cap.* 18. Quippe quas non modo diversæ nationes, diversæque ecclesiæ diversas habeant : sed unum aliquando oppidum diversissimas; unumque templum sæpius et libris, et consuetudinibus variat. *Idem Glarean. lib.* 1. *Dodecachordi cap.* 15.

* Licet enim eadem omnibus communis artis et scientiæ præcepta sint, propriam tamen ac peculiarem ecclesiæ singulæ sortitæ sunt psallendi consuetudinem, et ritum. *Iacobus Eveillon cap.* 2. *de disciplina psallendi. artic.* 13. *de modo canendi.*

(2) Fini quoque debet esse consonum principium. *Guido in prologo rhythmico antiphonarij.*

* Differentiarum autem modorum horum formulæ secundum principia cantuum dispositæ sunt : ut quemadmodum finalis vox

estre entre leur commencement et leur fin : afin que ceux qui auront la curiosité de voir l'un et et l'autre ou la volonté de s'en servir, ayent la commodité de les y trouver.

IV. Or d'autant que la teneur qui se rencontre entre les diverses formes des mediations et des terminaisons est ordinairement égale, il faut icy remarquer qu'elle doit aussi y estre reglée par l'unisson de la note, et par l'application mentale qui s'en doit faire sur la lettre. C'est pourquoy il faut tellement y maintenir la voix par le mouvement égal de l'unisson et de la mesure, qu'on ne s'en écarte ni par l'inégalité des sons et des intervalles, ni par l'inégalité de la mesure : d'autant que l'une et l'autre de ces inégalitez rend la prononciation semblable au cours d'un ruisseau qui coule par ondes, ou selon Quintilien, à la maniere de marcher d'une personne qui cloche, ou qui ne va que par petits sauts. L'on doit de plus y observer les accens où il faut, et n'y prononcer rien contre la quantité. Il est aussi necessaire d'user d'une semblable addresse pour entretenir le chant droit en bon estat, et y prononcer la lettre suivant la forme que les grammairiens en donnent (1).

V. Quant aux mediations et aux terminaisons, comme elles participent plus de l'harmonie, leurs notes doivent aussi estre prononcées un peu plus posément que celles des teneurs, qui ont accoûtumé d'estre prononcées d'une maniere un peu plus ronde, laquelle Guy Aretin a exprimé par la similitude de la course d'un cheval, et de l'arrest que le cavallier en fait à la fin de la carriere; où il compare la teneur comme à la course, et les cadences des mediations et des terminaisons à l'arrest qui doit estre un peu plus mesuré et plus posé que n'est le pas ordinaire du

aliquem proprium modum metitur; sic et rationaliliter principia eorumdem cantuum aptiores sibi formulas coaptent : quatenus sit pulchra connexio, quæ secundum proprios in unaquaque dirigatur motus, *et infra*. Nec aliquis modorum ampliores permittitur habere formulas, nisi quæ ex ipso regulariter generari possunt. *Guido in epilogo (vel potius prologo) in modorum formulis, et cantuum qualitatibus.*

(1) Non alia est autem ratio pronuntiationis quam ipsius orationis. Nam ut illa emendata, dilucida, ornata, apta esse debet : ita hæc quoque emendata erit, id est vitio carebit, si fuerit os facile, explanatum, jucundum, urbanum, id est, in quo nulla neque rusticitas, neque peregrinitas resonet. Non enim sine causa dicitur barbarum, Græcumve : nam sonis homines, ut æra tinnitu, dignoscimus *etc. Et paulo infra*. Dilucida vero erit pronuntiatio, primum, si verba tota exegerit, quorum pars devorari pars destitui solet, plerisque extremas syllabas non proferentibus, dum priorum sono indulgent. Ut est autem necessaria verborum explanatio, ita omnes computare et velut annumerare litteras, molestum, et odiosum. Nam et vocales frequentissime coëunt ; et consonantes quædam insequente vocali dissimulantur : utriusque exemplum posuimus, multum ille et terris. Vitatur etiam duriorum inter se congressus, unde pellexit, et collegit, et quæ alio loco dicta sunt. Ideoque laudatur in catulo suavis appellatio litterarum. Secundum est, ut sit oratio distincta, id est, ut qui dicit, et incipiat ubi oportet et desinat. Observandum etiam quo loco sustinendus et quasi suspendendus sermo sit, quo deponendus. Suspenditur arma, virumque cano *etc. Et paulo infra*. Sunt aliquando et sine respiratione quædam moræ etiam in periodis : ut in Philippica 2. In cœtu vero populi Romani, negotium publicum gerens, magister equitum, etc. Multa membra habent. Sensus enim sunt alij atque alij, et sicut una circumductio est, ita paulum morandum in his intervallis, non interrumpendus est contextus : et è contrario spiritum interim recipere sine intellectu moræ necesse est : quo loco quasi surripiendus est : alioqui si inscite recipiatur, non minus afferat obscuritatis, quam vitiosa distinctio. Virtus autem distinguendi fortasse sit parva, s'ne qua tamen esse nulla alia in agendo potest.

Ornata est pronuntiatio cui suffragantur vox facilis, magna,

beata, flexibilis, firma, dulcis, durabilis, clara, pura, secans aëra, auribus sedens. Est enim quædam ad auditum accommodata non magnitudine sed proprietate, ad hoc velut tractabilis, utique habens omnes qui in se desiderantur sonos, intensionesque, et toto (ut aiunt) organo instructa ; cui aderit lateris firmitas, spiritus cum spatio pertinax, tum labori non facile cessurus *etc. Et paulo infra*. Nam prima est ratio recte pronuntiandi æqualitas, ne sermo subsultet imparibus spatiis ac sonis, miscens longa brevibus, gravia acutis, elata summissis, et inæqualitate horum omnium, sicut pedum, claudicet. *Et infra*. Promptum sit os, non præceps : moderatum, non lentum. Spiritus quoque nec crebro receptus concidat sententiam : nec eo usque trahatur, donec deficiat. Nam et deformis est consumpti illius sonus, et respirationi sub aqua diu pressi similis, et receptus longior, et non opportunus, ut qui fiat, non ubi volumus, sed ubi necesse est. Quare longiorem dicturis periodum colligendus est spiritus : ita tamen ut id neque diu, neque cum sono faciamus, neque omnino ut manifestum sit, reliquis partibus optime inter juncturas sermonis revocabitur. Est interim et longus, et plenus, et clarus satis spiritus, non tamen firmæ intentionis, ideoque tremulus : ut corpora quæ aspectu integra, nervis parum sustinentur. *Et infra*. Apta pronuntiatio ea est, quæ de iis quibus dicimus, accommodatur, quod quidem maxima ex parte præstant ipsi motus animorum, sonatque vox, ut feritur. *Quintilianus lib. 11. institut. cap. 3. longe ante medium.*

*Sciat ubi suspendere spiritum debeat, quo loco versum distinguere, ubi claudatur sensus, unde incipiat, quando attollenda vel summittenda sit vox, quid quoque flexu, quid lentius, celerius, concitatius, lenius, dicendum, demonstrari nisi in ipso opere non potest. Unum est igitur quod in hac parte præcipiam : ut ista omnia facere possit ; intelligat. Sit autem in primis lectio virilis, et cum suavitate quadam gravis, *etc. Quintilian. lib. 1. instit. cap. 8.*

* Curabit etiam, ne extremæ syllabæ intercidant, ut par sibi sermo sit. *Quintilian. lib. 1. institut. cap. 11.*

* Naturalis autem rhythmus animatæ voci cognoscitur attributus, qui tunc pulchre melos custodit, si apte taceat, congruenter loquatur, et per accentus viam musicis pedibus composita voce gradiatur. *Cassiodorus lib. 2. variarum epist. 40ª.*

cheval (1). A quoy l'on peut encore ajoûter la ressemblance qu'il y doit avoir entre les intonations et le commencement de cette course, parce que ces intonations doivent pareillement (2) estre commencées d'une maniere un peu plus mesurée et plus posée que la teneur. L'on ne distingue point icy une espece de seconde mediation qui se rencontre en quelques versets lors que la teneur depuis l'intonation jusques à la principale mediation est trop longue; parce que l'usage le plus universel et le mieux receu des musiciens est de ne la point distinguer par aucune inflexion de voix, mais seulement par une espece de respiration, de silence et de pause que l'on y fait; et quoy que dans la psalmodie du plain-chant l'on pûst employer dans cette seconde mediation l'inflexion à la tierce, l'on n'en doit toutefois point user dans le chant droit; tant parce que sa principale mediation est droite, et n'a aucune inflexion; qu'à cause que si cette seconde mediation reçoit quelque inflexion, le chant ne sera plus droit ni tel qu'on le suppose.

VI. Il ne reste donc à present qu'à donner quelque connoissance des accens latins, puis qu'ils n'appartiennent pas seulement à la grammaire, mais aussi à l'exercice du chant. Et quoyque la connoissance que l'on peut en prendre dans les livres fust suffisante si les accens estoient convenablement marquez dans les breviaires, dans les pseautiers, et autres semblables livres dont l'usage est dans l'Eglise; et qu'ainsi l'on pûst avoir une façon uniforme pour la pratique de ces chants : neantmoins parce que les livres ne sont ordinairement pas tels qu'ils devroient estre; et qu'il n'est pas seulement necessaire d'observer les accens dans l'écriture et dans l'impression de cette sorte de livres; mais aussi dans le discours et dans la prononciation des mots; et qu'il est beaucoup plus avantageux, plus commode, et plus asseüré de sçavoir par regles la situation des accens, que d'observer celle qui en est faite dans les livres sur chaque mot : les lecteurs trouveront icy un recueïl de ce qui est le plus communement reçû des (3) grammairiens sur ce sujet, afin que ceux qui en ont besoin n'ayent pas la peine de le chercher ailleurs.

VII. Les accens donc ne sont autre chose que certaines petites notes qui ont esté inventées pour marquer le ton et les inflexions de la voix dans la (4) prononciation des mots. Or ces inflexions ne peuvent estre que de trois sortes, ou celle qui s'éleve que les musiciens appellent *ἄρσιν elevationem*, ou celle qui se rabaisse qu'ils appellent *θέσιν positionem* : ou celle qui participant des deux éleve et rabaisse tout de suite une mesme syllabe. En quoy la nature de la voix paroist (5) admirable, car elle se divise si bien qu'elle compose de ces trois inflexions toute l'harmonie et toute la douceur qui se peut trouver dans le discours, en sorte qu'elles en sont comme (6) l'ame, et sont encore la semence du chant particulierement du (7) rythmique et psalmodique.

VIII. Il y a donc trois sortes d'accens qui correspondent à ces trois manieres d'inflexion, sçavoir l'aigu, le grave, et le circonflexe. L'aigu releve un peu la syllabe et est marqué par une petite ligne, qui monte de gauche à droite ainsi (ˊ). Le grave rabaisse la syllabe, et se marque au

---

(1) In modum currentis equi semper in fine distinctionum rarius voces ad locum respirationis accedant, ut quasi gravi more ad repausandum lassæ perveniant. *Guido cap.* 15. *microl.*

(2) Proximam clausulis diligentiam postulant initia. *Quintilian. lib.* 9. *instit. cap.* 4.

(3) *Nouvelle methode de la langue Latine, traité des accens.*
* *Orontius Finæus in margarita philosophica lib.* 1. *tract.* 5 *cap.* 13. *in regulis accentuum.*

(4) Accentus est vitio carens vocis artificiosa pronuntiatio. *Cassiodor. de arte grammatica.*

(5) *Cicero de Oratore.*

(6) Ut nulla vox sine vocali est, ita sine accentu nulla. Et est accentus, ut quidam putaverunt, anima vocis; et seminarium musices; quod omnis modulatio ex fastigiis vocum, gravitateque componitur; ideoque accentus quasi accantus dictus est. *Martianus Capella lib.* 3. *tit. de fastigio.*

* Sæpe vocibus gravem et acutum accentum superponimus : quia sæpe aut majori impulsu quædam, aut minori efferimus; adeo ut ejusdem sæpe vocis repetitio, elevatio, vel depositio esse videatur. *Guido cap.* 15 *micrologi.*

(7) Accentus vocantur ab accinendo, eo quod cantum sive recitationem numerosam moderentur. *Et paulo infra.* Vides igitur quomodo ex natura accentus paulatim musica excreverit, nam hæc totum humanæ sermocinationis negotium dirigit, ita ut tanto sit eloquium elegantius, quanto fuerit accentibus suis distinctius. Hinc omnes gentes et nationes suos accentus habent nationis proprios, et quo à cæteris gentibus distinguantur. Sicut igitur accentus parturit syllabicam pronuntiationem, ita musicus accentus harmonicam : et sicuti ex syllabica pronuntiatione rythmus nunc veloci, nunc tardo pedum motu incedens nascitur : ita rythmus harmonicus. *Kircher. tom.* 2. *musurgiæ univers. lib.* 8. *parte* 2. *cap.* 2.

contraire par une petite ligne qui descend de gauche à droite (`). Le circonflexe est composé des deux autres, et partant se marque ainsi (^).

IX. Ces accens n'estant instituez que pour marquer ces inflexions de la voix, aussi ne marquent-ils point la quantité des syllabes, soit longues, soit breves ; pour preuve de quoy l'on void que les mots qui ont plusieurs syllabes longues n'ont neantmoins qu'un accent, comme au contraire d'autres qui les ont toutes breves ne laissent pas d'avoir leur accent, comme *A'sia*, *Dóminus*. Ce qui toutefois n'empesche pas que l'on n'ait égard à la longueur ou breveté des syllabes de plusieurs mots pour y placer convenablement les accens.

X. Il faut maintenant voir quels accens se doivent mettre sur les dictions monosyllabes, sur les dissyllabes, et sur les polysyllabes, ou composées de plus grand nombre de syllabes, et l'endroit où ils doivent y estre appliquez.

·La premiere regle sera pour les monosyllabes, qui peuvent estre brefs ou longs ; et les longs estre tels ou par nature ou par position : s'ils sont brefs, ou seulement longs par position, ils reçoivent l'accent aigu, comme *spés*, *fáx*, *ós* (*ossis*) ; *fár*, *árs* ; parce qu'ils n'en peuvent pas avoir d'autre. Mais s'ils sont longs par nature, on leur donne le circonflexe, *flôs*, comme qui diroit *flóôs*, *lûx*, *môs*, *ôs* (*oris*), *â*, *ê* : ces voyelles ainsi longues en valant deux.

La seconde regle est pour les mots de deux ou de plusieurs syllabes, desquels si la derniere est breve et la penultiéme longue par nature, on marque cette penultiéme d'un circonflexe, comme *flôris*, *Rôma*, *Românus*, etc. Hors cela les dissyllabes ont tous un aigu sur la penultième, soit qu'elle soit breve ou longue ; puis qu'ils ne le peuvent pas reculer plus loin : comme *hómo*, *párens*, *péjus*, etc.

Quant aux polysyllabes ils ont le mesme accent quelquefois sur la penultiéme, d'autres fois sur l'antepenultiéme : ils l'ont sur la penultiéme, lors qu'elle est longue : comme *antíqui*, *Christiáni* ; *paréntes*, *Aráxis*, *Románo*, etc., et ils la rejettent sur l'antepenultiéme quand la penultiéme en est breve : comme *máximus*, *últimus*, *Dóminus*, etc.

XI. La raison pour laquelle l'accent doit estre ainsi donné aux polysyllabes, est, que les Romains ayant particulierement considéré la penultiéme pour regler leurs accens, comme les Grecs ont pris le fondement des leurs sur la derniere ; lorsque le mot latin a la penultiéme longue, cette longue valant deux breves elle reçoit l'accent ; *Rôma*, *Românus*, faisant à peu pres par leur longueur la mesme mesure dans l'oreille que *máximus*. Mais comme cette longueur peut estre de deux sortes, l'une par nature, et l'autre seulement par position ; et que cette longueur de nature se marquoit autrefois par la voyelle redoublée ; aussi cette penultième peut recevoir deux sortes d'accens ; ou le circonflexe : comme *mâter* pour *máâter* ; ou *Românus* pour *Romáânus* ; ou simplement l'aigu : comme *Aráxis*, *párens* ; bien que si apres une penultiéme longue par nature la derniere se rencontre encore longue, on se contente alors de mettre un aigu sur la penultiéme, *Rómæ* et non pas *Rômæ* ; *Románo*, et non pas *Româno* : parce que cet accent circonflexe et cette derniere longue eussent pû donner trop de lenteur à la parole, ou trop retarder la prononciation des mots dans le discours.

XII. Quand toutefois la penultiéme de ces polysyllabes se trouve breve l'on rejette l'accent sur l'antepenultième, parce que l'accent n'estant qu'un petit élevement qui donne grace à la prononciation, et qui soustient le discours, il n'a pû estre placé plus loin que la troisiéme syllabe avant la fin, soit en Latin, soit en Grec, parce que s'il fust resté trois ou quatre syllabes apres l'accent, (comme qui diroit *pérficere*, *pérficeremus*) elles eussent esté comme entassées les unes sur les autres, et n'eussent formé de cadence dans l'oreille, laquelle, comme dit Ciceron, ne peut gueres juger que des trois dernieres syllabes pour l'accent, comme elle ne juge gueres que des trois derniers mots pour le nombre ou cadence des periodes. Ainsi le lieu le plus éloigné pour l'accent est toûjours l'antepenultiéme : comme *amáverant*, *mirabilibus*, *vivífica*, *vivíficáverant*, etc.

XIII. Ces regles generales estant ainsi supposées, tout ce qui se peut trouver de contraire dans les autheurs ne doit estre consideré, que comme des exceptions que l'on en fait. Dont la premiere est, qu'il y a des noms et des verbes composez qui ont quelquefois gardé le mesme accent que leur simple : comme *fidejúbes, usucápis, satisdáre, vicecómes, vigintidúo*, et les composez de *fácio* avec les particules *bene, male, cale, frige*, qui partant ont l'accent ou sur la penultiéme de la seconde et troisiéme personne, quoy qu'elles soient breves, comme *calefácis, calefácit; benefácis, benefácit*, ou sur la derniere quand ils ont esté composez d'un monosyllabe, qui n'est pas enclitique inseparable : comme *calefís, calefít, tepefís, frigefít, benedíc, benefác*. Ausquels l'on a encore ajoûté les adverbes, qui dérivent des pronoms : comme *eó, illó, istó, illíc, isthíc; posthác, illác, istác, dehínc, illínc, isthínc, usquequó, donéc*, etc.

XIV. La seconde exception est, que les noms composez au contraire retirent quelquefois leur accent à l'antepenultiéme, soit que la penultiéme soit longue ou non ; comme *orbísterræ, viríllustris, prefectúsfabrum, juriscónsultus, intereáloci*.

XV. La troisiéme exception est, que les particules indeclinables retirent aussi quelquefois l'accent dans la composition : comme *síquando, néquando, aliquando, déinde, périnde, próinde, súbinde, éxinde, alioquin, quínimo, rétrorsum, déxtrorsum, sinistrorsum, ántrorsum, déorsum, séorsum, aliorsum, íntrorsum, exádversum, quaquáversus, nimirum, álonge, délonge, alíquantum, áforis, déforis, húcusque, dúmtaxat, simúlatque, néquaquam, quápropter, enímvero, ápprime, áffatim;* ces particules toutefois ne retirent pas ainsi l'accent, lors que leur derniere est longue, comme est celle de *deínceps*, parce que nul mot ne peut avoir l'accent sur l'antepenultiéme ni en grec, ni en latin, lors que ses deux dernieres syllabes sont longues, d'autant que ces syllabes longues ayant chacune deux temps, cela reculeroit l'accent trop loin. Elles ne le retirent pas non plus dans les vers lors que la penultiéme y est longue; parce que l'accent ne fait pas qu'une syllabe longue par position soit effectivement breve ; c'est pourquoy on avance alors leur accent sur la penultiéme; de mesme qu'on avance ou recule en poësie celuy des mots qui sont douteux, ou qui peuvent avoir des syllabes longues ou breves, bien qu'en prose on les fasse toujours breves : comme *vólucris*, qui change l'accent et demande qu'il soit sur la syllabe *lú* dans ce vers de Virgile *pecudes pictæque volucres*, parce que le poëte a fait cette syllabe longue, et lors qu'Ovide l'a faite en un mesme vers breve et longue, il donne aussi occasion d'y varier la situation de l'accent. *Et primo similis vólucris, mox vera volúcris.*

XVI. La quatriéme exception est des vocatifs des noms terminez en *ius* qui ont l'accent sur la penultiéme, quoy que breve, comme *Virgíli, Mercúri, Basíli, Remígi, Gervási, Protási;* dont la raison est qu'autrefois suivant l'analogie generale ils avoient leur vocatif en *e*, *Virgílie* comme *Dómine;* mais parce que cet *e* final est fort faible et peu intelligible, il s'est enfin perdu tout à fait, et l'accent original qui estoit sur l'antepenultiéme demeurant toùjours en son lieu, s'est trouvé sur la penultiéme; la mesme chose s'observe aux accens des genitifs de quelques noms terminez en *ij*, lors que par apocope l'on en retranche l'un des deux premiers : comme *ingéni* pour *ingénij, tugúri* pour *tugúrij*.

XVII. La cinquiéme exception peut estre des enclytiques inseparables, *que, ne, ve*, qui attirent toùjours l'accent sur la syllabe prochaine, c'est-à-dire, la derniere du mot auquel ils sont joints, ou la penultiéme du mot qui en est composé : comme *armáque, terráque, littoráque, plúitne, altérve, alteráve;* ce qui doit estre observé, soit que cette penultiéme soit longue, comme *terráque* l'est à l'ablatif, soit qu'elle soit breve comme elle l'est au nominatif, *terráque*, l'accent n'estant point la marque de la quantité, mais seulement de l'élevation ou du rabaissement de la voix. Les anciens distinguoient fort bien l'un de l'autre, relevant la derniere du nominatif sans la faire longue, au lieu qu'à l'ablatif ils la relevoient et tout ensemble la faisoient paroistre longue, comme s'il y avait *terráàque*, d'où vient qu'en écrivant on devroit encore les distinguer par l'aigu au nominatif *terráque*, et par le circonflexe à l'ablatif *terráque;* et mesme y garder quelque distinction en les prononçant. Mais il faut icy remarquer deux choses touchant ces enclytiques : la premiere qu'il y a certains mots finis par *que*, où le *que* n'est pas enclytique, parce qu'ils sont mots simples et non composez : comme *útique*, *dénique*, *úndique*, etc., qui pour cette raison ont l'accent sur l'antepenultiéme. La seconde que le *ne* n'est enclytique que lorsqu'il exprime le doute, et non pas quand il sert simplement pour interroger ; et qu'ainsi si la syllabe devant *ne* est breve ou commune, l'on doit mettre l'accent sur l'antepenultiéme dans les interrogations : comme *tíbine? hǽccine? síccine? ástrane? égone? Plátone? Cicérone?* etc. au lieu que dans l'autre sens qui signifie le doute, le *ne* attire l'accent sur la penultiéme, *Ciceróne*, *Platóne*, *illéne*.

Quant aux enclytiques separables, lors qu'ils sont joints à quelque autre mot avec lequel ils font quelque connexion de sens, l'on n'y met point d'accent, soit que l'enclytique precede, soit qu'il suive le mot auquel il est joint : parce que deux accens semblables ne doivent jamais estre placez immediatement l'un aupres de l'autre : c'est pourquoy l'on ne dit pas *Réx nóster, in sǽcula*, mais bien *Rex nóster, in sǽcula, te décet, nos aútem*.

XVIII. La sixiéme exception est, que l'accent peut estre diversement placé sur un mesme mot selon la difference de son temps present, ou passé, ou de sa signification. Par exemple, l'on marque *légit* au present avec un aigu et *lêgit* au preterit avec un circonflexe ; *óccido* le prenant de *cado* avec l'accent aigu sur l'antepenultiéme, et *occído* le prenant de *cædo* sur la penultiéme.

A quoy la pluspart des anciens ajoûtent que les dictions dissyllabes ou polyssyllabes, particulierement les indeclinables, lors qu'elles conviennent avec d'autres dictions semblables, peuvent et doivent recevoir un different accent, mesmes sur leur derniere syllabe, où il en est besoin : comme *circúm'littora*, pour le distinguer de l'accusatif de *circus* : *poné* adverbe pour ne le pas confondre avec l'impératif de *póno*, *póne*, *forté*, *repenté*, *uná*, *seduló*, *meritó*, *consultó*, *falsó*, *aliquó*, *intró*, *ergó* pour *causa*, *putá* pour *sícut*, etc., *qualém? quantúm?* avec un point interrogant ; *petít* pour *petíjt* ; *Deúm* au lieu de *Deórum* ; *Alpinás*, pour *Alpinátis*, *cujás* pour *cujátis*, *nostrás* pour *nostrátis*.

XIX. Mais en mettant ainsi l'accent sur la derniere syllabe, il faut éviter un abus que plusieurs ont introduit, y mettant le grave au lieu de l'aigu ; bien qu'ils pretendent que dans la prononciation il doit avoir la mesme valeur que l'aigu : laquelle erreur vient des Grecs, qui font souvent la mesme faute à l'égard de ces deux accens, marquant l'un quand ils veulent designer l'autre.

Ce qui toutefois ne se doit jamais observer en latin, vû que l'accent grave n'y est plus en usage ; et que le circonflexe ne s'y trouve non plus jamais sur la fin d'un mot, selon Quintilien, quoy que les Grecs l'y mettent quelquefois quand la derniere est longue ; C'est pourquoy ou l'on ne doit point mettre d'accent sur la derniere syllabe des mots ; ou s'il y en faut mettre, l'on doit se servir de l'aigu ; vû mesme qu'on le met presque toûjours en tous les autres endroits où le circonflexe pourroit estre, parce que celuy-cy n'estant qu'un composé de l'aigu et du grave, c'est l'aigu qui domine en luy et qui naturellement se doit trouver dans tous les mots que l'on prononce, ainsi qu'observe Quintilien apres Ciceron. C'est aussi pour cette mesme raison, qu'on ne met plus d'accent dans les livres d'Eglise sur les monosyllabes, ni sur les dissyllabes ; parce que ayant perdu cette distinction de l'aigu et du circonflexe, il nous suffit de sçavoir, en general, que les dissyllabes relevent toûjours la premiere.

XX. Or d'autant que les Latins ont tiré quelques mots tant du grec que de l'hebreu il reste à sçavoir quels accens il leur faut donner ; et premierement pour les mots qui sont grecs ou tout à fait ou en partie, en sorte qu'ils retiennent au moins quelque syllabe du grec, on les prononce ordinairement selon l'accent grec, ainsi l'on met l'aigu sur l'antepenultiéme en *eléison*, *lithóstrotos*, et d'autres, quoy que la penultiéme soit longue. Au contraire on le mettra sur la penultiéme quoy qu'elle soit breve dans *paralipoménon* et semblables. On mettra le circonflexe sur les genitifs pluriels en ῶν *periarchῶν*, et sur les adverbes en ῶς *ironicῶς*, *catholicῶς*, et semblables où on laisse *l'omega*.

Mais les mots qui sont entierement latinisez se doivent ordinairement prononcer selon les regles du latin, suivant le sentiment de Quintilien, de Capel, et d'autres anciens : quoy que ce ne soit pas une faute de les prononcer aussi suivant l'accent grec. Ainsi l'on dit l'accent sur l'antepenultiéme, *Aristóteles*, *A'ntipas*, *Bárnabas*, *Bóreas*, *blasphémia*, *Córidon*, *Démeas*, *Ecclésia*, *Tráseas*, etc., parce que la penultiéme est breve. Et au contraire l'on dit l'accent sur la penultiéme; *Alexandría*, *cithéron*, *erémus*, *meteóra*, *orthodóxus*, *paraclétus*, *pleurésis*, et semblables, parce qu'elle est longue.

Quant aux mots grecs qui ont la penultiéme commune, non par figure ou par licence, mais dans le bon usage et dans les excellens poëtes, ou à cause de quelque dialecte particuliere, hors le vers ils se prononcent toûjours mieux selon la dialecte commune ou l'attique, ou selon qu'en ont usé les excellens poëtes, qu'autrement. Ainsi il est meilleur de dire l'accent sur la penultiéme en *Choréa*, *conopéum*, *platéa*, *Oriónis*, et semblables, parce que les meilleurs poëtes la font longue. Que si ces mots ont la penultiéme tantost longue et tantost breve dans ces mesmes poëtes, on la prononcera comme l'on voudra dans la prose comme : *Busiris*, *Eriphile* : mais dans les vers on suivra toûjours la mesure des pieds selon ce qui a esté dit cy-dessus.

Voilà les regles les plus generales de ces mots grecs : contre lesquelles neantmoins l'on est souvent obligé d'user d'exception, ou de ceder à l'usage, et s'accommoder à la façon de prononcer qui est receuë parmi les sçavans, selon le pays où l'on est. Ainsi nous prononçons *Aristóbulus*, *Basílius*, *idólium*, l'accent sur l'antepenultiéme, quoy que la penultiéme soit longue, parce que c'est la coûtume. Et nous prononçons au contraire *Andræas*, *Idéa*, *María*, etc., l'accent sur la penultiéme, quoy que breve, parce que c'est l'usage. Les Italiens prononcent de mesme l'accent sur la penultiéme *Antonomasía*, *harmonía*, *philosophía*, *theología*, et semblables selon l'accent grec; parce que c'est la coûtume de leur pays; quoy que l'usage de France, d'Allemagne et d'Espagne y soit contraire : et que les autheurs soient partagez dans leurs sentimens touchant la prononciation de ces mots. Ce qui fait voir que depuis que l'on s'est departi des regles anciennes, la pratique n'en est ni asseurée, ni uniforme, puis qu'elle est differente selon les differens pays.

XXI. Il reste à voir quels accens il faut donner aux mots hebreux; ceux donc qui prennent une terminaison et une declinaison latine, suivent les regles des mots latins pour l'accent, et partant on le fait sur la penultiéme dans *Adámus*, *Iacóbus*, *Ioséphus*, etc., parce qu'elle est longue, mais si ces mots demeurent dans la terminaison hebraïque et sont indeclinables, on peut les prononcer ou selon les regles des mots latins, ou selon l'accent grec, si ces mots ont passé par la langue grecque, avant que d'estre receus dans la latine; ou enfin selon l'accent hebreu. Que si ces trois choses concourent ensemble, il n'y a nulle raison de prononcer autrement, si ce n'est peut-estre par un usage receu et approuvé de tout le monde, auquel on est souvent obligé de s'accommoder. Et partant il faut, selon cette regle, poser l'accent sur la penultiéme d'*Aggéus*, *Bethsúra*, *Cethúra*, *Debóra*, *Eleázar*, *Rebécca*, *Salóme*, *Sephóra*, *Susánna;* parce que non seulement la penultiéme y est longue par nature, mais aussi qu'elle reçoit l'accent dans le grec et dans l'hebreu. Quand mesme ces mots sont entierement hebreux, il est mieux de les faire selon l'accent hebreu; et partant il faut relever la derniere en *Eloí*, *ephethá*, *sabaóth*, et semblables. En quoy neantmoins il faut prendre garde que comme plusieurs de ces mots sont passez dans le service de l'Eglise, il est quelquefois d'autant plus necessaire de les prononcer selon l'usage receu, qu'ils sont presque en la bouche de tous les peuples et de toutes les nations. C'est pourquoy contre cette regle on prononce ordinairement l'accent sur l'antepenultiéme dans *Elísabeth*, *Gólgotha*, *Melchísedech*, *Móyses*, *Sámuel*, *Sálomon*, *Samária*, *Siloë*, et quelques autres.

Par là on voit que c'est une erreur de croire, que tous les mots, non seulement hebreux, mais aussi barbares ou estrangers se doivent prononcer l'accent sur la derniere. Et quoy que cela ait esté doctement refuté par Nebrissensis, et par Despautere apres luy, neantmoins l'usage n'a pas laissé de s'en répandre, et demeure encore dans la pratique de plusieurs Eglises en la mediation de quelques tons des pseaumes, à cause peut-estre de l'accent hebreu qui y domine.

REPRODUCTION EXACTE DES PASSAGES DE GUY D'AREZZO

QUI SE TROUVENT CITÉS DANS LE CHAPITRE V DE JUMILHAC, COLLATIONNÉS DE NOUVEAU SUR LE MANUSCRIT DE SAINT-ÉVROULT.

Page 274, note 2.

« Fini quoque debet esse consonum principium. »

(P. 17 du mss. de S.-Evroult.)

« Differentiarum autem modorum horum formulę, secundum principium cantuum dispositę sunt, ut quemadmodum finalis vox aliquem proprium modum metitur ; sic et rationabiliter principia eorundem cantuum aptiores sibi formulas coaptent, quatenus sit pulchra conexio quę secundum proprios in unaquaque dirigatur motus (p. 29 du mss. de S.-Evroult). »

Et infra :

« Nec aliquis modorum ampliores permittitur habere formulas, nisi quę ex ipso regulariter generari poterunt (*ibid.*). »

Page 276, note 1.

« Item ut in modum currentis equi semper in finem distinctio-num rarius voces ad locum respirationis accedant ut quasi gravi more ad repausandum lasse perveniant (p. 10 du mss. de S.-Evroult). »

Page 276, note 6.

« Item sępe vocibus grave et acutum accentum superponimus, quia sępe aut majori impulsu quędam, aut minori efferimus, adeo ut ejusdem sępe vocis repeticio, elevatio, vel depositio esse videatur (p. 10 du mss. de S.-Evroult). »

Cette dernière citation est d'une haute importance, puisqu'elle prouve que, du temps de Guy d'Arezzo, l'accentuation ecclésiastique était SOUVENT observée dans le plain-chant. M. Fétis n'a pas tenu compte de ce témoignage du moine d'Arezzo, dans sa *Biographie univers. des Musiciens*, tom. I, *Résumé de l'Hist. de la Musique*, p. CLXXIII. *(Note des éditeurs.)*

CHAPITRE VI.

I. Ce n'est pas assez de sçavoir ce qui est necessaire pour bien chanter seul et en son particulier ; mais il faut encore remarquer ce qui doit estre observé lors que l'on chante plusieurs ensemble et en chœur. La principale chose donc qui alors doit estre observée dans le plain-chant est de mesler tellement sa voix avec celles des autres, et de s'accoûtumer à la lier et à l'unir si parfaitement avec le son des autres voix qui chantent conjointement, qu'elle ne les excede ni en s'élevant, ni en s'abbaissant davantage, ni en durant plus ou moins de temps que les autres ; en sorte que l'on ne puisse quasi entendre ni s'appercevoir qu'elle passe les autres en quoy (1) que ce soit ; mais plûtost que toutes les voix ensemble paroissent ne sortir que comme d'une (2) mesme bouche, et ne rendre quasi qu'un mesme son composé de plusieurs voix.

II. Or afin de parvenir à la pratique de cette parfaite union dans laquelle l'harmonie, la beauté, la douceur, et la devotion du plain-chant consistent principalement, et laquelle est comme le dernier trait qui en acheve la perfection, ou comme le sceau duquel tout le reste doit estre marqué, deux ou trois choses sont particulierement necessaires.

La premiere est, que tous ceux qui chantent ensemble ayent esté instruits ou formez au chant suivant les mesmes principes, les mesmes regles, et autant que faire se pourra selon la mesme methode.

La seconde qu'ils s'étudient tous de chanter de l'oreille, c'est à dire, à s'écouter eux mesmes et à écouter les autres avec lesquels ils chantent, afin d'accommoder modestement leurs voix (3) à celles des autres, d'autant que l'accord ne se produisant que par un entier et parfait meslange des voix les unes avec les autres, il ne peut se faire ni s'entretenir au plain-chant, que lors qu'on s'entr'écoute sans cesse, ainsi qu'il a esté dit cy-dessus. A quoy la situation de ceux qui chantent ensemble peut beaucoup aider, si ayant égard à la disposition du lieu où ils sont et à la qualité des voix, ils ne se placent ni trop pres ni trop loing les uns des autres : parce que la trop grande proximité n'empesche pas moins de s'entr'entendre que le trop grand éloignement, ainsi qu'on le peut experimenter quand on est trop pres du son d'une cloche qui alors ne fait qu'étourdir l'oreille et en confondre le sentiment, de mesme que l'objet qui est trop proche des yeux, ou dont la lumiere est trop grande ébloüit la veuë, et la rend comme aveugle. Et c'est une des causes pourquoy dans les cathedrales et autres grandes eglises où le chant est regulierement conduit, l'on laisse une chaire vuide entre deux.

La troisiéme chose necessaire pour l'accord est qu'apres les silences et les pauses aucun ne

---

(1) Vox omnium vestrum non dissona esse debet ; sed consona : nec unus insipienter protrahat, et alter contrahat ; aut unus humiliet vocem, et alter extollat : sed nitatur unusquisque humiliter vocem suam intra sonum concinentis chori includere, et quasi ex uno ore eumdem psalmorum sonum, eamdemque vocis modulationem æqualiter proferre. Qui autem vocem æquare cæteris non potest, melius est ei tacere, quam clamose perstrepere : sic enim et ministerij implebit officium, et psallenti fraternitati non faciet offendiculum. *Augustinus sermone de utilitate et cantu psalmorum. Citato in milliloquio. Verbo psalmus, et psallere. Et à Dionisio Charthus. sermone 5. in Domin. 2. Adventus.*

* Est enim absurdum à concentu universo discrepare et singulis rhythmis minime tribuere consentanea. *Plato. 7. de legibus.*

(2) Tunc hi tres quasi uno ore laudabant, et glorificabant, et benedicebant Deum in fornace dicentes. *Daniel. 3. 51.*

(3) Ipsum sonum vocis libret modestia, nec cujusquam offendat aures vox fortior. *Ambrosius lib. 1. officiorum cap. 18.*

* Quando in unum cum fratribus convenimus, et sacrificia divina cum sacerdote celebramus, verecundiæ et disciplinæ memores esse debemus, non passim ventilare preces nostras inconditis vocibus. *Cyprianus, de oratione Dominica.*

recommence (1) jamais le chant avant ceux qui en ont la conduite, et qui comme ses premiers mobiles ont aussi la charge de le recommencer les premiers : en sorte que chacun ait seulement le soin de les suivre aussi-tost, et de se joindre si parfaitement tant à eux qu'aux autres, avec lesquels ils chantent, que jamais il ne les previenne, ni ne les devance; mais que sa voix soit toûjours comme renfermée entre le commencement et la fin des autres voix. A quoy l'on a eü un égard si particulier dans l'Eglise, que dés ses commencemens l'on y a establi des soûs-chantres (2) pour reprendre les premiers ce que les chantres mesmes avoient commencé ; et que l'on n'y a introduit l'ancienne coûtume qu'ont les chantres ou les sous-chantres de se pourmener d'un bout du chœur à l'autre pendant qu'on chante, sinon afin que chacun puisse mieux les entendre, et qu'eux mesmes puissent remarquer plus distinctement ceux qui y manquent, ou qui discordent, pour les en avertir et les redresser sur le champ, si ce sont des Ecclesiastiques ; ou leur imposer silence, si ce sont des seculiers et des externes ; Ce qui est conforme à l'ordonnance (3) du concile de Laodicée, l'un des plus anciens de l'Eglise, qui porte qu'aucun à l'avenir n'ait à chanter dans l'Eglise, sinon ceux qui y sont destinez d'office, et qui sont accoûtumez à chanter regulierement. Platon mesme remarque (4) que dans les plus anciens chants du paganisme l'on y a observé une semblable police et discipline.

III. Ce n'est donc pas seulement dans la musique à plusieurs parties, qu'aucun ne doit recommencer apres les pauses ou silences jusques à ce que le maistre de psalette ou autre qui doit conduire ou poursuivre le chant, le recommence soit par la voix soit par le battement de la mesure. Le plain-chant, et les autres chants à l'unisson n'en ont pas moins de besoin (5) que la musique,

---

(1) Psalmodiam non multum protrahamus, sed rotonde et viva voce cantemus, initium et finem versus simul incipientes, simulque dimittentes, et bonam in medio pausam tenentes. Nullus ante alios incipere et nimis præcurrere, et post alios nimis trahere audeat : simul cantemus, simul pausemus, SEMPER IN AUSCULTANDO. *Bernardus sermone 47. in cantica versus finem.*

* Quam ob causam multi cum cantant, melius numeros servant, quam pauci? An quod multi magis unum, ducemque respiciunt : itaque facilius assequi idem possunt ; quippe cum in accelerando eveniat, ut plus erroris committatur. Accidit autem ut suo duci multi, quam pauci sint attentiores. Segregans vero sese nemo eorum exuperata multitudine clarere potuerit, quamquam inter paucos facilius procul dubio poterit. Quamobrem inter se ipsi per se potius, quam cum principe certant. *Arist. sectione 19. problem. 22. et 46.*

(2) Cantoris duo genera dicuntur in arte musica, sicut in ea docti homines dicere potuerunt, præcentor, et succentor. Præcentor est qui vocem præmittit in cantu; succentor autem qui subsequenter canendo respondet. Concentor autem dicitur qui consonat : qui autem non consonat, non concinit, nec cantor nec succentor erit. *Isidorus lib. 7. originum cap. 12.*

* Tres sunt gradus in canendo, primus præcentoris, secundus succentoris, tertius accentoris. *Isidor. lib. 6. orig. cap. 19.*

(3) Quod non oportet amplius præter canonicos psaltes, id est, eos qui regulariter cantores existunt, quique suggestum ascendunt, et ex membrana legunt, aliquos alios canere in Ecclesia. *Concilium Laodicenum circa annum Christi. 320 canone 15.*

* Ut laici secus altare quo sacra mysteria celebrantur, inter clericos tam ad vigilias quam ad missas stare penitus non præsumant; sed pars illa, quæ à cancellis versus altare dividitur, choris tantum psallentium pateat clericorum. *Concilium Turonense anno Domini 567.*

* *Chrisostomus in cap. 8. Isaiæ homilia 1.*

(4) Musica enim tunc in certas quasdam formas suas distribuebatur : et una erat illius species precatio ad deos, quæ hymnorum nomine notabatur. Et illi speciei alia erat contraria, quæ threnos; alia quam pæanas nuncupabant : et alia liberi patris inventum, Dythyrambi nomine ; et alia cytharedicæ leges appellatæ. His, aliisque hujusmodi carminum formis constitutis, non licebat cuiquam aliquo versuum genere, alterius vice, abuti : At illorum robur et nosse, et simul de eis judicare, et eum, qui non pareret, multare, non erat illud fistulæ munus; nec in hac re dominabantur IMPERITÆ QUÆDAM VOCES, et exclamationes multitudinis, quemadmodum hoc tempore : nec vero plausus ad laudes personandas ; sed res tota erat penes eos, qui eruditionem, atque disciplinam litterarum profitebantur. Iis EA REVERENTIA TRIBUEBATUR, UT AD FINEM USQUE CUM ATTENTIONE ET SILENTIO QUODAM EXAUDIRENTUR : PUERIS VERO, ET PEDAGOGIS ET FREQUENTI POPULO, VIRGA, MAGISTERII ILLIUS INSIGNI, ACTIONEM ILLAM ORNANTE ADMONITIO FIEBAT. *Plato 3. de legibus versus finem.*

* Primum igitur in chori ludo cœterisque musicæ modis exercendis, ubi viri, pueri, puellæ, musicæ modis exercentur, principes quidam, et quasi antecessores eligendi : unus autem ille princeps est, qui non minus quam quadraginta annos sit natus. *Plato 6. de legibus circa medium.*

(5) Haud scio unde illi stultam illam opinionem hauserint, ut credant mensurate, composite, et cum recta ratione canendum non esse, nisi in musica figurata : quasi extra eam neque decorum servari, neque Dei, aut religionis rationem haberi oporteret; cum tamen plani cantus ratio, ipso nomine significata postulet, ut gravius et quasi plano pede firmius in canendo procedatur ; et ipsa notarum diversitas metiendæ vocis, id est, alias corripiendæ, alias protelandæ tenorem præscribat. Quin et illud adjungimus cantum Gregorianum seu planum aut firmum, solum esse germanum, et legitimum Dei cantum : Musicum autem istud, seu chromaticum cantillandi genus ascitium, et serius in choros introductum ; ut, ne dicam, à sanctis viris sæpe improbatum ; à Pio quarto tantum non abrogatum ; certe Ecclesiæ Græcæ prorsus incognitum : Itaque multo studiosius et accuratius celebrandum esse; quam musicum. *Iacobus Eveillon de recta ratione psallendi cap. 2. articulo 3.*

au contraire cette pratique paroist y estre beaucoup plus necessaire qu'elle n'est dans la musique mesme, parce que les parties de celle-cy ne chantent ordinairement que des sons differens qui demandent seulement d'estre consones pour estre d'accord ensemble; mais au plain-chant les diverses voix ne peuvent en quoy que cé soit avoir des sons differens, non plus au temps qu'en la distance, qu'aussi-tost elles ne tombent dans la dissonance (1) et dans le discord. C'est pourquoy elles ont besoin pour s'entretenir dans l'accord non seulement d'estre consones ou bien équisones, c'est à dire, d'avoir quasi un mesme son : mais aussi d'estre unisones (2) et de n'avoir toutes ensemble qu'un mesme son; parce que la nature de l'unisson demande cette sorte d'unité dans les voix, et une union bien plus estroitte que n'est pas celle des consonances. D'où vient que toutes les consonances le regardent comme leur origine, leur fondement, et leur fin, ne tendent naturellement qu'à l'unisson, et n'ont ni de douceur ni de perfection, qu'à proportion de la (3) ressemblance plus grande ou plus petite qu'elles ont avec le mesme unisson. De sorte que le plainchant, et tous les autres qui se font à l'unisson, comme le metrique, le rythmique ou psalmodique, et mesmes le chant droit, devant avoir leurs voix bien plus étroitement unies que les chants à plusieurs parties n'ont les leurs dans les consonances, il est évident qu'il est autant ou plus necessaire d'attendre et de suivre la conduite de celuy qui doit recommencer dans le plainchant pour y entretenir l'accord de plusieurs voix, que non pas dans la musique à plusieurs parties.

IV. Ce sera donc cette parfaite union des voix qui fera la closture de toute la pratique du chant, puis qu'elle est non seulement le principe de l'agréement du chant et de son pouvoir sur les cœurs et sur les esprits, mais aussi (4) sa derniere perfection; et tout ensemble le (5) symbole, tant de l'union des cœurs et de la charité chrestienne qui est l'accomplissement de toute la loy dans l'Eglise militante, que de l'accord avec lequel les chœurs des anges et des saints dans la triomphante chantent sans fin des cantiques de loüange, de benediction, et d'action de graces à celuy qui est toute leur gloire, et leur éternelle felicité.

ET NUNC IN OMNI CORDE, ET ORE COLLAUDATE, ET BENEDICITE NOMEN DOMINI. *Ecclesiastici* 39. 41.

(1) Dissonantia vero fit, cum difissa quodammodo et impermixta ex ambobus vox auditur. *Et infra.* Intervallorum nullus sonus ad continuum est consonus; sed omnino dissonus. *Nicomachus lib.* 1. *manualis harmonices.*

(2) Unisonæ voces sunt quarum unus sonus est vel in gravi, vel in acuto. *Boëtius lib.* 5, *mus. cap.* 4. Vel quæ sigillatim pulsæ unum atque eumdem reddunt sonum. Æquisonæ vero, quæ simul pulsæ unum ex duobus, atque simplicem quodammodo efficiunt sonum. Consonæ, quæ compositum permixtumque, suavem tamen, efficiunt sonum. *Boëtius lib.* 5, *cap.* 10.

(3) Quoniam igitur univocis quidem comparationibus proximæ sunt æquivocæ, necessarie est, ut æquis numeris ea numerorum inæqualitas adjungatur, quæ est proxima æquis. Est autem juxta æqualitatem numerorum ea, quæ est dupla, etc. *Boëtius lib.* 5, *musicæ cap.* 10.

* Ptolemeus lib. 1. cap. 5. fatetur Diapason esse omnium consonantiarum perfectissimam, quod ad unisonum maxime accedat; quemadmodum ratio dupla præstat cæteris, quod maxime accedat ad rationem æqualitatis. *Mersennus lib.* 4. *harm. proposit.* 3.

* Octava maximam habet cum unisono similitudinem, quod ex eadem divisione nascatur, et eodem fere modo aures afficiat. *Mersennus lib.* 4. *harm. propositione* 17.

* L'unisson est deux fois plus doux que l'octave, parce qu'il unit ses battements deux fois plus souvent. *Mersenne tom.* 1. de *l'harmonie universelle. Livre* 1. *des consonnances proposition* 11.

(4) CONCINIT ENIM, QUI CONSONAT; QUI AUTEM NON CONSONAT, NON CONCINIT. *August. in psalm* 72.

* CHORUS EST CONSENSIO CANTANTIUM : si in choro cantemus, concorditer cantemus. In choro cantantium quisquis voce discrepat, offendit auditum, et perturbat chorum. *Augustinus in psalmum* 149.

(5) Diversorum enim sonorum rationabilis moderatusque concentus concordi varietate compactam bene ordinatæ civitatis insinuat unitatem. *Aug. lib.* 17. *de civitate Dei cap.* 14.

* Itaque, quod omnium bonorum est præstantissimum, charitatem præstat hominibus psalmodia, ut pute, quæ conventum vocum, velut commune quoddam vinculum conjunctionis animorum excogitaverit, et ad concordem unius chori harmoniam populum coaptaverit. *Basilius homilia* 1. *in psalmos.*

* Charitatem psalmus instaurat, conjunctionem quamdam per consonantiam vocis efficiens, et diversum populum unius chori per concordiam consona modulatione consocians. *Augustinus prologo in psalmos.*

* Propter hoc in consensu vestro, et consona charitate JESUS-CHRISTUS canitur; sed et singuli chorus facti estis; ut consoni existentes in consensu, melos Dei accipientes in unitate CANTETIS IN VOCE UNA. *Ignatius martyr epist. ad Ephesios.*

TABLE DES CHAPITRES.

PARTIE QUATRIÉME.

DES TONS OU MODES DU CHANT.

PARTIE CINQUIÉME.

DES CADENCES DES MODES, ET DE LA MESURE DE LEURS PAUSES OU SILENCES.

PARTIE SIXIÉME.

DE LA PRATIQUE DU CHANT.

APPROBATION.

Je sous-signé Maistre de la Musique de la Sainte Chapelle de Paris, Certifie avoir leu exactement un Livre intitulé, *La Science et la pratique du Plain-chant ;* et je l'ay leu avec bien de la joye, quand j'ay appris qu'il estoit l'ouvrage d'un Religieux de l'Ordre de Saint Benoist, sçachant que depuis plusieurs siecles il semble que Dieu ait mis comme en dépost toutes les Sciences dans cét Ordre illustre, et principalement la Musique qui luy doit la meilleure partie de ses beaux chants, sa gamme, ses lignes, ses clefs, ses notes et ses regles ; Ce qui me fit esperer de trouver en ce Livre quelque chose qui répondroit à la reputation que cét Ordre s'est acquis et conservé jusqu'icy dans les Sciences. Mon esperance n'a point esté vaine, et je reuds témoignage au public d'y avoir veu la Theorie de la Musique entierement debarassée de l'obscurité dont les anciens Maistres de cette divine Science l'auoient enveloppée ; et d'y avoir leu tant de recherches et tant de citations de presque tous les Auteurs qui en ont traité, qu'on peut regarder cét ouvrage comme un abregé de plusieurs autres, et comme un recueil de toutes les methodes qui ont paru jusqu'icy sur la pratique du chant Ecclesiastique ; ainsi je juge qu'il sera tres-utile au public. A Paris le 3. d'Octobre 1671. R. OUVRARD.

EXTRAIT DV PRIVILEGE DV ROY.

Par grace et Privilege du Roy il est permis au R. P. General de la Congregation de S. Maur, de faire imprimer, vendre et debiter par tels Imprimeurs ou Libraires qu'il voudra choisir le Livre intitulé *La science et la pratique du Plain-chant*, pendant le temps de vingt aus, et deffences sont faites à tous Libraires, Imprimeur, et autres personnes de quelque qualité et condition qu'elles soient, de l'imprimer ou faire imprimer, vendre et distribuër pendant ledit temps sans la permission dudit R. P. General, ou de ceux qui auront droit de luy, à peine de trois mil livres d'amande, confiscation des exemplaires, et de tous dépens, dommages et interests ; ainsi qu'il est plus au long contenu dans ledit Privilege donné à Versailles le 7. jour de Mars 1672. Par le Roy en son Conseil. Signé DENIS.

Registré sur le Livre de la Communauté des Libraires et Imprimeurs de Paris le 28 Iuin 1672. suivant l'Arrest du Parlement du 8. avril 1653. et celuy du Conseil Privé du Roy du 27. février 1665. D. THIERRY. Scindic.

Achevé d'imprimer pour la premiere fois le 2. jour d'Octobre 1673.

La réimpression du Traité de Dom Jumilhac a été faite sur deux exemplaires de l'ancienne édition de 1673. L'un de ces exemplaires appartient à M. l'abbé Pascal (*voir* page 2, dernier paragraphe); l'autre est la propriété de M. l'abbé Le Guillou (*voir* l'article qui est consacré à ce littérateur-musicien dans la Table onomastique des auteurs cités en cette seconde édition de Dom Jumilhac).

Les éditeurs.

PREMIER SUPPLÉMENT DES ÉDITEURS.

TABLE ALPHABÉTIQUE

AGNUS DEI.

ALLELUIA.

ALMA REDEMPTORIS.

ALPHABET.

ANTIENNES.

APOCOPE.

APOTOME.

ART.

ASPERGES ME.

AVE, REGINA.

B

B MOL.

B ROND.

BARRES.

BATON.

BÉCARRE.

BÉNÉDICTIONS.

C

CADENCES.

CANTIQUES.

CAPITULE.

CÉRÉMONIES.

CHANT.

Explications sur la nature de ces trois sortes de chant, *ibid.*, n° ii.

En quoi consiste l'agrément et la perfection de l'exécution du chant, p. 268, n° i.

Pourquoi le chant a-t-il été institué? p. 269, n° ii.

Le chant ecclésiastique est essentiellement unisone, puisqu'il exprime l'union des cœurs et des prières dans l'Église militante avec celle des anges et des saints de l'Église triomphante, p. 284, n° iv.

La mélodie doit toujours être, autant que possible, accommodée au sens de la lettre, p. 159, n° ii.

Les compositeurs doivent accorder le plus qu'ils peuvent l'accent euphonique du chant avec celui de la grammaire ou de la poésie dans les chants métriques, *ibid.*

CHANT AMBROSIEN.

Du chant en particulier. Opinion de Glaréan sur sa constitution, p. 173.

Voyez la *note* 2*.

CHANT GRÉGORIEN.

Il a été altéré, p. 1.

Comment il pourra être réhabilité, p. 2.

Sa supériorité, p. 1.

Sa valeur, p. 141, n° iii.

Son auteur, p. 36, n° vi, note 2.

Exemples de quelques fragments de chant grégorien notés avec des lettres, p. 97, 98.

En quoi consiste la mesure du chant grégorien, p. 141, n° iii.

Constitution particulière de ce chant par rapport à l'accentuation ou quantité des syllabes des mots, *ibid.*

Simplicité du chant grégorien.

Voyez la *note* de Glaréan, p. 173.

A quelle espèce de chant appartiennent les différents morceaux de chant de la messe, des vêpres et de tous les offices de l'Église? p. 164 et suivantes.

CHANT MÉTRIQUE.

On le nomme aussi ambrosien. — C'est une des divisions du chant grégorien, p. 36, n° vi, et p. 140, n° i.

En quoi il consiste, p. 142, n° v.

La manière de le noter, p. 156, n° v.

Tableau des notes et de leur valeur proportionnelle employées dans le plain-chant et dans le chant métrique, p. 157.

Exemples de chants métriques, p. 163.

Règles à observer dans l'exécution du chant métrique, p. 271, n° vii.

De quelques parties de l'office qui appartiennent à cette espèce de chant, p. 165, n° vi.

CHANT RHYTHMIQUE OU PSALMODIQUE.

C'est une des divisions du chant grégorien, p. 36, n° vi, et p. 140, n° i.

Sa nature, p. 142, n° iv.

L'inégalité de la mesure de ce chant le rend incommensurable. Comment on le note ordinairement, p. 155, n° iv.

Chant des versets après les capitules et les hymnes, p. 164, n° iii.

Voyez *Capitule, Hymne, Verset.*

Chant de la psalmodie à l'unisson, p. 164, n° v.

Formule des intonations, des médiations, des teneurs et des terminaisons de tous les chants psalmodiques de l'Antiphonier romain, p. 189 et suivantes.

De la durée des pauses dans le chant des psaumes, p. 257, n° ii.

Chant des Répons brefs, p. 164, n° iv.

Id. des Bénédictions, *ibid.*

Id. des Absolutions, *ibid.*

Id. des Passions, *ibid.*

Id. des Lamentations, *ibid.*

Id. des Prophéties, *ibid.*

Id. des Leçons, *ibid.*

Id. du *Kyrie* des féries de Carême, p. 164, n° iv.

Id. du *Sanctus* des féries de Carême, *ibid.*

Id. de l'*Agnus Dei* des féries de Carême, *ibid.*

Id. du *Te Deum, ibid.*

Id. du *Pater, ibid.*

Id. des Préfaces, *ibid.*

Id. des Épîtres, *ibid.*

Id. des Évangiles, *ibid.*

Id. des Versets après les hymnes et les capitules, *ibid.*

CHANTS DACTYLIQUES.

Exemples, p. 163.

Id. de chant dactylique mêlé à l'ïambique, *ibid.*

CHANTS ÏAMBIQUES.

Exemples, p. 163.

CHANTS TROCHAÏQUES.

Exemples, p. 163.

CHANTS TROCHAÏQUE ET ÏAMBIQUE.

La prose *Veni, sancte Spiritus* et plusieurs autres ap-

COULEUR.

D

DÉFAUTS.

DEMI-TON.

DIACHISME.

DIAPASON.

DIAPENTE.

DIATESSARON.

DIÈSE.

DISCRETIVE (NOTE).

DISDIAPASON.

DISJONCTION.

DISSONANCES.

DISSYLLABE.

DITON.

DIXIÈME.

Comment on trouve, à l'aide du monocorde, la dixième majeure, p. 89.

Comment trouve-t-on la dixième mineure, *ibid.*

DOMINANTE.

Qu'est-ce que la dominante? p. 187.

Exemples des dominantes des douze modes naturels, *ibid.*

Exemples des dominantes des douze modes transposés, *ibid.*

Exemple de toutes les dominantes en même ton de pleine voix, p. 232.

Les dominantes prise en pleines voix aident beaucoup à soutenir le ton, p. 239, *ad finem*, n° III.

En quelles circonstances la dominante doit être baissée plus ou moins, p. 241 et 242.

DOMINUS VOBISCUM.

Différentes formules d'après lesquelles on le chante, p. 244 et 248.

DORIEN.

Nom donné au 1er mode naturel. — Notes constitutives de ce mode, p. 171.

Voyez *Mode.*

DORIEN (SOUS-).

Nom du 2e mode naturel. — Ses notes constitutives, p. 171.

Voyez *Mode.*

DOUBLE OCTAVE.

Voyez *Disdiapason.*

DOUZIÈME.

Sa formation au moyen du monochorde, p. 89.

E

ECCE LIGNUM CRUCIS.

Élévations successives du chant de ce verset, p. 250.

ÉGALITÉ.

Elle est le principe de toutes les proportions, p. 79, n° III.

ÉGYPTIENS.

Les Égyptiens ont appris et reçu le chant des Hébreux, p. 23, notes 4, 5 et 6, etc.

ÉLISION.

En quoi elle consiste, p. 271, n° VIII.

Voyez *Synalèphe.*

ENCLYTIQUES.

Leur nature, p. 277, n° XVII.

Leur accentuation, *ibid.*

ÉOLIEN.

Nom du 9e mode. — Ses notes constitutives, p. 171.

Voyez *Mode.*

ÉOLIEN (SOUS-).

Nom du 10e mode. — Ses notes constitutives, p. 171.

Voyez *Mode.*

ÉPITRES.

De la nature de leur chant, p. 164, n° IV.

Voyez *Chant rhythmique.*

Manière de les chanter, p. 249.

Règles pour la durée des pauses dans le chant des Épîtres, p. 257, n° III.

ÉVANGILES.

Comment il faut chanter les Évangiles, p. 164, 249 et 250.

Règles pour la durée des pauses dans le chant des Évangiles, p. 257, n° III.

F

FÈVES.

Pourquoi les Gentils appelaient-ils les chantres mangeurs de fèves? p. 269, note 1.

FINALE (NOTE).

Qu'appelle-t-on note finale? p. 186, n° III.

Voyez *Note finale.*

FLECTAMUS GENUA.

Manières de chanter ce verset après les prophéties et les monitions du Vendredi Saint, p. 249.

FORMULES DE LA PSALMODIE.

FREDONS.

G

GAMMA.

GAMME.

GENRE.

GLORIA IN EXCELSIS.

GLORIA PATRI DES INTROÏTS.

GRADUELS.

GRECS.

GUIDON.

H

HÆC DIES.

INTONATION.

INTRODUCTOIRE.

INTROITS.

INVIOLATA.

IONIEN.

IONIEN (SOUS-).

J

JASTIEN.

JASTIEN (SOUS-).

K

KYRIE.

L

LAMENTATIONS.

LATINS.

LEÇONS.

LETTRES.

Ce qu'elles expriment dans le système de notation de Guy d'Arezzo, p. 105, n°s III et suivants.

Pourquoi a-t-il employé des lettres majuscules, minuscules et doubles? p. 106, n° v; 117, n° v.

Pour quel motif Guy d'Arezzo n'a employé que sept lettres dans sa gamme, système, ou monocorde, p. 119, et suivantes, *passim.*

Les lettres ont été inventées pour signifier le nombre et la différence des sons et des voix, p. 131, n° I.

Lettres finales et affinales des modes, p. 172, n° vi.

Par quelles lettres peuvent commencer tous les modes naturels, p. 189, n° iv.

Par quelle espèce de lettre peut-on commencer les modes transposés? *ibid.,* n° v.

Nécessité de bien connaître les lettres de la gamme pour apprendre le chant, p. 262, n° II.

LIAISONS
OU LIGATURES DES NOTES DANS LE CHANT.

De quelle manière on fait la ligature, soit que les notes montent soit qu'elles descendent, p. 151, n°s III et suiv.

Emploi des ligatures dans les chants rhythmiques ou psalmodiques, p. 155, n° iv.

Dans les chants métriques, p. 156, n^{os} v et suivants.

LIGATURE.

Manières diverses de lier les notes ensemble, p. 151 et suivantes.

Voyez *Liaisons.*

LIGNES.

Emploi des lignes par Guy d'Arezzo pour faciliter la notation, p. 94, n° v, *ad finem;* 95, n° vi; 97, n° ix.

Elles ont été mises en usage par plusieurs auteurs, p. 95, n° vii.

Les Grecs et les Latins ne les ont pas employées, *ibid.*

Explication relative à l'emploi des quatre lignes parallèles sur lesquelles sont placées les notes, ainsi que dans les interlignes, p. 131, n°s III et suivants.

Exemple, *ibid.*

Ces quatre lignes ont été appelées *pattée,* pourquoi? *ibid.,* n° III.

LYCHANOS HYPATON.

Son emploi par les Grecs, p. 69.

Voyez *Quinte.*

LYDIEN.

Nom du 5e mode. — Ses notes constitutives, p. 171.

Voyez *Mode.*

LYDIEN (SOUS-).

Nom du 6e mode. — Ses notes constitutives, p. 171.

Voyez *Mode.*

M

MAIN MUSICALE.

L'auteur en attribue à tort l'invention à Guy d'Arezzo, p. 105, note 1.

MAITRE.

Combien il est avantageux d'avoir un maître habile pour apprendre le chant, p. 260, n° v; 264, n° vi.

Voyez *Pratique du chant.*

MARTYROLOGE.

Formule du martyrologe, p. 247.

Formule des variations du chant du martyrologe, la veille de Noël, p. 250.

MÉDIANE.

A quelle espèce de note appartient cette désignation, p. 187.

Voyez *Dominante.*

MÉDIATIONS PSALMODIQUES.

En quoi consiste la médiation psalmodique, p. 274, n° I.

Comment on doit la faire en chantant, p. 275, n° v.

Des conditions pour l'exécution régulière de toutes les médiations des psaumes en usage dans l'antiphonaire romain, p. 189 et 275, n° v.

Exemples des médiations de tous les tons ou modes psalmodiques, p. 190 et suivantes.

Voyez *Chants psalmodiques.*

MÉDIÉTÉ.

Ce que Jumilhac appelle ainsi dans les sons et intervalles, p. 78, n° II.

Médiété arithmétique, — Géométrique, — Harmonique, *ibid.*

MÉLODIE.

Elle doit être agréable et exprimer le sens de la lettre, p. 33, n° I; 38, n° II.

En quoi consiste la mélodie, p. 36, n° vii; 38, n° II, notes 1, 2; 53, n° II.

MODES PSALMODIQUES.

1er MODE OU DORIEN.

2e MODE OU SOUS-DORIEN.

3e MODE OU PHRYGIEN.

Antiennes dont le commencement a rapport avec cette terminaison, *ibid.*

2ᵉ terminaison de ce ton, avec ses notes fondamentales et survenantes, *ibid.*, et p. 197.

Commencements d'antiennes qui ont rapport avec cette 2ᵉ terminaison, *ibid.*

3ᵉ terminaison de ce ton, avec ses notes fondamentales et survenantes, p. 197.

Antiennes dont le commencement se rapporte à cette terminaison, *ibid.*

Propriétés essentielles de ce mode, p. 226, n° III.

4ᵉ MODE OU SOUS-PHRYGIEN.

1ʳᵉ terminaison du 4ᵉ mode, avec ses notes fondamentales et survenantes, *ibid.*

Antiennes dont le commencement convient à cette terminaison, p. 199.

2ᵉ terminaison de ce ton, avec ses notes fondamentales et survenantes, *ibid.*

Antiennes dont le commencement se rapporte à cette terminaison, *ibid.*

3ᵉ terminaison de ce ton, avec ses notes fondamentales et ses survenantes, p. 199.

Antiennes dont le commencement convient à cette terminaison, p. 200.

Propriétés essentielles de ce mode, p. 226, n° III.

Voyez p. 170 et 171.

Intonations et médiations psalmodiques du 4ᵉ ton des fêtes simples, des féries, des fêtes solennelles, doubles et semi-doubles, avec leurs notes fondamentales et leurs survenantes, p. 198.

5ᵉ MODE OU LYDIEN.

Voyez p. 170 et 171.

Intonations et médiations psalmodiques du 5ᵉ ton des fêtes simples, des féries, des fêtes solennelles, doubles et semi-doubles, avec les notes fondamentales et les survenantes, p. 200 et 201.

Antiennes dont le commencement convient aux terminaisons du 5ᵉ ton, p. 201.

Propriétés essentielles de ce mode, p. 226, n° III.

6ᵉ MODE OU SOUS-LYDIEN.

Voyez p. 170 et 171.

Intonations et médiations psalmodiques du 6ᵉ ton pour les féries, les fêtes simples, solennelles, doubles et semi-doubles, avec les notes fondamentales et les survenantes, p. 201 et 202.

Ce ton n'a qu'une terminaison.

Voyez p. 202.

Antiennes dont le commencement se rapporte à cette unique terminaison, *ibid.*

Propriétés essentielles de ce mode, p. 226, n° III.

7ᵉ MODE OU MYXOLYDIEN.

Voyez p. 170 et 171.

Intonations et médiations psalmodiques du 7ᵉ ton, avec leurs notes fondamentales et leurs survenantes, pour les féries et les fêtes simples, p. 202 et suiv.

Intonations et médiations, avec leurs notes survenantes et fondamentales, pour les fêtes solennelles, doubles et demi-doubles, p. 203.

1ʳᵉ terminaison du 7ᵉ ton, avec les notes survenantes et fondamentales, p. 203 et 204.

Commencements du 7ᵉ mode qui ont du rapport avec sa 1ʳᵉ terminaison, p. 204.

2ᵉ terminaison du 7ᵉ ton, dont les notes fondamentales et survenantes sont les mêmes que celles de la 1ʳᵉ, p. 204.

Commencements du 7ᵉ mode, qui ont du rapport avec sa 2ᵉ terminaison, *ibid.*

3ᵉ terminaison du 7ᵉ ton ; ses notes fondamentales et survenantes sont les mêmes que celles de la 1ʳᵉ terminaison, p. 205.

Commencements du 3ᵉ mode qui ont rapport à sa 3ᵉ terminaison, *ibid.*

4ᵉ terminaison du 7ᵉ ton, dont les notes fondamentales et survenantes restent les mêmes de la 1ʳᵉ, *ibid.*

Commencements du 7ᵉ mode qui ont rapport avec sa 4ᵉ terminaison, *ibid.*

5ᵉ terminaison du 7ᵉ ton ; les notes fondamentales et survenantes ne varient pas, *ibid.*

Commencements du 7ᵉ mode qui ont rapport avec cette dernière terminaison, *ibid.*

Exemples de trois autres terminaisons du 7ᵉ ton, citées par Guy d'Arezzo, p. 206.

Propriétés essentielles de ce mode, p. 226, n° III.

8ᵉ MODE OU SOUS-MYXOLYDIEN.

Voyez p. 170 et 171.

Formules psalmodiques du 8ᵉ ton, p. 206.

Intonations et médiations de ce ton pour les fêtes solennelles, doubles et demi-doubles, *ibid.*

Les notes fondamentales et survenantes sont semblables à celles du 2ᵉ ton.

Voyez p. 193 et 194.

1ʳᵉ terminaison du 8ᵉ ton, avec ses notes fondamentales et survenantes, p. 206.

Commencements du 8ᵉ mode, ayant rapport avec sa 1ʳᵉ terminaison, *ibid.*

2ᵉ terminaison du 8ᵉ ton, avec ses notes fondamentales et survenantes, p. 207.

Commencements du 8ᵉ mode qui ont du rapport avec sa 2ᵉ terminaison, *ibid.*

Exemples de deux terminaisons citées par Guy d'Arezzo, *ibid.*

Propriétés essentielles de ce mode, p. 226, nᵒ III.

Formules psalmodiques du 8ᵉ ton irrégulier, p. 207.

Intonations et médiations psalmodiques avec les notes fondamentales et survenantes, p. *ibid.* et 208.

Antiennes qui ont rapport avec ce 8ᵉ ton irrégulier, p. 208.

Appréciation du mérite et des qualités de ce mode par l'auteur, *ibid.*

9ᵉ MODE OU ÉOLIEN.

Voyez p. 170 et 171.

Formules psalmodiques du 9ᵉ ton, ou 1ᵉʳ affinal, p. 208.

Intonations et médiations des fêtes solennelles, doubles, demi-doubles et des simples, *ibid.*

1ʳᵉ et 2ᵉ terminaison, et Antiennes qui ont du rapport avec ces terminaisons, d'après Guy d'Arezzo, p. 209.

3ᵉ terminaison citée par Guy d'Arezzo, p. 209.

Les notes fondamentales et survenantes sont presque les mêmes que celles du 1ᵉʳ ton, *ibid.*

Observations de Guy d'Arezzo sur l'emploi des terminaisons du 9ᵉ ton, qu'il nomme la seconde partie du 1ᵉʳ, *ibid.*

Propriétés essentielles de ce mode, p. 226, nᵒ III.

10ᵉ MODE OU SOUS-ÉOLIEN.

Voyez p. 170 et 171.

Formules psalmodiques du 10ᵉ mode, ou 2 affinal, p. 209.

Intonations et médiations des fêtes solennelles, doubles, semi-doubles, et des simples, *ibid.* et 210.

Unique terminaison de ce ton, p. 210.

Ses notes fondamentales et survenantes sont semblables à celles du 2ᵉ ton, *ibid.*

Exemples de morceaux de chant qui ont du rapport avec ce mode, *ibid.*

Propriétés particulières de ce mode, p. 226, nᵒ III.

11ᵉ MODE OU IONIEN.

Voyez p. 170 et 171.

Formules psalmodiques du 11ᵉ ton, ou 5ᵉ affinal, p. 210.

Intonations, médiations et terminaison unique de ce ton pour les fêtes solennelles, doubles et semi-doubles, *ibid.* et 211.

Ses notes fondamentales et survenantes sont semblables à celles du 5ᵉ ton, p. 211.

Antiennes et autres pièces de chant qui s'y rapportent, *ibid.*

Propriétés essentielles de ce mode, p. 226, nᵒ III.

12ᵉ MODE OU SOUS-IONIEN.

Voyez p. 170 et 171.

Formules psalmodiques du 12ᵉ mode, ou 6ᵉ affinal, p. 211.

Intonations, médiations et terminaison unique de ce ton pour les fêtes solennelles, doubles et semi-doubles, *ibid.* et 212.

Ses notes fondamentales et survenantes sont les mêmes que celles du 6ᵉ ton, *ibid.*

Divers morceaux de chant qui ont du rapport avec ce ton, *ibid.*

Propriétés essentielles de ce mode, p. 226, nᵒ III.

MODULATION.

Voyez *Chant.*

MONOCORDE.

Son usage par les anciens, p. 77, nᵒ 1; et p. 85, nᵒ VII.

Estime que Pythagore et Ptolémée faisaient du monocorde, *ibid.*

Nom remarquable que Ptolémée lui a donné, *ibid.*

Ses divisions, par Guy d'Arezzo, p. 86 et 87.

Manière de trouver, sur le monocorde, l'unisson, l'octave, la quinte, la quarte et les autres consonnances, p. 88 et 89, nᵒ VIII.

Autre manière de diviser le monocorde et d'exprimer chaque intervalle particulier, p. 90 et 91, nᵒ X.

Nom par lequel Guy d'Arezzo désigne la gamme du système musical, p. 120, nᵒ I.

MONODIE.

Voyez *Unisson.*

MONOSYLLABES.

De quelle manière on doit traiter les monosyllabes dans les médiations psalmodiques, p. 212.

Comment il faut les chanter dans les versets ordinaires, p. 243.

Règles de l'accentuation des monosyllabes, p. 277, nᵒ X.

Voyez *Accent, Accentuation.*

MUANCES.

Ce que l'on entend par *muances*, p. 112.

Origine du système des muances, p. 110, note 3 ; et p. 63, note 1.

Exposition du système des muances, p. 104 et suivantes.

Des différentes gammes par muances, p. 109 et suivantes.

Exemples, p. 113, n° xvii.

Figures abrégées des gammes par muances, p. 117 et suiv.

MUSÆUS.

Explication de ce nom, p. 24.

MUSAR.

Signification de ce mot, p. 24.

MUSES.

Estime qu'en faisaient les païens, p. 16, n° iii.

MUSICIEN.

Quel a été le premier maître de musique ? p. 20, n° i.

Ce qu'on doit entendre par un musicien, p. 32, n° iv, et note iv.

Les dispositions naturelles ne suffisent pas pour être musicien, p. 34, n° iii, notes 1, 2 et 3.

MUSIQUE.

D'où lui vient son nom, p. 16, n° iii, et notes 2 et 3.

Elle comprend toutes les sciences, *ibid.*

Son ancienne signification, *ibid.*, n° iv, et note 4.

Les anciens donnaient le nom de *musique* au plain-chant, p. 19.

Sa définition par saint Augustin, p. 31, n° i.

Id. par Boëce, *ibid.*, n° ii.

Id. par Euclide, Aristide, Bède et autres, *ibid.*, n° iii.

Voyez les *notes.*

Musique du monde, musique du petit monde et musique artificielle, p. 35, n° i, ii et iii.

Musique harmonique, rhythmique et métrique, p. 36, n° iv.

Musique *moderne.* — Ses différentes divisions, p. 36 et 37, n° vii et viii.

Musique simple, — figurée, p. 37.

Différence de la musique figurée avec le plain-chant, p. 56 et 57, n° vii.

N

NEUME.

En quoi consiste le neume, p. 227, n° v.

Propriétés générales du chant des neumes, *ibid.* et 228.

NOMES.

Idée des nomes chez les anciens, p. 19, note 1.

NOMS PROPRES.

Accentuation des noms propres, p. 280. *Passim.*

Comment il faut chanter les noms propres hébraïques dans les médiations de la psalmodie, p. 212.

NOS QUI VIVIMUS.

A quel mode appartient cette antienne, p. 208.

NOTATION.

Voyez *Notes* et *Système.*

Notations diverses, p. 95 et suiv., n° vii et suiv.

Exemples de notation en lettres, p. 97 et 98.

Exemples de notation en points, p. 98.

Notation noire et blanche de la musique figurée au moyen âge, p. 150.

Voyez la *note* 2, à la p. 151, 1re colonne.

Manières diverses d'écrire les notes du plain-chant chez les anciens, lorsqu'il montait ou descendait par degré conjoint ou disjoint, p. 152 et suiv.

Voyez *Liaisons* et *Ligatures.*

NOTES.

On a donné ce nom aux sons et aux voix, p. 47, n° vi, notes 7, 8 et 9.

Pourquoi les Grecs ont employé les lettres de l'alphabet pour la notation de leur musique, p. 93, n° iv.

A quel nombre se montaient les notes grecques ? p. 94, n° v.

Les Latins en ont singulièrement réduit la quantité, *ibid.*

Plus tard, saint Grégoire n'employa que les sept premières lettres de l'alphabet, *ibid.*

Notation des viiie, ixe, xe, xie et xiie siècles, p. 94–98.

Emploi des *points* et de la *ligne, ibid.*

Lettres employées comme notes, p. 97 et 98.

Explication du système des notes, p. 131, n° ı et suiv.

Les notes représentent les lettres et sont les signes des sons, des voix ou des syllabes, *ibid*.

Leur position relative sur les quatre lignes, *ibid*., n° ııı.

Leurs différentes formes, *ibid*., n° ıv.

Tableau de toutes les formes de notes employées dans le plain-chant, p. 137.

Des notes en usage dans les chants métriques, *ibid*.

Tableau des différentes formes de notation en usage du temps de J. de Muris, p. 149.

La note carrée est la seule propre au plain-chant, p. 131, n° ııı.

Ses diverses transformations dans la pratique, p. 152 et suiv.

Emploi des notes à queue et leur valeur dans le plain-chant, p. 155, n° ııı; 156, n°ˢ v et vı.

Dispositions des notes dans les chants métriques, p. 159, n°ˢ ı, ıı, et suiv.

Manière d'appliquer la note à la lettre du texte pour apprendre le chant, p. 268, n° ı.

Ce qu'il faut éviter dans l'application de la note à la lettre du texte en chantant, p. 269, n° ıı; 270, n°ˢ ııı, ıv, v; et 271, n° vı.

Application des notes à la lettre dans la psalmodie, p. 274 et suiv.

NOTES CARDINALES.

A quelles notes donne-t-on ce nom? p. 186, n° ı.
Voyez *Notes modales*.

NOTES DISCRÉTIVES OU MÉDIANES.

A quelle note s'applique cette qualification.
Voyez *Discrétive* et *Médiane*, p. 187.
Emploi des notes discrétives pour le discernement des modes, p. 220, n° ıv.

NOTES DOMINANTES.

A quelle espèce de note ce nom est-il donné? p. 187.
Voyez *Dominante*.

NOTES FINALES.

A quelle note donne-t-on ce nom dans le chant? p. 186, n° ııı.

Exemples des finales des douze modes naturels, *ibid*.

Exemples des finales des douze modes transposés, *ibid*.

NOTES FONDAMENTALES DES MODES PSALMODIQUES.

Comment il faut les employer, p. 190 et suiv.

NOTES INITIALES.

Règle sur le rang qu'elles doivent occuper dans un morceau de chant, soit authentique, soit plagal, p. 189, n° ıv.

Id. dans les modes transposés, *ibid*., n° v.

NOTES MODALES.

La finale et la dominante des modes ou tons sont ainsi désignées, p. 176.

Définition de la note modale, p. 186, n° ı.

Emploi et utilité des notes modales, *ibid*.

On les nomme encore notes principales, notes cardinales. — Pour quel motif? *ibid*.

Combien en remarque-t-on dans l'étendue d'un mode régulier? — Combien dans celle d'un mode qui ne parcourt pas l'étendue entière de l'octave qui lui est propre? *ibid*., n° ıı.

Exemples des douze modes naturels et de leurs notes modales, p. 188.

Exemples des douze modes transposés et de leurs notes modales, *ibid*.

NOTES PRINCIPALES.

A quelle espèce de notes convient cette qualification, p. 186, n° ı.
Voyez *Notes modales*.

NOTES SURVENANTES DES MODES PSALMODIQUES.

Des précautions à prendre pour leur exécution pratique, p. 190 et suiv.

O

OCTAVE.

Sa formation chez les anciens, p. 53, n° ı.
Voyez *Diapason*.
Sa nature, p. 60.
Octave fausse ou diminuée, p. 64.
Octave superflue, *ibid*., n° ııı.
Ses différentes sortes, p. 69 et suiv.
Par quelle note les Grecs la commençaient, p. 69.
Voyez *Hypate hypatone*.
Exemples de ses diverses sortes, p. 70 et 71.
Elle est la plus parfaite des consonnances, p. 74, n°ˢ v et vı.

Pourquoi l'a-t-on nommée *diapason?* p. 75, n° vi.

Les facteurs d'orgues, de pianos, et les fondeurs de cloches en font un grand usage, p. 75.

Comment on la trouve sur le monocorde, p. 90.

Comment, dans son système, Guy d'Arezzo compte les octaves, p. 106, n° v.

Comment il les divise, *ibid.*, n° vi.

Motif puissant pour lequel on a répété les mêmes lettres et les mêmes formules de dénomination pour les différentes octaves, p. 122, n°° vi et suiv.

Exemples d'octaves avec et sans nuances, p. 123.

L'octave est le commencement et la fin de toute mélodie, p. 124, n°° x et xi.

L'octave est la plus parfaite des consonnances, p. 284, note 3°.

OCTOCORDE.

Voyez *Octave.*

ONZIÈME.

Comment on la forme sur le monocorde, p. 89.

O QUAM SUAVIS ES DOMINE.

A quel mode appartient cette antienne, p. 227.

OREMUS.

Formules des oraisons, p. 247, 248 et 249.

ORGANISTE.

Règles à observer par les organistes pour prendre régulièrement le ton des différents modes, p. 237 et 238.

Table indiquant aux organistes la manière de prendre le ton convenable pour le chant des hymnes et du *Magnificat* dans les huit modes, p. 238.

O SACRUM CONVIVIUM.

A quel mode appartient cette antienne, p. 211 et 227.

OUÏE.

Du rôle important que cet organe doit remplir dans l'exécution et la pratique du chant, p. 259, n° iii, et p. 260, n° iv.

P

PASSION.

De la nature du chant de la Passion, p. 164, n° iv.
Voyez *Chant rhythmique.*

PATER NOSTER.

Comment il convient de le chanter, p. 164, n° iv.
Voyez *Chant rhythmique.*

PATTÉE.

Nom que l'on donnait aux quatre lignes sur lesquelles on plaçait les notes, p. 131, n° iii.
Voyez *Lignes.*

PAUSES

Règle pour les observer dans le chant, p. 133, n° x.
Voyez *Barres.*

En quoi consiste la pause, p. 255, n° i.

Nécessité des pauses dans le chant, *ibid.* et p. 256.

Règles pour la durée des pauses :

1° Dans le plain-chant et dans le chant métrique, p. 257, n° i.

2° Dans la psalmodie, *ibid.*, n° ii.

3° Dans les autres chants métriques, *ibid.*, n° iii.

Comment les pauses sont indiquées, *ibid.*, n° iv.

Conseils pour bien observer la durée des pauses dans le chant, p. 266 et suiv.

·PHRYGIEN.

Nom du 3° mode naturel. — Ses notes constitutives, p. 171.
Voyez *Mode.*

PHRYGIEN (SOUS-).

Nom du 4° mode. — Ses notes constitutives, p. 171.
Voyez *Mode.*

PHTHONGUES.

Pourquoi et dans quelle circonstance donne-t-on cette qualification aux notes dans le chant? p. 271, n° vi.
Voyez la *Note* n° 1.

Manière de faire les phthongues, *ibid.*

PLAIN-CHANT.

Dans le principe, il n'était renfermé que dans un ou deux tétracordes chantés par une seule voix, etc., p. 16, n° iv.

Sa nature, p. 18, n° vi.

Sa simplicité, *ibid.* et note 1.

Sa valeur, *ibid.*

Les anciens lui donnaient le nom de *musique.* Pourquoi? p. 16 et 18, et note 1.

Sa définition, p. 36, n° vii, et note 2.

Sa différence avec la musique moderne, p. 56 et 57, n° vii.

Le plain-chant s'exécute à l'unisson, *ibid.*

Voyez *Chant.*

POËTES.

Dans l'antiquité, les qualités de poëte et de musicien étaient inséparables, p. 162.

POINT DU SAVETIER.

Vieil adage musical, p. 270.

POINTS.

Leur emploi comme signes de notation, p. 94, n° v.

Par quel moyen Guy d'Arezzo rendit plus facile l'exécution du chant noté seulement avec des points, *ibid.*

Pour quel motif Guy d'Arezzo a-t-il ajouté des lettres aux points de notation? *ibid. ad finem.*

POLYSYLLABE.

Règles de l'accentuation du polysyllabe, p. 277, n° x.

PONT-AUX-ANES.

A quel défaut de la voix, dans le chant, donne-t-on vulgairement cette qualification? p. 264, n° 9, *ad finem.*

PORTES DE LA VOIX.

Voyez *Clefs.*

PRATIQUE DU CHANT.

Principes essentiels à garder pour la bonne exécution du chant, p. 39, n° ii.

Conditions à remplir pour se perfectionner dans la pratique du chant, p. 259 et suiv.

PRÉCHANTRE.

En quoi consistent ses fonctions, p. 230, n° ii.

Voyez les *notes* et p. 283, n°ˢ ii et iii; — et les *notes* 2 et 3.

Pourquoi il porte un bâton à la main, *ibid.*

PRÉFACES.

De la nature de leur chant, p. 164, n° iv.

Voyez *Chant rhythmique.*

PRINCIPES DU CHANT.

Principes généraux et règles particulières, p. 39, n° i et notes 3, 4 et suiv.

Ils doivent être uniformes, p. 41, n°ˢ i et ii, et notes 1 et 2.

Résultats que l'on obtient de cette uniformité, *ibid.*, n° iii, et notes 3 et 4.

PRONONCIATION.

Il faut éviter toute prononciation vicieuse en chantant, p. 264, n° ix.

Voyez la *note* 1 de la page 275.

Comment les syllabes de chaque mot doivent être prononcées dans le chant, p. 270, n° iii.

Avec quel soin on doit se garder de faire sonner la consonne finale des mots et de la lier avec la voyelle du mot suivant, *ibid.*, n°ˢ 4 et 5.

PROPHÉTIES.

De quelle manière elles doivent être chantées, p. 164, n° iv.

Manière de les chanter, p. 249.

De la durée des pauses dans le chant des prophéties, p. 257, n° iii.

Voyez *Chant rhythmique.*

PROPORTIONNALITÉ.

Ce qu'on doit entendre par ce mot, p. 77, n° ii.

Voyez *Proportion.*

PROPORTIONS DES SONS ET DES INTERVALLES.

Comment Aristoxène les établissait, p. 77, n° i.

Pythagore suivait-il le même système? *ibid.*

Proportion surparticulière, p. 80.

Sesquialtère, — sesquitierce, — sesquiquarte, — superpartiente, — surbipartiente, — surtripartiente, *ibid.*, — multiple, p. 81.

Leurs diverses espèces dans les sons et les intervalles, p. 77, n°ˢ i et ii.

En quoi consiste la proportion, *ibid.*, n° ii.

Proportions des consonnances, p. 83.

Proportions des dissonances, p. 84.

Proportions des intervalles, *ibid.*

Rapport des proportions géométriques avec les mêmes intervalles harmoniques et leurs nombres arithmétiques, p. 85, n° vii.

PROSLAMBANOMENOS.

Son usage chez les Grecs, p. 69 et p. 100 *ad finem.*
Voyez *Octave* et *Quarte.*

PSALMODIE.

De quelle nature est son chant, p. 164, n° v.
Voyez *Chant rhythmique.*
Elle avait anciennement différents signes pour indiquer la *médiation*, la *terminaison*, etc., p. 134, n° xii.
Il y a quatre choses principales dans la psalmodie, qui réclament toute l'attention, p. 274, n° i.
Sa tonalité a toujours un rapport intime avec les antiennes auxquelles elle appartient, p. 189 et 274, n° iii *ad finem.*
Voyez *Psaumes, Chant rhythmique, Intonation, Teneur, Médiation, Terminaison.*

PSAUMES.

Éloge du chant des psaumes par saint Éphrem et par saint Benoît, p. 30, note 2.
Du soin qu'on doit y donner, *ibid.*, et note 2.
Voyez *Psalmodie.*

Q

QUANTITÉ SYLLABIQUE.

Impossibilité de l'observer toujours rigoureusement, — inconvénients qui en résultent, p. 159, n° ii.
Elle doit se plier aux exigences de la musique, p. 160, n° iv.

QUARTE.

La quarte est une consonnance parfaite, p. 51, n° vi, et note 3.
Voyez *Diatessaron*, p. 60.
Ses diverses espèces, p. 67, n° ii; et p. 71, n° iv.
Par quelle note les Grecs la commençaient, p. 69.
Voyez *Hypate hypaton.*
C'est une consonnance parfaite, p. 74, n° v.
Sa formation à l'aide du monocorde, p. 90.

QUARTE (FAUSSE-).

Sa constitution, p. 64, n° iii.

QUARTE SUPERFLUE.

Voyez *Triton*, p. 63, n° ii.

QUILISMA.

Espèce de note, p. 155, note 2.

QUINTE.

Sa nature, p. 60.
Voyez *Diapente.*
Ses différentes espèces, p. 68.
Comment les Grecs la commençaient, p. 69.
Voyez *Hypate meson.*
Comment elle se forme sur le monocorde, p. 90.

QUINTE (FAUSSE-)

Voyez *Semidiapente*, p. 64.

QUINTE SUPERFLUE.

Sa constitution, p. 64.
Comment on emploie la fausse quinte dans le plain-chant, p. 65, n° iv.

R

REGINA CŒLI.

A quel mode appartient cette antienne en l'honneur de la sainte Vierge, p. 227.

RÉPONS.

Comment il faut les chanter, p. 164, n° ii.
Voyez *Chant.*
Formules mélodiques du *Gloria Patri* des répons dans les huit modes, p. 215 et 216.

RÉPONS BREFS.

Manière de les chanter, p. 164, n° iv.
Voyez *Chant rhythmique.*

REQUIEM ÆTERNAM.

A quel mode appartient cet *introït* de la Messe pour les Morts, p. 212 et 227.

RESPIRATION.

Règles pour reprendre la respiration convenablement en chantant, p. 270 et 271, n°ˢ iii, iv, v et vi.
Conseils pour reprendre la respiration dans le chant hors de la durée des pauses, p. 266, n° vi.

SIXTE MAJEURE.

De quoi elle est formée, p. 60.
Ses diverses espèces, p. 69.
Comment on la trouve à l'aide du monochorde, p. 89.

SIXTE MINEURE.

Sa nature, p. 60.
Voyez *Hexacorde*.
Ses espèces différentes, p. 68 et suiv.
Sa formation sur le monochorde, p. 89.

SOLMISATION.

Elle est nécessaire pour l'étude des notes et de leurs intervalles, p. 146.

Quelques musiciens du moyen âge ont inventé plusieurs sortes de syllabes pour la solmisation, p. 121, n° IV.

Comment il faut procéder dans l'exercice de la solmisation, et des opérations préliminaires, p. 262, n° I.

Exercice de l'unisson, *ibid.*, n° II.

Exercice du ton, *ibid.*, n° III.

Exercice du demi-ton, *ibid.*, n° IV.

Exercice par degrés conjoints, *ibid.*, n° V.

Exercice sur tous les autres intervalles, p. 263, n° VI.

Défauts essentiels à éviter et à rectifier dans la voix, *ibid.*, n° VII, et p. 264, n°s VIII et IX.

SON.

Son action sur les sens, p. 33, n° II.
Sa cause, p. 45.
Voyez les *notes*, p. 49, n° II.
Sa gravité, — son acuité, p. 45.
Voyez les *notes*.
Sa définition par les musiciens, p. 46, n° III, notes 4 et 5.
Que le son n'est pas le chant, *ibid.*, *ad finem*, p. 47.
Explication du mot *son*, p. 47, n° IV.
Voyez la *note* 3.
On a donné aux sons le nom de *notes*, *ibid.*, n° VI, et notes 7, 8 et 9 ; et celui de *syllabe*, p. 48, n° VII.
Leur proportion arithmétique, géométrique et harmonique, p. 77 et 78, n° II.

SOUS-CHANTRE.

En quoi consiste la fonction des sous-chantres, p. 230, n° II, et 283, n° II.

SOUS – DORIEN.

Voyez *Dorien*.

SOUS-ÉOLIEN.

Voyez *Éolien*.

SOUS-IONIEN.

Voyez *Ionien*.

SOUS-JASTIEN.

Voyez *Jastien*.

SOUS-LYDIEN.

Voyez *Lydien*.

SOUS-PHRYGIEN.

Voyez *Phrygien*.

SYLLABES.

Il y a trois sortes de quantité dans la prononciation d'une syllabe, p. 139, n° III.

Voyez la *note* 3.

On a attribué le nom de certaines *syllabes* aux sons, p. 48, n° VII.

Guy d'Arezzo n'a pas inventé les noms des syllabes *ut, ré, mi, fa, sol, la*, p. 111, note 3.

Ces syllabes se trouvant dans la mélodie-modèle que Guy d'Arezzo faisait apprendre ordinairement à ses élèves, et coïncidant avec les six premiers degrés de la gamme diatonique dans cette mélodie telle qu'on la chantait alors, quelques musiciens du moyen âge ont retenu les syllabes *ut, ré, mi, fa, sol, la*, p. 111, note 3, *sub fine*, et p. 121, n° III.

Voyez *Solmisation*.

Quel est le premier auteur connu qui a parlé de l'appellation des notes par les syllabes en question, *ibid*.

Guy d'Arezzo n'a nommé les notes que par les lettres de l'alphabet, p. 120, n° III.

La mauvaise interprétation que l'on a donnée à l'emploi que faisait Guy d'Arezzo de l'hymne *Ut queant laxis*, a donné naissance au monstrueux système des *muances*.

Voyez ce mot.

Quel a été l'inventeur des syllabes *si* et *sa* ou *za* pour désigner la 7e note.

Voyez *Si*.

T

U

UNISSON.

V

VERSETS

APRÈS LES HYMNES ET LES CAPITULES.

VIDI AQUAM,

ANTIENNE DE L'ASPERSION DANS LE RIT ROMAIN.

VOIX.

VOIX DIVERSES.

VOIX HUMAINE.

VOIX MUÉE.

TABLE ONOMASTIQUE

DES PRINCIPAUX AUTEURS CITÉS DANS CETTE NOUVELLE ÉDITION DE DOM JUMILHAC.

A

AARON ou ARON (Pietro), moine florentin de l'ordre des Porte-Croix de Jérusalem, et savant musicien de la fin du xvᵉ siècle. On a de lui :

I. — *Compendiolo di molti dubbi, segreti et sentenze intorno al canto fermo, et figurato, da molti eccellenti et consumati Musici dichiarate, Raccolte dallo Eccellente et scienzato Autore frate* (sic) *Pietro Aron del ordine de Crosachieri et della Inclita Citta di Firenze.* In Milano per Io. Antonio da Castellione Stampatore. 1 vol. in-4°, sans date.

Cet ouvrage, dont M. Fétis a défiguré complétement le titre et méconnu le format, se compose de 38 feuillets non chiffrés. Ce qu'il contient de relatif au plain-chant est renfermé en 30 chapitres ; il y en a 73 consacrés au chant figuré. Tous ces chapitres sont excessivement courts et n'offrent aucun exemple de musique. Le *Compendiolo* a été traduit en latin par J.-A. Flaminio, sous le titre de : *Petri Aaron de institutione harmonicâ libri tres,* etc. Bononiæ, 1516, 1 vol. in-4° et non in-8°, comme l'indique à tort M. Fétis.

Bien que ce traité d'Aaron ait été attaqué par Gafforio (voy. ce nom), il n'en contient pas moins d'excellents préceptes sur l'harmonie convenable à la vraie tonalité du plain-chant. Il nous apprend, entre autres choses, avec quel soin il faut éviter le *triton* et la *fausse-quinte* dans le contrepoint dit *osservato* ou rigoureux (ch. xv du 3ᵉ livre de la traduction de Flaminio). Voici ce chapitre transcrit en entier. Il fera plaisir à nos lecteurs.

« MI CONTRA FA CVR VITARI DEBEAT. CAP. XV (fol. 41).

« Præterea diligenter ubique cauendum est, ne in per-
« fectis consonantiis Mi contra Fa ponatur. Sunt autem
« hæ in quibus id caueri debet, Diapente, atque Diapa-
« son, et Diapente quidem quattuor in locis talis inue-
« nitur, quorum duo sunt naturales. Reliqui acciden-
« tales : et naturalium quidem primus est a ♮ mi ad F
« fa ut. Alterum uero a mi ♭ fa ♮ mi acuti in fa F fa ut
« item acuti extenditur. Quibus quidem in locis quinta :

« quæ de tribus tonis : et semiditonio minori constare
« debet, semiditonium unum maius citra plenitudinem
« suam perdit. Et prior quidem quinta nihil a poste note,
« nisi remissione differt : Hæc. n. depressior est, illa su-
« blimior quam in acutis erigitur. Duæ uero, quæ acci-
« dentales dicuntur, decrementa eadem patiuntur, qua-
« rum altera quidem ab E la mi priori in Fa ♭ fa ♮ mi
« acuti euehitur. Altera uero ab E la mi posteriori in Fa
« ♭ fa ♮ mi superacuti attolitur, et hæc quidem, et illa,
« sicut priores duæ nulla in re : nisi loco differunt : ita
« ut quantum ad effectum pertinet : duæ illæ : quæ na-
« turales dicuntur, una esse dici possint. Idem quoque
« de accidentalibus dicendum est Simili de causa mi quo-
« que in octaua contra Fa duobus in locis poni non po-
« test : Nam cum Diapason quinque tonos : et duo mi-
« nora semitonia complectatur, fit quidem, ut imperfectum
« sit, et uno minori semitonio fraudetur : et careat. Quod
« qua ratione fiat, facile constabit ubi locos ostenderi-
« mus : in quibus utraque octaua uitium : quod diximus
« patitur. Primum igitur Diapason a grauibus in acutas
« extentum a ♮ mi incipiens in Fa : quod est in ♭ fa ♮ mi
« acuto desinit. Secundum uero ab eodem ♭ fa ♮ mi
« exurgens in alterum ♭ fa ♮ mi prouehitur. Quæ qui-
« dem compositio facit : ut et accidentale sit utrunque
« Diapason : et uno semitonio maiori deficiat. Quintam
« igitur eius modi, et octauam : quia parte fraudantur :
« quam dixi, et plenitudinem suam non attingunt, tan-
« quam uitiosas et illegitimas cautus in arte, ac diligens
« modulator eiiciat, ac prorsus eliminet. »

II. — *Trattato della natura et cognitione di tvtti gli tvoni di canto figvrato non da altrvi piv scritti composti per messer Piero* (sic) *Aaron mvsico fiorentino canonico in Rimini maestro di casa del Reve**do et magnifico cavaliere Hierosolimitano messer Sebastiano Michele priore di Vinetia.* Impresso in Vinegia per maestro Bernardino de Vitali Venitiano el di qvarto di agosto M.CCCCC.XXV. Petit in-fol. de 48 pages non chiffrées.

Le titre de ce volume est encore dénaturé par M. Fétis. L'ouvrage est composé de 45 chapitres.

III. — *Toscanello de la mvsica di messer Pietro Aaron fiorentino canonico da Rimini.* Vinegia, 1523 (54 feuillets non numérotés, 1 vol. in-fol.). Cet excellent traité de contrepoint a eu plusieurs éditions. Les bibliothèques publiques de Paris possèdent celles de 1523, 1529 et 1539. Elles ne portent pas toutes un titre identiquement semblable. C'est ainsi, par exemple, que l'édition de 1539 est intitulée : — *Toscanello in musica,* etc.

IV. — *Lvcidario in mvsica di alcvne oppenioni antiche, et moderne con le loro Oppositioni et Resolutioni, con molti altri secreti appresso, et questioni da altrui anchora non dichiarati, composto d'all' eccellente, et consumato Musico Pietro Aron,* etc. In Vinegia appresso Girolamo Scotto. Nel M.D.XLV. 1 vol. in-4°, de 53 folios.

Ici encore le titre écourté que donne M. Fétis n'est pas exact.

Cet ouvrage, excessivement curieux, est divisé en quatre livres.

Le 1er livre intitulé : *Precetti del canto piano da molti non bene intesi,* traite dix questions importantes relatives au plain-chant.

Le 2e résout 15 questions de musique figurée; il a pour titre général : *Dichiaratione del canto figvrato.*

Le 3e livre a pour titre : *Dichiaratione del tempo mvsico detto natvrale, et accidentale.* Il est divisé en 16 chapitres.

Le 4e, composé de 12 chapitres, a pour objet la musique Dorienne : *Della mvsica Doria.*

ALIPIUS. Voyez ALYPIUS.

ALSTED (Jean-Henri), professeur de philosophie et de théologie à Weissembourg, naquit à Herborn (comté de Nassau) en 1588, et mourut à Weissembourg en 1638.

On a de lui : *Scientiarum omnium Encyclopœdia,* Herborn, in-4°, 1610, qui a été réimprimé deux fois avec de grandes augmentations en 2 volumes in-folio, d'abord à Herborn (1630), et ensuite à Lyon (1649).

C'est cet ouvrage que cite souvent Dom Jumilhac. Le docte bénédictin a naturellement suivi l'une des deux éditions in-folio, comme étant plus complètes.

Alsted a aussi publié :

Elementale mathematicum, Francfort, in-4°, 1611, dans lequel on trouve un *Elementale musicum,* divisé en deux livres ; le premier traite *de musica simplici;* le second *de musica harmonica.* Cet ouvrage a été traduit en anglais par Jean de Birchensha, sous le titre de : *Templum musicum,* etc., Londres, 1664.

ALSTEDIUS. Voyez ALSTED.

ALYPIUS. On ignore l'époque où il vivait. Les uns pensent qu'il florissait sous le règne de l'empereur Julien; les autres qu'il est antérieur à Ptolémée. (Voy. ce nom.)

Quoi qu'il en soit, Alypius est l'un des plus précieux auteurs grecs qui aient écrit sur la musique et dont les ouvrages nous soient parvenus.

Son livre a pour titre : Εἰσαγωγή μουσική, c'est-à-dire, *Introduction à la musique.*

Nous n'en connaissons qu'une partie qui a été imprimée dans la collection de Meibomius, *Antiquæ musicæ scriptores septem,* Amsterdam, 1652, 2 vol. in-4° ; cette partie contient tous les signes en usage dans la notation grecque. Nos lecteurs feront bien de n'en commencer l'étude qu'en s'appuyant sur les excellents articles de M. Perne. (*Revue musicale,* tome 3e.)

AMBROISE (saint), archevêque de Milan, naquit en 340 et mourut en 397. Nous ne citons ici ce grand docteur de l'Église que pour ses travaux de musique liturgique. Premier régulateur du chant sacré en Occident, c'est à lui que nous sommes redevables du *chant ambrosien*. Mais en quoi consistait ce chant? quelle différence radicale y avait-il entre ce chant et celui de saint Grégoire? Ce sont là des questions graves dont on chercherait en vain la solution dans l'ouvrage de Camille Perego, *La Regola del canto fermo Ambrosiano*, Milan, 1622, in-4° (1). Dom Jumilhac nous paraît les avoir résolues d'une manière satisfaisante, et nous avons ajouté à sa doctrine des preuves assez curieuses dans la *Revue du monde catholique* (année 1847, livraisons de juillet et août).

L'abbé Cousseau (voy. ce nom) a démontré que ni saint Ambroise ni saint Augustin n'avaient composé le *Te Deum*.

Nous renverrons nos lecteurs à la note 2 de la page 150 de Dom Jumilhac; ils y trouveront quelques documents relatifs à saint Ambroise et à ses travaux.

ARETINUS. Voyez Guy d'Arezzo.

ARISTOTE, fondateur de la *Philosophie péripatéticienne*, naquit à Stagyre (Macédoine), l'an 384 avant notre ère. Il suivit longtemps les leçons de Platon et fut ensuite chargé de l'éducation d'Alexandre le Grand. Il mourut à l'âge de soixante-trois ans.

Aristote a écrit un livre *De Musica*, qui est perdu.

Ses œuvres complètes ont été imprimées plusieurs fois, notamment à Paris (1619 et 1639) en trois volumes in-fol.

La XIXe section des *Problèmes* d'Aristote est relative à la musique; on trouve aussi, sur ce sujet, des passages assez étendus, et même plusieurs chapitres dans la *Poétique* et la *Politique* de ce grand philosophe.

ARISTOTELES. Voyez Aristote.

ARISTOXÈNE, le plus ancien didacticien de la musique grecque qui nous soit connu, naquit à Tarente environ 324 ans avant Jésus-Christ. Son père lui donna les premières notions de la musique et de la philosophie.

Après avoir suivi les écoles des différents maîtres, Aristoxène devint le disciple d'Aristote.

On ignore l'époque de sa mort.

Suidas nous apprend qu'Aristoxène avait composé quatre cent cinquante-trois volumes; mais, de tous ces ouvrages, il ne nous est parvenu qu'un *Traité des Élé-*

(1) Cet ouvrage se trouve, à Paris, dans les Bibliothèques du Roi, de l'Arsenal et du Conservatoire de Musique.

ments harmoniques (Περὶ ἁρμονικῶν στοιχείων) en trois livres, et quelques fragments d'un livre sur les *Éléments rhythmiques*.

Le *Traité des Éléments harmoniques* existe en manuscrit dans la plupart des grandes bibliothèques. On l'a imprimé plusieurs fois. La première édition est de 1616; mais la meilleure est, sans contredit, celle qu'en a faite le savant Meibomius dans sa collection intitulée : *Antiquæ musicæ auctores septem*, etc., Amstelodami, 1652, 2 vol. in-4°.

Les fragments des *Éléments rhythmiques* ont été publiés en 1785 (1) par l'abbé Morelli, célèbre bibliothécaire de Saint-Marc, à Venise, sous le titre de : *Aristidis oratio adversus Leptinem*, etc., in-8°.

Il n'est aucunement question, dans le peu qui nous reste d'Aristoxène, de l'harmonie telle que nous l'entendons aujourd'hui; l'auteur n'y traite que de choses qui appartiennent aux sons et aux premiers éléments de l'art *mélodique* (2), et y établit la division de l'octave en douze demi-tons égaux, contrairement à Pythagore, qui avait enseigné l'inégalité mathématique des demi-tons. Cette lutte d'école dure encore.

ARISTOXENUS. Voyez Aristoxène.

ARON (Pietro). Voyez Aaron.

ARTUSI DA BOLOGNA (Jean-Marie), ainsi surnommé à cause du lieu de sa naissance, fut l'un des artistes qui défendirent avec le plus de courage, à la fin du XVIe siècle, l'harmonie de l'antique tonalité du plain-chant, contre les envahissements de l'art modifié par Claude Monteverde. Son meilleur ouvrage a pour titre : *L'Arte del contrapunto*, en deux parties, 2 vol. in-fol., Venise, 1586 et 1589; la seconde édition a paru dans la même ville et dans le même format en 1598. Ceux qui s'occupent de contrepoint rigoureux liront avec fruit ce traité d'Artusi, dont les exemplaires sont devenus fort rares. Il y en a un à la Bibliothèque royale (In-fol., V—621).

AUGUSTIN (saint), né en 454, à Tagaste, petite ville d'Afrique, brilla sur le siége épiscopal d'Hippone comme l'une des plus grandes gloires de l'Église.

Engagé d'abord dans la secte des Manichéens, il dut sa conversion aux prières de Monique, sa vertueuse mère, et à l'éloquence de saint Ambroise qui devint son ami.

C'est à la suite des réformes que fit le saint archevê-

(1) M. Fétis donne la date de 1786 à l'article *Aristoxène* de sa *Biographie*, et celle de 1785 à l'article *Morelli*.

(2) Voyez la *note* que nous avons mise p. 17-18 de cette édition de Dom Jumilhac, où nous démontrons ce que les Grecs entendaient par *harmonie*.

que de Milan dans la liturgie musicale de son église, qu'Augustin composa un Traité de musique divisé en six livres. On le trouve notamment dans l'édition bénédictine des œuvres complètes de ce célèbre docteur, t. I, p. 443-540.

Comme saint Ambroise avait introduit le chant des hymnes à la manière de l'Orient, saint Augustin s'est surtout attaché, dans son livre, à traiter la question du rhythme. M. Fétis, qui n'a point remarqué cette circonstance, a fort mal apprécié l'importance de l'ouvrage du saint évêque d'Hippone (voir la *Revue du Monde catholique*, livraison du mois d'août 1847 et la *Biographie universelle* de M. Fétis, t. I, p. 142).

Voici l'analyse des six livres de musique d'Augustin, avec la pagination de l'édition citée plus haut :

LIBER PRIMUS. — *Traditur Musicæ definitio, et qui ad hujusce disciplinæ considerationem pertinent, motuum numerosorum species ac proportio explicantur.*

Ce premier livre est divisé en treize chapitres, et s'étend de la page 443 à la page 458.

LIBER SECUNDUS. — *In quo de syllabis et pedibus metricis disputatur.*

Ce livre est composé de quatorze chapitres (p. 457-472).

LIBER TERTIUS. — *In quo exponitur quid intersit discriminis inter rhythmum, metrum et versum ; tum agitur seorsim de rhythmo ; ac deinde tractatio de metro inchoatur.*

Les neuf chapitres de ce livre sont contenus dans les pages 471-482.

LIBER QUARTUS. — *Continuatur tractatio de metris.*

Pages 481-500 ; dix-sept chapitres.

LIBER QUINTUS. — *In quo de versu disseritur.*

Treize chapitres, de la page 499 à la page 512.

LIBER SEXTUS. — *In quo ex mutabilium numerorum in inferioribus rebus consideratione evehitur animus ad immutabiles numeros, qui in ipsa sunt immutabili veritate.*

Ce dernier livre est divisé en dix-sept chapitres, renfermés dans les pages 511-540.

Tout l'ouvrage est par demandes et par réponses.

On trouve les titres de tous les chapitres de l'ouvrage de saint Augustin dans la *Bibliografia della Musica*, du docteur Lichtenthal, Milan, 1826, t. III, p. 82-84.

Le saint évêque d'Hippone voulait écrire six autres livres sur les *Tons* et les *Modes ;* mais les soins de son laborieux épiscopat l'en empêchèrent.

Il mourut en 430.

B

BACCHIUS, surnommé *le Vieux*, auteur grec sur la musique. On ignore l'époque où il vécut, mais il est incontestable qu'il fut postérieur à Nicomaque (voy. ce nom), puisqu'il le cite.

Son ouvrage est intitulé : Εἰσαγωγὴ περὶ μουσικῆς (*Introduction à la musique*). « C'est, dit M. Fétis, une sorte « de manuel, par interrogations et réponses, qui « semble avoir été destiné à des écoles publiques. De tous « les livres sur la musique que les Grecs nous ont laissés, « celui-ci est le moins prétentieusement savant, et c'est « le seul qu'on peut considérer comme un traité de mu- « sique pratique. Les questions sont posées avec netteté, « et les réponses sont en général courtes et précises « (*Biogr.*, t. II, p. 3). »

Le texte de l'ouvrage de Bacchius se trouve dans les *Quæstiones celeberrimæ in Genesim* du P. Mersenne, et dans les *Antiquæ Musicæ auctores septem* de Meibomius avec traduction latine et notes. Bacchius a été traduit en français et d'une manière complète, dans le *Traité de l'Harmonie universelle*, du P. Mersenne, sous le pseudonyme du *sieur de Sermes* (Paris, 1 vol. in-8', 1627) ; mais cette traduction est fort mauvaise.

BACO. Voyez BACON.

BACON (François) de Verulam, chancelier d'Angleterre, né en 1560, mourut en 1626. Ce savant a traité de plusieurs points relatifs aux sons dans les 2e et 3e centuries de son ouvrage : *Sylva sylvarum, sive historia naturalis.*

Voyez ses œuvres complètes, Francfort, 1665, in-fol. p. 754.

BASILE (saint), surnommé *le Grand*, né à Césarée en Cappadoce vers la fin de l'année 329, mourut en 379. Il fut nommé évêque de Césarée en 369, et soutint avec beaucoup de gloire la foi de Nicée. Ses œuvres complètes ont été publiées en trois volumes in-fol. en 1721 et années suivantes. On y trouve quelques passages relatifs à la musique religieuse.

BASILIUS. Voyez BASILE (saint).

BÈDE (le vénérable), savant prêtre anglais, né près de Weremouth en 672, mourut vers l'an 735.

On trouve, dans l'édition de ses œuvres complètes, deux ouvrages relatifs à la musique.

Le premier a pour titre : *Musica quadrata seu mensurata ;* le second : *Musica theoretica.*

Selon Burney (*A general history of music*), le premier de ces deux ouvrages ne peut être légitimement attribué au vénérable Bède, parce qu'il y est parlé de certains instruments dont on ne trouve aucune mention dans les auteurs de cette époque, et que, de plus, il faudrait reconnaître à la musique figurée une antiquité que rien ne justifie.

Forkel partage la même opinion, et il est en cela suivi par Choron et Fayolle.

M. Fétis se contente de dire : « Il n'est cependant pas « démontré qu'il n'existait pas de notions de musique « figurée chez les peuples du nord, dès le huitième siè- « cle (*Biogr.*, tome II, page 97). »

M. Bottée de Toulmon a prouvé que le traité dont il est ici question a eu pour auteur un certain Aristote, cité par Jean de Muris, et contemporain, ou presque contemporain, de Francon de Cologne (voir cette édition de Dom Jumilhac, p. 150).

S'il nous était permis d'exprimer notre opinion dans ce grave conflit, nous dirions :

1°. Que M. Bottée de Toulmon nous semble avoir découvert le véritable auteur et la véritable date de l'ouvrage attribué faussement au vénérable Bède;

2°. Que les principes de notation mesurée, contenus dans cet ouvrage, sont réellement ceux du xe et du xie siècle, comme nous le ferons voir bientôt dans une publication spéciale;

3°. Que la négation de l'existence d'une musique mesurée au viiie siècle n'est pas une démonstration légitime contre ceux qui ont fait à Bède l'honneur d'avoir composé la *Musica quadrata seu mensurata*, puisque nous éditerons prochainement, et pour la première fois, des ouvrages didactiques sur cette intéressante matière, dont l'antiquité remonte incontestablement aux ixe et xe siècles; mais, ainsi que nous l'avons dit plus haut, l'examen seul des doctrines exposées par l'auteur de la *Musica quadrata*, et comparées aux autres monuments de l'art, démontre jusqu'à l'évidence que Bède ne doit pas être regardé comme l'auteur du traité dont il s'agit dans cet article.

BEETHOVEN (Louis Van), illustre compositeur du xixe siècle, naquit à Bonn sur le Rhin le 17 décembre 1770, et mourut à Vienne en Autriche le 26 mars 1827.

Au nombre des admirables compositions de ce vaste génie, on remarque :

1°. Deux messes à quatre voix, chœur et orchestre; la première en *ut* (œuvre 86), et la seconde en *ré* (œuvre 123).

2°. L'oratorio : *le Christ au mont des Oliviers.*

Tout le monde connaît les innombrables chefs-d'œuvre de musique dramatique et instrumentale de Beethoven; son éloge n'est donc pas nécessaire ici. Cependant, considéré comme artiste religieux, ce musicien ne remplacera jamais l'immortel Palestrina. C'est là malheureusement une vérité que l'on méconnaît de nos jours.

BOÈCE (Anicius Manlius Torquatus Severinus), naquit à Rome, d'une famille illustre, vers l'an 470 de notre ère.

Il a composé un célèbre et précieux ouvrage sur la musique, qui existe en manuscrit dans toutes les grandes bibliothèques publiques, et dont la première édition a paru à Venise, 1492, 1 vol. in-fol., sous ce titre : *Arithmetica, Geometria et Musica Boethii,* etc.

Cette belle édition gothique existe à la Bibliothèque royale de Paris (in-fol. V.—612 à la suite du *Toscanello* d'Aaron).

L'ouvrage de Boèce, vaste répertoire des connaissances musicales des anciens, est divisé en cinq livres.

Le premier traite, en trente-quatre chapitres, du système général de l'art chez les anciens, des éléments de cette musique, des consonnances, des proportions des intervalles d'après Pythagore, des modes, des notes, etc.

Le deuxième a pour objet les intervalles, expliqués ici d'une manière plus détaillée et plus approfondie. Il est divisé en vingt-neuf chapitres.

Le troisième analyse les systèmes de musique de quelques écrivains grecs, dont la doctrine est opposée à celle de Pythagore, tels que ceux d'Aristoxène, de Philolaüs, d'Architas. Il est renfermé en seize chapitres.

Les dix-huit chapitres du quatrième livre sont relatifs aux notations de la musique grecque et de la musique latine, et au monocorde.

Le cinquième livre, qui contient aussi dix-huit chapitres, donne des détails très-curieux sur les systèmes de Ptolémée, de Pythagore et d'Aristoxène.

L'ouvrage de Boèce ne nous est point parvenu complet; des découvertes récentes en font foi.

Si l'on en croit le bibliographe Lichtenthal, le Traité de musique que nous venons d'analyser manque de clarté, et ne peut être lu que par un praticien d'une certaine érudition : — « *Questa Opera manca per altro d'una bastevole chiarezza, e richiede già un lettore pratico.* » La première partie de ce reproche n'est pas fondée, parce que l'œuvre musicale de Boèce ne doit être lue que par des érudits, et que pour ceux-ci le style de l'auteur est parfaitement clair, du moins en général.

BOETIUS. Voyez Boèce.

BONA (Jean), savant cardinal, né à Mondovi, en Piémont, l'an 1609, et mort à Rome le 25 octobre 1674.

Cet auteur est cité dans ce petit Dictionnaire pour son livre *De divina Psalmodia*, dont la première édition a paru à Rome en 1653, chez J.-P. Collinius, 1 vol. in-4°.

En voici la table des matières :

Cap.   I. De antiquitate et excellentia divinæ psalmodiæ.

      II. Quibus de causis certæ quædam horæ ad psallendas Deo laudes fuerint institutæ?

    III. De varia diei ac noctis divisione.

    IV. De nocturnis Vigiliis.

    V. De Laudibus.

    VI. De Prima.

    VII. De Tertia.

    VIII. De Sexta.

Cap.   IX. De Nona.

     X. De Vesperis.

     XI. De Completorio.

     XII. De Officio parvo Beatæ Virginis.

     XIII. De Officio defunctorum.

     XIV. De Psalmis pœnitentialibus, et Litaniis.

     XV. De Psalmis gradualibus.

     XVI. De singulis partibus divinæ psalmodiæ.

     XVII. De Cantu ecclesiastico.

        § I. Laudatur universim musica, ejusque varii et admirabiles effectus enumerantur.

        § II. Dicta quædam de harmonia mundi. Inesse musicam singulis rebus. Origo musicæ. De Cantu ecclesiastico. Eum antiquissimum esse. An instrumenta musicalia admittenda in ecclesia? Primus organorum usus.

        § III. Cantus ecclesiastici qui fuerint primi inventores? De musicis, et cantoribus, eorumque discrimine. De Tonis, seu modis tropicis. Omnem musicæ mutationem malam esse. Cur ab hodierna musica non iidem effectus sint, qui ab antiqua? Actum obiter de triplici genere cantus, diatonico, chromatico, enharmonico.

        § IV. De singulis tonis, eorumque proprietatibus et effectibus. Quædam de cantu gregoriano.

        § V. Qualis esse debent ecclesiasticus cantus? Quæ vitia a cantoribus evitanda? Quinam censeantur bene cantare? Quæ vera musica, quis verus animæ concentus sit?

     XVIII. De variis ritibus quibus utitur Ecclesia catholica in recitandis divinis officiis.

     XIX. De disciplina psallendi.

     XX. De variis sanctorum exemplis ad divinum officium pertinentibus.

BOTTÉE DE TOULMON (Auguste), bibliothécaire actuel du Conservatoire de musique de Paris, naquit dans cette ville le 15 mai 1797 (1). Il entra à l'école polytechnique en 1817; mais des circonstances de famille l'empêchèrent de finir ses études dans cet établissement. En 1823, il obtint son diplôme d'avocat, profession qu'il n'exerça jamais, parce que, indépendant par sa fortune, il préféra se livrer sans réserve à l'archéologie de la musique. M. Bottée de Toulmon avait tous les éléments pour réussir dans ce vaste domaine de l'érudition, car, après avoir appris la musique vocale dès sa plus tendre enfance, il parvint à un beau talent comme violoncelliste, et s'initia à tous les secrets de la science harmonique sous la direction de Desvignes, maître de musique de la cathédrale de Paris, et ensuite sous celle de l'illustre Reicha.

Ces connaissances positives et fondamentales, jointes à un rare esprit d'investigation et d'analyse, aux notions les plus étendues dans l'histoire, dans la philosophie, dans

(1) M. Fétis écrit à tort : *Bottée de Toulmont.*

les mathématiques et dans la paléographie, exercèrent une heureuse influence sur la direction des travaux de M. Bottée de Toulmon.

C'est ainsi qu'il se forma d'abord une précieuse bibliothèque composée des plus beaux livres théoriques et pratiques des grands artistes du moyen âge. Les plus précieux manuscrits de l'Europe furent copiés ou par lui ou sous sa direction, puis épurés, collationnés et enrichis de notes critiques.

Ce n'est qu'après s'être sérieusement instruit, que M. Bottée de Toulmon a voulu publier quelques écrits, importants sans doute par eux-mêmes, mais qui ne sont rien si on les compare à ceux que sa modestie laisse dans l'ombre. En général, cet archéologue brigue moins l'honneur de faire beaucoup d'éclat, que celui d'être utile aux jeunes artistes, et de diriger leur génie naissant par de salutaires et généreux conseils.

La bibliothèque du Conservatoire lui doit une copie monumentale des chefs-d'œuvre de musique palestrinienne, où toutes les écoles du moyen âge ont leur part de réhabilitation. Des collections de ce genre valent beaucoup plus, pour le profit réel de l'art compris d'une manière élevée et sérieuse, que bien des publications qui flattent l'amour-propre de leurs auteurs, en leur obtenant une réputation de vogue auprès des personnes superficielles.

Nous citerons les écrits suivants comme faisant honneur à la plume de M. Bottée de Toulmon :

1°. *Discours sur la question : Faire l'histoire de l'art musical depuis l'ère chrétienne jusqu'à nos jours, prononcé au congrès historique, au mois de novembre 1835;* — Morceau que des pédants ont traité de pédant.

2°. *De la Chanson en France au moyen âge,* dans l'*Annuaire historique* de 1837; travail destiné à vulgariser des idées saines sur un sujet immense et peu connu, même des érudits.

3°. *Notice bibliographique sur les travaux de Guido d'Arezzo;* publication critique qui contient des choses neuves.

4°. *Des pays de Palinods au moyen âge.*

5°. *Des instruments de musique en usage au moyen âge,* dans l'*Annuaire historique* publié par la Société de l'Histoire de France, 1839. Excellent travail.

6°. *Instruction du comité historique des arts et monuments,* dans la *Collection des documents inédits sur l'histoire de France, publiés par ordre du roi et par les soins du ministre de l'instruction publique,* in-4° avec des planches (imprimerie royale). Cette instruction a pour objet la recherche des monuments de l'histoire de la musique, et particulièrement des manuscrits et des fragments de notations anciennes. Nous avons reproduit, dans cette édition de Dom Jumilhac, un spécimen de ces anciennes notations (voir page 98, planche II).

M. Bottée de Toulmon a été nommé bibliothécaire du

Conservatoire en remplacement de M. Fétis, le 13 août 1831 ; quelques années plus tard, le 4 décembre 1838, la décoration de l'ordre royal de la Légion d'honneur lui était accordée comme récompense de ses travaux d'archéologie musicale. Il est membre de la Société des Antiquaires de France et du Comité historique institué au ministère de l'instruction publique.

BOULENGER (Joseph), organiste actuel de la cathédrale de Beauvais, est l'un des meilleurs élèves du célèbre M. Benoist, professeur d'orgue au Conservatoire de musique de Paris. Il serait à désirer que les artistes religieux marchassent sur les traces de M. Boulenger. Chez ce dernier, on voit avec bonheur le génie s'assouplir aux formes les plus savantes et les plus épineuses du style de la grande école romaine. Nous le proposons à nos lecteurs comme un modèle à suivre dans l'art si difficile et si rare de l'accompagnement du plain-chant.

M. Boulenger a peu produit : il appartient à cette classe d'hommes d'élite qui sacrifient tout aux saines et vigoureuses traditions des âges passés, — même la gloire de la popularité. Il croit, et il a raison, que ce n'est pas en suivant le sentier des organistes vulgaires de nos jours, que les vrais principes, si méconnus, pourront jamais environner de leur éclat les chants du culte et la tonalité vénérable d'une musique qui n'a rien de commun avec les inventions mesquines des Lefébure-Vély, des Miné et d'autres qu'il est inutile de nommer dans ce petit travail.

Nous avons sous les yeux plusieurs morceaux de plain-chant, harmonisés pour l'orgue par M. Boulenger : un *Pange lingua*, un *Sanctus* des Solennels, un *Kyrie* des Doubles, un *Victimæ paschali*, un *Attende*, le *Kyrie* de Dumont, etc. Toutes ces compositions sont inédites et à trois parties réelles, à l'exception de l'*Attende* qui est à quatre parties. Toutes les règles canoniques du style *osservato* ou rigoureux y sont mises en relief. Nous ne trouvons que deux taches dans ces chefs-d'œuvre de contrepoint ecclésiastique.

D'abord, l'auteur néglige de terminer toujours ses cadences finales par les seules consonnances parfaites, ou du moins de n'y admettre la tierce et la sixte qu'à la condition de rendre alors celles-ci majeures. C'est une règle fondamentale dans le style *alla Palestrina*.

En second lieu, M. Boulenger oublie quelquefois, notamment à la fin de l'*Attende*, que les dissonances ne doivent être que le résultat d'une consonnance retardée, et se résolvant par seconde sur une autre consonnance.

A part ces quelques imperfections, les œuvres musicales de M. Boulenger doivent être mises au premier rang des grandes compositions.

BROSSARD (Sébastien de), maître de musique de la cathédrale de Strasbourg, puis de celle de Meaux, et cha-

noine de cette église, mourut en 1730, à l'âge de soixante-dix ans.

Brossard doit sa renommée à son excellent *Dictionnaire de Musique,* dont la première édition in-fol., Paris, Christophe Ballard, 1703, est devenue fort rare et fort recherchée. J.-J. Rousseau a critiqué cet ouvrage avec beaucoup d'amertume, et en a cependant tiré tout ce qu'il a dit lui-même sur la musique des anciens et celle du moyen âge.

Le dictionnaire de Brossard est le troisième qui ait été publié en ce genre, et le premier livre qui contienne des éléments de littérature musicale.

Comme compositeur, Brossard s'est surtout fait connaître par son *Prodromus musicalis seu cantica sacra*, Paris, 1702, in-fol. C'est un recueil de quinze motets.

La Bibliothèque royale de Paris possède, moins ceux que l'on a volés, tous les livres de musique que Brossard s'était procurés avec la patience et le zèle d'un vrai bénédictin ; on y trouve en manuscrits originaux neuf motets et une messe de cet auteur.

BURETTE (Pierre-Jean), né à Paris le 21 novembre 1665, et mort le 19 mai 1747, a laissé treize dissertations fort savantes sur la musique des Grecs, dans les mémoires de l'Académie des inscriptions dont il était membre.

Burette est l'un des hommes qui ont le plus contribué à débrouiller le chaos de l'art chez les anciens.

BUTTSTEDT (Jean-Henri), célèbre organiste allemand du xviie siècle. Né en 1666 à Bindersleben, il mourut le 1er décembre 1727.

Voir page 64 de cette édition de Dom Jumilhac.

C

CAFFIAUX (Dom Philippe-Joseph), savant bénédictin de la congrégation de Saint-Maur, né à Valenciennes en 1712, et mort à Paris en 1777.

Nous le citons ici pour son *Histoire de la Musique,* dont on possède le manuscrit original, mais malheureusement incomplet, à la Bibliothèque royale, dans un portefeuille petit in-fol., coté 16, fonds de Corbie.

On y trouve une érudition solide et des documents pleins d'intérêt pour l'histoire de l'art.

CALVISIUS (Sethus), en allemand *Kalwitz*, naquit à Gorschleben (Thuringe), fut directeur de musique à Leipsick, et mourut dans cette ville en 1615, estimé de tous pour son savoir et son caractère honorable.

La Bibliothèque royale de Paris possède de cet auteur les ouvrages suivants :

I. — *Melopœia seu melodiæ condendæ ratio*, etc., Erfordiæ, in-8°, 1592. Malgré son titre, ce Traité est presque tout entier relatif au contrepoint. C'est un livre *tout d'or* selon Brossard.

II. — *Exercitatio musica tertia de præcipuis quibusdam in arte musica quæstionibus*, etc., in-8°, Lipsiæ, 1611.

Cet ouvrage, d'une rareté excessive, est adressé à Hubmeier, maître d'école à Gora, qui avait attaqué la solmisation par les sept syllabes *ut, ré, mi, fa, sol, la, si*.

Ce travail fait suite au livre que Calvisius avait publié sous ce titre : *Exercitationes musicæ duæ, quarum prior est de modis musicis, quos vulgò tonos vocant, rectè cognoscendis et dijudicandis. Posterior, de initio et progressu musices, aliisque rebus eo spectantibus*. Lipsiæ, 1600, in-8° de 138 pages. C'est du moins ainsi que le cite M. Fétis.

Calvisius a aussi composé plusieurs recueils de morceaux religieux à l'usage des luthériens, et un *Compendium musicæ practicæ pro incipientibus*, Lipsiæ, in-8°, 1594. On voit, dans ce dernier ouvrage, la *solmisation* enseignée pour les sept syllabes : *bo, ce, di, ga, lo, ma, ni*.

CAPELLA (Martianus), né en Afrique, vivait à Rome vers le milieu du IVe siècle de notre ère.

Le neuvième livre de son *Satyricon*, sorte d'encyclopédie, roule sur la musique. C'est un abrégé assez obscur de l'ouvrage musical de Quintilien. Meibomius l'a inséré, avec des notes, dans sa collection des auteurs grecs sur la musique, Amsterdam, 1652, 2 vol. in-4°.

Henri Spelman remarque, dans son Glossaire, que Capella fut le premier qui donna le nom de *tons* à ce qu'on appelait *modes* dans le plain-chant.

Remi d'Auxerre a commenté le Traité de Martianus Capella. On trouve ce commentaire dans le premier volume des *Scriptores eccles. de musica sacra*, de l'abbé Gerbert.

CARAMUEL DE LOBKOWITZ (Jean), évêque de Vigevano, naquit à Madrid en 1606.

Il est auteur d'un livre curieux intitulé : *Arte nueva de Musica inventade anno de 600 por S. Gregorio, desconcertada anno da 1026 por Guidon Aretino, restituida a su primera perfeccion anno 1620 por Fr. Pedro de Urena, reducida a este breve compendio anno 1644 por J.-C.*, en Roma, por Fabio de Talco, 1669, in-4°.

Caramuel y attribue à tort le système des muances à Guy d'Arezzo.

CASSIODORE (Aurélien), ministre de Théodoric, roi des Goths, naquit à Squillace vers 470.

Parmi les ouvrages qu'a laissés ce savant homme, on remarque un *Traité de musique* en latin, qui fait partie d'un écrit intitulé : *De artibus ac disciplinis liberalium litterarum*. On le trouve notamment dans la collection des *Scriptores* de Gerbert, tome I, p. 14-19.

Voici quelles sont les matières traitées par Cassiodore :

   I. Quis musicæ inventor?
   II. Quomodo musica per omnes actus vitæ nostræ diffundatur?
   III. Musica in religione.
   IV. Quid sit musica?
   V. Musicæ partes.
   VI. Instrumenta musica.
   VII. Quid et quotuplex symphonia?
   VIII. Quid tonus, et quot sint toni?
   IX. Musicæ effectus.
   X. Utilitas musicæ, ejusque scriptores, etc.

CERONE (Dominique-Pierre), prêtre, né à Bergame en 1566. On ignore l'époque de sa mort.

Il est auteur de deux ouvrages de musique ; le premier a pour titre : *Regole per il canto fermo*, Naples, 1609, in-4°; le second est intitulé : *El Melopeo y Maestro. Tractado de Musica theorica y pratica*, etc. En Napoles, MDCXIII, in-fol. de 1160 pages.

Ce dernier ouvrage, écrit en espagnol, est l'un des plus importants et des plus considérables qu'on a publiés sur la musique.

Il est divisé en vingt-deux livres. Les troisième, quatrième et cinquième contiennent d'excellentes choses sur le chant ecclésiastique.

On trouve, à Paris, des exemplaires du *Melopeo* dans les Bibliothèques Royale et Mazarine, dans celles de l'Institut, des Arts et Métiers, de M. Bottée de Toulmon et de M. Salva, libraire espagnol.

Un ouvrage plus récent et d'une grande rareté reproduit ce que le volumineux Traité de Cerone contient d'intéressant sous le rapport du chant ecclésiastique.

Cet ouvrage a pour titre : *Cvriosidades del cantollano, sacadas de las obras del Reverendo Don Pedro Cerone de Bergamo, y otros Autores, dadas à luz acosta de Jorge de Guzman, natural de la Ciudad de Cadiz, en donde actualmente exerce el Oficio de Sochantre de la Santa Iglesia Cathedral en dicha Ciudad*, etc.. En Madrid : En la Imprenta de Musica. Anno de 1709. 1 vol. petit in-4°.

Comme cet intéressant volume a été inconnu à tous les bibliographes de la musique, et que nous en possédons un exemplaire, nous allons en copier ici la table :

CAP.   I. Del numero de Letras, ò Signos, deducciones, y propriedades, y vozes que ay en el Cantollano.
CAP. II. De las mutanças en comun.
CAP. III. De las claves.
CAP. IV. Del orden para cantar deducionalmente.
CAP. V. De las mutanças en particular.
CAP. VI. De las distancias, y de los intervalos.
CAP. VII. De como se entiende vt, re, mi, para subir, fa, sol, la, para baxar.
CAP. VIII. De las disjuntas.
CAP. IX. De las conjuntas.

Cap.   X. De los tonos, ò modos de Cantollano, y quantos,
                  y quales sean.
Cap.   XI. De los ocho tonos de Cantollano.
Cap. LXXXII. Del lib. V. de Cerone, en donde pone todos los
                  .Sæculorum Amen, de todos los tonos.
Cap.   XII. Deste Tratado, y LXXXIV. de Lib. V. de Cerone,
                  la causa porque se vsen tantas variedades de
                  sæculorum.
Cap.   III (Sic). De este Tratado, y LXXXV. del Lib. V. de
                  Cerone. Trata lo mismo que el antecedente.
Cap.   XIV. Lo mismo.
Cap.   XV. Lo mismo.
Cap.   XVI. Lo mismo.
Cap.   XVII. Lo mismo.
Cap.   XVIII. Lo mismo.
Cap.   XIX. De los Sæculorum de Villegas.
Cap.   XX. De este Tratado, y XL. y XLI. del Lib. V. de
                  Cerone. Trata de juzgar los tonos.
Cap.   XXI. De este Tratado, y XXXXVI. del Lib. V. de Ce-
                  rone, y demonstracion de vnos cantos que vàn
                  juzgados por cuerda.
Cap.   XXII. De este Tratado, y XXXXVII. del Lib. V. de Ce-
                  rone. Que no siempre se han de juzgar los to-
                  nos por cuerda, sino à vezes por intervalo.
Cap.   XXIII. De este Tratado, y XXXXVIII. del Lib. V. de
                  Cerone. De los cantos compuestos por quinta
                  de extremo à extremo.
Cap.   XXIV. De este Tratado, y XXXXIX. del Lib. V. de Ce-
                  rone, y la regla que se ha de observar de vn
                  canto compuesto por quarta.
Cap.   XXV. De este Tratado, y L. de Lib. V. de Cerone. De
                  algunos cantos compuestos por tercera.
Cap.   XXVI. De este Tratado, y LI. hasta el Cap. LX. del
                  Lib. V. de Cerone. En que se trata en ellos
                  de las commixtiones en comun, y en parti-
                  cular.
Cap.   LIX. Del Lib. V. de Cerone, en que dà vn aviso par-
                  ticular, y muy necessario cerca de la commix-
                  tion perfecta.
Cap.   LVII. De como el Diathesaron formado desde D sol re,
                  à G sol re ut, no sirve siempre al primero
                  tono, mas al septimo tambien.
Cap.   LVIII. De la commixtion mixta.
Cap.   LVIV (Sic). De los tonos mixtos perfectos con la com-
                  mixtion mayor, ò menor imperfecta.
Cap.   LX. De los tonos imperfectos con la commixtion mayor,
                  ò menor imperfecta.
Cap.   LXI. De la fortaleza del Diapente en compuesto, y li-
                  gado.
Cap.   LXII. De los tonos privilegiados en Cantollano, y de la
                  dignidad, y autoridad del primero tono.
Cap.   LXIII. De la autoridad, y dignidad del octavo tono.
Cap.   XXVII. De este Tratado, y XI. del Libro V. de Cerone.
                  Trata de las notas, ò figuras que comunte vsa
                  el Cantollano.
Cap.   XII. Lo mismo.
Cap.   X. Del Lib. V. de Cerone. De las dos distancias in-
                  cantables, Semidiapente, y Tritono.

Cap. LXXXXI. De los tonos irregulares.
Cap. LXXXXIII. De como ay dos maneras de tonos irregulares.
Cap. LXXXXIV. De diversos exemplos de tonos irregulares por
                  composicion, y terminacion.
Cap. LXXXXV. Aviso cerca de vnos Cantollanos transportados,
                  que acaban en A la mi re, no siendo del pri-
                  mero, ni tampoco del segundo irregular.
Cap. LXXXXVI. Regla para conocer quando los dichos cantos van
                  cantados por b quadrado, y quando por b mol;
                  es à saber, quando son del primero, y quando
                  del tercero tono.
Cap.   LXV. Del Lib. V. de Cerone. Trata de las clausu-
                  las.
Cap.   LXVI. Lo mismo.
Cap.   LXVII. Lo mismo.
Cap.   LXVIII. Lo mismo.
Cap.   LXIX. Lo mismo.
Cap.   LXX. Lo mismo.
Cap.   LXXI. Lo mismo.
Cap.   LXXII. Lo mismo.
Cap.   LXXIII. Lo mismo.
Cap.   XXVIII. De este Tratado, de los efectos de los tonos.
Cap.   XXIX. Del modo de accentuar bien.
Cap.   XXX. Del valor de las figuras, ò notas del Canto-
                  llano.
Cap.   XXXI. De la cuerda.
Cap.   XXXII. De la cuerda Toledana.

L'ouvrage est terminé par deux suppléments non paginés.

CHORON (Alexandre-Étienne), né à Caen le 21 octobre 1772, mourut à Paris le 29 juin 1834.

La plus grande gloire de cet homme savant et illustre
consiste surtout dans les immenses travaux qu'il entreprit
pour introduire en France le goût et la connaissance des
œuvres des maîtres anciens, et surtout de l'école romaine
du xvi⁰ siècle.

On trouve des morceaux de ces maîtres dans le cinquième volume de ses : *Principes de composition des écoles
d'Italie,* Paris, 1816, 6 vol. in-fol.

Son *Dictionnaire historique des Musiciens,* Paris, 1810-
1814, 2 vol. in-8°, contient un *sommaire* remarquable de
l'*histoire de la musique.*

Nous citerons encore de lui :

1°. *Considérations sur la nécessité de rétablir le chant
de l'église de Rome dans toutes les Églises de l'Empire,*
Paris, Courcier, 1811, 15 pages in-8°.

2°. *Méthode de plain-chant,* etc., Paris, L. Colas,
1818, petit in-4° de 28 pages.

3°. *Méthode concertante de plain-chant et de contrepoint
ecclésiastique,* Paris, 1819, petit in-4°.

4°. *Salut du Saint-Sacrement, contenant les strophes
et antiennes en l'honneur du Saint-Sacrement et de la
sainte Vierge, mises en musique à trois voix égales,* Paris,
1818, 1 vol. in-8°.

CLERC (LE). Voyez Le Clerc.

COCLICUS (Adrien-Petit), élève de Josquin Desprez, au xvie siècle. Gerber, Lichtenthal, Choron et Fayolle ont reproduit exactement le nom de cet auteur; M. Fétis seul l'a défiguré en écrivant *Adrien Coclius*.

On a de Coclicus : *Compendivm mvsices descriptvm ab Adriano Petit Coclico, discipvlo Iosqvini de Pres. In quo præter cœtera tractantur hæc : De Modo ornate canendi. De Regula Contrapuncti. De Compositione.* Impressum Norimbergæ in officina Ioannis Montani, et Vlrici Neuberi. Cum priuilegio ad quinquennium. M.D.LII.

Cet intéressant ouvrage, composé de 60 feuillets (1) in-4° non paginés, est d'une rareté excessive; une seule bibliothèque publique de Paris en possède un exemplaire.

En voici une analyse complète :

Le Traité de Coclicus commence par une Préface, suivie de deux pièces de vers latins composées, selon l'usage du temps, à la louange de l'auteur.

Puis vient le portrait en pied de Coclicus. En haut, à droite de la gravure, on lit ces mots : Adrian Petit Coclico Mvsico. Ætat. LII. A gauche, il y a un petit canon sur ces mots : *Desperando spero.* Coclicus est *petit* de taille, mais fort et puissant. Sa tête est grosse, son front ridé, ses yeux saillants. Il a d'épaisses moustaches et une barbe qui lui tombe jusqu'aux genoux.

PREMIÈRE PARTIE DU COMPENDIVM.

Cette partie traite des objets suivants :
De his quæ futuro Musico sunt necessaria.
De mvsices definitione. (« *Mvsica secundum Iosquinum, est rectè, et ornatè canendi atque componendi ratio.* »)
De mvsicorvm generibus.
Scala pro cantv figurato ac Chorali.
De scalæ diuisione.
Declaratio sive expositio mutationum scalæ siue manus.
De intervallis.
De tonis.
De inflexionibvs, et regula tonorum regularium, et ir-regularium.

Outre les formules psalmodiques des huit tons du chant grégorien, ce dernier chapitre contient des exemples de contrepoint conforme à la tonalité de chacun de ces modes.

Le chapitre : *De mvsicorvm generibus* est si curieux, que nous ne pouvons résister au plaisir de le transcrire entièrement avec la plus scrupuleuse exactitude. Le voici :

« Spero me operæ præcium facturum, si obiter meum, de uarijs Musicis iudicium ostendam. Non enim omnes pari in re præstantes fuerunt : Quisque in eo excelluit, ad quod pertingere potuit. Ideo hæc non scribo, ut uel minimo omnium aliquid detraham, sed ut

<hr>

(1) Et non de 60 feuilles, comme il a été dit, par erreur typographique, p. 154 de cet ouvrage.

adolescentes ex me discant iudicare de his Musicis, qui longè ante nos exstiterunt, uel etiam hodie in uiuis sunt.

« Inuenio autem quatuor Musicorum genera. Primum genus eorum est, qui primi Musicam inuenerunt, et uariis in rebus uocum quandam Harmoniam obseruarunt. Quorum primus Tubal Hebræus, Lamech filius fuisse fertur, quem alij postea secuti sunt, et inuentis semper aliquid addiderunt, ut Anphion, Orpheus, Boetius, Guido Arenensis, Ockghem, Iacobus Obrecht, Alexander, et alij multi, quorum etiam scripta hunc in diem extant, hi autem tantum Theorici fuerunt.

« Secundum genus, est eorum qui sunt Mathematici, quorum compositiones, nemo est, qui non ferat. At hi uerum Musices finem non sunt assequuti. Nam etsi huius artis uim intelligunt, et etiam componunt, non tamen ornant suauitatem, et dulcedinem cantus, et quod peius est, cum uellent artem inuentam latius propagare, et illustriorem reddere, denigrarunt eam potius, et obscurarunt. In docendis enim præceptis et speculatione nimis diu manent, et multitudine signorum, et alijs rebus accumulandis, multas difficultates afferunt, et diu atque multum disceptantes, nunquam ad ueram canendi rationem perueniunt. Ex quibus sunt, Io. Geyslin. Io. Tinctoris, Franchinus, Dufay, Busnoe, Buchoi, Caronte, et complures alij.

« In tertio genere, sunt Musici præstantissimi, et ceterorum quasi reges, qui non in arte docenda hærent, sed theoriam optime et docte cum practica coniungunt, qui cantuum uirtutes, et omnes compositionum neruos intelligunt, et uere sciunt cantilenas ornare, in ipsis omnes omnium affectus exprimere, et quod in Musico summum est, et elegantissimum uident, et in omnium admiratione sunt, quorum cantilenæ, uel solæ sunt admiratione dignæ. Inter hos facile princeps fuit Iosquinus de Pres, cui ego tantum tribuo, ut eum omnibus cæteris præferam. In hoc etiam genere sunt peritissimi Musici, et artificiosissimi Symphonistæ : Petrus de Larue, Brumel, Henricus Isaac, Ludouicus Senfel, Adrian Willarth, Lebrun, Concilium, Morales, Lafage, Lerithier, Nicolaus Gombert, Criquilon, Champion, et Iaquet, Pipelare, Nicolaus Paien, Courtois, Meyster Ian, Lupi, Lupus, Clemens non Papa, Petrus Massenus, Iacobus de Buis, et innumeri alij, quos omitto breuitatis gratia.

« Quartum genus est Poëticorum, qui ex tertij generis Musicorum Gymnasio profecti sunt, et præcepta artis norunt, et bene ipsi componunt, et ex tempore super Choralem aliquem cantum contrapunctum suum pronunciant, et omnia præcepta, omnemque canendi uim eó referunt, ut suauiter, ornate, et artificiose canant ad homines oblectandos, et exhilarandos, hi dulcedine uocis alios longe superant, et uerum huius artis finem consequuti sunt, et in maiori sunt admiratione, et gratia quàm cæteri omnes. Tales sunt potissimum, Belgici, Pycardi, et Galli, quibus ferè naturale est, ut reliquis palmam præripiant, ideo soli feruntur in Pontificis, Cæsaris, Regis Galliæ, et quorundam Principum sacellis. Monendi igitur sunt adolescentes, ut enitantur hos quantum possint imitari, et in canendo referre. Licet autem quidam natura minus apti ad canendum uidentur, tamen nulla natura tam est mala, et uiciosa quæ non studio, et diligentia possit corrigi. Ex his patet, ut opinor, quæ Musica sit optima, nimirum ea, quæ hominum auribus grata est, et magis in practica, quàm Theorica consistit, ad quam consequendam, ego in hoc libello, omnem uiam iuuenibus pro uirili mea patefaciam, et quæ huc spectare uidebuntur perspicue, atque dilucide tradam. »

DEUXIÈME PARTIE DU COMPENDIUM.

Coclicus entre en matière par une espèce d'introduction dans laquelle il dit qu'il va enseigner trois choses : — « Primum de elegantia, ornatu aut pronunciatione in « canendo. Secundum de regula contrapuncti. Tertium « de modo componendi. » — Il prévient qu'il aura plutôt recours aux exemples qu'aux longues explications théoriques, et il ajoute : — « In urbibus Belgicis, ubi « cantoribus præmia dantur, ac ob præmia adipiscenda « nullus non modus et labor adhibetur, quò ad scopum « bene canendi perueniant, nulla scribitur aut dictatur « Musica.

« Item præceptor meus Iosquinus de Pratis nullam un- « quam prælegit aut scripsit Musicam, breui tamen tem- « pore absolutos Musicos fecit, quia suos discipulos non « in longis et friuolis preceptionibus detinebat, sed simul « canendo præcepta per exercitium et practicam paucis « uerbis docebat. »

Après cette introduction, l'auteur traite les points suivants :

De nominibvs valoribusque notarum et pausis, earumque signis usitatis.

De Ligatvris temporis perfecti et imperfecti.

De Pvnctorvm diuersitate.

De Prolationibus usitatis.

Tabvla pro forma prolationum cognoscenda.

(L'auteur donne ici plusieurs exemples, parmi lesquels on trouve la première strophe du *Salve Regina* à trois voix ; la première strophe du *Victimæ paschali* à quatre parties ; le *Pange lingua* à trois voix, etc.)

De Tactv et Mensvra diminutionis et augmentationis.

De elegantia, et ornatu, aut pronuntiatione in canendo.

De Regvla contrapvncti, secundum doctrinam Iosquini de Pratis.

(Ce chapitre commence par ces mots qui méritent d'être signalés :

« Modus canendi contrapunctum in Germania rarus « est, haud dubie non aliam ob causam, quàm cum pul- « cherrima hæc ars, diuturno usu, ac labore maximo per- « discatur, nec præmia eam callentibus constituta sint : « perpauci ad hanc discendam animum applicent, solide « se in Musica doctos existimantes, si uariorum signorum, « prolationum, definitionum etc. noticiam habuerint. « Aut si cantilenam in anni spatio componant, quam uix « canere possint). »

De Compositione.

COFERATI (Mathieu), prêtre de Florence, auteur d'un Traité de plain-chant, dont il a été fait plusieurs éditions.

Si l'on en croit Lichtenthal et M. Fétis, la première de ces éditions date de l'année 1682. La seconde, dont l'auteur de cet article possède un exemplaire, est intitulée : *Il cantore addottrinato, ovvero regole del canto corale, oue con breue, e facil metodo s'insegna la pratica de'precetti più necessarj del Canto Fermo; il modo di mantenere il Coro sempre alla medesima altezza di voce; di ripigliare doue resta l'Organo; d'intonare molte cose, che frà l'Anno si cantano; ed in particolare tutti gl' Inni. Con varie aggiunte dell' Autore in questa seconda impressione.* Opera di Matteo Coferati Sacerdote Fiorentino. In Firenze per il Vangelisti, Con lic. de' sup. (sans date, 1 vol. in-8° de 391 pages, plus 16 pages de pièces liminaires).

L'ouvrage est divisé en six livres :

LIBRO PRIMO. Nel quale si contengono i principj del Canto Fermo (16 chapitres, p. 1–37).

LIBRO SECONDO. Del portar della Voce (14 chapitres, p. 38–71).

LIBRO TERZO. De' Tuoni del Canto Fermo (50 chapitres, p. 72–160).

LIBRO QVARTO. Dell' Intonazioni (22 chapitres, p. 161–206).

LIBRO QVINTO. Modo d'intonare molte cose, che trà l'Anno si cantano tanto nelle Messe solenni, quanto negli Ofizzi Diuini (8 chapitres, p. 207–262).

LIBRO SESTO. Dell' Intonazioni degl' Inni (6 chapitres, p. 263–376).

L'ouvrage est terminé par une table alphabétique des matières, qui est fort étendue.

En général, le livre de Coferati est digne d'intérêt : il contient une foule de versions des mélodies ecclésiastiques, et des doctrines solides appuyées sur les auteurs les plus estimés. Coferati cite , entre autres autorités, Angelo da Picitone, George Rhau, Illuminato Aiguino da Brescia, Marinelli, Jean d'Avella, Guy d'Arezzo, Marchetto de Padoue, Franchino Gafforio, Boèce, Pierre Aaron, etc.

M. Fétis dit que la troisième édition du Traité de Coferati (Florence, 1708, in-8°) est la meilleure. Il ajoute, à l'article Cionacci, d'après Lichtenthal, etc., que cet auteur mit, en 1682, une Préface au livre de Coferati, sous ce titre : *Discorso dell' origine e progressi del canto ecclesiastico.* Il est évidemment ici question de la première édition de l'ouvrage que nous venons d'analyser ; or, cette circonstance de la Préface de Cionacci nous paraît assez invraisemblable.

Coferati est encore auteur d'une publication inconnue à tous les bibliographes de la musique ; elle a pour titre : *Manuale degli invitatorj cò suo' Salmi da cantarsi nell' Ore Canoniche per ciascuna Festa, e Feria di tutto l'Anno: nell' Vfizio paruo della Beatissima Vergine, e de' Morti. Coll'aggiunta delle Sequenze, e lor Canto, e Antifone da cantarsi alla distribuzione delle Candele, e delle Palme.* Opera raccolta da Matteo Coferati Sacerdote Fiorentino. In Firenze. 1691. Per Vincenzio Vangelisti, etc., 1 vol. in-8° de 203 pages.

COTTON (Jean), musicographe dont le vrai nom, suivant l'abbé Gerbert, est *Jean Scholastique*, moine qui vivait à Trèves vers l'an 1047.

Il nous a laissé un ouvrage important qui traite des matières suivantes :

1. Qualiter quis ad musicæ disciplinam se aptare debeat?
2. Quæ utilitas sit scire musicam, et quid distet inter musicum et cantorem?
3. Unde sit dicta musica, et a quo et quomodo sit inventa?
4. Quot sint instrumenta musici soni?
5. De numero litterarum, et de discretione earum.
6. Qualiter mensurandum sit Monochordum?
7. Unde dicatur Monochordum, et ad quid sit utile?
8. Quot modi sint, quibus melodia contexitur?
9. Quot sint vocum discrepantiæ, et de diapason?
10. De modis, quos abusive tonos appellamus.
11. De tenoribus modorum, et finalibus eorum.
12. De regulari cursu modorum, atque licentia.
13. Super græca notarum vocabula expositio.
14. Quid faciendum sit de cantu, qui in perpetuo cursu deficit?
15. Quod stultorum ignorantia sæpe cantum depravet.
16. Quod diversi diversis delectantur modis.
17. De potentia musicæ, et qui primitus ea in Ecclesia Romana usi sint?
18. Præcepta de cantu componendo.
19. Quæ sint optimæ modulandi formæ?
20. Qualiter per vocales cantus possunt componi?
21. Quid utilitatis afferant neumæ à Guidone inventæ?
22. De pravo usu abjiciendo, et superfluis quorumdam modorum differentiis.
23. De Diaphonia, id est organo.
24. De primo modo, et ejus discipulo cum differentiis.
25. De tertio tono et quarto, et eorum differentiis.
26. De quinto tono et sexto, et eorum differentiis.
27. De septimo tono et octavo, et eorum differentiis.

Gerbert a inséré l'ouvrage de Jean Cotton dans ses *Scriptores*, tome II, page 230.

Voyez cette édition de Dom Jumilhac, pages 110 et 168.

COUSSEAU (l'abbé A.), supérieur actuel du grand séminaire de Poitiers. Nous le citons ici pour un intéressant travail qu'il a publié, en 1837, sur l'auteur du *Te Deum*, dans les *Mémoires de la société des antiquaires de l'Ouest*, tom. II, p. 251-266.

En voici une analyse aussi complète que possible.

Le *Te Deum* a été attribué à divers auteurs : à S. Ambroise et à S. Augustin conjointement, — à S. Ambroise seul, — à S. Hilaire de Poitiers, — à S. Abundius, évêque de Côme au ve siècle (d'après un ancien bréviaire manuscrit cité par Gavantus, *in rubric. brev. sect. 5, cap. 19*), — à un moine nommé Sisebut (d'après un bréviaire de chœur du Mont-Cassin cité par Pagi, *ad annum 388, § xi*), — et, enfin, à S. Nicet, sans doute l'évêque de Trèves, qui vivait au vie siècle (ancien psautier cité

par Usserius, *Tr. de Symbolo Romanæ Ecclesiæ, ep. ad Vossium.* — V. C. Bona, *de Divina Psalmodia, c. 16*).

« Les titres des trois derniers, dit M. l'abbé Cousseau, « reposent entièrement sur la foi de quelques manu- « scrits où leur nom a pu être mis par une erreur assez « commune des copistes qui prenaient pour les auteurs « d'un livre, ou celui qui l'avait possédé, ou bien même « celui qui l'avait copié avant eux. C'est surtout ce qu'on « doit conjecturer par rapport au moine Sisebut : le *Te* « *Deum* est cité dans la *Règle* de S. Benoît; il serait assez « singulier qu'un moine fût l'auteur d'une pièce plus « ancienne que le patriarche des moines d'Occident. « Il n'y a pas plus de vraisemblance pour S. Nicet, « évêque de Trèves, qui devait être fort jeune au mo- « ment où S. Benoît écrivait sa *Règle*. Quant à Abun- « dius, évêque de Côme du temps de S. Léon, il a pu « adopter le *Te Deum* pour l'usage de son église, et il « n'en fallait pas davantage pour qu'il fût inscrit sous son « nom dans quelque livre liturgique de son diocèse « (p. 252-253). »

Les autres opinions sont celles qui ont, seules, quelque crédit parmi les savants.

Mais d'abord, le *Te Deum* n'a point été composé simultanément par S. Ambroise et S. Augustin. Cette simultanéité ne convient pas à la composition d'un morceau tout d'enthousiasme et d'inspiration, et dont l'enchaînement des pensées prouve qu'il est le produit d'une seule et unique conception. Le fait d'ailleurs ne s'appuie que sur une chronique attribuée à S. Dace, évêque de Milan, mort en 551, et insérée par Muratori dans le tome IV de ses *Scriptores rerum italicarum;* mais Muratori (*ibid.*), les PP. Menard (*Sacr.*, p. 400) et Mabillon (*Analecta*, tom. I, p. 3), Gavantus et Merati (*Commentaires sur les rubriq. du brév. romain, sect. 5, cap. 19*), ont solidement démontré que cette chronique est postérieure à S. Dace de 400 ans. Ainsi s'écroule le *seul* fondement de cette opinion; en sorte que c'est en vain qu'un religieux augustin déchaussé de Milan, nommé le P. Eustache de Saint-Ubalde, a composé, au xviie siècle, une dissertation où il cite plus de trente auteurs italiens, allemands, français et espagnols qui tous s'appuient sur la prétendue chronique de Dace.

Si S. Ambroise et S. Augustin avaient composé le *Te Deum*, on en trouverait des vestiges dans la vie si détaillée de S. Ambroise par le prêtre Paulin, qui était parfaitement instruit de toutes les circonstances biographiques de son héros, et dans celle de S. Augustin par Possidius, son disciple. Et S. Augustin lui-même en aurait dit quelque chose dans ses *Confessions*, où il raconte avec autant de simplicité que de candeur les moindres détails de sa conversion et de son baptême. — Or, pas la plus petite allusion à ce fait dans tous ces écrits.

D'ailleurs, l'auteur de la chronique de Dace tire lui-même ses preuves d'un ancien sermon faussement attribué à S. Ambroise. Les seuls mots relatifs à notre sujet sont : — *« In quo unâ vobiscum cum divino instinctu hymnum cantavimus de Christi fide* (92ᵉ sermon de l'édition de Paris, 1549). »* Les Bénédictins ont jugé ce sermon indigne d'entrer dans les œuvres de S. Ambroise, et lors même qu'il ne le serait pas, le mot vague d'*hymnum* ne peut point constituer une preuve en faveur de la composition du *Te Deum*.

Mais, dira-t-on, un grand nombre de manuscrits portent, en parlant du *Te Deum*, Hymnus Ambrosianus.

Cette objection n'en est pas une. S. Benoît, dans sa *Règle*, donne ce nom à toutes les hymnes qu'il prescrit pour chaque heure de l'office divin, et cependant les plus habiles interprètes sont loin de conclure qu'il les attribue toutes à S. Ambroise. Ils croient, au contraire, qu'on disait *hymnus ambrosianus*, soit parce qu'elles avaient été composées à l'imitation de celles de S. Ambroise, soit parce que ce saint évêque avait contribué, plus qu'aucun autre, à étendre l'usage des hymnes dans l'Église.

Le savant Dom Ceillier, dans son *Histoire des Auteurs ecclésiastiques* (tom. VII, p. 567), affirme que ceux qui sont tant soit peu versés dans la critique ne songent plus à attribuer à S. Ambroise la composition du *Te Deum*.

S. Augustin cite des hymnes dont il fait positivement honneur à S. Ambroise (Baluze, tom. I des Conciles, p. 379) : or, en les comparant au *Te Deum*, on peut voir que rien n'y offre des analogies.

L'opinion qui attribue le *Te Deum* à S. Hilaire de Poitiers est *mieux établie*.

1° Il est constant que S. Hilaire est auteur d'une liturgie et qu'il a composé des hymnes. S. Jérôme, son contemporain, le dit expressément.

2° Il est certain que ces hymnes ont été adoptées par l'Église. Le 13ᵉ canon du quatrième concile de Tolède, année 531, nous apprend qu'on les chantait dans les offices publics.

3° Abbon, abbé de Fleury, si célèbre en son temps par sa vaste et profonde érudition, et l'une des lumières qui brillèrent avec le plus d'éclat au milieu des ténèbres du xᵉ siècle, dit dans une lettre où il explique quelques règles de grammaire : — *« In Dei palinodiâ quam composuit Hilarius, pictaviensis episcopus, non juxta quorumdam imperitorum errorem* suscepti, *sed potiùs* suscepturus legendum *: Tu ad liberandum suscepturus hominem*, etc. (Mabillon, *Annal. Bened.*, tom. IV, p. 687). »*

4° Le style, la poésie et les idées du *Te Deum* sont ceux des livres de la *Trinité* de S. Hilaire. Tout le plan du *Te Deum* s'y trouve au n° 7, et le *non horruisti*, au n° 24.

5° Alcuin, Remi d'Auxerre, Hugues de Saint-Victor et d'autres regardent positivement S. Hilaire comme l'auteur du *Gloria in excelsis* (1). Or, il y a, entre ce cantique et le *Te Deum*, un air incontestable de parenté.

Quand a été composé le *Te Deum?* On l'ignore. M. l'abbé Cousseau conjecture que ce fut lorsque S. Hilaire, après avoir combattu l'erreur dans les conciles de l'Orient et jusque dans le palais de l'empereur, reparut pour la première fois au milieu de ses chères ouailles de Poitiers.

M. Cousseau pense que le *Te Deum* finissait primitivement à ces mots : — *In gloriâ numerari*, ou, comme on lit à Poitiers, *Gloriâ munerari*. Le reste est d'un ton différent, et ne se compose que de ces versets de l'Écriture, rassemblés dans la liturgie sous le nom de *prières* (preces), excepté le seul ℣ *Dignare, Domine*, qui n'est pas tiré de l'Écriture sainte. On les aura sans doute ajoutés au chant du *Te Deum*, lorsque ce chant fut affecté à l'office de Matines, et ils auront fini par faire corps avec le cantique, malgré leur disparate et leur défaut de liaison. Que l'on examine, en effet, le plan du *Te Deum*, et l'on verra que le ℣ *Æterna fac* en est la conclusion la plus naturelle. —

Tel est, en substance, l'excellent et érudit Mémoire de M. l'abbé Cousseau, l'un des hommes les plus dévoués au progrès de la liturgie musicale. Le nom de son savant auteur figure, comme une récompense de nos efforts, au nombre des souscripteurs à cette nouvelle édition de l'ouvrage de Dom Jumilhac.

COUSU (Jean du), chanoine de Saint-Quentin, naquit vers le commencement du xviiᵉ siècle (2). Nous le citons ici comme auteur d'un livre extrêmement remarquable, intitulé : *La Mvsiqve Vniverselle, contenant tovte la pratiqve, et tovte la theorie*, in-fol. « C'est, dit M. Fétis, le « meilleur ouvrage, le plus méthodique et le plus utile « pour la pratique qu'on ait écrit dans le xviiᵉ siècle, « non-seulement en France, mais dans toute l'Europe « (*Biographie*, tome iii, p. 210). »

M. Boisgelou dit, en parlant du livre du chanoine de Saint-Quentin : « Il n'existe que deux exemplaires imparfaits de cet ouvrage. Deux épreuves de chaque feuille étaient fournies, une pour l'auteur, qui ne demeurait

(1) M. Fétis, qui parle de tout avec une incroyable légèreté, confond ici le *Gloria Patri* avec le *Gloria in excelsis* (*Biog. univ. des Mus.*, art. Saint Hilaire [sic].)

(2) M. Fétis écrit *Jean Cousu*. Il y a des auteurs contemporains qui l'appellent *Jean de Cousu* et *Jean du Cousu*. Ce dernier nom lui est donné par une note manuscrite d'un exemplaire de l'ouvrage de cet auteur, qui provient de la Bibliothèque de Saint-Germain-des-Prés. Cette note est conçue en ces termes : *Par Monsʳ du Consu, chanoine de Saint-Quentin. Ex libris S. Germani a Pratis, ord. S. Benedictj, congregationis S. Mauri.* 1679.

point à Paris, l'autre pour l'éditeur. Sans ces épreuves, on n'aurait aucune connaissance de ce que contenait l'ouvrage, car l'imprimerie Ballard ayant été brûlée, tout ce qui était imprimé de *la Musique universelle* fut consumé avec le manuscrit. »

M. Fétis doute de l'authenticité de ce récit, mais nous avons acquis la certitude qu'il est exact. Des deux exemplaires d'épreuves qu'il mentionne, l'un a été la propriété de Parmentier, maître de chapelle de Saint-Quentin; Perne et M. Fétis l'ont eu entre les mains, mais l'on ignore ce qu'il est devenu ; l'autre existe dans une bibliothèque publique, où nous l'avons découvert et copié intégralement.

L'ouvrage n'a pas de frontispice et s'arrête à la page 208. En attendant que nous le réimprimions, nous allons en donner ici la table des matières.

LIVRE PREMIER (p. 1-74).

(1) Ce chapitre porte le même numéro que le précedent ; c'est une faute d'impression
(2) Ce chapitre est numéroté XXXI au lieu de XXXII.
(3) Ce chapitre est numéroté XXXVI par erreur typographique.

(1) Ce chapitre est numéroté XXXV par erreur typographique.
Nᴏᴛᴀ. — A partir de ce chapitre jusqu'a la fin du II° livre, le numerotage des
chapitres continue la même erreur ; nous l'avons rectifié.

D

DANJOU (F.), artiste et littérateur dont M. Fétis disait en 1835 : *Jeune musicien d'un mérite distingué et d'une instruction peu commune* (Biogr., tom. I, Préface, p. xxvi).

Depuis lors, M. Danjou a été employé à la Bibliothèque royale et organiste de plusieurs églises de France ; il a, en ce moment, les titres de bibliothécaire de l'*Arsenal* à Paris et d'organiste de la métropole.

Il s'est fait surtout connaître par une *Revue de la musique religieuse, populaire et classique* qui en est à sa troisième année d'existence.

Cette *Revue* est excellente en ce sens qu'elle est destinée à maintenir l'étude des questions musicales. Elle contient de fort bons articles, mais le rédacteur en chef paraît trop partial, trop peu initié lui-même aux mystères de l'archéologie de son art, trop versatile enfin pour atteindre nettement le but qu'il s'est proposé en fondant son recueil. Il ne suffit pas d'avoir de la bonne volonté ni de tourner une phrase avec élégance, pour se mettre efficacement à la tête du mouvement qui tend à se réaliser de nos jours. On peut être parfois un obstacle sérieux aux travaux de collaborateurs intelligents et érudits, et nous pensons que l'honorable M. Danjou se trouve dans cette situation fâcheuse, à son insu sans doute.

C'est à ces causes qu'il faut attribuer, nous n'en doutons pas, la répulsion que son œuvre, si louable d'ailleurs, inspire à une foule de directeurs de séminaires et à beaucoup d'hommes éminents.

M. Danjou, qui a, dit-on, une certaine influence sur l'enseignement musical de la maîtrise de Notre-Dame de Paris, nous semble oublier qu'on méconnaît, dans cet établissement, les vraies doctrines des grandes écoles de musique du xviᵉ siècle. Les élèves qui sortent de la maîtrise, ne connaissent point un seul mot de l'histoire religieuse et classique de leur art ; ils ignorent entièrement les traditions palestriniennes, les seules dignes du culte, les seules conformes à la tonalité du plain-chant. Et, d'un autre côté, tout cela n'a jamais été expliqué d'une manière simple, claire et pratique dans la *Revue*.

Nous regrettons bien vivement qu'il n'y ait pas plus de fixité scientifique dans l'esprit de M. Danjou. Son travail et celui de ses collaborateurs produirait beaucoup de bien, si on lui donnait une direction plus convenable et plus pratique.

DONI (Jean-Baptiste), né d'une famille noble de Florence, était à la fois écrivain élégant et profond théoricien. Né en 1593, il mourut en 1647.

Les ouvrages de Doni, relatifs à la musique, sont les suivants : —

1° *Compendio del tratatto de' generi e de' modi della mvsica. Di Gio. Battista Doni. con vn discorso sopra la perfettione de' concenti. Et vn saggio à due Voci di mutationi di Genere, e di Tuono in tre maniere d'Intauolatura : e d'vn principio di Madrigale del Principe, ridotto nella medesima Intauolatura*, etc. In Roma, Per Andrea Fei. MDCXXXV, in-4° de 211 pages.

2° *Annotazioni sopra il Compendio de' Generi, e de' Modi della Musica*, etc. *Con due Trattati l'vno sopra i Tuoni, e modi veri, l'altro sopra i Tuoni, ò Armonie de gl' Antichi. Et sette Discorsi sopra le materie più principali della musica, ò concernenti alcuni instrumenti nuoui praticati dall' Autore*. In Roma, 1640, nella stamparia d'Andrea Fei, 1 vol. in-4° de 414 pages.

3° *Jo. Baptistæ Doni patricii florentini de præstantia Musicæ Veteris Libri tres totidem dialogis comprehensi in quibus vetus ac recens Musica, cum singulis earum partibus, accurate inter se conferuntur. Adiecto ad finem Onomastico selectorum vocabulorum, ad hanc facultatem cum elegantia et proprietate tractandam, pertinentium*. Florentiæ typis Amatoris Massæ Foroliuien. M. DC. XLVII (1 vol. in-4° de 274 pages).

4° *Deux Traitez de Musique. I. Nouuelle Introduction de Musique. qui monstre la Reformation du Systeme ou Eschelle Musicale, Selon la methode Ancienne, et meilleure : la facilité d'apprendre toutes sortes de chant par le retranchement de deux syllabes. Vt et La : vne nouuelle maniere, et plus aisee de Tablature Harmonique, et vn nouueau reiglement des Auantexercices de la Musique. II. Abregé de la matiere des Tons. qui monstre en peu de mots, tout ce que l'auteur a traicté plus amplement en plusieurs Discours Italiens, touchant les Tons ou Harmonies des Anciens, par luy heureusement renouuellees, et remises en vsage*.

Ce dernier ouvrage est indiqué *comme ayant vu le jour* dans le catalogue des ouvrages de Doni, imprimé à la suite du livre *De præstantia musicæ*. M. Fétis, qui n'a point fait attention à cette circonstance importante, s'est livré à des conjectures bibliographiques aussi fausses que singulières. Cependant, nous citerons comme un document intéressant la découverte qu'a faite ce savant du manuscrit autographe des *Deux Traitez de Musique*, à la Bibliothèque royale de Paris (n° 1689, fonds de l'abbaye de Saint-Germain-des-Prés).

L'illustre antiquaire Gori a publié tous les ouvrages de Doni, en deux volumes in-fol., Florence, 1773. On y trouve plusieurs traités inédits et que nous n'avons point cités plus haut.

E

ENGELBERT, abbé d'Aimont dans la Haute-Styrie, mourut en 1331.

Il est auteur d'un traité *De musica*, que Gerbert a publié dans sa collection des *Scriptores*, tom. 2, p. 287-369.

Ce traité, divisé en quatres parties, contient un prologue et 111 chapitres.

Dans l'impossibilité où nous sommes de transcrire ici les titres de tous ces chapitres, nous dirons que la première partie traite des notes du tétracorde et des signes musicaux ; la 2ᵉ, des proportions ; la 3ᵉ, de la solmisation et des muances ; la 4ᵉ enfin, des huit modes ecclésiastiques, des pauses, des points et des cadences.

C'est par une lourde méprise que M. Fétis a dit sans restrictions dans sa *Biographie* : « Engelbert se borne à développer la doctrine de Guy d'Arezzo (tom. IV, p. 30).» Le musicographe d'Arezzo n'a pas inventé le système monstrueux des muances, et Engelbert n'en enseigne pas d'autre.

ERICIUS ou ERYCIUS PUTEANUS. Voyez PUTTE (van den).

EVEILLON (Jacques), né a Angers, en 1572, fut chanoine et grand vicaire de la cathédrale de cette ville, mourut en 1651.

Cet auteur célèbre a été l'occasion des plus singulières erreurs de la part des bibliographes modernes. Choron et Fayolle le font naître en 1782 et mourir en 1651. M. Fétis place l'année de sa naissance en 1672, lui donne un canonicat en 1620, et déclare qn'il est mort en 1651, à l'âge de 79 ans.

L'abbé Eveillon a laissé, entre autres ouvrages, un traité qui a pour titre : *Jacobi Eveillon liber de recta ratione psallendi*, Flexiæ, G. Laboe, 1646, in-4°.

C'est un livre curieux et fort bien fait.

EUCLIDE, l'un des sept auteurs grecs édités et commentés par Meibomius, vivait sous le règne de Ptolémée, fils de Lagus, plus de 300 ans avant notre ère.

Son traité, qui a pour titre : Εἰσαγωγὴ ἁρμονικὴ (*Introduction harmonique*), n'admet que trois modes, divise le ton en deux demi-tons diatoniques, et fait du dièse chromatique le tiers de l'intervalle du ton majeur, etc.

F

FABER STAPULENSIS (Jacobus), en français : *Lefebvre d'Étaples*.

M. Fétis (*Biogr.*, tome I, p. cxc) cite de lui des *Élé-*

ments de musique, Paris, 1496. A l'article *Faber Stapulensis*, il renvoie à celui de *Lefebvre d'Étaples*, qui a été omis.

La Bibliothèque royale de Paris possédait un exemplaire d'un livre de Faber intitulé : *Musica libris IV demonstrata*, in-4°, 1552. Ce volume a disparu, en sorte que nous n'avons aucun détail certain à donner sur l'auteur et sur son livre que Dom Jumilhac invoque plusieurs fois, et que le célèbre Baïni a loué comme une œuvre importante.

Comme le font observer Choron et Fayolle, après Walther, l'écrivain qui nous occupe mérita le surnom d'Étaples à cause du lieu de sa naissance, situé dans le Boulonnais ; il fut docteur en Sorbonne à Paris, et y mourut en 1547, à l'âge de cent un ans.

Suivant les mêmes auteurs, qui ne font aucune mention du titre français dont parle M. Fétis, l'ouvrage musical de Faber aurait été imprimé à Paris dans les années 1514, 1551 et 1552.

Le Père Martini cite une édition de 1496.

Lichtenthal, dans sa *Bibliografia della musica*, donne la table des matières du livre de Faber.

La voici :

Lib. I intervalla musicis modulationibus accommoda discutit. Multiplex : duplare, triplare, quadruplare. Superparticulare : sesquialterum, sesquitertium, sesquioctavum, bis sesquioctavum, ter sesquioctavum, quater, quinquies et sexies sesquioctavum.

Lib. II. De tono, integro toni dimidio, semitonio minore, semitonio majore, commate, schismate et diachismate.

Lib. III. De sesquitono, ditono, diatessaron, diapente, diapente et tono, diapason, diapason et trisemitonio, diapason et ditono, diapason et diatessaron, diapason et diapente, diapason diapente et tono, disdiapason, ac integro toni et consonantiarum omnium dimidio. Et de maximarum harmoniarum consonantiis et quarundam medietatum.

Lib. IV. De monochordo, tetrachordo, pentachordo, heptachordo, octachordo, pentadechordo, diatonicis, chromaticis, enharmonicis melodiis. Et de melodiarum modis.

FAYOLLE (François-Joseph-Marie), né à Paris le 15 août 1774, s'est surtout fait connaître par un ouvrage qu'il a publié, de concert avec Choron, sous ce titre : — *Dictionnaire historique des musiciens artistes et amateurs morts ou vivants*, etc., 2 vol. in-8°, Paris, 1810 et 1811.

C'est un livre assez mal fait, si l'on en excepte l'*Introduction*, qui est de Choron.

FÉTIS (François-Joseph), né à Mons (Belgique) le 25 mars 1784, actuellement maître de chapelle du roi des Belges et directeur du Conservatoire de musique de Bruxelles.

Ceux qui désirent connaître en détail la vie de cet artiste, peuvent lire les éloges *qu'il s'est donnés* dans sa *Biographie des Musiciens*, tome IV, p. 103-115.

Il a publié entre autres ouvrages :

I. — *Biographie universelle des musiciens et bibliographie générale de la musique*, 8 vol. in-8°, Bruxelles, MDCCCXXXV— MDCCCXLIV, ouvrage très-important, mais qui a été rédigé avec trop de précipitation et trop peu d'exactitude, bien qu'il soit le meilleur travail qui existe sur cette matière. L'auteur de cette *Table onomastique* de Dom Jumilhac prépare un supplément à la *Biographie* de M. Fétis, dans lequel seront redressées avec soin toutes les erreurs, toutes les citations fausses, toutes les indications bibliographiques erronées, etc., du musicographe de Bruxelles.

II. — *Revue musicale*, huit années, 1827–1834, en tout 15 volumes, dont 10 in-8° et 5 in-4°.

III. — *La musique mise à la portée de tout le monde*. etc., Paris, 1 vol. in-12, 3ᵉ édition, 1834. Il y a de bonnes choses dans ce petit écrit.

IV. — *Traité du Contrepoint et de la Fugue*, 2 vol. in-fol.. 1ʳᵉ édition, Paris, Troupenas, 1825 ; 2ᵉ édition, ibid., 1846. — On chercherait inutilement, dans cet ouvrage, les règles de l'harmonie palestrinienne qui convient à l'accompagnement du plain-chant.

FINCK (Hermann), compositeur et théoricien qui a publié un ouvrage devenu fort rare, et dont la Bibliothèque Mazarine, à Paris, possède un exemplaire coté n° 15987.

Cet ouvrage est intitulé :

Practica mvsica Hermanni Finckii, exempla variorvm signorvm, proportionvm et canonvm, ivdicivm de tonis, ac quædam de arte svaviter et artificiose cantandi continens. Vitebergiæ excvdebant hæredes Georgii Rhaw, anno M. D. LVI. 1 vol. in-4° de 43 feuilles non paginées.

La *Practica* commence par une dédicace qui a pour en-tête : *Illvstribvs Dominis Comitibvs a Gorca magnifico Domino Lucæ palatino Brzestensi, Andreæ et Stanislao Buscensibus, Valcensibus, Gneznensibus, Colensibus Capitaneis, etc. S. D. Hermannus Finck Birnensis*. — On y trouve des détails historiques fort curieux, concernant la famille et la personne d'Hermann Finck. Les voici :

« Vt autem Deus uult cæteras artes Ecclesiæ utiles a guberna-
« toribus foueri, ita uult et Musicæ studia ab eis conseruari, qua
« in re magna laus et fuit, et nunc est Regum Poloniæ. Extant
« melodiæ, in quibus magna artis perfectio est, compositæ ub Hen-
« rico Finckio, cujus ingenium in adolescentia in Polonia excultum
« est, et postea Regia liberalitate ornatum est. Hic cum fuerit pa-
« truus meus magnus, grauissimam causam habeo, cur gentem
« Polonicam præcipue uenerer, quia excellentissimi Regis Polonici
« Alberti, et fratrum liberalitate hic meus Patruus magnus ad tan-
« tum artis fastigium peruenit. Itaque in editione huius operis,
« præcipue ad Celsitudinem uestram scripsi, ut ostenderem me be-
« neficiorum memoriam, quæ in meam familiam a Regibus et Prin-
« cipibus Polonicis collata sunt, perpetua gratitudine et retinere et

« celebrare. Fuit eximia erga me quoque liberalitas Celsitudinis tuæ
« Illustris Domine Stanislae. Quare et fratrum et tui nominis men-
« tionem hic feci, et nobis hoc opus dedico, ut gratitudinem meam
« et obseruantiam erga uos perpetuam, ostendam. Etc. »

Trois chapitres préliminaires suivent la dédicace ; ils ont pour titres :

De mvsicæ inventoribvs.

Mvsica qvid sit.

Vtilitas mvsicæ.

Le chapitre : *De mvsicæ inventoribvs* renferme un paragraphe tellement intéressant, que nous ne pouvons résister au désir de le rapporter ici, mais d'une manière plus exacte que ne l'ont fait Gerber, Choron et Lichtenthal.

« De Musicæ inuentoribus, alij aliter sentiunt, nec sauè mirum est, antiquissimæ artis authorem minus certò sciri. Celius antiquarum lectionum lib. 5. ait. Si Iosepho ac Sacris literis ulla fides adhibenda est, Tubal filius Lamech inuentor eius præcipuus, et antiquitate primus ante diluuium duabus tabulis, lateritia scilicet, et marmorea posteris eam reliquit inscriptam, ut siue igni siue aqua mundus puniretur, alterutra columnarum non aboleretur. Marmor enim non liquescit, Lateres uerò humore non resoluuntur. Idem etiam dicitur cytharæ, et organorum usum tradidisse. Siue uerò ipse Tubal Musicam inuenerit, siue à Deo edoctus sit, non multum refert : Verisimilius tamen est Deum ipsum ei Musicam tradidisse. Idem sensisse videntur gentiles homines. Nam cum Homerus Apollinem Cythara canentem fingit, proculdubio Musicæ originem ad Deos referri vult. Quod de reliquis Inuentoribus asserunt authores, fidem non meretur. Nam cum propter antiquitatem ueri authoris nomen obscuratum esset, quilibet se huius artis inuentorem (sic) dici uoluit. Referunt nempe alij Orpheum, alij Lynum et Amphionem, alij Pythagoram primos authores esse. Eusebius Dyonisio, Diodorus Mercurio, Polybius Arcadum maioribus huius artis inuentionem attribuunt. Ego de hac re sic sentio, hos quidem Musicam non inuenisse, sed illam nouis præceptis ornasse, et illustriorem reddidisse. Postea alij quasi noui inuentores secuti sunt, qui proprius ad nostra tempora accedunt, ut Iohan : Greisling, Franchinus, Iohan Tinctoris, Dufai, Busnoe, Buchoi, Caronte, et alij multi, qui etiamsi ipsi quoque composuerunt, plus tamen in speculatione et docendis præceptis operæ posuerunt, et multa noua signa addiderunt. Circa annum millesimum quadringentesimum et octuagesimum et aliquanto post alij exstiterunt præcedentibus longè præstantiores. Illi enim in docenda arte non ita immorati sunt, sed erudite Theoricam cum Practica coniunxerunt. Inter hos hen-ricus Finck, qui non solum ingenio, sed præstanti etiam eruditione excelluit, durus uerò in stylo. Floruit tunc etiam Iosquinus de Pratis, qui uere pater Musicorum dici potest, cui multum est attribuendum : antecellit enim multis in subtilitate et suauitate, sed in compositione nudior, hoc est, quamuis in inueniendis fugis est acutissimus, utitur tamen multis pausis. In hoc genere sunt et alij peritissimi Musici, scilicet, Okekem, Obrecht, Petrus de larue, Brumelius, Henricus Isaac, qui partim ante Iosquinum, partim cum illo fuerunt, et deinceps Thomas Stoltzer, Steffanus Mahu, Benedictus Ducis, et alij multi quos breuitatis gratia omitto. Nostro uerò tempore noui sunt inuentores, in quibus est Nicolaus Gombert (1), Iosquini piæ memoriæ discipulus, qui omnibus Musicis ostendit viam, imò semitam ad quærendas fugas, ac subtilitatem, ac est author Musices plane diuersæ à superiori. Is enim vitat pausas, et illius compositio est plena cùm concordantiarum tùm fugarum. Huic adiungendi sunt Thomas Crecquilon, Iacobus Clemens non Papa, Dominicus Phinot, qui præstantissimi, excellentissimi, subtilissimique, et pro meo iuditio existimantur imitandi. Itemque alij sunt, Cornelius Canis, Lupus Helline, Arnolt de Prug, Verdilot, Adrian Vuilhart, Gossen lunckers, Petrus de Machicaurt, Iohan Castileti, Petrus Massenus, Matheus Lemeistre, Archadelt, Iacobus Vaet, Sebastian Hollander, Eustachius Barbion, Iohan Crespel, Iosquin Baston, et complures alij : Hos ego et alios etiam, quorum hic non feci mentionem, in alio libello recensebo. Ibique multa de vita et studijs ipsorum, tàm veterum quàm recentiorum, quantum quidem non solum ipse vidi aut legi, sed etiam ex aliorum relatu cognoscere potui, adijciam (*sic*)..... »

L'ouvrage dont parle ici Hermann Finck n'a jamais paru, et c'est une véritable perte pour l'histoire de l'art. Mais continuons notre analyse.

La *Practica mvsica* est divisée en cinq livres.

Le premier livre contient les dix chapitres suivants :

De clavibvs.

De vocibvs.

De cantv.

De intervallis usitatis et prohibitis.

De notis.

De ligatvris.

De pavsis.

De mvtatione.

De transpositione.

De solmisatione.

Le second livre a pour objet :

De tactv.

De syncopatione.

De mensvra.

De modo.

De tempore.

De prolatione.

De signis.

De pvnctis.

De imperfectione.

De colore figurarum.

De avgmentatione.

De diminvtione. — De diminvtionis diminutione.

De proportione. — De proportione dvpla. — De proportione tripla. — De proportione quadrupla. — De proportione sesqualtera. — De proportione sesquitertia. — De hemiola.

Le troisième livre a pour titre : *De canonibvs*. L'auteur y traite cette importante matière avec des détails que l'on chercherait vainement ailleurs.

(1) Voyez ce nom.

Après avoir donné la définition du *canon* : — « Canon « est imaginaria præceptio, ex positis non positam can-« tilenæ partem eliciens : Vel, est regula argutè reue-« lans secreta cantus, » — donne la manière de résoudre les canons suivants :

I.

Clama ne cesses.

II.

Ocia dant uitia.

III.

Dij faciant sine me non moriatur ego.

IV.

Omnia si perdas famam seruare memento, Qua semel amissa, postea nullus eris.

V.

Sperare et præstolari multos facit μωραρι.

VI.

Ocia securis insidiosa nocent.

VII.

Tarda solet magnis rebus inesse fides.

VIII.

Misericordia et ueritas obuiauerunt sibi.

IX.

Iusticia et pax se osculatæ sunt.

X.

Nescit uox missa reuerti.

XI.

Semper contrarius esto.

XII.

Signa te signa temere me tangis et angis, Roma tibi subito motibus ibit amor.

XIII.

Frangenti fidem fides frangatur eidem.

XIV.

Roma caput mundi, si uerteris, omnia uincit.

XV.

Gaude cum gaudentibus.

XVI.

Nigra sum, sed formosa.

XVII.

Cantus duarum facierum.

XVIII.

Mitto tibi metulas, erige si dubitas.

XIX.

Cancrizat.

XX.

Retrograditur.

XXI.

Itque reditque frequens.

XXII.

Non qui inceperit, sed qui perseuerauerit.

XXIII.

Omne trinum perfectum.

XXIV.

Trinitas et unitas.

XXV.

Trinitatem in unitate ueneremur.

XXVI.

Sit trium series una.

XXVII.

Vidi tres uiri qui erant læsi homonem (*sic*).

XXVIII.

Manet alta mente repostum.

XXIX.

De ponte non cadit, qui cum sapientia uadit.

XXX.

Crescit } in duplo, triplo, etc.
Decrescit }

XXXI.

Digniora sunt priora.

XXXII.

Descende gradatim.

XXXIII.

Celsa canens imis commuta quadruplicando.

XXXIV.

In gradus undenos descendant multiplicantes,
Consimilique modo crescant antipodes uno.

XXXV.

Væ tibi ridenti, nam mox post gaudia flebis.

XXXVI.

I præ, sequar : inquit cancer.

XXXVII.

Vndecies canito pausas linquendo priores.

XXXVIII.

Dormiui et soporatus sum.

XXXIX.

Ranam agit Seriphiam.

XL.

Vox faucibus hæsit.

XLI.

Da mihi dimidiam lunam, solem, et canis iram.

XLII.

Dimidium sphœræ, sphæram, cum principe Romæ,
Postulat à nobis totius conditor orbis.

XLIII.

Quamlibet inspicias notulam qua claue locetur,
Tunc denique socios in eadem concine tentos :
Sed uere prolationes non petunt pausationes, sed sunt signa generis.

XLIV.

Qui se exaltat humiliabitur.

XLV.

Contraria contrarijs curantur.

XLVI.

Plutonica subijt regna.

XLVII.

Qui se humiliat exaltabitur.

XLVIII.

Le desir croist quant et quant lesperance (*Desiderium crescit cum spe*)

L'auteur termine en disant :

« Veruntamen ex infinito numero canonum, hi sequentes silentio minimè prætereundi sunt. Nam aliquando ex una parte uocis

duas uel etiam plures uoces, talibus regulis canere præcipiunt, quæ fugæ dicuntur, atque præfiguntur cantilenis hoc modo.

« Fuga in Hiper uel epi { Diatessaron / Diapente / Diapason } hoc est supra in { quarta. / quinta. / octaua.

« Fuga in Hypo uel sub { Diatessaron / Diapente / Diapason } hoc est infra in { quarta. / quinta. / octaua. »

Puis viennent 86 pages d'exemples on ne peut plus intéressants.

Rien que cette partie de l'ouvrage de notre auteur mérite les plus grands éloges, et rend son travail vraiment précieux. Après l'avoir lue et méditée, l'archéologue n'est guère disposé à souscrire à cette critique tranchante et superficielle de M. Fétis : « On ne trouve rien « dans la *Practica musica* de Finck qui distingue ce livre « de ceux du même genre qui ont été publiés à la même « époque (*Biogr.*, tom. IV, p. 121). » Choron et Fayolle ont été plus justes; le savant Père Martini a su rendre hommage à l'érudition de Finck.

Le quatrième livre de Finck traite des *tons*. Entre autres choses curieuses qu'il renferme, on remarque un quatuor vocal intitulé : *Formula octo Tonorum in uno concentu.*

Finck y examine les points suivants :

De tonorvm tropis eorumque differentijs.
De accentv mvsico seu ecclesiastico.
De modo cognoscendi Tonos in figurali Cantu.

L'auteur n'admet que huit tons dans la musique figurée, donne trois règles pour les discerner, et termine par ces paroles :

« Interea tamen ut sciant quid certò expectare debeant, nomina et autores Mutetarum, hinc inde ex uarijs partibus summo studio grauique iuditio collectarum, ad octo tonos hic adscribam.

Exemplum primi Toni :

Iherusalem surge etc. Clementis non Papæ, quinque uocum.

Secundi Toni :

Tulerunt autem fratres eius etc. Clementis non Papæ 5. uocum.

Tertij Toni :

Peccantem me quotidie etc. Clementi non Papæ 4. uocum.

Quarti Toni :

Domine clamaui etc. Clementis non Papæ 4. uocum.

Vel, *Erraui etc. Thomæ Crequilonis 4. uocum.*

Quinti Toni :

Fremuit spiritus etc. Clementis non Papæ. 6. uocum.

Sexti Toni :

Vide Domine afflictionem meam etc. Clementis non Papæ 4. uocum.

Septimi Toni :

Dum aurora finem daret, etc. Crequilonis 5. *uocum.*

Octaui Toni :

Misit me uiuens pater, etc. Clementis non Papæ, 5. *uocum.* »

Finck termine son quatrième livre par des considérations qui ont pour titre : — « Pauca nunc de Nominibus et proprietatibus singulorum Tonorum dicemus. » Nous les recommandons à ceux qui s'occupent de plain-chant et de musique *alla Palestrina.*

Le cinquième et dernier livre a pour but d'apprendre à chanter avec élégance et d'une manière suave (*De arte eleganter et svaviter cantandi*). En d'autres termes, c'est ce que l'on appelait à cette époque l'art d'employer convenablement les *coloratures.* Finck dit : « Fateor autem « artem suauiter et pure canendi uix integro uolumine « compræhendi posse. Sed nos in præsentia contenti eri- « mus, his quasi principijs. Erit fortassis aliquando tem- « pus, ubi plura et perfectiora de hac re dicentur. » Cette dernière phrase semble indiquer assez clairement que l'auteur se proposait d'aborder un jour ce sujet d'une manière plus spéciale et plus étendue. Cette circonstance a été inconnue à tous les bibliographes de la musique.

FINÉ (Oronce), né à Briançon en 1494 (1), fut nommé professeur de mathématiques au collége royal de Paris, en 1530, par François I⁰ʳ, et mourut en 1555.

« Il a traité de la musique, dit M. Fétis, dans ses deux « ouvrages intitulés *Protomathesis, seu opera mathema-* « *tica,* Paris, 1532, in-fol.; et *De rebus mathematicis* « *hactenus desideratis libri* IV, Paris, 1556, in-fol. »

FINŒUS (Orontius). V. FINÉ.

FORKEL (Jean-Nicolas), célèbre écrivain sur la musique, artiste et compositeur, naquit à Meeder en 1749, et mourut à Gœttingue en 1818. On doit à sa plume infatigable et savante plusieurs ouvrages dont nous ne citerons ici que les deux principaux, savoir :

I.—*Allgemeine Geschichte der Musik* (Histoire générale de la musique), 2 vol. in-4°, Leipsick, 1788-1801.

II. — *Allgemeine Litteratur der Musik,* etc. (Littérature générale de la musique, ou instruction pour connaître les livres de musique qui ont été écrits depuis les temps les plus reculés jusqu'à nos jours), Leipsick, 1792, grand in-8° de 540 pages.

FRANCHIN (ou en latin *Franchinus,* et en italien *Franchino*). Voyez GAFORI.

FRANCHO TEUTONICUS. V. FRANCON.

(1) Et non à Besançon, comme le disent Choron et Fayolle (*Dictionn. historiq. des Musiciens,* tom. I, p. 229).

FRANCON ou FRANKON.

Voyez ce que nous en avons dit dans cette édition de Dom Jumilhac, pages 51 et 150-153.

C'est par erreur que nous l'avons regardé comme l'auteur du mss. 7360 de la Bibliothèque Royale de Paris : cet ouvrage est beaucoup plus récent.

Nous avons découvert depuis peu des monuments du plus haut intérêt, qui assurent à Francon de Cologne la propriété littéraire de l'*Ars cantus mensurabilis,* et qui ne permettent plus de douter que ce traité a été écrit dans le onzième siècle. Mais, en même temps, nous sommes arrivé à un résultat plus heureux encore pour l'histoire musicale : c'est que l'*Ars cantus mensurabilis* n'est point le premier ouvrage de musique figurée ; il en existe plusieurs autres BEAUCOUP PLUS ANCIENS.....

Nous publierons très-prochainement ces différents traités encore inédits, avec une bonne version du livre de Francon de Cologne, des notes critiques et une introduction fort étendue.

FROVO (Jean-Alvarès), prêtre portugais, né à Lisbonne en 1608 et mort en 1671, s'est distingué comme compositeur et comme didacticien. Voyez page 51 de cette édition de Dom Jumilhac.

G

GAFORI ou GAFORIO ou en latin GAFURIUS (1) (Franchino), l'un des plus illustres théoriciens de son époque, naquit à Lodi le 14 janvier 1451 et mourut à Milan le 24 juin 1522.

On a de lui :

I. — *Theoricum opus musicæ disciplinæ,* Milan, 1 vol. in-4°, édit. de 1480 et de 1492, mais avec des titres peu différents.

II. — *Practica musicæ,* excellent ouvrage in-fol. qui a eu quatre éditions sous des titres dissemblables, à Milan, en 1496; à Brescia, en 1497 et 1502 ; à Venise, en 1512.

III. — *Angelicum ac divinum opus musicæ,* traité abrégé de musique en langue italienne, et en 1 vol. in-fol., Milan, 1508.

IV. — *De harmonia musicorum instrumentorum opus,* in-fol., Milan, 1518. A la fin de cet ouvrage se trouve une notice biographique de Gafori par Pantaléon Meleguli, de Lodi.

Le carme Pellegrino de Bologne, dans son savant et rare traité intitulé : *Origine e progressi della stampa o sia dell'arte impressoria e notizie dell'opere stampate dall'anno M. CCCC. LVII. sino all'anno M. D,* Bologne. in-4°,

(1) Une édition de l'un des ouvrages de cet auteur, qui parut de son vivant, porte : *Gaffori.*

1722, cite, p. 333, deux éditions des ouvrages de Gafori, inconnues à tous les bibliographes de la musique, savoir :

Theorica musicæ. Neapoli, 1480, per Franciscum de Dino, in-4°.

Opus musicum, seu de Armonia musicorum instrumentorum. Mediolani, 1500, in-fol.

Pellegrino dit, dans un avis placé en tête de son livre : — « Li titoli, e le finali dei libri, i nomi, li cognomi, e « le patrie degli autori, degl' impressori, e delli commen- « tatori quivi continuti, e tavolta diversamente riferiti, « sono notati nelli modi, e forme, che sono stati tro- « vati impressi, e non altrimenti : di modo che le dizioni « diverse, barbare, e disonanti dallo scrivere esatto dei « nostri giorni, come altresi' le mancanze degli accenti, « delle virgole, dittonghi, etc. , non sono errori dell' « autore. »

GASSENDI (Pierre GASSEND ou en latin GASSENDUS), professeur royal de mathématiques à Paris, naquit en 1592 à Chantersier (Provence), et mourut à Paris le 14 octobre 1635. On lui doit un ouvrage intitulé : *Manuductio ad theoriam seu partem speculativam musices*, qui se trouve dans les éditions de ses œuvres complètes in-fol., Lyon, 1658 ; Florence, 1728.

GASSENDUS. V. GASSENDI.

GAUDENCE, le philosophe, écrivain grec, vivait probablement vers l'an 139 de notre ère. Il nous reste de lui un petit ouvrage qui a pour titre : Άρμονική εἰσαγωγή, c'est-à-dire, *Introduction harmonique*. On le trouve dans la collection des *Antiquæ musicæ auctores VII* de Meibomius. Le livre de Gaudence traite simplement des sons, des intervalles, des systèmes et des genres.

GAUDENTIUS. V. GAUDENCE.

GERBERT (Martin), prince-abbé du couvent des bénédictins et de la congrégation de Saint-Blaise dans la Forêt-Noire, né le 20 août 1720, mourut le 13 mai 1792. Cet homme savant et illustre a publié :

I. — *De cantu et musica sacra, a prima Ecclesiæ ætate usque ad præsens tempus*, etc. 2 vol. in-4°, Typis San-Blasianis, 1774.

II. — *Scriptores ecclesiastici de musica sacra potissimum. Ex variis Italiæ, Galliæ et Germaniæ codicibus manuscriptis collecti*, etc. Typis San-Blasianis, 3 vol. in-4°, 1784.

Lichtenthal (*Bibliografia della musica*) a donné une analyse fort étendue de ces deux *précieux* ouvrages.

Les *Scriptores* offrent d'inestimables ressources à celui qui veut sérieusement étudier les monuments archéologiques de l'art musical. Il est fâcheux toutefois que Ger-

bert se soit abstenu de publier certains manuscrits importants parce que leurs auteurs n'étaient point ecclésiastiques ; il est fâcheux encore que cet érudit ait reproduit des textes rendus inintelligibles par l'ignorance des copistes qu'il employait.

GLARÉAN (Henri LORIT), poëte, philosophe, mathématicien, historien, nommé *Glaréan* parce qu'il était né dans le canton de *Glaris* en 1488. Il eut pour maître de musique Jean Dobnek (en latin *Cochlæus*, en français *Cochlée*).

Ce savant doit surtout sa réputation musicale à son fameux ouvrage intitulé : *Glareani Dodecachordon*, Basileæ, per Henrichum Petri, MDXLVII, in-fol. de plus de 450 pages. Jean Litavicus Wonegger en a fait un abrégé qui a pour titre : *Musicæ epitome ex Glareani Dodecachordo*, Bâle, 1557 et 1559, petit in-8°. C'est un *Compendium* fort bien fait. Le *Dodecachordon* est divisé en trois livres.

LIVRE PREMIER :

Cap. 1. De musices divisione ac definitione.

2. De elementis practicis.

3. Quæ in Guidonis typo rudibus hujus artis consideranda.

4. De Clavibus et vocum deductionibus per easdem, de notularum item figuris.

5. De quinque tetrachordis et tribus modulandi generibus.

6. De vocum permutationibus per omnes voces.

7. De clavium signatarum sive characteristicarum transpositione.

8. De intervallis musicis et quomodo intervallorum species sumendæ.

9. Quid Phtongus, consonantia et dissonantia, tum consonantiarum species quot apud priscos, quot apud neotericos.

10. De toni partitione ejusque partium definitione.

11. De octo modis musicis nostræ ætatis præceptio.

12. De fine cantuum in modis.

13. De vulgari modorum agnitione.

14. De modorum expatiatione ac permixtione.

15. De modorum usu in cantantium choro.

16. Quemadmodum consonantiæ musicæ indubitanter aure dijudicari possint ex Boethio, atque inibi de musicorum vocabulorum abusione.

17. Quid Magas, Monochordum, Magadis, similesque quorumdam musicorum instrumentorum appellationes.

18. De triplici sive chordarum sive nervorum in scala musica divisione.

19. Monochordi divisio in genere diatonico.

20. De inveniendis consonantiis per citharæ nervos.

21. Parasceve ad sequentis libri commentationem.

LIVRE DEUXIÈME :

Cap. 1. Quo pacto vere modorum discrimen sumendum.

2. Quid systema, quæ modorum nomina, qui cuique diapason speciei modus aptandus.

3. Quomodo ex connexione diatessaron ac diapente XXIV dia-

pason species fiant, e quibus XII rejiciuntur, XII recipiuntur.

4. Quomodo ex duodecim diapason speciebus septem dumtaxat fiant.

5. Quid ætas nostra immutasse in his modis videatur, et quatenus id fieri liceat.

6. Quod necesse sit ponere duodecim modos, siquidem octavus noster ab aliis recte separatus est.

7. De modorum ordine, eorumque appellatione.

8. De chordarum gravitate et acumine, ac secundum eas appellatione.

9. Quo pacto sumendi sint modi et quæ prima omnium modorum chorda.

10. Authorum aliquot loca discussa quæ traditis a nobis hactenus præceptis contraria videntur.

11. De modorum invicem commutatione.

12. Cur septenarius numerus apud authores tam frequens in rebus musicis.

13. De sono in cœlo duæ opiniones, atque inibi Ciceronis Pliniique loci excussi.

14. Quid per novem Musas intelligendum.

15. Ancephalæosis parva de modorum divisione.

16. De prima diapason specie et duobus modus.

17. De æolio modo.

18. De secunda diapason specie, atque uno ejus proprio modo.

19. De tertia diapason specie et duobus ejus modis.

20. De ionico sive iastico modo.

21. De quarta diapason specie, ac duobus ejus modis.

22. De hypomixolydio sive hyperiastio.

23. De quinta diapason specie, ac duobus ejus modis.

24. De hyperæolio modo.

25. De sexta diapason specie ac uno ejus modo.

26. De septima diapason specie et duobus ejus modis.

27. De hypoionico modo.

28. De modorum connexione ac per diapente communione.

29. De prima connexione quæ ex prima est diapason specie ac quarta.

30. De secunda connexione quæ est ex secunda diapason specie et quinta.

31. De tertia connexione quæ est ex tertia diapason specie ac sexta.

32. De quarta connexione quæ est ex quarta diapason specie ac septima.

33. De quinta connexione quæ est ex quinta diapason specie et octava.

34. De sexta connexione quæ est ex sexta diapason specie et nona.

35. De septima connexione quæ est ex septima diapason specie et decima.

36. Quod modi diapason mediatione, quæ fit per diapente et diatessaron consonantias, potissimum noscantur.

37. Quod modi non perpetuo impleant extremas chordas, sed phrasi noscantur.

38. De præstantia Phonasci ac Symphonetæ, ac item de cantibus plano et mensurabili uter utri præferendus.

39. De inventandis tenoribus ad Phonascos admonitio.

GLAREANUS. V. GLARÉAN.

GOMBERT ou GOMBERTH (Nicolas), illustre compositeur belge de la première moitié du xvie siècle, élève de Josquin Desprès, et maître de chapelle de l'empereur Charles-Quint.

On ignore les autres circonstances de la vie de Nicolas Gombert; M. Fétis pense que l'on pourrait en trouver quelques-unes dans les préfaces ou dans les épîtres dédicatoires des recueils de motets ou de messes composés par cet artiste; il ajoute qu'il n'a vu aucun de ces recueils. Cela ne nous surprend point, car il est probable qu'on les chercherait en vain dans les bibliothèques de France et de Belgique. Nous avons le bonheur de posséder les quatre livres de motets de Gombert, et nous nous hâtons de dire qu'ils ne contiennent ni préfaces ni épîtres dédicatoires. Ils sont d'une édition inconnue à tous les bibliographes de la musique. Nous croyons donc rendre un important service à l'art, en indiquant ici l'année de l'impression, le nom de l'éditeur, le format et le contenu détaillé des quatre livres des motets de Gombert.

Nicolai Gomberti cvm qvatvor vocibvs liber primvs.

Venetijs apud Hieronymum Scotum. 1541, 4 vol. in-4°
oblong.

Les motets contenus dans ce recueil sont :

    I. Domine pater.
   II. Miserere, pie Jesu.
  III. Venite, fili, audite me.
  IV. Inclina, Domine, aurem tuam (de MORALES).
   V. In illo tempore : Dixit Jesus discipulis suis : Vigilate et
     orate, et estote parati (de HIERONYMUS SCOTUS).
  VI. O gloriosa Dei genitrix.
 VII. Ave regina celorum.
VIII. Virgo prudentissima.
  IX. Salvum me fac, Domine.
   X. Sancta et immaculata virginitas (de MORALES).
  XI. Sancte Antoni, pater monachorum (de MORALES).
 XII. Antequam comedam suspiro (de MORALES).
XIII. O gloriosa Domina, Dei genitrix.
XIV. Inter natos mulierum.
 XV. Quam pulchra es.
XVI. Ave, sanctissima Maria.
XVII. Peccata mea, Domine (de HIERONYMUS SCOTUS).
XVIII. Saluto te, sancta virgo Maria.
XIX. Parce mihi, Domine (d'Ivo).
 XX. Ego infelix peccator (d'Ivo).
XXI. Nos pueri tibi principi (de IACHET).
XXII. Exurge, quare obdormis, Domine (de SCOBEDO).
XXIII. Levavi oculos meos.
XXIV. Domine, si tu es, jube me venire ad te.

Le second livre des motets à quatre parties, de Gombert, parut la même année, dans le même format et chez
le même éditeur. On y trouve :

    I. Fac tibi mortales.
   II. Domine, non secundum peccata nostra.
  III. Averte oculos meos.
  IV. Miserere nostri, Deus.
   V. Ergo ne vite quod superest mee.
  VI. Reminiscere miserationum tuarum.
 VII. Adversum me susurrabant.
VIII. Sancte Alphonse, confessor Domini.
  IX. Salve, Regina misericordiæ.
   X. Sancta Maria, memento mei.
  XI. Beata mater et innupta Virgo.
 XII. In prole mater, in partu Virgo.
XIII. Sub tuum præsidium confugimus.
XIV. Sub tuam protectionem confugimus, ubi infirmi acceperunt
     virtutem.
 XV. O Domina mundi, o regina gloriæ.
XVI. Væ, Babilon civitas magna.
XVII. Surge, Petre.
XVIII. Angelus Domini et lumen refulsit in habitaculo carceris.
XIX. Inviolata, integra et casta es, Maria.
 XX. Si ignoras te, o pulchra inter mulieres.
XXI. Cur quisquam coradat.
XXII. Quidquid appositum est (Benedictio mensæ).
XXIII. Vita, dulcedo.

*Nicolai Gomberti musici excellentissimi cvm qvinqve vo-
cibvs. Liber primvs.* Venetijs apud Hieronymum Scotum.
1541, 5 vol. in-4° oblong.

    I. Audi, filia, et vide.
   II. O flos campi.
  III. Domine, Deus, omnipotens pater, ne permittas nos perire.
  IV. Inviolata, integra et casta es, Maria.
   V. Decantabat populus in Israel (de IACHET).
  VI. Emendemus in melius.
 VII. Pater noster qui es in cœlis.
VIII. Ave, Maria, gratia plena.
  IX. Si vera incessu patuit dea (de IACHET).
   X. Convertimini ad me omnes.
  XI. Isti sunt viri sancti.
 XII. Ego flos campi.
XIII. Cum natus esset Jesus in Bethleem (de MORALES).
XIV. Tu es Petrus et super hanc petram (de MORALES).
 XV. Puer qui natus est nobis.
XVI. Hodie Christus natus est.
XVII. Spem in alium nunquam habui.
XVIII. Ingresso Zacharia templum Domini (de IACHET).
XIX. Jucundum mea vita (de IACHET).
 XX. Inter vestibulum et altare.
XXI. Homo quidam fecit cœnam magnam.
XXII. Presbyter in laudes, Hieronyme doctor.
XXIII. O doctor optime Ecclesiæ.
XXIV. Ego sum qui sum.
XXV. Spiritus Domini replevit orbem terrarum (de IACHET).
XXVI. Regina cœli, lætare.

Le deuxième livre des motets à cinq voix, de Gombert,
parut aussi chez Scot, en 1541 et en 5 vol. du même
format que les précédents. Voici la liste des motets qu'il
renferme :

    I. Vetus fermentum expurgate.
   II. Inclina, Domine, aurem tuam.
  III. O adorandum sacramentum.
  IV. Ceciliam cantate.
   V. Ave, Regina cœlorum.
  VI. Hodie nobis cœlorum rex de Virgine nasci dignatus est.
 VII. Hortus conclusus, fons signatus.
VIII. Patefactæ sunt januæ cœli.
  IX. Conceptio tua, Dei genitrix.
   X. Confitebimur tibi, Deus.
  XI. Ad te levavi oculos meos.
 XII. Venite ad me omnes qui laboratis.
XIII. Hodie nata est virgo Maria.
XIV. Ne reminiscaris, Domine, delicta nostra.
 XV. O felix Anna.
XVI. Cantemus Virgini canticum novum.
XVII. Surge, Petre, et indue te vestimentis tuis.
XVIII. Cursu festa redit sidereo dies.
XIX. Peto, Domine, ut de vinculo improperii.
 XX. Dulce lignum, dulces clavos.
XXI. O magnum mysterium et admirabile sacramentum.

GRÉGOIRE (Saint), surnommé *le Grand* à juste titre, pape premier du nom, monta sur le trône pontifical en 590, et mourut le 12 mars 604, à l'âge de 62 ans. Il est l'auteur, ou du moins le *régularisateur* du chant de l'Église romaine, si brutalement altéré par Chastelain, Lebeuf et consorts au xviii° siècle.

Voyez AMBROISE (Saint), et les œuvres complètes de saint Grégoire, édition de Paris, 1705, 4 vol. in-fol.

GUIDO ARETINUS. V. GUY D'AREZZO.

GUILLAUD. V. GUILLIAUD.

GUILLIAUD (Maximilien), et non GUILLAUD, comme nous avons écrit par erreur p. 154 de cet ouvrage, était musicien de la Sainte-Chapelle de Paris au commencement du xvi° siècle. Il a laissé des messes à quatre parties et un livre intitulé : *Rvdimens de mvsique practiqve, redvits en deux briefs traictez, le premier contenant les preceptes de la plaine, l'avtre de la figvree. Par Maximilien Guilliaud, natif de Chalons-sur-Saone.* A Paris, de l'imprimerie de Nicolas du Chemin, etc. 1554, 16 feuillets non paginés, in-4° oblong.

Le premier traité contient 7 chapitres, savoir :

Cн. 1. Définition et division de musique pratique.
   2. Déclaration de l'échelle et des six voix.
   3. De la première partie de l'échelle.
   4. De la seconde partie de l'échelle.
   5. De l'entonnement des six voix.
   6. Des muances.
   7. De B mol et ♮ dur situés outre leurs lieux ou chants propres.

Le deuxième a pour objet les 13 chapitres suivants :

Cн. 1. Définition de musique figurée, et des notes d'icelle.
   2. Des ligatures des notes.
   3. Des pauses.
   4. Des degrés de musique figurée, et signes extérieurs d'iceux.
   5. Des signes intérieurs.
   6. De la commixtion des degrés.
   7. De la valeur des notes et pauses qui ne sont pas mesurées par les degrés.
   8. Du touchement ou mesure du chant.
   9. De l'augmentation et diminution des notes, et pauses outre leur propre valeur.
  10. De l'imperfection des notes.
  11. De l'altération des notes.
  12. Des trois espèces de points.
  13. Des proportions.

GUILLOU (l'abbé Corentin-Marie ʟᴇ), né à Quimperlé (Finistère) le 31 janvier 1804, apprit seul la musique à 16 ans. L'harmonie et la composition devinrent bientôt des études auxquelles il se livra avec une véritable passion. Son évêque, appréciant ses heureuses dispositions, voulut que l'abbé Le Guillou vînt passer deux ans à Paris, où celui-ci fit la connaissance de l'illustre Choron, qui lui donna des conseils.

En 1833, il se fixa définitivement dans la capitale pour y surveiller l'impression de ses œuvres de musique.

Depuis lors, l'abbé Le Guillou a été nommé aumônier de l'hospice de la Charité à Paris, poste qu'il occupe encore.

Le souverain Pontife l'a décoré de l'ordre de Saint-Grégoire le Grand, en 1845.

Les œuvres musicales de M. l'abbé Le Guillou sont fort nombreuses et accusent une prodigieuse facilité de conception. Elles consistent en 300 cantiques environ ; 25 oratorios, 75 mélodies pour les salons, 200 motets et 2 messes à grand orchestre.

M. l'abbé Le Guillou a été critiqué d'une manière violente par M. Danjou et d'autres juges de cette espèce. Il est des personnes à qui la popularité d'un artiste fait mal. Nous les plaignons... Sans doute, M. l'abbé Le Guillou, qui est notre ami intime, n'est pas un compositeur parfait : abandonné à ses propres instincts, à son individualité, il n'a pas assez étudié les graves et sublimes chefs-d'œuvre de l'immortelle école de Palestrina ; mais nous savons qu'en ce moment notre honorable ami est décidé à puiser aux sources des majestueuses traditions de l'art chrétien. Aussi bien que ses adversaires trop passionnés et moins féconds que lui, il saura profiter des richesses harmoniques que ne connaissent point certains rédacteurs de *Revues musicales*, et dont cependant ceux-ci parlent avec une prétention qui fait sourire.

GUZMAN (George de). V. p. 324, à l'article Cᴇʀᴏɴᴇ.

GUY ou GUI D'AREZZO, ainsi nommé à cause du lieu de sa naissance, fut moine de l'abbaye de Pompose vers la fin du X° siècle.

Guy fut l'un des artistes les plus célèbres du moyen âge. Le meilleur manuscrit de ses traités de plain-chant est incontestablement celui de Saint-Evroult, qui se trouve à la Bibliothèque royale de Paris, grâce au zèle de M. Bottée de Toulmon. Les textes nombreux empruntés à Guy d'Arezzo par Dom Jumilhac ont été collationnés avec soin sur ce manuscrit, et reproduits fidèlement à la fin des chapitres de cette édition.

Les ouvrages de l'illustre religieux de Pompose sont :
I. — Le *Micrologue*, précédé d'une lettre à Théodebald, évêque d'Arezzo. (V. p. 14, note 12.)
II. — L'*Antiphonaire* avec deux prologues, l'un en vers, l'autre en prose.
III. — La *Lettre* au moine Michel, qui renferme des

conseils sur la manière de diriger des études de musique.

IV. — Un petit traité *De sex motibus vocum.*

V. p. 63, 104-105, 110-111, 131, 152-153, etc., de cette édition.

H

HANDLO (Robert de). V. ROBERT.

HERBST (Jean-André), musicien qui s'est fait connaître avantageusement en Allemagne par plusieurs ouvrages sur la musique. Il vivait encore en 1660.

V. p. 154.

HEYDEN (Sébald), né à Nuremberg en 1498, et mort dans cette ville le 9 juillet 1561. C'était un artiste d'un profond savoir. Il doit surtout sa réputation à un livre qui a pour titre : *Musicæ, id est artis canendi libri duo,* Norimbergæ, MDXXXVII, in-4°. Il y a une édition de cet ouvrage qui a paru aussi à Nuremberg en 1540. « Ce « livre est précieux, dit M. Fétis, pour l'histoire de l'art « et de la science au xvi° siècle. Dans aucun livre de ce « temps, les principes des muances et de la notation ne « sont exposés avec autant de clarté et de concision que « dans celui-là. Les nombreux exemples de Josquin, d'O-« brecht, de Senfel, de Henri Isaac, de Ghiselin et d'au-« tres, qui s'y trouvent, avec les résolutions des cas em-« barrassants de l'ancien système des proportions, ajoutent « encore au prix de cet ouvrage, dont la rareté est mal-« heureusement excessive. »

Le traité de Sébald Heyden est divisé en deux livres ou parties.

INDEX LIBRI PRIMI :

Cap. 1. De musica, quid sit, unde dicta, etc.

2. De scala, clavibus, et earum usu.

3. De intervallis.

4. De solmisatione, et varietate cantus, etc.

5. De tactu, quid sit et quotuplex.

6. De notulis, quid sint, quotuplices, etc.

7. De punctis, et eorum usu.

8. De pausis, quid sint, quotuplices, et earum valor.

INDEX LIBRI SECUNDI :

Cap. 1. De mensura, quid sit, quid perfectio, quid imperfectio, etc.

2. De prolatione, quid, quotuplex sit, etc.

3. De tempore, quid, et quotuplex sit, etc.

4. De modis, quid et quotuplices sint, etc.

5. De proportionibus.

6. De augmentatione et diminutione.

7. De eodem tactu ac resolutione diversorum signorum.

8. De tonis.

HUBMEYER (Hippolyte), directeur du collége de Cobourg, puis pasteur à Schalkan, et enfin surintendant à

Heldbourg, mourut en cette ville le 9 décembre 1637.

V. p. 63.

I

ISIDORE (S.), archevêque de Séville, naquit vers 570 et mourut le 4 avril 636.

Les neuf premiers chapitres du III° livre de ses *Origines* traitent de la musique. L'abbé Gerbert les a insérés dans sa collection des *Scriptores,* sous le titre de : *Sententiæ de musica* (tom. I, p. 19 et suiv.). On les trouve aussi dans les œuvres complètes de S. Isidore.

J

JÉRÔME DE MORAVIE. V. p. 152 de cette édition de Dom Jumilhac.

Nos lecteurs verront avec d'autant plus de plaisir, nous n'en doutons pas, les premières lignes du fameux traité de Jérôme de Moravie, qu'elles contiennent la substance des choses exposées par le savant dominicain.

Incipit tractatus de musica compilatus a Fratre Hieronymo Moravo ordinis Fratrum Prædicatorum. . . . . Dicto 1. Quid sit musica.

2. Unde dicatur.

3. A quibus sit inventa.

4. Quot sint partes ipsius secundum sanctum Isidorum etimologiarum (sic, deest *libro*).

5. De divisione musicæ secundum Alpharabium.

6. De Divisione ejusdem secundum Boetium.

7. De subdivisionibus musicæ secundum Richardum.

8. De effectibus sive de excellentia musicæ.

9. De subjecto ejusdem.

10. Dicendum erit de harmonicis clavibus simul et vocibus.

11. De locis dictarum clavium et vocum, et de earumdem geminationibus.

12. De ipsarum vocum mutationibus.

13. De tribus vocum divisionibus.

14. De sonorum qualitatibus et de eorumdem proportionibus.

15. De ipsis modorum consonantiis sive consonis modulationibus.

16. De quibusdam arithmeticis musicis necessariis subtilitatibus.

17. De ipsorum sonorum ad arithmeticam reductionibus.

18. De campanarum in horologiis musicum sonum debitè exprimentium formationibus.

19. De monochordi dimensionibus, et de ejusdem utilitatibus.

20. De sedibus tonorum duplicibus.

21. De eorumdem tonorum tam parium quem imparium regularibus intensionibus et remissionibus.

22. De tonis ecclesiasticis in speciali et de eorumdem differentiis, antiphonarum inchoationibus et psalmorum intonationibus.

23. De diversorum cantuum B durali et B molli mutuis commutationibus

24. De modo cantandi et formandi notas et pausas ecclesiastici cantus.

25. De modo faciendi novos ecclesiasticos et omnes alios firmos sive planos cantus.

26. De modo diverso secundum diversos faciendi novos regulariter, simul et cantandi omnes species ipsius discantus.

27. De quibusdam græcorum vocabulorum, literarumque ad musicam pertinentium interpretationibus, et per tria genera, et quinque tetrachorda secundum Boetium de regularibus monochordi dimensionibus.

28. Et ultimo in tetrachordis et pentachordis musicis instrumentis puta in viellis et similibus per consonantias chordis distantibus mediis vocum inventionibus.

JUMILHAC (Dom). V. p. 3-5.

K

KALWITZ. V. CALVISIUS.

KIRCHER (Athanase), le plus savant jésuite du xviie siècle, naquit le 2 mai 1602 à Geysen, et mourut à Rome le 28 novembre 1680.

Plusieurs ouvrages du P. Kircher traitent spécialement de la musique, ou renferment de curieux renseignements sur l'histoire de l'art.

Le plus important de tous est intitulé : *Musurgia universalis, sive ars magna consoni et dissoni*, etc. Romæ, 1650, 2 vol. in-fol. avec des planches.

La *Musurgia* est divisée en dix livres dont voici les titres :

Lib.   I. Anatomicus.
     II. Philologicus.
     III. Harmonicus.
     IV. Geometricus.
     V. Melotheticus.
     VI. Organicus.
     VII. Diacriticus.
     VIII. Mirificus.
     IX. Magicus.
     X. Analogicus.

Le cinquième livre est un traité de composition, tiré des meilleurs ouvrages sur cette matière qui existaient à l'époque de Kircher.

KIRCHIER. V. KIRCHER.

L

LANFRANCO (Jean-Marie), auteur d'un ouvrage dont la rareté est excessive et qui a pour titre : *Scintille di musica di Giovan Maria Lanfranco de Terentio Parmegiano, che monstrano a leggere il canto fermo et figurato, gli accidenti delle note misurate, le proportioni, i tuoni, il contrapunto*, etc. In Brescia per Ludovico Britannico. M. D. XXXIII. 1 vol. petit in-4° oblong de 143 pages.

M. Fétis a cité cet ouvrage d'une manière peu exacte.

LEBEUF (l'abbé Jean), chanoine et sous-chantre de la cathédrale d'Auxerre, naquit dans cette ville le 6 mars 1687. Ce savant homme, qui est mort en 1760, a laissé un nombre effrayant d'ouvrages de toutes sortes, au nombre desquels il faut citer le *Traité historique et pratique sur le chant ecclésiastique*, etc., Paris, 1741, in-8° (1).

Malheureusement pour sa gloire, l'abbé Lebeuf fut chargé de *réformer* le plain-chant du diocèse de Paris, en 1734. Peu musicien, il crut qu'avec de l'érudition spéculative il était possible de créer de plus belles mélodies religieuses que celles de S. Grégoire le Grand et de S. Ambroise ; et il enfanta le monstrueux plain-chant parisien, frère aîné des autres turpitudes liturgico-musicales qui surgirent alors en France d'une manière tristement rapide. Lebeuf fut le chef le plus actif et le plus entreprenant des ennemis de la magnifique liturgie romaine. On peut voir, à ce sujet, des détails intimes et fort curieux dans la correspondance de l'abbé Lebeuf, qui se conserve à la Bibliothèque Royale des manuscrits de Paris, *Supplément français*, n° 2440.

LICHTENTHAL (Pierre), né en Hongrie l'an 1780, s'est fait connaître dans le monde musical comme compositeur et comme didacticien. Sous ce dernier rapport, on lui doit un ouvrage qui lui coûta douze années de recherches et qui a paru sous ce titre : *Dizionario e Bibliografia della Musica*, Milan, Fontana, 1826, 4 vol. in-8°. Les deux premiers volumes renferment un excellent dictionnaire technique et historique de l'art ; les deux autres en contiennent la bibliographie. Cette partie du livre de Lichtenthal ne doit être consultée qu'avec précaution, car elle fourmille de renseignements inexacts et de fautes d'impression.

LISTENIUS (Nicolaus), né à Brandebourg au commencement du XVIe siècle. Il est auteur d'un traité de musique qui a eu plus de dix-sept éditions. V. p. 154 de cet ouvrage.

Le livre de Listenius se divise en deux parties.

PREMIÈRE PARTIE :

Le 1er chapitre traite de la définition et de la division de la musique.
Cap.   2. De Scala.
     3. De clavibus signandis in utroque cantu.
     4. De vocibus.
     5. De mutatione.
     6. De scalis, ac cantuum generibus.
     7. De imperfectione.
     8. De clavium transpositione.
     9. De modis seu interuallis.
     10. De tonis.

(1) V. page 4 de cette édition de Dom Jumilhac.

LE CLERC (Dom Jacques), bénédictin de la congrégation de Saint-Maur, fut le contemporain de Dom Jumilhac. Quelques auteurs lui ont attribué, mais à tort, la composition de *La science et la pratique du plain-chant,* etc. V. p. 3-5.

LOSSIUS (Lucas), né dans la Hesse en 1508, et mort le 8 juillet 1582, fut l'un des plus savants musiciens de son époque. Son livre : *Erotemata mvsicæ,* etc., petit in-8°, a eu plusieurs éditions de 1563 à 1590.

En voici la table des matières :

LOULIÉ (Étienne), musicien français de la seconde moitié du xviie siècle, inventeur de la *patte* à régler le papier de musique et du *chronomètre* ou instrument destiné à mesurer les temps musicaux, a laissé un ouvrage didactique dont il a été fait mention plus haut, p. 154.

LUSCINIUS (Othmar), dont le nom allemand était *Nachtgall* (Rossignol), naquit à Strasbourg en 1487.

L'ouvrage le plus rare et le plus intéressant que l'on doit à sa plume, est intitulé : *Mvsvrgia seu praxis mvsicæ. Illius primo quæ Instrumentis agitur certa ratio, ab Ottomaro Luscinio Argentino duobus Libris absoluta. Ejusdem Ottomari Luscinii, de Concentus polyphoni, id est, ex plurifarijs uocibus compositi, canonibus. Libri totidem.* Argentorati apud Ioannem Schottum, Anno Christi. 1536, in-4° oblong de 102 pages et de 9 pièces liminaires.

INDEX EORVM, QVÆ HAC MVSVRGIA CONTINENTVR.

LYSTENIUS. V. LISTENIUS.

M

MAILLART (Pierre). V. p. 63 et 168.

MARCHETTO DE PADOUE, célèbre écrivain de la seconde moitié du xiii⁰ siècle, est connu par son *Lucidarium in arte musicæ planæ*, et son *Pomerium musicæ mensuratæ*, deux ouvrages de la plus haute importance.

L'abbé M. Gerbert les a insérés dans le 3ᵉ volume de ses *Scriptores* (p. 65–188).

Le *Lucidarium* est divisé en 16 traités; le *Pomerium*, en 3 livres.

V. p. 152 de cette édition de Dom Jumilhac.

MARINELLI (Giulio-Cesare), auteur d'un bon traité de plain-chant. V. p. 155.

MARTIN (Claude), né à Couches en Bourgogne au commencement du xvi⁰ siècle, a publié, en 1550, in-4° oblong, l'ouvrage *Elementorum musices practicæ*, etc., dont il fit plus tard un extrait en français sous ce titre : *Institvtion mvsicale non moins breve qve facile, suffisante pour apprendre à chanter ce,* (sic) *qui ha cours au iourd'huy entre les musiciens : extraicte de la premiere partie des elements de Musique Pratique de Claude Martin, et par luy mesmes abregée.* De l'imprimerie de Nicolas du Chemin, à l'enseigne du Gryphon d'argent, rüe S. Jean de Latran, à Paris, 1556, 1 vol. in-4° oblong composé de 8 feuillets non paginés.

M. Fétis a mal cité cet ouvrage.

MEIBOMIUS (Marcus), savant philologue, né à Tonningen en 1626, et mort à Utrecht en 1711, a publié une collection intitulée : *Antiquæ mvsicæ avctores septem. Græce et latine. Marcus Meibomius restituit ac Notis explicavit.* Amstelodami , apud Ludovicum Elzevirii. CIƆ IƆC LII (c'est-à-dire 1652), 2 vol. in-4°.

Cet ouvrage contient :

Les *Éléments harmoniques* d'Aristoxène, —l'*Introduction harmonique* d'Euclide, — le *Manuel d'harmonie* de Nicomaque, — l'*Introduction musicale* d'Alypius, —l'*Introduction harmonique* de Gaudence, — l'*Introduction de*

l'art musical de Bacchius le vieux, — l'ouvrage d'Aristide Quintilien, — et celui de Martianus Capella.

MERSENNE (Marin), religieux minime de la Place Royale, à Paris, naquit dans le Maine en 1588, et mourut en 1648. Il a laissé plusieurs ouvrages relatifs, en tout ou en partie, à la musique. Ce sont :

1° *Quæstiones celeberrimæ in Genesim*, Paris, 1623, in-fol. Il y est traité de la musique des Hébreux, p. 1513–1712.

2° *Les préludes de l'harmonie universelle*, Paris, 1634, in-8°.

3° *Harmonicorum libri XII*, Paris, 1635, in-fol.

4° *Harmonie universelle*, 2 vol. in-fol., Paris, 1636–1637. Il ne faut pas confondre cet ouvrage, avec celui de du Cousu (voyez ce nom).

Mersenne prenait quelquefois le pseudonyme : *De Sermes.*

MIGNOT (DE LA VOYE), géomètre français de la première moitié du xvii⁰ siècle, auteur d'un *Traité de mvsique, reveu et avgmenté de nouueau d'une quatriesme Partie, laquelle (outre tous les Exemples des principales Regles pratiquées par les plus excellents Autheurs) Contient de plus la maniere de Composer à deux, à trois, à quatre, et à cinq Parties, auec les plus importantes Obseruations qui se doiuent garder en toute sorte de Musique, tant Vocale qu'Instrumentale, conformément aux Ouurages des plus rares et des plus celebres Maistres de ce bel art. Par le Sieur De la Voye Mignot.* Seconde édition, à Paris, par Robert Ballard. M. DC. LXVI. In-4° de 158 pages.

La deuxième édition dont il est ici parlé n'est point réelle ; on a seulement changé le frontispice et ajouté une quatrième partie qui forme une pagination spéciale. Quoi qu'il en soit, le livre de Mignot est intéressant pour l'histoire de la notation, et contient de nombreux exemples d'harmonie fort bien écrits.

MILLET (Jean). V. p. 63.

MONTÉCLAIR (Michel), compositeur et didacticien né en 1666 à Chaumont en Bassigny, mourut à Paris à l'âge de soixante et onze ans. V. p. 154.

MORLEY (Thomas), excellent musicien anglais mort à Londres en 1604. Ce qu'il a composé ou écrit montre qu'il avait solidement étudié les œuvres de l'immortel Palestrina. V. p. 154.

MURIS (Jean de), dont le nom français était peut-être, dit M. Fétis, *De Murs* ou *De Meurs,* fut le plus célèbre musicien du XIV⁰ siècle.

On a de cet illustre didacticien le *Speculum musicæ*, un traité de musique spéculative, deux livres sur la musique pratique, et un ouvrage intitulé : *De discantu.*

Le plus beau manuscrit du *Speculum musicæ* se trouve à la Bibliothèque royale de Paris, n° 7027, in-fol. Il est parfaitement complet. Dom Jumilhac ne paraît point l'avoir connu.

La même Bibliothèque possède aussi en manuscrit les deux livres *De musica practica* du même auteur.

L'abbé Gerbert n'a rien publié du *Speculum* et n'a donné que des fragments de la *musique pratique.*

V. les pages 2 et 147–152 de cette édition de Dom Jumilhac.

N

NAVAS (Don Francisco Marcos y), auteur espagnol dont nous avons parlé p. 64, et sur lequel nous n'avons aucun renseignement biographique.   .

NICOMACHUS, ou en français NICOMAQUE, philosophe grec dont il nous est parvenu un livre sur la musique, naquit à Gérase (Basse Syrie). Il paraît démontré qu'il vécut après le siècle d'Auguste.

Le traité de Nicomaque a pour titre : Ἁρμονικῆς Ἐγχειρίδιον (*manuel harmonique*).

V. *Meibomius.*

O

ODINGTON (Walter), bénédictin du monastère d'Evesham dans le comté de Worcester, en Angleterre, est auteur d'un traité de musique dont nous avons assigné la date p. 152.

Voici l'analyse que donne de ce traité le docteur Burney (*A general history of the science and practice of music,* tom. 2, p. 200), d'après *Tann. Biblioth.* 558 *in not.*

« Prima pars est de inæqualitate numerorum et eorum habitu-
« dine. Secunda de inæqualitate sonorum sub positione numerali et
« ratione concordantiarum. Tertia de compositione instrumento-
« rum, et de..... Quarta de inæqualitate temporum in pedibus,
« quibus metra et rhythmi decurrunt. Quinta de harmonia sim-
« plici, i. e. de plano cantu. Sexta et ultima de harmonia multi-
« plici, i. e. de organo et ejus speciebus, necnon de compositione
« et figuratione. »

ORNITOPARCHUS (André), et non *Ornithoparcus,* comme l'écrit M. Fétis ; auteur allemand dont le nom réel était *Vogelsang,* naquit dans la seconde moitié du xvᵉ siècle.

Cet écrivain célèbre nous a laissé un fort bon livre sur la musique, qui a eu plusieurs éditions.

Il en existe une à la Bibliothèque royale de Paris, qui a pour titre : *Musicæ practicæ micrologus,* etc., Leip-

sick, Valentin Schumann, petit in-4° oblong de 179 pages non chiffrées, et avec titres gothiques.

L'ouvrage d'Ornitoparchus, qui est de la plus grande rareté, est divisé en quatre livres.

En voici une analyse sommaire :

MVSICE ORNITOPARCHIANE LIBER PRIMVS PLANI CANTVS PRINCIPIA DECLARANS.

Caput primum de mvsice diffinicione, divisione, vtilitate ac eius inuentoribus. Capvt primvm.
  Generalis mvsice descripcio.
  Mvsice divisio.
  De mvsica Hvmana.
  De mvsica instrvmentali.
  De organica mvsica.
  De mvsica harmonica.
  De mvsica inspectiva.
  De activa mvsica.
  De mvsica mensvrali.
  De Plana mvsica.
  De vtilitate hvivs artis.
  De mvsici et cantoris distantia.
  Quis uere musicus dicatur.
  Qui dicantur Cantores.
  De musice inuentoribus.
Caput secundum de Vocibus.
  Quis uoces Musicas primo inuenit.
  De uocum diuisione.
  Regule de Vocibus.
Caput tertium de Clauibus.
  De Clauium numero ac differentia.
  De Clauibus regule.
Caput quartum de Tonis in genere.
  De Tonorum numero.
  De finalibus Tonorum.
  De ambitibus Tonorum.
  De repercussionibus Tonorum.
  Regule de Tonis.
  Quot modis Toni cognoscantur
Caput quintum de Solfizatione.
  De triplici canendi modo.
  De schalis.
  Schale generalis descriptio.
  Quid sit schala ♮ duralis.
  Quid sit scula ♭ mollis.
  De solfizatione regule.
Caput sextum de mutationibus.
  Regule mutationum.
Caput septimum de modis seu interuallis.
  De numero modorum.
  De interuallis prohibitis.
Caput octauum de dimensione Monochordi.
Caput nonum de diffinitione vtilitate ac vsu Monochordi.
Caput decimum de musica ficta.
Caput undecimum de cantu ac transpositione.
Caput. xij. de tonis in specie.
Caput tredecimum. Quod diuersi diuersis delectentur modis.

MUSICE PRACTICE ORNITOPARCHIANE LIBER SECUNDUS MENSURABILIS CANTILENÆ RUDIMENTA DECLARANS.

Caput primum de artis huius vtilitate ac laudibus.
Caput secundum de Figuris.
  De figurarum numero.
Caput tertium de Ligaturis.
  De ligaturis regule generales.
  De initialibus regule.
  De medijs regule.
  De ultimis regule.
Caput quartum de modo tempore ac prolatione.
  De modo.
  De modi diuisione.
  De modo maiore.
  De modo minore.
  De tempore.
  De prolatione.
Caput quintum de signis.
  De signorum diuisione.
  De signis minus principalibus.
Caput sextum de Tactu.
  De tactus diuisione.
  De tactu regule.
Caput septimum de augmentatione.
  Quibus augmentatio signis cognoscatur.
  De augmentatione regule.
  Quid sit canon.
Caput octauum de Diminutione.
  De speciebus syncopationis.
  De Diminutione.
  Quibus signis diminutio signetur.
  De syncopatione regule.
Caput nonum de pausis.
  Regule de pausis.
Caput decimum de punctis.
  De puncti diuisione.
  De puncto diuisionis.
  De puncto alterationis.
  De puncto augmentationis.
Caput undecimum de imperfectione.
  De duplici imperfectione.
  Quibus signis imperfectio cognoscatur.
  Regule de imperfectione.
  De colore.
Caput duodecimum de alteratione.
  De alteratione regule.
Caput tertiumdecimum de proportione.
  De proportionum diuisione.
  Que proportio musicis conueniat.
  De quinque proportionum generibus.
  De genere multiplici.
  De genere supparticulari.
  Quo pacto ex equalitate proportio et subinde vna ex alia conducatur.
  Ex quibus proportionibus musice consonantiæ conducantur.
  De proportione dupla.

  De proportionibus regule.
  De tripla.
  De quadrupla.
  De sesquialtera.
  De sesquitertia.
  De sesquioctaua.

MUSICE ORNITOPARCHIANE LIBER TERTIUS ECCLESIASTICUM DECLARANS ACCENTUM.

Caput primum de laude Accentus.
Caput secundum de diffinitione ac diuisione Accentus.
Caput. iij. generales regulas accentus depromens.
Caput quartum de regulis specialibus.
Caput quintum de punctis.
Caput sextum de accentu epistolarum.
Caput septimum de accentu euangeliorum.
  De accentu prophetiarum.

MUSICE ORNITOPARCHIANE LIBER QUARTUS CONTRAPUNCTI PRINCIPIA ELUCIDANS.

Caput primum de Diffinitione, diuisione ac nominum contrapuncti differentia.
Caput. ij. de consonantijs ac dissonantiis.
  De Uocibus.
  Quid sit Consonantia.
  De Dissonantijs.
Caput tertium de Concordantiarum diuisione.
  Concordantiarum regule.
Caput. iiij. De generalibus contrapuncti preceptis.
  Discantus ex Base in decimis.
Caput quintum de cantilene partibus ac clausulis.
  De Discantu.
  De Tenore.
  De Baritono.
  De Tenore acuto.
  De clausulis formalibus.
  De clausulis regule.
Caput. vi. De specialibus contrapuncti preceptis.
Caput. vii, quibus de causis pause in contrapuncto ponantur.
Caput. viii, de decem mandatis omni canenti necessarijs.

PERORATIO AC LIBRI CONCLUSIO.

OUVRARD (René), né à Chinon en 1624, fut d'abord maître de la Sainte-Chapelle, puis chanoine de S.-Gratien à Tours, et mourut en cette ville le 19 juillet 1694.

Ouvrard était un savant homme. Il a laissé quelques ouvrages sur la musique, notamment une *Histoire de la musique chez les Hébreux, les Grecs et les Romains;* cette composition qui n'est pas sans mérite, n'a jamais été imprimée : elle se trouve dans la Bibliothèque de la ville de Tours.

P

PAEP (André de), en latin *Papius,* né à Gand en 1547, est auteur d'un livre que nous avons cité p. 51.

PALESTRINA (Jean PIERLUIGI, surnommé), à cause du lieu de sa naissance, sera toujours considéré comme le prince de la musique religieuse. On croit qu'il mourut en 1594. Il fut successivement maître de chapelle de *Giulia*, de Saint-Jean-de-Latran, et de Sainte-Marie-Majeure, à Rome; son génie lui valut enfin, le 19 juin 1565, la direction de la musique de la chapelle pontificale.

M. Fétis a fort bien apprécié Palestrina, lorsqu'il a dit : — « L'éloge de ce grand artiste peut se résumer en « peu de mots : ce fut le créateur du seul genre de mu-« sique d'église qui soit conforme à son objet; il attei-« gnit dans ce genre le dernier degré de la perfection, « et ses ouvrages en sont restés depuis deux siècles et « demi les modèles inimitables. »

Tout cela est incontestablement vrai; mais comment se fait-il que cette grandiose et sublime musique de Palestrina, qui attirait une foule d'auditeurs aux concerts du prince de la Moskowa, soit si insolemment méprisée par les médiocrités artistiques à qui l'on donne, de nos jours, le titre de maîtres de chapelle? Comment se fait-il qu'un homme qui a une influence pratique à Notre-Dame de Paris ait osé nous dire, il y a quelque temps : — « Nous n'exécutons point de musique de Palestrina, parce qu'elle est trop ennuyeuse....? »

Faut-il donc désespérer de l'art religieux en France? C'est là une demande que nous adressons à l'épiscopat, au clergé, à tous les hommes enfin qui ont du cœur et du bon sens. Il est temps de chasser de nos sanctuaires toutes les turpitudes musicales qui déshonorent le culte catholique, et tous ceux qui les propagent.....

Les compositions de Palestrina sont innombrables; elles consistent en messes, motets, lamentations, hymnes, offertoires, *Magnificat*, litanies, etc. Presque tous ces trésors se trouvent à la Bibliothèque du Conservatoire de musique de Paris.

PARRAN (Antoine), jésuite né à Nemours en 1587, mourut à Bourges en 1650.

On a de lui un fort bon livre qui a pour titre : *Traité de la musique théorique et pratique, contenant les preceptes de la Composition. Par le R. P. Antoine Parran, de la Compagnie de* Iesvs. A Paris, Par Pierre Ballard, Imprimeur du Roy pour la Musique, demeurant rue Sainct Iean de Beauuais, à l'enseigne du Mont Parnasse. 1636, in-4°.

Cet ouvrage reparut en 1646, chez Robert Ballard, dans le même format.

M. Fétis (*Biogr.* tom. VII, p. 165) a formellement nié l'existence de l'édition de 1636, et, en cela, il s'est trompé gravement, puisque cette édition existe à la Bibliothèque royale de Paris, à celle des arts et métiers de la même ville, etc.

L'édition de 1646 est bien réelle, selon nous. En voici des preuves.

1 L'avis au lecteur n'est point le même.

2° Dans la table des matières, qui est en tête, il y a une foule de différences dans la ponctuation, l'orthographe et la justification typographique.

3° Les mêmes dissemblances existent dans le corps de l'ouvrage.

4° Dans l'édition de 1646, il y a des ornements en tête de chaque partie du livre; dans celle de 1639, il n'y a rien.

Le *Traité* du P. Parran, outre quelques pièces liminaires non chiffrées, contient 143 pages numérotées.

Il est divisé en 4 parties.

La 1re traite, en six chapitres, de l'excellence de la musique, de sa nature, de ses inventeurs, des proportions, des notes, des clefs, des ligatures, des muances, etc. (p. 1-14).

La seconde renferme onze chapitres qui ont rapport aux intervalles et aux consonnances (p. 15-49).

La troisième, en sept chapitres, est relative à la composition (p. 50-111).

La quatrième, en six chapitres, traite des effets de la musique.

De la page 139 à 143, il y a deux morceaux à deux voix avec paroles françaises et l'explication de la *Figure de Ptolomée nommée Helicon, comprenant toute sorte de Consonances.*

A la suite de l'extrait du Privilége, on trouve une planche représentant le monocorde et sa division.

PENNA (Lorenzo), auteur des ouvrages suivants :

I. — *Li primi albori musicali*, etc., Bologne, 1656, 1672, in-4°. Une deuxième partie de ce livre parut à Venise, en 1678, in-4°. Une troisième et dernière partie fut publiée à Bologne avec les deux parties précédentes, dans le même format, en 1679. L'ouvrage ainsi complété eut ensuite deux autres éditions, en 1684 et en 1696. — On en trouve un exemplaire à la Bibliothèque royale à Paris (in-4° V 1871⁵).

II. — *Direttorio del Canto Fermo, dal quale con brevitate si apprende il modo di cantare in coro, ciò che si appartiene ai Coristi, con la maniera di comporre il Canto Fermo ad uno, due e tre cori, dato in luce da Fr. Lorenzo Penna Carmelitano della Congregazione di Mantova, Maestro di sacra Theologia e Dottor collegiato. In Modena per gli Eredi Cassiani stampi. Episc. 1689, in-4°.* — Ce titre bien exact a été inconnu à tous les bibliographes de la musique.

PERNE (François-Louis), né à Paris en 1772, mourut le 26 mai 1832.

Ce fut l'un des plus savants et des plus consciencieux musiciens dont puisse s'honorer la France.

Ses principaux ouvrages publiés sont :

1° Des articles du plus haut intérêt sur la notation grecque (*Revue musicale*, tom. III, p. 433-441, 481-491; tom. IV, p. 25-34, 219-228; tom. V, p. 241-250, 533-560; tom. VIII, p. 98-107; tom. IX, p. 129-136).

2° *Cours d'harmonie et d'accompagnement*, Paris, Aulagnier, 2 parties in-fol.

La Bibliothèque du Conservatoire de musique de Paris possède, en manuscrit, le plain-chant des principaux offices du rit parisien, arrangé par Perne pour les voix et pour l'orgue. L'auteur de cet article en possède aussi quelques copies originales; le contrepoint est loin d'en être pur et conforme à la véritable harmonie de l'ancienne tonalité.

PETIT (Adrien). V. COCLICUS.

PHILIPPE DE VITRY, ainsi nommé à cause de la petite ville de Vitry (Pas-de-Calais) où il vit le jour. Il vécut probablement au commencement du xivᵉ siècle.

Sur la foi de M. Fétis, nous avons cité de cet auteur (p. 152) un manuscrit intitulé · *Ars compositionis de motetis, compilata a Philippo de Vitry, magistro in musica,* qui existe à la Bibliothèque royale de Paris, n° 7378 A, in-4°.

Le manuscrit que nous venons d'indiquer est bien réellement de Philippe de Vitry, mais il est presque illisible, et l'on peut dire, sans crainte d'être démenti, que le titre à moitié effacé n'est point celui que lui donne le musicographe de Bruxelles.

Autant que nous pouvons en juger, l'ouvrage est composé de plusieurs petits traités; il y en a un qui a pour titre : *Ars nova*, et un autre : *Ars contrapuncti*. Ces deux traités existent en manuscrit à Rome, le premier à la Bibliothèque du Vatican (n° 5321), le second à la Bibliothèque Barberini (n° 841).

PICERLI (Silverio) a laissé trois ouvrages sur la musique, intitulés : *Specchio primo*, — *Specchio secondo*, — *Specchio terzo*, etc.

Le premier, qui est relatif au plain-chant et à la musique figurée, a paru à Naples, en 1630, in-4°.

Le second, qui enseigne la composition du plain-chant, celle de la musique et le contrepoint, est de la même ville et de l'année suivante.

Le troisième, qui a pour objet la musique théorique et les proportions, nous est inconnu.

PLATON, le plus célèbre de tous les philosophes grecs, mourut 347 ans avant l'ère chrétienne. Dom Jumilhac cite une foule de passages empruntés aux immortels écrits de ce philosophe, où il est question de musique.

PLUTARQUE, né à Chéronée (Béotie) vers l'an 49

après Jésus-Christ, mourut en 139. Son *Dialogue sur la musique* est ce qu'il y a de plus intéressant sur l'histoire de la musique des Grecs.

Burette l'a traduit en français et enrichi de notes.

POISSON (Léonard), né en 1695, fut curé de Marchangis, au diocèse de Sens, et mourut en 1753.

Il a laissé un excellent ouvrage qui a pour titre : *Traité théorique et pratique du plain-chant, appellé grégorien, dans lequel on explique les vrais Principes de cette science, suivant les Auteurs anciens et modernes; on donne des Règles pour la Composition du Plain-chant, avec des Observations critiques sur les nouveaux Livres de Chant,* etc. A Paris, chez Ph. N. Lottin, et J. H. Buttard, M. DCC. L, 1 vol. in-8° de plus de 420 pages.

Le *Traité théorique et pratique* ne porte aucun nom d'auteur, et se divise en deux parties : la première a pour objet les principes élémentaires du chant ecclésiastique; la seconde donne des règles pour la composition du plain-chant, et leur application aux différents modes et aux différentes parties de l'office divin.

L'auteur manque, en général, de critique historique; mais il possède, en revanche, une esthétique individuelle assez pure. Il est à remarquer cependant que ce n'est point d'après une semblable règle qu'il faut procéder de nos jours à la restauration du plain-chant. Avant de décider si telle ou telle version mélodique est préférable à une autre, il faut remonter à la source et faire parler, en quelque sorte, les monuments laissés à l'Église par saint Grégoire.

PONTUS THIARD. V. THIARD (Pontus de).

PTOLÉMÉE (Claude), célèbre astronome grec, vécut dans le deuxième siècle de notre ère. On a de lui un traité des *Harmoniques* en trois livres. John Wallis a traduit en latin et annoté l'ouvrage de Ptolémée, in-4°, 1682, et in-fol., 1699.

PTOLOMÆUS. V. PTOLÉMÉE.

PUTTE (Henri VAN DEN ou VAN DE), né à Venloo en 1754, enseigna la littérature à l'université de Louvain, et mourut en 1646.

V. p. 63, où nous mentionnons l'ouvrage de Van den Putte, l'un des plus célèbres antagonistes du système des muances.

« Le nom de cet auteur, traduit par lui-même en latin « *Erycius Puteanus* et *Dupuy* par les Français, a donné « lieu aux plus singulières équivoques. Le cardinal Bona, « dans son livre intitulé : *De divina psalmodia* (C. XVII, « § 3, n° 1), faisant l'histoire de la solmisation, et venant « de parler de Guy d'Arezzo auquel il attribue l'in-

« vention des muances, arrive au réformateur de ce système
« dont il parle en ces termes : *Hoc item sæculo, Erycius*
« *Puteanus, vir eruditissimus*, etc. Rousseau, traduisant
« mal les premiers mots de cette phrase, s'est imaginé
« qu'elle parlait d'un auteur contemporain de Guy d'A-
« rezzo, et différent de Van de Putte auquel il avait déjà at-
« tribué l'adjonction de la septième syllabe ; tandis que le
« cardinal n'entend parler que de son propre siècle. Ce
« n'est pas tout : l'abbé Poisson, dans son *Traité du plain-*
« *chant*, se fondant sur le même passage, laisse indécise
« la question de savoir si l'honneur de cette réforme ap-
« partient à Van de Putte, à Erycius Puteanus ou à
« M. Dupuy (Stéphen Morelot, *De la solmisation, Revue*
« *de M. Danjou*, année 1847, p. 303-304). »

PYTHAGORE, né à Samos vers l'an 590 avant Jésus-
Christ, fut l'adversaire d'Aristoxène en musique (V. ce
nom), et inventa la notation grecque, si l'on en croit
Aristide Quintilien.

Q

QUERCU (Simon de), musicien et écrivain de la
seconde moitié du xv⁰ siècle et des premières années du
suivant. V. p. 154.

QUINTILIANUS ou QUINTILIEN. V. ARISTIDE
QUINTILIEN.

QUIRSFELD (Jean), né à Dresde en 1642, mourut
le 18 juin 1686. Il a laissé un traité élémentaire de musique en allemand, dont nous avons parlé p. 154.

R

RHAU ou RHAW (George), compositeur, écrivain
didactique et célèbre imprimeur de musique, né dans la
Franconie en 1488, mourut à Wittenberg le 6 août
1548. V. p. 152.

ROBERT DE HANDLO. V. p. 152.

ROUSSIER (l'abbé Pierre-Joseph), né à Marseille en
1716, et mort en 1790, a beaucoup écrit sur l'histoire
de la musique et sur l'harmonie. Il y a très-peu de
choses utiles à tirer des ouvrages de cet auteur fort inexpé-
rimenté dans la pratique de l'art.

S

SEBASTIANI (Claude), de Metz, organiste de cette
ville vers le milieu du xvi⁰ siècle, n'est connu que par un
livre rare et singulier, qui a pour titre : *Bellum musi-*

cale, inter plani et mensurabilis cantûs reges, de Princi-
patu in musicæ Provinciâ obtinendâ, contendentes. Clau-
dio Sebastiani metensi, organistâ, authore. Argent. in
officina Pauli Machæropœi, anno M. D. LXIII. 1 vol.
in-4⁰ sans pagination.

Cet ouvrage contient 36 chapitres dont voici les titres
exacts :

Caput 1ᵘᵐ. De situ, frugalitate, moribus, imperio, provinciâque
  musices.

2ᵘᵐ. De scientiâ, virtutibusque necessitate, ornatu et effi-
  caciâ musices.

3ᵘᵐ. De genealogiâ, electione, regno et potestate Regum in
  musicâ.

4ᵘᵐ. De dissentione, disceptatione, earumque occasione inter reges musicæ exortâ.

5ᵘᵐ. Argumentatio regis mensuralium, pro dominio, dignitate, et principatu in musicâ retinendo.

6ᵘᵐ. Confirmat mensuralium Rex dignitatem suam propha-
  nis authoritatibus, aliisque rationibus sacris.

7ᵘᵐ. Defensio Regis Planorum contra mensuralem pro musicæ provinciâ obtinendâ.

8ᵘᵐ. Prosequitur Rex Planus suas rationes, quibus musicæ
  regimen sibi pertinere prætendit.

9ᵘᵐ. De concilio inter reges ad bellum ineundum, et in-
  ducendum habito, deque belli in musicæ provinciâ
  exordio.

10ᵘᵐ. De apparatu regis planorum, ad arma capessenda.

11ᵘᵐ. De his qui cum planorum Rege ad belligerandum descenderunt cum prædictis.

12ᵘᵐ. Apparatus Regis mensuralium ad bellum contra Planorum susceptum.

13ᵘᵐ. Sequitur de his qui cum mensuralium Rege ad belligerandum descenderunt.

14ᵘᵐ. Literæ utriusque Regis ad Duces Tonorum.

15ᵘᵐ. Literæ responsoriæ Tonorum ad utrumque Regem.

16ᵘᵐ. Apparatus tonorum pro tuendâ jurisdictione quam
  habebant in musicæ provinciâ.

17ᵘᵐ. Conquæstio et lamentatio nationum, populorumque
  musicalium super bello quod imminere inter Reges
  præsentiunt.

18ᵘᵐ. Literæ Regum indicentes bellum.

19ᵘᵐ. Exordium belli inter utriusque Regis populos et plebes.

20ᵘᵐ. De damnis quibusdam mensuralium ducibus à Planorum cohortibus illatis.

21ᵘᵐ. Dies pugnæ.

22ᵘᵐ. De incommodis et malo successu Planorum ex prælio.

23ᵘᵐ. De victoriâ planorum.

24ᵘᵐ. De fortunis mensuralium ex bello.

25ᵘᵐ. De victoriâ mensuralium.

26ᵘᵐ. Rex Planus pœnitentiâ ductus reconciliatur cum Rege
  mensurali, etc.

27ᵘᵐ. De electione judicum legumque latorum in musicæ
  legibus conscribendis.

28ᵘᵐ. Dividitur Regnum musicæ per Legum latores inter
  musas et musicos.

29ᵘᵐ. Definitiones concordantiarum, sonorum, et vocum cum
  regulis omnium.

Caput 30um. De contrapuncto, sive compositione cantuum musicalium.

31um. De Regulis concordantiarum, vocum, et cantus partibus.

32um. Sequuntur regulæ clausularum in compositione cantilenarum, cum regulis pausarum in contrapuncto
admittendarum, ex Ornitoparcho.

33um. De quibusdam habilitatibus pueris instrumentali musicæ operam navantibus, utcunque necessariis et uti-
libus.

34um. De accentu ecclesiastico, et punctis. Ex Andreâ Ornitoparcho.

35um. De accentu epistolarum, evangeliorum, et prophetiarum, Ex Andreâ Ornitoparcho.

36um. De decem præceptis omni canenti necessariis, Ex
Andreâ Ornitoparcho.

SPATARO (Giovanni), né à Bologne vers 1460, fut maître de chapelle de Sainte-Pétrone en cette ville, et mourut en 1541.

On a de lui, entre autres ouvrages, un livre fort important pour l'explication de la notation proportionnelle des xve et xvie siècles; il a pour titre : *Tractato di mvsica di Giovanni Spataro mvsico Bolognese nel qvale si tracta de la perfectione da la sesqvaltera prodvcta in la mvsica mensvrata exercitate.* Vineggia, M. D. XXXI, petit in-fol. sans pagination, composé de 34 chapitres.

STAPULENSIS. V. FABER STAPULENSIS.

STIPHELIUS (Laurent), chanteur à Naumbourg, au commencement du xviie siècle. V. p. 63.

T

THIART (Pontus), ou, comme d'autres l'écrivent, *Pontus de Thiard, Pontus de Tyard*, etc., naquit vers 1521 au château de Bissy (diocèse de Mâcon). On lui doit un livre sur la musique, intitulé : *Solitaire second ou prose de la musique, à Lion, par Jan de Tournes,* 1555, in-4°. Bien que cet écrit ait paru sans nom d'auteur, il est incontestablement de celui qui fait l'objet de cet article : Dom Jumilhac le dit expressément p. 19 de cette édition. M. Fétis, qui semble s'arroger le mérite de cette découverte bibliographique, n'est donc point fondé dans ses prétentions.

Le Solitaire second semblerait donner à entendre qu'il existe un *Solitaire premier;* mais il n'en est rien.

Cet ouvrage se trouve à la Bibliothèque royale (in-4°. V + 1868), et à celle du Conservatoire des arts et métiers de la même ville.

Pontus Thiart mourut évêque de Châlons-sur-Saône, le 25 septembre 1605.

TINCTORIS (Jean), naquit à Nivelles (Belgique), et mourut en 1520, si l'on en croit M. Kiesewetter.

Il fut d'abord chapelain et musicien de Ferdinand, roi de Naples, et revint ensuite dans sa patrie où il fut chanoine et docteur en droit.

Tinctoris a beaucoup écrit sur la musique; mais, de tous ses ouvrages, le *Diffinitorium terminorum musices* a seul été imprimé : c'est le premier ouvrage de ce genre qui ait vu le jour; malheureusement les exemplaires en sont d'une rareté fabuleuse.

Tous les travaux scientifiques de Tinctoris méritent d'être placés au premier rang des écrits sur l'art; ils sont rédigés avec une précision remarquable, et accusent un esprit vraiment supérieur. Les copies anciennes en sont fort rares; M. Fétis en possède une du xve siècle qui a été la propriété de M. Fayolle, puis du savant Perne. Heureusement pour nous, celui-ci l'avait transcrite en entier de sa main, et son œuvre a passé, comme un précieux trésor, dans la Bibliothèque du Conservatoire de Paris.

Voici l'analyse des œuvres de Tinctoris, telle que l'a faite M. Perne. Nous l'empruntons au *Dictionnaire historique des musiciens* de MM. Choron et Fayolle; elle est beaucoup plus exacte et plus complète que celle qu'en a donnée M. Fétis.

« Parmi plusieurs manuscrits précieux que possède M. Fayolle, il en est un très-bien conservé qui renferme tous les traités que Tinctor a écrits sur la musique. Ce manuscrit est un in-folio : le commencement de la table des matières manque; le manuscrit commence à la table du Traité des Notes et des Pauses. Celle de ce traité, ainsi que des autres, a douze pages, et comme il ne manque que celle du livre de l'Exposition de la Main, qui renferme neuf chapitres, et celle du livre de la Nature et de la propriété des Tons, qui contient cinquante-un chapitres, il est à présumer que ces deux tables pouvaient remplir deux pages qui formaient le commencement du manuscrit. Après les tables des Traités, les ouvrages de Tinctor sont disposés ainsi qu'il suit : *Expositio manûs secundum magistrum Johannem* TINCTORIS *in legibus licentiatum, ac regis Siciliæ capellanum.* Ce traité, comme nous l'avons dit en parlant de la table, contient neuf chapitres dans lesquels l'auteur donne la définition de la Main de Guy d'Arezzo (*sic*), l'emploi des clefs, les places qu'elles occupent, les voix, les propriétés, les muances, les déductions et les conjonctions. Tous ces chapitres sont remplis d'exemples tant en notes qu'en figures linéaires qui jettent un grand jour sur ces matières. Ce traité, qui, dans le prologue, est dédié à Jean de Lotin, est terminé par un *Kyrie* à trois parties, donné comme exemple; les parties sont : *Supremum Tenor* et *Contra.* L'ouvrage qui vient après a pour titre : *Liber de naturâ et proprietate tonorum à magistro Johanne* TINCTORIS *legum artiumque professore compositus feliciter incipit.* Ce livre est dédié, dans le prologue, à Jean Okeghem, premier chapelain du Roi de France Louis XI, et à maître Busnois, chanteur du duc de Bourgogne (Charles le Téméraire). Il est à remarquer qu'il qualifie ces deux musiciens de très-excellents et très-célèbres professeurs de musique. Les cinquante-un chapitres traitent de la définition des tons, de leur formation, de ce qu'ils ont de commun entre eux, de leur mixtion, de leur régularité, irrégularité, perfection, imperfection, de leurs finales, etc. Tous ces chapitres renferment environ cent exemples en notes. Le dernier est une nomenclature des termes grecs usités en musique, avec l'explication latine; et à la fin de l'ouvrage est la date de l'époque à laquelle il a été achevé. Elle est ainsi conçue : *Explicit liber de naturâ et proprietate tonorum à magistro Johanne .Tinctoris ut prædictum est compositus, quem cum capellanus regis esset Neapolis incepit et complevit anno 1476 die 6 novembris, quo quidem anno 6 novembris Diva Beatrix Arragonia Ungarorum regina coronata fuit. Deo gratias.* Après ce livre vient le *Tractatus de notis ac pausis editus à magistro Johanne Tinctoris, etc.,* dédié à Martin Hanard, chanoine et chantre de Cambray. Il est divisé en deux livres; le premier contient quinze chapitres, et le second six. Le Traité qui suit celui-ci, est : *Tractatus de regulari valore notarum editus à magistro Johanne Tinctoris.* Cet ouvrage contient trente-trois chapitres. Le suivant est : *Liber imperfectionum notarum musicalium editus à magistro Johanne Tinctoris, etc.,* dédié à Jacques Frontin, et contient deux livres. Le premier est divisé en deux chapitres. Sur la fin du second livre, qui contient dix chapitres, Tinctor cite, comme auteurs anciens, de Domart et Barbingant, dont il donne, en exemples, quelques fragments de musique à deux parties. Vient après le *Tractatus alterationum editus à magistro Johanne Tinctoris, etc.,* dédié à Guillaume Guinaud, jurisconsulte et premier chapelain du duc de Milan (L. Sforce). Ce traité contient trois chapitres. Il est suivi du *Scriptum magistri Johannis Tinctoris, in legibus licentiati regisque magnæ Siciliæ capellani super punctis musicalibus feliciter incipit.* Il contient vingt chapitres ; et parmi les exemples, il y en a deux à trois parties qui se trouvent dans les dix-huitième et dix-neuvième chapitres. On trouve ensuite le *Liber de arte contrapuncti à magistro Johanne Tinctoris jurisconsulto ac musico senerissimi regis Siciliæ capellano compositus feliriter incipit.* Ce livre est dédié au roi Ferdinand. Dans le prologue qui sert de dédicace, Tinctor, après avoir cité les auteurs de l'antiquité, vient à ceux de son siècle, et s'exprime ainsi :

« Neque quod satis admirari nequeo quippiam com-
« positum, nisi citrà annos quadraginta, extat quod au-
« ditu dignum ac eruditis existimetur. Hac verò tempes-
« tate, ut præteream innumeros concentores venustissimè
« pronunciantes, nescio an virtute cujusdam cœlestis
« influxus an vehementià assiduæ exercitationis infiniti
« florent compositores, ut Joannes Okeghem, Joannes
« Regis, Anthonius Busnois, Firminus Caron, Guiller-
« mus Faugues, qui novissimis temporibus vità functos
« Joannem Dunstaple, Egidium Binchois, Guillermum
« Dufay, se præceptores habuisse in hac arte divinâ
« gloriantur. Quorum omnium virûm ferè opera tantam
« suavitudinem redolent, ut, meâ quidem sententiâ, non
« modo hominibus heroibusque, verum etiam diis im-
« mortalibus dignissima censenda sunt. »

« Et ce que je ne puis assez admirer, c'est qu'en re-
« montant en date de quarante ans, on ne trouve aucune
« composition que les savants jugent digne d'être enten-
« due. Mais depuis ce temps, sans parler d'une multitude
« de chanteurs qui exécutent avec toutes sortes d'agré-
« ments, je ne sais si c'est l'effet d'une influence céleste,
« ou celui d'une application infatigable, on a vu, tout
« d'un coup, fleurir une infinité de compositeurs, tels
« sont : J. Okeghem, J. Regis, Ant. Busnois, Firmin
« Caron, Guillaume Faugues, qui tous se glorifient d'a-
« voir eu pour maîtres, en cet art divin, J. Dunstaple,
« Gilles Binchois et Guillaume Dufay, lesquels sont morts
« depuis peu ; et les ouvrages de ces modernes compo-
« siteurs sont tellement remplis de grâce, qu'à mon
« avis, ils sont dignes, non-seulement de plaire aux hom-
« mes et aux héros, mais même être entendus des dieux
« immortels. »

« Ce premier livre est divisé en dix-neuf chapitres contenant les règles de succession de tous les intervalles consonants, tant à deux qu'à plusieurs voix. De ces règles, les unes sont applicables seulement au contrepoint, ou à la composition que Tinctor appelle *Res facta;* d'autres sont également pour la composition et le chant sur le livre (*Cantus super librum*); et enfin la plupart peuvent servir pour la composition, le contrepoint et le chant sur le livre. Le second livre traite de la définition, du nombre, des noms et de l'emploi des dissonances (*Discordantiæ*). Il renferme trente-quatre chapitres, dans lesquels sont insérés comme exemples vingt-cinq motets ou fragments de messes, motets, hymnes, chansons, etc., tirés des ouvrages des auteurs nommés ci-dessus. Ces exemples, extrêmement curieux, sont à deux, trois, quatre et cinq parties, la plupart avec les paroles françaises ou latines, selon le genre du morceau. Le troisième livre, qui contient huit chapitres, traite *De octo generalibus regulis circà omne contrapunctum observandis, etc.,* et contient dix à douze exemples tant de règles que de fragments de motets et chansons. Ce troisième livre est ainsi terminé : *Liber tertius et ultimus*

de arte contrapuncti feliciter explicit quem totum magister Johannes TINCTORIS *ut præfertur jurisconsultus atque musicus illustrissimi regis Siciliæ capellanus, Neapoli incœpit absolvitque anno Domini* 1477, *mensis octobris die undecimâ. Deum orate pro eo.* Après le Traité du contre-point, suit le *Proportionale musices editum à magistro Johanne* TINCTORIS *in legibus licentiato, etc.* Ce livre est encore dédié au roi Ferdinand. Le prologue contenant un passage assez curieux sur la chronologie des compositeurs, nous croyons devoir le rapporter ici. Tinctor, après avoir parlé des anciens auteurs, tant théoriciens que praticiens, qui nous sont connus, s'exprime ainsi sur l'institution de la musique dans les chapelles des rois : « Denique principes christianissimi quorum om-
« nium, rex piissime, animi, corporis, fortunæque donis
« longè primus es, cultum ampliare divinum cupientes,
« more Davidico, Capellas instituerunt in quibus diver-
« sos cantores per quos diversis vocibus, non adversis,
« Deo nostro jucunda decoraque esset laudatio, ingentis
« expensis assumpserunt. Et quoniam cantores princi-
« pum si liberalitate quæ claros homines facit præditi
« sint, honore, gloriâ, divitiis afficiuntur. Ad hoc genus
« studii ferventissimè multi incenduntur. Quo fit ut hac
« tempestate, facultas nostra musices tam mirabile sus-
« ceperit incrementum, quod ars novæ artis esse videa-
« tur. Cujus fons et origo apud anglicos existit quorum
« caput Dunstaple fuisse perhibetur. Et hujus contem-
« poranei fuerunt in Galliâ Dufay et Binchois. Quibus
« immediatè successerunt moderni Okeghem, Busnois,
« Regis et Caron, omnes quos audiverim in composi-
« tione præstantissimi, etc.

« Nec eis Anglici nunc, licet vulgariter jubilare, gal-
« lici vero cantare dicuntur veniunt conferendi. Illi ete-
« nim in dies novos cantus novissime inveniunt; ac isti,
« quod miserrimi signum est ingenii, unâ semper et
« eâdem compositione utuntur. Sed proh dolor! non
« solum eos, imo complures alios compositores famosos
« quos miror, dum tam subtiliter ac ingeniosè cum in-
« comprehensibili suavitate componunt, proportiones
« musicas aut penitus ignorare aut paucas quas noverint
« perperam signare cognovi. Quod quidem ob defectum
« arithmeticæ, sine quâ nullus in ipsâ musicâ præclarus
« evadit contingere non dubito. Ex ejus namque visce-
« ribus omnis proportio elicitur. »

« M. Forkel cite une partie de ce passage (Voyez *Allgemeine Geschichte der Musik*, tome II, page 483); mais elle ne nous paraît pas exacte. Les mots *mors abripuit*, qui terminent sa citation, et qui ne sont pas dans le manuscrit de M. Fayolle, lui donnent un tout autre sens que celui que Tinctor a voulu rendre, puisque, selon ce manuscrit, sa peine ne vient que de ce que les compositeurs, ses contemporains, ignorent les proportions, ou du moins y ont peu d'égard, et non de ce que la mort a

terminé les jours de ceux qu'il vient de citer un moment auparavant.

« Le premier livre du *Proportionale* contient neuf chapitres. Le second a pour titre : *De proportionibus inœqualitatis quœ fiunt per relationem minoris numeri ad májorem.* Il contient six chapitres très-courts. Le troisième livre est intitulé : *Quœdam circà proportiones consideranda.* Il contient huit chapitres qui, ainsi que ceux des deux premiers livres, renferment beaucoup d'exemples dont la plupart sont encore tirés des anciens auteurs ou des contemporains. Parmi ces exemples, on remarque un fragment de la fameuse chanson de l'homme armé dont voici les paroles : *Lome Lome Lome arme* et *Robinet tu mas la mort donnee quand tu ten vas,* etc. Le chant est dans le *Tenor,* et le *Supremum* est un contre-point figuré. Le livre de celui qui suit celui des proportions, est le *Diffinitorium musices* que M. Forkel a inséré dans son *Allgemeine litteratur der musik.* Le manuscrit de M. Fayolle a, de plus que le *Diffinitorium* imprimé, quelques articles qui sont d'un haut intérêt, et qui ajoutent un grand prix à cet exemplaire.

« Enfin, après le *Diffinitorium,* est le dernier Traité de Tinctor, intitulé : *Complexus effectuum musices, editus à magistro Johanne* TINCTORIS *in legibus licentiato regisque Siciliœ capellano.* Ce Traité est dédié, comme le *Diffinitorium,* à Beatrix d'Aragon, fille du roi Ferdinand. Il est divisé en vingt-un chapitres, contenant chacun un des effets de la musique, que Tinctor porte à vingt principaux. Les huit premiers chapitres sont conservés, mais les treize derniers manquent. Il paraît, d'après la table, que ces chapitres pouvaient contenir quatre pages qui sont perdues; mais heureusement, c'est de tous les ouvrages de Tinctor celui qui est le moins à regretter.

« Avant de terminer cette analyse, nous ferons quelques observations sur les diverses époques auxquelles les Traités de Tinctor ont pu être composés. Le livre de l'Exposition de la Main n'a pas de date; nous le croyons le plus ancien de tous, non-seulement parce qu'il est placé le premier dans notre manuscrit, où l'ordre paraît être exactement observé, mais encore parce qu'effectivement il était naturel que Tinctor rédigeât les éléments de la musique, avant de composer un Traité de contre-point. Le livre de la Nature et des Propriétés des Tons, qui vient ensuite, est sous la date du 6 novembre 1476. Le Traité des Notes et des pauses, celui des Altérations, le livre *Scriptum super punctis* n'ont point de date; mais on voit clairement que toutes ces matières, qui ne tiennent qu'à la musique, ont dû nécessairement être traitées avant la composition, et que l'ordre est parfaitement conservé. Les trois livres de l'Art du Contrepoint, qui viennent ensuite, ont dû être composés en 1477, puisque le dernier est daté du 11 octobre de cette même année. Le *Proportionale musices* paraît avoir été composé après l'Art du Contrepoint, puisque cet ouvrage est en quelque sorte un supplément à la composition, et que Tinctor l'a écrit (ainsi qu'il le dit à la fin de son prologue), pour que les jeunes gens composent d'après les proportions et non par routine. Ce livre n'est pas daté, non plus que le *Diffinitorium* qui le suit, et qui est dédié à Béatrix; mais il est probable qu'ils n'ont pu être composés, ainsi que le Traité des effets de la Musique qui termine le manuscrit, qu'en 1478 ou années suivantes. Le manuscrit de M. Fayolle est bien écrit et bien conservé. La plupart des lettres initiales, qui doivent être en rouge, manquent; mais il est facile d'y suppléer. Les abréviations y sont aussi fréquentes que dans les ouvrages imprimés sur la fin du quinzième siècle. Il contient 126 feuillets formant 252 pages; cent vingt ou environ sont remplies par les exemples en notes, dont la copie est très-belle.

« En résumé, nous pensons que ce manuscrit est très-intéressant pour les amateurs de la littérature musicale, autant pour les exemples qu'il contient des maîtres antérieurs à l'école flamande, que par les préceptes qu'il donne dans l'art du contrepoint, préceptes sur lesquels est établie la pratique de tous les maîtres de cette école, tels que Okeghem, Josquin Des Prez, Henri Isaac, Senfel, Hobrecht, Pierre de la Rue, Jean Mouton, Brumel, Gombert et autres, dont il serait trop long de rapporter ici les noms, mais dont on trouve les ouvrages dans la fameuse collection de messes et motets, dite de la Couronne, et qui sont les plus anciens auteurs dont il reste des compositions dignes d'être conservées à la postérité. »

TITELOUZE. V. p. 238.

TUNSTED (Simon). V. p. 152.

V

VANNEO (Étienne), religieux de l'ordre de Saint-Augustin, naquit à Recanetum (Marche d'Ancône) en 1493. Son livre, dont on ne connaît qu'une traduction latine sous le titre de : *Recanetum de musica aurea,* se trouve à la Bibliothèque Royale de Paris (in-fol. V, 612, à la suite du *Toscanello* d'Aaron). Il se divise en trois parties : la 1re a pour objet le plain-chant et la solmisation par muances; la 2e traite de la musique figurée; la 3e est relative au contrepoint. On trouve, dans cette dernière partie, de fort bonnes choses sur les cadences harmoniques.

VICENTINO (Nicolas), prêtre, naquit à Vicence vers 1511, et fut maître de chapelle de la cour de Ferrare.

Préoccupé de la pensée de faire renaître les genres chromatique et enharmonique des Grecs, Vicentino mit au jour un livre qui a pour titre : *L'antica musica ridotta alla moderna pratica,* etc. Rome, 1555, in-fol.

W

WAELRANT (Hubert), né dans la Belgique en 1517, fut l'un des plus célèbres musiciens du xvie siècle, si fécond en grands artistes.

On connaît de lui plusieurs motets et des chansons.

Il fut l'un des didacticiens qui attaquèrent l'enseignement de la solmisation par les muances.

WENDELSTEIN. V. p. 154.

WOLLICUS. V. p. 154.

Z

ZACCONI (Louis), religieux de l'ordre de Saint-Augustin, natif de Pesaro, publia à Venise, en 1592 et en 1622, les deux parties de son excellent ouvrage intitulé : *Practica di Musica.*

ZARLIN. V. ZARLINO.

ZARLINO (Joseph) naquit à Chioggia (État Vénitien) en 1519, fut maître de chapelle de la célèbre église de Saint-Marc à Venise, et mourut le 14 février 1590.

Les principales compositions de Zarlino sont perdues; on remarque, dans le peu qui nous en reste, une excellente facture.

Ce grand artiste mérite d'être mis au nombre des plus illustres théoriciens du xvie siècle pour son livre intitulé : *Le istitvtioni* (sic) *harmoniche di M. Gioseppo Zarlino du Chioggia ; nelle quali ; oltra le materie appartenenti alla Mvsica; si trouano dichiarati molti luoghi di Poeti, d'Historici, et di Filosofi ; si come nel leggerle si potrà chiaramente vedere. In Venetia MDLVIII.* 1 vol. in-fol. de 347 pages, non compris quelques feuillets de pièces liminaires.

Ce titre a été complétement défiguré par M. Fétis (*Biogr.*, tom. VIII, p. 607).

L'ouvrage que nous venons de citer a eu plusieurs autres éditions, en 1562 et en 1573. Il a été réuni avec tous les écrits de Zarlino dans une collection, en 4 vol. in-fol., qui a paru chez Francesco de' Francesci, Venise, 1589.

Les *Institutions harmoniques,* monument du profond savoir de Zarlino, ont été, pendant près de deux siècles, l'unique source où tous les théoriciens ont puisé.

Lichtenthal a donné l'immense table des matières des *Institutions* (*Bibliogr.*, tom. IV, p. 276–282.)

Nous nous contenterons de dire que l'ouvrage se divise en quatre parties.

Les deux premières parties sont relatives aux divisions de la musique, à la nature des intervalles, aux genres, etc.

La troisième traite du contrepoint.

La quatrième et dernière a pour objet les modes ou tons du plain-chant. Zarlino en admet douze, comme Glaréan.

On trouve des exemplaires des *Institutions harmoniques* (éditions de 1562 et de 1573) à la Bibliothèque Royale de Paris, à la Bibliothèque Mazarine, à celle de la Sorbonne, etc. L'auteur de cette *table onomastique* possède un exemplaire de la 1re édition.

Ce chef-d'œuvre didactique a été traduit en français par un nommé *Jehan Lefort, musicien*. On trouve cette traduction, qui n'a jamais été imprimée et qui est fort bien faite, à la Bibliothèque Royale de Paris (Département des manuscrits, S. G. fr. 1603).

FIN.

ACHEVÉ D'IMPRIMER, POUR LA DEUXIÈME FOIS,

LE 30 NOVEMBRE M DCCC XLVII.

Chez M. **H. Vrayet de Surcy** et Cⁱᵉ, rue de Sèvres, à Paris, n° 37.

Prote. . . . . . . M. Félix **Renou**,

Correcteurs. . . . { M. Philippe **Deboulle**,
 M. Jean-Isidore **Aubouin**,

Metteur en pages. M. Louis-Célestin **Donné**.

Pressiers . . . . . { M. Pierre-Edmond **Lépine**,
 M. Sébastien **Rozet**,
 M. François **Servais**.
 M. Jean-Baptiste **Joubin**.